2025 최신개정판

# Win-Q 윙크

2024년 **최근 기출복원문제** 수록

Craftsman Bartender

편저 류중호

▶ YouTube **무료 동영상이 있는**

# 조주기능사
## 필기 단기합격

CBT 모의고사
3회 무료쿠폰 제공

시대에듀

**합격**도 **취업**도 한 번에 성공!
시대에듀에서 여러분을 응원합니다.

# 류중호

**[학력]**
경기대학교 일반대학원 외식경영학 박사

**[수료 및 이수]**
조니워커스쿨 수료
서울 와인스쿨 전문가과정 수료
한국 전통주연구소 전문가과정 수료
Hite Academy맥주 전문가코스 수료
주)Pencom Korea Restaurant Management 전문가과정 수료
France Marie Brezard/IBA(International Bartenders Association) Diploma
경희대학교 관광대학원 마스터 소믈리에 와인컨설턴트 전문과정 수료

**[취득 자격]**
조주기능사 자격증
마스터 소믈리에 와인 컨설턴트 1급
전문플레어바텐더 1급
마스터플레어바텐더 자격증
커피 바리스타 1급
커피 바리스타 2급
커피지도사 자격증

**[저서]**
세상에서 가장 로맨틱한 유혹 '칵테일 만들기'(감수) 넥서스
'I Love Cocktail' 백산출판사
'Win-Q 조주기능사 필기+실기 단기합격' 시대고시기획
'답만 외우는 바리스타 자격시험 1급 기출예상문제집' 시대고시기획
'답만 외우는 바리스타 자격시험 2급 기출예상문제집' 시대고시기획

**[석사 논문]**
바텐더의 역할에 따른 고객만족 및 재방문의도에 미치는 영향
-소비성향의 매개효과를 중심으로-

**[박사 논문]**
외식기업의 ESG경영이 기대성과에 미치는 영향에 관한 연구
-가치소비와 인게이지먼트의 매개효과를 중심으로-

**[약력]**
現 한양여자대학교 외식산업과 강사
바텐더 비법학원 원장
사)한국바텐더협회 부회장
사)한국국제 소믈리에협회 이사
사)한국능력교육개발원 바리스타 소믈리에 감독위원
한국산업인력공단 조주기능사 실기감독
NCS 개발 전문위원(소믈리에)
NCS 과정 평가형 자격지원단 위원(조주기능사, 식음료서비스, 바리스타)
NCS 홈닥터 전문위원
한양여자대학교 항공과 겸임교수
서정대학교 호텔경영과 겸임교수
부천대학교 호텔조리과 겸임교수
정화예술대학교 관광학부 겸임교수
대경대학교 호텔조리과 겸임교수
한림성심대학교 외식조리과 강사
부천대학교 호텔조리과 강사
한양여자대학교 국제관광과 강사
장안대학교 호텔경영과 강사
신구대학교 항공서비스과 강사
혜전대학교 호텔조리과 강사
재능대학교 호텔관광과 강사
세종사이버대학교 호텔관광학부 강사

 **끝까지 책임진다! 시대에듀!**
QR코드를 통해 도서 출간 이후 발견된 오류나 개정법령, 변경된 시험 정보, 최신기출문제, 도서 업데이트 자료 등이 있는지 확인해 보세요! **시대에듀 합격 스마트 앱**을 통해서도 알려 드리고 있으니 구글 플레이나 앱 스토어에서 다운받아 사용하세요.
또한, 파본 도서인 경우에는 구입하신 곳에서 교환해 드립니다.

**편집진행** 윤진영 · 김미애 | **표지디자인** 권은경 · 길전홍선 | **본문디자인** 정경일 · 조준영

# 조주
## 기능사 필기

시대에듀

[ **조주기능사** ] 필기

## Always with you

사람이 길에서 우연하게 만나거나 함께 살아가는 것만이 인연은 아니라고 생각합니다.
책을 펴내는 출판사와 그 책을 읽는 독자의 만남도 소중한 인연입니다.
**시대에듀**는 항상 독자의 마음을 헤아리기 위해 노력하고 있습니다.
늘 독자와 함께하겠습니다.

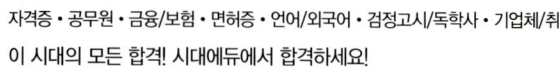

## PREFACE 머리말

89학번 관광과에서 출발해 호텔을 접하고 외식업체에서 실무를 익히며 Beverage와 함께한 세월이 벌써 30여 년이라니 정말 시간이 빠름을 실감합니다. 막연히 칵테일 레시피를 암기하고 궁금한 부분은 이리저리 자료를 찾아 헤매던 그때가 아직도 엊그제 같은데…

식음료 부분의 꽃! 가장 빛나는 자리는 고객을 반갑게 맞이하고 고객과 대화를 나누면서 고객의 취향에 어울리는 음료를 추천하고 이로 인해 인연이 만들어지고 삶의 희(喜), 노(怒), 애(愛), 락(樂)을 함께할 수 있는 유일한 직종, 바로 바텐더라 생각합니다. 바텐더는 아무나 해서도 안 되며 아무런 생각 없이 해서도 안 되는 사명감과 자부심이 투철해야 하는 직업 중 하나입니다. 술이라는 알코올 음료는 위로가 되고 힘이 되어 주는 친구 같지만 한편으로는 자기의 의지와 상관없는 몹쓸 결과를 만들어 원망의 대상이 되기도 하기 때문에 누군가가 중심을 잡아주어야 합니다. 적어도 바텐더가 있는 곳에서는 술이라는 음료가 생명의 물처럼 스트레스를 풀어주고 삶의 원동력이 되어야 합니다. 다양한 주류, 칵테일을 판매하는 데 집중하는 것도 좋지만 이미 선을 넘은 고객에게는 술을 판매하지 않는 책임의식도 가지고 있어야 합니다. 건강한 고객이 미래의 고객이기 때문입니다.

진정한 바텐더를 위한 책을 쓰고 싶었는데, 이번 기회에 조주기능사 자격증을 준비하는 수험생들에게 조금이나마 이론과 실기에 대한 도움이 되었으면 좋겠습니다. 많은 주류이론을 싣지는 못했고, 생각했던 내용만큼 깊게 들어가지도 못했지만 핵심이론과 핵심예제라는 큰 틀 앞에 족집게 수험서가 되었으면 좋겠습니다.

혼자 시작한 길에 삶의 테두리가 힘들게 해서 원고가 많이 늦어졌지만 늦어진 만큼 가장 최신판이 되었으니 이 모든 걸 잘 이끌어 주신 편집부를 비롯해 시대에듀 관계자분들에게 감사의 뜻을 전합니다. 사진 촬영과 장소를 협조해 주신 (사)한국바텐더협회 이석현 회장님, 항상 따뜻한 조언으로 힘을 주시는 고치원 원장님, 방학 중 시간을 내서 도움을 주신 조은정 교수님, 칵테일 조주를 위해 밤늦게까지 도와준 김슬기, 김진주, 류진영, 사랑하는 아내 진혜, 항상 아빠를 찾으며 때론 방해를 많이 했지만 힘들 때마다 웃음과 활력을 준 우리 정우, 혜인이 그리고 어른스럽게 격려해 주고 도움을 주기 위해 노력해 주었던 맏아들 정원아! 모두들 고맙고 사랑합니다.

편저자 **류중호**

# 시험안내

## 개요
조주에 관한 숙련기능을 가지고 조주작업과 관련되는 업무를 수행할 수 있는 전문인력을 양성하고자 자격제도를 제정하였다.

## 진로 및 전망
❶ 주류, 음료류, 다류 등을 서비스하는 칵테일바, 와인바, 호텔, 레스토랑 등의 외식업체에서 바텐더, 소믈리에, 바리스타 등으로 근무하며, 간혹 해외 업체로 취업을 하기도 한다.
❷ 주류, 음료류, 다류 등에 관한 많은 지식을 가져야 함은 물론이고 고객과의 원만하고 폭넓은 대화를 나눌 수 있는 소양을 갖추어야 하며, 외국인을 대할 기회가 많기 때문에 간단한 외국어 회화능력을 갖추는 것이 유리하다.

## 시험일정

| 구분 | 필기원서접수 (인터넷) | 필기시험 | 필기합격 (예정자)발표 | 실기원서접수 | 실기시험 | 최종 합격자 발표일 |
|---|---|---|---|---|---|---|
| 제1회 | 1월 초순 | 1월 하순 | 1월 하순 | 2월 초순 | 3월 중순 | 4월 초순 |
| 제2회 | 3월 중순 | 3월 하순 | 4월 중순 | 4월 하순 | 6월 초순 | 6월 하순 |
| 제3회 | 5월 하순 | 6월 중순 | 6월 하순 | 7월 중순 | 8월 중순 | 9월 중순 |
| 제4회 | 8월 중순 | 9월 초순 | 9월 하순 | 9월 하순 | 11월 초순 | 12월 초순 |

※ 상기 시험일정은 시행처의 사정에 따라 변경될 수 있으니, www.q-net.or.kr에서 확인하시기 바랍니다.

## 시험요강
❶ 시행처 : 한국산업인력공단
❷ 시험과목
  ㉠ 필기 : 음료 특성, 칵테일 조주 및 영업장 관리
  ㉡ 실기 : 바텐더 실무
❸ 검정방법
  ㉠ 필기 : 객관식 4지 택일형, 60문항(60분)
  ㉡ 실기 : 작업형(7분 정도)
❹ 합격기준(필기·실기) : 100점 만점에 60점 이상
❺ 응시자격 : 제한 없음

# INFORMATION

합격의 공식 Formula of pass | 시대에듀 www.sdedu.co.kr

## 검정현황

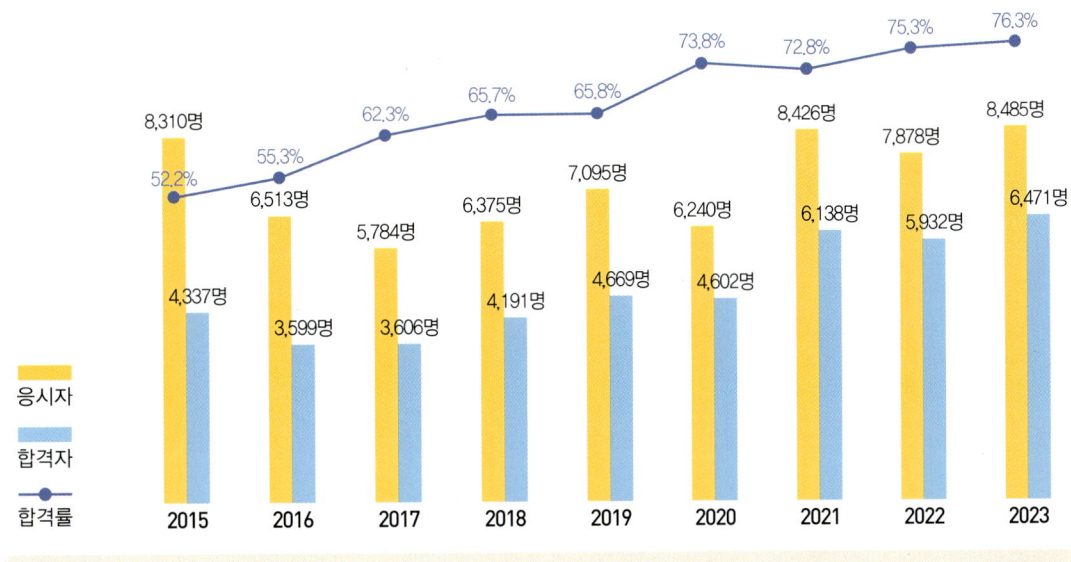

**필기시험**

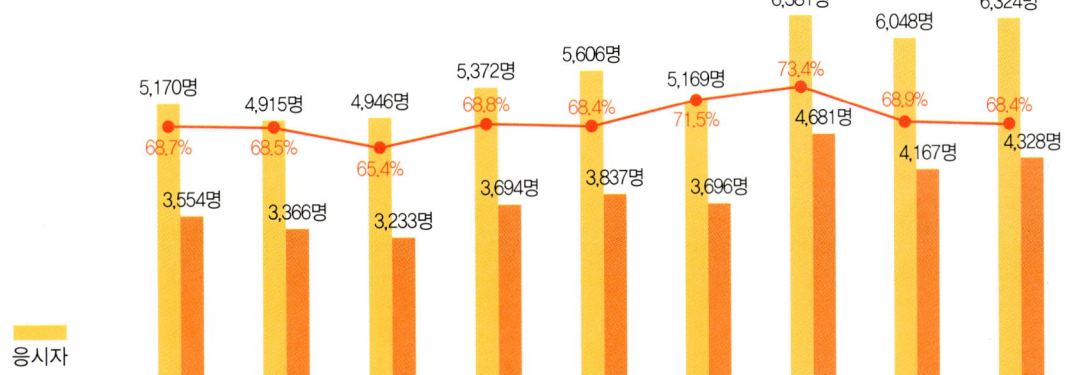

**실기시험**

# 시험안내

## 출제기준(필기)

| 필기과목명 | 주요항목 | 세부항목 | 세세항목 |
|---|---|---|---|
| 음료 특성, 칵테일 조주 및 영업장 관리 | 위생관리 | 음료 영업장 위생관리 | • 영업장 위생 확인 |
| | | 재료·기물·기구 위생관리 | • 재료·기물·기구 위생 확인 |
| | | 개인위생 관리 | • 개인위생 확인 |
| | | 식품위생 및 관련 법규 | • 위생적인 주류 취급방법<br>• 주류판매 관련 법규 |
| | 음료 특성 분석 | 음료 분류 | • 알코올성 음료 분류<br>• 비알코올성 음료 분류 |
| | | 양조주 특성 | • 양조주의 개념<br>• 양조주의 분류 및 특징<br>• 와인의 분류<br>• 와인의 특징<br>• 맥주의 분류<br>• 맥주의 특징 |
| | | 증류주 특성 | • 증류주의 개념<br>• 증류주의 분류 및 특징 |
| | | 혼성주 특성 | • 혼성주의 개념<br>• 혼성주의 분류 및 특징 |
| | | 전통주 특성 | • 전통주의 특징<br>• 지역별 전통주 |
| | | 비알코올성 음료 특성 | • 기호음료<br>• 영양음료<br>• 청량음료 |
| | | 음료 활용 | • 알코올성 음료 활용<br>• 비알코올성 음료 활용<br>• 부재료 활용 |
| | | 음료의 개념과 역사 | • 음료의 개념<br>• 음료의 역사 |
| | 칵테일 기법 실무 | 칵테일 특성 파악 | • 칵테일 역사<br>• 칵테일 기구 사용<br>• 칵테일 분류 |
| | | 칵테일 기법 수행 | • 셰이킹(Shaking)   • 빌딩(Building)<br>• 스터링(Stirring)   • 플로팅(Floating)<br>• 블렌딩(Blending)  • 머들링(Muddling)<br>• 그 밖의 칵테일 기법 |

| 필기과목명 | 주요항목 | 세부항목 | 세세항목 |
|---|---|---|---|
| 음료 특성, 칵테일 조주 및 영업장 관리 | 칵테일 조주 실무 | 칵테일 조주 | • 칵테일 종류별 특징<br>• 칵테일 레시피<br>• 얼음 종류<br>• 글라스 종류 |
| | | 전통주 칵테일 조주 | • 전통주 칵테일 표준 레시피 |
| | | 칵테일 관능평가 | • 칵테일 관능평가 방법 |
| | 고객 서비스 | 고객 응대 | • 예약관리<br>• 고객응대 매뉴얼 활용<br>• 고객 불만족 처리 |
| | | 주문 서비스 | • 메뉴 종류와 특성<br>• 주문 접수방법 |
| | | 편익 제공 | • 서비스 용품 사용<br>• 서비스 시설 사용 |
| | | 술과 건강 | • 술이 인체에 미치는 영향 |
| | 음료 영업장 관리 | 음료 영업장 시설관리 | • 시설물 점검 • 유지보수<br>• 배치관리 |
| | | 음료 영업장 기구·글라스 관리 | • 기구관리 • 글라스 관리 |
| | | 음료관리 | • 구매관리 • 재고관리<br>• 원가관리 |
| | 바텐더 외국어 사용 | 기초 외국어 구사 | • 음료 서비스 외국어<br>• 접객 서비스 외국어 |
| | | 음료 영업장 전문용어 구사 | • 시설물 외국어 표현<br>• 기구 외국어 표현<br>• 알코올성 음료 외국어 표현<br>• 비알코올성 음료 외국어 표현 |
| | 식음료 영업 준비 | 테이블 세팅 | • 영업기물별 취급방법 |
| | | 스테이션 준비 | • 기물관리<br>• 비품과 소모품 관리 |
| | | 음료 재료 준비 | • 재료 준비<br>• 재료 보관 |
| | | 영업장 점검 | • 시설물 유지관리 |
| | 와인장비·비품 관리 | 와인글라스 유지·관리 | • 와인글라스 용도별 사용 |
| | | 와인비품 유지·관리 | • 와인용품 사용 |

# CBT 응시 요령

기능사 종목 전면 CBT 시행에 따른
## CBT 완전 정복!

**"CBT 가상 체험 서비스 제공"**
한국산업인력공단
(http://www.q-net.or.kr) 참고

**01 수험자 정보 확인**

시험장 감독위원이 컴퓨터에 나온 수험자 정보와 신분증이 일치하는지를 확인하는 단계입니다. 수험번호, 성명, 생년월일, 응시종목, 좌석번호를 확인합니다.

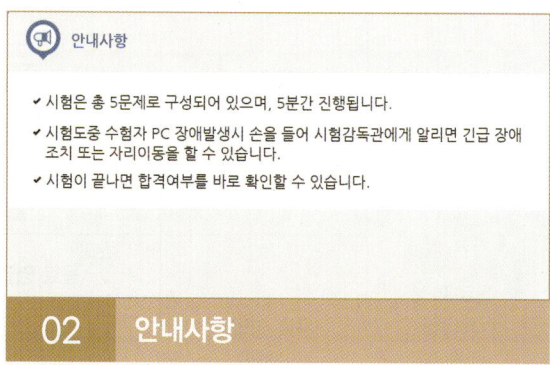

**02 안내사항**

시험에 관한 안내사항을 확인합니다.

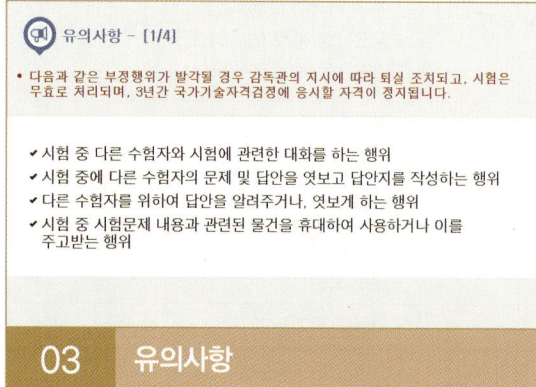

**03 유의사항**

부정행위에 관한 유의사항이므로 꼼꼼히 확인합니다.

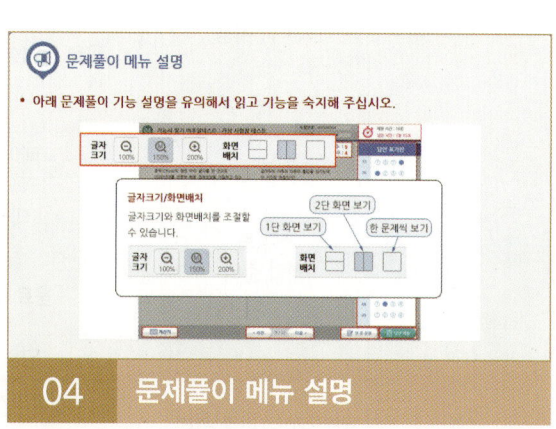

**04 문제풀이 메뉴 설명**

문제풀이 메뉴의 기능에 관한 설명을 유의해서 읽고 기능을 숙지해 주세요.

# CBT GUIDE

합격의 공식 Formula of pass | 시대에듀 www.sdedu.co.kr

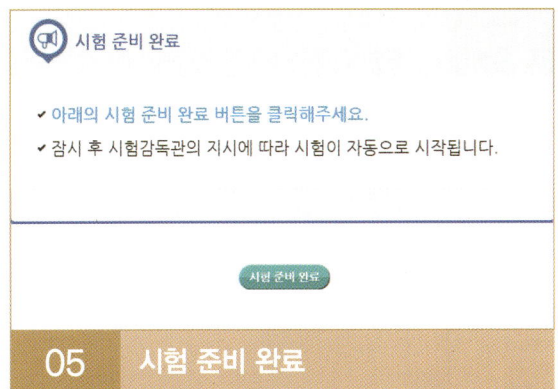

### 05 시험 준비 완료

시험 안내사항 및 문제풀이 연습까지 모두 마친 수험자는 시험 준비 완료 버튼을 클릭한 후 잠시 대기합니다.

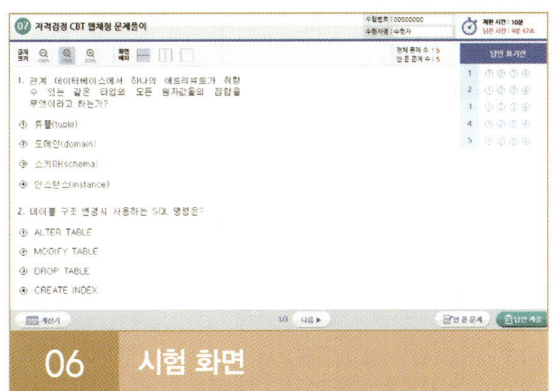

### 06 시험 화면

시험 화면이 뜨면 수험번호와 수험자명을 확인하고, 글자크기 및 화면배치를 조절한 후 시험을 시작합니다.

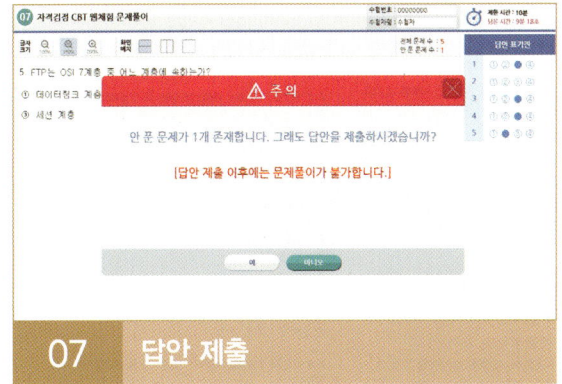

### 07 답안 제출

[답안 제출] 버튼을 클릭하면 답안 제출 승인 알림창이 나옵니다. 시험을 마치려면 [예] 버튼을 클릭하고 시험을 계속 진행하려면 [아니오] 버튼을 클릭하면 됩니다. 답안 제출은 실수 방지를 위해 두 번의 확인 과정을 거칩니다. [예] 버튼을 누르면 답안 제출이 완료되며 득점 및 합격여부 등을 확인할 수 있습니다.

## CBT 완전 정복  TIP

### 내 시험에만 집중할 것
CBT 시험은 같은 고사장이라도 각기 다른 시험이 진행되고 있으니 자신의 시험에만 집중하면 됩니다.

### 이상이 있을 경우 조용히 손을 들 것
컴퓨터로 진행되는 시험이기 때문에 프로그램상의 문제가 있을 수 있습니다. 이때 조용히 손을 들어 감독관에게 문제점을 알리며, 큰 소리를 내는 등 다른 사람에게 피해를 주는 일이 없도록 합니다.

### 연습 용지를 요청할 것
응시자의 요청에 한해 연습 용지를 제공하고 있습니다. 필요시 연습 용지를 요청하며 미리 시험에 관련된 내용을 적어놓지 않도록 합니다. 연습 용지는 시험이 종료되면 회수되므로 들고 나가지 않도록 유의합니다.

### 답안 제출은 신중하게 할 것
답안은 제한 시간 내에 언제든 제출할 수 있지만 한 번 제출하게 되면 더 이상의 문제풀이가 불가합니다. 안 푼 문제가 있는지 또는 맞게 표기하였는지 다시 한 번 확인합니다.

# Win-Q [조주기능사] 필기

# 구성 및 특징

## 핵심이론

필수적으로 학습해야 하는 중요한 이론들을 각 과목별로 분류하여 수록하였습니다.
시험과 관계없는 두꺼운 기본서의 복잡한 이론은 이제 그만! 시험에 꼭 나오는 이론을 중심으로 효과적으로 공부하십시오.

## 핵심예제

출제기준을 중심으로 출제 빈도가 높은 기출문제와 필수적으로 풀어보아야 할 문제를 핵심이론당 1~2문제씩 선정했습니다. 각 문제마다 핵심을 찌르는 명쾌한 해설이 수록되어 있습니다.

# STRUCTURES

합격의 공식 Formula of pass | 시대에듀 www.sdedu.co.kr

## 과년도 기출문제

지금까지 출제된 과년도 기출문제를 수록하였습니다. 각 문제에는 자세한 해설이 추가되어 핵심이론만으로는 아쉬운 내용을 보충 학습하고 출제경향의 변화를 확인할 수 있습니다.

### PART 02 | 과년도 · 최근 기출복원문제
### 2013년 제1회 과년도 기출문제

**01** 혼성주(Compounded Liquor)에 대한 설명 중 틀린 것은?
① 칵테일 제조나 식후주로 사용된다.
② 발효주에 초근목피의 침출물을 혼합하여 만든다.
③ 색채, 향기, 감미, 알코올의 조화가 잘된 술이다.
④ 혼성주는 고대 그리스 시대에 약용으로 사용되었다.

해설
혼성주는 과일이나 곡류를 발효시킨 주정을 기초로 한 증류주에 과일이나 약초, 꽃, 향료 등 초근목피(草根木皮)의 침출물에 당분이 가미된 술로 고대 그리스 시대에 약용으로 사용되었으며 특히, 이뇨, 강장에 효과가 있는 약용주로 사용되었다. 혼성주는 색채, 향기, 감미, 알코올의 조화가 좋아 주로 식후주로 즐겨 마시며 간장, 위장, 소화불량 등에 효력이 좋다.

**03** 다음 중 혼성주에 해당되는 것은?
① Beer  ② Drambuie
③ Olmeca  ④ Grave

해설
② Drambuie : 스코틀랜드의 몰트 위스키에 Honey, Herbs가 첨가된 유명한 혼성주
① Beer : 양조주
③ Olmeca : 테킬라 브랜드 일종
④ Grave : 프랑스어로 "자갈"이란 뜻으로, 프랑스 보르도 와인 생산지 중 한 지역

**02** 커피의 향미를 평가하는 순서로 가장 적합한 것은?
① 미각(맛) → 후각(향기) → 촉각(입안의 느낌)
② 시각(색) → 촉각(입안의 느낌) → 미각(맛)
③ 촉각(입안의 느낌) → 미각(맛) → 후각(향기)
④ 후각(향기) → 미각(맛) → 촉각(입안의 느낌)

해설
커핑이란, 커피의 향기와 맛의 특성을 체계적으로 평가하는 과정을 말한다. 첫 번째로 커피 맛의 자연적인 향기와 향미, 두 번째로 커피액의 단맛, 쓴맛, 신맛을 평가, 다음으로 커피 맛의 전반적인 촉감과 느낌을 평가한다.

**04** 블렌디드(…
① Chivas…
② Glenfid…
③ Royal…
④ Dimple…

해설
Blended Whis…
와 풍미가 순…
몰트와 그레…
② Glenfiddic…
한 뒤 15년…
① Chivas R…
③ Royal Salu…
라갈 21년…
④ Dimple 12…

128 ■ PART 02 과년도 + 최근 기출복원문제

## 최근 기출복원문제

최근에 출제된 기출문제를 복원하여 가장 최신의 출제경향을 파악하고 새롭게 출제된 문제의 유형을 익혀 처음 보는 문제들도 모두 맞힐 수 있도록 하였습니다.

### PART 03 | 최근 기출복원문제
### 2024년 제1회 최근 기출복원문제

**01** 보트리티스 와인(Botrytis Wine)에 대한 설명으로 잘못된 것은?
① 시들고 쭈글쭈글해진 곰팡이 낀 포도로 만든 독특한 스위트 와인이다.
② 레이트 하비스트, 아이스 와인, 파시토 등 일반적인 스위트 와인을 말한다.
③ 복숭아, 살구, 모과, 열대과일, 꿀 향이 나며 숙성 과정에서 초콜릿, 건포도, 말린 과일 등의 아로마가 있다.
④ 가장 오래된 것은 헝가리의 토카이 아수(Tokaji Aszú)이다.

해설
레이트 하비스트, 아이스 와인 등은 물리적으로 탈수되어 농축된 주스로 만들지만 보트리티스 와인은 곰팡이 낀 포도로 만들기 때문에 탈수될 뿐 아니라 특별한 조건에서 보트리티스 시네레아 균에 감염되어 새로운 성분이 생성되면서 포도의 품질을 향상시킨다.

**03** 와인의 특성 파악과 관련된 설명으로 올바르지 않은 것은?
① 와인의 선명도, 색도, 색, 점도 등 와인이 깨끗하고 선명한지 살피는 것을 말한다.
② 화이트 와인은 숙성 초기에는 흰색을 띠다가 숙성이 진행되면서 노란색으로, 숙성이 지나치면 갈색으로 변한다.
③ 레드 와인은 자주색을 띠다가 숙성이 진행되면서 진홍색, 적갈색, 갈색의 순서로 색이 변한다.
④ 와인 글라스에 적당한 양(1/4~1/3)의 와인을 따르고 적당한 스월링(Swirling)을 하고 향을 맡는다.

해설
② 화이트 와인은 숙성 초기에는 녹색을 띤다.

**02** 포도밭 사이사이에 줄을 따라 생긴 통로에 있는 잡초 같은 식물을 무엇이라고 하는가?
① 피복작물  ② 이산화황
③ 미생물  ④ 넝쿨식물

해설
피복작물 : 거름이 흘러 내려가거나 토양이 침식되는 것을 막기 위하여 심는 작물

**04** 감염병의 위해 정도에 따라 법정 감염병을 구분한 것으로 생물테러감염병 또는 치명률이 높거나 집단 발생 우려가 커서 발생 즉시 신고해야 하는 것은?
① 제1급 감염병  ② 제2급 감염병
③ 결핵  ④ 장티푸스

해설
제1급 감염병이란 생물테러감염병 또는 치명률이 높거나 집단 발생의 우려가 커서 발생 즉시 신고하여야 하고, 음압격리와 같은 높은 수준의 격리가 필요한 감염병이다(감염병의 예방 및 관리에 관한 법률 제2조).

472 ■ PART 03 최근 기출복원문제

1 ② 2 ① 3 ② 4 ① 정답

# 최신 기출문제 출제경향

**Win-Q [조주기능사] 필기**

### 2020년 2회
- 증류주의 특징 및 종류
- 서비스 관리
- 식품위생법규
- 주장관리 및 기물 취급요령
- 다이키리(Daiquiri)의 재료
- 위스키의 원료에 따른 분류

### 2021년 1회
- 영업장 안전관리
- 술의 분류
- 테이스팅에 대한 설명
- 식음료 서비스의 특성
- 와인 제공 순서

### 2022년 1회
- 음료 영업장 시설물 관리
- 식음료 메뉴 개발의 영향요인
- 술의 양조방법
- 마가리타(Margarita)의 제조방법
- 전통주의 특징
- 아쿠아비트(Aquavit)에 대한 설명

### 2022년 2회
- 음료 영업장 작업공간 배치
- 원가관리의 기초
- 알코올이 함유된 커피
- 레시피 노트 작성 체크리스트
- 홉(Hop)의 특징
- 위스키의 4대 제조과정

# TENDENCY OF QUESTIONS

## 2023년 1회
- 기요(Guyot) 방식과 꼬르동(Cordon) 방식
- 좋은 생두의 조건
- 전통주의 특징
- Boulevardier Cocktail의 재료
- 이탈리아 와인의 특징
- 고객의 불평과 불만의 처리

## 2023년 2회
- 주장 영업관리에 대한 설명
- 혼성주의 특징
- 칵테일의 장식
- 메뉴 엔지니어링(Menu Engineering)에 대한 설명
- 목표 원가와 판매 가격
- 인벤토리(Inventory)에 대한 설명

## 2024년 1회
- 보트리티스 와인(Botrytis Wine)의 특징
- 식중독 예방의 원칙
- 해썹(HACCP)의 정의
- 비알코올성 음료의 특징
- 주세법상 주류의 분류
- 스카치 위스키의 생산 지역

## 2024년 2회
- 매장 위생관리 지침
- 발효의 원리
- 포도 재배 시 피복작물에 대한 설명
- 탄산수에 대한 설명
- 음료에서 허브(Herb)의 역할
- 코냑의 특징

# Win-Q [조주기능사] 필기

# D-20 스터디 플래너

## 20일 완성!

| D-20 | D-19 | D-18 | D-17 |
|---|---|---|---|
| ✈ Chapter 01 위생관리 | ✈ Chapter 02 음료 특성<br>1 음료 분류 ~<br>2 양조주 특성 | ✈ Chapter 02 음료 특성<br>3 증류주 특성<br>3-1. 증류주의 개념 ~<br>3-2. 위스키 | ✈ Chapter 02 음료 특성<br>3 증류주 특성<br>3-3. 브랜디 ~<br>3-7. 테킬라 |

| D-16 | D-15 | D-14 | D-13 |
|---|---|---|---|
| ✈ Chapter 02 음료 특성<br>4 혼성주 특성 | ✈ Chapter 02 음료 특성<br>5 전통주 특성 | ✈ Chapter 02 음료 특성<br>6 비알코올성 음료 특성<br>6-1. 기호음료 | ✈ Chapter 02 음료 특성<br>6 비알코올성 음료 특성<br>6-2. 영양음료 ~<br>6-3. 청량음료 |

| D-12 | D-11 | D-10 | D-9 |
|---|---|---|---|
| ✈ Chapter 02 음료 특성<br>7 음료 활용 ~<br>8 음료의 개념과 역사 | ✈ Chapter 03 칵테일 조주<br>1 칵테일 특성 파악 ~<br>2 칵테일의 분류 | ✈ Chapter 03 칵테일 조주<br>3 칵테일 기법 수행 | ✈ Chapter 03 칵테일 조주<br>4 칵테일 조주 실무 |

| D-8 | D-7 | D-6 | D-5 |
|---|---|---|---|
| ✈ Chapter 03 칵테일 조주<br>5 칵테일 관능평가 | ✈ Chapter 04 영업장 관리 | 2013~2014년<br>과년도 기출문제 풀이 | 2015~2016년<br>과년도 기출문제 풀이 |

| D-4 | D-3 | D-2 | D-1 |
|---|---|---|---|
| 2017~2019년<br>과년도 기출복원문제 풀이 | 2020~2022년<br>과년도 기출복원문제 풀이 | 2023~2024년<br>최근 기출복원문제 풀이 | 기출문제 오답정리<br>및 복습 |

# 합격 수기

### 2주간의 필기 준비, 실기는 동영상 강의로 합격했어요!

윙크 조주기능사 책으로 준비했습니다. 관련 지식들이 좀 있어서 그런지 크게 어렵게 느껴지지는 않았습니다. 필기 준비는 2주 동안 했는데 한 3일 정도는 놀아서 실제는 11일 정도 했습니다. 음.. 하루에 보통 3시간 정도 공부했어요. 영어 문제가 나와서 열심히 봐야 하고, 이론은 쭉 훑어보고 빠르게 넘어가서 문제 유형들을 익히는 것을 추천합니다. 시험볼 때 저는 영어랑 다른 부분에서 몇 개 찍었는데 그래도 합격할 점수는 나오겠다 싶어서 마음은 편했습니다. 조금만 시간 투자하면 무난히 합격하실 수 있습니다. 그리고 실기 준비는 동영상 강의를 시청했습니다. 선생님이 과정 하나하나 자세하게 설명해주셔서 다행히 큰 무리는 없었습니다. 동영상 보면서 집에서 할 수 있는 데까지는 따라 해보고, 레시피도 달달 외웠고 실기 보신 분들의 후기와 정보도 많이 찾아서 접했습니다. 40개 중에 3가지를 준비하는데 그 3가지는 시험 때 감독관님들이 알려주십니다. 근데 그 전에 잠깐 대기시간이 있는데 필요한 기구들과 술들을 눈으로 먼저 체크해 놓는 게 좋아요. 만들 때는 감독관님들 앞에서 하는 거라 긴장이 되더라구요. 마음을 다잡고 하나씩 만들었습니다. 근데 허니문을 만들고 나서 레몬주스를 덜 넣은 게 생각나서 좀 당황했는데 큰 실수는 아니겠지 생각하고 마무리했습니다. 다행히 점수는 별로 깎이지 않았습니다. 좀 실수했더라도 침착함을 잃지 않으시길 권합니다. 다들 좋은 결과 있으시길 바랍니다.

2016년 조주기능사 합격자

### 조주기능사 필기 한 번에 합격했답니다!

안녕하세요! 조주기능사 필기 한 번에 합격했답니다. 일단 처음에 온라인 서점에서 이 책이 1위였고, 실기 무료 동영상 강의까지 같이 들어 있어 구매했어요. 저는 단기간에 벼락치기보다는 시험을 한 번에 붙고 싶었기 때문에 공부하는 기간을 3개월 정도 잡았어요. 가이드에 20일 스터디플래너를 보고 최대한 맞춰서 학습하려고 노력했구요. 이해가 잘 안 되는 파트는 다시 한번 복습하면서 공부했습니다. 핵심이론으로 이론 파악하고 바로 핵심예제가 나와서 문제까지 푸니까 이해가 더 잘 되더라구요ㅎㅎ 기초영어 부분은 제가 영어가 좀 취약해서 집에 있던 영어 회화, 문법 책도 참고했어요~ 어차피 바텐더가 되려면 기본 영어실력이 있어야 하니까 공부를 해 놓는 것이 좋겠죠. 단순히 필기시험 합격을 위해서라면 관련 문제를 많이 푸는 게 중요한 것 같아요! 시험 보기 전까지 기출문제는 풀고 또 풀고 반복하면서, 오답문제들은 따로 정리했어요. 기능사라 같은 문제가 여러 번 나오기 때문에 문제를 풀면서 자주 나오는 문제, 중요한 문제를 파악할 수 있으실 거예요! 이제 실기시험 열심히 준비해서 또 한번에 붙었으면 좋겠네요. 조주 시험 준비하시는 분들 한 번에 붙을 수 있도록 응원합니다!

2017년 조주기능사 합격자

# 이 책의 목차

## PART 01 | 핵심이론 + 핵심예제

| CHAPTER 01 | 위생관리 | 002 |
| CHAPTER 02 | 음료 특성 | 011 |
| CHAPTER 03 | 칵테일 조주 | 091 |
| CHAPTER 04 | 영업장 관리 | 112 |

## PART 02 | 과년도 + 최근 기출복원문제

| 2013년 | 과년도 기출문제 | 128 |
| 2014년 | 과년도 기출문제 | 181 |
| 2015년 | 과년도 기출문제 | 228 |
| 2016년 | 과년도 기출문제 | 275 |
| 2017년 | 과년도 기출복원문제 | 310 |
| 2018년 | 과년도 기출복원문제 | 333 |
| 2019년 | 과년도 기출복원문제 | 356 |
| 2020년 | 과년도 기출복원문제 | 380 |
| 2021년 | 과년도 기출복원문제 | 404 |
| 2022년 | 과년도 기출복원문제 | 416 |
| 2023년 | 최근 기출복원문제 | 443 |

## PART 03 | 최근 기출복원문제

| 2024년 | 최근 기출복원문제 | 472 |

CHAPTER 01  위생관리
CHAPTER 02  음료 특성
CHAPTER 03  칵테일 조주
CHAPTER 04  영업장 관리

PART 1

# 핵심이론 + 핵심예제

# CHAPTER 01 위생관리

## 제1절 | 음료 영업장 위생관리

**핵심이론 01** 식품위생

① **식품위생** : '식품의 재배, 생산 또는 제조로부터 최종적으로 고객에게 섭취될 때까지의 모든 단계에서 식품의 안전성, 건전성, 건강성을 확호하기 위한 모든 수단'으로 위해요소를 사전에 방지함으로써 장기적인 안목으로 영업장을 경영하는 것이 바람직하다.

② 음료 영업장의 청결을 위하여 영업 전, 영업 중, 영업 후의 청결상태를 확인하고 조치할 수 있어야 한다.

③ 식품 안전성을 해치는 요인
  ㉠ 부패・변질된 것
  ㉡ 유해・유독물질이 들어 있거나 묻어 있는 것
  ㉢ 병원미생물에 오염된 것
  ㉣ 불결하거나 다른 물질이 혼입된 것

④ 식품의 유해요인
  ㉠ 세균성 식중독 : 특정 세균이 증식한 음식물을 섭취했을 때 일으키는 중독 증상(살모넬라균, 장염, 황색포도상구균, 보툴리누스균 등)
  ㉡ 경구감염병 : 물이나 음식물이 감염의 매체로, 사람에게 여러 가지 질병을 일으키는 것(장티푸스, 파라티푸스, 콜레라, 소아마비 등)
  ㉢ 인수공통감염병 : 동물로부터 사람에게 감염되는 병(탄저, 페스트, 광견병, 우결핵병, 브루셀라증, 야토병, Q열 등)

⑤ 식품에 의한 건강장해 요인
  ㉠ 내인성 : 식품 원재료 자체에 함유되어 있는 유해・유독성분에 의한 자연독으로 복어독, 버섯독, 패류(마비성 조개독, 식물성 알칼로이드, 발암물질 등) 그리고 식이성 알레르기, 항비타민성 물질, 항효소성 물질, 항갑상선 물질 등의 생리적 작용성분이 있다.
  ㉡ 외인성 : 식품 원재료의 재배, 생산, 제조, 유통, 소비과정에서 외부로부터 혼입되거나 이행된 것으로 세균성 식중독, 곰팡이독, 기생충 등과 같은 생물적인 것과 고의적 또는 비고의적으로 첨가하는 식품첨가물과 같은 인위적인 것이 있다.
  ㉢ 유기성 : 식품의 조리과정이나 섭취에 의하여 생체 내에서 생성되는 물질
    • 물리적 작용 : 조사 및 가열에 의한 유지산화
    • 화학적 작용 : 조리 시 가열 분해물
    • 생물적 작용 : 아질산염, 아민, 아마이드(Amide) 반응물 생성 등

⑥ 안전을 위한 기본 원칙
  ㉠ 변패나 부패를 일으키는 미생물에 오염되지 않도록 살균 후 저온에서 보관한다.
  ㉡ 재배, 생산, 가공, 제조, 저장, 조리 등의 과정에서 유독・유해물질의 혼입을 방지한다.
  ㉢ 식품위생법의 기준에 맞게 식품첨가물을 사용한다.
  ㉣ 분변, 농약, 중금속 및 공장 폐수의 오염이 되지 않도록 한다.
  ㉤ 불량・부정식품을 만들지 않는다.

⑦ 합리적인 식품 위생관리의 장점
  ㉠ 식중독 사고 방지 : 세균, 곰팡이, 기생충, 바이러스 등은 식품 위생관리를 통하여 방지할 수 있으므로 식중독 사고를 막기 위해 안전한 식생활 문화를 조성해야 한다.
  ㉡ 저장기간 연장 및 품질 개선 : 부패, 변색, 변취 등을 예방, 식품 폐기 및 판매 손실을 방지할 수 있다.
  ㉢ 품질 개선 및 신뢰도 향상
  ㉣ 식품 관련 법적 규제로 인한 피해 예방
⑧ 식품안전관리인증기준(HACCP ; Hazard Analysis and Critical Control Points)
  ㉠ 위해요소 분석(HA) : 위해 가능성이 있는 요소를 찾아 분석·평가하는 것이다.
  ㉡ 중요관리점(CCP) : 해당 위해요소를 방지·제거하고 안전성을 확보하기 위하여 중점적으로 다뤄야 할 관리점을 말한다.
  ㉢ 일명 "해썹"이라 하며, 식품의 원재료 생산에서 제조, 가공, 보존, 유통단계를 거쳐 최종 소비자가 섭취하기 전까지의 각 단계에서 발생할 우려가 있는 위해요소를 규명하고, 이를 중점적으로 관리하기 위한 중요관리점을 결정하여 체계적이고 효율적인 관리로 식품의 안전성을 확보하기 위한 과학적인 위생관리체계라 할 수 있다.

---

### 핵심예제

**다음 식품위생법상의 식품접객업의 내용으로 틀린 것은?**

[2013년 5회]

① 휴게음식점영업은 주로 빵과 떡 그리고 과자와 아이스크림류 등 과자점 영업을 포함한다.
② 일반음식점영업은 음식류만 조리 판매가 허용되는 영업을 말한다.
③ 단란주점영업은 유흥종사자는 둘 수 없으나 모든 주류의 판매 허용과 손님이 노래를 부르는 행위가 허용되는 영업이다.
④ 유흥주점영업은 유흥종사자를 두거나 손님이 노래를 부르거나 춤을 추는 행위가 허용되는 영업이다.

| 해설 |

휴게음식점영업은 주류 판매를 못하지만 일반음식점영업은 식음료, 즉 주류 판매도 가능하다.
※ 식품위생법 시행령 제21조 참고

정답 ②

## 핵심이론 02 개인위생

① 음식물에 병원성 미생물이나 유해물질이 들어올 수 있는 경로는 사람과 음식물과의 접촉이다.
② 포도상구균은 화상, 여드름, 뾰루지, 외상, 안질환, 귓병이 있는 사람의 피부에 증식하며 세균 생육의 중요한 장소가 된다. 또한 증세를 느끼지 못하는 보균자는 뚜렷한 증세 없이도 음식물을 오염시킬 수 있어 관리가 더욱 어렵다.
③ 건강진단
  ㉠ 「식품위생 분야 종사자의 건강진단 규칙」에서 정하는 바에 따른다.
  ㉡ 매 1년마다 건강진단을 받아야 한다.
  ㉢ 건강진단은 보건소, 종합병원, 병원 또는 의원에서 실시한다.
  ㉣ 건강진단 항목 : 장티푸스, 파라티푸스, 폐결핵
  ㉤ 건강진단 대상자 : 식품 또는 식품첨가물(화학적 합성품 또는 기구 등의 살균·소독제는 제외)을 채취·제조·가공·조리·저장·운반 또는 판매하는 일에 직접 종사하는 영업자 및 종업원. 다만, 완전 포장된 식품 또는 식품첨가물을 운반하거나 판매하는 일에 종사하는 사람은 제외한다.
④ 건강진단서 : 건강진단을 받아야 하는 영업자 및 그 종업원은 영업 시작 전 또는 영업에 종사하기 전에 미리 건강진단을 받아야 한다.

### 핵심예제

식품위생법에 따라 영업자 및 그 종업원이 영업 시작 전 또는 영업에 종사하기 전에 미리 받아야 하는 것은 무엇인가?
① 영업신고서
② 근무계획서
③ 근무스케줄
④ 건강진단서

정답 ④

## 제2절 | 재료·기물·기구 위생관리

### 핵심이론 01 세척과 소독

① 세척 및 소독은 식품 접촉 표면(그릇, 도구, 설비 등)을 통한 교차오염을 예방하고 미생물을 안전한 수준으로 감소시키기 위해 반드시 실시하여야 한다.

② 세 척
  ㉠ 세제를 사용하여 급식기구 및 용기 표면의 음식찌꺼기와 잔여물을 제거하기 위한 작업
  ㉡ 세척제의 용도별 분류 및 사용에 대한 규정

| | |
|---|---|
| 1종 세척제<br>(채소, 과일<br>전용 세제) | • 식기류나 조리기구 세척에도 사용 가능함<br>• 사용할 때에는 세제제 용액에 5분 이상 담그지 말 것<br>• 사용 후에는 반드시 음용수로 씻을 것<br>• 흐르는 물을 사용할 때에는 야채 혹은 과실을 30초 이상, 식기류는 5초 이상 씻음<br>• 흐르지 않는 물을 사용할 때는 물을 교환하여 2회 이상 씻음 |
| 2종 세척제<br>(식기세척기용<br>세제) | • 음식점이나 외식업체의 식기 세척용<br>• 2종은 1종의 용도로 사용하지 못하나, 3종의 용도로는 사용할 수 있음<br>• 사용 후에는 세척제가 잔류하지 않도록 음용수로 씻을 것<br>• 용도 이외로 사용하거나 규정 사용량을 초과하지 말 것 |
| 3종 세척제<br>(주방기구용<br>세제) | • 3종은 1종, 2종의 용도로 사용하지 못함<br>• 사용 후에는 세척제가 잔류하지 않도록 음용수로 씻을 것<br>• 용도 이외로 사용하거나 규정 사용량을 초과하지 말 것 |

출처 : 보건복지부(2006). 세척제의 용도별 분류 및 사용에 대한 규정.

③ 소 독
  ㉠ 급식기구, 용기 및 음식이 접촉되는 표면에 존재하는 미생물을 위생상 안전한 수준으로 감소시키는 것
  ㉡ 소독의 종류 및 방법

| 대 상 | 소독 종류 | 소독방법 |
|---|---|---|
| 식기,<br>행주 | 열탕소독<br>(자비소독) | • 열탕에서는 77℃, 30초 이상<br>• 증기소독기 : 100~120℃에서 10분 이상<br>• 재질에 따른 방법<br>  – 금속재 : 100℃에서 5분, 80℃에서 30분<br>  – 사기, 토기 : 80℃에서 1분<br>  – 천류 : 70℃에서 25분, 95℃에서 10분<br>• 그릇을 포개어 소독할 때에는 시간 연장 |
| 식 기 | 건열소독 | • 160~180℃에서 30~40분간 |
| 작업대,<br>기기,<br>도마,<br>생채소,<br>과일 | 화학소독 | • 염소용액 소독<br>  – 생채소, 과일의 소독 : 100ppm 이상의 염소용액에 5분간 침지 후 흐르는 물에 3회 이상 충분히 세척<br>  – 발판소독조 : 100ppm<br>  – 식품 접촉면의 소독 : 200ppm에서 1분 이상<br>• 아이오딘(요오드) 용액(기구, 용기 소독) : pH 5 이하, 24℃ 이상, 아이오딘 25ppm이 함유된 용액에 최소 1분 침지<br>• 70% 에틸알코올 소독(손, 용기 등) : 분무하여 건조<br>※ 반드시 세척 후 사용 |
| 칼,<br>도마,<br>식기,<br>용기,<br>소도구 | 자외선 소독 | • 살균력이 가장 강한 2,537Å의 자외선에서 30~60분 조사<br>• 기구 등을 포개거나 엎어서 살균하지 말고 자외선이 바로 닿도록 배치<br>• 자외선은 빛이 닿는 부분만 살균됨에 유의 |

출처 : 식품의약품안전처(2006). 소독의 종류 및 방법.

④ 자외선 살균
　㉠ 자외선은 1801년 독일의 화학자 J. W. 리터가 자외선이 가지는 사진작용에서 처음 발견하였다. 자외선은 파장이 약 397~10nm인 전자기파의 총칭으로, 극단적으로 파장이 짧은 자외선은 X선과 거의 구별되지 않는다. 즉 자외선(UV Light)은 가시광선의 파장(400nm)보다는 짧고, X선(100nm)보다는 긴 파장을 가진 전자 방사선을 말한다.
　㉡ 적외선을 열선이라 하는 반면, 자외선은 화학작용이 강하므로 화학선이라고 하기도 한다.
　㉢ 모든 균종에 대해서 유효하며, 약물이나 가열 등에 의한 살균방법과 달리 피조사물에 거의 변화를 주지 않는다.
　㉣ 사용방법이 간단하고 경제적이며, 공기와 물의 살균에 가장 적당하다.
　㉤ 눈과 피부에 유해하기 때문에 안전상의 주의를 필요로 한다.

⑤ 조주기구의 살균 · 소독
　식기 세정은 손으로 씻는 방법과 식기세척기를 이용하는 방식이 있다.
　㉠ 수작업 세척 시 조리용 싱크대가 아닌 식기세척용 싱크대를 사용한다.
　㉡ 애벌 세척 – 세척 – 헹굼 – 살균 · 소독 – 건조 · 보관의 5단계로 진행한다.

---

**핵심예제**

**1-1. 다음은 재료, 기물, 기구의 세척과 소독에 관한 설명이다. 틀린 것은 무엇인가?**
① 식기류는 반드시 화학소독을 해야 한다.
② 세척 및 소독의 목적은 식품 접촉 표면을 통한 교차오염을 예방하기 위함이다.
③ 식기 세척용 세제는 2종 세척제가 사용된다.
④ 2종 세척제는 1종의 용도로 사용하지 못하나 3종의 용도로는 사용할 수 있다.

**1-2. 다음 세척에 대한 설명 중 잘못된 것은?**
① 세제를 사용하여 기구 및 용기 표면의 찌꺼기와 잔여물을 제거하는 작업이다.
② 사용 후에는 반드시 음용수로 씻어야 한다.
③ 1종 세척제는 주방기구용 세제를 말한다.
④ 주방기구용 세제는 다른 용도(채소, 과일, 식기세척기용)로 사용하지 못한다.

**1-3. 다음은 소독에 관한 설명이다. 틀린 것은 무엇인가?**
① 기구 및 용기에 접촉되는 표면에 존재하는 미생물을 위생상 안전한 수준으로 감소시키는 것이다.
② 화학소독을 한 뒤에는 반드시 세척하여 사용해야 한다.
③ 모든 균종에 유효하며 피조사물에 거의 변화를 주지 않는다.
④ 자외선 소독할 때는 물기가 잘 빠지도록 엎어서 살균한다.

|해설|
1-1
식기류는 열탕소독(자비소독), 건열소독을 해야 한다.
1-2
1종 세척제는 채소, 과일 전용 세제를 말한다.
1-3
자외선은 빛이 닿는 부분만 살균되므로 포개거나 엎어서 살균하지 말아야 한다.

정답 1-1 ① 1-2 ③ 1-3 ④

### 핵심이론 02 음료 영업장 법적 안전관리기준

① **다중이용업소** : 휴게음식점영업, 단란주점영업, 유흥주점영업, 비디오물 소극장업, 복합영상물 제공업 등 불특정 다수인이 이용하며, 영업 중 화재 등 재난 발생 시 생명, 신체, 재산상의 피해가 높은 곳으로서 「다중이용업소의 안전관리에 관한 특별법」 시행령 제2조(다중이용업)에서 정의한 영업을 하는 업소를 말한다.
  ㉠ 음료 영업장은 다중이용업소에 속한다.
  ㉡ 비상 피난안내도가 부착되어 있어야 한다.

② 비상 피난안내도 설치 기준(다중이용업소의 안전관리에 관한 특별법 시행규칙 별표2의2)

| 구 분 | 기 준 |
|---|---|
| 비치 대상 | 다중이용업의 영업장(다만, 다음의 경우는 제외 가능)<br>• 영업장으로 사용하는 바닥 면적의 합계가 33m² 이하인 경우<br>• 영업장 내 구획된 실이 없고, 영업장 어느 부분에서도 출입구 및 비상구를 확인할 수 있는 경우 |
| 비치 위치 | 다음 어느 하나에 해당하는 위치에 모두 설치<br>• 영업장 주출입구 부분의 손님이 쉽게 볼 수 있는 위치<br>• 구획된 실의 벽, 탁자 등 손님이 쉽게 볼 수 있는 위치 |
| 안내 내용 | 피난안내도에 포함되어야 할 내용<br>• 화재 시 대피할 수 있는 비상구 위치<br>• 구획된 실 등에서 비상구 및 출입구까지의 피난 동선<br>• 소화기, 옥내소화전 등 소방시설의 위치 및 사용방법<br>• 피난 및 대처방법 |
| 설치 기준 | 피난안내도의 크기 및 재질<br>• 크기 : B4(257mm × 364mm) 이상[다만, 각 층별 영업장의 면적 또는 영업장이 위치한 층의 바닥 면적이 각각 400m² 이상인 경우에는 A3(297mm × 420mm) 이상]<br>• 재질 : 코팅 처리한 종이, 아크릴, 강판 등 |

※ 2015년 1월부터는 영어를 포함한 외국어도 병행해서 표기해야 한다.

③ 다중이용업소 소방시설 설치 기준

| 구 분 | 기 준 |
|---|---|
| 소화기 | 영업장 안의 구획된 실(룸)마다 한 개씩 설치한다. |
| 자동확산 소화용구 | 다중이용업소 주방 가스레인지 상부 및 보일러실 천장에 설치한다(자동확산 소화용구는 10m² 이상이면 두 대 설치). |
| 간이 스프링클러 설비 | 지하층 바닥 면적 150m² 이상일 경우 설치한다. |
| 유도등, 유도표지, 비상조명 등 | 주출입구 및 비상구에 유도등을 설치한다. 구획된 실에는 유도등, 유도표지, 비상조명 등 중 하나를 설치한다. |
| 휴대용 비상조명등 | 영업장 안의 구획된 실(룸)마다 한 개씩 설치한다. |
| 피난기구 | 위치, 구조에 따라 적정 기구를 비치한다. |
| 비상벨 설비, 비상 방송 설비, 단독 경보형 감지기(연동) | 구획된 실에는 비상벨 설비, 비상 방송 설비, 단독 경보형 감지기(연동) 중 하나를 설치한다. |
| 가스 누설 경보기 | 가스 사용 주방 또는 가스 사용 난방시설 장소에 설치한다. |

㉠ 소화기 점검·확인 요령
  • 소화기는 눈에 잘 띄고 통행에 지장을 주지 않으며 습기가 적고 건조하여 서늘한 곳에 설치한다.
  • 유사시에 대비하여 수시로 점검하여 파손, 부식 등을 확인한다.

㉡ 소화기 비치 요령
  • 소방 대상물의 각 부분으로부터 보행거리 20m 이내에 하나씩 비치한다. 바닥에 받침대 위에 올려놓거나 벽에 걸어 놓아 눈에 잘 띄도록 한다.
  • 불이 나면 대피할 것을 고려, 문 가까운 곳에 비치한다. 물이 닿는 곳, 30℃ 이상 더운 곳에 놓아서는 안 된다.

④ 다중이용업소 방화시설 설치 기준

| 구 분 | 기 준 |
| --- | --- |
| 비상구 | • 대상 : 다중이용업소 영업장마다 한 개 이상 설치한다.<br>• 위치 : 주출입구와 반대 방향에 설치, 불가피한 경우 영업장의 장변 길이 1/2 이상 이격된 곳에 설치한다.<br>• 크기 : 가로 0.75m × 세로 1.5m 이상<br>• 문의 재질 : 방화문(주요 구조부가 내화구조인 경우), 불연재료 문(주요 구조부가 내화구조가 아닌 경우, 건축법상의 방화 구획과 관계가 없는 경우, 문이 지표면과 접히는 경우)<br>• 비상구 확보방법(계단이 1개소인 경우) : 2~4층은 부속실 또는 발코니 설치 + 피난기구, 5층 이상은 계단을 설치한다. |
| 복층 구조 영업장 비상구 | • 각 층마다 영업장 외의 계단 등으로 피난할 수 있는 비상구를 설치한다.<br>• 비상구 문은 방화문 구조로 설치한다.<br>• 비상구 문 열림 방향은 실내에서 외부로 열리는 구조로 설치한다. |
| 방화 구획 | • 보일러실과 영업장 사이의 출입문은 방화문으로 설치한다.<br>• 보일러실과 영업장 사이 개구부에는 자동 방화 댐퍼(Damper)를 설치한다. |
| 피난 유도선 | 영업장 안에 복도, 통로가 있는 경우 설치한다. |

## 제3절 | 주류 판매 관련 법규

### 핵심이론 01 주세법상 용어의 정의

① 주세법 : 주류(酒類)에 대한 조세를 부과하기 위하여 제정된 법률로, 주세의 과세 요건 및 절차를 규정함으로써 주세를 공정하게 과세하고, 납세의무의 적정한 이행을 확보하며, 재정수입의 원활한 조달에 이바지함을 목적으로 한다.

② 주 류
  ㉠ 주정(酒精) : 희석하여 음용할 수 있는 에틸알코올을 말하며, 불순물이 포함되어 있어서 직접 음용할 수는 없으나 정제하면 음용할 수 있는 조주정(粗酒精)을 포함한다.
  ㉡ 알코올분 1도 이상의 음료 : 용해하여 음용할 수 있는 가루 상태인 것을 포함하되, 「약사법」에 따른 의약품 및 알코올을 함유한 조미식품으로서 대통령령으로 정하는 것은 제외한다.
  ㉢ 주류에는 「식품위생법」이나 그 밖에 대통령령으로 정하는 위생 관계 법령에 위반되는 유해한 성분이 포함되어서는 아니 된다.

③ 알코올분 : 전체 용량에 포함되어 있는 에틸알코올(15℃에서 0.7947의 비중을 가진 것)을 말한다.

• 알코올분의 도수 : 온도 15℃에서 전체 용량 100분(分) 중에 포함되어 있는 알코올분의 용량으로 한다.
  예 40% 또는 40도라고 하는 것은 알코올분이 점유하고 있는 용적이 40/100이라는 것이다.
• 미국의 단위 : 프루프(proof)
  온도 60°F(15.6℃)에서의 물을 0으로 하고 순수 에틸알코올을 200proof로 한다. 우리나라에서 쓰고 있는 주정도를 2배로 한 숫자이며, 즉 100proof는 주정도 50%라는 의미이다.
  예 버번위스키 86proof는 우리나라에서 43%가 된다.

④ 밑술 : 효모를 배양·증식한 것으로서 당분이 포함되어 있는 물질을 알코올 발효시킬 수 있는 재료를 말한다.

⑤ 술 덧
   ㉠ 술밑에 누룩을 넣은 때부터 주류를 제성(製成 : 조제하여 만듦)하거나 증류(蒸溜)하기 직전까지의 상태에 있는 재료를 말한다.
   ㉡ 항아리나 용기 안에서 발효되고 있는 술을 이르는 말이다.

⑥ 주조연도 : 매년 1월 1일부터 12월 31일까지의 기간을 말한다.

⑦ 전통주
   ㉠ 「무형유산의 보전 및 진흥에 관한 법률」에 따라 인정된 주류 부문의 국가무형유산 보유자 및 주류 부문의 시·도무형유산 보유자가 제조하는 주류
   ㉡ 「식품산업진흥법」에 따라 지정된 주류 부문의 대한민국식품명인이 제조하는 주류
   ㉢ 「농업·농촌 및 식품산업 기본법」에 따른 농업경영체 및 생산자단체와 「수산업·어촌 발전 기본법」에 따른 어업경영체 및 생산자단체가 직접 생산하거나 주류제조장 소재지 관할 특별자치시·특별자치도 또는 시·군·구(자치구) 및 그 인접 특별자치시 또는 시·군·구에서 생산한 농산물을 주원료로 하여 제조하는 주류로서 「전통주 등의 산업진흥에 관한 법률」에 따라 특별시장·광역시장·특별자치시장·도지사·특별자치도지사의 추천을 받아 제조하는 주류

※ 국회정보시스템(http://likms.assembly.go.kr)에 주세법을 검색하면 다양하고 전문적인 주세 관련 법규 내용을 확인할 수 있다.

---

**핵심예제**

우리나라 주세법상 탁주와 약주의 알코올 도수 표기 시 허용 오차는? [2015년 1회]

① ±0.1%  ② ±0.5%
③ ±1.0%  ④ ±1.5%

| 해설 |

**주류의 알코올분 도수(주세법 시행령 별표2)**
주류의 알코올분 도수는 최종제품에 표시된 알코올분 도수의 0.5도까지 그 증감을 허용하되, 살균하지 않은 탁주·약주는 추가로 0.5도까지 증가를 허용한다.

정답 ③

## 핵심이론 02 주류의 종류

① 주정
  ㉠ 녹말 또는 당분이 포함된 재료를 발효시켜 알코올분 85도 이상으로 증류한 것
  ㉡ 알코올분이 포함된 재료를 알코올분 85도 이상으로 증류한 것

② 발효주류
  ㉠ 탁주(濁酒) : 맑은 술을 떠내지 않고 그대로 걸러서 빛깔이 탁하고 알코올 성분이 적다. 막 거른 술이라 하여 막걸리, 빛깔이 희다고 하여 백주, 집마다 담그는 술이라 하여 가주, 특히 농가에서 필수적인 술이라 하여 농주 등으로 불린다.
  ㉡ 약주(藥酒) : 전분질 원료와 국(麴)을 주원료로 하여 발표시킨 술덧을 여과하여 제성한 것을 말한다. 일명 맑은 술이라 한다.
  ㉢ 청주(淸酒) : 탁주를 담근 후 용수를 이용해 자연적으로 침전시키거나 걸러낸 맑은 술로 전통 방식으로 양조되어 주로 상류층이 즐기던 고급 양조주이다. 알코올 도수는 약 13~18%이다.
  ㉣ 맥주(麥酒) : 맥아 또는 맥아와 전분질 원료, 홉 등을 주원료로 하여 발효시켜 여과, 제성한 것을 말한다.
  ㉤ 과실주(果實酒) : 과실 또는 과즙을 주원료로 하여 발효시킨 술덧을 여과, 제성한 것 또는 발효과정에 과실, 당질 또는 주류 등을 첨가한 것을 말한다.

③ 증류주류
  ㉠ 소주 : 전분질을 원료로 발효시켜 증류·제성한 것 또는 주정을 물로 희석하거나 이에 주류나 곡물 주정을 첨가한 것으로, 불휘발분이 2도 미만이어야 한다.
  ㉡ 위스키 : 전분질 원료를 당화, 발효, 증류, 숙성과정을 거쳐 만든 강한 술
  ㉢ 브랜디 : 과실을 발효 증류 또는 주류 등에 첨가한 술
  ㉣ 일반 증류주 : 주정, 소주, 위스키, 브랜디 이외의 주류
  ㉤ 리큐르

④ 기타 주류
  ㉠ 용해하여 알코올분 1도 이상의 음료로 할 수 있는 가루상태인 것
  ㉡ 발효에 의하여 제성한 주류로서 ②에 따른 주류 외의 것
  ㉢ 쌀 및 입국(粒麴 : 쌀에 곰팡이류를 접종하여 번식시킨 것)에 주정을 첨가해서 여과한 것

# CHAPTER 02 음료 특성

PART 01 핵심이론 + 핵심예제

## 제1절 | 음료 분류

### 핵심이론 01 음료의 분류

① 알코올 음료(Alcoholic Beverage) : 통상적으로 '술'이라 칭하고 농산물을 비롯한 인간이 먹을 수 있는 것을 원료로 하여 만드는 것을 원칙으로 한다. 즉, 전분(곡류), 당분(과실), 기타(당밀) 원료 등을 미생물의 발효작용 및 증류시켜 만든 1% 이상의 알코올 성분이 함유된 음료를 술(Alcoholic Beverage=Hard Drink)이라 한다.

※ 주세법상 정의 : 우리나라 주세법상 알코올 도수 1% 이상(국제법은 0.5%)의 음료로 용해하여 음용할 수 있는 가루 상태의 것을 포함하지만 약사법 규정에 따른 의약품으로서 알코올 도수 6% 미만인 것은 제외한다.

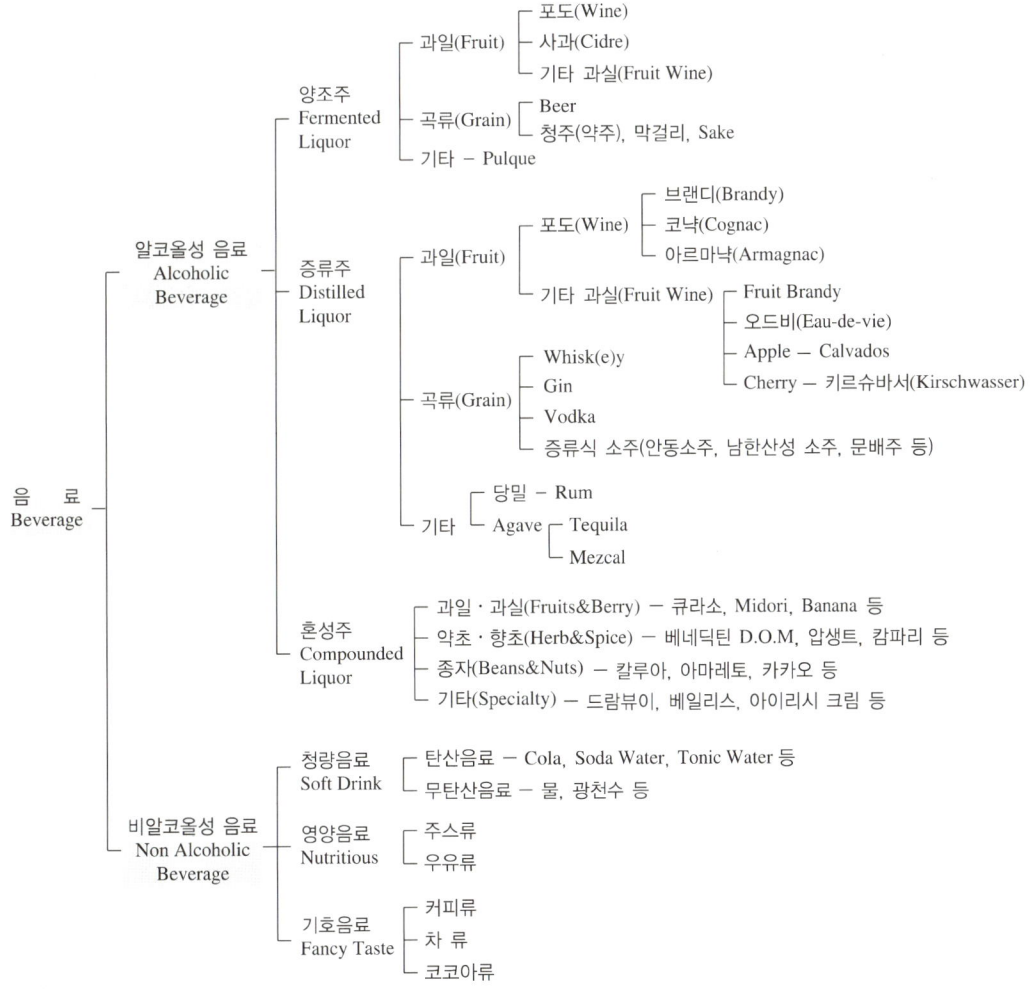

[음료의 분류]

㉠ 양조주(釀造酒, Fermented Liquor) : 효모의 활동에 따라 당질 원료나 전분질 원료가 에틸알코올과 탄산가스를 생성하는 과정에서 만들어진 알코올 음료 → 12쪽 참고
㉡ 증류주(蒸溜酒, Distilled Liquor) : 높은 알코올 농도를 얻기 위해 양조한 술을 증류해서 만든 술 → 37쪽 참고
㉢ 혼성주(混成酒, Compounded Liquor) : 증류주 또는 양조주에 맛, 향, 색, 당분을 가해서 만든 술 → 57쪽 참고
② 비알코올 음료(Non-Alcoholic Beverage) : 청량음료, 영양음료, 기호음료

### 핵심예제

**1-1. 음료류와 주류에 대한 설명으로 틀린 것은?** [2013년 2회]
① 맥주에서는 메탄올이 전혀 검출되어서는 안 된다.
② 탄산음료는 탄산가스압이 $0.5kg/cm^2$인 것을 말한다.
③ 탁주는 전분질 원료와 국을 주원료로 하여 술덧을 혼탁하게 제성한 것을 말한다.
④ 과일, 채소류 음료에는 보존료로 안식향산을 사용할 수 있다.

**1-2. 다음 중 비알코올성 음료의 분류가 아닌 것은?**
[2015년 5회]
① 기호음료
② 청량음료
③ 영양음료
④ 유성음료

|해설|

1-1
모든 에탄올에 메탄올이 극소량 함유되어 있다. 법적으로 약 0.1% 이하로 함유되어 있어야 주류로 허가가 난다.

1-2
비알코올성 음료는 청량음료, 영양음료, 기호음료로 구분되며, 유성음료(乳性飮料)는 영양음료의 범주에 들어간다.

정답 1-1 ① 1-2 ④

## 제2절 | 양조주 특성

### 2-1. 양조주의 개념

**핵심이론 01** 양조주의 정의

① 양조주(釀造酒, Fermented Liquor) : 과일이나 곡류 및 기타 원료에 들어 있는 당분이나 전분을 당화시켜 미생물의 작용에 의해 에틸알코올과 이산화탄소를 생성하는 과정으로 만들어진 알코올 음료이다. 발효주(醱酵酒)라고도 부른다.
㉠ 과실류(포도당, 과당) : 포도주, 과실주
 • 단발효 : 과일의 과즙을 효모가 발효시켜 만들어진 대표적인 술로 와인이 있다.
㉡ 곡류(전분질) : 맥주, 청주, 사케, 백주 등
 • 단행 복발효 : 보리에 싹을 낸 맥아를 당화시킨 후 효모를 넣어 발효시킨 술로 맥주가 있다.
 • 병행 복발효 : 곡물에 미생물의 효소를 이용하여 당화와 발효가 동시에 진행되어 만들어진 술로 막걸리, 청주, 사케, 백주 등이 있다.
㉢ 그 외 벌꿀로 만든 미드(Mead), 배로 만든 페리(Perry), 멕시코 용설란(Agave)으로 만든 풀케(Pulque), 야자열매의 즙을 발효시켜 만든 토디(Toddy) 등이 있다.
② 양조주의 특징
㉠ 과실주 : 당분을 가지고 있기 때문에 미생물이 쉽게 자리를 잡아 술을 만들기가 쉽다.
㉡ 곡류 : 당분이 전분으로 변형된 상태이기 때문에 그대로 술이 되기는 힘들어 당화과정이 꼭 필요하며 이에 따라 발효방식도 달라진다.
㉢ 전분당화효소인 디아스타제(Diastase)로 당화시키고 효모인 이스트(Yeast)를 작용시켜 알코올과 탄산가스를 만든다.
 • Diastase + Yeast = Ethyl Alcohol + $CO_2$

③ 양조주의 장단점 : 알코올 도수가 낮고 맛과 향이 살아 있어 맛있다. 그러나 장기보관이 어려워 선입선출(FIFO)에 주의해야 한다.

### 핵심예제

**1-1. 다음 중 양조주의 설명으로 틀린 것은?** [2019년 1회]
① 알코올 도수가 낮고 맛과 향이 살아 있어 맛있다.
② 장기보관이 가능하다.
③ 선입선출(FIFO)에 주의해야 한다.
④ 각 지역마다 나라마다 다양한 종류가 있다.

**1-2. 다음 중 단발효법으로 만들어진 것은?** [2013년 5회]
① 맥 주
② 청 주
③ 포도주
④ 탁 주

**1-3. 다음 중 양조주에 대한 설명이 옳지 않은 것은?** [2013년 4회]
① 맥주, 와인 등이 이에 속한다.
② 증류주와 혼성주의 제조원료가 되기도 한다.
③ 보존기간이 비교적 짧고 유통기간이 있는 것이 많다.
④ 발효주라고도 하며, 알코올 발효는 효모에 의해서만 이루어진다.

**1-4. 곡류를 원료로 만드는 술의 제조 시 당화과정에 필요한 것은?** [2012년 4회]
① Ethyl Alcohol
② $CO_2$
③ Yeast
④ Diastase

|해설|

**1-1**
양조주는 알코올 도수가 낮아 장기보관이 힘들다(와인의 경우 예외는 있음).

**1-3**
양조주는 과일이나 곡류 및 기타 원료에 들어 있는 당분이나 전분을 당화시켜 미생물의 작용에 의해 에틸알코올과 이산화탄소를 생성하는 과정으로 만들어진 알코올 음료이다.

**1-4**
전분당화효소인 다이아스타제(Diastase)로 당화시킨다.

정답 1-1 ② 1-2 ③ 1-3 ④ 1-4 ④

## 2-2. 와 인

### 핵심이론 01 와인의 정의 및 역사

① 어원 : 와인의 어원은 라틴어 '비넘(Vinum)'으로 '포도를 발효시킨 술'이라는 뜻이다. 영어로는 와인(Wine), 프랑스어로 뱅(Vin), 독일어로 바인(Wein), 이탈리아, 스페인어로는 비노(Vino), 포르투갈에서는 비뇨(Vinho)라고 부른다.

② 정 의
　㉠ 넓은 의미의 와인이란 각종 과실이나 쌀, 보리 등의 곡류를 발효시켜 만든 알코올을 함유한 음료를 말하지만, 일반적으로 신선한 포도로 만든 알코올 음료를 말한다.
　㉡ 포도 이외의 다른 재료를 사용하면 와인 앞에 사용된 재료의 이름을 표기하면 된다.
　　예 막걸리, 청주를 영어로 라이스 와인(Rice Wine)으로 표기할 수 있음

③ 성 분
　㉠ 물이 전혀 들어가지 않은 유기산, 무기질 등이 파괴되지 않은 포도 성분
　㉡ 수분 85%, 알코올 9~13%, 나머지는 당분, 비타민, 유기산, 각종 미네랄, 폴리페놀(항산화물질 중 하나) 등

④ 와인의 품질 : 포도가 자란 지역의 토질, 기후, 강수량, 일조시간 등 자연적인 환경요소들[테루아(Terroir)]과 인위적인 조건인 포도 재배방법, 그리고 양조법에 따라 달라진다. 그래서 나라마다, 지방마다 다양한 와인이 탄생한다.

⑤ 원산지 : 포도나무 원산지는 흑해와 카스피해 사이의 소아시아 지방(현재 그루지아와 아르메니아 지역)이다.

⑥ 전파 : 와인은 서쪽으로는 페니키아인에 의해 그리스를 통해 지중해 지역국가인 로마, 고대 이집트로 전파되어 로마가 융성해짐에 따라 기원전 6세기경부터 로마제국의 지배지역인 프랑스, 벨기에 지역으로 퍼져 나갔고, 동쪽으로는 인도를 통해 중국, 한국 등 아시아 지역으로 전파되었다.

### 핵심예제

**1-1. 다음 중 와인의 특징 및 품질을 결정하는 요소가 아닌 것은?** [2019년 2회]

① Terroir
② Water
③ Grape
④ Skill

**1-2. 와인 양조 시 1%의 알코올을 만들기 위해 약 몇 그램의 당분이 필요한가?** [2013년 1회]

① 1g/L
② 10g/L
③ 16.5g/L
④ 20.5g/L

**1-3. 다음 중 와인의 품질을 결정하는 요소로 가장 거리가 먼 것은?** [2012년 5회]

① 환경요소(Terroir, 테루아)
② 양조기술
③ 포도 품종
④ 부케(Bouquet)

|해설|

1-1
와인은 물이 한 방울도 들어가지 않는다.

1-2
와인 1L당 17(16.5)g의 당분은 1%의 알코올을 만든다.

정답 1-1 ② 1-2 ③ 1-3 ④

## 핵심이론 02 와인의 분류

① 색에 따른 분류

㉠ 레드 와인(Red Wine) : 양조용 적포도로 만들며 포도 씨와 껍질을 그대로 함께 넣어 발효시킴으로 포도 껍질의 안토시안으로 인해 붉은색을 띤다. 또한 씨와 껍질에 들어 있는 타닌(Tannin) 성분까지 함께 추출되므로 떫은맛이 난다. 포도 품종에 따라, 껍질과 씨를 얼마 동안 발효했는지에 따라 레드 와인의 맛이 결정된다. 일반적인 알코올 도수는 10~14% 정도이며, 타닌 성분으로 인해 약 16~18℃의 온도에서 마셔야 제맛이 나고 차가울수록 타닌 성분의 쓴맛이 난다.

㉡ 화이트 와인(White Wine) : 청포도로 만들며 지역에 따라 적포도의 껍질과 씨를 제거해서 만들기도 한다. 포도를 으깬 뒤 바로 압착하여 나온 주스를 발효시킨 와인이다. 포도 알맹이에 있는 유기산으로 인해 상큼하고, 타닌 성분이 적어 부드럽고 과일향이 풍부하다. 일반적인 알코올 도수는 9~13% 정도이며 차갑게(약 7~10℃) 마셔야 제맛이 난다. 그러나 지나치게 차게 하면 미각을 마비시키고 화이트 와인에 포함되어 있는 산과 향 성분에 영향을 주어 제맛을 느낄 수 없다.

㉢ 로제 와인(Rose Wine) : 핑크색을 띠고 있는 로제 와인은 적포도로 만들기는 하지만 레드 와인과 같이 포도 껍질을 같이 넣고 발효시키다가 어느 정도 시간이 지나서 원하는 색이 우러나면 껍질을 제거한 채 과즙만을 가지고 와인을 만들거나 또는 레드 와인과 화이트 와인을 섞어서 만든다. 보존기간이 짧아 오래 숙성하지 않고 마시는 것이 좋으며 맛으로 보면 화이트 와인에 가까워 차갑게 마시는 것이 좋다.

② 알코올 첨가 유무에 따른 분류
  ㉠ 포티파이드 와인(Fortified Wine) : 주정 강화 와인 또는 알코올 강화 와인이라고 한다. 발효시킨 와인이나 발효 중인 와인에 브랜디를 첨가하여 발효를 정지시키면 당분이 남아 있어 단맛이 있으면서 알코올 도수가 높은 강화 와인이 만들어진다. 대표적인 예로 포르투갈의 포트 와인(Port Wine)과 스페인의 셰리 와인(Sherry Wine)을 들 수 있다. 이 밖에 포르투갈의 마데이라(Madeira), 이탈리아 시칠리아섬의 마르살라(Marsala)가 있다.
  ㉡ 언포티파이드 와인(Unfortified Wine) : 일반적인 와인을 말하며 순수한 포도만을 발효시켜서 만든 보통 와인을 말한다.

③ 맛에 따른 분류
  ㉠ 스위트 와인(Sweet Wine) : 1L당 포도당의 함량이 18g 이상으로, 당 함량이 2% 이상이다. 마셨을 때 달다고 느껴지는 와인으로 식후 디저트 와인으로 많이 마신다. 주로 화이트 와인에 해당되며, 와인을 발효시킬 때 포도 속의 천연 포도당을 완전히 발효시키지 않고 일부 당분이 남아 있는 상태에서 발효를 중지시켜 만든 와인이다.
    • 귀부와인 : 귀부병(Noble Rot)은 보트리티스 시네레아(*Botrytis cinerea*)균에 의한 감염으로 고귀한 부패, 즉, 귀하게 썩은 포도라 할 수 있다. 귀부병은 독일어로 에델포일레(Edelfaule), 프랑스어로 푸리튀르 노블레(Pourriture Noble), 일본어로 귀부(貴腐)라 한다. 수확시기가 늦어지거나, 특이한 기후의 혜택으로 습한 날씨와 건조한 날씨가 교차하면서 포도알에 번식하는 미세한 곰팡이의 생육으로 포도의 수분을 증발시켜 포도즙의 당도가 높아져 특별한 향기가 형성된다. 향은 귤 껍질이나 마른 살구, 꿀향이 나며 맛은 달콤하면서 기름지듯 부드럽다. 프랑스 소테른(Sauternes) 와인, 헝가리 토카이(Tokay) 와인, 그리고 독일의 트로켄베렌아우스레제(Trockenbeerenauslese) 등이 있다.
    • 레이트 하비스트(Late Harvest) : 수확시기를 늦춰서 당도를 높인 다음 수확하여 발효한 와인이다.
    • 독일의 QmP(Qualitätswein mit Prädikat) : 당분이 풍부한 포도만을 원료로 만든 상급의 와인으로 포도의 수확시기를 조절하여 와인을 만든다.
    • 그 밖에도 발효 시 설탕을 첨가하여(보당) 나오는 와인이 있지만 이는 북유럽 등 포도가 충분히 익지 않아 원하는 알코올을 얻지 못할 때 알코올 도수를 높이기 위한 것이지 감미의 목적이 아니다.
  ㉡ 드라이 와인(Dry Wine) : 발효과정에서 포도당이 모두 발효되어 단맛이 없는 와인을 말한다. 보통 식전주로 많이 사용한다. 드라이 셰리(Dry Sherry)가 대표적이다.
  ㉢ 미디엄 드라이 와인(Medium Dry Wine) : 드라이한 맛과 스위트한 맛 중간 정도의 맛을 느낄 수 있는 와인을 말한다.

④ 탄산가스 유무에 따른 분류
  ㉠ 스파클링 와인(Sparkling Wine) : 발포성 와인으로 발효과정에서 자연적으로 만들어진 탄산가스가 함유된 와인이 있고, 발효가 끝난 와인을 병에 담아 당분과 효모를 첨가해 병 속에서 2차 발효를 일으켜 와인이 발포성을 가지도록 한 것이 있다. 프랑스 샹파뉴 지방에서 만든 스파클링 와인을 영어로 샴페인(Champagne)이라 한다.
    • 크레망(Cremant) : 가스의 압력이 3.5~4기압이다.
      ※ 샴페인의 내부 압력 : 6기압
    • 뱅무세(Vin Mousseux) : 샴페인과 크레망을 제외한 나머지 프랑스 지역의 스파클링 와인
    • 젝트(Sekt) : 독일의 스파클링 와인

- 스푸만테(Spumante) : 이탈리아의 스파클링 와인
- 카바(Cava) : 스페인의 스파클링 와인

ⓒ 스틸 와인(Still Wine) : 일반 와인으로 비발포성 와인을 말한다. 포도가 발효되는 과정 중에 발생되는 탄산가스를 제거한 와인으로 대부분의 와인이 여기에 속한다.

⑤ 식사 용도에 따른 분류

㉠ 아페리티프 와인(Aperitif Wine) : 본격적인 식사를 하기 전에 식욕을 돋우기 위해 마시는 와인이다. 산뜻한 맛에 감미가 없는 와인으로 드라이 셰리(Dry Sherry), 샴페인(Champagne), 베르무트(Vermouth) 등이 좋다.

㉡ 테이블 와인(Table Wine) : 식사와 곁들여 마시는 와인으로 음식과 힘께 조화가 잘 이뤄지면 음식과 와인의 맛이 배가 된다. 일반적으로 육류 요리에는 레드 와인을, 생선 요리에는 화이트 와인이 잘 어울린다.

㉢ 디저트 와인(Dessert Wine) : 식사 후 입안을 개운하게 하고 소화 촉진과 디저트와의 조화를 위해 마시는 와인이다. 당도가 높은 스위트 와인이 잘 어울리며, 포트 와인(Port Wine), 크림 셰리(Cream Sherry), 소테른(Sauternes), 바작(Barsac), 아우스레제(Auslese), 트로켄베렌아우스레제(Trockenbeerenauslese), 아이스바인(Eiswein, Ice Wine) 등이 있다.

⑥ 가향 유무에 따른 분류 : 와인의 발효 전이나 후에 브랜디나 당분을 섞고, 향쑥, 용담, 키니네, 창포뿌리 등의 약초나 향료를 첨가시켜 향을 강화시킨 와인으로 베르무트(Vermouth)가 대표적이다. 식전에 식욕을 촉진하기 위하여 아페리티프 와인(Aperitif Wine)으로 만든 것이지만 칵테일 재료로 널리 쓰인다. 알코올은 18% 내외이다.

> [베르무트]
> 어원은 독일명 베르무트(Vermut)에서 유래한다. 뜻은 향쑥(Worm Wood)을 의미한다. 이탈리아 유형의 진자노(Cinzano)와 프랑스 유형인 마티니(Martini), 노일리 프래트(Noilly Prat) 등이 유명하다.

### 핵심예제

**2-1. 와인을 마시기 전 실내온도와 일정한 온도를 유지하도록 실내에 비치하는 것을 무엇이라 하는가?** [2019년 1회]

① 샹브레(Chambrer)
② 샹델(Chandelle)
③ 샤르마(Charmat)
④ 샤르뉘(Charnu)

**2-2. 와인의 발효 전이나 후에 브랜디나 당분을 섞고, 약초나 향초를 첨가하여 향을 강화시킨 와인으로 아페리티프 와인(Aperitif Wine)으로 만든 것이지만 칵테일 재료로 널리 쓰이는 것은?** [2019년 1회]

① 카바(Cava)
② 젝트(Sekt)
③ 크레망(Cremant)
④ 베르무트(Vermouth)

**2-3. 독일의 스파클링 와인(Sparkling Wine)은?** [2013년 4회]

① 젝트
② 로트바인
③ 로제바인
④ 바이스바인

**2-4. Sherry Wine의 원산지는?** [2013년 4회]

① Bordeaux 지방
② Xeres 지방
③ Rhine 지방
④ Hockheim 지방

**2-5. 와인을 분류하는 방법의 연결이 틀린 것은?** [2013년 1회]

① 스파클링 와인 - 알코올 유무
② 드라이 와인 - 맛
③ 아페리티프 와인 - 식사 용도
④ 로제 와인 - 색깔

**2-6. 감미 와인(Sweet Wine)을 만드는 방법이 아닌 것은?** [2013년 1회]

① 귀부포도(Noble Rot Grape)를 사용하는 방법
② 발효 도중 알코올을 강화하는 방법
③ 발효 시 설탕을 첨가하는 방법(Chaptalization)
④ 햇빛에 말린 포도를 사용하는 방법

| 해설 |

**2-1**
와인은 종류에 따라 적절한 온도를 유지하도록 준비해야 한다. 와인을 급히 차게 하거나 따뜻하게 하면 탁해지거나 변질되기 때문에 식탁에 놓기 전 와인 저장고에서 실내로 옮겨 서서히 실온에 익숙해지도록 하는 것이다.

**2-2**
①, ②, ③은 스파클링 와인이다.

**2-5**
와인의 분류
- 색에 따른 분류 : 레드 와인, 화이트 와인, 로제 와인
- 알코올 첨가 유무에 따른 분류 : 포티파이드 와인, 언포티파이드 와인
- 맛에 따른 분류 : 스위트 와인, 드라이 와인, 미디엄 드라이 와인
- 탄산가스 유무에 따른 분류 : 스파클링 와인, 스틸 와인
- 식사 용도에 따른 분류 : 아페리티프 와인, 테이블 와인, 디저트 와인

정답 2-1 ① 2-2 ④ 2-3 ① 2-4 ② 2-5 ① 2-6 ③

## 핵심이론 03 와인의 제조과정

① 포도의 성분
  ㉠ 수분 : 70~85%
  ㉡ 당분 : 10~25%(과당, 포도당)
  ㉢ 유기산류(주석산, 구연산, 사과산) : 소량

② 와인의 성분
  ㉠ 수분 : 80~90%
  ㉡ 과당, 포도당 : 소량
  ㉢ 에틸알코올 : 6.5~15% 미만
  ㉣ 페놀류(안토시안, 타닌 등) : 소량
    ※ 이 성분으로 와인이 건강에 좋다고 알려져 있음
  ㉤ 유기산류(주석산, 구연산, 사과산 등) : 소량

③ 당분과 알코올의 상호관계
  ㉠ 1%의 알코올을 만들기 위해서는 약 1.8%의 당분(약 17~19g)이 필요하다.
  ㉡ 알코올은 당분의 55%의 비율로 생성된다.

④ 포도의 당분 함유량 : 당분은 발효에 의해서 알코올로 전환된다. 만들려고 하는 와인 스타일에 맞는 당도가 되었을 때 포도를 수확한다.

⑤ 당분 측정방법
  ㉠ 보메(BAUME)
    - 프랑스를 비롯한 유럽 국가, 호주에서 사용한다.
    - 과즙에 포함된 당분을 전부 다 발효시켰을 때의 알코올 도수와 거의 일치한다.
  ㉡ 웩슬레(öechsle)
    - 독일에서 사용한다.
    - 과즙액과 물의 비중의 차이를 측정한 값이다.
      예 과즙 1,000mL의 중량이 1,090g이라면 그 차이인 90이 값(90ö)이 된다.
  ㉢ 브릭스(Brix)
    - 미국, 호주 등에서 증가 추세에 있다.
    - 1L 안에 들어 있는 비휘발성 용해추출분의 함유율을 나타내며 볼링(Balling)이라고도 부른다.

- 실제로 함유 물질의 90% 이상은 당분이므로 거의 당분함유율에 가까운 값이 된다.

ⓔ 샹파뉴의 당분 표시
- 브뤼(Brut) : Very Dry. 당분 함유량 0~1%로 1L당 15g 이하
- 엑스트라 섹(Extra Sec) : Dry. 당분 함유량 1~2%로 1L당 12~20g 이하
- 섹(Sec) : Medium Dry. 당분 함유량 3~6%로 1L당 17~35g 사이
- 드미 섹(Demi Sec) : Sweet. 당분 함유량 5~10%로 1L당 33~50g 이하
- 두(Doux) : Very Sweet. 당분 함유량 10~15%로 1L당 50g 이상

⑥ 화이트 와인 : 포도 수확 → 파쇄 및 압착 → 발효 → 숙성 → 여과 → 병입

⑦ 레드 와인 : 포도 수확 → 파쇄 및 압착 → 이산화황($SO_2$) 첨가 → 발효[마세라시옹(Maceration, 과피침지)] → 압착(Free Run Wine, Press Wine) → 2차 발효(젖산, 유산 발효) → 앙금 분리[수티라쥬(Soutirage)] → 숙성 → 정화(Racking, Fining, Filtration) → 혼합·병입

※ 발효 중 원하는 색깔이 나와 고형물을 분리시키는 작업을 할 때 먼저 중간층의 액체 상태를 뽑아내는데, 힘을 가하지 않고 자연적으로 유출되는 액체를 프리 런(Free Run)이라 하여 고급 와인용으로 쓴다. 남아 있는 고형물을 압착시켜 나오는 액체를 프레스(Press)라 하는데 타닌 함량이 많으므로 프리 런 와인과 혼합하거나 저급 와인을 만든다.

⑧ 스파클링 와인
㉠ 제1단계 : 포도 수확 → 파쇄 및 압착 → 발효 → 여과
㉡ 제2단계 : 아상블라주(Assemblage, 혼합)와 퀴베(Cuvée, 와인을 블렌딩하는 탱크) 만들기 → 효모 및 당분 첨가 → 르뮈아쥬(Remuage, 병돌리기, 찌꺼기 모으기) → 데고르쥬망(Dégorgement, 침전물 제거) → 도자즈(Dosage, 가당 및 와인 보충) → 병입(코르크 마개와 철사로 고정)

---

**핵심예제**

**다음 중 '프리 런 와인(Free Run Wine)'이란 무엇인가?**
[2019년 1회]

① 글라스에 부었을 때 흘러내리는 와인의 눈물
② 찌꺼기가 가라앉은 와인 탱크에서 상층부의 맑은 와인
③ 레드 와인 발효 후 압력을 가하지 않아도 유출되는 와인
④ 숙성 중인 오크통에서 공기 중으로 사라지는 와인

정답 ③

## 핵심이론 04 적포도 품종(Red Wine 포도 품종)

① **카베르네 소비뇽(Cabernet Sauvignon)** : 프랑스 보르도 지역의 대표 품종이며 레드 와인의 포도종으로 널리 알려져 있다. 이 품종은 껍질이 두껍고 색깔이 깊고 진하다. 많은 씨앗으로 타닌의 함량을 풍부하게 해서 장기 숙성을 가능하게 한다. 작은 포도알이 특징이며 추운 독일을 제외한 전 세계에 걸쳐 재배된다. 블랙커런트, 체리, 자두 향기를 가지고 있으며 숙성기간이 부족하면 제맛을 낼 수 없다.

② **메를로(Merlot)** : 보르도산 레드 와인에 많이 사용되는 품종으로 타닌 성분이 적어 맛이 부드럽다. 과일향이 많은 섬세함으로 다른 포도의 거친 맛을 부드럽게 하기 위해 혼합용, 특히 카베르네 소비뇽과 섞어서 조화로운 와인을 만든다. 프랑스 생떼밀리옹과 포므롤 지방[페트뤼스(Petrus)]의 주품종이며, 요즘은 자체 품종만으로 만든 와인이 인기가 높다. 자두, 장미, 블랙체리, 꽃, 향신료, 딸기 향기를 지니고 있다.

③ **피노누아(Pinot Noir)** : 프랑스 부르고뉴의 대표 품종이다. 껍질이 얇아서 타닌 함량이 높지 않고 색깔이 연하다. 산도는 높은 편이며 미디엄 보디에 비단같이 부드럽고 매력적인 와인을 만든다. 대표적인 와인으로 로마네 꽁띠(Romanée Conti), 샹베르땡(Chambertin) 등이 있다. 라즈베리, 딸기, 체리, 민트, 장미, 가죽, 송로 등의 향기를 가지고 있다. 샹파뉴 지방에서는 샤르도네(Chardonnay), 피노뫼니아(Pinot Meunier)와 함께 샴페인의 주품종으로 사용된다.

④ **카베르네 프랑(Cabernet Franc)** : 프랑스 보르도 지방에서 블렌딩(Blending)용으로 사용되지만 포므롤 지역의 부셰(Bouchet), 생떼밀리옹의 슈발블랑(Cheval Blanc) 같은 와인에는 주품종으로 사용된다. 메를로와 카베르네 소비뇽 사이에서 균형점 역할을 한다.

⑤ **시라(Syrah)** : 그리스가 원산지이나 프랑스 론 지방 최고의 포도 품종이다. 색깔이 진하고 타닌 성분이 강하며 스파이시한 향이 짙은 남성적 성격을 가진 와인으로 호주의 기온이 낮은 지역에서도 잘 자란다. 호주에서는 쉬라즈(Shiraz)라고 불린다. 대표적인 와인으로 에르미타쥬(Hermitage)가 있다.

⑥ **가메(Gamay)** : 프랑스 부르고뉴 지역 남쪽에 위치한 보졸레(Beaujolais) 지방의 대표 포도 품종으로 보졸레 와인을 만든다. 약간 보라색을 띠고 신선하고 가벼우며 신맛이 약간 높은 것이 특징이다.

⑦ **진판델(Zinfandel)** : 이탈리아가 원산지이지만 캘리포니아 나파 밸리(Napa Valley) 지역의 대표 품종이 되었다. 다양한 스타일의 와인으로 만들어지지만, 약간 드라이하고 완벽한 맛의 구조로 거부감 없이 마시기 좋은 와인이다.

⑧ **산지오베제(Sangiovese)** : 이탈리아 토스카나와 피에몬테 지역에서 재배되고, 유명한 키안티(Chianti)와 부르넬로 디 몬탈치노(Brunello di Montalcino)가 있다. 석회질이 높은 토양에서 잘 자라고 재배기간이 짧아 포도열매가 빨리 숙성하며 생명력도 강하다. 숙성되면 검붉은 색깔과 산도가 높고 풍부한 과일향이 난다. 카베르네 소비뇽과 메를로 등과 블렌딩한 슈퍼 투스칸(Super Tuscan) 와인이 유명하다.

## 핵심예제

**4-1. Red Wine의 품종이 아닌 것은?** [2013년 2회]

① Malbec
② Cabernet Sauvignon
③ Riesling
④ Cabernet Franc

**4-2. 보르도(Bordeaux) 지역에서 재배되는 레드 와인용 품종이 아닌 것은?** [2012년 4회]

① 메를로(Merlot)
② 뮈스카델(Muscadelle)
③ 카베르네 소비뇽(Cabernet Sauvignon)
④ 카베르네 프랑(Cabernet Franc)

**4-3. 다음 중 레드 와인용 포도 품종이 아닌 것은?** [2013년 5회]

① 리슬링(Riesling)
② 메를로(Merlot)
③ 피노누아(Pinot Noir)
④ 카베르네 소비뇽(Cabernet Sauvignon)

|해설|

**4-2**
**뮈스카델(Muscadelle)** : 보르도와 도르도뉴 지방에서 재배되며, 카베르네 소비뇽과 세미용의 블렌딩용으로 사용되는 청포도 품종이다.

정답 4-1 ③  4-2 ②  4-3 ①

## 핵심이론 05 청포도 품종(White Wine 포도 품종)

① 샤르도네(Chardonnay) : 프랑스 부르고뉴가 원산지로 세계 최고의 화이트 와인 품종이다. 열대 과일향, 사과, 복숭아, 멜론향, 감귤향이 일반적으로 많이 감지되고, 오크통 숙성 시 바닐라 향기가 좋다.

② 리슬링(Riesling) : 독일 최상급 포도 품종으로 모젤 지방과 라인가우, 프랑스의 알자스 지방에서 주로 재배되고, 단맛과 신맛이 균형 있게 조화를 이루며, 다른 화이트 와인용 포도에 비해 오래 숙성할 수 있으며 신선한 과일향과 산도를 유지한다. 장미꽃향, 풀향 등 섬세한 방향과 사과향, 자몽향, 복숭아향, 꿀향 등 과일향이 풍부하고 산도와 당분의 균형과 조화가 잘 이루어져 초보자가 마시기에 부담 없는 와인이다. 늦은 수확의 리슬링은 스위트한 고급 디저트 와인을 만든다.

③ 소비뇽 블랑(Sauvignon Blanc) : 프랑스에서 재배되는 가장 오래된 포도나무의 하나이며 가장 개성이 뚜렷한 품종으로 산뜻한 향미가 특색이고 푸메블랑(Fume Blanc)이라고도 한다. 보르도 남서부 지방과 루아르(Loire) 지역이 대표적 산지인데 미국 캘리포니아, 뉴질랜드, 호주, 칠레 등지에서 재배되는 품종이다. 대단히 상큼하며 들판에서 갓 벤 듯한 풀 향기가 인상적이다.

④ 세미용(Semillon) : 과일 향기가 아주 독특하며 산도는 낮고 황금색에 가까운 아름다운 색의 와인이 된다. 주로 샤르도네와 소비뇽 블랑과 블렌딩되는 보조 품종이다. 소테른(Sauternes) 지역에서는 귀부병에 걸린 포도를 사용하며 스위트 화이트 와인 샤또 디켐(Chateau d'Yquem)도 이 품종을 80% 정도 사용한다.

### 핵심예제

**5-1. 다음 중 White Wine 품종은?** [2013년 4회]
① Sangiovese  ② Nebbiolo
③ Barbera  ④ Muscadelle

**5-2. 독일의 리슬링(Riesling) 와인에 대한 설명으로 틀린 것은?** [2013년 1회]
① 독일의 대표적 와인이다.
② 살구향, 사과향 등의 과실향이 주로 난다.
③ 대부분 무감미 와인(Dry Wine)이다.
④ 다른 나라 와인에 비해 비교적 알코올 도수가 낮다.

**5-3. 부르고뉴 지역의 주요 포도 품종은?** [2012년 5회]
① 가메와 메를로
② 샤르도네와 피노누아
③ 리슬링과 산지오베제
④ 진판델과 카베르네 소비뇽

|해설|

**5-3**
- 가메(Gamay) : 프랑스 부르고뉴 지방의 주요 재배 품종이다.
- 메를로(Merlot) : 프랑스 생떼밀리옹과 포므롤 지방의 주요 재배 품종이다.
- 리슬링(Riesling) : 독일을 대표하는 품종이며 프랑스 알자스 지방에서도 재배된다.
- 산지오베제(Sangiovese) : 이탈리아 중서부 지방인 토스카나와 피에몬테 지역의 토종 포도 품종이다.
- 진판델(Zinfandel) : 이탈리아에서 전해진 품종이지만 현재는 캘리포니아의 대표 품종이 되었다.
- 카베르네 소비뇽(Cabernet Sauvignon) : 프랑스 보르도 지방의 최고급 포도 품종이지만 껍질이 두꺼워 색깔이 진하고 타닌 함량이 많아 장기간 숙성이 가능하며 전 세계 광범위한 지역에서 생산되고 있다.

정답 5-1 ④  5-2 ③  5-3 ②

### 핵심이론 06 와인 전문용어

① 빈티지(Vintage) : 포도 수확 연도를 의미한다. 프랑스어로 밀레즘(Millesime)이다.
② 아황산염(SO$_2$) : 항균제, 산화방지제로 포도주가 식초로 변하는 것을 막아준다.
③ 테루아(Terroir) : 포도가 자라는 데 영향을 주는 지리적인 요소, 기후적인 요소, 포도 재배방법 등의 자연조건을 총칭하는 단어이다.
④ 아로마(Aroma) : 원료 자체에서 우러나오는 향기로 포도의 품종에 따라, 원산지에 따라 맡을 수 있는 와인의 첫 냄새 혹은 향기를 말한다.
⑤ 부케(Bouquet) : 와인의 제조과정이나 숙성과정에서 생성되는 와인의 냄새 또는 향기를 말한다.
⑥ 스위트니스(Sweetness) : 당도를 뜻한다.
⑦ 타닌(Tannin) : 떫은맛을 뜻한다.
⑧ 어시디티(Acidity) : 산도를 말한다.
⑨ 트로켄(Trocken) : 독일에서 단맛이 없는 Dry 타입을 지칭한다.
⑩ 블랑(Blanc) : 흰색, 백색의 의미이다.
⑪ 로소(Rosso) : 이탈리아어로 '붉은(Red)'의 의미이다.
⑫ 보디(Body) : 밀도, 와인을 마신 뒤 느껴지는 입안을 가득 채운 풍만감 정도를 말한다.
⑬ 피니시(Finish) : 와인의 뒷맛, 여운을 말한다.
⑭ 샤또(Château) : 프랑스어로 '성', '대저택'이란 뜻보다 '자체 내에 포도농장을 가지고 있는 와인공장, 포도밭 안에 있는 양조장'의 뜻으로 사용된다. 영어로 '이스테이트(Estate)', 독일어로 '바인구트(Weingut)'라고 표기한다.
⑮ 디캔팅(Decanting) : 보통 레드 와인 위주로 진행되는 작업이다. 오래 숙성을 거친 레드 와인의 경우 주석산염 등에 의해 생긴 침전물을 걸러 따르는 작업을 말한다. 숙성이 덜 된 거친 와인의 경우도 맛과 향을 부드럽게 하기 위해 다른 유리용기(디캔터)에 따르는 작업을 말한다.

⑯ 셀러(Cellar) : 와인 지하 저장고를 지칭한다.

⑰ 코르크 스크루(Cork Screw) : 와인을 오픈할 때 사용하는 기물이다.

⑱ 소믈리에(Sommelier) 또는 와인 스튜어드(Wine Steward) : 와인을 진열, 점검, 관리하며 와인을 판매하는 전문가를 지칭한다.

⑲ 네고시앙(Négociant) : 와인의 도매업자인 네고시앙이 직접 와인을 사들이거나 직접 양조를 해서 자신의 셀러에서 블렌딩한 후, 자사 브랜드로 판매하고 있는 와인이다.

⑳ 그린 하비스트(Green Harvest) : 포도나무가 생성한 양분 등의 영양소가 여러 포도알에 분산되면 맛이 떨어지므로, 포도의 품질을 위해 일부 포도송이를 솎아내는 작업을 말한다.

㉑ 코르키지 차지(Corkage Charge) : 호텔이나 레스토랑 등 업장의 와인이 아닌 본인이 보관하고 있는 와인을 영업장에 들고 가서 마실 경우 서빙 받는 조건으로 와인 가격의 일부, 혹은 병당 일정 금액을 내는 금액을 말한다. 사전적 의미로 "코르크 마개를 빼기, 고객이 가져온 술병에 대한 호텔의 마개 뽑아 주는 서비스료"의 뜻이다.

---

**핵심예제**

**6-1. Cork Screw의 사용 용도는?** [2013년 5회]
① 와인의 병마개 오픈용
② 와인의 병마개용
③ 와인 보관용 그릇
④ 잔 받침대

**6-2. Red Wine Decanting에 사용되지 않는 것은?** [2013년 5회]
① Wine Cradle
② Candle
③ Cloth Napkin
④ Snifter

**6-3. 빈티지(Vintage)란 무엇을 뜻하는가?** [2013년 5회]
① 포도주의 이름
② 포도의 수확 연도
③ 포도주의 원산지명
④ 포도의 품종

**6-4. 포도 품종의 그린 수확(Green Harvest)에 대한 설명으로 옳은 것은?** [2013년 2회]
① 수확량을 제한하기 위한 수확
② 청포도 품종 수확
③ 완숙한 최고의 포도 수확
④ 포도원의 잡초 제거

**6-5. 고객이 호텔의 음료상품을 이용하지 않고 음료를 가지고 오는 경우, 서비스하고 여기에 필요한 글라스, 얼음, 레몬 등을 제공하여 받는 대가를 무엇이라 하는가?** [2012년 5회]
① Rental Charge
② VAT(Value Added Tax)
③ Corkage Charge
④ Service Caarge

|해설|

6-2
스니프터는 브랜디 잔이다.

6-4
그린 하비스트(Green Harvest)는 포도의 품질을 위해 일부 포도송이를 솎아내는 작업을 말한다. 솎아내지 않으면 포도 열매가 주렁주렁 열려 뿌리가 빨아 올린 양분이 여러 포도에 분산되어 맛이 떨어진다. 그래서 열매가 막 열려서 아직 익지 않은 상태에서 좋은 열매만 남기고 다 솎아내는 것이다. 익지 않은 녹색 상태에서 수확한다고 하여 그린 하비스트라고 한다.

정답 6-1 ① 6-2 ④ 6-3 ② 6-4 ① 6-5 ③

## 핵심이론 07 와인 보관

① 적정 온도 15~16℃, 적정 습도 60~80%로, 지하나 동굴 속이 가장 이상적이다. 보관 장소는 온도 차이가 크지 않고 서늘하며 습하고 진동이 없는 곳이 좋다. 와인의 종류와 스타일에 따라 약간씩 달라진다.
   ㉠ 진한 맛의 풀 바디 레드 와인 : 16~20℃
   ㉡ 가벼운 느낌의 라이트 바디 레드 와인 : 14~16℃
   ㉢ 드라이 화이트 와인 : 10~12℃
   ㉣ 가볍고 달콤한 화이트 와인 : 6~10℃
② 지나치게 높은 온도에서는 와인이 너무 빨리 숙성되고 산패가 진행된다. 습도가 지나치게 높으면 코르크 마개에 곰팡이가 생길 수 있으며, 너무 건조하면 코르크 마개가 건조해져 수축되고 공기 유입으로 인해 산화되거나 와인이 새어 나올 수 있다.
③ 불량 코르크로 인해 변질된 와인, 곰팡이 냄새가 나는 와인, 즉 코르크 마개의 오염에 의해 와인 풍미가 변질된 것을 부쇼네(Bouchonne)라 부른다. 프랑스어로 병마개를 뜻하는 부숑(Bouchon)에서 파생된 단어이다.
④ 와인을 보관할 때 코르크가 와인과 접촉되게 눕혀 놓는다. 코르크가 마르고 수축하는 것을 막을 수 있다.
⑤ 와인은 마실 때 온도의 영향을 현저하게 받는다.
   ㉠ 화이트 와인은 온도가 너무 높으면 생동감이 없어지고 밋밋하고 무덤덤하게 느껴진다.
   ㉡ 레드 와인이 너무 차면 거칠고 전체적으로 부케나 부드러운 맛이 없어진다.
   ㉢ 온도가 낮으면 신선하고 생동감 있는 맛이 생기며, 신맛이 예민하게 느껴지고, 쓴맛, 떫은맛이 강해진다.
   ㉣ 온도가 높으면 향을 보다 더 느낄 수 있으며 숙성감이나 복합성, 단맛이 강해지고 신맛은 부드럽게, 쓴맛, 떫은맛은 상쾌하게 느껴지지만 섬세한 맛이 사라진다.

### 핵심예제

**7-1. 개봉한 뒤 마시지 못한 와인의 보관방법으로 옳지 않은 것은?** [2013년 5회]
① Vacuum Pump로 병 속의 공기를 빼낸다.
② 코르크로 막아 즉시 냉장고에 넣는다.
③ 마개가 없는 디캔터에 넣어 상온에 둔다.
④ 병 속에 불활성 기체를 넣어 산소의 침입을 막는다.

**7-2. 와인을 막고 있는 코르크가 곰팡이에 오염되어 와인의 맛이 변하는 것으로 와인에서 종이 박스 향취, 곰팡이 냄새 등이 나는 것을 의미하는 현상은?** [2013년 1회]
① 네고시앙(Negociant)
② 부쇼네(Bouchonne)
③ 귀부병(Noble Rot)
④ 부케(Bouquet)

**7-3. 와인의 마개로 사용되는 코르크 마개의 특성으로 가장 거리가 먼 것은?** [2013년 1회]
① 온도 변화에 민감하다.
② 코르크는 참나무의 외피로 만든다.
③ 신축성이 뛰어나다.
④ 밀폐성이 있다.

**7-4. 와인의 이상적인 저장고가 갖추어야 할 조건이 아닌 것은?** [2012년 4회]
① 8℃에서 14℃ 정도의 온도를 항상 유지해야 한다.
② 습도는 70~75% 정도를 항상 유지해야 한다.
③ 흔들림이 없어야 한다.
④ 통풍이 좋고 빛이 들어와야 한다.

|해설|

7-3
코르크 마개는 참나무의 외피로 만든 것으로 신축성이 뛰어나고 온도 변화에 민감하지 않아 쉽게 부패하지 않는다.

7-4
빛과 와인은 상극이다.

**정답** 7-1 ③  7-2 ②  7-3 ①  7-4 ④

## 핵심이론 08 와인 테이스팅

① 와인 글라스는 튤립 모양의 것에 비교적 긴 손잡이가 달린 것이 보편적이다.
  ㉠ 모양이 위로 올라갈수록 좁아지는 이유는 와인의 향기가 밖으로 나가지 않고 글라스 안에서 맴돌도록 배려한 것이다.
  ㉡ 와인의 색깔을 즐길 수 있도록 무색투명한 것이 좋다.
  ㉢ 얇을수록 좋다.

② 테이스팅 순서
  ㉠ 드라이 와인에서 달콤한 와인
  ㉡ 화이트 와인에서 묵직한 레드 와인
  ㉢ 영 와인에서 오래된 와인

③ 오래된 레드 와인은 침전물이 가라앉아 있을 수 있다.
  ㉠ 옆으로 눕혀서 보관한 와인은 하루 전에 세워서 침전물이 바닥에 가라앉도록 한다.
  ㉡ 서빙하기 한 시간 전에 캡슐을 전부 벗겨내고 코르크를 제거해 둔다. 단순히 공기를 불어넣기 위한 디캔팅이라면 서비스 직전에 한다.
  ㉢ 녹색 병은 잘 안 보이기 때문에 촛불을 켜서 디캔터에 따를 때, 침전물이 딸려 오는지를 살핀다.

④ Host Tasting : 와인의 상태를 파악하고 체크할 수 있도록 초대한 주인이나 주문한 사람이 먼저 테이스팅한다.
  ㉠ 와인의 변질 여부를 체크한다.
  ㉡ 와인의 상태를 체크한다.

⑤ 아로마와 부케 : 아로마를 통해 품종이 무엇인지 알 수 있고, 숙성이 잘 되었는지는 부케로서 알 수 있다.
  ㉠ 아로마(Aroma) : 포도의 원산지에 따라 맡을 수 있는 와인의 첫 번째 냄새 또는 향기, 원료 자체에서 우러나오는 향기이다. 포도의 품종에 따라, 환경에 따라, 재배조건 등에 따라 여러 가지 차이가 난다.
  ㉡ 부케(Bouquet) : 복잡 다양한 향기를 말한다. 오크통에서의 화학적인 변화, 병 숙성과정 중의 완숙한 교류 등을 통하여 자기만의 독특한 향을 가지게 된다.

⑥ 와인의 당도와 산도, 밀도 등의 미묘한 맛을 입안에서 감지한다.
  ㉠ Sweetness(당도)
  ㉡ Tannin(타닌)
  ㉢ Acidity(산도)
  ㉣ Body(밀도)

[각국의 와인등급]

| 구 분 | 프랑스 | 이탈리아 | 독 일 |
|---|---|---|---|
| 최상급 | AOC | DOCG | QmP |
| 우수 와인 | VDQS (2011년 말 폐지) | DOC | QbA |
| 지방 와인 | Vins de Pays (뱅 드 페이) | IGT | Deutscher Landwein |
| 테이블 와인 | Vins de Table (뱅 드 타블) | VDT | Tafelwein |

⑦ 와인의 향미를 깨우는 전문용어 : 잠재된 와인의 풍미를 발현하는 과정 – 지나친 공기 접촉은 와인의 가볍고 섬세한 향을 증발시킬 수 있고 와인을 과도하게 산화시킬 수 있음을 인지한다.

| 용어 | 방법 | 시점 |
|---|---|---|
| 디캔팅 (Decanting) | 와인에 있는 침전물 제거 후 와인 전체를 산소와 접촉시킴 | 와인 병 오픈 후 |
| 브리딩 (Breathing) | 와인 오픈 후 공기 접촉 시 나는 불쾌한 향을 증발하고 와인을 숨 쉬게 해주는 고요한 순간 | 디캔팅 후, 병 오픈 후 |
| 에어레이팅 (Aerating) | 와인에 산소를 직접 넣어주는 과정 | 와인 병에 연결하는 방식, 와인 잔에 연결하는 방식 |
| 스월링 (Swirling) | 와인 잔 또는 디캔터를 흔들면서 공기와 접촉하는 과정 | 디캔터로 걸러낸 후, 잔에 와인을 따른 후 |

## 핵심예제

**8-1. 와인 제공 순서에 대한 설명으로 옳지 않은 것은?**

[2019년 1회]

① 드라이 와인(Dry Wine)을 달콤한 와인(Sweet Wine)보다 먼저 제공한다.
② 화이트 와인은 레드 와인보다 나중에 대접하는 것이 좋다.
③ 가벼운 와인이 먼저 제공되고, 무거운 와인은 가벼운 와인 후에 제공해야 한다.
④ 최근 생산된 와인을 오래 숙성된 와인보다 우선적으로 제공한다.

**8-2. 와인 테이스팅의 표현으로 가장 부적합한 것은?**

[2013년 1회]

① Moldy(몰디) - 곰팡이가 낀 과일이나 나무 냄새
② Raisiny(레이즈니) - 건포도나 과숙한 포도 냄새
③ Woody(우디) - 마른 풀이나 꽃 냄새
④ Corky(코르키) - 곰팡이 낀 코르크 냄새

|해설|

**8-2**
Woody(우디) : 목질, 나무 냄새이다. 오크통에서 오래 숙성시키면 나무 향이 난다.

정답 8-1 ② 8-2 ③

## 핵심이론 09 프랑스 와인

[프랑스 와인 산지]

① 프랑스는 지형과 토양, 기후 등 포도에 영향을 주는 모든 요소에 최적의 자연조건을 갖추고 있는 국가로 전 국토의 57%가 경작지이다.
② 유럽에서 가장 좋은 농경지를 가장 많이 가지고 있으며 농산물 중에서 와인이 차지하는 비율이 10%이다.
③ 세계에서 가장 유명한 와인 생산국으로 이탈리아와 더불어 최고의 와인 생산량을 자랑한다.
④ 국토 대부분이 포도 재배가 가능하지만, 낭트에서 파리를 지나는 선이 포도 재배의 북방 한계선이 된다.
⑤ 프랑스의 기후는 크게 3가지로 나누어진다.
  ㉠ 노르망디, 보르도, 코냑 등은 대서양 기후(해양성 기후)이다. 연평균 기온 11~12.5℃ 사이의 온화한 기후로 겨울은 따뜻하고 여름은 선선하며, 비 오는 날이 많다.
  ㉡ 프랑스 남부지방의 론, 프로방스, 랑그독 루시옹 지방 등은 지중해성 기후로 여름은 대단히 더워 포도 당도를 높게 해 준다.

ⓒ 샹파뉴, 부르고뉴, 알자스 지방의 중앙 고지지방은 대륙성 기후로 겨울은 춥고 눈이 많이 내리며, 여름은 짧다.
⑥ AOC(Appellation d'Origine Controlee, 아펠라시옹 도리진 콩트롤레)
  ㉠ 생산지, 원산지 명칭 통제 포도주를 말한다.
  ㉡ 1900년 초부터 시작하여 1935년 확립되어, 현재 프랑스 와인을 비롯한 농산물은 거의 AOC의 규제를 받고 있다.
  ㉢ AOC를 받기 위한 규정사항 : 생산 지역, 품종 규정, 단위 면적당 최대 수확량, 최저 알코올 도수(10.5% 이상), 재배법, 가지치기 방법, 양조법, 숙성방법, 분석시음검사 등을 법률에 의해 엄격히 통제하고 있다.
    • Appellation Bordeaux Controlee : 보르도 지방에서 생산되는 포도만 사용한 와인의 명칭
    • Appellation Medoc Controlee : 보르도 지방 내에 있는 메독에서 생산된 포도만 사용한 와인 명칭
    • Appellation Haut Medoc Controlee : 메독 내에 있는 오메독에서 생산된 포도만을 사용한 와인의 명칭
    • Appellation Margaux Controlee : 오메독에 있는 마고에서 생산된 포도만을 사용한 와인의 명칭
  ㉣ 품질의 순위 : Appellation d'Origine Controlee에서 d'Origine 부분에 들어가는 지명이 세분화된 더 작은 마을 단위일수록, 포도 생산지의 범위가 좁아지므로 작은 지역단위의 AOC 와인이 더 특색 있고 고급진 것으로 인정되고 있다.
    • Bordeaux → Medoc → Haut Medoc → Margaux
  ㉤ 우수품질 제한 와인(VDQS) : 프랑스 와인 중 약 1%로, 2차 세계대전 중 와인에 대한 수요와 통제가 불가능했던 시절에 탄생한 등급이었지만 지금은 사라지고 대부분 AOC 등급으로 격상되었다.

  ㉥ 지역등급 와인(VdP ; Vin de Pays, 뱅 드 페이)
  ㉦ 테이블 와인(VdT ; Vin de Table, 뱅 드 타블)
⑦ AOP(Appellation d'Origine Protégée, 아펠라시옹 도리진 프로테제)
  ㉠ 원산지 보호 명칭 와인
  ㉡ 2012년 EU는 회원국 전체의 와인 생산지에 적용되는 3단계 등급을 만들었다. 프랑스도 EU 회원국이므로 AOP를 따라야 하지만 그렇다고 기존의 AOC가 없어진 것은 아니다. 현재도 AOC와 AOP 제도를 혼용해서 사용하고 있다.

| 구 분 | 프랑스 | EU 회원국 |
|---|---|---|
| 최상급 | AOC / AOP | AOP |
| 지방 와인 | Vins de Pays / IGP | IGP |
| 테이블 와인 | Vins de Table / VdF | VdF |

**핵심예제**

**9-1. 프랑스 와인 상표에 'Vin de Pays d'Oc'은 어느 지역 와인인가?** [2019년 1회]
① 랑그독 루시옹(Languedoc Roussillon)
② 보르도(Bordeaux) 및 코냑(Cognac)
③ 론(Rhone) 일부, 프로방스(Provence)
④ 남서부 지역(Sud-Ouest)

**9-2. 다음에서 설명하는 프랑스의 기후는?** [2013년 1회]

- 연평균 기온 11~12.5℃ 사이의 온화한 기후로 걸프스트림이라는 바닷바람의 영향을 받는다.
- 보르도, 코냑, 알마냑 지방 등에 영향을 준다.

① 대서양 기후   ② 내륙성 기후
③ 지중해성 기후  ④ 대륙성 기후

**9-3. 다음에서 설명하는 것은?** [2012년 4회]

It is a denomination that controls the grape quality, cultivation, unit, density, crop, production.

① VDQS         ② Vin de Pays
③ Vin de Table  ④ AOC

**정답** 9-1 ① 9-2 ① 9-3 ④

**핵심이론 10** 보르도 와인

[보르도 와인 산지]

① 대서양에 근접한 프랑스 남서쪽에 위치한 보르도는 전 세계 와인 산지 중에서 가장 영향력이 크고 상업적으로 성공을 거둔 지역이다.
② 주요 포도 품종은 메를로, 카베르네 소비뇽, 카베르네 프랑, 세미용, 소비뇽 블랑으로 두 가지 품종 이상을 블렌딩한다.
③ 세 개의 중요한 강(지롱드강, 도르도뉴강, 가론강)이 보르도 지역을 형성하는 데 중요한 역할을 하고 있다. 보르도 지역은 다시 몇 개의 중간 크기의 지방으로 구분된다.
④ 메독(Médoc) : 메독(Médoc), 오메독(Haut-Médoc), 생떼스테프(St-Estéphe), 뽀이약(Pauillac), 생줄리앙(St-Julien), 리스트락-메독(Listrac-Médoc), 물리 엉 메독(Moulis-En-Médoc), 마고(Margaux) 등 세부 지역으로 나뉜다. 메독 포도주는 그랑 크뤼(Grand Cru) 등급의 대상이 되기도 한다.
  ㉠ 크뤼(Cru) : 와인 양조장, 포도원 또는 샤토(Château)를 지칭하는 말로 특정 포도밭 혹은 거기서 생산되는 와인을 말한다.
  ㉡ 크뤼 클라세(Cru Classe, 크뤼 등급) 와인을 생산하는 샤토들은 훌륭한 테루아(Terroir)를 보유하고 있으며 포도 재배 및 와인 양조에 엄격한 품질관리 기준을 도입함으로써 다른 포도원과 구분된다. 프리미에 크뤼(Premiers Crus)는 최상급 순위에 오른 와인 양조장을 의미한다.
    • 샤또 라피뜨 로칠드(Ch. Lafite Rothschild) : 뽀이약 지역
    • 샤또 라투르(Ch. Latour) : 뽀이약 지역
    • 샤또 마고(Ch. Margaux) : 마고 지역
    • 샤또 오브리옹(Ch. Haut-Brion) : 그라브 지역
    • 샤또 무똥 로칠드(Ch. Mouton Rothschild) : 뽀이약 지역
⑤ 그라브(Graves) : 조약돌, 자갈이라는 뜻에서 유래되었고 샤또 오브리옹(Château Haut-Brion)은 1855년 메독의 그랑 크뤼 클라세에서 1등급으로 매겨진 바 있다.
⑥ 소테른과 바르삭(Sauternes et Barsac) : 보르도 남쪽에 위치한 이 지역은 씨롱(Ciron)이라는 작은 강줄기가 있어 포도가 잘 익을 때쯤에는 하루 중에도 안개로 인해 습한 날씨와 건조한 날씨가 교차한다. 이러한 기후는 포도알에 번식하는 일명 귀부병(Botrytis)으로 일컬어지는 보트리티스 시네레아(*Botrytis cinerea*)라는 미세한 곰팡이의 생육조건을 조성해 준다.
⑦ 생떼밀리옹(Saint-Émilion)
⑧ 포므롤(Pomerol) : 이 지역의 지하 토양은 철분이 함유된 충적층으로 이루어져 '쇠찌꺼기'라는 별명을 지니고 있다. 이 지역의 명예를 빛내주는 샤또 페투루스(Chateau Petrus)는 세계적인 최고의 와인으로 잘 알려져 있다.
⑨ 프롱싹(Fronsac)

**핵심예제**

보르도(Bordeaux) 와인 생산 지역을 지롱드강과 가론강을 중심으로 나눌 경우 좌안(Left Bank)에 해당되지 않는 지역은?

[2019년 1회]

① 메독(Medoc)  ② 그라브(Graves)
③ 소테른(Sauternes)  ④ 포므롤(Pomerol)

**정답** ④

## 핵심이론 11 부르고뉴 와인

① 영어로 버건디(Burgundy)라고 한다.
② 소수 포도 품종만을 사용한다.
  ㉠ 샤르도네(Chardonnay)
  ㉡ 알리고테(Aligote)
  ㉢ 피노누아(Pinot Noir)
  ㉣ 가메(Gamay)
③ 와인의 산도와 알코올이 보르도 지역의 것보다 조금 높아 보르도 와인과 비교해 남성적인 와인이라고 불린다.
  ㉠ 샤블리(Chablis)
  ㉡ 꼬뜨 도르(Côte d'Or) : 북부의 꼬뜨 드 뉘(Côte de Nuits)에서 생산되고 있는 로마네-꽁띠(Romanée Conti), 나폴레옹 1세가 애음한 샹베르뗑(Chambertin), 벨벳처럼 부드럽고 레이스처럼 화려한 뮈지니(Musigny) 등 유명한 와인이 있다.
  ㉢ 꼬뜨 샬로네즈(Cote Chalonnaise)
  ㉣ 마꼬네(Maconnais)
  ㉤ 보졸레(Beaujolais) : 11월 셋째 주 목요일에 출시된다. 보졸레 누보(Beaujolais Nouveau)는 가메(Gamay) 품종으로 만든다.

### 핵심예제

**11-1.** 보졸레 누보(Beaujolais Nouveau)에서 '누보(Nouveau)'를 영어로 바꾼다면 이 중 알맞은 단어는? [2019년 1회]
① Fresh
② New
③ Best
④ Quality

**11-2.** 부르고뉴(Bourgogne) 지방과 함께 대표적인 포도주 산지로서 Medoc, Graves 등이 유명한 지방은? [2013년 5회]
① Pilsner
② Bordeaux
③ Staut
④ Mousseux

|해설|

11-1
보졸레 누보는 햇포도주로 기존 레드 와인에 비해 맛이 가볍고 신선하다. 소비의 회전이 빠르기 때문에 값이 비싸지 않고 대중주로 사랑받고 있다. 11월 셋째 주 목요일에 출시된다.

정답 11-1 ② 11-2 ②

## 핵심이론 12 독일 와인

① 당분이 풍부한 포도만을 원료로 만든 상급의 와인으로 포도의 수확시기를 조절하여 와인을 만들며, 별도로 당분을 첨가하는 것이 법으로 금지된다.

② QmP(Qualitatswein mit Pradikat) 와인등급 6단계
   ㉠ 카비네트(Kabinett) : 보통 수확기에 만든 와인
   ㉡ 슈패트레제(Spatlese) : 늦따기 포도로 만든 와인 (7~10일 늦게 수확하여 당도가 더 성숙되었을 때 만든 와인)
   ㉢ 아우스레제(Auslese) : 잘 익은 포도송이를 선별하여 만든 와인
   ㉣ 베렌아우스레제(Beerenauslese) : 포도송이 중 너무 익은 포도알만을 손으로 골라 수확하여 만든 최고 품질의 와인
   ㉤ 트로켄베렌아우스레제(Trockenbeerenauslese) : 귀부병이 있는 포도송이로 만든 와인으로 아이스바인과 쌍벽을 이루는 최고급 와인
   ㉥ 아이스바인(Eiswein) : 얼린 포도로 만든 디저트용 와인으로 언 와인(Ice Wine)이라는 뜻의 독일어이다.

### 핵심예제

**12-1. 독일의 QmP 와인등급 6단계에 속하지 않는 것은?** [2013년 1회, 4회]

① 란트바인  ② 카비네트
③ 슈패트레제  ④ 아우스레제

**12-2. 다음 중 호크 와인(Hock Wine)이란?** [2013년 2회]

① 독일 라인산 화이트 와인
② 프랑스 버건디산 화이트 와인
③ 스페인 호크하임엘산 레드 와인
④ 이탈리아 피에몬테산 레드 와인

**12-3. 독일의 와인에 대한 설명 중 틀린 것은?** [2012년 5회]

① 라인(Rhein)과 모젤(Msel) 지역이 대표적이다.
② 리슬링(Riesling) 품종의 백포도주가 유명하다.
③ 와인의 등급을 포도 수확 시의 당분함량에 따라 결정한다.
④ 1935년 원산지 호칭 통제법을 제정하여 오늘날까지 시행하고 있다.

정답 12-1 ① 12-2 ① 12-3 ④

## 핵심이론 13 이탈리아 와인

① 전 지역에서 와인이 생산되고 있다.
② 피에몬테(Piemonte) : '산기슭에 있는 땅'이란 뜻으로 여름에는 덥고 가을에는 선선해서 포도 재배에 적당하다.
　㉠ 바롤로(Barolo) : 보디(Body)가 강한 레드 와인으로 축제나 특별한 행사에 많이 사용된다. 적어도 3년 이상 오크통에서 숙성시키는 이탈리아 최고급 와인 중 하나이다.
　㉡ 바르바레스코(Barbaresco) : 바롤로와 동북쪽으로 이웃하고 있으며 네비올로(Nebbiolo) 품종을 재배한다. 바롤로와 유사한 와인이지만 전체적으로 볼 때 더 가볍고 섬세한 와인이다.
③ 베네토(Veneto) 지역
④ 토스카나(Toscana) 지역 : 피렌체 부근에 있는 포도 재배 지역으로 세계적으로 유명한 레드 와인인 키안티(Chianti)의 생산 지역이다. 키안티는 레드 와인 포도 품종으로 산지오베제(Sangiovese) 등을 쓰고 화이트 와인은 말바시아(Malvasia) 등을 사용한다.
⑤ 프랑스의 AOC와 마찬가지로 각 재배지역의 지리적 경계, 양조 및 저장장소, 재배 품종, 혼합 비율, 단위면적당 생산량 규제, 양조방법, 최소 알코올 농도, 숙성 기간, 용기의 형태 및 용량, 화학분석 및 관능검사까지 규정하고 있다.
　㉠ DOCG(Denominazione di Origine Controllata e Garantita, 데노미나치오네 디 오리지네 콘트롤라타 에 가란티타) : 원산지 통제표시 와인으로 정부에서 보증한 최상급 와인이다. 5년 이상의 DOC 와인 중 일정 수준 이상의 것을 심사 후 결정한다. 바르바레스코, 바롤로, 부르넬로 디 몬탈치노, 비노 노빌레 디 몬테풀치아노, 키안티 등 2011년을 기준으로 약 47개의 DOCG가 있다.
　㉡ DOC(Denominazione di Origine Controllata, 데노미나치오네 디 오리지네 콘트롤라타) : 포도 품종은 표시하지 않고 원산지만 표기한다.
　㉢ IGT(Indicazione Geografica Tipica, 인디카치오네 제오그라피카 티피카) : 생산 지역만 표기하는 것과 포도 품종과 생산 지역을 표기하는 두 가지가 있다.
　㉣ VdT(Vino da Tavola, 비노 다 타볼라) : 테이블 와인
⑥ 이탈리아 브랜디로 그라파(Grappa)가 있다. 포도주를 만들고 난 뒤의 포도의 찌꺼기를 원료로 만드는 것으로, 법률에 의해 이탈리아에서 제조된 것만을 그라파라 한다.

### 핵심예제

**13-1. 이탈리아의 와인 용어 중 클라시코(Classico)는 무엇을 의미하는가?** [2019년 1회]

① 오크통에서 발효시키고 그 통에서 숙성시킨 와인
② 음악가나 화가 등 예술가들이 만든 와인
③ DOC 지역의 중심으로 예전부터 있었던 명산지
④ 500년 이상의 역사를 가진 와인에 붙이는 수식어

**13-2. 다음 중 이탈리아 와인 등급 표시로 맞는 것은?** [2013년 4회]

① AOC　　　② DO
③ DOCG　　④ QbA

**13-3. Which is the liquor made by the rind of grape in Italy?** [2013년 2회]

① Marc　　　② Grappa
③ Ouzo　　　④ Pisco

|해설|

13-3
Grappa(그라파)는 이탈리아 술로, 포도주를 만들고 난 후의 포도를 압착하고 증류한 것으로 숙성하지 않은 무색의 브랜디를 말한다.

정답 13-1 ③　13-2 ③　13-3 ②

## 핵심이론 14 스페인 와인

① 스페인의 남부 지역인 헤레스의 유명한 강화 와인으로 식사 전에 마시는 식전 와인이다.
② 스페인에서는 헤레스(Jerez), 프랑스에는 세레스(Xeres), 영어식 발음으로는 셰리(Sherry)라고 부른다. 라벨 표시에 'Jerez-Xeres-Sherry'와 같이 모든 명칭을 볼 수 있다.
③ 스페인 셰리 와인(Sherry Wine)이나 포르투갈 마데이라 와인(Madeira Wine)은 솔레라 시스템이라고 하는 일종의 블렌딩 과정을 거쳐 생산된다.
　㉠ 오크통에서 오래 숙성된 와인액과 숙성이 얼마 되지 않은 와인액을 서로 섞어 같은 맛을 지니게 하는 방법을 말한다.
　㉡ 해마다 다를 수 있는 맛의 차이를 최소화하여 늘 일정한 품질을 유지시켜 준다.
　㉢ 생산 연도가 다른 와인 통을 3단으로 포개어 놓는데, 맨 아래 오크통의 술이 가장 오래되어 병에 먼저 담기며 여기서 30% 정도 퍼낸 다음 바로 위 단계의 오크통에서 퍼낸 술을 가장 아래 단에 있는 오크통에 보충한다. 가운데 오크통은 맨 위에 있는 오크통에서 보충하고, 맨 위의 오크통에는 줄어든 만큼 새로운 술을 채운다.
④ 스페인산 백포도주인 셰리 와인은 품질의 특성에 따라 다음과 같이 분류한다.
　㉠ 휘노(Fino) : Young 셰리 와인으로 밀짚색에 단맛이 없으면서 방향이 좋은 상급품이다.
　㉡ 만자닐라(Manzanilla) : 휘노와 동급으로 아주 드라이하다.
　㉢ 아몬티라도(Amontillado) : 휘노를 묵힌 것으로 2급품이다.
　㉣ 몬틸라도(Montillado) : 휘노와 아몬티라도의 중간급으로 연하면서도 단맛이 없다.
　㉤ 올로로소(Oloroso) : 농도가 짙으면서도 단맛이 나며 마시기 부드러워 디저트로 사용하고 있다.

### 핵심예제

**14-1. 셰리의 숙성 중 솔레라(Solera) 시스템에 대한 설명으로 옳은 것은?** [2013년 1회]
① 소량씩의 반자동 블렌딩 방식이다.
② 영(Young)한 와인보다 숙성된 와인을 채워주는 방식이다.
③ 빈티지 셰리를 만들 때 사용한다.
④ 주정을 채워주는 방식이다.

**14-2. Which one is the cocktail containing creme de cassis and white wine?** [2013년 4회]
① Kir　　　　② Kir Royal
③ Kir Imperial　④ King Alfonso

**14-3. 다음 중 셰리를 숙성하기에 가장 적합한 곳은?** [2013년 2회]
① 솔레라(Solera)　② 보데가(Bodega)
③ 카브(Cave)　　　④ 플로(Flor)

**14-4. 다음 내용에 대한 설명으로 옳은 것은?** [2012년 5회]

- 만자닐라(Manzanilla)
- 몬틸라(Montilla)
- 올로로소(Oloroso)
- 아몬티라도(Amontillado)

① 이탈리아산 포도주　② 스페인산 백포도주
③ 프랑스산 샴페인　　④ 독일산 포도주

|해설|

14-3
② 보데가(Bodega) : 스페인의 와인 저장창고
① 솔레라 시스템(Solera System) : 셰리 와인을 숙성시키는 방식이다. 오래된 와인에 새로운 와인을 첨가함으로써 와인의 신선함을 유지하는 동시에, 일정한 스타일의 와인을 지속적으로 양산할 수 있는 시스템이다.
③ 카브(Cave) : 프랑스어로 지하실, 포도주를 저장하는 지하창고
④ 플로(Flor) : 정점에 달하기 전의 전성기

정답 14-1 ①　14-2 ①　14-3 ②　14-4 ②

## 2-3. 맥주

**핵심이론 01** 맥주(麥酒)의 역사

① 어원 : 게르만족의 곡물을 뜻하는 베오레(Biore)와 '마신다'는 의미의 라틴어 비베레(Bibere)에서 유래되었다.

| 독 일 | 비어(Bier) |
|---|---|
| 포르투갈 | 세르베자(Cerveja) |
| 영 국 | 에일(Ale) |
| 프랑스 | 비에르(Biere) |
| 스페인 | 세르베자(Cerveza) |
| 러시아, 체코 | 피보(Pivo) |

② 발 전

   ㉠ 맥주 제조에 대한 가장 오래된 기록은 BC 4000년경 메소포타미아 수메르인의 유적지에서 출토된 점토판에서 발견됐다. 수메르인들은 빵 조각을 물에 담가 자연발효시킨 맥주를 마셨으며 메소포타미아 평원으로 이주해서 곡물을 재배하고 맥주 양조기술을 발달시켰다. 이러한 문화는 고대 그리스 로마문명의 기초가 되었다.

   ㉡ 이집트에서는 BC 3000년경 이집트 왕의 분묘에 맥주 양조장을 그린 벽화가 발견되었다.

   ㉢ 고대 게르만(German) 민족은 기원전 약 1세기쯤부터 맥주를 마셨고 각 지방에 대한 독특한 맛의 맥주가 있었다.

   ㉣ 중세에 접어들면서 더욱 질 좋은 맥주가 수도원에서 만들어졌다. 맥주의 발효기술 중 하나인 하면발효 기술이 바이에른의 베네딕트파 수도원에서 발명되는 등 수도원 양조장은 융성하게 되었다.

   ㉤ 13세기 초 독일 하노버의 아인베크에서 홉(Hop)을 사용하고 엿기름의 사용량을 늘려 짙은 흑맥주인 보크비어(Bock Beer)가 만들어졌다. 독일어로 '맥주 한 잔'을 '보크 한 잔'이라고도 할 정도로 현재 병맥주(Lager Beer)의 시초가 되었다.

> [호 프]
> Hof(호프)는 생맥주를 주로 파는 술집이라는 뜻으로, 바이에른 왕실의 지정 양조장이었으며 세계에서 가장 유명한 맥주홀인 호프브로이 하우스(Hofbräuhaus)에서 유래되었다.

   ㉥ 1516년 바이에른(Bayern) 공국의 초대 왕 빌헬름 4세는 맥주순수령(맥주의 품질을 지키고자 공포한 법령)을 제정하였다. 맥주의 원료로 보리와 홉(Hop) 그리고 물만 사용하도록 하여 오늘날 독일식 양조법이 전 세계 맥주 양조법의 모델로 간주되고 있다.

   ㉦ 산업혁명 이후 맥주의 대량생산과 대량소비가 본격적으로 가능해졌다. 19세기 프랑스의 루이 파스퇴르(Louis Pasteur, 1822~1895)는 발효란 효모의 움직임에 의한 것임을 명확하게 하고, 맥주 효모가 60~70℃가량의 온도에서는 작용하지 않는다는 것을 발견했다. 그 이론의 연장으로 술의 재발효를 방지하기 위한 방법, 저온살균법을 발견했다. 그의 이름을 따서 파스퇴르법(Pasteurization)이라 불렸고 맥주는 이 파스퇴르법을 따르면서 장시간 보관이 가능하게 되어 이후로 급속도로 보급되었다.

   ㉧ 1870년대에 독일의 칼 폰 린네(Carl Von Linne)에 의해 암모니아 압축법에 의한 인공 냉동기가 발명되었다. 처음으로 공업적으로 사계절을 통한 양조를 가능하게 하였고 품질을 향상시키는 데 공헌했다.

   ㉨ 1883년 덴마크의 미생물학자인 한센(E. C. Hansen)은 질 좋은 효모를 골라 이것을 순수하게 배양, 증식한 효모의 순수 배양기술을 발명하였다. 배양 효모는 맥주의 질을 한 차원 더 높였다.

   ㉩ 우리나라 맥주회사 설립은 1933년 일본의 대일본맥주주식회사가 조선맥주 주식회사를 설립한 것이 그 시초이며, 같은 해 12월에 일본의 기린맥주

주식회사가 소화기린맥주(동양맥주의 전신)를 설립하였다. 이들 두 회사는 해방과 함께 1945년 적산관리 공장으로 지정되어, 미국 군정에 의해 관리되어 오다가 1951년에 이르러 민간에 불하되었는데 이것이 조선맥주(크라운맥주·하이트맥주 전신)주식회사와 동양맥주(현재 OB맥주)주식회사이다.

㉠ 우리나라는 하이트맥주(크라운맥주)와 OB맥주 그리고 1992년 진로 쿠어스 맥주주식회사(카스)가 설립되어 첨단 비열처리 맥주를 생산·시판하게 되었다. 우리나라 맥주시장을 살펴보면 먼저 1999년 OB맥주가 카스맥주를 흡수 합병하였으며 카스, OB라거, 카프리 등을 생산하고 있다. 그리고 2005년 하이트맥주가 진로를 인수하여 2011년 하이트진로가 출범하였다. 종류로 하이트, 맥스, 테라, 켈리 등이 있다. 2009년에는 롯데주류가 출범하여 클라우드를 출시하였다.

㉡ 크래프트 비어(Craft Beer) : 소규모 양조장에서 소량으로 전통방식을 존중해 생산되는 창의적인 맥주로 일명 수제맥주라 한다.

### 핵심이론 02 맥주의 원료

① 보 리
  ㉠ 맥주에 사용되는 모든 곡류를 대표하는 것이 대맥(大麥)이다. 맥주를 만들 때 대맥의 맥아(麥芽, Malt)를 사용하는데, 발아할 때 생기는 효소가 전분을 분해하고 당분을 만들어 내기 때문에 효모의 활동을 왕성하게 해 준다. 보리는 씨알의 배열이 6줄로 되어 있는 여섯줄보리와 씨알이 2줄로 배열되어 있는 두줄보리가 있다.
  ㉡ 2줄보리는 낟알이 크고 균일하며 곡피가 얇고 광택을 띤 황금빛으로 맥주 양조에 적합하므로 독일, 일본, 우리나라 등지에서 맥주 양조용으로 많이 사용하고 있으나 미국에서는 6줄보리도 사용되고 있다.
  ㉢ 양조용 보리의 조건
    • 껍질이 얇은 것
    • 담황색을 띠는 것
    • 윤택이 있는 것
    • 수분 함유량이 13% 이하로 잘 건조된 것
    • 알맹이가 고른 것
    • 95% 이상의 발아율이 있는 것
    • 전분 함유량이 많은 것
    • 단백질이 적은 것(단백질이 많으면 탁해지고 맛이 없음)

② 홉(Hop)
  ㉠ 뽕나무과, 삼나무과 식물로서 암수가 서로 다른 다년생의 넝쿨식물로 양조용으로는 수정되지 않은 암꽃을 사용한다.
  ㉡ 맥주 특유의 향기와 고미(苦味) 등 상쾌한 쓴맛을 낸다.
  ㉢ 보존성이 뛰어나 신선도를 향상시켜 준다.
  ㉣ 타닌(Tannin) 성분은 단백질을 침전·분리시키는 성질로 맥주를 맑게 만들어 준다.

ⓜ 잡균의 침입을 막아 준다.
ⓑ 부패를 방지하여 맥주의 저장성을 증가시킨다.
ⓢ 수지 성분은 맥주 거품을 일으키는 효과가 있다.
ⓞ 고미질은 담즙의 분비를 촉진시켜 소화를 돕고 이뇨작용을 한다.
ⓩ 신경중추에 작용하여 신경을 진정시켜 숙면을 촉진하는 효과가 있다.

③ **효모(Yeast)** : 맥아(Malt)즙 속의 당분을 분해하여 알코올과 탄산가스를 만드는 작용을 하는 미생물이다. 효모는 맥주의 맛과 향을 결정짓는 중요한 요인으로 맥주의 품질은 효모의 역할에 의해서 만들어진다고 할 수 있다.

※ 이스트(Yeast)란 명칭은 알코올 발효 때 생기는 거품(Foam)이라는 네덜란드어인 'Gast'에서 유래되었다.

④ **물(Water)** : 맥주의 90% 이상을 차지하고 있는 물은 맥주의 품질을 결정하는 가장 중요한 역할을 하고 있다. 과거에는 양조수의 질을 임의로 개량하지 못했기 때문에 그 지방의 수질에 따라서 맥주의 질이나 맛이 결정되었다[예 뮌헨의 농색맥주와 필젠(Pilsen) 지방의 담색맥주인 필젠우어크웰(Pilsen Urquell)]. 양조수는 무색, 무미, 무취, 무균 등 투명하고 오염되지 않은 깨끗한 물이 사용되었을 때 맥주의 청량감을 더해 줄 수 있다.

⑤ **전분 보충원료** : 쌀, 옥수수, 전분, 설탕 등의 부원료를 사용한다. 가장 중요한 것은 옥수수 및 백미인데, 일본에서는 감자 전분, 고구마 전분, 소맥 전분 등을 이용하는 곳도 있으며 나라에 따라서 포도당, 전화당, 설탕 등의 당류를 이용하는 곳도 있다.

---

**핵심예제**

**2-1.** 다음 중 당분을 분해하여 알코올과 탄산가스를 만드는 작용을 하는 원료는 무엇인가? [2019년 2회]

① Water  ② Hop
③ Seed  ④ Yeast

**2-2.** 좋은 맥주용 보리의 조건으로 알맞은 것은? [2013년 5회]

① 껍질이 두껍고 윤택이 있는 것
② 알맹이가 고르고 발아가 잘 안 되는 것
③ 수분 함유량이 높은 것
④ 전분 함유량이 많은 것

**2-3.** 맥주(Beer) 양조용 보리로 가장 거리가 먼 것은? [2013년 2회]

① 껍질이 얇고, 담황색을 하고 윤택이 있는 것
② 알맹이가 고르고 95% 이상의 발아율이 있는 것
③ 수분 함유량은 10% 내외로 잘 건조된 것
④ 단백질이 많은 것

**2-4.** 맥주의 원료 중 홉(Hop)의 역할이 아닌 것은? [2012년 5회]

① 맥주 특유의 상큼한 쓴맛과 향을 낸다.
② 알코올의 농도를 증가시킨다.
③ 맥아즙의 단백질을 제거한다.
④ 잡균을 제거하여 보존성을 증가시킨다.

|해설|

2-2
① 껍질이 얇은 것
② 95% 이상 발아된 것
③ 수분 함유량이 13% 이하로 잘 건조된 것

2-3
단백질이 많으면 맥주가 탁하다.

**정답** 2-1 ④  2-2 ④  2-3 ④  2-4 ②

## 핵심이론 03 맥주의 제조공정

맥주 제조를 처음부터 끝까지 책임을 지는 사람을 브루마스터(Brew Master)라고 한다.

① 맥아 제조공정 : 보리 입자를 일정한 크기로 선별하여 수분을 흡수시키고 발아를 용이하게 한다. 이를 가열·건조하여 저장성이 있는 수분함량으로 전환시키고 뿌리와 잎을 제거하는 과정이다.

② 담금공정 : 맥아를 잘게 부순 후 통에 담고 온수를 넣어 죽과 같은 상태를 만든다. 이것을 자비부로 옮겨 홉을 넣고 끓인 다음 홉을 제거하고, 여과기와 원심분리기로 고형물이나 침전물을 제거한 투명한 액체를 발효조로 옮긴다.

③ 발효공정 : 상면발효 효모나 하면발효 효모를 첨가해서 발효를 시작한다. 발효가 끝나면 거품과 함께 위로 떠오르는 상면(上面)효모와 밑으로 가라앉는 하면(下面)효모가 생긴다. 19세기 이전에는 상면효모를 이용한 맥주가 대부분이었지만 지금은 하면효모로 만든 맥주가 시장의 대부분을 차지한다.

※ 상면발효시킨 맥주를 '에일(Ale)'이라고 하고, 하면발효시킨 맥주를 '라거(Lager)'라고 한다.

④ 숙성공정 : 저장탱크(0℃)에서 약 60~90일간 숙성을 계속한다. 이를 후발효라고 한다. 이 기간에 발생하는 탄산가스가 밀폐된 통 속에서 맥주에 녹아 들어가고 효모나 기타 응고물은 침전하여 원숙한 맥주가 된다.

⑤ 여과공정 : 숙성이 끝난 맥주를 규조토여과기로 여과하여 술통에 따라 두는 것이 생맥주이다. 생맥주는 신선하나 보존성이 떨어진다. 보존성을 유지하기 위해 저온 살균한 것이 병맥주(Lager Beer)이다.

### 핵심예제

일반적인 병맥주(Lager Beer)를 만드는 방법은? [2013년 5회]
① 고온발효  ② 상온발효
③ 하면발효  ④ 상면발효

정답 ③

## 핵심이론 04 맥주의 종류

① 사용 효모에 따른 분류

㉠ 상면발효(고온발효) : 발효 도중에 생기는 거품과 함께 상면으로 떠오르는 성질을 가진 효모를 사용해서 만드는 맥주이다.
- 비교적 고온(18~25℃)에서 2주 정도 발효 후 15℃ 정도에서 7~10일간 숙성기간을 거침
- 맛과 향이 강하고 쓴맛이 많이 남
- 비교적 영국에서 많이 생산하고 있으며 미국의 일부, 캐나다, 벨기에 등지에서 생산
- 종류 : 스타우트(Stout), 에일(Ale), 포터(Porter), 램빅(Lambics) 맥주 등

㉡ 하면발효(저온발효) : 발효 중 밑으로 가라앉는 성질을 가진 효모를 사용하여 저온(5~10℃)에서 발효시킨다. 일반적으로 라거 맥주(Lager Beer) 계열이 여기에 속한다.
- 영국을 제외한 전 세계 맥주시장을 주도(세계 맥주 생산량의 75% 정도를 차지)
- 근세에 개발된 우수한 정통 맥주 양조방법
- 순하고 부드럽고 산뜻한 맛이 특징
- 종류 : 라거 맥주(Lager Beer), 드래프트 비어(Draft Beer), 뮌헨(München), 도르트문트 비어(Dortmund Beer)

[생맥주(Draft Beer) 취급요령]
- 미살균 상태이므로 신선도에 주의
- 생맥주통에 주입할 때 통 속의 압력은 12~14파운드로 항상 일정하게 유지
- 온도는 약 2~3℃로 유지(7℃ 이상 되면 변질 우려)
- 적절한 서브 온도는 약 3~4℃ 정도로 차가운 글라스에 제공
- 영업장에서는 선입선출(FIFO)에 신경 써야 함

② 열처리 방식에 따른 분류
　㉠ 저온열처리 맥주 : 병입한 맥주를 저온 열처리기에 통과시키는 방법으로 60℃에서 10분 동안 열처리된 후 다시 상온으로 낮아진다(파스퇴르법이라고도 함).
　　• 종류 : 네덜란드의 하이네켄(Heineken), 덴마크의 칼스버그(Carlsberg), 일본의 기린(Kirin), 미국의 버드와이저(Budweiser), 우리나라의 OB라거
　㉡ 비(非)열처리 맥주 : 일반적으로 열처리를 하지 않은 생맥주가 대표적이다.
③ 맥즙 농도와 알코올 농도에 의한 분류
　㉠ 저알코올 맥주(Low Alcoholic Beer) : 원맥즙의 당도를 낮게 하여 칼로리나 알코올 함량이 종래의 맥주보다 낮은 것으로, 가볍고 부드러운 맛을 가진 라이트(Light) 타입의 맥주
　㉡ 저칼로리 맥주(Low Caloric Beer) : 원맥즙을 발효할 때 당분을 최대한 알코올로 변화시켜 맥주의 당도를 적게 하여 상대적으로 알코올의 농도를 높인 맥주로, 마실 때 단맛 대신 부드럽고 담백한 느낌을 강조한 저칼로리 드라이(Dry) 타입의 맥주

### 핵심예제

**4-1. 다음 중 상면발효 맥주가 아닌 것은?** [2013년 5회]
① 에 일　　② 복
③ 스타우트　④ 포 터

**4-2. 생맥주(Draft Beer) 취급 요령 중 틀린 것은?** [2013년 1회]
① 2~3℃의 온도를 유지할 수 있는 저장시설을 갖추어야 한다.
② 술통 속의 압력은 12~14파운드로 일정하게 유지해야 한다.
③ 신선도를 유지하기 위해 입고 순서와 관계없이 좋은 상태의 것을 먼저 사용한다.
④ 글라스에서 서비스할 때 3~4℃ 정도의 온도가 유지되어야 한다.

**4-3. 다음 중 하면발효 맥주에 해당되는 것은?** [2013년 4회]
① Stout Beer　　② Porter Beer
③ Pilsner Beer　④ Ale Beer

**4-4. 음료 저장관리 방법 중 FIFO의 원칙을 적용하기에 가장 적합한 술은?** [2013년 4회]
① 위스키　② 맥 주
③ 브랜디　④ 진

**4-5. 저온 살균되어 저장 가능한 맥주는?** [2013년 1회]
① Draught Beer　　② Unpasteurized Beer
③ Draft Beer　　　④ Lager Beer

**4-6. 맥주의 관리방법으로 옳은 것은?** [2012년 4회]
① 습도가 높은 곳에 보관한다.
② 장시간 보관·숙성시켜서 먹는 것이 좋다.
③ 냉장보관할 필요는 없다.
④ 직사광선을 피해 그늘지고 어두운 곳에 보관하여야 한다.

|해설|

4-2
영업장에서는 선입선출(FIFO)에 신경 써야 한다.

4-4
맥주는 양조주로 알코올 도수가 낮아 신선도 유지를 위해 선입선출해야 한다.

정답 4-1 ②　4-2 ③　4-3 ③　4-4 ②　4-5 ④　4-6 ④

## 제3절 | 증류주 특성

### 3-1. 증류주의 개념

**핵심이론 01** 증류주의 정의 및 종류

① 증류주(Distilled Liquor) : 증류는 알코올과 물을 분리하는 작업으로 알코올의 비등점(78.35℃)과 물의 비등점(100℃)의 차이를 이용하는 것이다. 발효주보다 강한 알코올 성분과 순도가 높은 알코올을 얻기 위하여 증류를 한다.

② 증류기의 종류

㉠ 단식증류기(Pot Still) : 우리나라 소주고리 형태로 구조가 매우 간단하다. 밀폐된 솥과 관으로 구성되어 있으며 1회 증류가 끝날 때마다 발효액을 넣어 증류하는 원시적인 증류법이다. 아일랜드 사람들이 사용하였던 알렘빅(Alambic)이 단식증류기의 시초라 할 수 있다. 브랜디의 경우 두 번 증류한다. 처음 증류한 원료 포도주로부터 알코올 농도 25~30%인 조증류액을 얻는다. 한 솥 분량을 증류하는 데 10~12시간이 걸린다. 세 솥 분량의 조증류액을 합하여 같은 형식의 증류기로 재증류하며, 이때 초기의 증류액(초류)과 마지막 증류액(말류)은 버리고 중간 증류액을 모은다. 브랜디의 향기는 이 조작에 크게 영향을 받는다.

- 장점 : 시설비가 저렴하고, 맛과 향의 파괴가 적다.
- 단점 : 재증류의 번거로움이 많고 이로 인해 대량생산이 불가능하다.
- 종류 : 몰트 위스키, 코냑, 다크 럼, 증류식 소주 등

㉡ 연속증류기(Patent Still) : 현대식 연속증류기로 1831년 아일랜드의 세무 공무원인 애니어스 코피(Aeneas Coffey)가 발효액을 연속해서 투입하여 증류액을 얻는 방식을 고안하여 특허를 얻었다.

- 장점 : 대량생산이 가능하고, 생산원가 절감이 가능하다.
- 단점 : 시설비가 많이 들고 증류액의 향미성분은 거의 상실되고 없다.
- 종류 : Grain Whisky, Vodka, Rum 등

**핵심예제**

**1-1.** 다음 중 단식증류기의 특징이 아닌 것은? [2019년 1회]
① 시설비가 저렴하다.
② 맛과 향의 파괴가 적어 품질이 좋다.
③ 재증류의 번거로움으로 인해 대량생산이 불가능하다.
④ 보드카, 럼 등이 대표상품이다.

**1-2.** 증류주가 사용되지 않은 칵테일은? [2013년 5회]
① Manhattan    ② Rusty Nail
③ Irish Coffee    ④ Grasshopper

**1-3.** 증류주가 아닌 것은? [2013년 5회]
① 풀 케    ② 진
③ 테킬라    ④ 아쿠아비트

**1-4.** 일반적으로 단식증류기(Pot Still)로 증류하는 것은? [2012년 5회]
① Kentucky Straight Bourbon Whiskey
② Grain Whisky
③ Dark Rum
④ Aquavit

|해설|

1-1
보드카, 럼, 그레인 위스키 등은 연속증류기를 사용한다.

1-2
④ 그래스호퍼 제조에 쓰이는 그린 크림 드 민트는 리큐르이다.

1-3
풀케(Pulque)는 양조주이다.

1-4
다크 럼(Dark Rum)은 발효 후 단식증류기로 증류하고 안쪽을 태운 오크통 속에서 3년 이상 숙성한다. 짙은 갈색에 맛과 향이 매우 강하게 느껴지는 럼이다.

**정답** 1-1 ④  1-2 ④  1-3 ①  1-4 ③

## 3-2. 위스키[Whisk(e)y]

**핵심이론 01** 위스키의 정의 및 종류

① 정의 : 과실, 곡류 등의 원료를 발효 후 증류한 알코올 성분을 오크통에서 숙성시킨 술
② 어원 : 켈트(Celt)어의 우스게바하(Uisge Beatha)로 라틴어의 '아쿠아 비테(Aqua Vitae)'와 같이 '생명의 물'이라는 의미이다. 위슈크(Uisqe), 그리고 우스키(Usky), 위스키(Whisky)로 변화된 것이라 한다. 위스키에 대한 기록을 보면 1172년 잉글랜드의 헨리 2세가 아일랜드를 침입했을 때, 그 땅에 보리로 만든 증류주가 있었고 이를 우스게바하(Usque Baugh)라 하여 즐겨 마셨다고 전해진다. 또한 1494년 스코틀랜드의 재무부 기록에 아쿠아 비테(Aquavitae)라는 말이 등장하고 있다.
③ 산지별 위스키
  ㉠ 아이리시 위스키(Irish Whiskey)
  ㉡ 스카치 위스키(Scotch Whisky)
  ㉢ 아메리칸 위스키(American Whiskey)
  ㉣ 캐나디안 위스키(Canadian Whisky)
④ 위스키의 4대 제조과정
  ㉠ 당화(Mashing) : 전분질 원료를 당질 원료로 전환시키는 작업이다.
  ㉡ 발효(Fermentation) : 당화된 원료에 효모를 넣고 알코올과 탄산가스로 분해하는 작업이다.
  ㉢ 증류(Distillation) : 발효된 알코올을 증류기에 넣고 끓는점을 이용하여 고농도의 알코올을 분리해 내는 작업이다.
  ㉣ 숙성(Aging) : 증류되어 나온 알코올은 오크통에서 일정 기간 이상 숙성을 거쳐 병입된다. 이때 호박색의 우아한 색채와 원숙한 향취가 부드러운 위스키 원액을 얻을 수 있다.

---

**핵심예제**

**1-1. 위스키의 제조과정을 순서대로 나열한 것으로 가장 적합한 것은?** [2012년 5회]
① 맥아 - 당화 - 발효 - 증류 - 숙성
② 맥아 - 당화 - 증류 - 저장 - 후숙
③ 맥아 - 발효 - 증류 - 당화 - 블렌딩
④ 맥아 - 증류 - 저장 - 숙성 - 발효

**1-2. 세계 4대 위스키에 속하지 않는 것은?** [2012년 4회]
① Scotch Whisky
② American Whiskey
③ Canadian Whisky
④ Japanese Whisky

|해설|

1-1
**위스키의 4대 과정**
당화(Mashing) → 발효(Fermentation) → 증류(Distillation) → 숙성(Aging)

1-2
Japanese Whisky는 위스키를 산지별로 구별할 때 5대 위스키에 포함된다.

정답 1-1 ① 1-2 ④

### 핵심이론 02 아이리시 위스키(Irish Whiskey)

① 제조과정 : 최초의 위스키로 스카치 위스키와 유사한 것 같지만 제조과정이 약간 다르다. 피트(Peat)탄을 사용하지 않고 건조하며 바닥에 널어서 건조시킨 맥아에 물을 넣고 맥아즙을 만들 때 밀과 호밀을 함께 넣고 4번을 반복하여 끓여서 냉각시킨 다음 발효시켜 단식 증류기로 3번 증류한다.

② 아이리시 위스키의 종류
　㉠ 존 제임슨(John Jameson)
　㉡ 올드 부시밀(Old Bushmills)

#### 핵심예제

**2-1. 다음 중 아이리시 위스키(Irish Whiskey)는?** [2013년 2회]

① John Jameson　② Old Forester
③ Old Parr　　　 ④ Imperial

**2-2. 단식증류법(Pot Still)의 장점이 아닌 것은?** [2013년 4회]

① 대량생산이 가능하다.
② 원료의 맛을 잘 살릴 수 있다.
③ 좋은 향을 잘 살릴 수 있다.
④ 시설비가 적게 든다.

**2-3. 위스키가 기주로 쓰이지 않는 칵테일은?** [2013년 4회]

① 뉴욕(New York)
② 로브 로이(Rob Roy)
③ 맨해튼(Manhattan)
④ 블랙 러시안(Black Russian)

|해설|
2-3
블랙 러시안은 보드카 1oz에 칼루아 1/2oz가 들어간다.

**정답** 2-1 ① 2-2 ① 2-3 ④

### 핵심이론 03 스카치 위스키(Scotch Whisky)

① 유래 : 1707년 스코틀랜드를 합병시킨 영국은 부족한 재정을 마련하기 위해 위스키에 많은 세금을 부과하였고, 이에 위스키 제조업자들은 스코틀랜드 북부 하이랜드(Highland)의 산속에 숨어 몰래 위스키를 밀조하기 시작했다. 그때 몰트를 건조시킬 연료가 부족하여 산간에 묻혀 있던 피트(Peat)탄을 사용하였는데 이로 인해 위스키 특유의 향이 발생되었다. 또한 밀조된 술은 스페인에서 수입한 셰리 와인(Sherry Wine)을 마시고 난 빈 통에 담아 두게 된다. 나중에 술을 팔기 위해 술통을 열어보니 투명한 호박색의 짙은 향취를 지닌 부드러운 맛의 술이 되었다. 1823년 영국 정부가 세제를 개정하면서 밀주가 양성화되었고, 1824년에는 세계 최초로 존 스미스가 위스키 제조면허를 받았다.

② 스카치 위스키 생산지도

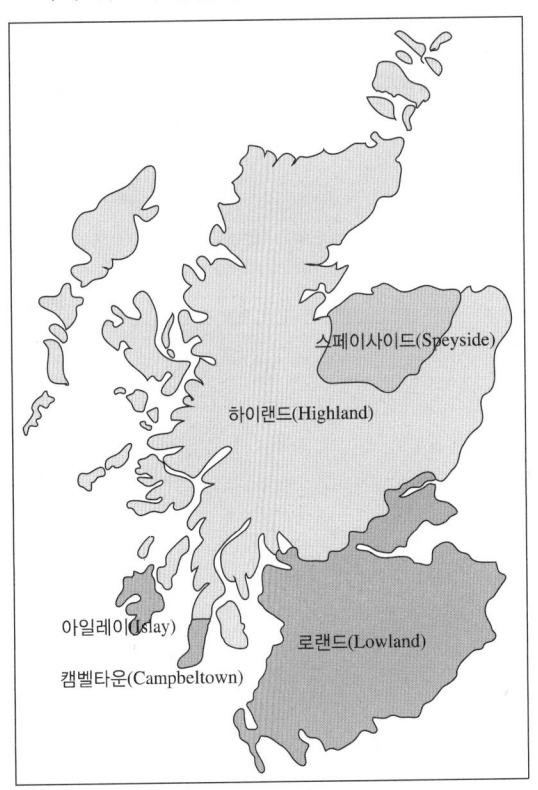

㉠ 하이랜드(Highland) : 가장 넓은 지역으로, 다양한 풍미를 지닌 싱글 몰트 위스키가 생산된다.

㉡ 로랜드(Lowland) : 비교적 저지대이며, 위스키 본고장 글래스고와 에든버러가 속해 있는 지역으로, 풍미가 가볍다.

㉢ 아일레이(Islay) : 가장 독특한 풍미와 스모키한 향을 지닌 위스키 산지이다.

㉣ 캠벨타운(Campbeltown) : 전통과 민속의 고장이며, 반도형 해변을 끼고 있는 지역으로 풍미가 강하다.

㉤ 스페이사이드(Speyside) : 스페이강 주위에 가장 많은 증류소가 밀집해 있다. 부드럽고 과일 향이 풍부한 위스키를 생산한다.

### 핵심예제

스카치 위스키(Scotch Whisky)와 가장 거리가 먼 것은?

[2012년 5회]

① Malt
② Peat
③ Used sherry cask
④ Used limousin oak cask

|해설|
코냑은 신주의 숙성에 새로 만든 리무진산 오크나무통만을 쓴다.

정답 ④

### 핵심이론 04 스카치 위스키 – 몰트 위스키(Malt Whisky)

① 정의 : 맥아(Malt)를 건조시킬 때 피트(Peat)탄의 훈향으로 독특한 맛을 내고 단식증류기로 2회 증류한 후 오크통에서 숙성시켜 피트향과 오크향이 잘 어우러진 위스키이다. 여러 증류소의 몰트 위스키를 혼합하여 마시기 쉽게 한 것을 퓨어 몰트 위스키(Pure Malt Whisky)라고 하며 한 증류소의 몰트 위스키만을 사용한 것을 싱글 몰트 위스키(Single Malt Whisky)라 한다.

② 몰트 위스키의 제조과정 : 보리 → 침맥 → 발아 → 건조(Peat) → 분쇄 → 당화(Wort, 맥아즙) → 발효(Wash) → 단식증류기 2회 증류 → 오크통 숙성 → 병입

③ 몰트 위스키의 종류
㉠ 더 글렌리벳(The Glenlivet) : 12년, 15년, 18년
㉡ 맥캘란(Macallan) : 12년, 15년, 18년, 21년, 25년, 30년
㉢ 글렌피딕(Glenfiddich) : 12년, 15년, 18년, 21년, 30년
㉣ 글렌모렌지(Glenmorangie) : Original(10년), Lasanta(Sherry Cask), Quinta Ruban(Port Cask), Nectar D'or(Sauternes Cask), Signet(Single Malt), 18년, 25년
㉤ 싱글톤(Singleton) : 12년, 18년

## 핵심예제

**4-1. 다음 중 스페이사이드의 대표적인 몰트 위스키가 아닌 것은?**
[2019년 1회]

① 발렌타인(Ballantines)
② 더 글렌리벳(The Glenlivet)
③ 글렌피딕(Glenfiddich)
④ 더 맥캘란(The Macallan)

**4-2. 몰트 위스키의 제조과정에 대한 설명으로 틀린 것은?**
[2013년 5회]

① 정선 – 불량한 보리를 제거한다.
② 침맥 – 보리를 깨끗이 씻고 물을 주어 발아를 준비한다.
③ 제근 – 맥아의 뿌리를 제거시킨다.
④ 당화 – 효모를 가해 발효시킨다.

**4-3. 다음의 (   ) 안에 들어갈 적합한 것은?**
[2013년 4회]

( ) whisky is a whisky which is distilled and produced at just one particular distillery.
( )s are made entirely from one type of malted grain, traditionally barley, which is cultivated in the region of the distillery.

① Grain
② Blended
③ Single Malt
④ Bourbon

**4-4. Malt Whisky 제조순서를 올바르게 나열한 것은?**
[2013년 2회]

| 1. 보리(2조 보리) | 2. 침 맥 |
| 3. 건조(피트) | 4. 분 쇄 |
| 5. 당 화 | 6. 발 효 |
| 7. 증류(단식증류) | 8. 숙 성 |
| 9. 병 입 | |

① 1-2-3-4-5-6-7-8-9
② 1-3-2-4-5-6-7-8-9
③ 1-3-2-4-6-5-7-8-9
④ 1-2-3-4-6-5-7-8-9

**4-5. Malt Whisky를 바르게 설명한 것은?**
[2012년 5회]

① 대량의 양조주를 연속식으로 증류해서 만든 위스키
② 단식증류기를 사용하여 2회의 증류과정을 거쳐 만든 위스키
③ 피트탄(Peat, 석탄)으로 건조한 맥아의 당액을 발효해서 증류한 피트향과 통의 향이 배인 독특한 맛의 위스키
④ 옥수수를 원료로 대맥의 맥아를 사용하여 당화시켜 개량 솥으로 증류한 고농도 알코올의 위스키

| 해설 |

4-3
싱글 몰트 위스키는 하나의 특정 증류주 공장에서 증류되고 생산된 위스키이다. 싱글 몰트는 전통적으로 오로지 맥아를 첨가한 곡류의 한 타입으로부터 만들어지며, 양조장 인근 지역에서 재배된다.

정답 4-1 ①  4-2 ④  4-3 ③  4-4 ①  4-5 ③

## 핵심이론 05 스카치 위스키 – 블렌디드 위스키 (Blended Whisky)

① 정의 : 1831년 아이네아스 코페이(Aeneas Coffey)에 의해 연속증류기가 발명되어 가벼운 타입의 그레인 위스키(Grain Whisky : 곡물을 발효 증류한 위스키)가 생산되면서 몰트 위스키(Malt Whisky : 보리를 발효 증류하여 숙성한 위스키)와 두 가지가 혼합된 블렌디드 위스키(Blended Whisky)가 나오게 된다.

② 제조과정 : 몰트 위스키(20~40%)와 그레인 위스키(60~80%)를 조합해 만든다. 몰트 위스키는 가격이 비싸고 개성이 강하고 중후한 맛과 향을 가진 위스키로 약간의 거부감을 주는 경우가 있지만 풍미가 순하고 부드러운 그레인 위스키와 혼합하면 우수한 맛과 향을 부드럽게 즐길 수 있다. 몰트와 그레인의 배합 종류가 많을수록 고급이다.

③ 블렌디드 위스키의 종류
- ㉠ 발렌타인(Ballantines) : 파이니스트(Finest), Master's, Gold(12년), 17년, 21년, 30년
- ㉡ 조니워커(Johnnie Walker) : 레드(Red)–블랙(Black)–스윙(Swing), 그린(Green 15y, Pure Malt Whisky), Gold(18년), 블루(Blue)
- ㉢ 커티 샥(Cutty Sark) : 스탠다드(Standard)–에메랄드(Emeraled, 12y)–디스커버리(Discovery, 18y), Cutty Black, 25년
- ㉣ 시바스 리갈(Chivas Regal) : 12년, 18년, 25년
- ㉤ 듀어스(Dewar's) : White Label, 12년, 18년, Signature
- ㉥ 딤플(Dimple) : 12년, 18년
- ㉦ 임페리얼(Imperial) : 12년, 17년, 21년
- ㉧ 제이 앤 비(J&B) : Rare, Jet(12년), Reserve(15년)
- ㉨ 올드 파(Old Parr) : 12년, 18년
- ㉩ 로열 살루트(Royal Salute) : 21년(루비, 에메랄드, 사파이어 색상), 38년

---

### 핵심예제

**5-1. 다음 중 블렌디드(Blended) 위스키가 아닌 것은?**
[2013년 5회]

① Johnnie Walker Blue
② Cutty Sark
③ Macallan 18
④ Ballantine's 30

**5-2. 스카치 위스키(Scotch Whisky)의 유명상표와 거리가 먼 것은?**
[2013년 2회]

① 발렌타인(Ballantine's)
② 커티 샥(Cutty Sark)
③ 올드 파(Old Parr)
④ 크라운 로열(Crown Royal)

|해설|

5-1
맥캘란은 싱글 몰트 위스키이다.

5-2
크라운 로열은 캐나디안 위스키이다.

정답 5-1 ③ 5-2 ④

### 핵심이론 06 아메리칸 위스키(American Whiskey)

① 미국에서 생산되는 위스키로 켄터키주의 버번(Bourbon)지방에서 제조되는 버번 위스키와 테네시주의 테네시 위스키가 대표적이다.
② 스트레이트 위스키(Straight Whiskey)와 블렌디드 위스키(Blended Whiskey)로 나눈다.

#### 핵심예제

**American Whiskey가 아닌 것은?** [2013년 1회]

① Jim Beam
② Wild Turkey
③ Jameson
④ Jack Daniel

|해설|

③ Jameson(제임슨) : 아일랜드의 아주 부드러운 풍미를 지닌 대표적인 아이리시 위스키
① Jim Beam(짐빔) : 미국의 증류회사 중에서 가장 오랜 역사를 가지고 있는 버번 위스키
② Wild Turkey(와일드 터키) : 야생 칠면조 사냥대회 때 발매된 버번 위스키
④ Jack Daniel(잭 다니엘) : 사탕단풍나무 숯으로 여과 후 숙성시킨 테네시 위스키

정답 ③

### 핵심이론 07 스트레이트 위스키(Straight Whiskey)

① 정의 : 옥수수, 호밀, 대맥, 밀 등의 원료를 사용하여 만들며, 다른 중성주정이나 위스키와 섞지 않고 190proof(95%) 이하로 증류한다.
② 안쪽을 태운 오크통에 저장하여 숙성시킨 위스키로, 주원료에 따라 명칭이 다르다.
  ㉠ 스트레이트 버번 : 옥수수가 51% 이상
  ㉡ 스트레이트 라이(Straight Rye) : 호밀이 51% 이상
  ㉢ 스트레이트 휘트(Straight Wheat) : 밀이 51% 이상
  ㉣ 스트레이트 콘 위스키(Straight Corn Whiskey) : 옥수수가 80% 이상

#### 핵심예제

**7-1. 콘 위스키(Corn Whiskey)란?** [2013년 4회]

① 50% 이상 옥수수가 포함된 것
② 옥수수 50%, 호밀 50% 섞인 것
③ 80% 이상 옥수수가 포함된 것
④ 40% 이상 옥수수가 포함된 것

**7-2. Straight Whisky에 대한 설명으로 틀린 것은?** [2013년 4회]

① 스코틀랜드에서 생산되는 위스키이다.
② 버번 위스키, 콘 위스키 등이 이에 속한다.
③ 원료곡물 중 한 가지를 51% 이상 사용해야 한다.
④ 오크통에서 2년 이상 숙성시켜야 한다.

정답 7-1 ③ 7-2 ①

## 핵심이론 08 버번 위스키(Bourbon Whiskey)

① 정의 : 미국 켄터키주 버번 지역에서 51% 이상의 옥수수(Corn)를 주재료로 사용하며 160proof(80%) 이하의 알코올 도수로 증류한 다음 안쪽을 태운 오크통에 넣어 최소한 2년 이상 숙성시켜 병입한 위스키로, 켄터키 스트레이트 버번 위스키(Kentucky Straight Bourbon Whiskey)라고 한다.

② 종류
  ㉠ 짐빔(Jim Beam) : 화이트 라벨(White Label), 블랙 라벨(Black Label)
  ㉡ 올드 그랜 대드(Old Grand Dad)
  ㉢ 와일드 터키(Wild Turkey) : 12y, 레어 브리드(Rare Breed)
  ㉣ 아이 더블유 하퍼(I. W. Harper)
  ㉤ 시그램 7크라운(Seagram's 7 Crown)

### 핵심예제

다음 중 버번 위스키(Bourbon Whiskey)는? [2013년 4회]

① Ballantine's
② I. W. Harper's
③ Lord Calvert
④ Old Bushmills

정답 ②

## 핵심이론 09 테네시 위스키(Tennessee Whiskey)

① 정의 : 법적으로는 버번(Bourbon)으로 분류되지만 테네시주에서 생산된 위스키이다. 테네시 고지에서 완벽하게 태운 사탕단풍나무 숯을 적당히 분쇄하여 3m 높이의 거대한 용기에 채운 뒤, 갓 증류된 위스키를 오랫동안 천천히 여과한 후 숙성시킨 것으로 제품의 특이성 때문에 상거래 습관상 테네시 위스키로 구별된다.

② 종류 : 잭 다니엘스(Jack Daniel's)

### 핵심예제

잭 다니엘(Jack Daniel)과 버번 위스키(Bourbon Whiskey)의 차이점은? [2013년 2회]

① 옥수수 사용 여부
② 단풍나무 숯을 이용한 여과 과정의 유무
③ 내부를 불로 그을린 오크통에서 숙성시키는지의 여부
④ 미국에서 생산되는지의 여부

정답 ②

### 핵심이론 10 캐나디안 위스키(Canadian Whisky)

① 정의 : 캐나다에서 생산되며 호밀, 옥수수, 대맥 등을 사용하여 만든 블렌디드 위스키(Blended Whisky)로 3년 이상 숙성시킨다. 호밀을 많이 사용하기 때문에 간혹 라이 위스키(Rye Whisky)라고도 불린다.

② 종 류
- ㉠ 캐나디안 클럽(Canadian Club) : 일명 CC로 불린다. 6년, 12년, Sherry Cask
- ㉡ 시그램스 VO(Seagram's VO)
- ㉢ 크라운 로열(Crown Royal)

#### 핵심예제

**다음 Whisky의 설명 중 틀린 것은?** [2013년 2회]

① 어원은 Aqua Vitae가 변한 말로 생명의 물이란 뜻이다.
② 등급은 VO, VSOP, XO 등으로 나누어진다.
③ Canadian Whisky에는 Canadian Club, Seagram's VO, Crown Royal 등이 있다.
④ 증류방법은 Pot Still과 Patent Still이다.

|해설|
② 브랜디는 품질을 구별하기 위해서 여러 가지 문자나 부호로 표시하는 관습이 있다.

정답 ②

## 3-3. 브랜디(Brandy)

### 핵심이론 01 브랜디의 어원

① 어원 : '태운 와인'의 의미로 프랑스어로 뱅 브루네(Vin Brule)라고 한 술을 네덜란드에서 브란데 웨인(Brande-wijn ; Burnt Wine)이라고 불러 수출했고 영국에서 브랜디(Brandy)라 부르게 되었다. 당시 유럽에는 흑사병이 유행하였는데 이것을 마시면 흑사병에 걸리지 않는다고 믿으며 '생명의 물(Aqua Vitae)'이라고 하며 널리 퍼지게 되었다. 프랑스어로 오드비(Eau de Vie)가 되고, 코냑 브랜디나 아르마냑 브랜디도 법률상으로는 오드비로 분류하고 있다.

② 정의 : 포도를 발효, 증류한 술에 붙인 명칭이었으나 현재에는 과실을 주원료로 하는 모든 증류주를 말한다. 포도 이외의 과실을 사용하면 브랜디 앞에 과실명을 붙인다. 예로 사과를 원료로 하여 만든 것은 애플 브랜디(Apple Brandy), 체리를 원료로 만드는 것은 체리 브랜디(Cherry Brandy)라고 하며 독일에서는 키르슈 바서(Kirsch Wasser)라고 부른다. 가장 명성이 높은 브랜디는 프랑스산 코냑과 아르마냑이다.

#### 핵심예제

**( ) 안에 알맞은 것은?** [2013년 1회]

( ) is a spirits made by distilling wines or fermented mash of fruit.

① Liqueur
② Bitter
③ Brandy
④ Champagne

|해설|
브랜디(Brandy)는 증류된 와인이나 과일을 으깨어 발효시켜 만들어진 스피릿이다.

정답 ③

### 핵심이론 02 코냑(Cognac)

① 프랑스의 코냑 지방에서만 만든 브랜디로 보르도 북쪽에 위치해 있다. 모든 코냑은 브랜디이지만 모든 브랜디가 코냑은 아니다.

② 제조과정 : 주로 생떼밀리옹(Ugni Blanc이라고도 함), 폴 블랑쉬(Folle Blanche), 꼴롱바르(Colombard)로 화이트 와인을 만든다. 약 7~8%의 알코올 도수에 신맛이 강하고 당도가 낮아서 와인으로서 맛은 나쁘지만 구리로 만든 전통적인 증류기를 사용하여 2~3번 증류한다. 리무진 오크통(Limousin Oak Barrel)에 넣어 저장하며 술통은 새것보다 오래된 것이 더 좋다. 새 술통을 사용할 때에는 열탕으로 소독하고 다시 화이트 와인을 채워 유해한 색소나 이취물질을 제거한 후 와인을 쏟아내고 브랜디를 넣어 저장한다. 숙성을 통해서 코냑의 특별한 개성을 가진 색과 향이 만들어진다. 평균 8통의 와인에서 1통의 브랜디가 얻어진다. 여기서 더 좋은 브랜디를 얻으려면 다시 한번 주의 깊게 10~15시간에 걸쳐 3번째의 증류를 하게 되는 것이다. 모든 증류작업은 3월 31일까지 마친다.

③ 코냑의 종류
  ㉠ 헤네시(Hennessey)
  ㉡ 레미마틴(Remy Martin)
  ㉢ 까뮤(Camus)
  ㉣ 마르텔(Martell)
  ㉤ 쿠르브아지에(Courvoisier)
  ㉥ 오타르(Otard)
  ㉦ 오지에(Augier)

### 핵심예제

**2-1. 다음 중 코냑에 대한 설명으로 틀린 것은?** [2019년 1회]
① 프랑스 보르도 북쪽에 위치해 있다.
② 구리로 만든 전통적인 증류기를 사용하여 2~3번 증류한다.
③ 술통은 새것보다 오래된 것이 더 좋다.
④ 모든 증류작업은 12월 31일까지 마친다.

**2-2. 브랜디의 제조공정에서 증류한 브랜디를 열탕소독한 White Oak Barrel에 담기 전에 무엇을 채워 유해한 색소나 이물질을 제거하는가?** [2013년 1회]
① Beer
② Gin
③ Red Wine
④ White Wine

**2-3. What is the difference between Cognac and Brandy?** [2012년 4회]
① Material
② Region
③ Manufacturing company
④ Ration

**2-4. 다음 중 코냑(Cognac)의 증류가 끝나도록 규정된 때는?** [2012년 2회]
① 12월 31일
② 2월 1일
③ 3월 31일
④ 5월 1일

|해설|

2-1
코냑 전통의 품질을 유지하기 위해 모든 증류작업은 3월 31일까지 마친다.

2-3
코냑 지방에서 생산된 브랜디만 코냑이라 하고, 아르마냑 지방에서 생산된 브랜디는 아르마냑, 기타 다른 프랑스 지역에서 생산된 브랜디를 프렌치 브랜디(French Brandy)라고 한다.

정답 2-1 ④  2-2 ④  2-3 ②  2-4 ③

## 핵심이론 03 코냑의 생산 지역

① 그랑드 샹파뉴(Grande Champagne) : 코냑시의 바로 남쪽에 위치하고 있으며, 섬세하며 꽃향기의 맛과 향이 진한 브랜디가 생산된다. 장기보관이 가능한 우수한 원액이다.
② 쁘띠드 샹파뉴(Petite Champagne) : 부드럽고 온화한 맛과 향으로 숙성이 빨리 된다. 그랑드 샹파뉴 50% 이상에 쁘띠드 샹파뉴를 섞으면 상호보완 작용으로 환상적인 조화를 이룬다. 이렇게 만들어진 원액을 피느 샹파뉴(Fine Champagne)라고 한다.
③ 보르드리(Borderies)
④ 팽부아(Fins Bois)
⑤ 봉부아(Bons Bois)
⑥ 부아 오르디네르(Bois Ordinaires)

### 핵심예제

**브랜디(Brandy)와 코냑(Cognac)에 대한 설명으로 옳은 것은?** [2013년 1회]

① 브랜디와 코냑은 재료의 성질에 차이가 있다.
② 코냑은 프랑스의 코냑 지방에서 만들었다.
③ 코냑은 브랜디를 보관 연도별로 구분한 것이다.
④ 브랜디와 코냑은 내용물의 알코올 함량에 차이가 크다.

|해설|

코냑(Cognac)은 프랑스 코냑 지방에서 생산된 브랜디이다. 브랜디와 코냑은 모두 포도를 원료로 발효, 증류한 증류주이다. 포도가 아닌 다른 과일로 만들었을 경우 반드시 과일 이름을 병에 기재하게 되어 있다.
㉠ French Brandy(프렌치 브랜디) : 프랑스에서 생산된 포도를 원료로 증류한 브랜디

|정답| ②

## 핵심이론 04 코냑의 등급

① 품질을 구별하기 위해서 여러 가지 문자나 부호로 표시하는 관습이 있다. 각 제조회사의 공통된 품질 표시가 아니라 회사별 자체의 관습에 의해 숙성기간에 따라 정해지며 법(AOC)적으로 규정된 숙성 연도에 의한 것은 쓰리스타(Three Star) 한 가지뿐이다. 그 외에는 법적 구속력이 전혀 없다. 같은 나폴레옹 등급일지라도 각 코냑 제조회사마다 숙성기간이 서로 다르다.
② 코냑 회사들은 독특한 맛을 매년 지속적으로 유지시키기 위해 위스키처럼 블렌딩(Blending)해서 만든다.
③ 코냑의 등급은 1865년 헤네시사에 의해서 처음 도입되었으며 각 제조회사마다 공통된 문자나 부호를 사용하는 것은 아니다. 리차드가 창업한 지 꼭 100년 후인 1865년 4대인 모리스 헤네시는 당시 코냑업계에서 업자들이 오크통으로 구입해 어느 정도 보관했다가 파는 것으로, 업자의 숙성 방법이나 기간에 따라 품질이 좌우될 수밖에 없었던 것을 업자에게 숙성을 맡기지 않고 자신이 직접 하였다. 또한 소비자가 마시기 편하도록 코냑업자로서 최초로 '코냑'이라는 상품명을 표시한 병 형태로 출하했고 별표를 사용하여 숙성기간을 표시함으로써 다른 업자들도 숙성기간을 표시하는 계기가 되었다.

㉠ Three Star(☆☆☆) : 5년
㉡ VO : 15년
㉢ VSO : 15~25년
㉣ VSOP(Very Superior Old Pale) : 25~30년
㉤ XO : 45년 이상
㉥ Extra : 70년 이상

### 핵심예제

**4-1. 가장 오랫동안 숙성한 브랜디(Brandy)는?** [2013년 4회]
① VO
② VSOP
③ XO
④ EXTRA

**4-2. 브랜디에 대한 설명으로 가장 거리가 먼 것은?**
[2012년 5회]
① 포도 또는 과실을 발효하여 증류한 술이다.
② 코냑 브랜디에 처음으로 별표의 기호를 도입한 것은 1865년 헤네시(Hennessy)사에 의해서이다.
③ Brandy는 저장기간을 부호로 표시하며 그 부호가 나타내는 저장기간은 법적으로 정해져 있다.
④ 브랜디의 증류는 와인을 2~3회 단식증류기(Pot Still)로 증류한다.

|해설|

브랜디의 등급은 품질을 구별하기 위해서 여러 가지 문자나 부호로 표시하는 관습이 있지만 각 제조회사마다 공통된 문자나 부호를 사용하는 것은 아니다. 같은 등급이라도 저장 연수가 다를 수 있다. 코냑의 경우 Three Star(☆☆☆)만이 법적으로 보증되는 연수(5년)이고 그 외는 법적 구속력이 전혀 없다.

정답 4-1 ④ 4-2 ③

### 핵심이론 05 아르마냑(Armagnac)

① 보르도의 남서부 지방으로 스페인과 접경 지역인 아르마냑 지역에서 AOC법에 준하여 생산되는 브랜디이다.
② 반연속식 증류기로 1회 증류하고 블랙 오크통(Black Oak Cask)에 숙성한다. 코냑보다 더 파워가 있고 남성적이며 살구향에 가까운 훌륭한 맛과 향으로 개성이 뚜렷한 제품을 생산하고 있다.
③ 아르마냑의 종류 : 샤보(Chabot), 쟈노(Janneau), 마리약(Malliac), 드 몽탈(De Montal)

### 핵심예제

**브랜디의 설명으로 틀린 것은?** [2013년 4회]
① 블렌딩하여 제조한다.
② 향미가 좋아 식전주로 주로 마신다.
③ 유명산지는 코냑과 아르마냑이다.
④ 과실을 주원료로 사용하는 모든 증류주에 이 명칭을 사용한다.

|해설|

브랜디는 식후주이다.

정답 ②

## 핵심이론 06  기타 증류주

① **오드비(Eau-de-vie)** : '생명수(Water of Life)'란 뜻으로 브랜디(Brandy), 마르(Marc)와 같은 알코올성 음료를 말한다. 과일과 작은 열매를 증류해서 만들며, 가장 훌륭한 오드비는 배로 만들어진다.

② **아쿠아비트(Aquavit)** : 북유럽 스칸디나비아(노르웨이, 덴마크, 스웨덴) 지방의 특산주로 어원은 '생명의 물(Aqua Vitae)'에서 유래되었다. 감자를 주원료로 발효, 증류한 다음 회향초 씨(캐러웨이, Caraway Seed)나 박하, 오렌지 껍질 등 여러 가지 허브로 향기를 착향시킨 술이다.

> [생명의 물(Water of Life)]
> 프랑스에서는 '오드비(Eau de Vie), 아쿠아 비테(Aqua Vitae)', 아일랜드, 스코틀랜드에서는 '우스게바하(Usque Baugh)' 등의 위스키(Whisky), 브랜디(Brandy)가 있고 러시아에서는 지제니아 보다(Zhiezenniz Voda)의 보드카(Vodka), 북유럽에서는 '아쿠아비트(Aquavit)' 등이 있다.

③ **그라파(Grappa)** : 포도 찌꺼기를 발효시켜 증류한 이탈리아 브랜디의 일종으로 알코올 도수는 30~60%이며 향을 첨가한 것도 있다. 숙성하지 않아서 무색이다.

### 핵심예제

**6-1.** 북유럽 스칸디나비아 지방의 특산주 감자와 맥아를 주재료로 사용하여 증류 후에 회향초 씨(Caraway Seed) 등 여러 가지 허브로 향기를 착향시킨 술은? [2013년 5회]

① 보드카(Vodka)
② 진(Gin)
③ 테킬라(Tequila)
④ 아쿠아비트(Aquavit)

**6-2.** Aquavit에 대한 설명으로 틀린 것은? [2013년 4회]

① 감자를 맥아로 당화시켜 발효하여 만든다.
② 알코올 농도는 40~45%이다.
③ 엷은 노란색을 띠는 것을 Taffel이라고 한다.
④ 북유럽에서 만드는 증류주이다.

**6-3.** 다음에서 설명하는 것은? [2013년 1회]

> • 북유럽 스칸디나비아 지방의 특산주로 어원은 '생명의 물'이라는 라틴어에서 온 말이다.
> • 제조과정은 먼저 감자를 익혀서 으깬 감자와 맥아를 당화, 발효시켜 증류시킨다.
> • 연속증류기로 95%의 고농도 알코올을 얻은 다음 물로 희석하고 회향초 씨나, 박하, 오렌지 껍질 등 여러 가지 종류의 허브로 향기를 착향시킨 술이다.

① 보드카(Vodka)       ② 럼(Rum)
③ 아쿠아비트(Aquavit)  ④ 브랜디(Brandy)

**6-4.** 다음 중 오드비(Eau de Vie)가 아닌 것은? [2012년 4회]

① Kirsch        ② Apricots
③ Framboise    ④ Amaretto

**6-5.** "생명의 물"이라고 지칭되었던 유래가 없는 술은? [2012년 5회]

① 위스키        ② 브랜디
③ 보드카        ④ 진

|해설|

6-4
④ Amaretto(아마레토) : 아몬드 향을 지닌 리큐르로 아몬드를 직접 넣는 것이 아니라 살구씨를 물에 담가 증류시켜 아몬드와 비슷한 향의 Essence를 만들어 주정에 혼합하고 숙성해서 시럽을 첨가하여 만든 리큐르이다.
① Kirsch(키르슈) : 버찌(체리)를 양조하여 증류한 브랜디로 키르슈바서(Kirschwasser)라고 한다. 키르슈는 독일어로 버찌(체리), 바서는 물이란 뜻이다.
② Apricots(애프리콧) : 살구의 씨를 과육과 함께 발효시켜 증류하여 만든 살구 브랜디(Apricot Brandy)이다.
③ Framboise(프람부아즈) : 프랑스어로 "나무딸기(Raspberry)"를 뜻한다. 나무딸기로 만든 리큐르로 라즈베리 브랜디(Raspberry Brandy)를 말한다.

정답 6-1 ④  6-2 ③  6-3 ③  6-4 ④  6-5 ④

## 3-4. 진(Gin)

### 핵심이론 01 진의 역사와 종류

① 역사 : 진은 네델란드의 명문대학인 레이덴(Leiden) 대학 교수 프란시큐스 드 라보에(Francicus de Le Boe)로 일명 실비우스에 의해 만들어졌다. 그는 열병치료제로 쓸 생각으로 순수 알코올에 이뇨효과가 있다는 주니퍼 베리(Juniper Berry), 코리엔더, 안젤리카 등을 침출시켜 증류하였다. 처음에는 쥐니에브르(Geniever)라고 하며 약국에서 판매하였으나, 네델란드 선원들에 의해 제네바(Geneva)로 불리면서 치료제보다는 애주가들에게 술로서 더 많은 호평을 받게 되었다. 1689년 윌리엄 3세가 프랑스로부터 수입하는 와인이나 브랜디의 관세를 대폭 인상하자 노동자들이 값싼 술을 찾던 중, 네델란드에서 종교전쟁에 참전하였던 영국 병사들이 귀향하면서 제네바를 가지고 와 급속도로 영국에 전파되었다. 제네바는 영국에서 획기적인 발전을 하였고, 드라이 진(Dry Gin)으로 이름도 바뀌게 되었다. 그 후 진은 미국에 전파되어 칵테일용으로 널리 쓰이게 되었다. 그래서 "진은 네델란드인이 만들었고, 영국인이 더욱 세련되게 했으며, 미국인이 영광을 주었다."라는 말이 있다.

② 진의 종류
- ㉠ 비피터(Beefeater)
- ㉡ 고든스 드라이 진(Gordon's Dry Gin)
- ㉢ 탱거레이(Tanqueray)
- ㉣ 봄베이 사파이어(Bombay Sapphire)
- ㉤ 길비 진(Gilbey's Gin)

---

**핵심예제**

**1-1. 진(Gin)의 설명으로 틀린 것은?** [2013년 2회]

① 진의 원산지는 네델란드다.
② 진은 프란시큐스 실비우스에 의해 만들어졌다.
③ 진의 원료는 과일에다 주니퍼 베리(Juniper Berry)를 혼합하여 만들었다.
④ 소나무 향이 나는 것이 특징이다.

**1-2. 다음 ( ) 안에 알맞은 것은?** [2012년 4회]

( ) must have juniper berry flavor and can be made either by distillation or redistillation.

① Whisky
② Rum
③ Tequila
④ Gin

|해설|

1-1
진의 원료는 곡류를 당화, 발효시킨 뒤 연속증류기로 증류한 주정에 주니퍼 베리(Juniper Berry), 고수풀, 안젤리카, 캐러웨이, 레몬 껍질 등의 향료 식물을 섞어서 만든 증류주이다.

정답 1-1 ③  1-2 ④

## 핵심이론 02 진의 제조방법

① 네덜란드 진(Dutch Genever) : 향미가 짙고 맥아의 향취가 남아 있는 묵직한 타입으로 일명 홀랜드(Hollands) 또는 쉬에덤(Schiedom)이라고도 한다. 원료인 맥아에 옥수수, 라이보리 등을 섞어서 당화시킨 후 발효와 증류를 거쳐 농도 50~55%가량의 알코올을 얻은 다음, 이 알코올에 주니퍼 베리(Juniper Berry, 노간주열매)를 넣고 다시 단식증류기로 두 번째 증류한 뒤 증류수로 알코올을 45%까지 낮추어 병입한다. 향기 성분이 강해 칵테일용으로는 별로 쓰이지 않는다.

② 런던 드라이 진(London Dry Gin) : 런던을 중심으로 발달하여 이 이름이 붙여졌다. 칵테일 만들 때 기주로 많이 사용하며 세계적으로 호평받고 있다. 원료인 맥아와 옥수수를 주원료로 하여 당화·발효시킨 뒤 연속증류기로 증류하고 90~95%의 주정에 증류수로 60%로 희석시킨다. 여기에 주니퍼 베리(Juniper Berry), 안젤리카(Angerica), 코리앤더(Coriander), 시나몬(Cinnamon), 레몬 껍질 등을 섞어 단식증류기로 두 번째 증류한 뒤 증류수로 알코올을 37~47.5%까지 낮추어 병입, 시판한다.

### 핵심예제

**2-1. Gin에 대한 설명으로 틀린 것은?** [2013년 5회]

① 저장, 숙성을 하지 않는다.
② 생명의 물이라는 뜻이다.
③ 무색·투명하고 산뜻한 맛이다.
④ 알코올 농도는 40~50% 정도이다.

**2-2. 저먼 진(German Gin)이라고 일컬어지는 Spirits는?** [2013년 4회]

① 아쿠아비트(Aquavit)
② 스타인헤거(Steinhager)
③ 키르슈(Kirsch)
④ 프람부아즈(Framboise)

|해설|

2-1
생명의 물로 지칭되는 술은 위스키, 브랜디, 보드카, 아쿠아비트 등이 있다.

정답 2-1 ② 2-2 ②

## 3-5. 보드카(Vodka)

### 핵심이론 01 보드카

① 유래 : 러시아의 국민주 보드카는 12세기경 러시아 문헌에 지제니아 보다(Zhiezenniz Voda ; Water of Life, 생명의 물)라고 기록되어 있던 것에서 유래된다.

② 제조방법 : 감자, 고구마 등과 보리, 호밀, 옥수수 등을 가해서 당화시켜 발효, 증류한 주정을 자작나무의 활성탄으로 여과하여 퓨젤 오일(Fusel Oil) 등의 부성분을 제거하고 모래층을 통과시켜 숯냄새와 찌꺼기를 제거한 후 증류수로 40~50%로 묽게 하여 병입한다.

③ 원료 : 폴란드(감자), 북유럽(호밀), 러시아(밀), 독일(사탕무), 프랑스(포도, Ciroc)

④ 특 징
  ㉠ 무색(Colorless)
  ㉡ 무미(Tasteless)
  ㉢ 무취(Odorless)

⑤ 음용방법 : 차게 해서 스트레이트로 마시지만 칵테일 기본주로 많이 사용되고 인기가 좋다. 식전주로 많이 마시며 캐비어(Caviar)와 잘 어울린다.

⑥ 보드카의 종류
  ㉠ 앱솔루트(Absolute) : 스웨덴
  ㉡ 스카이(Sky)
  ㉢ 스미노프(Smirnoff)
  ㉣ 스톨리츠나야(Stolichnaya)
  ㉤ 그레이구스(Grey Goose)
  ㉥ 핀란디아(Finlandia)

### 핵심예제

**1-1. Vodka에 속하는 것은?** [2013년 5회]
① Bacardi
② Stolichnaya
③ Blanton's
④ Beefeater

**1-2. 보드카(Vodka)에 대한 설명 중 틀린 것은?** [2012년 4회]
① 슬라브 민족의 국민주라고 할 정도로 애음되는 술이다.
② 사탕수수를 주원료로 사용한다.
③ 무색(Colorless), 무미(Tasteless), 무취(Odorless)이다.
④ 자작나무 활성탄과 모래를 통과시켜 여과한 술이다.

|해설|

1-2
사탕수수를 주원료로 사용하는 것은 럼(Rum)이다.

정답 1-1 ② 1-2 ②

## 3-6. 럼(Rum)

### 핵심이론 01 럼의 원산지 및 제조방법

① 원산지 : 카리브해 연안의 서인도 제도
② 원료 : 사탕수수(Sugar Cane), 당밀(Molasses)
③ 어원 : 영국의 식민지 바베이도스(Barbados)섬에 관한 고문서에 '1651년에 증류주(Spirits)가 생산되었다. 강한 술을 처음 마신 토착민들이 흥분과 소동을 일으켜 럼불리온(Rumbullion)이라 부르게 되었다'라고 기술되어 있다. 이것이 현재의 럼으로 불러졌다는 설과 럼의 원료인 사탕수수의 라틴어인 사카럼(Saccharum)의 어미인 'rum'으로부터 생겨났다는 설이 있다.
④ 제조방법 : 사탕수수즙 또는 사탕수수 과즙을 채취하고 남은 찌꺼기인 당밀을 물로 희석하여 발효, 증류한 술이다. 당밀 자체가 당분이므로 당화과정이 필요 없다.
⑤ 대표적인 칵테일로 쿠바리브레(Cuba Libre), 다이키리(Daiquiri), 마이타이(Mai-Tai), 피나콜라다(Pina Colada) 등이 있다.

#### 핵심예제

다음 중 럼에 대한 설명으로 틀린 것은? [2019년 1회]

① 럼의 원산지는 카리브해 연안의 서인도 제도이다.
② 원료는 사탕수수와 당밀이며 당밀 자체가 당분이므로 당화과정이 필요 없다.
③ 대표적인 브랜드는 앱솔루트(Absolute), 스미노프(Smirnoff), 핀란디아(Finlandia)가 있다.
④ 대표적인 칵테일로 쿠바리브레(Cuba Libre), 다이키리(Daiquiri), 피나콜라다(Pina Colada) 등이 있다.

|해설|
앱솔루트, 스미노프, 핀란디아는 보드카의 종류이다.

정답 ③

### 핵심이론 02 럼의 분류

① 라이트 럼(Light Rum) : 맛과 향이 가볍고 투명한 럼이다. 일명 화이트 럼(White Rum)으로 불린다. 칵테일의 기본주로 많이 사용된다.
② 골드 럼(Gold Rum) : 앰버 럼(Amber Rum)이라 불리기도 한다. 헤비 럼과 라이트 럼의 중간색으로 캐러멜로 착색하거나, 숙성된 미디엄 럼(Medium Rum)이라 할 수 있다.
③ 다크 럼(Dark Rum) : 감미가 진하고 짙은 갈색으로 특히 자메이카산이 유명하여 자메이카 럼(Jameica Rum)이라고 한다. 또한 맛과 향이 강해서 헤비 럼(Heavy Rum)이라고도 한다.

#### 핵심예제

2-1. 다음 중 감미가 진하고 짙은 갈색으로 특히 자메이카산이 유명한 럼은 무엇인가? [2019년 1회]

① Light Rum
② Gold Rum
③ Medium Rum
④ Dark Rum

2-2. 담색 또는 무색으로 칵테일의 기본주로 사용되는 Rum은? [2016년 1회]

① Heavy Rum
② Medium Rum
③ Light Rum
④ Jamaica Rum

|해설|

2-2
③ 맛과 향이 가벼워 라이트 럼(Light Rum), 숙성하지 않아 투명해서 화이트 럼(White Rum)이라고 한다.
①, ④ 헤비 럼(Heavy Rum) : 맛에 따라 분류한 것으로 감미가 강하고 색이 짙은 갈색이며 자메이카 럼이 대표적이다. 색에 의해 분류하면 다크 럼(Dark Rum)이 된다.
② 미디엄 럼(Medium Rum) : 감미가 강하지 않고 캐러멜 색소로 착색해서 색이 연한 갈색이다. 색에 의해 분류하면 골드 럼(Gold Rum)이 된다.

정답 2-1 ④ 2-2 ③

## 핵심이론 03 럼의 종류

① 바카디(Bacardi) : 화이트 럼과 골드 럼이 있다.
② 캡틴 모건(Captain Morgan)
③ 론디아즈(Rondiaz)
④ 브루갈(Brugal)
⑤ 마이어스럼(Myers's Rum)

### 핵심예제

**3-1. Which cocktail name means "Freedom"?**
[2013년 5회]

① God Mother
② Cuba Libre
③ God Father
④ French Kiss

**3-2. 다음 주류 중 주재료로 곡식(Grain)을 사용할 수 없는 것은?**
[2013년 2회]

① Whisky
② Gin
③ Rum
④ Vodka

|해설|
3-2
럼의 원료는 사탕수수, 당밀이다.

정답 3-1 ② 3-2 ③

## 3-7. 테킬라(Tequila)

### 핵심이론 01 테킬라의 원료

① 원산지 : 멕시코(Mexico)의 특산주
② 원료 : 아가베(Agave)로 백합목 용설란과의 식물이다. 멕시코어로 마게이(Maguey), 우리나라에서는 잎이 용의 혀처럼 생겼다고 해서 용설란이라고 불린다. 아가베(Agave)를 발효해서 풀케(Pulque)를 만들어 마시다가 16세기경 스페인으로부터 증류기술이 도입되어 풀케를 증류하여 메즈칼(Mezcal)을 만들었다. 1902년 멕시코시티(Mexico City) 주변의 특산품인 블루 아가베(Blue Agave)를 원료로 테킬라 마을에서 생산된 증류주를 테킬라라고 한다.
③ 테킬라의 품종
　㉠ 아가베 아메리카나(Agave Americana)
　㉡ 아가베 아트로비렌스(Agave Artovirens)
　㉢ 아가베 아즐 테킬라나(Agave Azul Tequilana, 블루 아가베)

### 핵심예제

**1-1. 다음 빈칸에 들어갈 적합한 말로 순서대로 바르게 짝지어진 것은?**
[2019년 1회]

> 멕시코의 특산주로 (　)를 발효해서 (　)를 만들어 마시다가 스페인으로부터 증류기술이 도입되어 증류주를 생산하게 되었다.

① Corn - Beer
② Agave - Pulque
③ Rice - Wine
④ Rye - Whisky

**1-2. 프리미엄 테킬라의 원료는?**
[2013년 4회]

① 아가베 아메리카나
② 아가베 아즐 테킬라나
③ 아가베 시럽
④ 아가베 아트로비렌스

정답 1-1 ② 1-2 ②

**핵심이론 02** 테킬라의 제조 및 등급

① **제조과정** : 8년 이상 재배한 아가베의 잎과 줄기를 제거한 몸통 부분만 사용한다. 파인애플처럼 생겼다고 해서 '피냐(Pina)'라고 부른다. 피냐를 반으로 잘라 찌거나 굽는 등의 당화과정을 거친다. 이 과정에서 전분이 당분으로 변환된다. 당화과정이 끝난 피냐는 분쇄, 압착하여 추출한 뒤 발효통으로 옮겨 효모를 넣고 발효를 시작한다. 이 발효주가 풀케(Pulque)다. 풀케를 단식증류기로 두 번 증류하고 숙성과정을 거쳐 병입된다.

② **테킬라와 메즈칼** : 테킬라(Tequila)는 메즈칼(Mezcal)의 일종이지만 메즈칼은 테킬라가 아니다. 테킬라는 블루 아가베만을 사용하고, 메즈칼은 여러 종류의 아가베를 사용한다. 또한 테킬라와 달리 발효과정에 과일이나 허브 등을 첨가하기도 한다.

③ **테킬라의 등급**

　㉠ 100% Agave : 프리미엄 테킬라로 법령에 표시된 지역에서 생산된 블루 아가베에서 얻어진 당분 외에 다른 성분을 허용하지 않고 발효한 제품이다. 'Tequila 100% Agave, 100% de Agave, 100% Puro de Agave, 100% Agave, 100% Puro Agave' 로 표시되어 있다.

　㉡ Tequila : 다른 당분의 혼합과 강화가 허용된다. 총당분의 51%는 법령에 규정된 지역에서 재배된 블루 아가베에서 추출한 당분을 함유해야 테킬라라는 이름을 붙일 수 있다.

④ **테킬라의 종류**

　㉠ 페페로페즈(Pepe Lopez) : 실버, 골드
　㉡ 호세쿠엘보(Jose Cuervo) : 실버, 골드, Anejo 1800
　㉢ 사우자(Sauza)
　㉣ 올메카(Olmeca)
　㉤ 마리아치(Mariachi)
　㉥ 패트론(Patron)

**핵심예제**

풀케(Pulque)를 증류해서 만든 술은? [2013년 2회]

① Rum　　　　② Vodka
③ Tequila　　　④ Aquavit

정답 ③

## 핵심이론 03 테킬라의 분류

① 테킬라 블랑코(Tequila Blanco) : 숙성시키지 않은 무색으로 화이트(White), 실버(Silver) 테킬라이다.
② 테킬라 호벤(Joven)/오로(Oro)/영(Young)/골드(Gold) : 숙성에 민감하며 화이트 테킬라에 숙성된 테킬라를 혼합하여 제조한다. 테킬라의 풍미를 부드럽게 하는 과정을 '아보카도(Abocado)'라고 부르며, 이 과정에서 캐러멜 색소, 오크 추출물, 글리세린, 설탕시럽 등을 추가할 수 있다.
③ 테킬라 레포사도(Tequila Reposado) : 오크통에서 3개월 이상 숙성한 것으로, 테킬라의 숙성은 오크통에 머무는 동안 발생하는 화학적 과정에서 자연스럽게 독특한 특성이 추가되도록 천천히 이뤄진다.
④ 테킬라 아네호(Tequila Anejo) : 오크통에서 1년 이상 숙성시킨 것으로 'Anejo'는 스페인어로 'Old'라는 뜻이다. 레포사도보다 색이 좀 더 진하고 오크나무향이 강하며 주로 스트레이트로 마신다.
⑤ 테킬라 엑스트라 아네호(Tequila Extra Anejo) : 오크통에서 2년 이상 숙성시킨 것으로 테킬라 등급에선 최상급이다.

### 핵심예제

Tequila에 대한 설명으로 틀린 것은?   [2013년 2회]

① Agave Tequiliana 종으로 만든다.
② Tequila는 멕시코 전지역에서 생산된다.
③ Reposado는 1년 이하 숙성시킨 것이다.
④ Anejo는 1년 이상 숙성시킨 것이다.

|해설|
멕시코 화산지대인 하리스코(Jalisco)주의 테킬라 마을을 중심으로 5개 지역에서만 생산된다.

정답 ②

## 핵심이론 04 테킬라 마시는 방법

소금과 레몬(라임)을 함께 먹게 된 이유는 사막이 많은 멕시코에서 염분과 비타민을 보충하기 위함이라 한다.
① 슬래머(Slammer) : 슬래머잔에 반은 테킬라, 반은 소다수나 사이다를 넣고, 종이냅킨으로 잔을 덮은 뒤 테이블에 내리쳐서 기포가 넘쳐흐를 때 원샷을 한다.
② 슈터(Shooter) : 레몬즙을 손등에 발라 소금을 묻힌 다음 혀로 핥고 짠맛이 입안에 퍼질 때 원샷을 하고 레몬조각으로 입가심을 한다.
③ 보디샷(Body Shot) : 파트너의 몸에 묻힌 레몬즙과 소금을 혀로 핥고 테킬라를 마신 후 파트너가 입에 물고 있는 레몬조각을 입으로 깨무는 것이다.

### 핵심예제

테킬라에 오렌지 주스를 배합한 후 붉은색 시럽을 뿌려서 모양이 마치 일출의 장관을 연출케 하는 환희의 칵테일은?

[2012년 4회]

① Stinger
② Tequila Sunrise
③ Screw Driver
④ Pink Lady

|해설|
Tequila Sunrise는 만든 사람이 젓지 않고 마시는 사람이 저어서 마셔야 아래쪽에 가라 앉아 있던 그레나딘 시럽이 위로 떠오르면서 멕시코의 일출 풍경이 연출된다. 보드카를 베이스로 하면 보드카 선라이즈가 된다.

정답 ②

## 제4절 | 혼성주 특성

### 핵심이론 01 혼성주의 정의

① 혼성주[리큐르(Liqueur)] : 과일이나 곡류를 발효시킨 술을 기초로 하거나 증류주에 과일이나 과즙, 약초, 향초, 꽃 등 초근목피(草根木皮)의 성분을 첨가하고 당분을 가미한 단맛이 있는 알코올 음료이다.
   ※ Liqueur : Compounded Liquor
② 프랑스에서는 알코올 도수 15% 이상, 당분 20% 이상을 함유하고 향신료가 첨가된 술을 말한다.
③ 미국에서는 주정에 당분 2.5% 이상 함유하고 여기에 과실, 과즙, 약초, 향료 등의 성분을 첨가한 술을 말한다.
④ 영국과 미국에서는 코디얼(Cordial)이라고 부른다.
⑤ 고대 그리스 시대에 약용으로 사용되었으며 특히, 이뇨, 강장에 효과가 있는 의약품으로 사용되었다.
⑥ 혼성주는 색채, 향기, 감미, 알코올의 조화가 좋아 주로 식후주로 즐겨 마시며 간장, 위장, 소화불량 등에 효력이 좋다.

#### 핵심예제

**1-1. 혼성주(Compounded Liquor)에 대한 설명 중 틀린 것은?** [2013년 1회]

① 칵테일 제조나 식후주로 사용된다.
② 발효주에 초근목피의 침출물을 혼합하여 만든다.
③ 색채, 향기, 감미, 알코올의 조화가 잘 된 술이다.
④ 혼성주는 고대 그리스 시대에 약용으로 사용되었다.

**1-2. 혼성주의 특성과 가장 거리가 먼 것은?** [2012년 5회]

① 증류주 혹은 양조주에 초근목피, 향료, 과즙, 당분을 첨가하여 만든 술
② 리큐르(Liqueur)라고 불리는 술
③ 주로 식후주로 즐겨 마시며 화려한 색채와 특이한 향을 지닌 술
④ 곡류와 과실 등을 원료로 발효한 술

정답 1-1 ② 1-2 ④

### 핵심이론 02 혼성주의 제조법

① 인퓨전 프로세스(Infusion Process, 침출법) : 증류주에 과일이나 약초, 향료 등의 향미성분을 용해시키는 방법이다. 열을 가하지 않으므로 콜드방식(Cold Method)이라고 한다. 특히 미국과 영국에서는 이것을 코디얼(Cordial)이라 한다.
② 디스틸레이션 프로세스(Distillation Process, 증류법) : 강한 주정에 식물의 씨, 잎, 뿌리, 껍질 등을 침출시켜 맛과 향을 우려낸 다음 증류하고 여기에 설탕 또는 시럽의 용액과 설탕 형태로 된 염료를 첨가하여 감미와 색을 내는 방법이다.
③ 에센스 프로세스(Essence Process, 향유혼합법) : 원료로부터 진액을 추출해서 알코올에 첨가시키거나 주정에 천연 또는 합성향료를 배합하여 여과한 후 당분을 첨가하여 만드는데 이런 제품은 품질이 그다지 좋지 않고 값이 싸다.
④ 퍼컬레이션 프로세스(Percolation Process, 여과법) : 커피를 여과시키는 것처럼 허브, 약초, 향초 등을 기계의 맨 윗부분에 놓고 증류주는 밑부분에 놓는다. 열을 가하여 알코올이 윗부분의 향료를 지나가면서 액화시키거나 재료에 접하게 되어 향취를 얻고 당분이나 색깔을 첨가시키는 방법이다.

### 핵심예제

**2-1. 혼성주의 제조방법 중 시간이 가장 많이 소요되는 방법은?** [2013년 5회]
① 증류법(Distillation Process)
② 침출법(Infusion Process)
③ 추출법(Percolation Process)
④ 배합법(Essence Process)

**2-2. 혼성주의 설명으로 틀린 것은?** [2013년 5회]
① 증류주에 초근목피의 침출물로 향미를 더한다.
② 프랑스에서는 코디얼이라 부른다.
③ 제조방법으로 침출법, 증류법, 에센스법이 있다.
④ 중세 연금술사들에 의해 발견되었다.

**2-3. 다음 중 혼성주의 제조방법이 아닌 것은?** [2012년 4회]
① 샤르마법(Charmat Process)
② 증류법(Distillation Process)
③ 침출법(Infusion Process)
④ 배합법(Essence Process)

|해설|

**2-1**
침출법은 원료가 우러나오는 시간이 있어 일정한 시간이 필요하다.

**2-3**
**샤르마법(Charmat Process)** : 스파클링 와인의 대량생산 방법으로 커다란 탱크에서 발효시킨 뒤 나중에 압력을 가해 병입하는 방식으로 샴페인보다 거품이 크고 가격은 저렴하다. 다른 표현으로 벌크(Bulk)라고 표기한다.

정답 2-1 ② 2-2 ② 2-3 ①

## 핵심이론 03 약초·향초류

가장 초기의 리큐르 형태로 식물의 생약 성분을 첨가하여 치료제 목적으로 생산하기 시작했다. 강장, 건위, 소화불량에 효능이 있다. 프랑스와 이탈리아에서 생산하는 약초, 향초류는 맛을 추구하는 것이 대부분이고, 독일에서는 약용효과를 추구해 오늘날 최상급의 리큐르를 만들었다.

① **압생트(Absente)** : 향쑥의 라틴명 압신티움에서(영어로 Worm Wood) 유래한 이름으로 향쑥, 살구씨, 회향, 아니스(Anis) 등의 원료를 고농도의 알코올에 넣고 방향 성분을 침출한 다음 다시 증류하여 제조한다. 알코올 도수(45~74%)가 강하고 당분을 포함하지 않는 암록담황색으로 '녹색의 마주'라고도 한다. 식욕부진 증상에 쓰거나 위액 분비 촉진제로 많이 사용되어 왔다. 그러나 압생트를 상습적으로 마시면 정신력 저하, 신경과민, 환각 등의 증상이 나타나 건강에 좋지 못하다는 것이 밝혀져 음주를 법으로 금하게 되었지만 압생트가 정신에 미친 영향이 많이 과장되었고 그 위험이 다른 술보다 그다지 높지 않으며, 유해물질의 농도는 충분히 조절할 수 있다는 주류업계의 주장이 받아 들여져 다시 생산하고 있다.

[참 고]
- 음용방법
  - 스트레이트, On the Rock 또는 물을 희석해서 마신다.
  - 식전주(Aperitif)로 마신다.
- 물과 접촉하면 아니스 성분 때문에 투명한 색깔이 우윳빛으로 변한다. 아니스 오일은 물에 녹으면 뿌옇게 변하는 성질을 가진다.
- 우조(Ouzo) : 아니스의 열매로 만든 그리스의 전통술 (40~45% vol)

② **아니세트(Anisette)** : 아니스의 열매를 주향료로 하는 달콤한 리큐르로 아니스 술이라고도 한다. 남유럽에서는 압생트 대신에 흔히 마신다. 식전 혹은 식후에 소화를 돕는 것으로 잘 알려져 있다.

③ 베네딕틴 디오엠(Benedictine DOM) : 프랑스에서 가장 오래된 리큐르 중 하나이다. 안젤리카를 주향료로 하여 박하, 약초, 주니퍼 베리, 시나몬, 바닐라, 레몬 껍질, 벌꿀 등 약 27종의 약초를 사용한다. 피로회복에 효능이 있는 술로 널리 애음되고 있다. DOM(Dêo Optimo Maximo, 데오 옵티모 맥시모)은 라틴어로 '최고 최대의 신에게 바치는 술'이라는 의미를 담고 있는 호박색 리큐르이다. 당시 수도승들의 아주 훌륭한 강장제였다.

④ 샤르트뢰즈(Chartreuse) : 프랑스어로 '수도원, 승원'이란 뜻이며 리큐르의 여왕이라 불린다. 레몬 껍질, 박하초, 제네가초 등의 130여 가지나 되는 알프스 약초를 포도주에 침지하여 증류해서 만들어졌으며 수도승들의 활력증진을 위하여 애용되었다.

⑤ 갈리아노(Galliano) : 아니스, 바닐라 등 40종류 이상의 약초, 향초를 사용해서 만들어진 리큐르로 이탈리아의 밀라노 지방에서 생산되며 오렌지와 바닐라향이 강하여 독특하고 길쭉한 병에 담겨져 있다. 1800년대 아프리카 전쟁의 전설적인 영웅 갈리아노 소령의 이름에서 유래되었다. 1896년 황금을 찾아 멀리 미국 캘리포니아로 향하는 이탈리아 사람들을 위해 개발했다. 개척자들에게 고향 이탈리아의 맛과 향을 상기시켜 주는 술이다. 알프스와 지중해, 열대지방의 다양한 향료와 목초를 절묘하게 블렌딩하는 비법으로 만들어졌다. 바닐라, 계피 및 꽃 향료 등으로 구성되어 있는 비밀스러운 성분들은 전통적으로 커피에 향을 가하는 데 사용되기도 했다.

⑥ 쿰멜(Kümmel) : 회향풀로 만든 무색 투명한 리큐르로 소화불량에 특효가 있다. 영어의 캐러웨이(Caraway, 회향풀)가 독일어로 쿰멜이다. 주정도가 약 30~40%로 화장품의 분냄새가 난다고 할 만큼 향이 진하다.

⑦ 예거마이스터(Jägermeister) : 허브, 과일, 뿌리, 나무 껍질 등 56가지의 재료로 만든 허브 리큐르로 독일에서 출시했다. 오래된 천식, 위장병 등을 치료할 약용 리큐르로 개발되어 비터스(Bitters)와 비슷하지만 쓴 맛의 비터스와는 달리 달콤한 맛을 가졌다. 독일에서는 아직도 이 술을 가정상비약으로 구비해 놓은 집들이 많다. 헌팅마스터(전문사냥꾼)라는 의미를 가지고 있으며, 알코올 도수 35%로 영하 15℃에서 가장 좋은 맛을 내며, 영하 18℃에서도 얼지 않는 특징이 있다.

⑧ 듀보네(Dubonnet) : 프랑스산으로 레드 와인에 키니네를 원료로 첨가하여 만든 강화주로서 옅은 갈색을 띠고 있다. 식전주로 애음되고 있다.

⑨ 시나(Cynar) : 와인에 아티초크(Artichoke)를 배합한 리큐르로 약간 진한 커피색이다.

⑩ 파르페 아무르(Parfait Amour) : 시트론(Citron) 열매로 만든 자주색의 감미가 높은 혼성주로 프랑스와 네덜란드산이 유명하다. '완전한 사랑'이란 뜻을 가졌다.

⑪ 캄파리(Campari) : 이탈리아의 국민주로 붉은색의 쓴 맛이 강한 리큐르(Liqueur)이다. 제조법은 각종 식물의 뿌리, 씨, 향초, 껍질 등 70여 가지의 재료로 만들어진다. 식전주(Aperitif)로 애음되고 소다수(Soda Water)나 오렌지 주스(Orange Juice)와 잘 어울린다.

⑫ 크렘 드 민트(Créme de Menthe) : 크렘 드 망트라고 발음되며 민트를 주원료로 계피, 세이지, 이리스 뿌리, 생강 뿌리 등 각종 향초, 약초류를 재료로 한 리큐르이다. White와 Green이 있으며 소화기관의 경련, 구토 등의 대증제나, 신경통, 두통 등에 좋다. 잘게 부순 얼음에 부어 마시면 민트 프라페(Mint Frappe)가 된다.

## 핵심예제

**3-1. 다음에서 설명하고 있는 혼성주는 무엇인가?** [2019년 1회]

- 이탈리아의 국민주로 붉은색의 쓴맛이 강한 혼성주이다.
- 각종 식물의 뿌리, 씨, 향초, 껍질 등 70여 가지의 재료로 만들어진다.
- 식전주로 애음되고 소다수와 오렌지 주스와 잘 어울린다.

① 압생트  ② 갈리아노
③ 캄파리  ④ 트리플 섹

**3-2. 다음에서 설명하는 Bitters는?** [2013년 5회]

It is made from a Trinidadian secret recipe.

① Peychaud's Bitter
② Abbott's aged Bitters
③ Orange Bitters
④ Angostura Bitters

**3-3. ( ) 안에 알맞은 리큐르는?** [2013년 4회]

( ) is called the queen of liqueur. This is one of the French traditional liqueur and is made from several years aging after distilling of various herbs added to spirit.

① Chartreuse  ② Benedictine
③ Kummel     ④ Cointreau

**3-4. 다음에서 설명하는 혼성주로 옳은 것은?** [2013년 2회]

The elixir of "perfect love" is a sweet, perfumed liqueur with hints of flowers, spices, and fruit, and a mauve color that apparently had great appeal to women in the nineteenth century.

① Triple Sec      ② Peter Heering
③ Parfait Amour   ④ Southern Comfort

**3-5. 프랑스에서 가장 오래된 혼성주 중의 하나로 호박색을 띠고 '최대 최선의 신에게'라는 뜻을 가지고 있는 것은?**
[2012년 4회]

① 압생트(Absente)
② 아쿠아비트(Aquavit)
③ 캄파리(Campari)
④ 베네딕틴 디오엠(Benedictine DOM)

---

|해설|

**3-1**
대표적인 칵테일은 캄파리 소다와 캄파리 오렌지가 있다.

**3-3**
샤르트뢰즈는 리큐르의 여왕이라 불린다. 이것은 프랑스 전통 리큐르 중 하나이며, 스피릿에 첨가된 다양한 종류의 허브들을 증류시킨 후 여러 해 숙성과정을 거쳐 만들어진다.

**3-4**
파르페 아무르(Parfait Amour)는 시트론(Citron) 열매로 만든 자주색의 감미가 높은 혼성주이다.

**정답** 3-1 ③  3-2 ④  3-3 ①  3-4 ③  3-5 ④

## 핵심이론 04 종자류

식물이나 과일, 견과류 등의 씨(Seeds)에 함유되어 있는 방향성분을 추출하여 향미와 감미를 첨가한 혼성주로 식후주로 이용되고 있다.

① 크렘 드 카페(Créme de Caf'e) : 프랑스에서 만든 커피 리큐르이다.
② 칼루아(Kahlua) : 멕시코산 커피를 주원료로 하여 코코아, 바닐라향을 첨가해서 만든 고급 리큐르이다.
③ 티아 마리아(Tia Maria) : 자메이카산 커피를 원료로 만든 최고급 커피 리큐르이다.
④ 크렘 드 카카오(Créme de Cacao) : 브랜디를 기주로 하여 카카오콩(Cacao Seeds), 바닐라콩(Vanilla Beans), 계피(Cinnamon) 등을 원료로 하여 만들어진 달콤한 초콜릿맛의 리큐르로 화이트와 브라운의 두 종류가 있다.
⑤ 아마레토(Amaretto) : 살구의 씨를 물과 함께 증류하여 몇 종류의 향초 추출액을 중성 알코올과 혼합하여 숙성시킨 후 시럽을 첨가하여 만든 리큐르이다.

### 핵심예제

다음 중 커피의 향미가 첨가된 혼성주가 아닌 것은?

[2019년 1회]

① Creme de Cafe
② Amaretto
③ Kahlua
④ Tia Maria

|해설|
아마레토는 살구의 씨가 첨가된 혼성주이다.

정답 ②

## 핵심이론 05 과일·과실류

주로 디저트와 함께 제공되는 술이다.

① 큐라소(Curacao) : 17세기 말 베네수엘라 앞바다에 있는 네덜란드령 큐라소(Curacao)섬에서 재배되는 오렌지를 원료로 하여 만든 것이 원조로 섬의 이름을 따와서 큐라소라고 부르게 되었다. White, Orange, Blue, Green, Red 등 다섯 가지가 있다.
② 트리플 섹(Triple Sec) : 증류를 3번 거듭하여 제조하였다는 뜻으로 정성들여 만든 White Curacao(화이트 큐라소)의 대표적인 제품이다. 감미가 있고 오렌지향을 가진 무색 투명한 리큐르이다.
③ 쿠앵트로(Cointreau) : 프랑스에서 오렌지 껍질로 만든 리큐르로 고급품이다.
④ 그랑 마니에르(Grand Marnier) : 오렌지 큐라소의 최고급 리큐르이다. 3~4년 숙성한 코냑(Cognac)에 오렌지향을 가미한 40도의 프랑스산 혼성주로, 병마개에 코르크가 붙여져 있어 오픈할 때 살짝 돌리면서 위로 뽑으면 된다.
⑤ 아메르 피콘(Amer Picon) : Amer는 '쓴맛'이란 뜻이며 오렌지 껍질을 가미한 프랑스산 아페리티프(Aperitife, 식전주)이다. 쓴맛이 강해 식사 전에 많이 마시며 물이나 소다수를 섞어 마셔도 좋다.
⑥ 체리 브랜디(Cherry Brandy) : 중성주정에 체리를 주원료로 시나몬(Cinnamon), 클로브(Clove) 등의 향료를 침전시켜 만든 짙은 빨간색의 리큐르로 네덜란드나 덴마크산의 질이 좋다. 체리 자체를 증류해서 만든 것도 있다.
⑦ 마라스퀸(Marasquin) : 이탈리아와 유고슬라비아의 국경에 많이 재배되고 있는 마라스카종의 체리를 사용해서 발효시킨 후 증류하여 물, 시럽 등을 첨가하여 만든 무색투명한 리큐르이다.
⑧ 슬로 진(Sloe Gin) : 야생자두(Sloe Berry, 오얏나무의 열매)를 진에 첨가해서 만든 빨간색의 리큐르이다.

⑨ 멜론 리큐르(Melon Liqueur) : 풍부한 멜론즙과 양질의 천연 주정이 혼합되어 만들어진 멜론 리큐르이다. Midori(미도리) 제품은 일본어로 '녹색'을 뜻하며 일본 산토리사에서 제조한 멜론 리큐르로 아름다운 녹색과 상큼한 과일 멜론의 향이 좋다.
⑩ 크렘 드 바나나(Créme de Bananas) : 브랜디에 바나나를 원료로 배합한 리큐르이다.
⑪ 크렘 드 카시스(Créme de Cassis) : 영어로 블랙커런트 브랜디(Black Currant Brandy, 까막까치밥 나무 열매)는 프랑스 부르고뉴 지방의 디종시가 본고장이다. Kir(키르) 칵테일이 유명하다.

### 핵심예제

**5-1. 오렌지향이 가미된 혼성주가 아닌 것은?** [2013년 5회]
① Triple Sec
② Tequila
③ Grand Marnier
④ Cointreau

**5-2. 슬로 진(Sloe Gin)의 설명 중 옳은 것은?** [2013년 4회]
① 증류주의 일종이며, 진(Gin)의 종류이다.
② 보드카(Vodka)에 그레나딘 시럽을 첨가한 것이다.
③ 아주 천천히 분위기 있게 먹는 칵테일이다.
④ 오얏나무 열매 성분을 진(Gin)에 첨가한 것이다.

**5-3. 다음에서 설명하는 것은?** [2013년 4회]

It is a liqueur made by orange peel originated from Venezuela.

① Drambuie
② Jagermeister
③ Benedictine
④ Curacao

|해설|
5-3
이것은 베네수엘라 원산지 오렌지의 껍질로 만들어진 리큐르이다.

정답 5-1 ② 5-2 ④ 5-3 ④

### 핵심이론 06 기 타

① 리큐르 라벨의 크렘(Créme)은 영어로는 크림(Cream)에 해당되는데 그 뜻은 유제품이 아니라 극상, 정수, 가장 좋은 부분 등의 뜻을 나타낸다. 그리고 크렘 드(Créme de)의 de는 영어로 'of'의 뜻이며 거의 브랜디가 기본주로 쓰인다.
㉠ 크렘 드 카페(Créme de Cafe) : 프랑스의 커피 리큐르
㉡ 크렘 드 카카오(Créme de Cacao) : 남미 베네수엘라의 코코아 열매에 카라다몬(Caradamon)이나 계피, 바닐라 콩(Vanilla Beans)을 사용해 만든다.
㉢ 크렘 드 바나나(Créme de Bananas) : 증류주에 바나나를 원료로 배합한 리큐르
㉣ 크렘 드 카시스(Créme de Cassis) : 포도의 일종인 블랙커런트(Black Currant)로 약간 산미가 있고 훌륭한 소화촉진 효과가 있는 리큐르
㉤ 크렘 드 민트(Créme de Menthe) : 일명 페퍼민트(Peppermint)라고도 하며 민트를 주원료로 계피, 세이지, 생강 뿌리 등의 약초, 약초류를 주정에 첨가해 만든 리큐르

② 드람뷰이(Drambuie) : 스코틀랜드산의 유명한 리큐르로 몰트 위스키에 꿀(Honey), 허브(Herbs)를 첨가하여 만든 암갈색의 리큐르이다. 어원은 고대 게릭어인 'Dram Buid Heach(사람을 만족시키는 음료)'이다.
③ 베일리스 아이리시 크림(Bailey's Irish Cream) : 아이리시 위스키에 크림과 카카오의 맛을 곁들인 것으로 스트레이트 또는 On The Rocks로 즐겨 마신다. 알코올 도수가 17%로 낮아서 신선도에 유의해야 한다.
④ 코코넛 럼(말리부) : 원료인 코코넛에서 연상되는 강한 단맛은 없고, 소프트하고 라이트한 맛이 나기 때문에 젊은 층이 선호하는 리큐르이다. 카리브해 산의 코코넛, 바베이도스 산의 화이트 럼을 사용한다.

⑤ 비터(Bitters) : 쓴맛이 강한 술로 프랑스에서는 아메르(Amer)라고 한다. 칵테일에 소량을 첨가하여 향료 또는 고미제로 사용한다.
  ㉠ 앙고스투라 비터(Angostura Bitter) : 남미 베네수엘라 앙고스투라시의 당시 영국 육군 병원장이었던 지거트(Siegert) 박사가 럼을 기본주로 하여 용담에서 채취한 고미제를 주체로 많은 약초 향료를 배합한 술을 만들어 냈다. 일반적으로 1dash로 많이 사용한다. 비터는 '쓴맛이 강한 술'이란 뜻이다.
  ㉡ 오렌지 비터(Orange Bitters) : 오렌지 껍질이나 향초류를 주정에 담가 만든 것이다. 이탈리아의 캄파리사 제품이 유명하다.

### 핵심예제

**6-1. 다음 중 보관 및 신선도 관리에 유의해야 할 혼성주는 무엇인가?** [2019년 1회]

① Drambuie
② Grand Marnier
③ Bailey's Irish Cream
④ Benedictine

**6-2. 다음 중 리큐르(Liqueur)와 관계가 없는 것은?** [2013년 5회]

① Cordials
② Arnaud de Villeneuve
③ Benedictine
④ Dom Perignon

**6-3. 다음 중 리큐르(Liqueur)의 종류에 속하지 않는 것은?** [2013년 5회]

① Creme de Cacao
② Curacao
③ Negroni
④ Dubonnet

**6-4. 다음 중 리큐르(Liqueur)는 어느 것인가?** [2013년 4회]

① 버건디(Burgundy)
② 드라이 셰리(Dry Sherry)
③ 쿠앵트로(Cointreau)
④ 베르무트(Vermouth)

|해설|

**6-1**
드람뷰이, 그랑 마니에르, 베네딕틴은 알코올 도수가 높아 보관 및 관리가 용이하지만 베일리스 아이리시 크림은 알코올 도수가 17%로 낮아서 신선도에 유의해야 한다. 냉장보관하면 더 좋다.

**6-2**
동 페리뇽은 샴페인의 창시자이다.

**6-3**
네그로니는 진(Gin)이 들어간 칵테일이다.

**6-4**
버건디는 포도주, 드라이 셰리는 강화 와인, 베르무트는 가향 와인의 종류이다.

**정답** 6-1 ③ 6-2 ④ 6-3 ③ 6-4 ③

## 제5절 | 전통주 특성

### 5-1. 소주

**핵심이론 01** 소주의 역사

① 소주의 전파 : 소주(燒酒)는 BC 3000년경 소아시아의 수메르 지방에서 처음 제조되었다. 고려 말 몽골이 일본 정벌을 위해 개성과 안동, 제주도에 군사 주둔지를 두었고 이곳을 통해 일반에 전파되었다.

② 명 칭
 ㉠ 몽골 : 아라키
 ㉡ 개성 지방 : 아락주
 ㉢ 평북 지방 : 아랑주

③ 소주가 우리나라에 처음 들어오고 조선시대에 이르러서는 권력가와 부유층이 즐기던 사치스러운 술이었지만 조선조 말 다량으로 생산되어 값이 저렴해짐에 따라 서민의 술로 자리 잡았다.

④ 1963년 흉작에 따른 식량 부족을 타개하기 위해 쌀을 원료로 한 비싼 술은 아예 개발하지도 못하도록 막았다. 1965년 정부가 양곡관리법을 시행하면서 곡물로 소주를 만들기가 어려워졌고 증류식 소주의 제조가 금지되면서 전통 소주의 맥이 끊어져 버렸다. 그 결과 지금의 희석식 소주가 생겨 났다. 원료는 주정으로 값싼 타피오카와 잘라 말린 고구마를 썼고 사카린을 첨가물로 사용했지만, 최근 프리미엄 소주의 등장과 함께 다양한 소주의 생산으로 변화하고 있다.

⑤ 1970년에는 250여 개이던 소주회사가 100여 개로 정비되었고, 지속적인 합병정책으로 인해 현재는 하이트진로(서울), 대선(부산), 금복주(대구), 무학(경남), 보배(전북), 보해(광주), 롯데칠성(강원), 선양(대전), 충북소주(충북), 한라산소주(제주) 등 희석식 소주회사가 각 지역을 대표하여 독점적으로 소주를 생산하며 경쟁하고 있다.

⑥ 2005년 하이트맥주가 진로를 인수한 후, 2011년 하이트진로가 출범하여 참이슬이 생산되고 있고 2009년에는 롯데주류가 출범하여 처음처럼을 출시하고 있다.

⑦ 소주의 종류(2023년 기준)

| 지역 | 제품 |
|---|---|
| 서울·경기 | 참이슬(하이트진로) |
| 강 원 | 처음처럼(롯데주류) |
| 대전·충남 | 이제우린(맥키스컴퍼니) |
| 충 북 | 시원한청풍(충북소주) |
| 전 북 | 하이트(하이트진로) |
| 광주·전남 | 잎새주(보해) |
| 대구·경북 | 참소주(금복주) |
| 부산·경남 | 화이트(무학)·C1(대선)·좋은데이(무학) |
| 제 주 | 한라산(한라산소주) |

**핵심예제**

**다음 중 소주에 대한 설명으로 틀린 것은?** [2019년 1회]

① 소주는 소아시아의 수메르 지방에서 처음 제조되었다.
② 고려 말 몽고에 의해 전파되었다.
③ 소주는 처음부터 쌀을 원료로 생산되어 값이 저렴했기에 서민의 술로 자리 잡았다.
④ 소주는 곡물 이외에 당분, 구연산, 아미노산류, 무기염류, 아스파탐, 자일리톨 등의 물질이 첨가된다.

정답 ③

### 핵심이론 02 소주의 종류

① 증류식 소주(燒酒) : 쌀, 보리, 옥수수, 감자 등의 곡류를 원료로, 국(누룩, 麴)과 물을 원료로 하여 발효시켜 단식증류기로 증류한 것으로 1965년 양곡정책으로 중단됐다가 최근에 다시 부활했다. 증류 시 술덧의 주원료와 부재료로 첨가된 가향, 약재 성분이 함께 추출되어 고유한 맛과 향을 간직하고 있다. 3번 고아서 증류한 술이다.

② 희석식 소(燒)주(진한 술, 酎) : 연속식 증류기로 증류한 주정을 증류수로 희석한 것이다. 백미를 제외한 잡곡류나 당밀, 고구마, 타피오카 등의 전분질 원료가 쓰인다. 주정공장에서 만들어진 주정은 소주공장으로 옮겨와 20% 안팎의 농도로 희석되어 소주가 된다. 증류 과정에서 알데하이드, 퓨젤 오일 등 술에 나쁜 영향을 주는 불순물은 거의 제거되어 원료나 발효산물의 풍미도 없고 매우 강한 쓴맛과 함께 역겨움을 준다. 그래서 설탕, 올리고당, 아스파라긴산, 포도당 등의 당류와 구연산, 아미노산, 솔비톨, 무기염류 등의 첨가물을 쓰며 제조업체의 특성에 따라 각각 맛과 향이 달라진다.

③ 오늘날 우리나라 전통 식품에 대한 인식이 고조되면서, 술 제조 기능 보유자를 무형문화재로 지정하고 민속주를 지정해 지원하는 등 증류식 소주의 제조 허가 조치가 풀려나며 다시 다양한 소주가 경쟁하게 되었다. 안동소주, 남한산성소주, 진도홍주, 불소곡주, 계룡백일주, 송화백일주, 죽력고, 추성주, 금산인삼주, 문배주, 고소리술, 감홍로, 이강주 등이 전통 소주의 계보를 이어가고 있다.

### 핵심예제

**다음 설명 중 틀린 것은?** [2019년 1회]

① 소주는 증류식 소주와 희석식 소주가 있다.
② 소주의 원료는 쌀, 보리, 옥수수, 감자 그리고 당밀, 고구마, 타피오카 등의 전분질 원료가 쓰인다.
③ 제조업체의 특성에 따른 설탕, 올리고당, 아스파라긴산, 포도당 등의 당류와 첨가류에 따라 각각 맛과 향이 달라진다.
④ 증류식 소주의 제조 허가는 엄격하게 관리, 통제되고 있다.

정답 ④

**핵심이론 03** 전통주의 종류

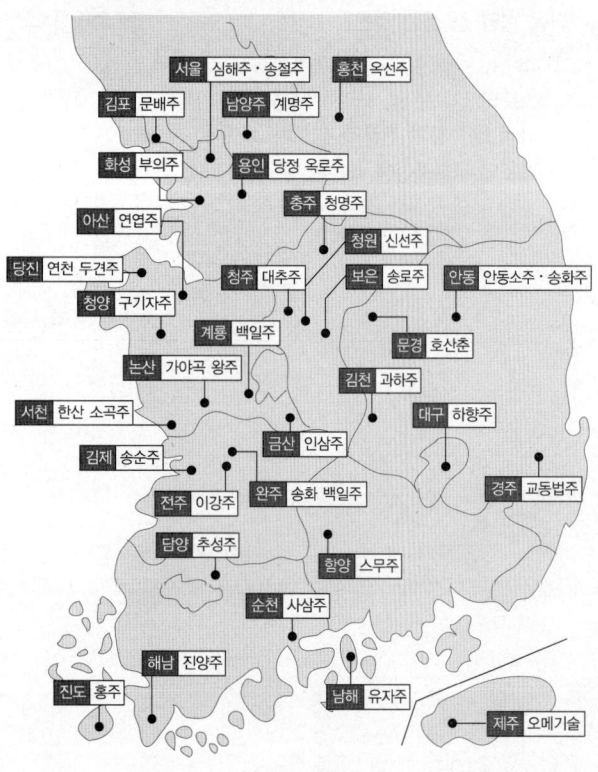

[민속주 지도]

① 전주 이강주
　㉠ 소주에 배[이(梨)]와 생강[강(薑)]이 들어갔다 하여 붙여진 이름이다. 배와 생강 이외에 울금, 계피 그리고 뒷맛을 좋게 하기 위해 꿀이 들어갔다. 술을 빚을 때 생강을 소량 넣게 되면 꿀보다 맛있는 맛과 꽃보다 좋은 향기를 낸다.
　㉡ 30도의 소주에 배즙, 생강, 계피, 울금 등의 추출액을 첨가하고 꿀을 넣어 1개월 이상 숙성시켜 25도의 이강주를 만든다.
　㉢ 계피와 생강에서 나는 독특한 맛과 향이 부드럽고 매콤하면서도 시원한 맛을 준다.

② 감홍로 : 평양의 명주로 고려시대에 원나라로부터 유입된 증류주이다. 문배술과 감홍로주의 제조기술자였던 포암 이경찬 옹에 의해 6.25 전쟁 때 남한으로 전해지게 되었다. 1986년 문배주가 중요무형문화재로 지정되면서 감홍로주에 대한 복원이 2005년 정식으로 이뤄졌다. 단맛은 용안육과 감초에서, 향과 색은 지초나 홍국, 계피, 진피, 정향 등의 약재를 주머니에 넣어서 우려내어 만들었기 때문에 몸을 따뜻하게 하며 항산화 기능으로 인해 노화 방지, 염증 개선 등에 도움을 주는 약용주이다.

③ 안동소주
　㉠ 고려시대부터 전승되어 온 술로 몽골이 개성, 안동, 제주도에 군사 주둔지를 두면서 소주가 전파되었다.
　㉡ 조옥화 안동소주 제조과정 : 멥쌀 고두밥 → 밀누룩 → 발효 → 증류(45%)
　㉢ 박재서 명인 안동소주 : 감미료나 첨가제를 일절 사용하지 않는다. 재료로 사용되는 쌀 누룩은 쌀 특유의 타는 듯한 화근냄새를 없앴고, 고품질을 위해 백미를 정미하여 단백질과 지방을 제거하였다.
　　• 제조과정 : 쌀 고두밥 → 쌀 누룩 → 전술 → 증류 → 100일 숙성(45%, 35%, 22%)

④ 문배주 : 고려 왕건 시대부터 제조되어 내려온 평양 일대의 증류식 소주로 밀, 좁쌀, 수수로 빚는다. 문배나무의 과실을 전혀 사용하지 않고도 문배나무의 과실에서 풍기는 향기가 있어 붙여진 이름이다.

⑤ 진도 홍주 : 고두밥을 짓고 밀과 보리를 섞어 띄운 누룩을 물과 함께 섞어 술을 빚어 항아리에서 30~50일 정도 발효한 뒤 소주고리를 이용하여 증류한다. 이때 술 단지에 받쳐둔 지초를 통과하는 과정에서 지초의 색소가 착색되어 빨간 홍옥색의 빛깔을 띠게 된다.

### 핵심예제

**3-1. 다음에서 설명하고 있는 민속주는 무엇인가?** [2019년 1회]

> 평양의 명주로 고려시대에 원나라로부터 유입된 증류주이다. 단맛을 내는 용안육과 감초를 사용하고, 향과 색은 지초나 홍국, 계피, 진피, 정향 등의 약재를 주머니에 넣어 우려낸다.

① 감홍로  ② 안동소주
③ 문배주  ④ 진도홍주

**3-2. 지방의 특산 전통주가 잘못 연결된 것은?** [2013년 5회]

① 금산 - 인삼주  ② 홍천 - 옥선주
③ 안동 - 송화주  ④ 전주 - 오곡주

**3-3. 우리나라의 고유한 술 중 증류주에 속하는 것은?** [2013년 1회]

① 경주법주  ② 동동주
③ 문배주   ④ 백세주

**3-4. 우리나라의 증류식 소주에 해당되지 않는 것은?** [2012년 5회]

① 안동소주   ② 제주 한주
③ 경기 문배주 ④ 금산 삼송주

|해설|

**3-2**
④ 전주 - 이강주

**3-3**
① 경주법주 : 경상북도 경주 지방의 향토술로 양조주이다.
② 동동주 : 고려시대부터 빚어졌던 술이다. 발효과정에서 고두밥알이 동동 떠오르는 현상을 두고 '밥알이 동동 떠 있다'고 해서 동동주라는 이름을 붙이게 되었을 것이라는 설이 있다.
④ 백세주 : 찹쌀로 만든 발효주이며 이 술을 마시면 백세까지 살 수 있다 해서 붙여진 이름이다.

**3-4**
금산 삼송주는 충남 금산의 약주로 멥쌀과 인삼, 솔잎으로 만든다.

정답 3-1 ① 3-2 ④ 3-3 ③ 3-4 ④

## 5-2. 청주(약주)

### 핵심이론 01 청주의 정의

① 정의 : 쌀, 누룩, 물로 빚어서 걸러낸 맑은 술이다. 즉, 곡류(찹쌀, 멥쌀 등)를 발효시킨 술덧에서 술지게미를 걸러내어 맑게 여과한 술이다. 법주(法酒), 향온(香醞) 등이라고도 한다.

② 어원 : 조선 중기 때 유학자 서성의 호(號)가 약봉이었는데, 어머니가 빚은 약산춘이란 청주가 명주로 회자되었고 '약현(현재 서울 중구 중림동)에 사는 약봉의 어머니가 빚은 약산춘의 맛이 좋다'고 알려지면서 '약주'라고 부르게 되었다.

㉠ 옛날부터 약용으로 사용되는 술은 탁하지 않은 청주가 그 근본이 되었다.
㉡ '약주(藥酒)'라 하면 '술의 높임말' 또는 '귀한 술' 등 우리술을 일컫는 상징적인 표현이다.
㉢ 청주는 고려부터 중국, 한국, 일본 등에서 공용으로 사용된 술의 명칭이다.

### 핵심예제

**우리나라 민속주에 대한 설명으로 틀린 것은?** [2012년 4회]

① 탁주류, 약주류, 소주류 등 다양한 민속주가 생산된다.
② 쌀 등 곡물을 주원료로 사용하는 민속주가 많다.
③ 삼국시대부터 증류주가 제조되었다.
④ 발효제로는 누룩만을 사용하여 제조하고 있다.

|해설|

우리나라에 증류주가 들어온 시기는 고려시대로 추정하고 있으며 아라비아어로 증류주를 아락(Arag)이라고 한다. 한반도에 진출한 몽골이 개성과 안동, 제주도에 군사 주둔지를 두었는데 이 세 곳을 통해 소주가 전파되었다.

정답 ③

CHAPTER 02 음료 특성 ■ 67

## 핵심이론 02 청주의 종류

① 이화주 : 배꽃 필 무렵 쌀누룩을 띄어 담근 탁주로 숟가락으로 떠먹거나 여름철 찬물에 타서 즐긴다.
② 두견주 : 청주에 진달래꽃(두견화)을 넣어 만든 가향주로 진달래꽃에는 다른 꽃보다 꿀이 많아 술에 단맛이 난다.
③ 삼해주 : 찹쌀을 발효시켜 두 번 덧술하여 빚는 약주를 말한다. 정월 첫 해일(亥日)에 시작하여 매월 해일마다 세 번에 걸쳐 빚는다고 해서 삼해주라고 한다. 누룩을 적게 사용하기 때문에 거친 맛이 없고, 높은 도수의 청주를 만들어 오래 두고 마실 수 있는 향이 좋은 가향주이다.
④ 부의주 : '동동주'의 원조이다. '쌀알이 동동 떠 있다'는 뜻으로 원래 뜰 부(浮), 개미 의(蟻) 자를 쓰는데 동동 떠 있는 쌀알이 개미가 떠 있는 것처럼 보인다 해서 붙여진 이름이다.
⑤ 계명주 : 술을 담근 다음 날 닭이 우는 새벽녘에 벌써 다 익어 마실 수 있는 술이라고 붙여진 이름이다. 급하게 술을 빚을 필요가 있을 때 만들었던 속성주로 일명 엿탁주라고 한다.
⑥ 소곡주 : 민속주 중 가장 오래된 술로 누룩을 적게 쓰는 까닭에 소곡주라 불렀다. 일명 앉은뱅이술이라 불린다. 멥쌀, 찹쌀, 누룩, 엿기름, 생강, 들국화가 주원료이다.
⑦ 경주 교동법주 : 조선시대 문무백관이나 사신을 대접할 때 쓰였던 특주로 빚는 날과 빚는 법이 정해져 있다 해서 법주라 했다. 또 절에서 찹쌀과 국화와 솔잎을 넣고 100일간 땅에 묻었다가 꺼낸 술이라는 뜻이다.
⑧ 오메기술 : 차좁쌀가루에 누룩가루, 물로 만든 떡을 담아둔 술독에서 윗국만 떠낸 술로 제주도에서는 원래 청주라 불렸다. 요즘은 오메기떡으로 빚는다 해서 오메기술이라 한다.
⑨ 과하주 : 지날 과(過), 여름 하(夏) 자를 쓰는데 이름 그대로 여름을 날 수 있다는 뜻에서 나온 술이다. 찹쌀과 누룩으로 빚은 다음 소주를 적당히 넣어 알코올 도수를 조절하여 변질되기 쉽다. 술을 빚기도 보관하기도 힘든 여름철을 함께 보냈다는 합주이다.
⑩ 모주 : 전주의 명주인 이강주와 함께 해장술로 유명하다. 광해군 때 인목대비의 어머니가 귀양지 제주에서 빚었던 술이라지만 제주도를 대표하는 민속주는 아니다. 왕비의 어머니가 만든 술이라 해서 모주라 불리며 막걸리에 생강, 대추, 계피, 배 등을 하루 동안 끓인 술이다.
⑪ 이외에 하일청주, 찹쌀청주, 서미법주, 경주법주, 식경법주, 당량법주, 석탄주, 청명주, 방문주, 황금주, 삼해주, 약산춘, 침일주 등이 있다.

### 핵심예제

**2-1. 민속주 중 가장 오래된 술로 누룩을 적게 쓰며 일명 앉은뱅이술이라고 불리는 술은?** [2019년 1회]

① 계명주　　② 소곡주
③ 과하주　　④ 삼해주

**2-2. 다음 민속주 중 약주가 아닌 것은?** [2013년 4회]

① 한산 소곡주　　② 경주 교동법주
③ 아산 연엽주　　④ 진도 홍주

**2-3. 시대별 전통주 연결로 틀린 것은?** [2013년 2회]

① 한산 소곡주 - 백제시대
② 두견주 - 고려시대
③ 칠선주 - 신라시대
④ 백세주 - 조선시대

**2-4. 다음에서 설명되는 약용주는?** [2013년 2회]

> 충남 서북부 해안지방의 전통 민속주로 고려 개국공신 복지겸이 백약이 무효인 병을 앓고 있을 때 백일기도 끝에 터득한 비법에 따라 찹쌀, 아미산의 진달래, 안샘물로 빚은 술을 마심으로 병을 고쳤다는 신비의 전설과 함께 전해 내려온다.

① 두견주　　② 송순주
③ 문배주　　④ 백세주

### 핵심예제

**2-5. 민속주 중 모주(母酒)에 대한 설명으로 틀린 것은?**

[2013년 1회]

① 조선 광해군 때 인목대비의 어머니가 빚었던 술이라고 알려져 있다.
② 증류해서 만든 제주도의 대표적인 민속주이다.
③ 막걸리에 한약재를 넣고 끓인 해장술이다.
④ 계피가루를 넣어 먹는다.

|해설|

**2-1**
한산 소곡주는 과거를 보러 가던 선비가 주막에서 술맛에 반해 취하여 과거를 보지 못하게 되었다는 술로 멥쌀, 찹쌀, 누룩, 엿기름, 생강, 들국화가 주원료이다. 한산 소곡주는 충남 무형문화재로 지정되었다.

**2-3**
칠선주는 조선 정조(1752~1800) 때인 1777년부터 인주 지역에서 빚기 시작한 술이다.

정답 2-1 ② 2-2 ④ 2-3 ③ 2-4 ① 2-5 ②

## 제6절 | 비알코올성 음료 특성

### 6-1. 기호음료

**핵심이론 01** 커피(Coffee)

① 커피(Coffee)는 코코아(Cocoa), 차(Tea)와 함께 세계 3대 기호음료이다.
② 원산지는 에티오피아이며, 예멘 지방을 중심으로 전 세계로 전파되었다.
③ 에티오피아 고원 아비시니아에서는 예전부터 커피의 건조 과실을 씹어 먹기도 하고 그 분쇄물을 유지와 섞어서 환약처럼 만들어 여행 다닐 때 비상식품으로 사용하기도 하고, 혹은 과육을 이용하여 술을 제조했다고 전해지고 있다.
④ 유명한 이슬람의 법률학자인 게마레딘은 아비시니아를 여행하면서 현지 사람들이 배전한 커피를 약용으로 음용하고 있는 것을 알았다. 아덴에 돌아온 후에 건강이 나빠졌을 때 이것을 생각해내어 음용하여 건강을 회복하였으며 기분마저 상당히 좋아졌다고 한다. 그래서 밤을 지새우며 기도하는 수도자들에게 커피를 음용할 것을 권장하였고 순식간에 아덴 사람들에게 전파되었다.
⑤ 커피나무 열매가 익으면 빨간색으로 체리처럼 보인다고 해서 커피체리(Cherry)로 부른다.
⑥ 커피의 정의 : 체리(Cherry) 속의 씨앗(생두, Green Bean)에 열을 가하여 볶고(원두, Coffee Bean), 커피의 성분이 물과 접촉할 수 있는 표면적이 넓어지도록 분쇄한 원두(Ground Coffee)에 물을 이용하여 추출한 성분을 말한다.
⑦ 어원은 아랍어 카와(Qahwa 또는 Khawah, 힘)에서 유래되었으며 에티오피아의 산악지대에서 기원한 것으로 알려져 있다. 인도 이슬람 승려인 '바바 부단'에 의해 커피나무가 인도에 자리를 잡고 네덜란드, 프랑스 등으로 퍼져 나갔고 프랑스령 식민지인 아프리카의

부르봉섬에서 자란 나무가 브라질 땅에 옮겨져 '부르봉 산토스'라는 고급커피로 탄생하게 되었다.
⑧ 이탈리아에서는 Caffe, 프랑스에서는 Caf'e, 독일에서는 Kaffee라 부른다.
⑨ 우리나라에는 1896년 아관파천으로 고종황제가 러시아 공관에 머물면서 초대 러시아 공사였던 웨베르의 처형인 손탁으로부터 커피를 접하게 되었다. 이후 1902년 손탁호텔 안에 정동구락부라는 최초의 다방이 생겼으며 한국전쟁을 계기로 미군을 통해 인스턴트커피가 유통되었다.

### 핵심예제

**1-1. 아라비카 커피의 원산지이며 아프리카 최대의 커피 생산국인 나라는?** [2019년 1회]

① 소말리아
② 에티오피아
③ 케 냐
④ 탄자니아

**1-2. 커피에 대한 설명으로 가장 거리가 먼 것은?** [2013년 2회]

① 아라비카종의 원산지는 에티오피아이다.
② 초기에는 약용으로 사용되기도 했다.
③ 발효와 숙성과정을 거쳐 만들어진다.
④ 카페인이 중추신경을 자극하여 피로감을 없애준다.

|해설|
1-1
커피의 원산지는 아프리카의 에티오피아다.
1-2
커피는 숙성을 하지 않는다.

정답 1-1 ② 1-2 ③

## 핵심이론 02 커피체리의 구성

① 외피(Out Skin) : 겉껍질(외과피)
② 펄프(Pulp) : 단맛이 나는 과육 부분(중과피)
③ 파치먼트(Parchment) : 생두를 감싸고 있는 껍질(내과피)
④ 은피(Silver Skin) : 생두에 부착되어 있는 얇은 막
⑤ 생두(Bean) : 커피 콩
⑥ 센터 컷(Center Cut) : 생두 가운데 나 있는 홈

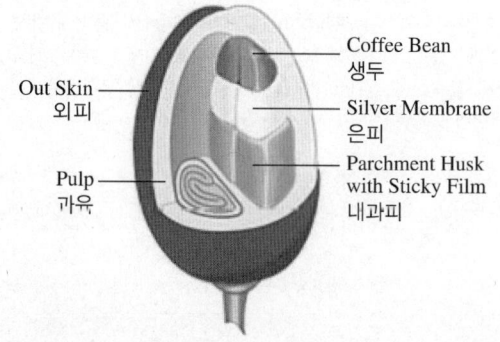

### 핵심예제

**다음 중 커피열매의 명칭을 안쪽부터 순서대로 올바르게 나열한 것은?**

① 파치먼트 - 실버스킨 - 펄프 - 점액질 - 겉껍질 - 생두
② 겉껍질 - 펄프 - 점액질 - 실버스킨 - 파치먼트 - 생두
③ 생두 - 파치먼트 - 실버스킨 - 펄프 - 점액질 - 겉껍질
④ 생두 - 실버스킨 - 파치먼트 - 점액질 - 펄프 - 겉껍질

|해설|
커피체리는 안쪽부터 생두 - 실버스킨 - 파치먼트 - 과육 - 겉껍질 순으로 이루어져 있다.

정답 ④

**핵심이론 03** 커피의 재배와 종류

① 생두는 여러 종이 있지만, 현재 상업적으로 재배하는 주요 품종은 아라비카와 로부스타로 전체 품종의 95%를 차지한다.

② 커피의 재배는 온도, 강우량, 습도, 지형, 고도, 토양 등 여러 조건이 적합해야 한다. 적절한 일조량이 필요하며 강한 바람은 적합하지 않다. 다양한 재배요소 중 가장 치명적인 영향을 끼치는 것은 서리이다. 열대와 아열대 지역이 커피를 재배하기에 매우 적합한 기후와 토양을 가지고 있다. 주로 강우량이 많고, 해발 1,000~3,000m의 고산지대에서 좋은 커피품종이 생산된다.

③ 적도를 중심으로 세계적인 커피 생산지가 하나의 띠를 형성하고 있는데, 이 지역들을 '커피벨트(커피존, Coffee Zone, 북위 25°, 남위 25° 사이)'라고 부른다.

[커피벨트]

④ 생산량은 브라질, 콜롬비아, 멕시코 등 중남미 지역이 전체 생산량의 60%를 차지하고 그중 브라질이 전체 생산량의 약 30%로 1위이다.

[기계수확]　　　　[커피체리]

⑤ 커피나무는 햇볕과 열에 약하기 때문에 그늘을 만들어 주기 위해 키가 크고 잎이 넓은 나무를 커피나무 주변에 심는다. 이러한 목적으로 심은 나무를 셰이드 트리(Shade Tree)라고 한다. 그러나 햇볕이 차단되는 효과로 인해 오히려 커피녹병이 더 많이 발생할 수도 있다. 커피녹병에 걸리면 수확량이 감소하고 성장이 방해되어 나무가 죽을 수 있으며 이는 현재까지 알려진 커피나무 질병 중 가장 치명적인 질병이다.

⑥ 커피나무는 심은 지 2년 정도가 지나면 1.5~2m 정도 성장하여 3년 정도 지나면 하얀 꽃이 핀다. 개화 기간은 2~3일 정도로 짧다. 안정적인 수확은 5년 정도가 지나야 한다.

⑦ 나무의 활기찬 생명력 유지와 수확의 용이성을 위해 그리고 열매가 열리는 가지의 성장을 촉진시키기 위해 주기적으로 가지치기를 해 주어야 한다. 커피나무의 경제적인 수명은 일반적으로 20~30년 정도이다.

⑧ 커피의 3대 원종

| 구 분 | 아라비카 (Arabica) | 로부스타 (Robusta) | 리베리카 (Liberica) |
|---|---|---|---|
| 생산량 | 전 세계 생산량의 75% | 전 세계 생산량의 약 25% | 전 세계 생산량의 약 1% |
| 원산지 | 에티오피아 | 콩 고 | 라이베리아 |
| 재배 지역 | 브라질, 콜롬비아, 코스타리카, 자메이카, 베네수엘라, 인도네시아, 에티오피아, 케냐, 인도 등 중남미와 일부 동아프리카 지역 | 동남아, 서아프리카 지역, 베트남, 인도네시아, 인도 등 | 라이베리아 |
| 재배 고도 | 해발 800m 이상 고지대 | 해발 800m 이하 저지대 | 저지대 |
| 특 성 | 성장속도는 느리나 부드럽고 향미가 풍부하고 신맛이 좋음 | 성장속도는 빠르나 쓴맛이 강하고 향미성분이 약함 | 쓴맛이 강하고 향미성분이 약함 |
| 생존력 | 병충해에 약함 | 병충해에 강함 | 병충해에 강함 |
| 카페인 함량 | 0.8~1.4% | 1.7~4% | - |
| 강수량 | 1,500~2,000mm | 2,000~3,000mm | - |

**핵심예제**

**커피 재배 조건에 대한 설명으로 틀린 것은?** [2019년 1회]
① 수확이 이루어지는 시점에서는 건조한 기후가 필요하다.
② 개화 전까지 충분한 수분이 공급되어야 한다.
③ 원활한 광합성 작용을 위해 강렬한 햇볕이 많이 필요하다.
④ 배수가 잘되는 지역이 좋다.

|해설|
커피나무는 햇볕과 열에 약하다.

정답 ③

## 핵심이론 04 커피의 수확, 가공, 분류

① 커피의 수확은 나라별로 조금씩 다르게 이루어진다.
  ㉠ 핸드 피킹(Hand Picking)
    • 잘 익은 체리만을 선별하여 수확하는 방법으로 품질이 매우 우수하다.
    • 수확한 다음 보통 1주일 간격으로 체리가 익으면 다시 반복적으로 여러 번 수확을 해야 하는데 여기서 많은 인건비와 노동력 손실이 발생하는 단점이 있다.
  ㉡ 스트리핑(Stripping)
    • 커피나무에 열려 있는 가지 전체를 손으로 훑어내는 방식이다.
    • 익지 않은 체리도 함께 수확하기 때문에 커피 맛에 좋지 않은 영향을 줄 수 있다.
    • 건식 가공하는 나라와 로부스타를 생산하는 국가에서 주로 이루어진다.
  ㉢ 기계수확(Mechanical Harvesting)
    • 기계는 높이 2.5m, 폭 1.5m 정도로 커피나무 전체를 감쌀 수 있을 정도의 크기로 나뭇가지를 털어주면 체리가 자동적으로 수확되어 기계의 컨테이너에 담기게 된다.
    • 브라질, 하와이에서 사용되는 방식으로 낮은 저지대의 평평한 농장에서 이루어진다.
    • 수확 후 선별의 어려움이 있으며 커피나무에 손상을 주기도 한다.
② 커피의 가공은 수확 후 바로 가공시설로 옮긴다. 체리는 수확 후 공기와 접촉하는 시간이 길어지면 발효와 곰팡이 오염으로 커피 맛에 영향을 줄 수 있으므로 20시간 안에 가공처리를 거친다.
  ㉠ 자연 건조방식(건식법, Natural or Dry Process)
    • 물이 부족하거나 햇볕이 좋은 지역에서 주로 이용되는 방식이다.

- 파티오(Patio)라 불리는 건조장에 펼쳐 놓고 말린다. 제대로 건조되지 않은 체리의 경우 썩거나 부분적으로 곰팡이가 생겨 커피 맛에 영향을 미치기 때문에 규칙적으로 써레질을 한다.
- 수분함량이 11~13%가 될 때까지 건조한 다음, 안정적이고 부드러운 맛을 얻기 위해 숙성과정을 거친다.
- 균일한 품질은 얻지 못하지만 보디감이 좋으며 커피의 향기가 복합적이고 달콤한 맛이 더 느껴진다.
- 에티오피아, 인도네시아, 브라질, 예멘 등에서 사용되며, 로부스타도 대부분 건식가공된다.

ⓒ 수세식/습식법(Washed or Wet Process)
- 체리를 가볍게 씻어서 흙 등을 제거하고 물이 담겨 있는 수집 탱크에 넣은 다음 물에 떠오르는 가벼운 체리를 분리시킨다.
- 껍질을 제거(Pulping)한 뒤 점액질(Mucilage)이 묻어 있는 체리를 발효탱크로 옮겨 12~36시간 정도 담가서 세척한다. 사용된 물은 제대로 정화하지 않고 버렸을 경우 주변 환경을 오염시킬 수 있으므로 각별히 주의해야 한다.
- 땅이나 그물에 펼쳐놓고 수분함량이 11~13% 정도가 될 때까지 건조하거나 건조기계에 말린다.
- 깔끔한 맛과 균일한 품질의 생두를 얻을 수 있다.
- 콜롬비아, 케냐, 탄자니아, 과테말라, 코스타리카, 하와이 등 고급 커피를 생산하는 지역에서 사용한다.

ⓒ 세미 워시드 방식(Semi-washed Process)
- 수확한 체리를 물에 가볍게 씻은 후 기계로 껍질과 과육을 모두 벗겨 낸 뒤 파치먼트에 점액질이 붙어 있는 상태에서 넓은 땅이나 그물에서 수분이 11~13%가 될 때까지 말린다.
- 향미가 풍부하고 결점두를 제거하기 쉽다는 장점이 있다.

ⓔ 펄프드 내추럴 방식(Pulped Natural Process)
- 체리의 과육을 제거한 뒤, 파치먼트에 점액질이 붙어 있는 채로 건조한다.
- 자연 건조방식으로 가공된 커피보다는 보디감이나 단맛이 덜하지만 향이 풍부한 커피를 얻을 수 있다는 장점이 있다.

③ 결점두 제거와 생두의 등급 분류
생두는 가공이나 건조과정에서 곰팡이가 생겼거나 썩었을 수 있고, 돌이나 나뭇가지 등이 섞여 들어와 있을 수 있다. 정상적이지 않은 생두나 이물질이 섞인 생두를 결점두라고 한다. 건조가 끝난 생두는 크기, 밀도, 색상, 수분함량에 따라 등급을 나눈 후 포장하게 된다.

㉠ 생두의 크기별 분류
- 스크린 사이즈(Screen Size)라 분류하며 직사각형의 나무틀에 구멍이 뚫린 철판을 깔아 놓고 구멍의 크기에 따라 분류한다. 번호가 높은 스크리너의 구멍이 가장 크므로 가장 위로 올려놓고, 번호가 내려 갈수록 구멍의 크기가 작으므로 밑으로 놓은 다음 생두를 붓고 흔들면 작은 생두는 밑으로 빠지고 큰 생두는 판 위에 남는다.
- 1스크린(Screen)=1/64inch(0.4mm)
- 스크린 사이즈 19=19/64인치(7.6mm)

| Screen Size | 자메이카 | 콜롬비아 | 케냐 | 하와이 (300g당) |
|---|---|---|---|---|
| 19 | | | | Kona Extra Fancy (결점두 10개 이내) |
| 18 | Blue Mountain No.1 | Superior | AA | Kona Fancy (결점두 16개 이내) |
| 17 | | | | |
| 16 | No.2 | Excelso | AB | |
| 15 | No.3 | | | |

ⓛ 생두의 결점두에 의한 분류
- 결함이 있는 생두를 결점두(Defect Bean)라 부른다.
- 커피 맛에 좋지 않은 영향을 미치므로 로스팅 전에 선별한다.
- 결점두는 생두가 자라면서 자연적으로 발생하기도 하지만, 생두의 가공 후 보관 및 운송과정에서도 생성될 수 있다.
- 300g의 생두를 가지고 결점을 찾아 등급을 분류한다.
- 미국 스페셜티협회(SCAA ; Specialty Coffee Association of America)는 350g으로 분류한다.
- 자연 건조식 커피를 생산하는 국가에서 많이 실시한다.
- 브라질, 인도네시아, 에티오피아, 쿠바, 파라과이 등이 있다.

[에티오피아]

| 등 급 | Grade1 | Grade2 | Grade3 |
|---|---|---|---|
| 결점두 수 | 0~3 | 4~12 | 13~25 |

[브라질]

| 등 급 | No.2 | No.3 | No.4 |
|---|---|---|---|
| 결점두 수 | 4개 이하 | 13개 이하 | 26개 이하 |

[인도네시아]

| 등 급 | Grade1 | Grade2 | Grade3 |
|---|---|---|---|
| 결점두 수 | 11개 이하 | 12~25개 | 26~44개 |

[과테말라]

| 분 류 | 재배고도 |
|---|---|
| Strictly Hard Bean(SHB) | 해발 1,500m 이상 |
| Hard Bean(HB) | 해발 800~1,500m |

[멕시코]

| 등 급 | 재배고도 |
|---|---|
| Strictly High Grown(SHG) | 해발 1,500m 이상 |
| High Grown(HG) | 해발 1,000~1,500m |

ⓒ 재배 고도에 따른 분류 : 높은 지역으로 올라갈수록 낮과 밤의 일교차는 심해진다. 햇볕이 뜨거운 낮에는 생두가 커지기 위해 팽창하고, 밤이 되어 기온이 급강하하면 수축한다. 이런 현상이 반복되다 보면 생두의 밀도가 높아지고 단단해진다. 생두의 크기가 조금 작으나, 커피의 신맛과 향, 밀도가 일반적인 커피에 비해 우수하다는 평가를 받는다. 과테말라, 온두라스, 멕시코 등이 있다.

**핵심이론 05** 커피의 성분

① 커피 원두는 수분, 회분, 지방, 섬유질, 다당류, 타닌, 카페인 등을 함유하고 있다. 전체의 30%를 차지하고 있는 당분으로 인해 커피를 볶는 과정에서 캐러멜화되어 갈색으로 변하고 이때에 향기와 감칠맛이 나오게 된다.

② 생두의 성분 중에서 가장 큰 비중을 차지하는 다당류는 설탕이나 포도당과 마찬가지로 열을 가하면 캐러멜화되면서 커피색을 띠는 동시에 향기와 감칠맛을 내는 작용을 한다.

③ 지방, 유기아미노산, 단백질 등은 커피의 독특한 향미와 관계가 깊은 주요 성분으로, 특히 에스프레소 커피에서 보디감(묵직한 맛)을 더해 주는 역할을 한다.

④ **카페인(Caffeine)의 특성**

㉠ 카페인은 물에 잘 녹으며, 커피의 특성을 결정하는 가장 중요한 성분이다.

㉡ 아드레날린을 분비시켜 각성효과(졸음방지)를 불러온다.

㉢ 이뇨작용으로 몸속에 쌓여 있는 아세트알데하이드 성분을 빠르게 몸 밖으로 배출시켜 줌으로써 숙취해소에도 좋다.

㉣ 항산화 성분인 각종 폴리페놀(Polyphenol)이 포함되어 있어 암을 예방하고 건강증진 등의 의학적 효과가 있는 것으로 알려졌다. 적당량 음용하면 정신력 및 신체의 능력에도 상승효과를 미쳐 상쾌하고 기분이 좋아지는 작용을 한다.

㉤ 몸의 신진대사 작용이 활발해져 중성지방 및 글리코겐 성분 등을 자극시켜 흥분과 에너지를 충전해 준다.

㉥ 위를 자극하여 위산의 분비량을 늘려 소화를 촉진한다. 단, 너무 많은 양은 위산이 과다 분비되어 속이 쓰리고 답답할 수 있으며 심장박동을 더 높일 수 있으므로 유의해야 한다.

㉦ 카페인의 장기적인 복용은 면역력을 떨어뜨리고 긴장, 불안, 불면증 등을 유발한다.

㉧ 어린이나 청소년이 다량 섭취할 경우 뼈 성장을 방해(칼슘흡수 방해)해 골다공증과 과민성대장증후군을 유발한다.

㉨ 카페인은 두통약의 효과를 증진시키는 작용도 한다. 카페인은 인간에게 특별한 알레르기 반응을 나타내지는 않는다. 그러나 많은 양의 카페인은 오히려 두통을 유발할 수 있다.

㉩ 커피 한 잔(180~200mL)에는 카페인이 약 50~150mg 정도 들어 있다. 성인 평균 400mg 정도의 카페인은 부정적인 반응보다 긍정적인 부분이 많다.

㉪ 카페인은 체내에 축적되지 않는다. 커피를 마시는 동안에도 체내에서 카페인이 조금씩 분해되어 몸 밖으로 배출된다. 분해되는 시간과 효능도 개인차가 많지만 3~4시간 정도 지속되며 약 12시간이 지나면 카페인의 약 90% 정도는 배출된다.

**핵심예제**

**카페인과 건강에 대한 설명 중 잘못된 것은?**

① 항산화 성분인 각종 폴리페놀이 포함되어 있어 암을 예방하고 건강증진 등의 의학적 효과가 있다.
② 커피에는 체내의 지방을 분해하는 다이어트 촉진효과가 있다.
③ 위염, 위궤양 증세를 완화해 주는 효과가 있다.
④ 커피는 활성산소를 감소시켜 노화를 예방해 주는 효과가 있다.

|해설|

카페인은 위액의 분비를 촉진시킨다. 위염, 위궤양 증세가 있을 때는 커피 음용을 자제하는 것이 좋다.

정답 ③

## 핵심이론 06 커핑(Cupping)

① 커핑이란 커피의 향기와 맛의 특성을 체계적으로 평가하는 과정을 말한다.
  ㉠ 자연적인 향기와 향미를 평가
  ㉡ 커피액의 단맛, 쓴맛, 신맛을 평가
  ㉢ 커피 맛의 전반적인 촉감과 느낌을 평가
② 커핑의 목적
  ㉠ 적합한 로스팅 단계를 찾기 위해
  ㉡ 원두의 맛과 향 등 특성을 평가하여 생두의 등급을 분류하기 위해
  ㉢ 커피 블렌딩(Blending)을 위해

### 핵심예제

**커피의 향미를 평가하는 순서로 가장 적합한 것은?**

[2013년 1회]

① 미각(맛) → 후각(향기) → 촉각(입안의 느낌)
② 색 → 촉각(입안의 느낌) → 미각(맛)
③ 촉각(입안의 느낌) → 미각(맛) → 후각(향기)
④ 후각(향기) → 미각(맛) → 촉각(입안의 느낌)

|해설|

향기 → 맛 → 촉감 순으로 평가한다.

정답 ④

## 핵심이론 07 로스팅(Roasting)

① 생두를 볶으면 수분 증발로 무게가 15~20% 정도 감소하고 콩의 부피가 증가하며 600여 개 이상의 화학물질이 생성되면서 커피 고유의 맛과 향이 생긴다. 가볍게 살짝 볶으면 신맛이 강한 커피가 되고 강하게 오래 볶으면 쓴맛이 강한 커피가 된다.

② 로스팅 분류(볶은 원두의 색상 기준)
  ㉠ 라이트 로스팅(Light Roasting) : 초기 단계로 생두는 노란색으로 변화된다.
  ㉡ 시나몬 로스팅(Cinnamon Roasting) : 신맛이 강하고 커피향은 약하다. 생두의 외피로부터 떨어져 나온 은피(Silver Skin)가 가장 많이 제거되는 단계이다. 색상은 황갈색을 띤다.
  ㉢ 미디엄 로스팅(Medium Roasting) : 아메리칸 로스팅(American Roasting)이라고도 한다. 신맛을 느낄 수 있으며 견과 맛이 난다. 첫 번째 팽창 후 두 번째 팽창을 하기 전까지의 단계로 커피의 특징인 신맛과 쓴맛, 그리고 독특한 향기가 나타나기 시작한다. 추출해서 마실 수 있는 기초 단계로 원두는 담갈색을 띤다.
  ㉣ 하이 로스팅(High Roasting) : 신맛이 엷어지고 단맛이 나기 시작하는 단계이다. 가장 일반적인 단계로 갈색의 커피가 된다.
  ㉤ 시티 로스팅(City Roasting) : 저먼 로스팅(German Roasting)이라고도 한다. 신맛이 거의 없어지고 쓴맛과 달콤한 향기가 나며, 풍부한 갈색을 띤다.
  ㉥ 풀시티 로스팅(Full City Roasting) : 단맛이 강해지고 원두 표면에 오일이 비친다. 원두 색깔은 짙은 갈색으로 에스프레소 커피용의 표준이다.
  ㉦ 프렌치 로스팅(French Roasting) : 쓴맛, 진한 맛에 중후한 맛이 강조된다. 쓴맛이 다른 맛을 압도하기에 아이스커피에 주로 사용하며 기름기가 번져 흐르고 색상은 검게 된다.

◎ 이탈리안 로스팅(Italian Roasting) : 보디감과 단맛은 줄어들고 쓴맛과 진한 맛이 최대치에 달한다. 예전에 에스프레소용으로 많이 선호됐으나 점차 줄어들고 있는 추세다.

**핵심예제**

**7-1. 커피 로스팅의 정도에 따라 약한 순서에서 강한 순서대로 나열한 것으로 옳은 것은?** [2013년 5회]

① American Roasting → German Roasting → French Roasting → Italian Roasting
② German Roasting → Italian Roasting → American Roasting → French Roasting
③ Italian Roasting → German Roasting → American Roasting → French Roasting
④ French Roasting → American Roasting → Italian Roasting → German Roasting

**7-2. 다음은 커피와 관련한 어떤 과정을 설명한 것인가?** [2013년 4회]

> The heating process that releases all the potential flavors locked in green beans.

① Cupping
② Roasting
③ Grinding
④ Brewing

|해설|

7-2
로스팅은 생두(Green Bean)에 내재되어 있는 모든 잠재적인 맛을 밖으로 방출해 내기 위한 열처리 과정이다.

정답 7-1 ① 7-2 ②

## 핵심이론 08 커피의 품질

① 원하는 커피의 품질을 위해 양질의 생두를 선별하고 최적의 로스팅 포인트를 찾아 적절한 분쇄로 바른 추출이 이뤄진다면 자신이 원하는 최고의 맛과 향을 지닌 커피를 얻게 된다.

② 추출 방식별 커피 분쇄밀도

> 튀르키예(터키)식 커피 < 에스프레소 < 모카포트
> (이브릭, 체즈베/0.3mm)
> < 사이펀 < 드립 < 프렌치프레스
> (0.5mm)        (1.0mm)

③ 블렌딩(Blending) : 특성이 다른 2가지 이상의 커피를 혼합하여 새로운 향미를 가진 커피를 창조하는 방법을 말하기도 하며, 단일 커피의 로스팅 정도를 달리하여 혼합하는 것을 의미한다.
  ㉠ 단종에서 발견할 수 없었던 새로운 맛과 향을 창조한다.
  ㉡ 특징적인 커피를 개발하여 차별화된 커피를 창조한다.
  ㉢ 저단가 커피를 혼합하여 각각의 단점을 보완함으로써 생산단가를 조절하여 원가 절감과 품질의 안정화에 그 목적이 있다.
  • BBR(Blending Before Roasting) : 대형 커피 회사
  • BAR(Blending After Roasting) : 작은 로스터리 카페

### 핵심예제

**커피의 맛과 향을 결정하는 중요한 가공요소가 아닌 것은?**

[2012년 4회]

① Roasting  ② Blending
③ Grinding  ④ Weathering

|해설|

④ Weathering(웨더링) : 풍화작용을 말한다.
① Roasting(로스팅) : 생두에 열을 가하여 볶는 것으로 커피 특유의 맛과 향을 생성하는 과정을 말한다.
② Blending(블렌딩) : 맛과 향이 다른 2가지 이상의 커피를 혼합하여 새로운 향미를 가지는 커피를 만드는 과정을 말한다.
③ Grinding(그라인딩) : 원두를 갈아 가루로 만드는 과정으로 커피 원두의 추출 면적을 넓혀주기 위한 작업을 말한다.

정답 ④

## 핵심이론 09 다양한 추출방식

① 우려내기 방식(Steeping) : 분쇄된 원두를 물과 일정 시간 접촉시켜 추출액을 분리하는 방식으로 프렌치 프레스(French Press)와 찬물로 우려내는 더치커피(Dutch Coffee)가 대표적이다.

> [프렌치 프레스(French Press)]
> 포트 안에 커피를 넣고 물을 부은 다음 일정 시간이 지나면 본체 상부의 손잡이를 이용해서 필터를 아래로 내려 커피 찌꺼기를 눌러 걸러주고 커피액만 추출하는 방식

② 끓임 방식, 달임 방식(Boiling, Decoction) : 분쇄된 원두를 뜨거운 물에 넣고 일정 시간 끓여 주는 방법으로 커피의 가용성 성분이 가장 많이 추출된다. 이브릭(Ibrik) 또는 체즈베(Cezve) 방식이 있다.

③ 반복여과 추출방식(Percolation) : 뜨거운 물과 커피 추출액이 반복하여 커피 층을 통과하면서 추출되는 방식으로, 퍼컬레이터(Percolator)가 대표적이다. 추출 시간은 커피의 입도, 물의 온도 등에 따라 달라진다.

④ 여과 추출방식(Drip Filtration) : 여과용 필터에 분쇄한 원두를 넣고 위에서 뜨거운 물을 주입하여 커피를 추출하는 방식으로 전기식 커피 메이커, 핸드드립(Hand Drip) 방식이 대표적인 여과 추출법에 해당된다.

㉠ 핸드드립은 드립을 하는 사람과 여러 가지 환경적 요건에 따라 맛과 향이 달라진다. 드리퍼의 종류, 원두, 필터, 물의 양과 온도, 물줄기의 굵기와 붓는 시간 등은 물론 날씨 등 미세한 차이가 맛에 영향을 미친다. 기계로 뽑아내는 일정한 맛이 아닌 요리처럼 손맛을 즐길 수 있다는 것이 핸드드립 커피만의 매력이다. 핸드드립 커피는 단종커피(Straight)를, 에스프레소는 블렌딩 커피를 사용한다.

㉡ 드리퍼(Dripper) : 여과 필터에 커피 원두를 넣고 뜨거운 물을 부어 우려내고 여과하여 추출하는 방식

⑤ 진공여과 추출방식(Vacuum Filtration) : 우려내기 방식을 변형한 것으로 사이펀(Siphon) 추출기가 대표적이다.

> [사이펀(Siphon)]
> 물을 끓여 대기압으로 인해 액체가 관 안으로 밀어 올려져 커피 원두와 접촉하고, 아랫부분의 온도를 낮추면 다시 밑의 플라스크로 커피 액만 내려오도록 추출하는 방식

⑥ 가압여과 추출방식(Pressurized Infusion) : 2~10기압의 뜨거운 물이 커피 층을 통과함으로써 가용성 성분과 불용성 성분을 함께 추출하는 방식으로 모카포트(Mocha Pot), 에스프레소 머신(Espresso Machine)이 해당된다.

> [크레마(Crema)]
> 에스프레소를 추출하는 요소 중 가장 중요시되는 것으로 영어로 말하면 크림(Cream)이다. 붉은빛이 감도는 부드러운 갈색의 거품 형태로 에스프레소의 독특한 맛과 향을 품고 있다.

### 핵심예제

**9-1. 핸드드립 커피의 특성이 아닌 것은?** [2013년 5회]

① 비교적 조리 시간이 오래 걸린다.
② 대체로 메뉴가 제한된다.
③ 블렌딩한 커피만을 사용한다.
④ 추출자에 따라 커피맛이 영향을 받는다.

**9-2. 물로 커피를 추출할 때 사용하는 도구가 아닌 것은?** [2013년 5회]

① Coffee Urn    ② Siphon
③ Dripper       ④ French Press

**9-3. 에스프레소의 커피 추출이 빨리 되는 원인이 아닌 것은?** [2013년 4회]

① 약한 탬핑 강도    ② 너무 많은 커피 사용
③ 높은 펌프 압력    ④ 너무 굵은 분쇄입자

**9-4. 커피(Coffee)의 제조방법 중 틀린 것은?** [2012년 5회]

① 드립식(Drip Filter)      ② 퍼컬레이터식(Percolator)
③ 에스프레소식(Espresso)   ④ 디캔터식(Decanter)

|해설|

9-2
커피언(Coffee Urn)은 커피를 데우기 위해 쓰는 전열기구이다.

9-4
커피 추출에는 다양한 방식이 있다.
- 침지식 : 우려내기 방식(프렌치 프레스), 달임 방식(이브릭)
- 여과식 : 드립식(핸드드립, 더치드립, 커피메이커), 진공여과식(사이펀), 가압추출식(모카포트, 에스프레소), 퍼컬레이터 방식(Percolator)

정답 9-1 ③  9-2 ①  9-3 ②  9-4 ④

### 핵심이론 10  커피의 종류

① 에스프레소 메뉴

   ㉠ '에스프레소(Espresso)=익스프레스(Express)'라는 말처럼 에스프레소는 이탈리아어로 빠르다는 의미이다. 분쇄된 커피 6~7g을 95℃ 안팎의 뜨거운 물로 9bar의 압력에서 20~30초 사이에 20~30mL를 추출한다. 에스프레소는 데미타스(Demitasse)잔에 제공된다. Demitasse는 원래 프랑스에서 온 말로 Demi(반)와 Tasse(잔)의 합성어이다. 보통 사용하는 커피잔의 반 정도(60mL) 용량으로 진한 커피가 제공되는데 여기에 설탕을 적당량 넣어 마시면 신맛, 단맛, 쓴맛의 매력을 느낄 수 있다.

   ㉡ 리스트레토(Ristretto) : 기분 좋은 신맛의 즐거움을 느낄 수 있다. 이탈리아어로 '농축하다', '짧다'라는 뜻으로 커피의 쓴맛을 즐기지 않는 사람들과 커피의 신맛을 좋아하는 사람들이 선호하는 커피다. 15~20초 내에 15~20mL를 추출한다.

   ㉢ 룽고(Lungo) : 씁쓸한 뒷맛을 살린 커피로 이탈리아어로 '길다'라는 뜻이다. 에스프레소의 두 배 정도로 추출량을 늘려 씁쓸한 뒷맛을 충분히 느낄 수 있다. 35~40초 내에 35~40mL를 추출한다.

   ㉣ 도피오(Doppio) : 에스프레소 더블 샷이다. 적당히 기분 좋은 쓴맛을 두 배로 느낄 수 있어 커피의 여운을 좀 더 길게 느끼기에 좋다. 이탈리아에서는 술 마신 다음날에 숙취 해소용으로 마시기도 한다. 25~30초 내에 30mL, 2Shot을 추출한다.

   ㉤ 아메리카노(Americano) : 에스프레소에 물을 섞은 연한 커피로 연한 커피를 즐기는 미국에서 시작되어 '아메리카노'라 부른다.

② 베리에이션 메뉴

   ㉠ 에스프레소 마끼아또(Espresso Macchiato) : 부드러움 속에 숨겨진 진한 맛으로 이탈리아어로 '점을 찍다'라는 뜻이다. 부드러운 에스프레소를 원하는 사람에게 좋다. 에스프레소 위에 우유 거품을 스푼으로 떠서 올린다. 이때 우유의 양은 10mL를 넘지 않는 것이 좋다.

   ㉡ 에스프레소 콘파냐(Espresso Con Panna) : 에스프레소 위에 크림을 올린 커피이다.

   ㉢ 비엔나 커피(Vienna Coffee) : 아메리카노 위에 하얀 휘핑크림을 듬뿍 얹은 커피를 말한다. 차가운 생크림의 부드러움과 뜨거운 커피의 쌉싸래함, 시간이 지날수록 차츰 진해지는 단맛이 한데 어우러져 한 잔의 커피에서 세 가지 이상의 맛을 즐길 수 있다. 여러 맛을 충분히 즐기기 위해 크림을 스푼으로 젓지 않고 마신다. 비엔나 커피의 본래 이름은 아인슈페너 커피(Einspanner Coffee)로 비엔나에는 정작 비엔나 커피가 없다는 말이 있다.

   ㉣ 카페라떼(Caffee Latte) : 우유를 이용한 대표적인 커피로, 라떼는 이탈리아어로 '우유'를 뜻한다. 진한 농도의 에스프레소에 스팀 밀크의 비율을 1 : 4 정도로 섞어 마신다. 라떼를 만들 때에는 마무리로 우유 거품을 살짝 얹어 주는 것이 좋다. 거품이 뚜껑 역할을 해서 온도가 떨어지는 것을 막아주기 때문이다.

   ㉤ 카푸치노(Cappuccino) : 우유 거품을 풍부하게 올린 커피로 부드러우면서도 진한 맛을 즐기고 싶을 때 빠지지 않는 메뉴이다. 커피 위에 올리는 흰 거품이 프란체스코의 카푸친 수도사들의 수도복 색과 비슷한 것에서 유래된 이름이라 한다. 거품의 두께는 최소 1cm 이상은 되어야 하며, 기호에 따라 시나몬 파우더를 뿌려준다.

   ㉥ 카페 모카(Caf'e Mocha) : 모카(Mocha)는 세계에서 가장 널리 쓰이는 커피 용어 중 하나이다. 예멘의 모카커피에서 영감을 얻은 것으로 에스프레소에 초코소스를 넣고 잘 저은 다음 스팀우유를 넣고 휘핑크림을 올린다.

**핵심예제**

에스프레소 추출 시 너무 진한 크레마(Dark Crema)가 추출되었을 때 그 원인이 아닌 것은? [2012년 5회]

① 물의 온도가 95℃보다 높은 경우
② 펌프압력이 기준 압력보다 낮은 경우
③ 포터필터의 구멍이 너무 큰 경우
④ 물 공급이 제대로 안 되는 경우

정답 ③

## 핵심이론 11 알코올이 들어간 커피

① **아이리시 커피(Irish Coffee)** : 아일랜드 서남쪽의 포인즈공항(현재 샤론국제공항)의 레스토랑에서 근무했던 바텐더 세리단(Joe Sheridan)이 추위와 피로에 지친 사람들을 달래주기 위해서 만들기 시작한 것이 바로 아이리시 커피이다. 당시에 18시간이 걸렸던 대서양 횡단은 그리 순탄한 여행이 아니었다. 아이리시 커피는 먼저 커피잔의 테두리에 레몬즙을 묻히고 황설탕을 바른다. 각설탕을 1~2ea 넣고 아이리시 위스키 1oz와 뜨거운 커피를 넣고 잘 저어 준다. 그리고 휘핑크림으로 마무리한다. 아이리시 위스키 대신에 베일리스를 쓰면 베일리스 커피가 된다.

② **카페 로열(Cafe Royal)** : '왕족의 커피'라는 의미이다. 나폴레옹이 자주 마셨다는 칵테일이다. 커피잔에 뜨거운 커피를 넣고 커피스푼을 컵에 가로질러 걸친다. 스푼에 각설탕을 올린 후 브랜디를 부어 불을 붙인다. 푸른 불빛이 올라오며 흔들리기 시작할 때 주변의 불빛을 없애면 환상적인 분위기가 연출된다.

**핵심예제**

11-1. 다음 중 알코올성 커피는? [2013년 4회]

① 카페 로열(Cafe Royale)
② 비엔나 커피(Vienna Coffee)
③ 데미타스 커피(Demitasse Coffee)
④ 카페오레(Cafe au Lait)

11-2. 다음 중 그 종류가 다른 하나는? [2013년 1회]

① Vienna Coffee    ② Cappuccino Coffee
③ Espresso Coffee  ④ Irish Coffee

11-3. 다음 중 뜨거운 칵테일은? [2012년 4회]

① 아이리시 커피    ② 싱가포르 슬링
③ 핑크레이디       ④ 피나 콜라다

정답 11-1 ① 11-2 ④ 11-3 ①

## 핵심이론 12 차

① **유래** : 고대 중국 설화 중 농사의 신인 신농씨가 온 세상의 모든 식물을 맛보다 독초에 중독되었는데, 어느 날 찻잎을 먹은 후 독이 제거된 것을 확인하고 이를 인간에게 널리 마시게 한 데서 유래되었다.

② **전파** : 우리나라에는 9세기쯤 중국에서 전래되었으며, 고려시대에 불교문화와 함께 널리 보급되어 제사를 차례(茶禮)라 할 만큼 생활 속에 정착했다가 조선시대에 와서 숭유억불 정책으로 차문화가 쇠퇴했다. 현재 보성, 지리산, 강진, 제주도 등에 다원을 개발하여 재배하고 있으나 판로의 어려움으로 소량 생산하고 있다.

③ 차나무의 생육에 알맞은 기후조건은 연평균 기온 14℃ 이상, 강우량이 1,400mm 이상이어야 한다. 홍차는 일조량이 풍부해야 진한 맛이 우러나오므로 인도와 스리랑카산이 인기가 높다. 스리랑카는 세계적인 홍차 산지이지만 19세기 중반까지 섬 최대의 산업은 커피였다. 그러나 이곳을 휩쓴 병충해로 인해 재배 농가가 파탄에 이르게 되면서 대체 작물로 찾게 되었던 것이 차였다. 우리나라에서는 중남부 이남에 차나무를 재배하거나 자생하고 있으며, 전남 보성군이 녹차 생산량의 70% 이상을 차지한다.

### 핵심예제

**차나무의 분포 지역을 가장 잘 표시한 것은?**  [2013년 5회]

① 남위 20°~북위 40° 사이의 지역
② 남위 23°~북위 43° 사이의 지역
③ 남위 26°~북위 46° 사이의 지역
④ 남위 25°~북위 50° 사이의 지역

정답 ②

## 핵심이론 13 차의 종류

① **비발효차/불발효차**(不醱酵茶, Non-Fermented Tea) : 일명 녹차(綠茶)로 차의 여린 잎을 따서 무쇠나 돌솥에 덖거나 쪄서 산화효소 활동을 중지시킨 것을 말한다.

② **반발효차**(半醱酵茶, Semi-Fermented Tea) : 녹차의 잎을 10~70% 발효시킨 것으로 중국차의 대명사라 할 수 있는 오룡(烏龍), 청차(靑茶), 재스민차, 우롱차 등이 있다. 찻잎을 햇볕에 약간 말리면 잎 속의 성분이 산화효소의 작용으로 발효되고 일부가 산화되어 좋은 향기가 난다. 막 향기가 날 때쯤 가마솥에 넣어 볶아 산화를 정지시킨다. 발효가 반쯤 이루어지기 때문에 반발효차라고 한다.

③ **발효차**(醱酵茶, Fermented Tea) : 일명 홍차(紅茶, Black Tea)로 찻잎을 85% 이상 발효시킨 것이다. 차 소비량의 75%를 차지한다. 인도 다즐링 지역에서 생산되는 다즐링(Darjeeling), 중국 안휘성의 기문에서 생산되는 기문차, 스리랑카의 우바에서 생산되는 우바(Uva) 홍차가 세계 3대 명차로 꼽혀지고 있다.

④ **후발효차**(后醱酵茶, Post-Fermented Tea) : 찻잎을 찌거나 또는 솥에 볶아서 효소활성을 없앤 뒤 퇴적하여 미생물로 발효시켜 만든 차이다. 중국의 보이차는 기름기 제거에 특이한 효과가 있고, 위병이 났을 때 마시면 속이 편하다. 흑차, 육보차, 황차, 태국의 미엔, 일본의 아파만차 등이 있다.

## 핵심예제

**13-1. 다음 중 세계 3대 명차에 해당하지 않는 것은?**
[2019년 1회]

① 기문차　　② 우롱차
③ 다즐링　　④ 우바

**13-2. 차를 만드는 방법에 따른 분류와 대표적인 차의 연결이 틀린 것은?**
[2013년 5회]

① 불발효차 - 보성녹차
② 반발효차 - 오룡차
③ 발효차 - 다즐링차
④ 후발효차 - 재스민차

**13-3. 차의 분류가 옳게 연결된 것은?**
[2013년 1회]

① 발효차 - 얼그레이
② 불발효차 - 보이차
③ 반발효차 - 녹차
④ 후발효차 - 재스민

**13-4. 제조방법상 발효방법이 다른 차(Tea)는?**
[2012년 5회]

① 한국의 작설차
② 인도의 다즐링(Darjeeling)
③ 중국의 기문차
④ 스리랑카의 우바(Uva)

|해설|

**13-1**
인도 다즐링 지역에서 생산되는 다즐링(Darjeeling), 중국 안휘성의 기문에서 생산되는 기문차, 스리랑카의 우바에서 생산되는 우바(Uva) 홍차가 세계 3대 명차로 꼽힌다.

**13-4**
**작설차** : 차의 순이 참새의 혀와 같아서 붙여진 이름으로, 형태에 의한 표현이다.

정답 13-1 ② 13-2 ④ 13-3 ① 13-4 ①

## 6-2. 영양음료

### 핵심이론 01 주 스

① 과실을 짜서 얻은 액즙을 주스라고 한다. 과즙을 방치하면 발효하여 술이나 초가 되고, 끓여서 살균하면 신선미가 없어지며 비타민 C도 상실된다. 예외로 포도주스는 끓여도 어느 정도 신선미를 보존하므로 19세기부터 병조림으로 가공한 상품이 판매되기 시작했다.

② 1938년 미국의 F. 버를리가 순간살균법을 적용하여 오렌지의 비타민이나 색조, 향미 등을 손상하지 않고 보존성이 좋은 주스를 만드는 데 성공하여 미국의 식품회사 제너럴푸즈가 그 특허권을 사들여 대량생산에 착수하였다. 한국에는 1970년대 초에 버를리오렌지를 수입하여 자체 제조에 성공함으로써 주스의 대량소비 시대가 되었다.

③ 국제식품규격상 감귤류 중에서 Sweet Orange를 원료로 제조된 과즙을 오렌지 주스라 칭한다. 세계에서 가장 많이 재배하는 품종은 만생종인 Valencia Orange가 일반적이고 미국을 중심으로 생산되고 있다.

## 핵심예제

**1-1. 다음 중 과실음료가 아닌 것은?**
[2013년 4회]

① 토마토 주스　　② 천연과즙주스
③ 희석과즙음료　　④ 과립과즙음료

**1-2. 주스류(Juice)의 보관방법으로 가장 적절한 것은?**
[2013년 4회]

① 캔 주스는 냉동실에 보관한다.
② 한번 오픈한 주스는 상온에 보관한다.
③ 열기가 많고 햇볕이 드는 곳에 보관한다.
④ 캔 주스는 오픈한 후 유리그릇, 플라스틱 용기에 담아서 냉장 보관한다.

|해설|

**1-1**
토마토는 채소로 분류된다.

정답 1-1 ① 1-2 ④

## 핵심이론 02 우 유

① 성분 : 우유는 수분, 지방, 단백질, 유당 및 무기질의 주성분과 비타민, 효소 등의 미량성분으로 구성되어 있다. 영양소로서 우유의 지방, 유당 및 단백질은 열과 에너지의 공급원이 되고, 특히 유단백질은 필수아미노산을 균형 있게 함유하고 있으며, 그 양도 다른 식품의 단백질보다 많다.

② 우유의 70% 이상이 시유로 이용되고 있고, 유제품 가공용으로는 약 30%가 이용되고 있으며 발효유가 그 주류를 이루고 있다.

③ 발효유는 젖산균을 사용하여 우유를 발효시켜 만든 제품으로 떠먹는 형태의 호상 요구르트와 액상 요구르트가 있으며 종류에 따라 다양한 향이나 과일을 첨가하기도 한다.

④ 우유살균법 : 식품위생법에 따라 우유를 가열살균하거나 이와 동등 이상의 살균효과를 지닌 방법으로 가열살균한 것을 말한다.
  ㉠ 저온살균법(LTLT) : 62~65℃에서 30분간 가열하는 방법
  ㉡ 고온단시간살균법(HTST) : 72~75℃에서 15~20초간 가열하는 방법
  ㉢ 고온장시간살균법(HTLT) : 95~120℃에서 30~60분간 가열하는 방법
  ㉣ 초고온순간살균법(UHT) : 130~150℃에서 2초간 가열하는 방법

### 핵심예제

**2-1. 음료에 관한 설명으로 틀린 것은?** [2013년 4회]

① 음료는 크게 알코올성 음료와 비알코올성 음료로 구분된다.
② 알코올성 음료는 양조주, 증류주, 혼성주로 분류된다.
③ 커피는 영양음료로 분류된다.
④ 발효주에는 탁주, 와인, 청주, 맥주 등이 있다.

**2-2. 음료 저장방법에 관한 설명 중 옳지 않은 것은?** [2013년 4회]

① 포도주병은 눕혀서 코르크 마개가 항상 젖어 있도록 저장한다.
② 살균된 맥주는 출고 후 약 3개월 정도는 실온에서 저장할 수 있다.
③ 적포도주는 미리 냉장고에 저장하여 충분히 냉각시킨 후 바로 제공한다.
④ 양조주는 선입선출법에 의해 저장, 관리한다.

|해설|

2-1
커피는 기호음료로 분류된다.

2-2
적포도주는 상온에서 제공한다. 냉각된 상태로 제공되면 맛과 향을 느낄 수 없으며 타닌(Tannin) 성분이 강하게 느껴진다.

정답 2-1 ③ 2-2 ③

## 6-3. 청량음료

### 핵심이론 01 탄산음료(Carbonated Drink)

① 탄산음료는 청량감을 주는 이산화탄소를 함유하는 청량음료의 총칭으로 콜라, 소다수, 사이다 등이 포함된다.
② 탄산가스는 이산화탄소의 기체상의 것을 말한다. 광천수 중에도 탄산가스가 함유되어 있는 천연탄산수도 많다. 탄산가스는 식품공업에서는 탄산음료, 탄산수의 제조에 이용된다.
③ 탄산음료는 수분과 이산화탄소만으로 이뤄졌기 때문에 영양가는 없으나, 이산화탄소 특유의 자극이 청량감을 주고, 미생물의 발육을 억제하며, 향기의 변화를 예방하고, 동시에 위장을 자극하여 식욕을 돋우는 효과가 있다.
④ 대표적인 고열량 저영양 식품으로 과잉 섭취하게 되면 영양 불균형을 초래하고, 비만이 될 확률이 높아지기 때문에 주의해야 한다.

#### 핵심예제

탄산음료의 $CO_2$에 대한 설명으로 틀린 것은? [2013년 1회]
① 미생물의 발육을 억제한다.
② 향기의 변화를 예방한다.
③ 단맛과 부드러운 맛을 부여한다.
④ 청량감과 시원한 느낌을 준다.

정답 ③

### 핵심이론 02 탄산음료의 종류

① 콜라(Cola) : 미국 조지아주 애틀랜타의 존스타인 펨버튼 박사가 만들었고, 1919년 캔들러라는 사업가에게 매각하였는데 백만장자가 되었다. 콜라나무 열매에서 추출한 농축액의 쓴맛과 떫은맛을 제거, 가공 처리한 즙을 당분과 캐러멜 색소, 산미료, 향료 등을 혼합한 후 탄산수를 주입한 것이다. 카페인의 함량이 커피의 2~3배로 높다.
② 소다수(Soda Water) : 혀에 닿는 특유한 자극이 청량감을 주는데, 인공적으로 이산화탄소를 함유하는 물을 만드는 데 소다를 쓰기 때문에 소다수라고 한다. 소다수의 성분은 수분과 이산화탄소만으로 이뤄졌으므로 영양가는 없으나, 이산화탄소의 자극이 청량감을 주고, 동시에 위장을 자극하여 식욕을 돋우는 효과가 있다. 숙취 해소에도 좋다. 비슷한 상표로 초정 탄산수, 보스, 페리에 같은 미네랄 워터도 있다.
③ 진저에일(Ginger Ale) : 진저(Ginger)는 생강이란 뜻이고 에일(Ale)은 영국식 맥주로 알코올 음료를 뜻하지만 우리나라에서는 생강의 향기를 나게 한 소다수에 구연산(Citric Acid, 시트르산)과 기타 향신료를 섞어 캐러멜로 착색한 청량음료이다. 생강향이 일종의 자극을 주어 머리를 맑게 해 주며 소화를 도와준다. 맥주와 브랜디, 특히 코냑과 잘 어울린다.
④ 토닉워터(Tonic Water) : 영국에서 처음 개발한 무색 투명한 음료로 '토닉'은 '강장제'라는 뜻이다. 해열과 진통, 강장 등에 효과가 있어 말라리아 특효약으로 쓰였던 키니네(Quinine) 성분으로 특유의 쓴맛을 내며 레몬, 라임, 오렌지 등 당분이 혼합되어 신맛과 산뜻한 풍미를 가지고 있는 탄산음료이다. 최근에는 키니네 성분이 아닌 키니네 향이 들어간 토닉워터가 대부분이다. 진로토닉은 달고 탄산이 약하고, 캐나다 드라이 토닉은 드라이하면서 탄산이 풍부하다.

⑤ 콜린스 믹스(Collins Mix) : 탄산수에 설탕과 라임 또는 레몬 즙을 짜서 만든 음료로 사이다보다 약간 더 상큼한 신맛이 있다. 콜린스 믹스가 없을 경우 레몬주스 1/2oz+설탕 1tsp+소다워터를 사용하면 된다.

  예) 톰 콜린스, 슬로 진 피즈, 싱가포르 슬링, 위스키 사워 등

⑥ 사이다(Cider) : 프랑스어로는 시드르(Cidre)라 한다. 유럽에서는 사과를 발효시켜 만든 사과주(Apple Wine)를 말한다. 알코올 성분이 1~6% 정도 들어 있다. 포도와 달리 사과즙에는 당분이 적어서 알코올 도수가 낮다. 과즙에 설탕을 섞어서 발효시키거나 제품에 이산화탄소를 주입하여 발포 사과술을 만든다. 사과술을 증류한 것이 애플 브랜디인 칼바도스(Calvados)이다. 한국에서는 물에 시트르산(구연산)과 감미료, 탄산가스를 원료로 하여 만든 무색 투명한 청량음료를 말한다. 비슷한 상표로 스프라이트(Sprite), 세븐업(Seven Up), 레몬라임소다(Lemon-Lime Soda)가 있다.

---

### 핵심예제

**2-1. 다음 중 사과를 발효시켜 만든 음료는?** [2019년 2회]
① Cidre
② Soda Water
③ Ginger Ale
④ Tonic Water

**2-2. 탄산음료의 종류가 아닌 것은?** [2013년 5회]
① 진저에일
② 콜린스 믹스
③ 토닉워터
④ 리카르

**2-3. 생강을 주원료로 만든 것은?** [2013년 4회]
① 진저에일
② 토닉워터
③ 소다수
④ 콜린스 믹스

**2-4. 다음에서 설명하고 있는 것은?** [2013년 2회]

> 키니네, 레몬, 라임 등 여러 가지 향료 식물 원료로 만들며, 열대지방 사람들의 식욕 증진과 원기를 회복시키는 강장제 음료이다.

① Cola
② Soda Water
③ Ginger Ale
④ Tonic Water

|해설|
2-2
리카르는 혼성주이다.

정답 2-1 ① 2-2 ④ 2-3 ① 2-4 ④

## 제7절 | 음료 활용

### 핵심이론 01 알코올·비알코올성 음료 활용

① 알코올성 음료 활용
  ㉠ 소주를 활용한 인퓨전(Infusion) 음료 : 소주에 다양한 재료를 넣고 맛과 향을 우려낸 다음 여과하여 음용하거나 숙성한다. 알코올이 강하지 않아 다양한 재료와 어우러져 독특한 특징을 가진 인퓨전 음료를 만들 수 있다.
  ㉡ 비터(Bitters) : 쓴맛이 강한 술로, 특히 이탈리아에서 비터를 즐긴다. 초기에는 소화촉진제, 위장약, 강장제, 해열제 같은 약제로 개발되었다.
    ※ 특히 약초 종류를 많이 사용하여 대부분 쓴맛이 많이 난다. 약으로도 사용되지만 칵테일과 요리를 만들 때 향신료로도 많이 사용된다.
  ㉢ 플레이버드 스피릿(Flavored Spirits) : 과일, 야채, 허브, 향초, 견과, 크림 등 여러 가지 재료에서 추출이 가능한 향미 성분을 사용해 만든다. 당분보다는 향이 첨가되어 복합적인 풍미를 느낄 수 있다.

② 비알코올성 음료 활용
  ㉠ 주스(Juice) : 신선한 재료의 맛을 잘 나타내기 위해 싱싱한 과일과 야채를 직접 주스로 만들어서 사용한다.
  ㉡ 스무디(Smoothie) : 1940년대 미국의 요리책에서 시작된 스무디는 재료의 종류가 다양하다. 블렌더에 과일이나 주스, 요구르트, 아이스크림 등을 넣어 만든 부드러운 음료이다. 크러시드 아이스(Crushed Ice)가 혼합되어 밀도가 좋고 시원하게 마실 수 있어 인기가 좋다.

### 핵심이론 02 부재료 활용 - 허브와 스파이스류

① 허브(Herb)의 특징
  ㉠ 식물의 씨, 잎, 뿌리 등을 건조시켜 약이나 음식, 음료에 사용한다.
  ㉡ 허브를 가공하는 방법과 채취하는 시기, 또한 음식, 차, 칵테일에 어떤 종류의 허브를 사용하느냐에 따라 맛과 향이 달라진다.

② 허브의 역할
  ㉠ 허브는 각종 약리 성분을 함유하고 있어 소화 촉진, 이뇨, 살균, 해독, 항균작용 등을 한다. 허브를 식이요법으로 사용하기도 하며, 허브의 정유(精油) 성분이나 화학성분은 인간의 오감을 자극해 기분을 좋게 해 준다.
  ㉡ 음식의 잡냄새를 없애주고 단맛, 신맛, 매운맛, 쓴맛을 준다. 음식과 음료의 맛과 향을 강화시키는 역할도 한다.
  ㉢ 색소 성분이 있어서 착색작용을 한다.
  ㉣ 식욕을 자극해 소화 흡수를 돕고 신진대사에 기여한다.

③ 허브의 맛과 향
  ㉠ 부드럽고 달콤한 향 : 감초(Licorice), 바질(Sweet Basil), 아니스(Anise), 히비스커스(Hibiscus), 히스(Heath)
  ㉡ 달콤하고 자극적인 향 : 고수(Coriander), 오레가노(Oregano), 정향(Clove), 달래(Wild Onion), 대파(Leek)
  ㉢ 매운맛과 자극적인 향 : 고추(Red Pepper), 산초(Chinese Pepper), 생강(Ginger), 와사비(Wasabi), 타라곤(Tarragon), 커민(Cumin), 너트메그(Nutmeg)
  ㉣ 신맛과 상큼한 향 : 로즈 힙(Rose Hip), 레몬 그라스(Lemongrass), 레몬 밤(Lemon Balm), 레몬 버베나(Lemon Verbena), 캐러웨이(Caraway)
  ㉤ 쓴맛과 상쾌한 향 : 마조람(Marjoram), 샤프란(Saffron), 솔잎(Pine), 오미자(Schisandra)

ⓗ 상큼하고 강렬한 향 : 로즈마리(Rosemary), 세이지(Sage), 민트(Mint), 처빌(Chervil)

④ 허브와 스파이스류(Herbs and Spices)

㉠ 클로브(Clove, 정향) : 정향은 정향나무의 '꽃봉오리'로 향신료로 자극적이지만 상쾌하고 달콤한 향기가 특징이다.

㉡ 시나몬(Cinnamon) : 녹나무과 녹나무속의 나무껍질을 벗겨서 건조시킨 향신료로 일명 계피라고 한다. 약간의 매운 맛과 단맛을 동반한 청량감과 시원하고 향기로운 독특한 방향성 특징이 있다. 칵테일에서는 주로 뜨거운 음료에 향을 내기 위해 사용한다.

㉢ 너트메그(Nutmeg) : 육두구과 나무 열매로 사향 향기가 나는 호두라는 뜻이다. 육두구는 말려서 방향성 건위제, 강장제 등으로 쓰인다. 칵테일에서는 달걀이나 크림 등의 재료를 사용할 때 동물성 지방질의 비린내를 없애기 위해 사용한다.

㉣ 민트(Mint) : 민트는 30가지 이상의 종류가 있지만 가장 널리 쓰이는 것은 페퍼민트(Peppermint)와 스페어민트(Spearmint)이다. 주요 성분인 멘톨은 피부와 점막을 시원하게 해 주고 항균과 통증 완화에 효과적이다. 입안을 상쾌하게 해 주며, 시원하게 마시는 음료에 많이 사용한다.

### 핵심예제

칵테일 부재료 중 Spice류에 해당되지 않는 것은?[2014년 1회]
① Grenadine Syrup
② Mint
③ Nutmeg
④ Cinnamon

|해설|

그레나딘 시럽(Grenadine Syrup) : 설탕을 만들고 남은 나머지 당밀에다 석류의 향기와 맛을 더한 적색의 시럽이다. 칵테일에 단맛과 붉은색의 시각적 효과를 더하기 위해 많이 사용한다.

정답 ①

### 핵심이론 03 부재료 활용 - 과실류

① 레몬(Lemon) : 속명은 시트러스(Citrus)로 과실의 끝은 뾰족하고 과피는 녹색으로 광택이 난다. 익으면 점차 밝은 노란색으로 변하며, 껍질이 녹색일 때 수확하여 익힌다. 비타민 C가 풍부하므로 중세 유럽에서는 긴 항해 중 괴혈병 예방용으로 가지고 다녔다고 한다. 특히 살균, 수렴작용이 있어 양치제로 사용하면 구강 청결 및 목감기에 효과적이다. 구연산이 많기 때문에 신맛이 강하며 특이한 향기가 있다.

② 라임(Lime) : 과육은 황록색으로 연하며 즙이 많고, 신맛이 나며 레몬보다 새콤하고 달다. 구연산의 함유에 따라 신라임(Acid Lime)과 단라임(Sweet Lime)으로 구분한다. 단라임은 열매 껍질이 매끈하고 신맛이 거의 없지만 약간 쓴맛이 있다. 인도 북동부에서 미얀마 북부와 말레이시아가 원산지로 추위에 약해 아열대, 열대지방에서 널리 재배한다. 열매가 익으면 껍질이 얇아지고 초록빛을 띤 노란색이 된다.

③ 파인애플(Pineapple) : 솔방울과 비슷한 열매라는 뜻에서 붙여진 이름이다. 원산지는 미국의 열대 및 아열대 지방이다. 우리나라의 경우, 1964년 제주도에서 시험재배에 성공하여 지금은 중부지방을 비롯하여 강원도에서도 재배하고 있다. 파인애플 과육은 백색 또는 황색으로, 섬유가 적고 즙이 많으며 단맛과 신맛이 알맞게 조화되어 상쾌한 맛을 가지고 있다. 특히 브로멜린이라고 하는 단백질 분해효소가 들어 있어서 육류의 소화를 돕는다. 그러나 덜 익거나 추숙(제때보다 일찍 수확하여 뒤에 익히는 것)이 불충분한 열매에는 많은 양의 산과 수산석회 등이 들어 있어서 먹으면 구강을 침해하며 특히 어린아이들은 피가 나는 수도 있다. 파인애플은 부패되기 쉽기 때문에 주로 가공용 통조림으로 많이 만든다. 생열매는 과실주를 만들기도 하며 칵테일의 장식으로 많이 사용한다.

④ 체리(Cherry) : 과일 중의 다이아몬드라고 불린다. 크게 단맛의 버찌와 신맛의 버찌로 분류된다. 가공하지 않은 천연 그대로 또는 통조림, 냉동품으로 시판되고 있다.
   ㉠ 시럽절임 통조림 : 빨갛게 염색한 후 시럽에 절인 것
   ㉡ 드레인 체리(Dranied Cherry) : 표백 후 씨를 제거하여 70% 이상의 설탕액에 절인 것
   ㉢ 크리스털 체리 : 드레인 체리를 건조하여 설탕결정을 석출한 것
   ※ 드레인 체리와 크리스털 체리를 마라스키노(Maraschino)형이라고 한다.

⑤ 올리브(Olive) : 재배의 역사가 오래된 지중해 연안의 중요 과수로, 풍요와 힘, 승리와 평화의 의미를 지녔다. 고대 그리스 여신 아테나의 나무이며, 구약성서에서 노아의 홍수 후에 비둘기가 올리브 가지를 물고 온 것은 평화를 상징한다. 과육에서 짠 기름을 올리브유(油)라고 하며 용도가 매우 많다. 열매 자체를 식용하며, 칵테일용으로는 익지 않은 녹색 열매의 씨를 빼고 그 안에 빨간 피망을 넣은 것을 사용한다.

⑥ 어니언(Onion) : 이황화프로필, 황화알릴 등의 화합물 때문에 독특한 냄새가 난다. 이는 소화액 분비를 촉진하고 흥분, 발한, 이뇨 등의 효과가 있다. 또한 각종 비타민과 칼슘, 인산 등의 무기질이 들어 있어 혈액 중의 유해물질을 제거하는 작용이 있다. 칵테일 어니언은 작은 구슬 모양의 크기로 칵테일 깁슨(Gibson)의 장식으로 사용된다.

### 핵심예제

**3-1. Onion 장식을 하는 칵테일은?** [2013년 2회]
① Margarita
② Martini
③ Rob Roy
④ Gibson

**3-2. 깁슨(Gibson) 칵테일에 알맞은 장식은?** [2012년 5회]
① 올리브(Olive)
② 민트(Mint)
③ 체리(Cherry)
④ 칵테일 어니언(Cocktail Onion)

**3-3. 칵테일 장식에 사용되는 올리브(Olive)에 대한 설명으로 틀린 것은?** [2012년 4회]
① 칵테일용과 식용이 있다.
② 마티니의 맛을 한껏 더해 준다.
③ 스터프트 올리브(Stuffed Olive)는 칵테일용이다.
④ 롭 로이 칵테일에 장식되며 절여서 사용한다.

**3-4. Gibson에 대한 설명으로 틀린 것은?** [2012년 4회]
① 알코올 도수는 약 36도에 해당한다.
② 베이스는 Gin이다.
③ 칵테일 어니언(Onion)으로 장식한다.
④ 기법은 Shaking이다.

|해설|
3-3
롭 로이의 장식은 레드체리이다.

3-4
휘젓기(Stir) 기법이다.

정답 3-1 ④ 3-2 ④ 3-3 ④ 3-4 ④

## 제8절 | 음료의 개념과 역사

### 핵심이론 01 음료의 개념과 역사

① 정의 : 음료는 모든 생명체에게 생존을 위한 절대적인 요소이다. 음료에 관한 정확한 역사적 사실은 알 수 없으나, 다양한 추측이 전해지고 있다. 이 중 세계 문명의 발상지인 티그리스강과 유프라테스강의 수역에서 강물이 오염되어 감염병 위기에 처해 있을 때, 그 일대 사람들의 원시적인 정제방법으로 어느 정도 물을 안전하게 마셨다는 설이 전해지고 있다. 대기오염과 물 부족 현상 등의 위협적인 요소로 인류가 대체 음료를 연구하고 찾아가고 있음은 절대적인 진리라고 할 수 있다.

② 인간의 최초 음료 : BC 6000년경 바빌로니아에서 레몬과즙을 마셨다는 기록이 전해지고 있으며 또한 밀빵이 물에 젖어 자연발효된 맥주를 발견해 마셨다고 한다. 1919년 스페인 발렌시아(Valencia) 부근 동굴 속에서 약 1만년 전의 것으로 추측되는 암벽 조각에는 봉밀을 채취하는 그림이 발견되었다. 한 손으로 바구니에 봉밀을 채취하는 인물 그림이 있는데 이것이 인간이 마신 최초의 음료라고 전해지며, 인류 최초의 알코올성 음료는 벌꿀술(Mead, 미드)이라고 믿고 있다. 미드가 가장 유명한 나라는 노르웨이로, 부부가 결혼한 후 한 달 동안 미드를 마시는 전통풍습이 있다. 오늘날 신혼부부의 달콤한 삶을 허니문(Honey Moon)이라고 하는 것은 바로 신혼부부가 벌꿀주를 마시는 노르웨이의 풍습에서 유래된 것이다. 달콤한 벌꿀술을 마시면서 달콤한 미래를 꿈꾸라는 깊은 뜻이 숨어 있는 듯하다.

③ 술의 필수 요소, 당 : 식물의 엽록소에서 태양에너지를 받아 탄소동화 작용을 통해 기본적으로 단당(單糖)이 생성된다. 단당의 대표적인 것이 바로 포도당이다. 당분이 많은 과일이나 곡류에 야생의 곰팡이와 효모가 자연 발생적으로 생육하여 자연적으로 발효하여 알코올이 생성되었고, 우연히 맛 본 사람들이 과실 또는 곡물에 곰팡이를 번식시키고 곡물을 익히고 물을 첨가해 직접 술을 빚어 마시게 되었을 것으로 추정하고 있다.

#### 핵심예제

**1-1. 음료의 역사에 대한 설명으로 옳지 않은 것은?** [2019년 1회]

① 음료는 모든 생명체에게 생존을 위한 절대적인 요소이다.
② BC 6000년경 바빌로니아에서 레몬과즙을 마셨다는 기록이 전해진다.
③ 스페인 발렌시아(Valencia) 부근 동굴 속에서 발견된 약 1만년 전의 것으로 추측되는 암벽조각에서 봉밀을 채취하는 그림이 발견되었다.
④ 인류 최초의 알코올성 음료는 증류주이다.

**1-2. 다음 중 술의 제조과정에서 필수적으로 필요한 것은?**
[2019년 1회]

① 지 방
② 단백질
③ 탄수화물(포도당, 당류)
④ 비타민

|해설|

1-2
효모에 의해 당이 알코올과 탄산가스로 분해된다.

정답 1-1 ④　1-2 ③

# CHAPTER 03 칵테일 조주

PART 01 핵심이론 + 핵심예제

## 제1절 | 칵테일 특성 파악

### 핵심이론 01 칵테일의 유래 및 정의

① 유래 : 옛날 멕시코 유카탄반도의 캄페체란 항구에 영국 상선이 입항했을 때 일이다. 상륙한 선원들이 Bar를 찾아 들어갔는데, 바텐더가 깨끗이 벗긴 나뭇가지 껍질을 사용하여 드락스(Drace)라는 원주민의 혼합음료를 만들고 있었다. 당시 영국 사람들은 술을 스트레이트로만 마셨기 때문에 그 광경이 신기해 보여 무엇인지를 물었고, 바텐더는 나뭇가지가 닭꼬리처럼 생겨서 "꼴라 데 가요(Cola De Gallo)"라고 부른다 하였다. 이 말은 스페인어로 수탉꼬리(Tail of cock)를 의미했다. 이에 드락스를 주문할 때 Cock's tail이라 하였고, 이것을 다시 칵테일(Cocktail)이라고 부르게 되었다.

② 두 가지 이상의 음료가 혼합된 믹스드 드링크(Mixed Drink)로 술에 술이 섞여도 칵테일이 되고, 무알코올 음료와 무알코올 음료가 섞여도 무알코올 칵테일이 된다.

③ 시음의 3요소 : Looks Good, Smells Good, Taste Good

### 핵심예제

**칵테일의 기본 5대 요소와 거리가 가장 먼 것은?** [2015년 4회]

① Decoration(장식)
② Method(방법)
③ Glass(잔)
④ Flavor(향)

|해설|

칵테일을 만들거나 제공할 때 가장 먼저 제공될 잔(Glass)을 준비하고 맛(Taste), 향(Flavor), 색(Color)에 어울리는 재료를 선정해야 하며 마지막으로 장식(Decoration), 즉 가니시(Garnish)를 잘 선택해서 음료의 예술품으로 완성한다.

정답 ②

## 핵심이론 02 칵테일 기구 사용

① **스탠다드 셰이커(Standard Shaker)** : 얼음과 재료를 담는 몸통(Body), 얼음을 거를 수 있도록 조그만 구멍이 여러 개 뚫려 있는 스트레이너(Strainer), 뚜껑인 캡(Cap)으로 구성되어 있다. 셰이킹(Shaking) 기법의 칵테일을 만들 때 주로 사용한다. 크기는 소(300mL), 중(530mL), 대(750mL)가 있는데 이 중 중간 크기를 가장 많이 사용한다. 각 얼음을 넣고 칵테일 재료를 순서대로 넣은 다음 힘차게 10번 이상 흔들면 굉장히 빠르게 냉각된다.

※ 잡을 때 주의할 점 : 강하게 눌러서 끼우지 말고 보디에 스트레이너를 살짝 잘 맞춰 끼운 후 위에 캡을 얹는다. 오른손 손가락 엄지로 캡을, 중지로 보디를, 왼손 엄지로 스트레이너를, 중지로 보디 또는 밑동에 대고 나머지 손가락을 살짝 잡고서 흔들면 된다.

② **바스푼(Bar Spoon)** : Bar에서 많이 사용하는 스푼으로 용량이 1/8oz로 티스푼(Tea Spoon)이라고 한다. 믹싱 글라스 등에 얼음을 넣고 재료를 혼합할 때 손과 접촉하지 않도록 길게 뻗어 있어 롱스푼(Long Spoon)이라고도 한다. 손잡이 부분이 나선형으로 되어 있어 미끄러지지 않고 음료를 휘저을 때 편하다. 장식할 때 체리, 올리브 등을 꺼낼 때도 많이 사용한다.

③ **스트레이너(Strainer)** : 원형 철판에 동그랗게 용수철이 달려 있다. 믹싱 글라스의 얼음을 걸러줄 때 용수철 부분이 믹싱 글라스 안쪽으로 들어가도록 끼워서 사용한다. 또한 점성이 강한 재료가 사용되거나 과일 등의 입자가 있어 머들링을 이용한 기법으로 만든 칵테일의 이물질을 제거하기 위해 사용하는 거름망 형태의 스트레이너도 있다.

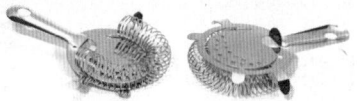

④ **전기 블렌더(Electric Blender)** : 잘 섞이지 않는 과일, 꿀, 시럽 등의 점성이 강한 재료와 얼음을 넣고 기계의 힘으로 혼합할 때 사용하는 기물이다. 트로피컬 칵테일(Tropical Cocktail), 프로즌 드링크(Frozen Drink)를 만들 때 주로 사용한다.

⑤ **아이스 크러셔(Ice Crusher)** : 얼음을 잘게 부수거나 갈아주는 도구로, 각얼음(Cubed Ice)을 분쇄할 때 사용한다. 얼음이 날카로운 날에 걸리거나 아이스 크러셔 위쪽 덮개 부분이 빠지면 작동이 멈추게 된다. 이때 안에 있는 얼음을 빼거나 툭툭 쳐서 정리를 하면 정상적으로 잘 작동한다.

⑥ **지거(Jigger)** : 일명 계량컵으로 장구 모양으로 되어 있으며 표준 용량은 작은 쪽이 1oz(30mL), 큰 쪽은 1.5oz(45mL)이다. 작은 쪽이 0.5oz, 큰 쪽이 1oz인 것과 1oz와 3/4oz, 1oz와 2oz 등의 지거도 있다. 작은 쪽 1oz를 1Pony(포니)라고도 한다.

⑦ **코르크 스크루(Cork Screw)** : 와인의 코르크를 오픈할 때 사용하는 기물로 와인 오프너(Wine Opener)라고도 한다.

⑧ **스퀴저(Squeezer)** : 레몬이나 오렌지 등의 과즙을 낼 때 사용하는 기물이다. 반으로 자른 과일을 가운데가 돌출되어 있는 부분에 꽂고 좌우로 돌리면 과즙이 흘러내린다.

⑨ 아이스 픽(Ice Pick) : 큰 블록 아이스 또는 덩어리 얼음을 깨트릴 때 사용하는 얼음 송곳이다. 요즘은 아이스 크러셔(Ice Crusher)를 사용한다.

⑩ 아이스 페일(Ice Pail) : '얼음 통'이다. 아이스 버킷(Ice Bucket)이라고도 한다. 위스키 등 얼음이 함께 제공될 때 얼음을 담는다. 칵테일을 만들 때는 용량이 너무 작은 것을 사용하면 불편하므로 중간 크기 이상이 좋다. Bar에서 얼음을 담아 놓는 큰 통을 아이스 빈(Ice Bin)이라고 한다.

⑪ 아이스 통(Ice Tong) : '얼음 집게'를 말한다.

⑫ 아이스 스쿱(Ice Scoop) : 얼음을 담을 때 사용하는 얼음 숟갈로 일명 '얼음 삽'으로 부른다. 아이스 스쿠프라고 부르기도 하며 제빙기의 얼음을 담을 때도 사용한다. 이때 제빙기 안에 아이스 스쿱을 두면 얼음에 파묻히게 되고, 스쿱을 찾기 위해 손을 사용하면 비위생적으로 식중독의 원인 제공이 될 수 있으므로 청결하게 사용하도록 주의해야 한다. 아이스 빈에서 사용할 때는 손잡이 부분을 항상 위쪽을 향하게 해야 위생적으로 사용할 수 있다.

⑬ 우드 머들러(Wood Muddler) : 머들러는 휘젓는 막대를 뜻한다. 우드(Wood)로 된 머들러는 오렌지, 체리, 레몬 등의 과일을 으깰 때 사용하는 목재로 된 막대를 말한다. 스테인리스, 플라스틱 재질로 된 다양한 제품이 있다.

⑭ 칵테일 픽(Cocktail Pick) : 장식으로 쓰는 체리, 올리브 등을 꽂는 핀으로, 검(劍)처럼 생겼다고 해서 스워드 픽(Sword Pick), 장식할 때 사용한다고 해서 가니시 픽(Garnish Pick)이라고 한다. 다양한 분위기와 재료가 있지만 플라스틱이 가장 무난하며, 일회용 물품이다.

⑮ 푸어러(Pourer) : 병 입구에 끼우는 도구로 음료가 한꺼번에 쏟아지는 것을 방지한다. 작은 구멍이 나 있으며, 작은 구멍은 공기가 들어가고 큰 구멍으로 음료가 나오므로 큰 구멍이 아래쪽으로 향하게 잡아야 한다. 작은 구멍을 엄지손가락으로 막으면 음료가 잘 나오지 않는다. 메탈(Metal, 금속)과 플라스틱(Plastic) 재질이 있다.

⑯ 리머(Rimmers) : 소금이나 레몬을 담아두는 용기로 맨 위쪽은 레몬 또는 라임즙을 넣고 그 다음 칸에 소금과 설탕을 넣어 둔다. Bar에서 많이 사용하며 시험장에서는 접시에 담겨 있는 경우가 많다.

⑰ 나이프(Knife) : 바에서 과일이나 채소 등의 장식을 다듬을 때 사용하는 칼로 뾰족한 칼보다는 빵칼(Bread Knife)이 안전하고 사용하기 편하다. 왔다갔다 톱질하듯 사용한다. 세심하게 과일이나 채소를 다듬고 껍질을 벗길 때는 페어링 나이프(Paring Knife)를 사용하면 좋다.

### 핵심예제

**2-1. 바(Bar) 기구가 아닌 것은?** [2013년 5회]
① 믹싱 셰이커(Mixing Shaker)
② 레몬 스퀴저(Lemon Squeezer)
③ 바 스트레이너(Bar Strainer)
④ 스테이플러(Stapler)

**2-2. 칵테일을 컵에 따를 때 얼음이 들어가지 않도록 걸러 주는 기구는?** [2013년 4회]
① Shaker          ② Strainer
③ Stick           ④ Blender

**2-3. 믹싱 글라스(Mixing Glass)에서 제조된 칵테일을 잔에 따를 때 사용하는 기물은?** [2013년 1회]
① Measure Cup     ② Bottle Holder
③ Strainer        ④ Ice Bucket

**2-4. Strainer의 설명으로 가장 적합한 것은?** [2013년 2회]
① Mixing Glass와 함께 Stir 기법에 사용한다.
② 재료를 저을 때 사용한다.
③ 혼합하기 힘든 재료를 섞을 때 사용한다.
④ 재료의 용량을 측정할 때 사용한다.

**2-5. 레몬이나 과일 등의 가니시를 으깰 때 쓰는 목재로 된 기구는?** [2012년 4회]
① 칵테일 픽(Cocktail Pick)
② 푸어러(Pourer)
③ 아이스 페일(Ice Pail)
④ 우드 머들러(Wood Muddler)

|해설|
2-2
스트레이너(Strainer)는 원형 철판에 동그랗게 용수철이 달려 있는 기구로 얼음을 걸러 주는 역할을 한다. 셰이커의 보디(Body) 위에 끼우는 부분도 스트레이너라고 부른다.

정답 2-1 ④  2-2 ②  2-3 ③  2-4 ①  2-5 ④

## 핵심이론 03 계량단위

| 단 위 | 표준계량 환산 | 용량(1oz = 29.5mL) | 용량(1oz = 30mL) |
|---|---|---|---|
| 1dash | 1/32oz | 0.9mL | 0.9mL |
| 1Tea Spoon(1tsp) | 1/8oz | 3.7mL | 3.7mL |
| 1Table Spoon(1Tsp) | 3/8oz | 11mL | 11mL |
| 1Pony(Finger) | 1oz | 29.5mL | 30mL |
| 1Jigger | 1·1/2oz | 44.5mL | 45mL |
| 1Split | 6oz | 177mL | 180mL |
| 1Cup(1/16Gallon = 1/2Pint) | 8oz | 236mL | 240mL |
| 1Pint(1/8Gallon = 1/2Quart) | 16oz | 472mL | 480mL |
| 1Quart(1/4Gallon) | 32oz | 944mL | 960mL |
| 1Gallon | 128oz | 3,776mL | 3,840mL |

### 핵심예제

**3-1. 1Quart는 몇 ounce인가?** [2012년 5회]

① 1  ② 16
③ 32  ④ 38.4

**3-2. 다음 중 용량이 가장 큰 계량 단위는?** [2012년 4회]

① 1tea spoon  ② 1pint
③ 1split  ④ 1dash

**3-3. 칵테일 도량용어로 1finger에 가장 가까운 양은?** [2012년 4회]

① 30mL 정도의 양  ② 1병(bottle)만큼의 양
③ 1대시(dash)의 양  ④ 1컵(cup)의 양

|해설|

3-2
1tea spoon = 1tsp = 1/8oz
1pint = 16oz
1split = 6oz
1dash = 5~6방울

**정답** 3-1 ③  3-2 ②  3-3 ①

## 제2절 | 칵테일의 분류

### 핵심이론 01 용량에 따른 분류(시간에 따른 분류)

① 쇼트 드링크 칵테일(Short Drink Cocktail) : 6oz(180mL) 미만의 잔에 제공되는 칵테일이다. 또한 10분 내외로 빨리 마셔야 제맛을 느낄 수 있는 칵테일도 포함한다. 칵테일 글라스, 샴페인 글라스, 셰리 글라스, 리큐르 글라스 등이 여기에 속한다. 칵테일 재료를 보면 알코올이 함유되어 있거나 얼음이 함께 제공된다. 플로팅 기법 등의 퓨즈카페 스타일은 얼음이 제공되지 않고 바로 사용되는데, 술의 맛과 향을 내는 성분을 색이나 비중을 이용해 띄워 놓았다. 시간이 지나면 향이 증발하기도 하고 띄워 놓은 예쁜 모습이 흐트러지면서 보기 좋지 않게 되기 때문에 빨리 마시는 것이 좋다. Stir 기법을 사용한 칵테일인 드라이 마티니, 맨해튼 등은 칵테일을 만들 때 믹싱 글라스에 얼음을 넣고 휘저어 만들면서 음료를 차갑게 해서 제공한다. 얼음이 들어 있지 않은 글라스에 제공되기 때문에 시간이 지나면 온도가 올라가 에틸알코올의 향기가 진하게 표현될 수 있기 때문에 차가울 때 마셔야 제맛을 느낄 수 있다.

② 롱 드링크 칵테일(Long Drink Cocktail) : 6oz 이상의 잔에 제공되는 칵테일이다. 글라스의 용량이 크기 때문에 얼음이 필수로 들어간다. 만드는 방법은 다양하지만 얼음이 함께 들어가기 때문에 차가운 온도를 오랫동안 유지할 수 있어 여유롭게 마실 수 있는 칵테일이다. 이 칵테일은 어떤 얼음을 썼는지가 중요한 포인트가 된다. 그래서 얼음의 상태를 꼭 확인해야 한다. 얼음이 녹기 시작하면 음료가 희석되어 밋밋한 맛이 난다.

### 핵심예제

**Long Drink에 대한 설명으로 틀린 것은?** [2012년 5회]

① 주로 텀블러 글라스, 하이볼 글라스 등으로 제공한다.
② 톰 콜린스, 진 피즈 등이 속한다.
③ 일반적으로 한 종류 이상의 술에 청량음료를 섞는다.
④ 무알코올 음료의 총칭이다.

**정답** ④

### 핵심이론 02 맛에 따른 분류

① 드라이 칵테일(Dry Cocktail) : 단맛이 없는, 달지 않고 담백한 맛이 강한 칵테일이다. 식전 칵테일로 적당하다.
② 사워 칵테일(Sour Cocktail) : 신맛이 강한 칵테일이다. 자극적인 신맛은 거부감이 생기겠지만, 부드러운 신맛은 칵테일의 묘미가 된다. 식전 칵테일로도 잘 어울린다.
③ 스위트 칵테일(Sweet Cocktail) : 단맛이 강한 칵테일로, 거의 모든 칵테일이 여기에 속한다. 식후 칵테일로 좋다. 너무 지나치게 단맛을 표현하면 식욕이 감퇴된다. 음료 또한 입안의 단맛으로 인해 다른 맛을 느끼지 못하게 된다. 결국 약간의 감칠맛이 들어가는 칵테일이 가장 인기 있는 칵테일로 남는다.

### 핵심예제

**2-1. 다음 중 드라이 칵테일(Dry Cocktail)이 아닌 것은?** [2019년 1회]

① 캄파리 소다(Campari Soda)
② 드라이 마티니(Dry Martini)
③ 준벅(June Bug)
④ 베르무트 온더락(Vermouth On The Rocks)

**2-2. Which one is the cocktail containing "bourbon, lemon, and sugar"?** [2012년 5회]

① Whisper of Kiss
② Whiskey Sour
③ Western Rose
④ Washington

|해설|

2-1
드라이 칵테일은 단맛이 없는, 달지 않고 담백한 맛이 강한 칵테일을 의미한다. 준벅은 멜론 리큐르와 바나나, 말리부, 파인주스, 스위트 앤 사워믹스가 들어간 달콤한 칵테일이다.

2-2
버번과 레몬, 설탕을 함유한 칵테일이 무엇인지 묻는 문제이다.

**정답** 2-1 ③ 2-2 ②

### 핵심이론 03 용도에 따른 분류

① 아페리티프 칵테일(Aperitif Cocktail) : 단맛은 없고, 신맛이나 약간의 떫은맛이 타액의 분비를 촉진시켜 식욕을 자극시키는 칵테일이다. 캄파리(Campari), 베르무트(Vermouth) 등이 들어가는 칵테일이 여기에 속한다.
② 디저트 칵테일(Dessert Cocktail) : 단맛을 지닌 칵테일로 식후에 마신다. 달콤한 맛이 미각을 채우면 다른 맛을 쉽게 느끼기 힘들기 때문에 식후 많이 마신다. 또한 단맛이 소화를 돕는다.
③ 올 데이 타입 칵테일(All Day Type Cocktail) : 식사와 상관없이 마시는 칵테일로, 식전 칵테일과 식후 칵테일을 제외하면 모든 칵테일이 여기에 해당된다.

#### 핵심예제

**3-1.** 식욕을 자극시키는 칵테일로 단맛은 없고 신맛이나 약간의 떫은맛이 들어가는 칵테일은 무엇인가? [2019년 1회]

① Aperitif Cocktail
② Dessert Cocktail
③ Highball
④ Toddy

**3-2.** 정찬코스에서 Hors-d'oeuvre 또는 Soup 대신에 마시는 우아하고 자양분이 많은 칵테일은? [2012년 4회]

① After Dinner Cocktail
② Before Dinner Cocktail
③ Club Cocktail
④ Night Cap Cocktail

|해설|

3-2
클럽 칵테일은 수프(Soup) 대신 마시는 우아하고 자양분이 많은 칵테일로, 식사와 조화를 이루고 자극성이 강한 것이 특징이다.

정답 3-1 ① 3-2 ③

### 핵심이론 04 형태에 따른 분류

① 하이볼(Highball) : 하이볼 글라스에 제공되는 것을 의미한다. 진토닉(Gin Tonic), 버번콕(Bourbon Coke) 등이 있다.

> [하이볼의 어원]
> 하이볼은 미국의 속어로, 기차를 발차시키기 위해 내는 신호에서 유래되었다. 당시 기관사에게 속도를 내라는 신호를 보내기 위해 철로변의 높은 전주 위에 큰 볼을 올려놓았는데, 이 신호를 하이볼(Highball)이라 불렀다. 이때 기관사들 사이에서 칵테일을 빨리 달라고 하면서 속도를 내라는 의미로 자신들의 속어인 'Highball'이라고 하여 붙여진 이름이다. 또 증류주에 소다수를 포함한 탄산음료를 섞으면 탄산가스 방울이 위로 올라오는데, 하이볼처럼 느껴진다고 해서 칵테일에 탄산음료가 섞여서 제공되는 롱 드링크 칵테일을 일컫는 의미로 사용되고 있다.

② 피즈(Fizz) : 탄산음료를 개봉할 때 '피~' 하는 소리가 나서 붙여진 이름이다. 기본주 알코올에 레몬주스, 설탕, 소다수 등을 넣고 과일로 장식한 형태의 칵테일이다. 레몬조각으로 많이 장식하며, 진 피즈(Gin Fizz), 슬로 진 피즈(Sloe Gin Fizz) 등이 여기에 속한다.
③ 콜린스(Collins) : 술에 레몬이나 라임즙과 설탕을 넣고 소다수로 채우는 칵테일로 피즈보다 용량이 더 크다. 진이 베이스가 되면 톰 콜린스(Tom Collins)가 되고, 버번 위스키를 베이스로 하면 존 콜린스(John Collins)가 된다.
④ 사워(Sour) : 증류주에 레몬주스를 많이 넣어 시큼한 맛의 칵테일이다. 레몬과 체리로 장식한다. 브랜디 사워(Brandy Sour), 위스키 사워(Whisky Sour) 등이 있다.
⑤ 슬링(Sling) : 독일어로 '마신다'를 의미하는 'Schingen'에서 유래된 말이다. 피즈와 비슷하지만 피즈보다 용량이 약간 많고 리큐르를 첨가하여 과일로 장식한다. 대표적인 칵테일로 싱가포르 슬링(Singapore Sling)이 있다.

⑥ 쿨러(Cooler) : 대표적인 여름 칵테일로서 콜린스와 비슷하며 증류주나 와인에 소다수, 토닉워터, 진저에일 등의 탄산음료를 사용하며 레몬이나 오렌지 껍질을 장식하는 것이 특징이다.

⑦ 펀치(Punch) : 인도어인 '폰추(Punch)'에서 유래되었다. 폰추는 다섯 가지란 뜻으로 아락주, 차, 설탕, 물, 주스 등을 사용하여 만든 것을 말한다. 영국의 클라렛 펀치는 적포도주를 넣은 것으로 맛과 빛깔이 좋은 것으로 유명하다. 일반적으로 과일 펀치는 계절에 따른 과일 2~3가지를 적당하게 잘라 와인, 시럽, 탄산수, 레몬주스, 얼음 등을 가해서 만든다.

⑧ 프라페(Frappe) : 프랑스어로 Frappé는 '잘 냉각된'이란 뜻으로 얼음을 넣어 차갑게 만든 음료를 말한다. 칵테일 글라스에 가루 얼음을 가득 넣고 그 위에 단맛이 강한 술을 넣은 것으로 마실 때는 스트로(Straw)를 사용한다. 대표적인 칵테일로 민트 프라페(Menthe Frappé)가 있다.

⑨ 토디(Toddy) : 인도를 비롯한 남방 여러 나라에서 코코넛야자의 수액으로 양조하는 술로 알코올 도수는 5% 정도이다. 새콤달콤한 야자 수액을 통에 넣어 두면 열대지방의 고온으로 자연 발효하여 일주일이 채 안 되어 술이 된다. 현지에서는 이것을 토디라고 하며, 그대로 두면 곧 부패하므로 고추나 방부제를 섞는다. 이 토디를 증류한 술이 아라크(Arrack)이다. 미국과 영국에서는 독한 술에 설탕과 뜨거운 물, 향신료 또는 설탕, 레몬을 넣어 만든 음료를 토디라 한다. 감기 예방을 위해 많이 마신다.

⑩ 에그녹(Egg Nog) : 미국 남부지방에서는 크리스마스 음료로 사용하는 풍습이 있다. 달걀에 백설탕을 잘 저어 풀고 여기에 크림, 탈지유, 셰리주(Sherry Wine)를 혼합하고 다시 위스키나 브랜디, 럼주를 잘 섞어 너트메그 분말을 섞어서 마신다. 미국에서는 달걀, 크림, 탈지유, 콘시럽, 인공향료를 혼합하여 만든 통조림 제품이 시판되고 있어 여기에 양주, 시나몬, 크림을 원하는 대로 섞어서 음용하는 것이 일반화되어 있다. 피로회복에 효과가 좋다.

⑪ 플루트 또는 퓨즈카페(Float or Pousse Caf'e)
   ㉠ 플루트는 술이나 음료의 비중을 이용하여 섞이지 않게 띄운 것을 말한다.
   ㉡ 퓨즈카페는 프랑스의 Pousse 카페에서 바텐더가 만든 것으로 그레나딘 시럽, 칼루아, 크렘 드 민트(그린), 블루 큐라소, 갈리아노 등의 증류주, 시럽, 리큐르 등 5가지를 섞이지 않게 띄우는 칵테일을 말한다.
   ㉢ 순서대로 섞이지 않게 부어 띄우고 각 재료의 양을 일정하게 하는 것이 매우 중요하다.
   ㉣ 재료는 꼭 정해져 있지 않으나 색깔과 비중을 잘 고려해야 한다.

⑫ 스노 스타일(Snow Style) : 일명 프로스팅(Frosting)이라고 하며, 글라스의 가장자리(Rim)에 레몬이나 라임즙을 바르고 설탕이나 소금을 묻히는 등의 서리효과로 만든 칵테일을 말한다. 마치 눈이 내린 것 같다 해서 스노 스타일이라고 한다. 소금을 묻힌 마가리타(Margarita)와 설탕을 묻힌 키스 오브 파이어(Kiss of Fire)가 대표적이다.

⑬ 데이지(Daisy) : 감귤류의 주스에 위스키나 진 등의 술을 넣고 과일, 시럽, 리큐르 등을 첨가한다. 이를 얼음을 채운 고블렛(Goblet)에 따르고 계절과일을 장식한 롱 드링크로, Daisy는 이탈리아의 국화이기도 하다.

⑭ 크러스타(Crusta) : '껍질', '외피'의 의미로 빵이나 파이의 껍질을 말하는데, 가장 맛있는 부분으로 간주되어 왔다. 레몬이나 오렌지 껍질을 나선형으로 깎거나 속을 파낸 껍질을 잔에 넣어 껍질이 컵의 가장자리 위로 튀어나와야 한다. 두 번째 스타일은 컵의 가장자리(Rim)에 설탕을 묻힌다.

⑮ 줄렙(Julep) : 사전적 의미로 '물약(먹기 힘든 약을 타는) 설탕물'의 뜻이며 페르시아어로 '쓴맛의 약을 마실 때 단맛이 나는 입가심용 음료'를 말한다. 위스키에 설탕, 박하 등을 넣은 청량음료로, 민트가 첨가되어 상쾌한 맛이 나는 칵테일이다. 보통 차갑게 마시지만 추운 날씨에 따뜻한 물에 신선한 민트 잎을 넣어 마시기도 한다. 가장 오래된 칵테일이며, 미국 남부에서 시작된 민트 줄렙(Mint Julep)이 유명하다.

⑯ 리키(Rickey) : 증류주에 라임을 짜서 즙을 내고 소다수 또는 물을 섞어서 제공하는 음료로 콜린스와 비슷하지만 당분을 사용하지 않는 것이 특징이다. 대표적인 칵테일로 시지만 깔끔한 맛이 부드러운 진 리키(Gin Rickey)가 있다.

⑰ 생거리(Sangaree) : 포도주 또는 증류주에 설탕, 레몬주스 등의 향료 등을 넣어 만든 칵테일로 포트 와인 생거리(Port Wine Sangaree), 클라렛 생거리(Claret Sangaree) 등이 있다.

⑱ 트로피컬 칵테일(Tropical Cocktail) : 열대과일이나 주스를 이용한 열대성 칵테일을 의미하며 과일주스, 시럽 등을 이용하여 달고 시원하고 과일 장식을 많이 한 칵테일을 말한다. 대표적인 칵테일로 마이타이(Mai Tai), 피나콜라다(Pinacolada) 등이 있다.

⑲ 스쿼시(Squash) : '짓누르다', '으깨다'의 뜻으로 레몬, 오렌지 등 과일을 짓눌러서 과즙을 낸 다음 소다수를 넣고 희석한 후 당분을 가미한 음료를 말한다. 레몬 스쿼시(Lemon Squash), 라임 스쿼시(Lime Squash), 오렌지 스쿼시(Orange Squash) 등이 있다. 즉, 스쿼시는 천연과즙을 탄산수로 희석한 것을 말하며, 과즙을 물로 희석한 것을 에이드(Ade)라고 한다.

⑳ 스트레이트 업(Straight Up) : 술에 아무것도 섞지 않은 상태로, 제품 그 자체의 얼음이 없는 상태로 마시는 것을 스트레이트 업(Straight Up)이라고 한다. 얼음을 넣고 그 위에 술을 따라서 마시는 것을 온더락(On The Rocks)이라고 한다.

> **핵심예제**

**4-1. 칵테일의 형태에 따른 분류로 옳지 않은 것은?**
[2019년 1회]

① 하이볼(Highball) - 하이볼 글라스에 제공되며 탄산음료가 섞여서 제공된다.
② 프라페(Frappe) - '잘 냉각된'이란 뜻으로 가루 얼음을 넣어 차게 한 음료를 말한다.
③ 크러스타(Crusta) - 레몬이나 오렌지 껍질을 잔에 넣어서 만든 음료를 말한다.
④ 스쿼시(Squash) - 천연과즙을 주스와 함께 제공한 음료를 말한다.

**4-2. 다음 중 레몬주스가 들어가지 않는 칵테일은 무엇인가?**
[2019년 1회]

① 진 피즈(Gin Fizz)
② 블랙 러시안(Black Russian)
③ 브랜디 사워(Brandy Sour)
④ 톰 콜린스(Tom Collins)

**4-3. Hot Drinks Cocktail이 아닌 것은?**
[2013년 4회]

① God Father
② Irish Coffee
③ Jamaican Coffee
④ Tom and Jerry

**4-4. 뜨거운 물 또는 차가운 물에 설탕과 술을 넣어서 만든 칵테일은?**
[2013년 1회]

① Toddy
② Punch
③ Sour
④ Sling

**4-5. 진(Gin)에 다음 어느 것을 혼합해야 Gin Rickey가 되는가?**
[2012년 4회]

① 소다수(Soda Water)
② 진저에일(Ginger Ale)
③ 콜라(Cola)
④ 사이다(Cider)

| 해설 |

**4-1**
④ 천연과즙을 탄산수로 희석한 것을 스쿼시라고 하고 물로 희석한 것을 에이드라고 한다.

**4-2**
블랙 러시안은 보드카와 커피리큐르가 들어간 칵테일이다.

**4-3**
① God Father(갓파더) : 올드 패션드 글라스에 얼음을 채우고 스카치 위스키 1oz, 아마레토 1/2oz를 넣고 살짝 저은 다음 마신다.
② Irish Coffee(아이리시 커피) : 뜨거운 커피에 아이리시 위스키가 들어간 칵테일이다.
③ Jamaican Coffee(자메이칸 커피) : 자메이카에서 생산되는 가장 비싼 커피로 블루마운틴이 있다.
④ Tom & Jerry(톰앤제리) : 달걀노른자에 설탕을 넣고 거품을 만들어 거품이 있는 흰자를 넣고 럼 1oz와 브랜디 1/2oz를 따른 다음 가볍게 저어서 하이볼 글라스에 넣고 더운물을 채운다.

**4-5**
리키(Rickey)는 라임이나 레몬 즙을 내어서 글라스에 넣고 소다수 또는 물로 채운 것으로 달지 않은 칵테일이다.

**정답** 4-1 ④ 4-2 ② 4-3 ① 4-4 ① 4-5 ①

## 제3절 | 칵테일 기법 수행

### 핵심이론 01 칵테일 기법 수행

① 빌드(Build, Building, 직접 넣기) : 글라스에 직접 재료를 넣어 만드는 방법으로, 탄산음료가 사용되는 하이볼(High ball) 타입의 칵테일이 이 방법으로 조주된다. 글라스에 얼음을 넣고 재료를 넣은 다음 바스푼으로 살짝 저어 준다.

② 스터(Stir, Stirring, 휘젓기) : 원재료의 맛과 향을 최대한 유지하면서 가볍게 섞어 주거나 차갑게 할 때 사용하는 방법이다. 믹싱 글라스(Mixing Glass)에 얼음을 넣고 재료를 넣는다. 바스푼으로 잘 휘저은 뒤 스트레이너를 믹싱 글라스 테두리에 끼우고 얼음을 걸러 글라스에 음료를 따라주는 방법이다. 드라이 마티니(Dry Martini), 맨해튼(Manhattan)이 대표적인 칵테일이다.

③ 셰이크(Shake, Shaking, Mix, Mixing, 흔들기) : 칵테일을 만드는 가장 대표적인 방법이며 가장 많이 사용하는 방법이다. 점성이 있는 리큐르 종류, 달걀, 크림, 시럽, 주스 등 비교적 비중이 큰 재료를 사용하거나 힘차게 잘 혼합해야 할 재료를 사용할 때 많이 사용하는 기법이다. 셰이커 보디(Shake Body)에 얼음을 넣고 재료를 순서대로 따른 다음 스트레이너(Strainer)를 끼우고 마지막에 캡(Cap)을 덮고 두 손을 잘 잡은 다음 힘차게 흔들어 준다. 보통 8~12번은 기본으로 힘차게 잘 흔들어야 칵테일 맛이 부드럽고 상큼하면서 조화를 잘 이룬다.

④ 플로트(Float, Floating, Layer, 띄우기) : 재료의 비중을 이용하여 내용물을 차례대로 띄우는 방법이다. 점성이 있는 시럽(Syrup) 종류는 비중이 무거워 맨 밑으로 가라앉고, 당분 함량이 낮고 알코올 도수가 높을수록 비중이 가벼워 맨 위로 뜬다. 리큐르, 셰리 글라스에 많이 제공되는 편이다. 바스푼을 이용하여 최대한

섞이지 않도록 조심히 흘려 내린다. 먼저 집어넣는 재료도 순서대로 기입하고 암기하는 습관이 필요하다. Pousse Caf'e(퓨즈카페), Angel's Kiss(엔젤스 키스) 등을 만들 때 사용한다.

⑤ 블렌드(Blend, Blending, 기계혼합) : 생과일이나 점성이 높은 재료를 가루 얼음과 함께 넣고 기계로 혼합하는 방법이다. 글라스는 준비해 놓고 블렌더 피처(Pitcher)에 직접 재료를 부은 다음 맨 마지막으로 크러시드 아이스(Crushed Ice)를 1스쿱(Scoop) 넣고 기계로 잘 혼합하는 방법이다. 피나콜라다(Pina Colada), 마이타이(Mai-Tai), 블루 하와이안(Blue Hawaiian) 등 트로피컬 칵테일에 사용한다.

⑥ 머들링(Muddling) : 머들러를 이용하여 레몬, 라임, 생과일, 껍질, 허브 등 자연적인 맛과 향을 내기 위해 으깨는 방법이다. 럼을 베이스로 한 모히토(Mojito), 브라질의 국민 칵테일인 카이피리냐(Caipirinha) 등을 만들 때 사용한다. 머들러를 너무 강하게 두드리기보다는 즙이 나올 정도로 눌러 주는 것이 좋다.

### 핵심예제

**1-1. 주로 추운 계절에 추위를 녹이기 위하여 외출이나 등산 후에 따뜻하게 마시는 칵테일로 가장 거리가 먼 것은?**
[2013년 5회]

① Irish Coffee
② Tropical Cocktail
③ Rum Grog
④ Vin Chaud

**1-2. 칵테일을 만드는 기법으로 적당하지 않은 것은?**
[2013년 5회]

① 띄우기(Floating)
② 휘젓기(Stirring)
③ 흔들기(Shaking)
④ 거르기(Filtering)

**1-3. 다음 중 셰이커(Shaker)를 사용하여야 하는 칵테일은?**
[2013년 4회]

① 브랜디 알렉산더(Brandy Alexander)
② 드라이 마티니(Dry Martini)
③ 올드 패션드(Old Fashioned)
④ 크렘 드 민트 프라페(Creme de Menthe Frappe)

**1-4. 다음 중 Mixing Glass의 설명으로 옳은 것은?**
[2013년 4회]

① 칵테일 조주 시에 사용되는 글라스의 총칭이다.
② Stir 기법에 사용하는 기물이다.
③ 믹서기에 부착된 혼합용기를 말한다.
④ 칵테일 혼합되는 과일을 으깰 때 사용한다.

**1-5. 다음 중 휘젓기(Stirring) 기법으로 만드는 칵테일이 아닌 것은?**
[2013년 2회]

① Manhattan
② Martini
③ Gibson
④ Gimlet

**1-6. 셰이킹(Shaking) 기법에 대한 설명으로 틀린 것은?**
[2012년 5회]

① 셰이커(Shaker)에 얼음을 충분히 넣어 빠른 시간 안에 잘 섞이고 차게 한다.
② 셰이커(Shaker)에 재료를 넣고 순서대로 Cap을 Strainer에 씌운 다음 Body에 덮는다.
③ 잘 섞이지 않는 재료들을 셰이커(Shaker)에 넣어 세차게 흔들어 섞는 조주기법이다.
④ 달걀, 우유, 크림, 당분이 많은 리큐르 등으로 칵테일을 만들 때 많이 사용된다.

|해설|

**1-5**
김렛(Gimlet)은 셰이킹 기법으로 드라이 진 1·1/2oz + 라임주스 3/4oz + 설탕 1tsp을 넣고 잘 흔들어 준 다음 칵테일 글라스에 제공한다. 장식은 트위스트 레몬필(Twist of Lemon Peel)로 한다.

정답 1-1 ② 1-2 ④ 1-3 ① 1-4 ② 1-5 ④ 1-6 ②

### 핵심이론 02  칵테일 장식

① **장식의 개요** : 다양한 재료를 이용한 장식이 가능하지만, 칵테일 장식은 먹을 수 있는 식재료를 이용하는 것을 원칙으로 한다. 일반적으로 과일이나 채소, 소금, 설탕, 후추 등의 감미료, 향신료도 좋다. 칵테일의 색깔과 잘 어울리는 것으로 선택하면 멋진 분위기 연출도 가능하고, 음료의 맛과 조화를 이룬다면 안주의 역할도 가능하다.

② **글라스 장식** : 설탕 리밍(Rimming with Sugar) 또는 소금 리밍(Rimming with Salt)
  ㉠ 컵의 테두리(Rim)에 레몬이나 라임즙(주스를 사용해도 좋음)을 바르고 즙이 묻어 있는 주변으로 설탕 또는 소금을 묻힌다.
  ㉡ 테두리에 설탕이나 소금이 묻어 있으면 컵의 안쪽으로 떨어져 음료와 섞일 수 있다. 소금의 경우 짠맛이 음료에 영향을 줄 수 있으므로 바스푼으로 안쪽에 묻은 소금은 걷어낸다.
  ㉢ 레몬즙 대신 그레나딘 시럽, 블루 큐라소 시럽 등으로 색깔을 입힐 수도 있다.
  ㉣ 아몬드 가루, 코코넛 가루, 커피가루 등으로 맛과 멋을 낼 수도 있다.

③ **과일장식**
  ㉠ 하프 슬라이스(Half Slice) : 레몬, 오렌지 등을 반달 모양으로 자른 모양
  ㉡ 휠(Wheel) : 레몬, 라임, 오렌지, 사과 등의 과일을 동그랗게 바퀴 모양으로 자른 형태로, 롱 드링크(Long Drink)의 경우 하프 슬라이스보다 휠이 잘 어울린다.
  ㉢ 웨지(Wedge) : 일반적으로 레몬이나 라임, 파인애플을 많이 사용한다. 길게 반으로 잘라 다시 쐐기 모양으로 4등분(전체 8등분)해서 컵에 넣거나 림에 걸쳐서 장식한다. 상큼하게 마시고자 할 때는 웨지레몬 또는 라임을 안에다 짜서 넣어 준다.
  ㉣ 필(Peel) : 껍질을 이용한 장식이다. 레몬이나 오렌지 등 껍질에 있는 오일(Oil)이 음료에 살짝 담기면서 은은한 향기를 준다. 휠의 껍질을 이용하면 길게 응용 가능하고, 보통 하프 슬라이스의 껍질을 많이 이용한다. 음료 위에서 비틀면서 오일이 음료 안쪽으로 스며들게 한다.
  ㉤ 이 외 다양한 방법이 있으며, 장식은 바텐더의 창작이 가장 돋보이게 하는 재료 중 하나로 음료의 전체적인 완성도를 표현한다. 따라서 장식이 있는 칵테일에 장식이 빠지면 미완성이 되는 것이다.

---

**[다양한 장식 기법]**
- 레몬 휠과 오렌지 휠을 겹쳐서 그 안에 체리를 놓고 칵테일 픽으로 끼우는 방법
- 계피스틱을 레몬이나 오렌지 껍질로 둘둘 말아 묶는 방법
- 파인애플 웨지에 체리를 같이 꽂아 주는 방법
- 허브 종류의 향신료를 넣고 머들러로 으깬 뒤 맛과 향을 내고 시각적인 장식으로 활용하는 방법
- 너트메그, 클로브, 초콜릿 가루 등을 음료 위쪽에 뿌려주는 방법
- 사과를 슬라이스해서 부채꼴 모양으로 펼쳐주는 방법
- 바나나를 동그랗게 잘라 장식하는 방법
- 딸기를 림에 끼우는 방법
- 오렌지나 레몬필 안에 체리를 넣고 감싸듯이 끼우는 방법
- 우유나 크림의 거품을 이용하는 방법
- 쿠킹틀 같은 기구로 껍질에 대고 찍어 내서 모양을 내는 방법(칵테일에서는 시각적인 효과 외에는 음료와의 조화가 약해 잘 사용하지 않음)

## 제4절 | 칵테일 조주 실무

칵테일의 종류별 특징과 칵테일 및 전통주 칵테일의 레시피는 실기책을 참고하세요!

### 핵심이론 01 글라스의 용도별 분류

①        ②        ③

① Cylindrical Glass(실린드리컬 글라스) : 원통형으로 된 받침이 따로 없는 글라스류
② Stemmed Glass(스템드 글라스) : 몸통과 기둥, 받침이 있는 글라스로 손에서 체온이 전해지지 않도록 음료를 차갑게 제공할 때 사용한다.
③ Mug(머그) : 몸통 옆에 손잡이가 있는 글라스로 차갑게 또는 뜨겁게 음료를 제공할 때 사용한다.

#### 핵심예제

**1-1. Stem Glass인 것은?** [2013년 5회]
① Collins Glass
② Old Fashioned Glass
③ Straight up Glass
④ Sherry Glass

**1-2. 만들어진 칵테일에 손의 체온이 전달되지 않도록 할 때 사용되는 글라스(Glass)로 가장 적합한 것은?** [2012년 5회]
① Stemmed Glass
② Old Fashioned Glass
③ Highball Glass
④ Collins Glass

정답 1-1 ④  1-2 ①

### 핵심이론 02 글라스의 종류

① Straight Glass(스트레이트 글라스) : 원통형 글라스로 싱글(Single) 글라스 또는 숏(Shot) 글라스라고도 부른다. 싱글은 30mL이며 더블(Double)은 60mL 용량이다.

② Liqueur Glass(리큐르 글라스) : Cordial Glass라고도 한다. 용량은 30mL 정도로, 샷글라스에 Stem(스템, 기둥)이 있는 형태이며 리큐르 전용 글라스이다. 칵테일에서 띄우기(Float) 기법을 사용하는 칵테일을 만들 때 많이 사용한다.

③ Sherry Glass(셰리 글라스) : 3oz(90mL) 용량의 셰리잔으로 스페인 셰리주나 포트와인을 마실 때 주로 사용한다. Bar에서 쓰는 잔은 역삼각형의 작은 잔으로 용량은 2oz(60mL)이다. 칵테일에서 띄우기(Float) 기법을 만들 때 많이 쓰인다.

④ Cocktail Glass(칵테일 글라스) : 역삼각형 모양의 글라스로 보통 Short Drink 칵테일을 마실 때 사용된다. 용량은 3oz(90mL)가 표준이나, 4.5oz, 5oz, 6oz가 있다. 조주기능사 실기에서는 4.5oz잔을 사용하고 칵테일 Bar에서는 6oz를 많이 사용한다.

⑤ Sour Glass(사워 글라스) : 시큼한 맛이 특징인 사워 형태의 칵테일을 제공하는 글라스로 위스키 사워, 브랜디 사워 등을 만들 때 많이 사용한다. 용량(5oz)이 작으므로 얼음이 함께 제공되지 않는다.

⑥ Champagne Glass(샴페인 글라스) : 발포성 와인인 샴페인을 마실 때 주로 사용하며, 건배용인 윗부분이 넓고 둥근 모양의 Saucer(소서)형은 축하주나 건배용, 그리고 칵테일 잔으로 많이 사용한다. Tulip(튤립)형 샴페인 글라스는 샴페인의 부드럽고 힘찬 기포를 천천히 즐길 수 있고 향기가 나가지 못하도록 입구가 약간 오므라져 있고 길쭉한 형태이다. 조주기능사 실기에서 소서형은 4oz를 튤립형은 5~6oz를 많이 사용한다.

⑦ Highball Glass(하이볼 글라스) : 하이볼, 피즈 등 Long Drink를 마실 때 주로 사용하며 흔히 텀블러(Tumbler)라고도 한다. 원통형이며 청량음료 등을 제공할 때 많이 사용된다. 6~10oz가 있고 이 중 8oz를 많이 사용한다.

⑧ Old Fashioned Glass(올드 패션드 글라스) : 평균 용량은 6~10oz 정도의 키가 작고 원통형의 잔으로, 글라스에 Cube Iced를 넣고 위스키 등을 부으면 바위 위에 붓는 것 같다고 해서 On The Rock잔이라고도 부른다.

⑨ Wine Glass(와인 글라스) : 와인 서브 시 사용되는 글라스이며 레드 와인 글라스가 화이트 와인 글라스에 비해 용량이 크며 스템도 길고 안쪽 볼의 끝이 넓다. 레드 와인의 풍부한 맛과 향을 잘 발산하고 머물게 한다.

⑩ Goblet Glass(고블렛 글라스) : 8~12oz의 다양한 물잔으로 용량이 크며 튤립형으로 되어 있다. 레스토랑 등에서 고객에게 물을 제공할 때 많이 사용한다.

⑪ Brandy Glass(브랜디 글라스) : 브랜디를 스트레이트로 마실 때 사용되는 튤립형의 대형 글라스로 Snifter(스니프터) 글라스라고도 부른다. 6~10oz가 있고 8oz를 많이 사용한다. 브랜디 향이 쉽게 빠져나가지 않게 향을 모으기 위해 몸통 부분이 넓고 Rim(림)이 좁다. 손가락 중지와 약지 사이에 스템을 낀 채로 손바닥으로 볼 부분을 감싸 쥔다. 근래에는 강한 알코올의 냄새를 억제하기 위해 하이볼잔에 온더락으로 많이 제공한다.

⑫ Collins Glass(콜린스 글라스) : 12~14oz의 텀블러(Tumbler) 글라스로 롱 드링크를 마시는 데 많이 사용된다. 일명 톨 하이볼(Tall Highball)이라고도 한다. 우측은 보스턴 콜린스라고도 하며 손잡이 부분이 각으로 되어 있다.

⑬ Pilsner(필스너) : 주로 맥주잔으로 체코의 '필슨'이라는 맥주 회사에서 개발했다고 하여 '필스너'라 한다. 다른 잔과 달리 맥주를 따를 때 거품이 적당하게 일어날 수 있게도 하고 맥주의 탄산이 조금이라도 늦게 날아가도록 만들어져 있다. Stem이 있는 필스너는 Footed Pilsner(푸티드 필스너)라고 부른다. Tropical Cocktail(열대성 칵테일) 등 롱 드링크 칵테일을 제공할 때 많이 사용한다.

⑭ Mixing Glass(믹싱 글라스) : 16oz 용량으로 큰 글라스이며 두께가 두껍다. 칵테일 만드는 방법 중 Stir(휘젓기) 기법을 할 때 많이 사용한다. Brandy Alexander, Margarita 등 Shake(흔들기) 기법에 사용할 때는 Mixing Tin(믹싱틴)과 끼우면 보스턴 셰이커라 한다.

⑮ 아이리시 커피 글라스(Irish Coffee Glass) : 아이리시 커피 칵테일을 제공하는 글라스이며 두께가 두껍고 스템과 손잡이가 달려 있다. Footed Glass(푸티드 글라스)라고도 하며 글라스를 따뜻한 상태로 보관하거나 뜨거운 물로 잔을 데워서 음료를 제공해야 따뜻함이 오래간다.

⑯ 칵테일 디캔터(Cocktail Decanter) : 독한 술을 마시고 입가심으로 마시는 콜라, 사이다, 소다수, 물, 주스 등의 체이서(Chaser)를 제공할 때 사용한다.

⑰ 와인 디캔터(Wine Decanter) : 레드 와인을 제공할 때 많이 사용한다. 숙성이 덜 된 와인을 공기와 접촉하면서 맛과 향을 깨우기 위해 옮길 때 사용하거나, 레드 와인의 침전물 등 이물질을 제거하기 위해 와인을 옮겨 담는 용기를 말한다.

### 핵심예제

**2-1. 다음에서 설명하는 글라스는 무엇인가?** [2019년 1회]

> 흔히 텀블러(Tumbler)라고 부른다. 용량은 6~10oz가 있으며 청량음료 등을 제공할 때 많이 사용된다. 또한 스크루 드라이버 등 Long Drink를 마실 때 주로 사용하는 글라스이다.

① Highball Glass
② Champagne Glass
③ Brandy Glass
④ Sour Glass

**2-2. 다음 중 High Ball Glass를 사용하는 칵테일은?** [2013년 2회]

① 마가리타(Margarita)
② 키르 로열(Kir Royal)
③ 시 브리즈(Sea Breeze)
④ 블루 하와이(Blue Hawaii)

|해설|

**2-1**
스크루 드라이버는 하이볼 글라스에 보드카 1oz와 오렌지 주스 4oz를 직접 넣기 기법으로 만든다. 중동에서 유전 개발이 한참일 때 한 미국인이 갈증을 풀기 위해 금주의 나라인 중동에서 보드카를 오렌지 주스에 몰래 넣어 공구인 드라이버로 저어 마셨다고 하여 붙여진 이름이다.

정답 2-1 ① 2-2 ③

## 핵심이론 03 얼 음

① 칵테일은 얼음으로 차갑게 제공을 하므로 얼음은 중요한 역할을 한다. 그러나 순수한 물을 얼려서 인공적으로 얼음을 만들어도 기포가 생기기 쉬우며, 또한 천연 얼음에는 여러 불순물이 혼합해 있다. 보통 얼음의 비중은 0.88~0.92이고, 비중이 1인 물과 비교해서 상당히 낮은 값을 갖는데, 이는 얼음결정이 상당히 빈틈이 많은 구조이기 때문이다.

② 인공적으로 얼음을 만들지 못했던 옛날에는 천연얼음을 저장하는 방법 외에는 얼음을 얻을 수 없었기 때문에 매우 귀중하게 취급했다. 신라는 석빙고, 조선은 동빙고, 서빙고라는 특수한 저장시설이 있었다. 천연 빙을 상품으로 판매하기 시작하고 빙고를 설치하여 얼음을 공급함으로써 인간의 생활습관에 변화를 가져왔다.

③ 1875년 독일의 칼 폰 린네(Carl Von Linne)와 미국의 보일은 천연빙을 이용하여 암모니아 압축식 냉동기를 완성하였고, 1880년 인조빙(人造氷)이 제조될 때까지 천연빙의 응용은 계속되었다.

④ 얼음은 맑고 단단하며 투명한 것을 사용하는 것이 좋으며, 용도에 따라 알맞은 크기와 모양을 선택한다.
  ㉠ 블록 오브 아이스(Block of Ice) : 공장에서 찍어낸 사각형의 큰 덩어리 얼음이다.
  ㉡ 럼프 오브 아이스(Lump of Ice) : 큰 덩어리 얼음을 아이스 픽으로 깬 얼음으로 특정한 형태가 없는 덩어리 얼음이다. 락 아이스(Rock Ice)라고도 부른다.
  ㉢ 크랙트 아이스(Cracked Ice) : 럼프 오브 아이스를 적당한 크기(큐브드 아이스 정도)로 쪼갠 얼음이다.
  ㉣ 큐브드 아이스(Cubed Ice) : 정육면체 모양의 형태로 제빙기에서 만들어져 나오는 얼음으로 칵테일 만들 때 가장 많이 사용한다.

㉤ 크러시드 아이스(Crushed Ice) : 큐브드 아이스를 잘게 갈아낸 얼음을 말한다. 크러시드 아이스 전용 제빙기도 있다. 아이스 크러셔(Ice Crusher)에 큐브드 아이스를 넣고 분쇄하거나 아이스 크러셔가 없으면 바에서 사용하는 타월에 싸서 두들겨 깨기도 한다.

㉥ 셰이브드 아이스(Shaved Ice) : 빙수용 얼음처럼 곱게 깎아 낸 얼음으로 프라페(Frappe) 스타일의 칵테일을 조주할 때 주로 사용한다.

### 핵심예제

**3-1. 다음 중 칵테일 만들 때 가장 많이 사용하는 얼음은?**
[2019년 1회]

① Block of Ice
② Lump of Ice
③ Cubed Ice
④ Shaved Ice

**3-2. 칵테일 제조에 사용되는 얼음(Ice) 종류의 설명이 틀린 것은?**
[2012년 5회]

① 셰이브드 아이스(Shaved Ice) – 곱게 빻은 가루 얼음
② 큐브드 아이스(Cubed Ice) – 정육면체의 조각얼음 또는 육각형 얼음
③ 크랙트 아이스(Cracked Ice) – 큰 얼음을 아이스 픽(Ice Pick)으로 깨어서 만든 각얼음
④ 럼프 아이스(Lump Ice) – 각얼음을 분쇄하여 만든 작은 콩알 얼음

**3-3. 프라페(Frappe)를 만들기 위해 준비하는 얼음은?**
[2012년 4회]

① Cube Ice
② Big Ice
③ Cracked Ice
④ Crushed Ice

|해설|

**3-1**
블록 오브 아이스와 럼프 오브 아이스는 형태가 커서 글라스에 담기가 힘들다.

**3-3**
**프라페(Frappe)** : 프랑스어로 '잘 냉각된'이라는 뜻으로 큐브드 아이스(Cubed Ice)를 아이스 크러셔(Ice Crusher)에 넣고 갈아서 나온 크러시드 아이스(Crushed Ice)나 얼음을 곱게 갈아서 나오는 셰이브드 아이스(Shaved Ice)를 글라스에 담고 당분 등 점성이 강한 음료를 부어서 차갑게 마시는 형태의 칵테일을 말한다.

정답 3-1 ③ 3-2 ④ 3-3 ④

## 핵심이론 04 시 럽

① **설탕시럽(Sugar Syrup)** : 플레인 시럽(Plain Syrup), 심플시럽(Simple Syrup)이라고도 한다. 백설탕에 물을 넣어 끓인 것으로 바에서 직접 만들어 사용하지만 요즘은 제품이 많이 실용화되었다. 물과 설탕의 비율에 따라 약간 달라진다.
  ㉠ 1:3 비율을 하면 걸쭉한 형태의 시럽으로, 바스푼으로 떠서 사용한다. 예) 1tsp
  ㉡ 1:1 비율을 하면 당도가 낮아지기 때문에 빈 병에 넣고 푸어러를 꽂아 사용한다. 예) 1/2oz
② **그레나딘 시럽(Grenadine Syrup)** : 설탕을 만들고 남은 나머지 당밀에다 석류의 향기와 맛을 더한 적색의 시럽이다. 칵테일에 단맛과 빨간 시각적 효과를 더하기 위해 많이 사용한다.
③ 각종 과실즙에 설탕을 가한 프루트 시럽(Fruits Syrup)이 많이 있지만 인공향료를 배합해서 과실의 향미를 낸 것도 있다.

### 핵심예제

**4-1. 다음 시럽 중 나머지 셋과 특징이 다른 것은?**
[2013년 1회]

① Grenadine Syrup  ② Can Sugar Syrup
③ Simple Syrup    ④ Plain Syrup

**4-2. 다음 중 그레나딘(Grenadine)이 필요한 칵테일은?**
[2012년 4회]

① 위스키 사워(Sour)  ② 바카디(Bacardi)
③ 카루소(Caruso)    ④ 마가리타(Margarta)

|해설|

4-2
바카디 칵테일은 바카디럼 1·3/4oz, 라임주스 3/4oz, 그레나딘 시럽 1tsp이 들어간다.

정답 4-1 ① 4-2 ②

## 핵심이론 05 알코올 도수 계산법

다양한 종류의 칵테일을 마시다 보면 알코올 도수가 궁금해진다. 알코올 도수는 다음과 같은 방법으로 추정할 수 있다.

$$\frac{(\text{기본 재료의 알코올 도수} \times \text{사용량}) + (\text{부재료 알코올 도수} \times \text{사용량}) + (\text{부재료}\cdots) + (\text{부재료}\cdots)}{\text{음료의 총사용량}}$$

① 측정을 위해 사용한 재료의 알코올 도수와 용량을 정확히 파악해야 한다.
② 사용량은 oz로 측정해도 되지만 정확한 측정을 위해 mL로 바꾸면 좋다.
  예) 8oz의 하이볼 잔에 폭탄주를 마실 때 알코올 도수를 측정해 보면 다음과 같다.
  Recipe(조주방법) : 4%의 맥주를 잔에 채운다. 8부 채운 상태로 6oz(180mL) 용량을 사용한다. 위스키 또는 소주를 넣지만 40%의 위스키를 1oz(30mL)를 넣었다면
  $$\frac{(40 \times 30) + (4 \times 180)}{210} = 9.1\%\text{가 된다.}$$
  맥주를 7oz 사용하면 8.5%가 된다.
  즉, 폭탄주를 맛있게 만드는 방법은 마시는 상대의 알코올 도수 취향에 따라 선택한다. 재료의 용량을 조절하면 알코올 도수는 얼마든지 조절할 수 있다.

### 핵심예제

**5-1. 다음 중 올바른 음주방법과 가장 거리가 먼 것은?**
[2013년 5회]

① 술 마시기 전에 음식을 먹어서 공복을 피한다.
② 본인의 적정 음주량을 초과하지 않는다.
③ 먼저 알코올 도수가 높은 술부터 낮은 술로 마신다.
④ 술을 마실 때 가능한 천천히 그리고 조금씩 마신다.

**5-2. 하이볼 글라스에 위스키(40도) 1온스와 맥주(4도) 7온스를 혼합하면 알코올 도수는?**
[2013년 2회]

① 약 6.5도
② 약 7.5도
③ 약 8.5도
④ 약 9.5도

|해설|

**5-2**
칵테일 알코올 도수

$$= \frac{(재료 사용량 \times 알코올 도수) + (재료 사용량 \times 알코올 도수)}{총 재료 사용량}$$

위스키 40도 1oz = 30mL
맥주 4도 7oz = 210mL

$$\therefore 알코올 도수 = \frac{(30 \times 40) + (210 \times 4)}{240} = 8.5\%$$

**정답** 5-1 ③  5-2 ③

---

## 제5절 | 칵테일 관능평가

### 핵심이론 01 증류주 테이스팅

① 증류주 테이스팅
  ㉠ 증류주는 도수가 높기 때문에 충분히 입을 헹구고 격차를 두어 평가를 진행해야 한다.
  ㉡ 발효주와는 달리 알코올 도수가 높기 때문에 강렬한 풍미와 휘발성 성분으로 글라스를 스월링(Swirling)할 필요가 없다. 알코올의 풍미가 많이 발현되면 후각에 불필요한 영향을 주어 오히려 방해가 된다.
  ㉢ 짧은 순간에 향을 맡는 것이 좋고 알코올 도수가 높기에 약간의 물을 첨가하여 테이스팅하는 방법도 초보자에게는 아주 좋다.
  ㉣ 실온 상태의 깨끗한 생수를 사용하며, 물의 양은 증류주 양보다 적게 첨가한다.

② 테이스팅 평가
  ㉠ 외관(Appearance) : 전반적인 색(Colour)과 점도(Viscosity)를 확인한다. 증류주의 색은 인위적으로 만들 수 있기 때문에 색만으로 음료의 품질을 판단하지 않는다.
  ㉡ 아로마와 풍미의 강도(Intensity) : 증류주가 가지고 있는 향과 풍미의 강도가 가벼운지, 진하고 강렬한지 향을 맡아보고 시음한다. 온 감각을 집중해서 향을 맡은 후 분석해 보고 잠시 쉬었다가 다시 향을 맡으면서 풍미의 강도를 재확인한다.
  ㉢ 아로마와 풍미의 특징(Characteristics) : 증류주의 풍미 성분이 혀끝에서 증발하여 코 뒷부분에 도달하면서 느껴진다. 시간의 차이를 두고 시음하여 증류주가 가지고 있는 풍미의 특징을 충분하게 인지한다. 이후에 약간의 물을 첨가하여 다시 향을 맡으면서 물 첨가 전후에 특정되는 아로마와 풍미를 파악한다.

② 기타(Other) 평가 : 증류주가 가지고 있는 기본적인 알코올(Alcohol), 단맛(Sweetness), 보디(Body) 등 입안에서의 느낌을 확인한다. 물을 첨가한 전후를 비교한다.

⑩ 여운(Finish)과 평가(Conclusions) : 증류주를 마시고 나서 느껴지는 맛과 향의 균형감(Balance), 복합성(Complexity), 여운의 길이(Length)를 평가한다. 물을 첨가한 전후를 비교하여 평가한다.

### 핵심이론 02 칵테일 관능평가

① 칵테일의 감정의 단계
  ㉠ 1단계 : 다양한 칵테일의 맛을 보면서 그 맛이나 향에 익숙해져야 한다. 초보자는 칵테일을 감정하기 이전에 칵테일의 맛과 향에 익숙해지도록 다양한 칵테일을 맛보고, 그에 맞는 판단력이 생겨야 감정이 가능하다.
  ㉡ 2단계 : 차이 식별 검사로서, 칵테일이 가지고 있는 맛이나 향이 서로 다른 것을 인식할 수 있어야 한다.
  ㉢ 3단계 : 묘사 분석으로, 칵테일의 맛과 향 그리고 감촉 등을 묘사한다.
  ㉣ 4단계 : 정량적 묘사로, 칵테일의 맛과 향의 강도를 수치로 표현한다.

② 칵테일의 외관(Appearance, 투명도와 색상) : 칵테일에는 이물질이 없어야 하며, 맑고 빛이 투명한 보석의 광채가 있어야 한다.

③ 칵테일의 향(Odor)
  ㉠ 칵테일을 마시기 전에 냄새를 맡아 본다. 이때 잔을 약간 흔들어서 휘발성분이 많이 나오게 만들어 후각에 미치는 영향을 크게 한다.
  ㉡ 후각을 느끼는 부분은 콧구멍 위쪽에 있다. 후각 점막에 물질이 도달하는 통로는 두 가지가 있는데, 코를 통해서 들어오는 물질은 직접 후각 세포에 닿고, 다른 하나는 마시면 입안에서 데워져 약간의 압력으로 증기가 발생하여 후각 세포에 전달된다. 이것을 '마우스 아로마(Mouth Aroma)'라고 한다.
  ㉢ 후각과 미각을 합쳐서 '향미(Flavor)'라고 한다.

④ 칵테일의 맛(Taste)
  ㉠ 맛은 물질의 작용에 따라 심리적으로 느끼는 현상이다. 맛은 혀에 있는 미뢰(Taste Bud)에서 느끼는데, 하나의 세포가 여러 가지 맛을 감지할 수 있지만, 맛의 종류에 따라 느끼는 부위가 정해져

있다. 맛을 느낄 수 있는 물질은 물(침)에 녹아야 하며, 그 맛의 강도는 자극 물질의 양에 비례한다.

ⓒ 기본 맛 : 단맛(Sweet), 신맛(Sour), 짠맛(Salty), 쓴맛(Bitter)으로 사람에게는 이 네 가지 맛 중에서 단맛만 좋게 느껴지고 다른 맛은 불쾌감을 주는데, 단맛에 신맛, 짠맛, 쓴맛이 섞이면 괜찮게 느껴진다. 칵테일은 이 네 가지 맛을 모두 가지고 있다.

ⓒ 기본 맛의 특징

| 단 맛 | 칵테일에서 단맛을 내는 물질은 당분, 글리세롤, 알코올 등을 들 수 있다. |
|---|---|
| 신 맛 | • 산도와 pH의 영향을 받는다.<br>• 각 유기산의 신맛의 강도를 보면, 주석산 > 사과산 > 초산 > 젖산 > 구연산 순서가 된다. |
| 짠 맛 | • 칵테일에는 소량의 염분이 들어 있다.<br>• 칵테일의 짠맛은 다른 맛에 가려져 느끼기 힘들지만, 칵테일에 간접적으로 독특한 맛과 생동감을 준다. |
| 쓴맛과 떫은맛 | • 페놀성 물질로서 색소와 타닌을 이루고 있는 성분이다. 이들은 칵테일의 색깔과 향미에 큰 영향을 준다.<br>• 쓴맛과 신맛은 상승작용을 하여 더욱 쓰고 신맛을 내기 때문에 그 양의 조절이 잘 이루어져야 한다.<br>• 신맛과 단맛은 서로를 감소시키기 때문에 칵테일의 단맛은 신맛과 쓴맛을 합한 정도의 세기가 되어야 균형을 이룬다. |

⑤ 관능평가에서 주의할 점

㉠ 대비효과 : 농도가 진한 것 다음에 농도가 낮은 것을 마셨을 때는 농도가 낮은 것이 더 낮게 느껴진다. 대비효과는 자극이 큰 것에서 자극이 작은 것의 순서로 실험할 때는 자극의 강도가 커지고, 순서가 바뀌었을 때는 작아진다.

㉡ 잔존효과 : 한 가지 칵테일을 맛보고 나면 그 성분이 입안에 남아 있어서 다음 칵테일에 영향을 주게 된다. 특정 성분은 특이한 맛을 만들어 낼 수 있기 때문에 항상 입을 물이나 식빵으로 닦아내야 한다.

㉢ 기호효과 : 숫자나 기호에 대한 선호도를 피해야 한다. 감정할 칵테일에는 난수표를 이용하여 의미가 없는 두세 자리 숫자를 사용한다.

㉣ 순서효과 : 두 칵테일이 같아도 칵테일의 순서에 따라 느껴지는 감각이 달라질 수 있다. 예를 들어 100명 중 70명은 처음 맛보는 칵테일에 호의적이다. 그러나 두 칵테일을 비교할 때 시간적 간격이 짧을수록 순서의 긍정적 효과가 뚜렷하고, 간격이 길수록 부정적 효과가 뚜렷해진다.

㉤ 중앙집중 오차 : 검사자가 양극에 가까운 점수를 주기 싫어하는 데서 오는 오차이다. 그래서 테이스팅은 점수 범위의 폭을 넓게 하지 않는다.

㉥ 반복오차 : 동일한 칵테일을 반복하여 측정했을 때 생기는 오차로, 이는 어쩔 수 없는 것이다. 물론 이 오차를 줄여야 하지만 오차 자체를 인정해야 한다.

# CHAPTER 04 영업장 관리

## 제1절 | 고객 서비스

### 핵심이론 01 고객 응대

① 고객의 개념 및 정의 : '고객'은 한자로 顧(돌아볼 고), 客(손 객)으로 쓰며, 客은 사람, 상객(지위가 높은 손님), 단골손님, 손님 등의 뜻을 가지고 있다.

② 서비스의 개념 및 정의 : 서비스란 고객이 원하는 방식대로 제때에 제공하는, 만족을 주는 일련의 과정을 일컫는다.
  ㉠ 물적 서비스 : 영업장에서 판매되는 식사와 음료, 시설, 장비 등
  ㉡ 인적 서비스 : 일반적인 서비스의 개념으로서 고객의 만족과 편익을 위해 제공되는 직원들의 모든 활동
  ㉢ 시스템적 서비스

③ 서비스 마음가짐
  ㉠ 확고한 직업 의식을 가져야 한다.
  ㉡ 항상 고객의 입장에서 생각하여야 한다.
  ㉢ 고객의 마음에 들도록 노력해야 한다.
  ㉣ 긍정적인 사고를 가져야 한다.
  ㉤ 고객에 따라 서비스가 달라지지 말아야 한다.
  ㉥ 끈기를 가지고 자신감을 가져야 한다.
  ㉦ 항상 반성하고 개선의 의지를 갖추어야 한다.

④ 서비스의 특성
  ㉠ 무형성(Intangibility) : 실체가 없기 때문에 보거나 만질 수 없다.
  ㉡ 비분리성/동시성(Inseparability) : 고객과 제공자 간의 상호작용을 통해서 전달되기에 생산과 소비가 동시에 일어난다.
  ㉢ 이질성(Heterogeneity) : 내용과 서비스 질에 차이가 발생하여 품질이 일정하지 않다.
  ㉣ 소멸성(Perishability) : 판매되지 않은 서비스는 사라진다.

⑤ 서비스직의 용모와 복장 : 식음료 서비스직의 업무를 수행하는 데 있어 바른 몸가짐은 모든 행동의 기본이며, 단정한 용모는 고객으로부터 호감을 받는 첫 번째 조건이다. 따라서 고객에게 좋은 서비스를 제공하기 위해서는 종사원의 깨끗하고 단정한 용모 및 태도가 필요하다.

#### 핵심예제

**다음 중 서비스 품질의 중요성에 해당하지 않는 것은?**

[2019년 1회]

① 고객의 기대심리는 점차 커지고 있다.
② 시장매출이 정체되어 신규시장의 획득보다는 경쟁사와 시장점유의 품질경쟁이 생긴다.
③ 서비스 품질 향상으로 시장점유율을 높일 수 있다.
④ 서비스 품질은 아주 객관적이다.

|해설|

④ 서비스 품질은 아주 주관적이다.

정답 ④

### 핵심이론 02 고객의 불만족 처리

① **고객의 불평 처리**
  ㉠ 고객의 불평은 소비자의 소비 경험에 대한 평가에서 시작되어 그 경험에 대한 모든 비행동적이거나 행동적인 반응을 마친 시점까지 지속된다. 또 소비자의 불평 행동을 구매 경험에 따른 반응과 비행동적 반응을 포괄하는 복합적 반응이라고도 한다.
  ㉡ 고객의 불만족을 어떤 방법으로 처리할 것인가에 따라 기업의 성패가 좌우될 수도 있는 상황이다.

② **고객을 화나게 하는 응대 태도**
  ㉠ 서비스 기업은 고객의 불평, 불만이 어떻게 발생되었으며 왜 발생했는지를 조기에 파악하는 것이 바람직하다. 그러나 조기에 파악하지 못해 불평, 불만이 발생되었을 경우 이를 서비스 회복을 위한 최고의 기회라고 여겨야 한다.
  ㉡ 만일 고객이 불평을 토로하지 않는다면 기업은 더 많은 손실을 입을 가능성이 높다. 따라서 서비스 기업은 기본적으로 고객이 언제든지 쉽게 불평을 털어놓을 수 있도록 통로를 제공하는 것이 장기적인 측면에서 손실을 최소화할 수 있다.
  ㉢ 서비스 기업의 불평 발생 요인을 보면 대부분 나쁜 태도적 서비스가 문제가 된다.

③ **불평, 불만의 요인**
  ㉠ 퉁명스러운 말씨 사용 : 고객과 대화할 때는 항상 주의를 기울여 상냥하고 공손한 말씨를 사용하여야 한다.
  ㉡ 접객 태도 불량 : 서비스 요원이 고객에게 서비스를 제공할 때 접객하는 방법이 거칠거나 혹은 무엇인가 불만이 가득 차 있거나 업무에 대해 잘 모르고 있을 때 나타나는 접객 태도는 고객의 입장에서 보면 불만족스러울 수 있다.
  ㉢ 배려 부족 : 기업이나 서비스 요원의 고객에 대한 배려가 부족할 경우 불평을 한다.
  ㉣ 불친절 : 고객은 대가를 지불하고 제품이나 서비스를 구매한다. 그러므로 고객은 서비스 요원에게 친절한 서비스를 제공받기를 기대하고 있으며, 기대했던 친절을 제공받지 못했다고 지각하면 불만을 갖게 된다. 서비스 요원의 올바른 태도의 근본은 친절함이다.
  ㉤ 서비스 제공의 지연 : 고객은 기다리기를 싫어하기 때문에 신속한 서비스를 제공받기를 원한다. 서비스 요원이 신속하게 서비스를 하지 못했을 때 불평한다.
  ㉥ 불충분한 설명 및 의사소통 : 고객이 의문스럽거나 궁금한 부분에 대해 설명을 요구할 때 이해하지 못하게 설명하거나 의사소통에 어려움이 있을 경우 불평한다.

#### 핵심예제

**2-1. 다음 중 화가 난 고객의 대처방법으로 올바르지 않은 것은?**
① 지적 받은 사항에 대해 일단 사과하고 고객의 불만을 귀 기울여 경청한다.
② 긍정적인 태도로 제공이 불가능한 것보다 가능한 것을 제시한다.
③ 최대한 전문적인 단어와 용어를 사용하여 고객에게 설명해야 한다.
④ 객관성을 유지하고 원인을 규명한다.

**2-2. 영업장에서 깐깐한 고객을 대처하는 방안으로 올바르지 않은 것은?**
① 침착하고 단호하게 대처하며 전문가답게 행동한다.
② 고객의 높은 음성, 무례한 태도에 대해 차분히 응대한다.
③ 고객과 논쟁이 되지 않도록 말 한 마디에도 주의한다.
④ 자유롭게 말할 수 있도록 개방형의 질문을 하되, 대화의 조절을 위해서는 '예, 아니오'를 답하도록 하는 폐쇄형 질문을 한다.

|해설|
2-2
④는 수다스러운 고객의 대처로 적절하다.

정답 2-1 ③  2-2 ④

## 제2절 | 음료 영업장 관리

### 핵심이론 01 주장경영

① **주장의 유래** : 옛날 유럽의 술집에서 손님의 말을 매어 놓기 위해 가게 옆에 말뚝을 박고 가로장을 달아 놓은 데서 연유하였다고 하며 영국에서는 16세기경부터 술과 음식을 내어 놓는 카운터와 그 안쪽을 Bar라고 했다.

② 프랑스어의 'Bariere'에서 온 말로, 길게 가로질러진 널판지를 Bar라고 하며 Bar를 사이에 두고 고객에게 다양한 음료를 판매하며 사교나 대화장소로 편안한 분위기 속에 식음료(Food & Beverage)가 판매되는 장소를 뜻한다.

③ 주장을 경영하기 위해서는 식음료 부분의 체계적인 관리와 판매가 이뤄져야 한다. 효율적인 주장경영을 위해서 메뉴가 결정되면 필요한 품목, 매입 원가를 결정하여 구매를 하게 된다.

④ **컴플리멘터리(Complimentary)** : 호텔 홍보나 선전, 판매촉진 등 특별한 접대 목적으로 고객에게 일부를 무료로 제공하는 것을 말하며 약자로 콤프(Comp)이다.

⑤ **해피아워(Happy Hour)** : 하루 중 고객이 붐비지 않은 시간대에 할인 판매하거나 무료로 음료 및 스낵 등을 제공하는 호텔 서비스 판매촉진 상품의 하나이다.

⑥ **파 스톡(Par Stock)** : 주류 영업장에서 신속한 서비스를 위해 물품 공급을 원활히 도모하기 위한 목적으로 일정 수량의 식자재를 저장고에서 인출하여 영업장의 진열대나 기타 장소에 보관하고 필요할 때 사용하는 재고를 지칭한다. 즉, 저장되어 있는 적정 재고량을 말한다.

⑦ **선입선출(FIFO ; First In First Out)** : 매입순법이라고도 하며 가장 먼저 입고된 물품부터 순차적으로 소비하는 방법이다. 처음 입고된 것을 먼저 사용함으로써 원료 및 제품의 신선도를 유지하는 관리원칙을 말한다.

⑧ **컴플레인(Complain)** : 고객이 상품 구매 시 품질, 서비스 불량 등을 이유로 불만을 제기하는 것을 말한다. 고객의 입장에서 생각하고 문제에 본질적으로 접근해야 하며, 컴플레인 발생 시 상황 분석능력 및 해결책 제시능력에 관한 업무가 신속하고 정확하게 수행될 수 있도록 노력해야 한다.

⑨ **클레임(Claim)** : 구매자가 계약조건 또는 상품 표시 내용과 일치하지 않는 사항에 대하여 제기하는 것으로, 상품 거래에서 상대방이 품질 불완전, 착하부족, 손상 그 밖의 계약 위반을 하였을 때 상대방에 대하여 손해배상의 청구나 이의를 제기하는 것을 말한다.

### 핵심예제

**1-1. 다음 중 구매자가 계약조건 또는 상품 표시 내용과 일치하지 않는 사항에 대하여 손해배상의 청구나 이의를 제기하는 것을 무엇이라 하는가?**
[2019년 1회]

① Complimentary　② Complain
③ Claim　④ Service

**1-2. 다음 중 주장관리의 의의에 해당되지 않는 것은?**
[2013년 4회]

① 원가관리　② 매상관리
③ 재고관리　④ 예약관리

**1-3. 주장(Bar) 경영에서 의미하는 "Happy Hour"를 올바르게 설명한 것은?**
[2013년 4회]

① 가격할인 판매시간
② 연말연시 축하 이벤트 시간
③ 주말의 특별행사 시간
④ 단골고객 사은 행사

|해설|

1-1
컴플리멘터리(Complimentary)는 홍보나 판매촉진을 위해 무료로 제공하는 서비스이고, 컴플레인(Complain)은 고객이 불평, 불만을 제기하는 것이다.

정답 1-1 ③　1-2 ④　1-3 ①

## 핵심이론 02 바텐더의 정의

① 바텐더의 정의 : 'Bar+Tender'(상냥한, 다정한)의 합성어로 'Bar를 부드럽게 만드는 음료전문가'를 말한다. 즉, '바를 방문한 고객에게 내 집에 초대되어 온 귀한 손님처럼 환영해 주고, 편안한 분위기를 연출해 친구 같은 친밀감으로 분위기를 연출해 나가는 전문가'를 말한다.

② 바텐더의 직무
  ㉠ 다양한 시사상식을 비롯해 음료에 대한 전문지식을 배우고 익혀야 한다.
  ㉡ 마술, 유머, 게임 등으로 고객의 여흥과 흥미를 유발하는 엔터테인먼트(Entertainment)적인 요소를 갖춘 엔터테이너(Entertainer)가 되어야 한다.
  ㉢ 전문성을 가져야 한다. 끊임없는 레시피(Recipe) 연구와 음료에 대한 지식을 습득해야 한다.
  ㉣ 칵테일을 조주하는 제품의 생산자이다. 자신의 영업장에서 판매하고 있는 상품을 상세히 파악하고 있어야 한다.
  ㉤ 개인 용모에 신경 써야 한다. 카리스마적인 개성을 만들어 가는 것도 중요하다.
  ㉥ 위생청결에 대한 개념을 확실하게 익혀야 한다.

### 핵심예제

**2-1. 바텐더의 자세로 가장 바람직하지 못한 것은?** [2013년 5회]

① 영업 전후 Inventory 정리를 한다.
② 유통기한을 수시로 체크한다.
③ 손님과의 대화를 위해 뉴스, 신문 등을 자주 본다.
④ 고가의 상품을 판매하기 위해 손님에게 추천한다.

**2-2. 다음 중 바텐더의 직무가 아닌 것은?** [2013년 1회]

① 글라스류 및 칵테일용 기물을 세척 정돈한다.
② 바텐더는 여러 가지 종류의 와인에 대하여 충분한 지식을 가지고 서비스를 한다.
③ 고객이 바 카운터에 있을 때는 바텐더는 항상 서서 있어야 한다.
④ 호텔 내외에서 거행되는 파티도 돕는다.

**2-3. 바텐더(Bartender)의 수칙이 아닌 것은?** [2012년 4회]

① Recipe에 의한 재료와 양을 사용한다.
② 영업 중 Bar에서 재고조사를 한다.
③ 고객과의 대화에 지장이 없도록 교양을 넓힌다.
④ 고객 한 사람마다 신경을 써서 주문에 응한다.

**2-4. 바텐더가 지켜야 할 바(Bar)에서의 예의로 가장 올바른 것은?** [2012년 4회]

① 정중하게 손님을 환대하며 고객이 기분이 좋도록 Lip Service를 한다.
② 자주 방문하는 손님에게는 오랜 시간 이야기한다.
③ Second Order를 하도록 적극적으로 강요한다.
④ 고가의 품목을 적극 추천하여 손님의 입장보다 매출에 많은 신경을 쓴다.

|해설|

2-1
추천판매는 중요하지만 고객의 긍정적인 반응이 있을 때 바람직한 영업 기술이다.

정답 2-1 ④  2-2 ③  2-3 ②  2-4 ①

**핵심이론 03** 주장의 종류

식음료 상품을 판매하는 영업장은 서비스의 중점을 어디에 두는지에 따라 다양하게 분류할 수 있다. Bar를 찾는 고객을 분석하고 독특한 분위기를 어떻게 연출하는지에 따라 크게 정통 클래식 바(Classic Bar)와 엔터테인먼트 바(Entertainment Bar)로 나눈다.

① 클래식 바(Classic Bar) : 바의 분위기를 연출하는 대표적인 음악으로 Classic은 '고전'이라는 뜻이다. "옛날에 만들어진 것으로 오랜 시대를 거쳐 현재도 아직 높이 평가받고 있는 예술작품"인 클래식 음악이 많이 흘러나오는 조용하고 편안한 영업장으로 대표적인 유명한 칵테일도 많이 만들고 제공되지만 일반적으로 병 판매(위스키, 코냑 등)를 위주로 한다. 다양한 연령층이 방문하기 때문에 바텐더들도 정중한 언행이 습관화되어 있고 서비스의 중점을 정중함과 편안함에 둔다.

② 재즈 바(Jazz Bar) : 재즈 및 피아노 연주가 가능하며 재즈 연주를 라이브로 들려주어 음악 감상을 할 수 있고 무대 앞 좁은 공간에서 춤추고 즐길 수 있게 꾸며진 곳도 있다.

③ 웨스턴 바(Western Bar) : 서구적인 바 스타일로 미국 서부 개척 시대의 카우보이나 개척자들이 착용한 복장에서 활동미와 야성적 분위기를 연출하는 바이다. 원목으로 만들어진 바와 나무 의자 등이 대표적이고 서부의 사격장이 연출되어 잘나가는 총잡이가 된 듯한 기분을 만끽하면서 맥주나 술을 마실 수 있으며 삐그덕 거리는 소리가 낯설지 않게 느껴지는 곳이다.

④ 플레어 바(Flair Bar) : Flair는 '재주', '재능' 등 '제6의 감각'이란 뜻으로 흥겨운 분위기가 연출되는 엔터테인먼트의 대표적인 Bar라고 할 수 있다. 음악소리가 시끄러울 정도로 크고 직원들도 흥겹게 춤도 추면서 파티장을 연상케 하는 분위기도 연출된다. 칵테일을 만들 때 병을 돌리고, 치고, 끼우는 등의 화려한 기술과 이벤트가 연출되는 곳으로 고객과 하나가 되서 파티를 하기도 한다. 플레어 기술과 음료에 대한 지식, 칵테일 만드는 실력이 갖춰진다면 자신만의 독특한 영업장도 운영이 가능하다. 전문 플레어바텐더 자격증도 취득할 수 있다.

⑤ 스포츠 바(Sport Bar) : 당구장이 있어 포켓볼도 치고, 다트 및 스포츠 경기를 관람하면서 술을 마실 수 있는 공간이다. 혼자 온 고객도 맥주 한 병 들고 게임하면서 간단히 즐길 수 있는 공간이 있고, 친구들과 닌텐도 게임을 하면서 간단한 스포츠를 즐길 수 있는 바도 있다.

⑥ 비어 바(Beer Bar) : 수입맥주가 수백 종류 이상 비치되어 있어 다양한 맥주를 즐길 수 있는 Bar이다. 테이블 가운데에 수십 종류의 맥주를 얼음과 함께 채워 놓고 고객이 스스로 선택해서 마시고 나중에 마신 만큼 계산을 한다.

⑦ 와인 바(Wine Bar) : 식사 자체에 중심을 두지 않고 간단한 안주류와 함께 와인 자체를 즐기는 것을 목적으로 하는 장소라는 점이 레스토랑과 구별되지만 와인은 식사와 함께 마시는 것이라는 특징을 무시하지 못해 파스타, 피자, 치즈 등의 식사 메뉴가 준비되어 있다. 다양한 잔 와인으로 판매되는 하우스 와인(House Wine)도 가격대에 종류별로 마실 수 있는 특징이 있어 분위기가 고급스럽다. 또한 주인(Owner)이나 종업원 모두 와인 전문가, 즉 소믈리에(Sommelier)라는 점에서 인건비에 대한 부담이 있다. 수백 종 이상의 와인 중에서 적절한 가격대의 좋은 와인을 컬렉션(Collection)하고, 최상의 상태로 보관하여 고객에게 제공해야 하기에 시설비 또한 부담이 된다.

⑧ 오픈 바(Open Bar) : 파티나 행사에서 술이나 음료를 무료로 제공하는 바이다. 고객들이 마시는 대로 음료를 제공하며 계산은 주최 측이 총괄적으로 지불하게 된다.

⑨ 댄스 바(Dance Bar) : 춤을 출 수 있거나 공연 예술을 즐길 수 있는 분위기 속에 술이나 음료가 판매되는 바이다.

⑩ 캐시 바(Cash Bar) : 결혼식이나 파티 등 행사장에서 손님에게 돈을 받고 술이나 음료를 제공하며, 연회장 내에 임시적으로 설치하는 바이다.

⑪ 라운지 바(Lounge Bar) : 만남의 장소 등 잠시 쉬어 갈 수 있도록 편안하고 아늑한 분위기를 연출하며 음료를 판매하는 업장으로 로비에 위치하면 로비 라운지(Lobby Lounge), 최상층에 위치하면 스카이 라운지(Sky Lounge)라고 한다.

⑫ 그 밖의 사케 바(Sake Bar), 시가 바(Cigar Bar) 등 다양한 종류의 바가 많이 있다.

### 핵심예제

**3-1.** 행사장에 임시로 설치해 간단한 주류와 음료를 판매하는 곳의 명칭은? [2013년 5회]

① Open Bar
② Dance Bar
③ Cash Bar
④ Lounge Bar

**3-2.** 생맥주를 중심으로 각종 식음료를 비교적 저렴하게 판매하는 영국식 선술집은? [2013년 5회]

① Saloon
② Pub
③ Lounge Bar
④ Banquet

**3-3.** 주장의 종류로 가장 거리가 먼 것은? [2012년 5회]

① Cocktail Bar
② Members Club Bar
③ Pup Bar
④ Snack Car

|해설|

**3-1**
캐시 바(Cash Bar) : 결혼식이나 파티 등 행사장에서 손님에게 돈을 받고 술이나 음료를 제공하며, 연회장 내에 임시적으로 설치하는 바이다.

**정답** 3-1 ③ 3-2 ② 3-3 ④

## 핵심이론 04 시설·배치관리

① 프론트 바(Front Bar) : 고객을 직접 상대하며, 고객에게 칵테일 만드는 모습이나 마술을 보여주고 대화도 하면서 바텐더의 카리스마적인 개성으로 음료가 판매되는 장소를 말한다. 즉, 전문 바텐더가 사교적인 활동을 하면서 서 있는 공간이다. 이때 프론트 바 높이는 110~120cm 정도가 좋고 Bar Top의 넓이는 40~60cm가 좋다. 너무 좁으면 고객의 소지품 둘 공간이 부족하고, 안주나 기타 소품을 제공할 때 불편하다. 너무 넓으면 바텐더들이 음료를 서브할 때 불편하다. 또한 바닥은 미끄럼 방지 처리에 신경 써야 한다.

② 서비스 바(Service Bar) : 테이블에 앉은 고객이나 웨이터, 웨이트리스가 주문 받은 음료를 만들고 제공하는 공간으로 고객이 직접 주문하지는 않고 직원들이 분주히 움직이는 공간이다. 이곳의 바텐더는 프론트 바로 가기 위해 음료 만드는 과정을 익히고 준비한다.

③ 백 바(Back Bar) : Bar의 뒤쪽 부분을 말한다. 이곳은 바텐더들이 서비스할 때 필요한 다양한 도구 및 판매되는 주류가 디스플레이(Display, 전시, 진열)되어 있는 공간으로 대부분 진열장이 많고 Bar 안쪽에는 냉장고, 제빙기, 세면시설 등이 비치되어 있다.

④ 제빙기 : 얼음을 만드는 장비로 칵테일 Bar에서는 얼음의 사용량이 많으므로 바텐더의 동선에서 가까운 곳에 비치하는 것이 좋다. 기계가 작동되면서 모터가 돌아가는 소음이 크고 열이 발생하므로 여름철에는 주변 온도 상승의 원인이 된다. 그래서 Bar의 정면에 설치하지는 않고 한쪽 구석이나 뒤쪽에 많이 비치한다. 제빙기 안의 얼음은 아이스 스쿱을 이용해 담아야 하며 사용하지 않을 때는 제빙기 위쪽이나 옆에 두어야 한다. 스쿱이 제빙기 안에 있으면 스쿱을 잡은 손과 얼음이 접촉하면서 위생상 좋지 않고 또 만들어진 얼음으로 스쿱이 덮이면 스쿱을 찾기 위해 얼음을 뒤져야 하기에 위생에 각별히 주의하여야 한다.

⑤ 비어쿨러(Beer Cooler) : 맥주 등을 냉장시키는 냉장고로 Bar 안쪽에, 바텐더들이 수시로 사용하기 편리한 곳에 자리를 잡아야 한다. 냉장고 온도는 3.5~5℃로 유지하며, 너무 차가우면 맥주가 얼거나 제맛이 나지 않으므로 온도 유지에 신경 써야 한다. 맥주를 저장할 때는 선입선출(FIFO) 방식을 따른다.

### 핵심예제

**4-1. 바(Bar)의 업무 효율향상을 위한 시설물 설치방법으로 옳지 않은 것은?** [2013년 5회]

① 얼음 제빙기는 가능한 바(Bar) 내에 설치한다.
② 바의 수도시설은 믹싱 스테이션(Mixing Station) 바로 후면에 설치한다.
③ 각 얼음은 아이스 텅(Ice Tongs)에다 채워놓고 바(Bar) 작업대 옆에 보관한다.
④ 냉각기(Cooling Cabinet)는 주방 밖에 설치한다.

**4-2. 주장의 시설에 대한 설명으로 잘못된 것은?** [2013년 4회]

① 주장은 크게 프런트 바(Front Bar), 백 바(Back Bar), 언더 바(Under Bar)로 구분된다.
② 프런트 바(Front Bar)는 바텐더와 고객이 마주보고 서브하고 서빙을 받는 바를 말한다.
③ 백 바(Back Bar)는 칵테일용으로 쓰이는 술의 저장 및 전시를 위한 공간이다.
④ 언더 바(Under Bar)는 바텐더 허리 아래의 공간으로 휴지통이나 빈 병 등을 둔다.

**4-3. 바(Bar) 작업대와 가터레일(Gutter Rail)의 시설 위치로 옳은 것은?** [2013년 1회]

① Bartender 정면에 시설되게 하고 높이는 술 붓는 것을 고객이 볼 수 있는 위치
② Bartender 후면에 시설되게 하고 높이는 술 붓는 것을 고객이 볼 수 없는 위치
③ Bartender 우측에 시설되게 하고 높이는 술 붓는 것을 고객이 볼 수 있는 위치
④ Bartender 좌측에 시설되게 하고 높이는 술 붓는 것을 고객이 볼 수 없는 위치

**4-4. 기물의 설치에 대한 내용으로 옳지 않은 것은?** [2012년 5회]

① 바의 수도시설은 Mixing Station 바로 후면에 설치한다.
② 배수구는 바텐더의 바로 앞에, 바의 높이는 고객이 작업을 볼 수 있게 설치한다.
③ 얼음제빙기는 Back Side에 설치하는 것이 가장 적절하다.
④ 냉각기는 표면에 병따개 부착된 건성형으로 Station 근처에 설치한다.

|해설|

**4-2**
언더 바(Under Bar)는 바텐더가 칵테일을 조주하기 위한 공간으로 높이는 80~90cm 정도가 좋다.

**4-4**
얼음제빙기는 수시로 사용하기 때문에 번거롭지 않고 효율적으로 사용이 가능하도록 믹싱 스테이션(Mixing Station) 후면이나 한쪽 구석에 설치한다.

정답 4-1 ③ 4-2 ④ 4-3 ① 4-4 ③

## 핵심이론 05 기구・글라스 관리

① 금이 간 접시나 글라스는 규정에 따라 폐기한다.
② 크리스털 글라스나 깨지기 쉬운 기물은 싱크대에 놓지 않고 가능한 즉시 바로 손으로 세척한다.
　㉠ 식기는 같은 종류별로 보관하고 너무 많이 쌓아 두지 않는다.
　㉡ 은도금된 은기제품(Sliver Ware)은 은기물 전용 세척액을 사용한다.
　　※ 실버 크리너에는 유기산 등의 성분이 있으므로 세척액에 담갔다가 빼서 바로 헹구면 광이 번쩍번쩍하지만 피부에 닿으면 좋지 않기 때문에 주의해야 한다.
③ 글라스나 기물에 잔향이 남지 않도록 중성세제를 사용한다.
　㉠ 중성세제 : 물에 녹아 중성을 띠는 합성세제로 식기구, 과일, 채소 등을 닦는 주방용과 섬유세정제로 쓰인다.
　㉡ 세척방법 : 잔류물이 깨끗이 제거되고 씻겨 나갈 수 있도록 따뜻한 물을 사용하며 마지막으로 음료 제공 시 온도 상승을 막기 위해 찬물로 헹군다.
④ 센터피스(Center Piece) : 식탁의 중앙 장식물로 후추, 소금, 꽃병 등을 배열해서 놓는다.
⑤ 하우스 브랜드(House Brand)는 바에서 기본으로 사용하는 브랜드를 말한다. 고객의 별도 주문이 없을 때 기본적으로 사용하는 상품이다.

### 핵심예제

**5-1. 주장(Bar)에서 기물의 취급방법으로 틀린 것은?** [2013년 1회]

① 금이 간 접시나 글라스는 규정에 따라 폐기한다.
② 은기물은 은기물 전용 세척액에 오래 담가두어야 한다.
③ 크리스털 글라스는 가능한 손으로 세척한다.
④ 식기는 같은 종류별로 보관하며 너무 많이 쌓아두지 않는다.

**5-2. 바에서 사용하는 House Brand의 의미는?** [2012년 4회]
① 널리 알려진 술의 종류
② 지정 주문이 아닐 때 쓰는 술의 종류
③ 상품(上品)에 해당하는 술의 종류
④ 조리용으로 사용하는 술의 종류

**5-3. 글라스 세척 시 알맞은 세제와 세척순서로 짝지어진 것은?** [2013년 2회]
① 산성세제 - 더운물 - 찬물
② 중성세제 - 찬물 - 더운물
③ 산성세제 - 찬물 - 더운물
④ 중성세제 - 더운물 - 찬물

|해설|

**5-1**
은기물 전용 세척액인 실버 크리너에는 유기산 등의 성분이 있으므로 세척액에 담갔다가 빼서 바로 헹구면 광이 번쩍번쩍하지만 피부에 닿으면 좋지 않기 때문에 주의해야 한다.

**5-3**
잔향이 남지 않도록 중성세제를 사용하고 마지막에 차가운 온도를 위해 찬물로 헹군다.

정답 5-1 ② 5-2 ② 5-3 ④

**핵심이론 06** 주장의 조직

능률적이고 효율적으로 바를 운영하기 위해서는 영업장의 규모나 시설, 그리고 직원 수에 따라 조직을 구성하는데, 소규모일 때는 매니저와 바텐더, 중간 규모는 매니저와 캡틴, 바텐더, 대규모 영업장(특히 호텔)에서는 음료지배인과 부지배인, 매니저, 캡틴, 바텐더, 바텐더 보조, 웨이터, 웨이트리스 등으로 관리를 한다.

① 바 매니저(Bar Manager)
 ㉠ 일명 지배인으로 주장운영의 실질적인 책임자로 영업장의 운영상태, 인사관리, 근태관리, 식자재 구매 및 원가관리, 메뉴관리, 서비스교육 등 영업에 전반적인 책임을 진다.
 ㉡ 직원들의 근무 편성과 근태관리를 체크한다.
 ㉢ 고객 서비스를 철저히 관리, 교육하여 고객관리에 만전을 기한다.
 ㉣ 식음료 보관 및 재고관리를 감독한다.
 ㉤ 매출관리 및 Cost(원가)관리에 책임이 크고 관리에 만전을 기한다.
 ㉥ 영업 종료 후 영업일지 및 재고조사표(Inventory)를 실시하고 관리 감독한다.

② 어시스턴트 매니저(Assistant Manager)
 ㉠ 영업장의 부책임자로서 지배인을 보좌하고 부재시 업무를 대행한다.
 ㉡ 영업장의 전반적인 운영관리 및 대고객 서비스를 주 업무로 한다.
 ㉢ 영업종료 후 영업일지를 작성하여 지배인에게 보고한다.
 ㉣ 직원들의 근무 편성과 훈련을 담당한다.
 ㉤ 항상 위생상태를 점검하고 위생검열을 실시하여 영업장이 청결하게 유지될 수 있도록 책임을 지고 감독한다.

③ 캡틴(Captain)
 ㉠ 헤드 바텐더(Head Bartender) 또는 슈퍼바이저(Supervisor)라고 부른다.
 ㉡ 필요시 지배인, 부지배인의 업무를 보좌하며, 담당구역 및 준비사항을 체크하고 점검한다.
 ㉢ 고객 관리 및 서비스에 직접적인 책임을 맡고 있는 책임자로서 정확한 주문과 서비스를 담당한다.
 ㉣ 식자재의 입고와 출고를 관리하며, 적정 재고를 파악하여 보급 및 관리 책임을 진다.

④ 소믈리에(Sommelier)
 ㉠ 와인 스튜어드(Wine Steward)라고도 한다.
 ㉡ 와인을 진열, 점검, 관리하며 와인을 판매하는 전문가이다.
 ㉢ 고객에게 와인을 추천하여 주문을 받고 와인을 서브한다.
 ㉣ 영업장의 와인 리스트를 체크하고 하우스 와인을 선별한다.
 ㉤ 와인뿐만 아니라 안주나 음식에 대해 해박한 지식과 평가를 할 수 있는 실력을 갖추고 있어야 한다.

⑤ 바텐더(Bartender)
 ㉠ 주장관리에서 음료의 생산 및 판매에 만전을 기하고 준비해야 한다.
 ㉡ Bar 내의 위생 및 청결, 정리정돈 등을 수시로 체크하고 유지해야 한다.
 ㉢ 영업 준비에 대한 점검을 철저히 하며 재고 상품도 체크해야 한다.
 ㉣ 각종 장비 및 비품들의 작동상태 및 위생상태를 점검하고 관리해야 한다.
 ㉤ 음료에 대한 충분한 지식을 숙지하고 있어야 한다.
 ㉥ 모든 주류는 정확히 관리하며 특히 Cost(원가)관리에 신경 써야 한다.
 ㉦ 고객에 대한 서비스 개념을 확실히 익히고 개인위생에 신경 써야 한다.
 ㉧ 음료 만드는 전문기술을 터득하는 데 노력해야 한다.
 ㉨ 단골고객 확보 등을 위해 고객과 대화하고 즐거움을 줄 수 있도록 서비스 기술을 익히고 사교기술을 키우기 위해 노력한다.

ㅊ 영업종료 후 바 주위의 청소와 기물정리를 담당한다.
ㅋ 고객과의 대화 시 특정 종교나, 정치, 스포츠의 특정 구단에 대해 얘기하는 것을 피하고 논쟁을 하지 않는다.

⑥ 바 헬퍼(Bar Helper)
ㄱ 바텐더 보조로서 바텐더들의 업무를 도와준다. 주장에서 필요한 물품(술, 기물, 과일, 얼음, 글라스류 등)을 운반하고 비축해야 하며 간단한 청소 상태를 수시로 체크해서 청결 유지에 힘써야 한다.
ㄴ 업무 중 고객과 바텐더의 언행을 잘 살피고 배워서 바텐더의 기본 실력을 키우는 데 노력한다.

⑦ 웨이터와 웨이트리스(Waiter and Waitress)
ㄱ 고객과 바텐더와의 중계역할을 하는 접객 서비스맨이다.
ㄴ 캡틴을 보좌하여 영업시간 전에 손님맞이를 위한 테이블의 정리, 음료 판매상품에 대한 숙지 및 판매기술의 개발, 주문서 관리와 요금의 영수관계를 주로 하는 역할을 하며, 특히 단골고객에 대한 취향을 파악하여 고객 서비스에 만전을 기한다.

### 핵심예제

**6-1. 주류의 Inventory Sheet에 표기되지 않는 것은?**
[2013년 5회]

① 상품명
② 전기 이월량
③ 규격(또는 용량)
④ 구입가격

**6-2. 영업을 폐점하고 남은 물량을 품목별로 재고조사하는 것을 무엇이라 하는가?**
[2013년 4회]

① Daily Issue
② Inventory Management
③ Par Stock
④ FIFO

**6-3. 다음 중 주장 종사원(Waiter/Waitress)의 주요 임무는?**
[2013년 4회]

① 고객이 사용한 기물과 빈 잔을 세척한다.
② 칵테일의 부재료를 준비한다.
③ 창고에서 주장(Bar)에서 필요한 물품을 보급한다.
④ 고객에게 주문을 받고 주문받은 음료를 제공한다.

**6-4. Bar 종사원의 올바른 태도가 아닌 것은?** [2013년 4회]

① 영업장 내에서 동료들과 좋은 인간관계를 유지한다.
② 항상 예의 바르고 분명한 언어와 태도로 고객을 대한다.
③ 고객과 정치성이 강한 대화를 주로 나눈다.
④ 손님에게 지나친 주문을 요구하지 않는다.

**6-5. 바텐더(Bartender)의 직무에 관한 설명으로 가장 거리가 먼 것은?**
[2013년 4회]

① 바 카운터 내의 청결, 정리정돈 등을 수시로 해야 한다.
② 파 스톡(Par Stock)에 준한 보급수령을 해야 한다.
③ 각종 기계 및 기구의 작동상태를 점검해야 한다.
④ 조주는 바텐더 자신의 기준이나 아이디어에 따라 제조해야 한다.

**6-6. 바텐더의 영업 개시 전 준비사항이 아닌 것은?**
[2013년 4회]

① 모든 부재료를 점검한다.
② White Wine을 상온에 보관하고 판매한다.
③ Juice 종류는 다양한지 확인한다.
④ 칵테일 냅킨과 코스터를 준비한다.

| 해설 |

6-4
고객과 정치나 종교에 대한 대화 또는 논쟁을 하지 않는다.

6-5
칵테일의 조주는 음료에 대한 충분한 지식을 숙지하고 규정된 레시피(Recipe)에 의하여 제공되어야 한다.

6-6
화이트 와인은 냉장 보관을 원칙으로 한다.

정답 6-1 ④  6-2 ②  6-3 ④  6-4 ③  6-5 ④  6-6 ②

**핵심이론 07 재고관리 및 원가관리**

① 주장경영
  ㉠ 영업장 재고조사(Inventory)를 통해 적정 재고량(Par Stock)을 파악하여 주장경영을 원활히 할 수 있어야 한다.
  ㉡ 원가란 상품의 제조, 판매, 서비스 제공 등을 위하여 투입된 경제가치로서 사업의 설계에서부터 물품의 구입방법, 보관, 저장과정, 생산과정, 판매과정 등의 직접적인 원가와 임대료, 세금, 운영경비, 감가상각비, 변동비인 인건비와 같은 바 경영을 위해 소요되는 모든 비용을 말한다.
  ㉢ 원가의 3요소는 재료비, 노무비, 기타 경비(임대료, 세금, 운영경비 등)를 말한다.

② 원가의 종류
  ㉠ 고정비 : 임대료, 세금, 각종 보험료, 수도·광열비, 감가상각비 등 매출에 상관없이 고정적으로 드는 비용을 말한다.
  ㉡ 변동비 : 식자재비, 소득세 등 매출액이 증가함에 따라 변동이 생기는 비용을 말한다.

③ 원가절감 방안
  ㉠ 주장경영은 매출의 상품이 식자재 위주로 구성되어 있어 보관 및 출고관리에 만전을 기해야 하며 특히 주류를 제외한 식자재의 경우 부패와 변질의 가능성이 높기 때문에 원가관리에 신경 써야 한다.
  ㉡ 고객이 선호하는 식자재를 예측하고, 소비된 음료에 대한 정확한 판매기록과 재고조사(Inventory)를 통해 적정 재고량을 예측해서 불필요한 주문을 줄인다.
  ㉢ 식재료의 구매, 검수, 저장관리, 상품 판매까지 신선도 체크 및 유지에 신경 써서 손실요인을 제거한다.
  ㉣ 칵테일 조주는 음료에 대한 충분한 지식을 바탕으로 표준 레시피(Standard Recipes)에 의하여 제공되어야 불필요한 낭비를 없앨 수 있다.
  ㉤ 발췌 검수법 : 재료의 품질을 검사하는 방법으로 많은 물건을 낱낱이 조사하는 대신 몇 개만을 뽑아내어 검사하고 그것으로 전체의 품질을 추정하는 방법이다.
  ㉥ 송장 검수법 : 물품에 대한 정보를 기록한 서식을 보고 품질을 추정하는 방법이다.
  ㉦ 전수 검수법 : 납품된 물품의 전체를 감시하여 품질을 추정하는 방법이다.
  ㉧ 규칙적인 일별 재고조사(Daily Inventory), 주별 재고조사(Weekly Inventory), 월별 재고조사(Monthly Inventory) 등 합리적인 재고조사(Inventory)를 통해 적절한 구매가 이루어질 수 있도록 해야 한다.
  ㉨ 고객의 메뉴나 상표선호도에 따라 매출을 파악하여 고객들에게 제공할 수 있는 적정 재고량(Par Stock)을 측정하여 원가관리에 신경 써야 한다.
  ㉩ 원활한 재고관리를 위해 선입선출(FIFO ; First In First Out)이 지켜질 수 있도록 체계적으로 보관·저장한다.
  ㉪ 모든 물품에 대한 입출고 현황에 따른 재고 기록카드인 빈 카드(Bin Card)를 작성하여 물건이 비치되어 있는 장소에 비치한다. 빈 카드는 적정 재고량을 확보하고 적정 시기에 적정 소요량을 재주문할 수 있게 하는 자료가 된다.

**핵심예제**

**7-1. 다음 중 영업장에서 코스트(Cost)관리의 목적과 거리가 먼 것은?** [2019년 1회]

① 해피아워(Happy Hour) 연장
② 파 스톡(Par Stock) 체크
③ 선입선출
④ 규칙적인 인벤토리(Inventory) 체크

### 핵심예제

**7-2. 구매관리 업무와 가장 거리가 먼 것은?** [2013년 5회]

① 납기관리
② 시장조사
③ 우량 납품업체 선정
④ 음료상품 판매촉진 기획

**7-3. 주장 경영 원가의 3요소로 가장 적합한 것은?** [2013년 5회]

① 재료비, 노무비, 기타 경비
② 재료비, 인건비, 세금
③ 재료비, 종사원 급여, 권리금
④ 재료비, 노무비, 월세와 관리비

**7-4. 식재료가 소량이면서 고가인 경우나 희귀한 아이템의 경우에 검수하는 방법으로 옳은 것은?** [2013년 5회]

① 발췌 검수법
② 전수 검수법
③ 송장 검수법
④ 서명 검수법

**7-5. 식자재 원가율 계산방법으로 옳은 것은?** [2013년 5회]

① 기초재고 + 당기매입 - 기말재고
② (식재료 원가 / 총매출액) × 100
③ 비용 + (순이익 / 수익)
④ (식재료 원가 / 월매출액) × 30

**7-6. 구매관리와 관련된 원칙에 대한 설명으로 옳은 것은?** [2013년 4회]

① 나중에 반입된 저장품부터 소비한다.
② 한꺼번에 많이 구매한다.
③ 공급업자와의 유대관계를 고려하여 검수과정은 생략한다.
④ 저장창고의 크기, 호텔의 재무상태, 음료의 회전을 고려하여 구매한다.

|해설|

**7-1**
코스트는 영업손실을 의미한다. 파 스톡, 선입선출, 인벤토리는 영업장의 신속한 서비스를 위해 물품 공급을 원활히 도모하기 위한 목적으로 적정 재고량을 파악하고 매입순법을 통해 불필요한 물품구입을 방지하므로 코스트를 낮출 수 있다.

정답 7-1 ① 7-2 ④ 7-3 ① 7-4 ② 7-5 ② 7-6 ④

## 제3절 | 바텐더 외국어 사용

### 핵심이론 01 Bar, 레스토랑에서 사용하는 영어회화

- I have a reservation for tonight.
  (오늘 밤 예약해 두었습니다.)

  When was your reservation made, sir?
  (언제 예약을 하셨죠, 손님?)

- How many persons please?
  (몇 분이신가요?)

  A table for two please.
  (두 명입니다.)

- We already have a reservation for a dinner party.
  (이미 저녁 예약이 되어 있습니다.)

- Under what name do you want the reservation?
  (누구 이름으로 예약을 해놓을까요?)

- I'm sorry, we don't have your reservation.
  (죄송하지만, 손님은 예약이 안 되어 있습니다.)

- A waiter will come to take your order.
  (웨이터가 주문을 받으러 올 것입니다.)

  Just a moment please.
  (잠시만 기다려 주세요.)

- Here is your menu.
  (여기 메뉴판입니다.)

  May I take your order now?
  (주문을 결정했습니까?)

  What would you like to order?
  (무엇을 주문하시겠습니까?)

- Would you care for an aperitif?
  (식전주를 마시겠습니까?)

- Would you like anything to drink?
  (음료는 어떤 것으로 하겠습니까?)

- Would you like juice or coffee?
  (주스와 커피 중 어느 것이 좋습니까?)

- Would you care for some more coffee?
  (커피 좀 더 드시겠습니까?)
- How would you like your steak?
  (스테이크 굽기는 어느 정도가 좋겠습니까?)
  I'll have it well done please.
  (완전히 익혀 주십시오.)
- Have you finished your meal?
  (식사는 끝나셨습니까?)
- Are you enjoying your meal?
  (식사는 잘하셨습니까?)
- Would you prefer red wine or white wine?
  (레드 와인과 화이트 와인 중에 어느 것이 좋습니까?)
- I'll bring you the cheese and wine right away.
  (치즈와 와인을 금방 가져다 드리겠습니다.)
- Which whisky would you prefer?
  (위스키는 무엇으로 하시겠습니까?)
  I'll have a Ballantine please.
  (발렌타인으로 주십시오.)
  Certainly, just a moment please.
  (알겠습니다. 잠시만 기다려 주십시오.)
- Care for a drink?
  (한잔 하시겠습니까?)
- Bring us another round of beer.
  (우리에게 맥주를 한잔씩 더 주십시오.)
- What kind of beer do you have?
  (어떤 맥주가 있습니까?)
- What would you like for dessert?
  (디저트는 무엇을 드시겠습니까?)
- Are you all set to order dessert yet?
  (디저트 주문하실 준비되셨습니까?)
- Would you like to see a dessert menu?
  (디저트 메뉴를 보시겠습니까?)
- May I have the bill please?
  (계산서를 가져오시겠습니까?)
- How much are they?
  (얼마입니까?)
- Let me just figure out your bill here.
  (계산서를 뽑아드리겠습니다.)
- Would you like separate checks?
  (두 분 따로 계산하시겠습니까?)
  No, one check, please.
  (아니요, 함께 계산해 주십시오.)
- May I take a print of your card?
  (카드를 주시겠습니까?)
- You must pay the bill up front.
  (요금을 선불로 지불해 주셔야 합니다.)
- Your bill includes a 10% tax.
  (계산서에는 10%의 세금이 포함되어 있습니다.)
- Thank you, Have a nice evening.
  (감사합니다. 좋은 밤 보내세요.)
- I beg your pardon?
  (다시 한번 말씀해 주십시오.)

### 핵심예제

**다음 빈칸에 들어갈 적합한 말로 바르게 짝지어진 것은?**

> W : Would you like a dessert?
> G : Yes, please. Could you tell us what you have ( ㉠ ).
> W : Certainly. ( ㉠ ) we have fruit salad, chocolate gateau, and lemon pie.
> G : The gateau looks nice but what is ( ㉡ )?
> W : ( ㉡ ) there is fresh fruit, cheesecake, and profiteroles.
> G : I think I'll have them, please, with chocolate sauce.

① ㉠ on it          ㉡ under
② ㉠ on the top     ㉡ underneath
③ ㉠ on the top     ㉡ under
④ ㉠ over           ㉡ below

정답 ②

## 핵심이론 02 고객 응대

### ① 단골고객 응대
- Mr. James, welcome back.
  (제임스 씨, 다시 와주셔서 감사합니다.)
- We're very happy to see you again.
  (다시 뵈니 기쁩니다.)
- Good morning, sir. It's very nice to see you again.
  (안녕하십니까? 다시 뵈니 기쁩니다.)
- Thank you. It's good to be back.
  (다시 와 주셔서 감사합니다.)

### ② 고객 테이블 안내
- This way, please.
  (이쪽으로 오십시오.)
- Shall I show you the way?
  (안내해 드리겠습니다.)
- Would you like to come this way?
  (이쪽으로 오시겠습니까?)
- I'll show you to your new table.
  (다른 자리로 안내해 드리겠습니다.)
- Is this all right for you, sir?
  (이 자리가 괜찮겠습니까?)
- I'll show you to your table. This way, please. Is this fine?
  (손님 자리로 안내하겠습니다. 이쪽으로 오십시오. 이 자리가 괜찮겠습니까?)
  OK. That'll be fine.
  (예. 됐습니다.)

### ③ 영업 시간을 말할 때
- When does the restaurant open?
  (레스토랑은 언제 오픈합니까?)
  The restaurant opens at 11 a.m.
  (오전 11시입니다.)
- When does the restaurant open the breakfast?
  (아침 식사는 언제부터 됩니까?)
  It opens for breakfast from 6 a.m. untill 10 a.m.
  (오전 6시에서 오전 10시까지입니다.)
- What are the restaurant's hours?
  (레스토랑의 영업 시간은 몇 시까지입니까?)
  Opening hour are from 11 a.m. untill 10 p.m.
  (오전 11시부터 오후 10시까지입니다.)

---

**핵심예제**

**밑줄 친 곳에 들어갈 가장 알맞은 말은?** [2013년 4회]

```
A : May I take your order?
B : Yes, please.
A : _____
B : I'd like to have Bulgogi.
```

① Do you have a table for three?
② Pass me the salt, please.
③ How do you like your steak?
④ What would you like to have?

정답 ④

Win-Q
조주기능사

2013~2016년   과년도 기출문제
2017~2022년   과년도 기출복원문제
2023년        최근 기출복원문제

PART 2

## 과년도 + 최근 기출복원문제

# 2013년 제1회 과년도 기출문제

**01** 혼성주(Compounded Liquor)에 대한 설명 중 틀린 것은?

① 칵테일 제조나 식후주로 사용된다.
② 발효주에 초근목피의 침출물을 혼합하여 만든다.
③ 색채, 향기, 감미, 알코올의 조화가 잘된 술이다.
④ 혼성주는 고대 그리스 시대에 약용으로 사용되었다.

해설
혼성주는 과일이나 곡류를 발효시킨 주정을 기초로 한 증류주에 과일이나 약초, 꽃, 향료 등 초근목피(草根木皮)의 침출물에 당분이 가미된 술로 고대 그리스 시대에 약용으로 사용되었으며 특히, 이뇨, 강장에 효과가 있는 의약품으로 사용되었다. 혼성주는 색채, 향기, 감미, 알코올의 조화가 좋아 주로 식후주로 즐겨 마시며 간장, 위장, 소화불량 등에 효력이 좋다.

**02** 커피의 향미를 평가하는 순서로 가장 적합한 것은?

① 미각(맛) → 후각(향기) → 촉각(입안의 느낌)
② 시각(색) → 촉각(입안의 느낌) → 미각(맛)
③ 촉각(입안의 느낌) → 미각(맛) → 후각(향기)
④ 후각(향기) → 미각(맛) → 촉각(입안의 느낌)

해설
커핑이란, 커피의 향기와 맛의 특성을 체계적으로 평가하는 과정을 말한다. 첫 번째로 커피 맛의 자연적인 향기와 향미, 두 번째로 커피액의 단맛, 쓴맛, 신맛을 평가, 다음으로 커피 맛의 전반적인 촉감과 느낌을 평가한다.

**03** 다음 중 혼성주에 해당되는 것은?

① Beer   ② Drambuie
③ Olmeca   ④ Grave

해설
② Drambuie : 스코틀랜드의 몰트 위스키에 Honey, Herbs가 첨가된 유명한 혼성주
① Beer : 양조주
③ Olmeca : 테킬라 브랜드 일종
④ Grave : 프랑스어로 "자갈"이란 뜻으로, 프랑스 보르도 와인 생산지 중 한 지역

**04** 블렌디드(Blended) 위스키가 아닌 것은?

① Chivas Regal 18년
② Glenfiddich 15년
③ Royal Salute 21년
④ Dimple 12년

해설
Blended Whisky(블렌디드 위스키) : 맛과 향이 강한 몰트 위스키와 풍미가 순하고 부드러운 그레인 위스키를 혼합한 제품으로 몰트와 그레인의 배합 종류가 많을수록 고급품이다.
② Glenfiddich 15년 : 맥아를 원료로 해서 단식증류기로 2회 증류한 뒤 15년 숙성한 몰트 위스키
① Chivas Regal 18년 : 몰트 위스키 18년 + 그레인 위스키
③ Royal Salute 21년 : 몰트 위스키 21년 + 그레인 위스키(시바스 리갈 21년)
④ Dimple 12년 : 몰트 위스키 12년 + 그레인 위스키

## 05 증류주(Distilled Liquor)에 포함되지 않는 것은?

① 위스키(Whisky)　② 맥주(Beer)
③ 브랜디(Brandy)　④ 럼(Rum)

**해설**
증류주는 양조주의 비등점을 이용하여 알코올만이 기화하므로 이것을 냉각시키면 순도가 높은 알코올을 얻을 수 있다.
② 맥주 : 알코올 도수 4% 내외의 양조주
① 위스키 : 곡물을 발효한 원액을 증류한 40% 이상의 알코올을 함유한 증류주
③ 브랜디 : 와인을 증류한 증류주
④ 럼 : 사탕수수(당밀)를 발효 증류한 증류주

## 06 리큐르(Liqueur)가 아닌 것은?

① Benedictine　② Anisette
③ Augier　④ Absinthe

**해설**
Augier(오지에) : 가장 오래된 코냑 브랜드로 1643년 Pierre Augier(피에르 오지에)가 만들었다.

## 07 브랜디(Brandy)와 코냑(Cognac)에 대한 설명으로 옳은 것은?

① 브랜디와 코냑은 재료의 성질에 차이가 있다.
② 코냑은 프랑스의 코냑 지방에서 만들었다.
③ 코냑은 브랜디를 보관 연도별로 구분한 것이다.
④ 브랜디와 코냑은 내용물의 알코올 함량에 차이가 크다.

**해설**
브랜디와 코냑은 모두 포도를 원료로 해서 발효 증류한 증류주이다. 포도가 아닌 다른 과일로 만들었을 경우 반드시 과일 이름을 병에 기재하게 되어 있다.
• French Brandy(프렌치 브랜디) : 프랑스에서 생산된 포도를 원료로 증류한 브랜디
• Cognac(코냑) : 프랑스 코냑 지방에서 생산된 브랜디

## 08 American Whiskey가 아닌 것은?

① Jim Beam　② Wild Turkey
③ Jameson　④ Jack Daniel

**해설**
American Whiskey(아메리칸 위스키)는 버번 위스키와 테네시 위스키로 구분된다.
③ Jameson(제임슨) : 아일랜드의 아주 부드러운 풍미를 지닌 대표적인 아이리시 위스키
① Jim Beam(짐 빔) : 미국의 증류회사 중에서 가장 오랜 역사를 가지고 있는 버번 위스키
② Wild Turkey(와일드 터키) : 야생 칠면조 사냥 대회 때 발매된 버번 위스키
④ Jack Daniel(잭 다니엘) : 사탕단풍나무 숯으로 여과 후 숙성시킨 테네시 위스키

## 09 우리나라의 고유한 술 중 증류주에 속하는 것은?

① 경주법주　② 동동주
③ 문배주　④ 백세주

**해설**
③ 문배주 : 고려 왕건 시대부터 제조되어 내려온 평양 일대의 증류식 소주로 술의 향기가 문배나무의 과실에서 풍기는 향기와 같다 하여 붙여진 이름이다.
① 경주법주 : 경상북도 경주 지방의 향토술로 양조주이다.
② 동동주 : 고려시대부터 빚어졌던 술이다. 발효과정에서 고두밥 알이 동동 떠오르는 현상을 두고 '밥알이 동동 떠 있다'고 해서 동동주라는 이름을 붙이게 되었을 것이라는 설이 있다.
④ 백세주 : 찹쌀로 만든 발효주이며 이 술을 마시면 백세까지도 살 수 있다 하여 붙여진 이름이다.

**정답** 5 ② 6 ③ 7 ② 8 ③ 9 ③

**10** 다음 중 그 종류가 다른 하나는?

① Vienna Coffee
② Cappuccino Coffee
③ Espresso Coffee
④ Irish Coffee

해설
④ Irish Coffee(아이리시 커피) : 아이리시 위스키를 베이스로 커피와 휘핑크림으로 만든 뜨거운 알코올이 함유된 칵테일
① Vienna Coffee(비엔나 커피) : 아메리카노 위에 하얀 휘핑크림을 듬뿍 얹은 커피
② Cappuccino(카푸치노) : 에스프레소 위에 하얀 우유 거품을 올린 커피로 기호에 따라 계피가루를 뿌린 이탈리아식 커피
③ Espresso(에스프레소) : 이탈리아어로 '빠르다'는 의미를 가진 아주 진한 이탈리아식 커피

**11** 독일의 리슬링(Riesling) 와인에 대한 설명으로 틀린 것은?

① 독일의 대표적 와인이다.
② 살구향, 사과향 등의 과실향이 주로 난다.
③ 대부분 무감미 와인(Dry Wine)이다.
④ 다른 나라 와인에 비해 비교적 알코올 도수가 낮다.

해설
리슬링(Riesling) 와인 : 세계적으로 유명한 백포도 품종으로 독일 라인가우, 모젤지방 그리고 프랑스의 알자스가 주요 생산지역이다. 장미꽃향, 풀향 등 섬세한 방향과 사과향, 자몽향, 복숭아향, 꿀향 등 과일향이 풍부하고 산도와 당분의 균형과 조화가 잘 이루어져 초보자가 마시기에 부담 없는 와인이다. 늦은 수확의 리슬링은 스위트한 고급 디저트 와인을 만든다.

**12** 와인을 막고 있는 코르크가 곰팡이에 오염되어 와인의 맛이 변하는 것으로 와인에서 종이 박스 향취, 곰팡이 냄새 등이 나는 것을 의미하는 현상은?

① 네고시앙(Negociant)
② 부쇼네(Bouchonne)
③ 귀부병(Noble Rot)
④ 부케(Bouquet)

해설
② 부쇼네(Bouchonne) : 불량 코르크로 인해 변질된 와인, 곰팡이 냄새가 나는 와인을 말한다. 즉 코르크 마개의 오염에 의한 와인 풍미의 변질로, 프랑스어로 병마개 부숑(Bouchon)에서 파생된 단어이다.
① 네고시앙(Negociant) : 와인 상인이나 중간 제조업자를 말한다. 포도 생산업자에게 와인을 구입하여 숙성, 블렌딩한 후 병입하여 판매한다.
③ 귀부병(Noble Rot) : 보트리티스 시네레아(*Botrytis cinerea*) 균에 의한 감염으로 고귀한 부패, 즉 귀하게 썩은 포도라 할 수 있다. 독일어로 에델포일레(Edelfaule), 프랑스어로 푸리튀르 노블레(Pourriture Noble), 일본어로 귀부(貴腐)라 한다. 수확시기가 늦게 되거나, 특이한 기후의 혜택으로 습한 날씨와 건조한 날씨가 교차하면서 포도알에 번식하는 미세한 곰팡이의 생육으로 포도의 수분을 증발시켜 포도즙의 당도가 높아져 특별한 향기가 형성된다. 향은 귤껍질이나 마른 살구, 꿀향이 나며 맛은 달콤하면서 기름지듯 부드럽다. 프랑스 소테른(Sauternes) 와인, 헝가리 토카이(Tokay) 와인, 그리고 독일의 트로켄베렌아우스레제(Trockenbeerenauslese) 등이 있다.
④ 부케(Bouquet) : 프랑스어로 '다발 또는 묶음'이라는 뜻으로 발효와 숙성을 통해 생성된 복합적인 향을 의미한다.

**13** 브랜디의 제조공정에서 증류한 브랜디를 열탕소독한 White Oak Barrel에 담기 전에 무엇을 채워 유해한 색소나 이물질을 제거하는가?

① Beer
② Gin
③ Red Wine
④ White Wine

해설
브랜디는 새로운 오크통(White Oak Barrel)에 넣어 저장한다. 술통은 새것보다 오래된 것이 더 좋다. 새 술통을 사용할 때에는 열탕으로 소독하고 다시 화이트 와인을 채워 유해한 색소나 이취물질을 제거한 후 와인을 쏟아내고 브랜디를 넣어 저장한다.

**14** 탄산음료의 $CO_2$에 대한 설명으로 틀린 것은?

① 미생물의 발육을 억제한다.
② 향기의 변화를 예방한다.
③ 단맛과 부드러운 맛을 부여한다.
④ 청량감과 시원한 느낌을 준다.

**해설**
이산화탄소의 기체상의 것을 말한다. 광천수 중에도 함유되어 있는 천연탄산수도 많다. 탄산가스는 식품공업에서는 탄산음료, 탄산수의 제조에 이용된다. 인공적으로 이산화탄소를 만들 때 소다를 쓰기 때문에 소다수(Soda Water)라고 한다. 소다수는 수분과 이산화탄소만으로 이뤄졌기에 영양가는 없으나, 이산화탄소 특유의 자극이 청량감을 주고, 미생물의 발육을 억제하며, 향기의 변화를 예방하고, 동시에 위장을 자극하여 식욕을 돋우는 효과가 있다.

**15** 차의 분류가 옳게 연결된 것은?

① 발효차 - 얼그레이
② 불발효차 - 보이차
③ 반발효차 - 녹차
④ 후발효차 - 재스민

**해설**
- 불발효차(不醱酵茶) : 녹차(綠茶, Green Tea) 등이 있다. 발효시키지 않은 찻잎을 사용해서 만든 차이며 차의 여린 잎을 따서 바로 증기로 찌거나 솥에서 덖어 발효가 되지 않도록 만든 차이다.
- 발효차(醱酵茶) : 홍차(紅茶, Black Tea) 등이 있다. 산화효소를 파괴하지 않고 찻잎을 발효시켜 만든 차이다.
- 반(半)발효차(醱酵茶) : 오룡차, 재스민차, 우롱차, 세미퍼먼티드 티(Semi-fermented Tea) 등이 있다. 발효 정도가 녹차와 홍차의 중간적인 중국차이다. 찻잎을 햇볕에 약간 말리면 잎 속의 성분이 산화효소의 작용으로 발효되고 일부가 산화되어 좋은 향기가 나며, 막 향기가 날 때쯤 가마솥에 넣어 볶아 산화를 정지시킨다. 발효가 반쯤 이루어지기 때문에 반발효차라고 한다.
- 후(後)발효차(醱酵茶) : 흑차, 보이차, 육보차, 황차, 포스트퍼먼티드티(Post-fermented Tea) 등이 있다. 찻잎을 가열하여 산화효소를 처리한 후에 미생물 발효를 시킨 것이다.

**16** 셰리의 숙성 중 솔레라(Solera) 시스템에 대한 설명으로 옳은 것은?

① 소량씩의 반자동 블렌딩 방식이다.
② 영(Young)한 와인보다 숙성된 와인을 채워주는 방식이다.
③ 빈티지 셰리를 만들 때 사용한다.
④ 주정을 채워 주는 방식이다.

**해설**
스페인 셰리(Sherry) 와인이나 포르투갈 마데이라 와인(Madeira Wine)은 솔레라 시스템이라고 하는 일종의 블렌딩 과정을 거쳐 생산된다. 오크통에서 오래 숙성된 와인액과 숙성이 얼마 되지 않은 와인액을 서로 섞어 같은 맛을 지니게 하는 방법을 말한다. 이는 해마다 다를 수 있는 맛의 차이를 최소화하여 늘 일정한 품질을 유지시켜 준다. 생산연도가 다른 와인통을 3단으로 포개어 놓고 맨 아래 오크통은 술이 가장 오래되어 병에 먼저 담기며 여기서 30% 정도 퍼낸 다음 바로 위 단계의 오크통에서 퍼낸 술을 가장 아래 단에 있는 오크통에 보충한다. 가운데 오크통은 맨 위에 있는 오크통에서 보충하고 맨 위의 오크통은 줄어든 만큼 새로운 술을 채운다.

**17** 다음 중 상면발효 맥주에 해당하는 것은?

① Lager Beer
② Porter Beer
③ Pilsner Beer
④ Dortmunder Beer

**해설**
상면발효 맥주(Top Fermentation Beer)는 18~25℃의 비교적 고온에서 발효 중에 발생하는 이산화탄소에 의해 발효액 표면의 거품 위에 떠오르는 맥주효모를 사용하여 만드는 맥주이다. 이것은 쓴맛이 많고 맛과 향이 강하다. 주로 영국맥주가 여기에 속하며 스타우트 비어(Stout Beer), 에일 비어(Ale Beer), 포터 비어(Porter beer)와 벨기에 램빅(Lambics)이 있다.

### 18  럼(Rum)의 주원료는?

① 대맥(Rye)과 보리(Barley)
② 사탕수수(Sugar Cane)와 당밀(Molasses)
③ 꿀(Honey)
④ 쌀(Rice)과 옥수수(Corn)

**해설**
럼의 주원료는 사탕수수(Sugar Cane)가 사용된다. 사탕수수의 즙을 쓰는 경우와 설탕 공업이 발달하면서 설탕을 만들고 남은 찌꺼기인 당밀(Molasses)을 이용하여 발효, 증류시켜 만든 증류주이다. 서인도제도의 카리브해 연안은 사탕수수가 자라기 가장 좋은 조건을 가지고 있어 사탕수수의 주산지로 알려져 있다.

### 19  리큐르(Liqueur)의 제조법과 가장 거리가 먼 것은?

① 블렌딩법(Blending)
② 침출법(Infusion)
③ 증류법(Distillation)
④ 에센스법(Essence Process)

**해설**
- 침출법(Infusion Process) : 증류하면 변질되기 쉬운 과일이나 약초, 향료에 증류주로 향미성분을 용해시키는 방법이다.
- 증류법(Distilled Process) : 식물의 초근목피(草根木皮) 등 방향성 물질인 향료(香料)나 재료를 주정(酒精)에 담그고 그 침출액을 증류하여 감미와 색을 착색하는 방법이다.
- 에센스법(Essence Process) : 일종의 향료혼합법이다. 주정에 천연 또는 인공향료를 배합하여 여과한 후 당분을 첨가하여 만든다.
- 여과법(Percolation Process) : 알코올의 기체가 허브 등의 재료를 통과하면서 얻어진 향취를 액화하여 당분을 가미하고 색깔을 첨가 후 다시 여과시킨다.

### 20  다음에서 설명하는 프랑스의 기후는?

- 연평균 기온 11~12.5℃ 사이의 온화한 기후로 걸프 스트림이라는 바닷바람의 영향을 받는다.
- 보르도, 코냑, 알마냑 지방 등에 영향을 준다.

① 대서양 기후   ② 내륙성 기후
③ 지중해성 기후   ④ 대륙성 기후

**해설**
프랑스의 기후는 크게 3가지로 나누어진다. 노르망디, 보르도, 코냑 등은 대서양 기후(해양성 기후)로 겨울은 따뜻하고 여름은 선선하며, 비 오는 날이 많다. 프랑스 남부지방의 론, 프로방스, 랑그독 루시옹 지방 등은 지중해성 기후로 여름이 대단히 더워 포도 당도를 높게 해 주며, 샹파뉴, 부르고뉴, 알자스 지방의 중앙 고지 지방은 대륙성 기후로 겨울은 춥고 눈이 많이 내리며, 여름은 짧다.

### 21  와인 양조 시 1%의 알코올을 만들기 위해 약 몇 그램의 당분이 필요한가?

① 1g/L   ② 10g/L
③ 16.5g/L   ④ 20.5g/L

**해설**
와인 1L당 17(16.5)g의 당분은 1%의 알코올을 만든다.

## 22 와인 테이스팅의 표현으로 가장 부적합한 것은?

① Moldy(몰디) - 곰팡이가 낀 과일이나 나무 냄새
② Raisiny(레이즈니) - 건포도나 과숙한 포도 냄새
③ Woody(우디) - 마른 풀이나 꽃 냄새
④ Corky(코르키) - 곰팡이 낀 코르크 냄새

**해설**
Woody(우디) : 목질, 나무 냄새이다. 오크통에서 오래 숙성시키면 나무 향이 난다.

## 23 저온 살균되어 저장 가능한 맥주는?

① Draught Beer
② Unpasteurized Beer
③ Draft Beer
④ Lager Beer

**해설**
- Draft Beer = Draught Beer = Unpasteurized Beer : 생맥주, 즉 효모가 살아 있는 살균 처리하지 않은 맥주로 미살균 상태인 맥주를 말한다.
- Lager Beer : 독일의 라게른(Lagern : 저장하다)에서 유래한 말로 저온살균 맥주로 장기간 저장할 수 있다.

## 24 토닉 워터(Tonic Water)에 대한 설명으로 틀린 것은?

① 무색투명한 음료이다.
② Gin과 혼합하여 즐겨 마신다.
③ 식욕증진과 원기를 회복시키는 강장제 음료이다.
④ 주로 구연산, 감미료, 커피 향을 첨가하여 만든다.

**해설**
토닉워터(Tonic Water)는 영국에서 개발한 무색투명의 음료이다. 레몬, 라임, 오렌지, 키니네의 껍질 등의 농축액에 당분, 탄산가스를 넣어 마신 청량음료이다. 키니네는 해열, 진통, 강장에 효과가 있고 특히 말라리아의 특효약으로 알려져 있다. Gin Tonic이 유명하다.

## 25 다음에서 설명하는 것은?

- 북유럽 스칸디나비아 지방의 특산주로 어원은 '생명의 물'이라는 라틴어에서 온 말이다.
- 제조과정은 먼저 감자를 익혀서 으깬 감자와 맥아를 당화, 발효시켜 증류시킨다.
- 연속증류기로 95%의 고농도 알코올을 얻은 다음 물로 희석하고 회향초 씨나, 박하, 오렌지 껍질 등 여러 가지 종류의 허브로 향기를 착향시킨 술이다.

① 보드카(Vodka)
② 럼(Rum)
③ 아쿠아비트(Aquavit)
④ 브랜디(Brandy)

**해설**
아쿠아비트(Aquavit)는 북유럽 스칸디나비아(노르웨이, 덴마크, 스웨덴) 지방의 특산주이다.

**정답** 22 ③  23 ④  24 ④  25 ③

**26** 다음의 설명에 해당하는 혼성주를 옳게 연결한 것은?

> ㉠ 멕시코산 커피를 주원료로 하여 Cocoa, Vanilla 향을 첨가해서 만든 혼성주이다.
> ㉡ 야생오얏을 진에 첨가해서 만든 빨간색의 혼성주이다.
> ㉢ 이탈리아의 국민주로 제조법은 각종 식물의 뿌리, 씨, 향초, 껍질 등 70여 가지의 재료로 만들어지며 제조 기간은 45일이 걸린다.

① ㉠ 샤르트뢰즈(Chartreuse)
  ㉡ 시나(Cynar)
  ㉢ 캄파리(Campari)
② ㉠ 파샤(Pasha)
  ㉡ 슬로 진(Sloe Gin)
  ㉢ 캄파리(Campari)
③ ㉠ 칼루아(Kahlua)
  ㉡ 시나(Cynar)
  ㉢ 캄파리(Campari)
④ ㉠ 칼루아(Kahlua)
  ㉡ 슬로 진(Sloe Gin)
  ㉢ 캄파리(Campari)

**27** 생강을 주원료로 만든 탄산음료는?

① Soda Water
② Tonic Water
③ Perrier Water
④ Ginger Ale

**해설**
Ginger(생강) + Ale(맥주) = 생강으로 만든 술
우리나라는 알코올이 전혀 없는 순수한 청량음료이다.

**28** 민속주 중 모주(母酒)에 대한 설명으로 틀린 것은?

① 조선 광해군 때 인목대비의 어머니가 빚었던 술이라고 알려져 있다.
② 증류해서 만든 제주도의 대표적인 민속주이다.
③ 막걸리에 한약재를 넣고 끓인 해장술이다.
④ 계피가루를 넣어 먹는다.

**해설**
전주의 명주인 이강주와 함께 해장술로 모주가 유명하다. 광해군 때 인목대비의 어머니가 귀양지 제주에서 빚었던 술이라지만 제주도를 대표하는 민속주는 아니다. 즉 왕비의 어머니가 만든 술이라 해서 모주라 불린다. 막걸리에 생강, 대추, 계피, 배 등을 하루 동안 끓인 술이다.

**29** 와인을 분류하는 방법의 연결이 틀린 것은?

① 스파클링 와인 - 알코올 유무
② 드라이 와인 - 맛
③ 아페리티프 와인 - 식사 용도
④ 로제 와인 - 색깔

**해설**
와인의 분류
- 와인의 색에 따른 분류 : 레드 와인, 화이트 와인, 로제 와인
- 맛에 따른 분류 : 스위트 와인, 드라이 와인, 미디엄 드라이 와인
- 알코올 첨가 유무에 따른 분류 : 강화 와인, 일반 와인
- 탄산가스 유무에 따른 분류 : 스파클링 와인(발포성 와인), 일반 와인(스틸 와인)
- 식사 용도에 따른 분류 : 아페리티프 와인(식전 와인), 테이블 와인, 디저트 와인

**30** 감미 와인(Sweet Wine)을 만드는 방법이 아닌 것은?

① 귀부포도(Noble Rot Grape)를 사용하는 방법
② 발효 도중 알코올을 강화하는 방법
③ 발효 시 설탕을 첨가하는 방법(Chaptalization)
④ 햇빛에 말린 포도를 사용하는 방법

**해설**
발효 때 설탕을 첨가하여(보당) 나오는 와인이 있지만 이는 북유럽 등에서 포도가 충분히 익지 않아 원하는 알코올을 얻지 못할 때 발효 시 설탕을 첨가하여 알코올 도수를 높이는 것이다.
감미 와인을 만드는 방법
- 발효 도중 포도당을 완전히 발효시키지 않고 중간에 효모의 활동을 중지시켜 당분이 남아 있는 상태
- 보트리티스 시네레아(Botrytis cinerea)균에 의한 감염으로 귀부포도를 이용
- 레이트 하비스트(Late Harvest)로 수확시기를 늦춰서 당도를 높인 다음 발효

**31** 뜨거운 물 또는 차가운 물에 설탕과 술을 넣어서 만든 칵테일은?

① Toddy    ② Punch
③ Sour     ④ Sling

**해설**
- 토디(Toddy)는 코코넛 야자의 수액을 발효한 양조주이다. 칵테일에서는 술에 뜨거운 물과 설탕, 레몬 등을 넣어 만든 음료를 말한다.
- 펀치(Punch)는 인도어로 '다섯'을 의미하며 아락주, 차, 주스, 설탕, 물 등을 혼합한 음료를 말한다.

**32** 믹싱 글라스(Mixing Glass)에서 제조된 칵테일을 잔에 따를 때 사용하는 기물은?

① Measure Cup
② Bottle Holder
③ Strainer
④ Ice Bucket

**해설**
③ Strainer(스트레이너) : 원형 철판에 용수철이 달려 있어 얼음을 걸러 주는 도구이다.
① Measure Cup(메저 컵) : 계량컵으로 지거(Jigger)로 부르며 보통 1oz(30mL)와 1.5oz(45mL)를 많이 사용한다.
② Bottle Holder(보틀 홀더) : 와인이나 샴페인을 서브하기 위한 것과 주장에서는 차가운 맥주병 등을 고객에게 제공할 때 병 밑부분을 끼우거나 넣어서 제공한다.
④ Ice Bucket(아이스 버킷) : 얼음 통으로 아이스 페일(Ice Pail)을 말한다.

**33** Portable Bar에 포함되지 않는 것은?

① Room Service Bar
② Banquet Bar
③ Catering Bar
④ Western Bar

**해설**
Portable Bar(포터블 바)는 바퀴가 달려 있어 이동하기 편리하게 만들어진 바를 말한다.
④ Western Bar(웨스턴 바) : 미국 서부지역 분위기를 내는 흥겨운 바를 말한다. 보통 나무로 인테리어를 많이 하고 카우보이를 연상하게 한다.
① Room Service Bar(룸 서비스 바) : 호텔 투숙객이 객실에서 음식을 주문하면 Room으로 배달할 때 사용한다. 바퀴가 달려 있고 이동식 테이블 역할을 한다.
② Banquet Bar(뱅큇 바) : 연회장에서 칵테일 파티가 제공될 때 사용되는 바이다.
③ Catering Bar(케이터링 바) : 행사나 연회 등에서 음식을 공급할 때 사용한다.

**34** 와인 병에 침전물이 가라앉았을 때 이 침전물이 글라스에 같이 따라지는 것을 방지하기 위해 사용하는 도구는?

① 와인 바스켓
② 와인 디캔터
③ 와인 버킷
④ 코르크 스크루

**해설**
와인 디캔터(Wine Decanter) : 레드 와인의 침전물을 제거하기 위해 옮겨 따르는 용기이다. 또는 숙성이 덜 된 거친 와인을 디캔터에 옮기면서 공기와 접촉해 맛과 향이 부드러워질 수 있도록 하는 작업을 디캔팅이라 부른다.

**36** 생맥주(Draft Beer) 취급요령 중 틀린 것은?

① 2~3℃의 온도를 유지할 수 있는 저장시설을 갖추어야 한다.
② 술통 속의 압력은 12~14pound로 일정하게 유지해야 한다.
③ 신선도를 유지하기 위해 입고 순서와 관계없이 좋은 상태의 것을 먼저 사용한다.
④ 글라스에 서비스할 때 3~4℃ 정도의 온도가 유지되어야 한다.

**해설**
생맥주, 즉 드래프트 비어(Draft Beer)라고 한다. 살균 처리하지 않은 맥주이기에 먼저 들어온 것을 먼저 사용해야 하는 선입선출(FIFO)에 신경 써야 한다.

**35** 다음 중 바텐더의 직무가 아닌 것은?

① 글라스류 및 칵테일용 기물을 세척 정돈한다.
② 바텐더는 여러 가지 종류의 와인에 대하여 충분한 지식을 가지고 서비스를 한다.
③ 고객이 바 카운터에 있을 때는 바텐더는 항상 서 있어야 한다.
④ 호텔 내외에서 거행되는 파티도 돕는다.

**해설**
바를 부드럽게 만드는 사람을 바텐더라고 하듯이 음료에 대한 풍부한 상식과 다양한 지식으로 고객을 즐겁고 편안하게 만들어주는 전문가를 말한다. 바의 기물관리 및 파티 등 이벤트를 주관하기도 하며 바를 지키고 있는 것처럼 항상 서 있는 것을 원칙으로 하지만 편안한 분위기를 연출하는 것이 좋다.

**37** 바 카운터의 요건으로 가장 거리가 먼 것은?

① 카운터의 높이는 1~1.5m 정도가 적당하며 너무 높아서는 안 된다.
② 카운터는 넓을수록 좋다.
③ 작업대(Working Board)는 카운터 뒤에 수평으로 부착시켜야 한다.
④ 카운터 표면은 잘 닦이는 재료로 되어 있어야 한다.

**해설**
바 카운터의 넓이, 즉 폭은 50cm 내외가 좋다. 좁으면 고객이 음료를 마시는 공간이 부족해 불편하고 너무 넓으면 바텐더가 고객에게 음료를 서브할 때 불편하다.

**38** 싱가포르 슬링(Singapore Sling) 칵테일의 재료로 적합하지 않은 것은?

① 드라이 진(Dry Gin)
② 체리 브랜디(Cherry-Flavored Brandy)
③ 레몬주스(Lemon Juice)
④ 토닉워터(Tonic Water)

해설
싱가포르 슬링(Singapore Sling)은 드라이 진 1.5oz, 레몬주스 0.5oz, 설탕 1tsp을 셰이커에 넣고 잘 흔든 다음 얼음이 담긴 필스너(Pilsner) 글라스에 따르고 소다수(Soda Water)로 채운다. 소다를 채운 칵테일 위에 체리 브랜디를 0.5oz 얹어 준다.

**39** 주장(Bar)에서 기물의 취급방법으로 틀린 것은?

① 금이 간 접시나 글라스는 규정에 따라 폐기한다.
② 은기물은 은기물 전용 세척액에 오래 담가두어야 한다.
③ 크리스털 글라스는 가능한 손으로 세척한다.
④ 식기는 같은 종류별로 보관하며 너무 많이 쌓아두지 않는다.

해설
은기물 전용 세척액인 실버 클리너에는 유기산 등의 성분이 있으므로 세척액에 담갔다가 빼서 바로 헹구면 광이 번쩍번쩍하지만 피부에 닿으면 안 좋기 때문에 주의해야 한다.

**40** 저장관리 원칙과 가장 거리가 먼 것은?

① 저장위치 표시
② 분류저장
③ 품질보전
④ 매상증진

해설
식자재를 안전하게 저장이 되도록 관리하는 작업으로 매상증진과 관련은 없다.

**41** 와인의 빈티지(Vintage)가 의미하는 것은?

① 포도주의 판매 유효 연도
② 포도의 수확 연도
③ 포도의 품종
④ 포도주의 도수

해설
빈티지(Vintage)는 포도가 수확된 해를 말한다. 프랑스어로 밀레짐(Millesium)이라 한다.

**42** 스파클링 와인(Sparkling Wine) 서비스 방법으로 틀린 것은?

① 병을 천천히 돌리면서 천천히 코르크가 빠지게 한다.
② 반드시 "뻥"하는 소리가 나게 신경 써서 개봉한다.
③ 상표가 보이게 하여 테이블에 놓여 있는 글라스에 천천히 넘치지 않게 따른다.
④ 오랫동안 거품을 간직할 수 있는 플루트(Flute)형 잔에 따른다.

해설
샴페인 오픈 시 코르크가 튀어 올라올 수 있으므로 코르크 위를 살며시 누른 후 천천히 위로 잡아 올린다. 코르크가 거의 다 올라오면 엄지와 검지로 되도록 바람 빠지는 소리가 적게 나도록 누르면서 살짝 비틀어 빼낸다.

**43** 주장(Bar)에서 주문받는 방법으로 옳지 않은 것은?

① 가능한 빨리 주문을 받는다.
② 분위기나 계절에 어울리는 음료를 추천한다.
③ 추가 주문은 잔이 비었을 때에 받는다.
④ 시간이 걸리더라도 구체적이고 명확하게 주문받는다.

해설
리오더(Reorder)는 음료가 약 20%가량 남아 있을 때 추천판매 등을 통해 추가 주문을 받는 것이 좋다.

**44** 칵테일 글라스를 잡는 부위로 옳은 것은?

① Rim          ② Stem
③ Body         ④ Bottom

해설
② Stem(스템) : 기둥, 손잡이 부분
① Rim(림) : 글라스 가장자리로 입술이 닿는 부위
③ Body(보디) : 몸통, 음료가 차지하는 부피
④ Bottom(바텀) : 맨 밑, 글라스 바닥, 밑부분

**45** 쿨러(Cooler)의 종류에 해당되지 않는 것은?

① Jigger Cooler
② Cup Cooler
③ Beer Cooler
④ Wine Cooler

해설
쿨러(Cooler)는 술, 설탕, 레몬 또는 라임주스에 소다수를 넣은 음료로 럼 쿨러(Rum Cooler), 비어 쿨러(Beer Cooler), 와인 쿨러(Wine Cooler), 컵 쿨러(Cup Cooler : 8oz 용량)가 있다.

**46** 다음 중 소믈리에(Sommelier)의 역할로 틀린 것은?

① 손님의 취향과 음식과의 조화, 예산 등에 따라 와인을 추천한다.
② 주문한 와인은 먼저 여성에게 우선적으로 와인병의 상표를 보여주며 주문한 와인임을 확인시켜 준다.
③ 시음 후 여성부터 차례로 와인을 따르고 마지막에 그 날의 호스트에게 와인을 따라준다.
④ 코르크 마개를 열고 주빈에게 코르크 마개를 보여주면서 시큼하고 이상한 냄새가 나지 않는지, 코르크가 잘 젖어있는지를 확인시킨다.

해설
호스트 테이스팅(Host Tasting)은 주인이 초대한 손님보다 먼저 와인의 맛을 보고 대접하는 것이다. 소믈리에는 와인을 주문한 손님에게 와인의 상표를 확인시킨다.

**47** 다음 시럽 중 나머지 셋과 특징이 다른 것은?

① Grenadine Syrup
② Can Sugar Syrup
③ Simple Syrup
④ Plain Syrup

해설
플레인 시럽(Plain Syrup), 심플 시럽(Simple Syrup), 캔 슈가 시럽(Can Sugar Syrup)은 물과 설탕으로 만든 설탕시럽을 말한다.
그레나딘 시럽(Grenadine Syrup) : 설탕을 만들고 남은 찌꺼기 당밀에 석류를 넣어 만든 붉은색의 달콤한 시럽

**48** 맨해튼 칵테일(Manhattan Cocktail)의 가니시(Garnish)로 옳은 것은?

① Cocktail Olive  ② Pearl Onion
③ Lemon  ④ Cherry

**해설**
맨해튼 칵테일은 아메리칸 위스키 1·1/2oz에 스위트 베르무트 3/4oz, 앙고스투라 비터 1dash를 믹싱 글라스에 넣고 잘 휘저은 뒤 칵테일 글라스에 따르고 체리(Cherry)로 장식한다.

**49** 바(Bar) 작업대와 가터레일(Gutter Rail)의 시설 위치로 옳은 것은?

① Bartender 정면에 시설되게 하고 높이는 술 붓는 것을 고객이 볼 수 있는 위치
② Bartender 후면에 시설되게 하고 높이는 술 붓는 것을 고객이 볼 수 없는 위치
③ Bartender 우측에 시설되게 하고 높이는 술 붓는 것을 고객이 볼 수 있는 위치
④ Bartender 좌측에 시설되게 하고 높이는 술 붓는 것을 고객이 볼 수 없는 위치

**50** 와인의 마개로 사용되는 코르크 마개의 특성으로 가장 거리가 먼 것은?

① 온도 변화에 민감하다.
② 코르크 참나무의 외피로 만든다.
③ 신축성이 뛰어나다.
④ 밀폐성이 있다.

**해설**
코르크 마개는 참나무의 외피로 만든 것으로 신축성이 뛰어나고 온도 변화에 민감하지 않아 쉽게 부패하지 않는다.

**51** What is an alternative form of "I beg your pardon?"

① Excuse me?
② Wait for me.
③ I'd like to know.
④ Let me see.

**해설**
"I beg your pardon(다시 한번 말씀 해 주시겠어요?)"와 같은 표현을 찾으면 된다.
① 실례하지만 한번 더 말씀해 주세요.
② 저를 기다려 주세요.
③ 알고 싶습니다.
④ 한번 봅시다.

**52** 다음 중 밑줄 친 change가 나머지 셋과 다른 의미로 쓰인 것은?

① Do you have change for a dollar?
② Keep the change.
③ I need some change for the bus.
④ Let's try a new restaurant for a change.

**해설**
④ 변화를 위해서 새로운 식당을 시도해 봅시다.
① 1달러 바꿀 잔돈 있으세요?
② 잔돈은 그냥 가지세요.
③ 버스를 타기 위해서 잔돈이 좀 필요합니다.

**정답** 48 ④  49 ①  50 ①  51 ①  52 ④

**53** 다음 ( ) 안에 적합한 것은?

> Are you interested in ( )?

① make cocktail
② made cocktail
③ making cocktail
④ a making cocktail

**54** Which is the most famous orange flavored cognac liqueur?

① Grand Marnier
② Drambuie
③ Cherry Heering
④ Galliano

**55** Which of the following is not fermented liquor?

① Aquavit
② Wine
③ Sake
④ Toddy

**56** Which is the correct one as a base of Bloody Mary in the following?

① Gin
② Rum
③ Vodka
④ Tequila

**57** ( ) 안에 알맞은 것은?

> ( ) is a spirits made by distilling wines or fermented mash of fruit.

① Liqueur
② Bitter
③ Brandy
④ Champagne

해설
Brandy는 증류된 와인이나 과일을 으깨어 발효시켜 만들어진 스피릿이다.

53 ③  54 ①  55 ①  56 ③  57 ③

## 58 ( ) 안에 적합한 것은?

> A Bartender must ( ) his helpers, waiters and waitress. He must also ( ) various kinds of records, such as stock control, inventory, daily sales report, purchasing report and so on.

① take, manage
② supervise, handle
③ respect, deal
④ manage, careful

**해설**
바텐더는 그의 보조도우미, 웨이터, 웨이트리스들을 총괄하여야 한다. 또한 재고관리, 물품관리, 일일 판매 기록, 구매 기록 등과 같은 다양한 종류의 기록 문서들을 관리하여야 한다.

## 59 다음 ( ) 안에 적합한 것은?

> A bartender should be ( ) with the English names of all stores of liquors and mixed drinks.

① familiar
② warm
③ use
④ accustom

**해설**
바텐더들은 모든 주류 및 혼성주를 다루는 상점들의 영어 이름들과 익숙해야만 한다.
be familiar with : ~를 잘 알고 있는, ~과 친숙한

## 60 Which country does Campari come from?

① Scotland
② America
③ France
④ Italy

**정답** 58 ② 59 ① 60 ④

# 2013년 제2회 과년도 기출문제

**01** 다음 중 잭 다니엘(Jack Daniel)과 버번 위스키(Bourbon Whiskey)의 차이점은?

① 옥수수 사용 여부
② 단풍나무 숯을 이용한 여과과정의 유무
③ 내부를 불로 그을린 오크통에서 숙성시키는지의 여부
④ 미국에서 생산되는지의 여부

**해설**
테네시 위스키(Tennessee Whiskey)인 잭 다니엘(Jack Daniel)은 버번과 거의 유사하지만 참숯 여과과정으로 매끄러운 풍미와 독특한 향을 가지고 있는데, 여기에 사용되는 숯은 데네시 고산지대에서 생산되는 사탕단풍나무 숯으로 매우 부드러운 위스키가 만들어진다.

**02** 하이볼 글라스에 위스키(40도) 1온스와 맥주(4도) 7온스를 혼합하면 알코올 도수는?

① 약 6.5도
② 약 7.5도
③ 약 8.5도
④ 약 9.5도

**해설**
칵테일 알코올 도수
$$= \frac{(재료\ 사용량 \times 알코올\ 도수) + (재료\ 사용량 \times 알코올\ 도수)}{총\ 재료\ 사용량}$$

$$\frac{(1 \times 40) + (7 \times 4)}{8} = \frac{40 + 28}{8} = 8.5도$$

**03** 다음에서 설명하고 있는 것은?

> 키니네, 레몬, 라임 등 여러 가지 향료 식물 원료로 만들며, 열대지방 사람들의 식욕증진과 원기를 회복시키는 강장제 음료이다.

① Cola
② Soda Water
③ Ginger Ale
④ Tonic Water

**해설**
④ Tonic Water(토닉워터) : 영국에서 개발한 무색투명한 음료로 레몬, 오렌지, 라임, 키니네 껍질 등의 엑기스에 당분을 가미해 만든 것으로 열대지방 사람들의 식욕증진과 해열, 진통, 원기를 회복시키는 강장제 음료이며 특히 말라리아의 특효약으로 잘 알려져 있다.
① Cola(콜라) : 콜라 나무 열매(Cola Nuts)에서 추출한 원액에 당분과 캐러멜색소, 삼미료, 향료 등을 혼합한 후 탄산수를 주입한 것이다. 카페인(Caffeine) 함량이 높다.
② Soda Water(소다워터) : 인공적으로 혀에 닿는 특유한 자극이 있는 이산화탄소를 물에 첨가한 것으로 수분과 이산화탄소만으로 이루어졌으므로 영양가는 없으나 청량감이 있고, 위장을 자극하여 식욕을 돋우는 효과가 있다.
③ Ginger Ale(진저에일) : 생강주를 뜻하지만 우리나라의 진저에일은 알코올이 전혀 없는 순수한 청량음료이다.

**04** 다음 주류 중 주재료로 곡식(Grain)을 사용할 수 없는 것은?

① Whisky
② Gin
③ Rum
④ Vodka

**해설**
럼은 당밀(Molasses)이나 사탕수수의 즙을 발효시켜 증류한 술로 '해적의 술'로 많이 알려졌다.

1 ② 2 ③ 3 ④ 4 ③ **정답**

## 05 다음 중 아이리시 위스키(Irish Whiskey)는?

① John Jameson
② Old Forester
③ Old Parr
④ Imperial

**해설**
아이리시 위스키(Irish Whiskey)는 존 제임슨(John Jameson)과 올드 부시밀(Old Bushmills)이 있다. 올드 포레스터(Old Forester)는 버번 위스키, 올드 파(Old Parr)와 임페리얼(Imperial)은 스카치 위스키이다.

## 06 스카치 위스키를 기주로 하여 만들어진 리큐르는?

① 샤르트뢰즈
② 드람뷰이
③ 쿠앵트로
④ 베네딕틴

**해설**
② 드람뷰이(Drambuie) : 몰트 위스키에 꿀(Honey), 허브(Herbs)를 첨가하여 만든 리큐르이다.
① 샤르트뢰즈(Chartreuse) : 프랑스어로 '수도원', '승원'이란 뜻이며 리큐르의 여왕이라 불린다. 포도주에 레몬 껍질, 박하초, 제네가초 등의 130여 가지나 되는 알프스 약초를 침지하여 증류한 리큐르이다.
③ 쿠앵트로(Cointreau) : 오렌지 껍질의 추출물로 제조되는 화이트 큐라소의 고급품이다.
④ 베네딕틴 디오엠(Benedictine DOM) : 코냑에 안젤리카를 주향료로 하여 박하, 주니퍼 베리, 약초, 너트메그, 시나몬, 레몬 껍질, 바닐라, 벌꿀 등 약 27종의 약초를 사용한 리큐르이다. DOM은 '데오 옵티모 멕시모(Deo Optimo Maximo)'로 '최대 최선의 신에게'라는 뜻이다.

## 07 커피에 대한 설명으로 가장 거리가 먼 것은?

① 아라비카종의 원산지는 에티오피아이다.
② 초기에는 약용으로 사용되기도 했다.
③ 발효와 숙성과정을 거쳐 만들어진다.
④ 카페인이 중추신경을 자극하여 피로감을 없애준다.

**해설**
커피는 커피나무에서 생두를 수확하여 가공공정을 거쳐 볶은 뒤 가루로 분쇄하고 물로 추출하여 음용하는 기호음료이다. 카페인을 함유하고 있으며 독특한 향기가 있다.

## 08 맥주(Beer) 양조용 보리로 가장 거리가 먼 것은?

① 껍질이 얇고, 담황색을 하고 윤택이 있는 것
② 알맹이가 고르고 95% 이상의 발아율이 있는 것
③ 수분 함유량은 10% 내외로 잘 건조된 것
④ 단백질이 많은 것

**해설**
단백질이 많으면 맥주가 탁하고 맛이 좋지 않으므로 단백질은 적어야 좋다.

## 09 술과 체이서(Chaser)의 연결이 어울리지 않는 것은?

① 위스키 - 광천수
② 진 - 토닉워터
③ 보드카 - 시드르
④ 럼 - 오렌지 주스

**해설**
체이서(Chaser)란 독한 술을 마신 뒤 입가심으로 마시는 물이나 음료수를 말한다. 보드카를 마신 뒤에는 오렌지 주스도 좋고 토닉워터도 잘 어울린다. 또한 럼과 오렌지 주스도 잘 어울린다. 특히 말리부(코코넛 럼)와 오렌지는 인기가 좋다.
Cider : 유럽에서 사과를 발효시켜 만든 과실주로 1~6% 정도 알코올을 함유하고 있다.

**정답** 5 ① 6 ② 7 ③ 8 ④ 9 ③

## 10 다음 중 호크 와인(Hock Wine)이란?

① 독일 라인산 화이트 와인
② 프랑스 버건디산 화이트 와인
③ 스페인 호크하임엘산 레드 와인
④ 이탈리아 피에몬테산 레드 와인

**해설**
호크 와인(Hock Wine) : 독일의 라인 와인(Rhine Wine)으로 영어를 사용하는 나라에서 지칭하는 말이다. 호크하임(Hochheim)이라는 마을명에서 유래되었다. 즉, 독일 라인 지방산 백포도주를 말한다.

## 11 버번 위스키(Bourbon Whiskey)는 Corn 재료를 약 몇 % 이상 사용하는가?

① Corn 0.1%
② Corn 12%
③ Corn 20%
④ Corn 51%

**해설**
버번 위스키는 51% 이상의 옥수수가 포함되어 있는 곡물로 만들어진 알코올을 블랙오크통에 4년 숙성시키는 것이 보통이나 법적 의무기간은 2년이다. 버번의 원산지인 켄터키주에서 증류되는 것을 켄터키 스트레이트 버번 위스키(Kentucky Straight Bourbon Whiskey)라고 한다.

## 12 Ginger Ale에 대한 설명 중 틀린 것은?

① 생강의 향을 함유한 소다수이다.
② 알코올 성분이 포함된 영양음료이다.
③ 식욕증진이나 소화제로 효과가 있다.
④ Gin이나 Brandy와 조주하여 마시기도 한다.

**해설**
Ginger Ale(진저에일) : 생강주를 뜻하지만 우리나라의 진저에일은 알코올이 전혀 없는 순수한 청량음료이다.

## 13 스카치 위스키(Scotch Whisky)의 유명상표와 거리가 먼 것은?

① 발렌타인(Ballantine's)
② 커티 샥(Cutty Sark)
③ 올드 파(Old Parr)
④ 크라운 로열(Crown Royal)

**해설**
크라운 로열(Crown Royal)은 1939년 영국왕 조지 6세 내외가 엘리자베스 공주를 대동하여 캐나다를 방문하였을 때 시그램(Seagram's)사에서 심혈을 기울여 최고급 위스키로 만들어 진상하였던 캐나디안 위스키(Canadian Whisky)이다.

## 14 포도 품종의 그린 수확(Green Harvest)에 대한 설명으로 옳은 것은?

① 수확량을 제한하기 위한 수확
② 청포도 품종 수확
③ 완숙한 최고의 포도 수확
④ 포도원의 잡초 제거

**해설**
그린 수확(Green Harvest)은 포도의 품질을 위해 일부 포도송이를 솎아내는 작업을 말한다. 포도를 그냥 내버려두고 키우면 열매가 주렁주렁 열려 뿌리가 빨아 올린 양분이 여러 포도에 분산되어 맛이 떨어진다. 그래서 열매가 막 열려서 아직 익지 않은 상태에서 좋은 열매만 남기고 다 솎아낸다. 익지 않은 녹색 상태에서 수확한다고 하여 그린 수확이라고 한다.

## 15 Tequila에 대한 설명으로 틀린 것은?

① Agave Tequiliana 종으로 만든다.
② Tequila는 멕시코 전지역에서 생산된다.
③ Reposado는 1년 이하 숙성시킨 것이다.
④ Anejo는 1년 이상 숙성시킨 것이다.

**해설**
멕시코 화산지대인 하리스코(Jalisco)주의 테킬라 마을을 중심으로 5개 지역에서만 생산된다. 용설란의 품종은 다양한데, 이 중 아가베아즐 테킬라나(Agave Azul Tequilana)를 원료로 한 것만을 테킬라로 부른다.

## 16 다음 중 증류주에 속하는 것은?

① Beer
② Sweet Vermouth
③ Dry Sherry
④ Cognac

**해설**
증류주는 끓는점을 이용하여 알코올과 수분을 분리하는 방법으로 만들어진 알코올 음료이기 때문에 알코올 도수가 높다.
④ Cognac(코냑) : 프랑스 코냑 지방에서 생산된 브랜디로 알코올 도수 40% 안팎
① Beer(비어) : 평균 알코올 도수 4%
② Sweet Vermouth(스위트 베르무트) : 가향 와인으로 알코올 도수는 15%
③ Dry Sherry(드라이 셰리) : 세계적으로 유명한 식전 강화 와인으로 알코올 도수 15~20% 안팎

## 17 Malt Whisky 제조 순서를 올바르게 나열한 것은?

| 1. 보리(2조 보리) | 2. 침 맥 |
| 3. 건조(피트) | 4. 분 쇄 |
| 5. 당 화 | 6. 발 효 |
| 7. 증류(단식증류) | 8. 숙 성 |
| 9. 병 입 | |

① 1-2-3-4-5-6-7-8-9
② 1-3-2-4-5-6-7-8-9
③ 1-3-2-4-6-5-7-8-9
④ 1-2-3-4-6-5-7-8-9

**해설**
몰트 위스키 제조 순서 : 보리 정선 – 침맥 – 발아 – 건조 – 제근 및 분쇄 – 당화와 냉각 – 발효 – 증류 – 숙성 – 병입

## 18 시대별 전통주의 연결로 틀린 것은?

① 한산 소곡주 – 백제시대
② 두견주 – 고려시대
③ 칠선주 – 신라시대
④ 백세주 – 조선시대

**해설**
칠선주는 조선 정조(1752~1800) 때인 1777년부터 인주 지역에서 빚기 시작한 술로 궁중에 진상한 명주이다. 인삼, 구기자, 산수유, 사삼, 당귀, 갈근, 감초의 일곱 가지 약재를 혼합한 데서 유래되었다. '선(仙)'은 '이 술을 마시면 몸에 해가 되기보다 보양과 장수를 꾀할 수 있다.'는 뜻을 담고 있다.

**정답** 15 ② 16 ④ 17 ① 18 ③

**19** 다음 중 싱글 몰트 위스키로 옳은 것은?

① Johnnie Walker
② Ballantine
③ Glenfiddich
④ Bell's Special

해설
조니워커(Johnnie Walker), 발렌타인(Ballantine), 벨즈 스페셜(Bell's Special)은 스카치 위스키 종류이고, 글렌피딕(Glenfiddich)은 켈트어로 '사슴이 있는 계곡'이란 뜻으로 몰트 위스키로는 매출 실적이 가장 좋다.

**20** 음료에 함유된 성분이 잘못 연결된 것은?

① Tonic Water – Quinine(Kinine)
② Kahlua – Chocolate
③ Ginger Ale – Ginger Flavor
④ Collins Mixer – Lemon Juice

해설
칼루아(Kahlua) : 멕시코산 커피를 주원료로 코코아(Cocoa), 바닐라(Vanilla)향을 첨가해서 만든 리큐르이다.

**21** 풀케(Pulque)를 증류해서 만든 술은?

① Rum        ② Vodka
③ Tequila    ④ Aquavit

해설
③ 테킬라(Tequila) : 멕시코의 특산주로 용설란(Agave)을 발효한 양조주가 풀케(Pulque)이며, 풀케를 증류한 증류주가 테킬라이다.
① 럼(Rum) : 서인도제도가 원산지이며 사탕수수 또는 당밀을 발효 증류한 술이다.
② 보드카(Vodka) : 러시아 등 슬라브 민족의 국민주로 곡물을 발효 증류한 술이다.
④ 아쿠아비트(Aquavit) : 북유럽 스칸디나비아 지방의 특산주로 감자를 원료로 당화, 발효, 증류한 술이다.

**22** 다음에서 설명되는 약용주는?

충남 서북부 해안지방의 전통 민속주로 고려 개국공신 복지겸이 백약이 무효인 병을 앓고 있을 때 백일기도 끝에 터득한 비법에 따라 찹쌀, 아미산의 진달래, 안샘물로 빚은 술을 마시고 병을 고쳤다는 신비의 전설과 함께 전해 내려온다.

① 두견주       ② 송순주
③ 문배주       ④ 백세주

해설
① 두견주 : 진달래꽃(두견화)을 첨가한 양조주
② 송순주 : 곡주를 빚는 과정에서 송순과 소주를 넣어 발효시키는 혼양주법으로 만든 전통명주
③ 문배주 : 밀, 좁쌀, 수수를 누룩과 함께 발효해서 증류한 술로 문배나무의 과실을 전혀 사용하지 않고도 문배향이 난다 하여 이름 붙여진 증류주
④ 백세수 : 찹쌀로 만든 한국의 발효주로, 이 술을 마시면 백세까지도 살 수 있다 하여 붙여진 이름

**23** 다음 품목 중 청량음료에 속하는 것은?

① 탄산수(Sparkling Water)
② 생맥주(Draft Beer)
③ 톰 콜린스(Tom Collins)
④ 진 피즈(Gin Fizz)

해설
① 탄산수 : 물에 탄산가스가 함유된 발포성 음료
② 생맥주 : 드래프트 비어(Draft Beer)로 양조주
③ 톰 콜린스 : 진 2oz + 레몬주스 3/4oz + 설탕 + 소다수로 채워진 콜린스 형태의 칵테일
④ 진 피즈 : 진 1·1/2oz + 레몬주스 1/2oz + 설탕 + 소다수로 채워진 피즈 형태의 칵테일

정답  19 ③  20 ②  21 ③  22 ①  23 ①

**24** 음료류와 주류에 대한 설명으로 틀린 것은?

① 맥주에서는 메탄올이 전혀 검출되어서는 안 된다.
② 탄산음료는 탄산가스압이 0.5kg/cm$^2$인 것을 말한다.
③ 탁주는 전분질 원료와 국을 주원료로 하여 술덧을 혼탁하게 제성한 것을 말한다.
④ 과일, 채소류 음료에는 보존료로 안식향산을 사용할 수 있다.

**해설**
모든 에탄올에 메탄올이 극소량 함유되어 있다. 법적으로 약 0.1% 이하로 함유되어 있어야 주류로 허가가 난다.

**25** Red Wine의 품종이 아닌 것은?

① Malbec
② Cabernet Saubignon
③ Riesling
④ Cabernet franc

**해설**
리슬링(Riesling)은 독일을 대표하는 품종으로 라인과 모젤, 프랑스의 알자스에서 생산되는 화이트 와인이다.

**26** 진(Gin)의 설명으로 틀린 것은?

① 진의 원산지는 네덜란드다.
② 진은 프란시스쿠스 실비우스에 의해 만들어졌다.
③ 진의 원료는 과일에다 Juniper Berry를 혼합하여 만들었다.
④ 소나무 향이 나는 것이 특징이다.

**해설**
진은 곡류를 당화, 발효시킨 뒤 연속증류기로 증류한 주정에 주니퍼 베리(Juniper Berry), 고수풀, 안젤리카, 캐러웨이, 레몬 껍질 등의 향료 식물을 섞어서 만든 증류주이다.

**27** 다음 중 각국 와인의 설명이 잘못된 것은?

① 모든 와인 생산 국가는 의무적으로 와인의 등급을 표기해야 한다.
② 프랑스는 와인의 Terroir를 강조한다.
③ 스페인과 포르투갈에서는 강화 와인도 생산한다.
④ 독일은 기후의 영향으로 White Wine의 생산량이 Red Wine보다 많다.

**해설**
프랑스 정부는 와인 품질과 생산자를 보호하기 위해 체계적인 와인 규정을 만들어 1930년대에 AOC(생산지명칭통제)라는 등급을 만들게 되었고 후에 유럽의 다른 와인 생산 국가에서 와인 규정을 설립할 때도 모델이 되었다.

**28** 다음 리큐르(Liqueur) 중 그 용도가 다른 하나는?

① 드람뷔이(Drambuie)
② 갈리아노(Gllaiano)
③ 시나(Cynar)
④ 쿠앵트로(Cointreau)

**해설**
시나(Cynar) : 포도주에 아티초크를 배합한 리큐르로 식전주로 마신다.

**정답** 24 ① 25 ③ 26 ③ 27 ① 28 ③

## 29 다음 Whisky의 설명 중 틀린 것은?

① 어원은 Aqua Vitae가 변한 말로 생명의 물이란 뜻이다.
② 등급은 VO, VSOP, XO 등으로 나누어진다.
③ Canadian Whisky에는 Canadian Club, Seagram's VO, Crown Royal 등이 있다.
④ 증류방법은 Pot Still과 Patent Sill이다.

**해설**
브랜디는 품질을 구별하기 위해서 여러 가지 문자나 부호로 표시하는 관습이 있다. 1865년 헤네시의 등급 발표기준에 의하면 VO는 15년, VSOP는 25~30년, XO는 45년 이상이다.

## 30 다음 중 셰리를 숙성하기에 가장 적합한 곳은?

① 솔레라(Solera)
② 보데가(Bodega)
③ 카브(Cave)
④ 플로(Flor)

**해설**
② 보데가(Bodega) : 스페인의 와인 저장창고
① 솔레라 시스템(Solera System) : 셰리 와인을 숙성시키는 방식
③ 카브(Cave) : 프랑스어로 지하실, 포도주를 저장하는 지하창고
④ 플로(Flor) : 정점에 달하기 전의 전성기

## 31 조주를 하는 목적과 거리가 가장 먼 것은?

① 술과 술을 섞어서 두 가지 향의 배합으로 색다른 맛을 얻을 수 있다.
② 술과 소프트 드링크 혼합으로 좀 더 부드럽게 마실 수 있다.
③ 술과 기타 부재료를 가미하여 좀 더 독특한 맛과 향을 창출해 낼 수 있다.
④ 원가를 줄여서 이익을 극대화할 수 있다.

**해설**
조주는 2가지 이상의 음료를 혼합하여 맛의 조화를 이루고 분위기도 연출되는 액체의 예술품이라 할 수 있다. 규정된 레시피로 제공되어야 하고 레시피에 없는 음료는 그에 적정한 요금을 산출하여야 한다.

## 32 다음 중 휘젓기(Stirring) 기법으로 만드는 칵테일이 아닌 것은?

① Manhattan
② Martini
③ Gibson
④ Gimlet

**해설**
Gimlet(김렛)은 셰이킹(Shaking) 기법으로 드라이 진 1·1/2oz + 라임주스 3/4oz + 설탕 1tsp을 넣고 잘 흔들어 준 다음 칵테일 글라스에 제공한다. 트위스트 레몬필(Twist of Lemon Peel)로 장식한다.

**정답** 29 ② 30 ② 31 ④ 32 ④

**33** 바(Bar)에서 사용하는 Wine Decanter의 용도는?

① 테이블용 얼음 용기
② 포도주를 제공하는 유리병
③ 펀치를 만들 때 사용하는 화채 그릇
④ 포도주병 하나를 눕혀 놓을 수 있는 바구니

해설
Wine Decanter(와인 디캔터) : 침전물이 있는 와인을 서브할 때 침전물을 제거하거나 숙성이 덜 된 거친 와인을 서브할 때 공기와 접촉시켜 맛을 부드럽게 하기 위해 와인을 옮겨 담는 용기를 말한다.

**34** 주장(Bar)을 의미하는 것이 아닌 것은?

① 주류를 중심으로 한 음료 판매가 가능한 일정 시설을 갖추어 판매하는 공간
② 고객과 바텐더 사이에 놓인 널판을 의미
③ 주문과 서브가 이루어지는 고객들의 이용 장소
④ 조리 가능한 시설을 갖추어 음료와 식사를 제공하는 장소

해설
쉐프 드 랑 시스템(Chef de Rang System) 또는 프렌치 서비스 시스템이라 부르며 가장 정중하고 최고급의 서비스를 제공하는 고급 식당에 적합한 서비스 조직 시스템이다. 테이블 서비스에서 음식을 담당하는 쉐프 드 랑(Chef de Rang)과 음료를 담당하는 쉐프 드 뱅(Chef de Vin or Sommelier)이 있다.

**35** 위생적인 주류 취급방법 중 틀린 것은?

① 먼지가 많은 양주는 깨끗이 닦아 Setting한다.
② 백포도주의 적정 냉각온도는 실온이다.
③ 사용한 주류는 항상 뚜껑을 닫아 둔다.
④ 창고에 보관할 때는 Bin Card를 작성한다.

해설
화이트 와인은 차갑게 보관하거나 와인 쿨러에 차게(약 7~10℃) 해서 마셔야 제맛이 난다.
빈 카드(Bin Card) : 식음료 입고와 출고 현황에 따른 재고 기록카드로 물건이 비치되어 있는 장소에 둔다.

**36** 바텐더가 지켜야 할 규칙사항으로 가장 적합한 것은?

① 고객이 바 카운터에 있으면 앉아서 대기해야 한다.
② 고객이 권하는 술은 고마움을 표시하고 받아 마신다.
③ 매출을 위해서 고객에게 고가의 술을 강요한다.
④ 근무 중에는 금주와 금연을 원칙으로 한다.

해설
① 바텐더는 항상 서서 대기한다.
② 보다 나은 서비스 만족도와 소수의 고객이 아닌 전체 고객을 위해서도 음주는 바람직하지 못하다.
③ Up Selling(업 셀링)은 고객에게 더 나은 조건을 제안하거나 고객이 희망했던 상품보다 단가가 높은 상품이라 할지라도 상품의 품질을 위해 유도하는 판매방법으로, 판매 증대는 물론 고객만족을 위해서도 중요한 마케팅활동이다. 매출을 위해서보다는 고객을 위한 업 셀링이 되어야 한다.

정답 33 ② 34 ④ 35 ② 36 ④

**37** 표준 레시피(Standard Recipes)를 설정하는 목적에 대한 설명 중 틀린 것은?

① 품질과 맛의 계속적인 유지
② 특정인에 대한 의존도를 높임
③ 표준 조주법 이용으로 노무비 절감에 기여
④ 원가계산을 위한 기초 제공

> **해설**
> 칵테일의 조주는 음료에 대한 충분한 지식을 바탕으로 규정된 표준 레시피에 의하여 제공되어야 한다. 바에 근무하는 모든 바텐더의 조주 능력 및 칵테일 품질이 일정해야 고객의 신뢰를 얻을 수 있다.

**38** Onion 장식을 하는 칵테일은?

① Margarita
② Martini
③ Rob Roy
④ Gibson

> **해설**
> 드라이 마티니의 장식인 그린 올리브(Green Olive)를 칵테일 어니언(Cocktail Onion)으로 바꾸면 깁슨(Gibson)이 된다.

**39** Strainer의 설명으로 가장 적합한 것은?

① Mixing Glass와 함께 Stir 기법에 사용한다.
② 재료를 저을 때 사용한다.
③ 혼합하기 힘든 재료를 섞을 때 사용한다.
④ 재료의 용량을 측정할 때 사용한다.

> **해설**
> Strainer(스트레이너) : 원형 철판에 용수철이 달려 있어 얼음을 걸러 주는 도구이다. 스터(Stir) 기법에 사용하는 기물로 믹싱 글라스(Mixing Glass)에 얼음과 재료를 순서대로 넣고 바스푼으로 저어 준 다음 스트레이너로 얼음을 걸러 따라 줄 때 사용한다.

**40** 칵테일의 기본 5대 요소와 거리가 가장 먼 것은?

① Decoration(장식)
② Method(방법)
③ Glass(잔)
④ Flavor(향)

> **해설**
> 칵테일을 만들 때나 제공할 때 가장 먼저 제공될 잔(Glass)을 준비하고 맛(Taste), 향(Flavor), 색(Color)에 어울리는 재료를 선정해야 하며 마지막으로 장식(Decoration), 즉, 가니시(Garnish)를 잘 선택해서 음료의 예술품으로 완성한다.

**41** 다음 중 High Ball Glass를 사용하는 칵테일은?

① 마가리타(Margarita)
② 키르 로열(Kir Royal)
③ 시 브리즈(Sea Breeze)
④ 블루 하와이(Blue Hawaii)

> **해설**
> 마가리타는 마가리타 글라스(Margarita Glass) 혹은 칵테일 글라스(Cocktail Glass), 키르 로열은 샴페인 글라스(Champagne Glass), 블루 하와이는 그랑드 글라스(Grande Glass)를 사용한다.

## 42 (A), (B), (C)에 들어갈 말을 순서대로 나열한 것은?

> (A)는 프랑스어의 (B)에서 유래된 말로 고객과 바텐더 사이에 가로질러진 널판을 (C)라고 하던 개념이 현재에 와서는 술을 파는 식당을 총칭하는 의미로 사용되고 있다.

① Flair, Bariere, Bar
② Bar, Bariere, Bar
③ Bar, Bariere, Bartender
④ Flair, Bariere, Bartender

**[해설]**
- Flair(플레어) : 제6의 감각, 재주, 재능의 뜻으로 고객이 생각하지 못했던 감각, 바텐더의 카리스마적인 개성 및 칵테일을 조주하는 뛰어난 기술 또는 재주로 병을 돌리고 치고 받는 등의 기술과 이벤트 등 고객을 즐겁고 편안하게 해 주는 전체적인 감각을 플레어라 한다.
- Bartender(바텐더) : 'Bar+Tender'의 합성어로 'Bar를 부드럽게 만드는 사람'이란 뜻이다. 바를 방문한 고객에게 내 집에 초대받고 온 귀한 손님처럼 편안하고 즐거운 기분이 들도록 만드는 음료에 대한 전문가를 말한다.

## 43 칵테일 주조 시 각종 주류와 부재료를 재는 표준용량 계량기는?

① Hand Shaker  ② Mixing Glass
③ Squeezer     ④ Jigger

**[해설]**
- ④ Jigger(지거) : 표준계량컵으로 작은 쪽은 1oz, 큰 쪽은 1.5oz이다.
- ① Hand Shaker(핸드 셰이커) : 셰이킹 기법을 만들 때 사용하는 기물
- ② Mixing Glass(믹싱 글라스) : 스터 기법을 이용할 때 사용하는 기물
- ③ Squeezer(스퀴저) : 레몬이나 오렌지 등의 과즙을 낼 때 사용하는 기물

## 44 연회용 메뉴 계획 시 애피타이저 코스 주류로 알맞은 것은?

① Cordials
② Port Wine
③ Dry Sherry
④ Cream Sherry

**[해설]**
① Cordials(코디얼) : 주정에 당분을 함유하고 향신료 또는 천연향 등을 첨가한 리큐르로 향과 맛이 달콤해 디저트에 어울린다.
② Port Wine(포트 와인) : 포르투갈산 강화 와인을 말한다. 와인 발효 도중 브랜디를 첨가하여 알코올 도수 18~20도 정도에서 발효를 중단시키는 방법으로 만든다. 당분이 남아 있어 달콤한 맛이 강해 디저트에 어울린다.
④ Cream Sherry(크림 셰리) : 스페인 강화 와인으로 달콤하며 3급품으로 디저트에 어울린다.

## 45 바(Bar)에서 하는 일과 가장 거리가 먼 것은?

① Store에서 음료를 수령한다.
② Appetizer를 만든다.
③ Bar Stool을 정리한다.
④ 음료 Cost 관리를 한다.

**[해설]**
Appetizer(애피타이저)는 전채 요리로 주방에서 조리되어 나온다.

## 46 주장의 캡틴(Bar Captain)에 대한 설명으로 틀린 것은?

① 영업을 지휘·통제한다.
② 서비스 준비사항과 구성인원을 점검한다.
③ 지배인을 보좌하고 업장 내의 관리업무를 수행한다.
④ 고객으로부터 직접 주문을 받고 서비스 등을 지시한다.

**해설**
영업을 지휘·통제하는 업무는 지배인(Manager)의 역할이다. 매니저는 영업장의 책임자로서 모든 영업에 책임을 진다.

## 47 주장관리에서 핵심적인 원가의 3요소는?

① 재료비, 인건비, 주장경비
② 세금, 봉사료, 인건비
③ 인건비, 주세, 재료비
④ 재료비, 세금, 주장경비

**해설**
주장의 3요소 : 소비재를 사용해서 발생되는 재료비, 인적 용역의 소비에서 발생하는 인건비, 주장을 경영하면서 발생하는 감가상각비, 이자비용 등의 주장경비를 말한다.

## 48 식사 중 여러 가지 와인을 서빙 시 적합한 방법이 아닌 것은?

① 화이트 와인은 레드 와인보다 먼저 서비스한다.
② 드라이 와인을 스위트 와인보다 먼저 서비스한다.
③ 맛이 가벼운 와인을 맛이 중후한 와인보다 먼저 서비스한다.
④ 숙성기간이 오래된 와인을 숙성기간이 짧은 와인보다 먼저 서비스한다.

**해설**
와인 서빙순서
- 화이트 와인 → 로제 와인 → 레드 와인
- 가벼운 와인 → 묵직한 와인
- 미숙성 와인(Young Wine) → 숙성 와인(Aged Wine)
- 라이트 와인(Light Wine) → 미디엄 와인(Medium Wine) → 강한 와인(Heavy Wine)

## 49 주장의 영업 허가가 되는 근거 법률은?

① 외식업법   ② 음식업법
③ 식품위생법   ④ 주세법

**해설**
- 주장(酒場) : 술 파는 곳, 음식료를 판매하는 곳으로 식품위생법의 기준을 지켜야 한다.
- 식품위생법 : 식품으로 인하여 생기는 위생상의 위해(危害)를 방지하고 식품영양의 질적 향상을 도모하며 식품에 관한 올바른 정보를 제공함으로써 국민 건강의 보호·증진에 이바지함을 목적으로 한다.

**50** 글라스 세척 시 알맞은 세제와 세척 순서로 짝지어진 것은?

① 산성세제 - 더운물 - 찬물
② 중성세제 - 찬물 - 더운물
③ 산성세제 - 찬물 - 더운물
④ 중성세제 - 더운물 - 찬물

**해설**
글라스나 기물에 잔향이 남지 않도록 중성세제를 사용한다.
중성세제 : 물에 녹아 중성을 띠는 합성세제로 식기구, 과일, 채소 등을 닦는 주방용과 섬유세정제로 쓰인다. 잔류물이 깨끗이 제거되고 씻겨 나갈 수 있도록 따뜻한 물을 사용하며 마지막으로 음료 제공 시 온도 상승을 막기 위해 찬물로 헹군다.

**51** Which is the liquor made by the rind of grape in Italy?

① Marc
② Grappa
③ Ouzo
④ Pisco

**해설**
Grappa(그라파) : 이탈리아 술로, 포도주를 만들고 난 후의 포도를 압착하고 증류한 것으로 숙성하지 않은 무색의 브랜디를 말한다.

**52** 다음에서 설명하는 혼성주로 옳은 것은?

The elixir of "Perfect Love" is a sweet, perfumed liqueur with hints of flowers, spices, and fruit, and a mauve color that apparently had great appeal to women in the nineteenth century.

① Triple Sec
② Peter Heering
③ Parfait Amour
④ Southern Comfort

**해설**
Parfait Amour(파르페 아무르) : 시트론(Citron) 열매로 만든 자주색의 감미가 높은 혼성주로 프랑스와 네덜란드산이 유명하다. '완전한 사랑'이란 뜻을 가졌다.
'Perfect Love'의 일릭서는 꽃과 향신료와 과일향을 은근히 풍기는 연보라색의 달콤하고 향기로운 음료로서 19세기의 여성들에게 크게 인기가 있었던 것으로 알려져 있다.

**53** 다음 ( ) 안에 알맞은 단어와 아래의 상황 후 Jenny가 Kate에게 할 말의 연결로 가장 적합한 것은?

Jenny comes back with a magnum and glasses carried by a barman. She sets the glasses while the barman opens the bottle. There is a loud "( )" and the cork hits Kate who jumps up with a cry. The champagne spills all over the carpet.

① Peep - Good luck to you.
② Ouch - I am sorry to hear that.
③ Tut - How awful!
④ Pop - I am very sorry. I do hope you are not hurt.

**해설**
Jenny는 매그넘과 잔을 든 바맨과 함께 돌아온다. 그녀는 바맨이 병을 오픈하는 동안 잔을 세팅한다. '뻥'하는 소리와 함께 코르크는 함성을 지르며 껑충 뛰어오른 Kate에게로 날아갔다. 샴페인은 카펫 전체에 넘쳤다.
④ 죄송합니다. 다치시진 않으셨나요?
① 행운을 빕니다.
② 그것 참 안 됐습니다.
③ 너무 끔찍하군요.

## 54 Table Wine에 대한 설명으로 틀린 것은?

① It is a wine term which is used in two different meanings in different countries : to signify a wine style and as a quality level with on wine classification.
② In the United Stated, it is primarily used as a designation of a wine style, and refers to "Ordinary Wine", which is neither fortified nor sparkling.
③ In the EU wine regulations, it is used for the higher of two overall quality.
④ It is fairly cheap wine that is drunk with meals.

**해설**
Table Wine(테이블 와인) : 식사 중에 음식과 함께 마시는 와인을 말한다.
③ EU 와인 규정에서, 두 개의 종합품질보다 더 높은 등급의 것을 일컫는 용어이다.
① 나라마다 두 가지 다른 의미로 쓰인다. : 와인 스타일을 일컫거나, 또는 와인 품질에 따른 등급을 의미하는 용어이다.
② 미국에서는, 주로 와인 스타일의 공식 명칭으로 사용되는 용어로서, 포티파이드(보강포도주)도 스파클링 와인도 아닌 'Ordinary Wine(일반적인 보통 와인)'을 일컫는 용어이다.
④ 식사 때 함께 마시는 비교적 저렴한 와인이다.

## 55 다음 B에 가장 적합한 대답은?

> A : What do you do for living?
> B : _____.

① I'm writing a letter to my mother.
② I can't decide.
③ I work for a bank.
④ Yes, thank you.

**해설**
A : 직업이 무엇입니까?
③ 은행에서 일을 합니다.
① 저는 지금 어머니께 편지를 쓰는 중입니다.
② 지금 결정할 수 없습니다.
④ 네, 감사합니다.

## 56 다음 ( ) 안에 알맞은 것은?

> ( ) is distilled spirits from the fermented juice of sugarcane or other sugarcane by-products.

① Whisky         ② Vodka
③ Gin            ④ Rum

**해설**
Rum은 사탕수수 또는 다른 사탕수수 부산물들의 발효 주스로 만든 증류한 스피릿이다.

## 57 Which is the best term used for the preparing of daily products?

① Bar Purchaser   ② Par Stock
③ Inventory      ④ Order Slip

**해설**
매일 사용되는 소모품 준비과정을 일컫는 가장 적당한 용어는?
Par Stock(파 스톡) : 주류 영업장에서 물품 공급을 원활히 하기 위해 일정 수량의 식료재고를 업장에 보관하고 필요할 때 사용하는 적정 재고량을 지칭한다.

**58** 다음 ( ) 안에 가장 적합한 것은?

> May I have ( ) coffee, please?

① some  ② many
③ to    ④ only

**59** 다음은 무엇을 만들기 위한 과정인가?

> 1. First, take the cocktail shaker and half fill it with broken ice. Then add one ounce of lime juice.
> 2. After that put in one and a half ounce of rum and one tea spoon of powdered sugar.
> 3. Then shake it well and pass it through a strainer into a cocktail glass.

① Bacardi       ② Cuba Libre
③ Blue Hawaiian ④ Daiquiri

**해설**
1. 가장 처음, 칵테일 셰이커에 깨진 얼음을 넣고, 라임주스 1온스를 넣는다.
2. 그 다음, 1과 1/2온스의 럼과, 가루 설탕 1tsp을 넣는다.
3. 그리고 나서 충분히 흔들어 준 후, 스트레이너(여과기)에 흘려 칵테일 잔에 옮겨 담는다.

**60** Which is correct to serve wine?

① When pouring, make sure to touch the bottle to the glass.
② Before the host has acknowledged and approved his selection, open the bottle.
③ All white, roses, and sparkling wines are chilled. Red wine is served at room temperature.
④ The bottle of wine doesn't need to be presented to the host for verifying the bottle he or she ordered.

**해설**
서브 와인에 대한 설명으로 옳은 것은?
③ 모든 화이트, 로제, 스파클링 와인은 차갑게 서브되고 레드 와인은 상온에 서브된다.
① 서브 와인을 따를 때, 와인 잔에 병이 닿아야 한다.
② 호스트가 와인을 이해하고 승인하기 전에 병을 오픈해야 한다.
④ 주문한 와인을 확인하기 위해 와인 보틀을 호스트에게 미리 보여주지 않아도 된다.

정답 58 ① 59 ④ 60 ③

# 2013년 제4회 과년도 기출문제

**PART 02** | 과년도 + 최근 기출복원문제

## 01 Aquavit에 대한 설명으로 틀린 것은?

① 감자를 맥아로 당화시켜 발효하여 만든다.
② 알코올 농도는 40~45%이다.
③ 엷은 노란색을 띠는 것을 Taffel이라고 한다.
④ 북유럽에서 만드는 증류주이다.

**해설**
북유럽 스웨덴의 전통술로 노르웨이, 덴마크 등 다른 스칸디나비아반도 국가에서 즐겨 마신다. 라틴어로 '생명수'라는 뜻인 '물(Aqua) + 생명(Vitae)'에서 유래되었다.
감자를 주원료로 감자에 맥아를 넣고 발효, 증류한 것으로 색깔이 없고 투명하며 캐러웨이(Caraway Seed), 고수, 박하, 오렌지 껍질 등을 착향시킨 술이다.

## 02 프리미엄 테킬라의 원료는?

① 아가베 아메리카나
② 아가베 아즐 테킬라나
③ 아가베 아트로비렌스
④ 아가베 시럽

**해설**
테킬라 원료는 아가베 아메리카나(Agave Americana), 아가베 아트로비렌스(Agave Atrovirens), 아가베 아즐 테킬라나(Agave Azul Tequilana) 등 세 가지 품종으로 이 중 아가베 아즐 테킬라나를 51% 이상 함유해야 테킬라라는 이름을 붙이고, 프리미엄 테킬라는 반드시 100%를 사용해야 한다.

## 03 저먼 진(German Gin)이라고 일컬어지는 Spirits는?

① 슈타인헤거(Steinhager)
② 아쿠아비트(Aquavit)
③ 키르슈(Kirsch)
④ 프람보아즈(Framboise)

**해설**
슈타인헤거(Steinhage)는 독일 슈테일헤겐(Steinhagen) 지방에서 생산된 진의 일종으로 38도이다. 런던 드라이 진보다도 순한 맛이다. 독일에서는 맥주를 마시기 전에 이 술을 1~2잔 마시는 것이 습관화되어 있다.

## 04 다음 중 의미가 다른 것은?

① 섹(Sec)
② 두(Doux)
③ 둘체(Dulce)
④ 스위트(Sweet)

**해설**
① Sec(프랑스) : 단맛이 거의 없는 포도주
② Doux(프랑스) : 아주 달콤한 샴페인을 표현한다(= Sweet).
③ Dulce(스페인) : 단, 단맛이 도는, 감미로운 등의 뜻으로 달착지근한 포도주를 표현한다(예 Vino Dulce).

## 05 빈티지(Vintage)란 무엇을 뜻하는가?

① 포도주의 이름
② 포도의 수확 연도
③ 포도주의 원산지명
④ 포도의 품종

**해설**
빈티지(Vintage)는 포도가 수확된 해를 말한다. 프랑스어로 밀레짐(Millesium)이라 한다.

정답 1 ③ 2 ② 3 ① 4 ① 5 ②

06 다음 중 White Wine 품종은?
① Sangiovese  ② Nebbiolo
③ Barbera    ④ Muscadelle

**해설**
④ Muscadelle(뮈스카델) : 청포도 품종이다.
① Sangiovese(산지오베제) : 적포도 품종으로 이탈리아 토스카나 지방의 토착 품종이다.
② Nebbiolo(네비올로) : 적포도 품종으로 이탈리아 피에몬테 지방, 특히 바롤로나 바르바레스코에서 주로 재배된다.
③ Barbera(바르베라) : 적포도 품종으로 이탈리아에서 널리 재배된다.

07 다음 민속주 중 약주가 아닌 것은?
① 한산 소곡주    ② 경주 교동법주
③ 아산 연엽주    ④ 진도 홍주

**해설**
진도 홍주 : 쌀과 보리를 이용해 빚은 발효주를 증류할 때 지초(자초, 자근, 지치로도 불린다)를 통과하게 만들거나 증류주에 침출시켜 붉은색이 녹아들게 하는 방법으로 만들어지는 증류주이다. 알코올은 40%이다.

08 다음 중 이탈리아 와인 등급 표시로 맞는 것은?
① AOC     ② DO
③ DOCG    ④ QbA

**해설**
③ DOCG : 이탈리아 정부에서 그의 품질을 보증한다는 뜻으로 최상급 와인을 의미한다.
① AOC(원산지 통제 명칭포도주) : 프랑스 농림부령으로 공인된 생산조건을 만족시키는 포도주이다.
④ QbA : 독일에서 생산된 우수한 와인등급으로 QmP 아래의 품질등급이다.

09 다음 중 버번 위스키(Bourbon Whiskey)는?
① Ballantine's
② I. W. Harper's
③ Lord Calvert
④ Old Bushmills

**해설**
② I. W. Harper's(아이더블유하퍼) : 버번 위스키
① Ballantine's(발렌타인) : 스카치 위스키
③ Lord Calvert(로드 칼버트) : 캐나디안 위스키
④ Old Bushmills(올드 부시밀) : 아이리시 위스키

10 다음 중 과실음료가 아닌 것은?
① 토마토 주스
② 천연과즙주스
③ 희석과즙음료
④ 과립과즙음료

**해설**
토마토는 과일과 채소의 두 가지 특성을 갖추고 있지만 채소로 분류된다.

11 다음 중 양조주에 대한 설명이 옳지 않은 것은?
① 맥주, 와인 등이 이에 속한다.
② 증류주와 혼성주의 제조원료가 되기도 한다.
③ 보존기간이 비교적 짧고 유통기간이 있는 것이 많다.
④ 발효주라고도 하며 알코올 발효는 효모에 의해서만 이루어진다.

**해설**
양조주는 과일이나 곡류 및 기타 원료에 들어 있는 당분이나 전분을 당화시켜 미생물의 작용에 의해 에틸알코올과 이산화탄소를 생성하는 과정으로 만들어진 알코올 음료이다. 맥주, 와인, 약주 등이 있으며 보존기간이 짧아 선입선출(FIFO)에 유의해야 한다. 맥주를 증류하여 숙성하면 몰트 위스키, 와인을 증류하면 브랜디가 된다.

**정답** 6 ④  7 ④  8 ③  9 ②  10 ①  11 ④

**12** 에스프레소의 커피추출이 빨리 되는 원인이 아닌 것은?

① 너무 굵은 분쇄입자
② 약한 탬핑 강도
③ 너무 많은 커피 사용
④ 높은 펌프압력

**해설**
에스프레소는 원두 6~7g의 커피를 20~30초 동안 적당한 압력(9bar)으로 추출한 커피를 말한다. 분쇄입자가 굵거나 커피의 양이 너무 적거나, 탬핑이 약하거나 펌프압력이 높을 경우 과다추출 즉, 커피추출 속도가 빨라진다.

**13** Sherry Wine의 원산지는?

① Bordeaux 지방
② Xeres 지방
③ Rhine 지방
④ Hockheim 지방

**해설**
스페인의 남부 지역인 헤레스의 유명한 강화 와인으로 식사 전에 마시는 식전 와인이다. 스페인에서는 헤레스(Jerez), 프랑스에는 세레스(Xeres), 영어식 발음으로는 셰리(Sherry)라고 부른다. 라벨 표시에 'Jerez-Xeres-Sherry'와 같이 모든 명칭을 볼 수 있다.

**14** 콘 위스키(Corn Whiskey)란?

① 50% 이상 옥수수가 포함된 것
② 옥수수 50%, 호밀 50% 섞인 것
③ 80% 이상 옥수수가 포함된 것
④ 40% 이상 옥수수가 포함된 것

**해설**
80% 이상의 옥수수가 포함되어 있는 곡물로 만들어지고 참나무통에 저장 숙성시킨다.

**15** 독일의 스파클링 와인은?

① 젝트
② 로트바인
③ 로제바인
④ 바이스바인

**해설**
스파클링 와인(Sparkling Wine)은 일명 발포성 와인이라 부르며 나라별 명칭은 다음과 같다.
• 독일 : 젝트(Sekt)
• 이탈리아 : 스푸만테(Spumante)
• 스페인 : 카바(Cava)

**16** 다음 중 증류주가 아닌 것은?

① 보드카(Vodka)
② 샴페인(Champagne)
③ 진(Gin)
④ 럼(Rum)

**해설**
샴페인(Champagne)은 발포성 와인으로 프랑스 샹파뉴 지방의 탄산가스가 함유된 와인을 말한다.

**정답** 12 ③ 13 ② 14 ③ 15 ① 16 ②

**17** 가장 오랫동안 숙성한 브랜디(Brandy)는?

① VO
② VSOP
③ XO
④ EXTRA

**해설**
헤네시의 등급 구분(1865년)
- VO : 15년
- VSOP : 25~30년
- XO : 45년 이상
- EXTRA : 70년 이상

**18** 생강을 주원료로 만든 것은?

① 진저에일
② 토닉워터
③ 소다수
④ 콜린스 믹서

**해설**
Ginger(생강) + Ale(맥주) = 생강으로 만든 술
우리나라는 알코올이 전혀 없는 순수한 청량음료이다.

**19** 탄산음료에서 탄산가스의 역할이 아닌 것은?

① 당분 분해
② 청량감 부여
③ 미생물의 발효 저지
④ 향기의 변화 보호

**해설**
탄산음료는 영양가는 없으나, 이산화탄소 특유의 자극이 청량감을 주고, 미생물의 발육을 억제하며, 향기의 변화를 예방하고, 동시에 위장을 자극하여 식욕을 돋우는 효과가 있다.

**20** 다음 중 알코올성 커피는?

① 카페 로열(Cafe Royale)
② 비엔나 커피(Vienna Coffee)
③ 데미타스 커피(Demitasse Coffee)
④ 카페오레(Cafe Au Lait)

**해설**
- Cafe Royal(카페 로열) : 스푼 위에 각설탕을 놓고 브랜디를 따른 후, 불을 붙인다. 불꽃이 타오르면 스푼을 커피가 든 잔에 넣고 잘 저어서 마신다. 파란 불꽃의 환상적인 분위기를 즐기는 커피로 나폴레옹이 즐겨 마셨다고 한다.
- Vienna Coffee(비엔나 커피) : 아메리카노 위에 하얀 휘핑크림을 듬뿍 얹은 커피이다.
- Demitasse(데미타스) : 에스프레소를 담는 '작은 잔'을 말한다.
- Espresso(에스프레소) : 이탈리아어로 '빠르다'는 의미를 가진 아주 진한 이탈리아식 커피이다.
- Cafe Au Lait(카페오레) : 에스프레소에 우유를 첨가한 커피이다. 에스프레소 머신이 발명되기 전, 프랑스의 아침식사에 곁들여지던 커피로 드립커피에 우유를 첨가한 것이다.

**21** 다음에서 설명하는 민속주는?

> 호남의 명주로서 부드럽게 취하고 뒤끝이 깨끗하여 우리의 고유한 전통술로 정평이 나있고 쌀로 빚은 30도의 소주에 배, 생강, 울금 등 한약재를 넣어 숙성시킨 약주이다.

① 이강주
② 춘향주
③ 국화주
④ 복분자주

**해설**
**이강주** : 소주에 배와 생강을 혼합하여 만든 고급 약소주로 평양 감홍로, 정읍의 죽력고와 함께 조선의 3대 명주로 꼽힌다. 알코올 도수 30도의 소주에 배즙, 생강, 계피, 울금 등의 추출액을 넣고 마지막으로 꿀을 넣어 1개월 이상 숙성하여 만든다.

**22** 양조주의 설명으로 맞지 않는 것은?

① 주로 과일이나 곡물을 발효하여 만든 술이다.
② 단발효주, 복발효주 2가지 방법이 있다.
③ 양조주의 알코올 함유량은 대략 25% 이상이다.
④ 발효하는 과정에서 당분이 효모에 의해 물, 에틸 알코올, 이산화탄소가 발생한다.

**해설**
양조주 : 미생물에 의해 당분원료가 알코올과 탄산가스, 물로 전환이 되는 상태를 말하는데, 알코올은 살균작용이 있기 때문에 미생물은 높은 알코올(20% 이상)을 만들지 않는다.
• 단발효주 : 과일 속의 과당을 효모가 발효시켜 만들어진 술(와인 등)
• 단행 복발효주 : 엿기름으로 당화시켜 당이 만들어진 후 효모가 발효시켜 만들어진 술(맥주 등)
• 병행 복발효주 : 누룩 속에 존재하는 미생물에 의해 당화와 발효가 동시에 진행되어 만들어진 술(약주 등)

**23** 다음 중 리큐르(Liqueur)는 어느 것인가?

① 버건디(Burgundy)
② 드라이 셰리(Dry Sherry)
③ 쿠앵트로(Cointreau)
④ 베르무트(Vermouth)

**해설**
③ 쿠앵트로(Cointreau) : 프랑스에서 오렌지 껍질로 만든 리큐르이다.
① 버건디(Burgundy) : 프랑스 부르고뉴 지방에서 생산되는 포도주를 말한다.
② 드라이 셰리(Dry Sherry) : 스페인산 주정 강화 와인을 말한다.
④ 베르무트(Vermouth) : 포도주에 향쑥, 용담, 키니네, 고수나물, 오렌지 껍질 등 그 성분을 브랜디에 추출한 가향 와인이다.

**24** 단식증류법(Pot Still)의 장점이 아닌 것은?

① 대량생산이 가능하다.
② 원료의 맛을 잘 살릴 수 있다.
③ 좋은 향을 잘 살릴 수 있다.
④ 시설비가 적게 든다.

**해설**
연속증류기는 주요 성분이 상실되지만 생산원가를 절감할 수 있고 대량생산이 가능하다.

**25** 슬로 진(Sloe Gin)의 설명 중 옳은 것은?

① 증류주의 일종이며, 진(Gin)의 종류이다.
② 보드카(Vodka)에 그레나딘 시럽을 첨가한 것이다.
③ 아주 천천히 분위기 있게 먹는 칵테일이다.
④ 오얏나무 열매 성분을 진(Gin)에 첨가한 것이다.

**해설**
슬로 진은 진의 종류가 아니라 야생자두를 진에 첨가해서 당분이 가미된 빨간색의 혼성주이다.

**26** 다음 중 하면발효 맥주에 해당되는 것은?

① Stout Beer
② Porter Beer
③ Pilsner Beer
④ Ale Beer

**해설**
상면발효 맥주는 스타우트(Stout), 에일(Ale), 포터(Porter)와 벨기에 램빅(Lambics) 맥주가 있다.

22 ③ 23 ③ 24 ① 25 ④ 26 ③

**27** Straight Whisky에 대한 설명으로 틀린 것은?

① 스코틀랜드에서 생산되는 위스키이다.
② 버번 위스키, 콘 위스키 등이 이에 속한다.
③ 원료 곡물 중 한 가지를 51% 이상 사용해야 한다.
④ 오크통에서 2년 이상 숙성시켜야 한다.

[해설]
스트레이트 버번(Straight Bourbon)은 옥수수가 51% 이상이며, 80% 이상이면 스트레이트 콘 위스키(Straight Corn Whiskey), 호밀이 51% 이상이면 스트레이트 라이(Straight Rye), 밀이 51% 이상이면 스트레이트 휘트(Straight Wheat)이다.

**28** 독일의 QmP 와인 등급 6단계에 속하지 않는 것은?

① 란트바인
② 카비네트
③ 슈페트레제
④ 아우스레제

[해설]
QmP : 당분이 풍부한 포도만을 원료로 만든 상급의 와인으로 당도가 많이 성숙할 때 수확시기를 조절하여 와인을 만든다. 이것은 6단계로 세분화된다.
• 카비네트(Kabinett) : 보통 수확기에 잘 익은 포도만을 선별하여 만든 와인
• 슈페트레제(Spatlese) : 정상적인 수확기보다 7~10일 늦게 수확하여 포도의 당분이 높을 때 만든 와인
• 아우스레제(Auslese) : 잘 익은 포도송이를 선별하여 만든 화이트와인
• 베렌아우스레제(Beerenauslese) : 포도송이 중 잘 익은 포도알만을 세심하게 손으로 골라서 수확하여 만든 최고 품질의 와인
• 트로켄베렌아우스레제(Trockenbeerenauslese) : 귀부병이 들은 포도송이 중에서 마른 송이만을 모아서 만든 최고의 절정에 달한 와인
• 아이스바인(Eiswein) : 한겨울 포도알이 완전히 얼어붙은 새벽에 수확하여 얼음을 제거하고 남은 당분으로 만든 산미와 감미가 농축된 최고급 와인

**29** 브랜디의 설명으로 틀린 것은?

① 블렌딩하여 제조한다.
② 향미가 좋아서 식전주로 주로 마신다.
③ 유명산지는 코냑과 아르마냑이다.
④ 과실을 주원료로 사용하는 모든 증류주에 이 명칭을 사용한다.

[해설]
• 브랜디(Brandy)는 포도주를 증류한 술로 포도 이외의 재료가 증류되었을 때는 브랜디 앞에 그 재료의 명칭을 기재한다.
  예 애플 브랜디(Apple Brandy)
• 코냑의 경우 6개의 특정 지역에서 생산되고 있다. 숙성연도가 다른 여러 브랜디를 혼합(블렌딩)하여 만든다.

**30** 음료에 관한 설명으로 틀린 것은?

① 음료는 크게 알코올성 음료와 비알코올성 음료로 구분된다.
② 알코올성 음료는 양조주, 증류주, 혼성주로 분류된다.
③ 커피는 영양음료로 분류된다.
④ 발효주에는 탁주, 와인, 청주, 맥주 등이 있다.

[해설]
커피는 코코아, 차와 같은 기호음료이고, 영양음료는 주스와 우유 등이 있다.

정답 27 ① 28 ① 29 ② 30 ③

**31** 칵테일을 컵에 따를 때 얼음에 들어가지 않도록 걸러 주는 기구는?

① Shaker  ② Strainer
③ Stick   ④ Blender

**해설**
① Shaker(셰이커) : 얼음을 넣고 여러 가지 술이나 음료를 넣고 강하게 흔들 때 사용하는 도구이다.
③ Stick(스틱) : 음료를 저을 때 사용하며 플라스틱으로 되어 있다. 스터로드(Stir Rod) 또는 스터러(Stirrer)라고 한다.
④ Blender(블렌더) : 프로즌 스타일(Frozen Style)의 칵테일을 만들 때 사용한다. 가루 얼음을 넣고 생과일, 음료 등을 기계의 날로 분쇄해 준다.

**32** 호텔에서 호텔 홍보, 판매 촉진 등 특별한 접대 목적으로 일부를 무료로 제공하는 것은?

① Complimentary Service
② Complaint
③ F/O Cashier
④ Out of Order

**해설**
Complimentary : 호텔 홍보나 선전, 판매 촉진 등 특별한 접대 목적으로 고객에게 제공하는 일부를 무료로 제공하는 것을 말하며 약자로 콤프(Comp)라고 한다.

**33** 위스키가 기주로 쓰이지 않는 칵테일은?

① 뉴욕(New York)
② 로브 로이(Rob Roy)
③ 블랙 러시안(Black Russian)
④ 맨해튼(Manhattan)

**해설**
블랙 러시안(Black Russian) : 보드카 1oz와 커피리큐르(칼루아) 1/2oz

**34** 다음 중 주장관리의 의의에 해당되지 않는 것은?

① 원가관리
② 매상관리
③ 재고관리
④ 예약관리

**해설**
능률적이고 효율적으로 주장을 운영하기 위해서는 매장의 규모와 영업형태, 영업시간에 적절한 재고와 원가관리를 통해 매출을 관리한다.

**35** 1Jigger에 대한 설명 중 틀린 것은?

① 1Jigger는 45mL이다.
② 1Jigger는 1.5Ounce이다.
③ 1Jigger는 1Gallon이다.
④ 1Jigger는 칵테일 제조 시 많이 사용된다.

**해설**
1Jigger = 1 · 1/2oz = 45mL

**36** 음료저장 방법에 관한 설명 중 옳지 않은 것은?
① 포도주병은 눕혀서 코르크 마개가 항상 젖어 있도록 저장한다.
② 살균된 맥주는 출고 후 약 3개월 정도는 실온에서 저장할 수 있다.
③ 적포도주는 미리 냉장고에 저장하여 충분히 냉각시킨 후 바로 제공한다.
④ 양조주는 선입선출법에 의해 저장·관리한다.

해설
적포도주는 차갑게 마시면 타닌 성분의 강한 맛이 훨씬 더 쓴맛을 내기 때문에 상온(18~24℃)에서 마셔야 제맛이 난다.

**37** 다음 중 Mixing Glass의 설명으로 옳은 것은?
① 칵테일 조주 시에 사용되는 글라스의 총칭이다.
② Stir 기법에 사용하는 기물이다.
③ 믹서기에 부착된 혼합용기를 말한다.
④ 칵테일 혼합되는 과일을 으깰 때 사용한다.

해설
두꺼운 유리로 되어 있으며 16oz이다.

**38** 영업을 폐점하고 남은 물량을 품목별로 재고 조사하는 것을 무엇이라 하는가?
① Daily Issue
② Par Stock
③ Inventory Management
④ FIFO

해설
① Daily Issue : 그날의 쟁점, 일간
② Par Stock : 적정 재고량
④ FIFO(First In First Out) : 선입선출

**39** 주스류(Juice)의 보관 방법으로 가장 적절한 것은?
① 캔 주스는 냉동실에 보관한다.
② 한번 오픈한 주스는 상온에 보관한다.
③ 열기가 많고 햇볕이 드는 곳에 보관한다.
④ 캔 주스는 오픈한 후 유리그릇, 플라스틱 용기에 담아서 냉장 보관한다.

해설
Self Life(저장수명) 등 유효기간을 체크해서 기입해야 한다.

**40** 바텐더(Bartender)의 직무에 관한 설명으로 가장 거리가 먼 것은?
① 바 카운터 내의 청결, 정리 정돈 등을 수시로 해야 한다.
② 파 스톡(Par Stock)에 준한 보급수령을 해야 한다.
③ 조주는 바텐더 자신의 기준이나 아이디어에 따라 제조해야 한다.
④ 각종 기계 및 기구의 작동상태를 점검해야 한다.

해설
칵테일의 조주는 음료에 대한 충분한 지식을 숙지하고 규정된 레시피(Recipe)에 의하여 제공되어야 한다.

**41** 음료저장관리 방법 중 FIFO의 원칙을 적용하기에 가장 적합한 술은?
① 위스키    ② 맥 주
③ 브랜디    ④ 진

해설
위스키, 브랜디, 진은 알코올 도수가 높은 증류주로 장기보관이 가능하지만 맥주는 양조주로 국산맥주는 6개월, 수입맥주는 1년의 유통과정이 있다.

**42** 다음 중 셰이커(Shaker)를 사용하여야 하는 칵테일은?

① 브랜디 알렉산더(Brandy Alexander)
② 드라이 마티니(Dry Martini)
③ 올드 패션드(Old Fashioned)
④ 크렘 드 망뜨 프라페(Creme de Menthe Frappe)

> **해설**
> ① 브랜디 알렉산더 : 브랜디 3/4oz, 크림 드 카카오브라운 3/4oz, 우유 3/4oz를 넣고 힘차게 흔든 다음 너트메그로 장식한다.
> ② 드라이 마티니 : 드라이 진 2oz, 드라이 베르무트 1/3oz를 믹싱 글라스에 넣고 살짝 휘저어 준 다음 올리브로 장식한다.
> ③ 올드 패션드 : 올드 패션드 글라스에 설탕과 앙고스투라 비터 1dash, 소다워터를 1/2oz 넣고 설탕이 녹을 수 있도록 잘 저어 준 다음 얼음을 채우고 아메리칸 위스키를 1·1/2oz 넣는다. 오렌지 슬라이스와 체리로 장식한다.
> ④ 크렘 드 망뜨 프라페 : 칵테일 글라스에 셰이브드 아이스(Shaved Ice)를 넣고 크렘 드 망뜨를 직접 넣기로 부어 준다.

**43** 주장의 시설에 대한 설명으로 잘못된 것은?

① 주장은 크게 프런트 바(Front Bar), 백 바(Back Bar), 언더 바(Under Bar)로 구분된다.
② 프런트 바(Front Bar)는 바텐더와 고객이 마주 보고 서브하고 서빙을 받는 바를 말한다.
③ 백 바(Back Bar)는 칵테일용으로 쓰이는 술의 저장 및 전시를 위한 공간이다.
④ 언더 바(Under Bar)는 바텐더 허리 아래의 공간으로 휴지통이나 빈 병 등을 둔다.

> **해설**
> 언더 바(Under Bar)는 바텐더가 칵테일을 조주하기 위한 공간으로 높이는 80~90cm 정도가 좋다.

**44** 구매관리와 관련된 원칙에 대한 설명으로 옳은 것은?

① 나중에 반입된 저장품부터 소비한다.
② 한꺼번에 많이 구매한다.
③ 공급업자와 유대관계를 고려하여 검수 과정은 생략한다.
④ 저장창고의 크기, 호텔의 재무상태, 음료의 회전을 고려하여 구매한다.

> **해설**
> 저렴한 가격에 양호한 품질의 재료를 구입하는 것으로 고객이 선호하는 메뉴와 가격구조, 그리고 회사의 재무상태, 저장시설의 충족 여부 및 수요 예측을 원칙으로 구매해야 한다.

**45** Bar 종업원의 올바른 태도가 아닌 것은?

① 영업장 내에서 동료들과 좋은 인간관계를 유지한다.
② 항상 예의바르고 분명한 언어와 태도로 고객을 대한다.
③ 고객과 정치성이 강한 대화를 주로 나눈다.
④ 손님에게 지나친 주문을 요구하지 않는다.

> **해설**
> 바텐더는 고객과의 대화 시 언쟁의 요지가 있는 정치문제, 특히 타인에 대한 인신공격 등을 해서는 안 된다.

**46** 주장(Bar)의 핵심점검표 사항 중 영업에 관련한 법규상의 문제와 관계가 가장 먼 것은?

① 소방 및 방화사항
② 면허 및 허가사항
③ 위생 점검 필요사항
④ 예산집행에 관한 사항

> **해설**
> 영업신고증을 만들 때 위생교육필증과 보건증이 필요하며, 소방법에 따른 비상구, 소방시설 및 피난방화시설 등을 꼼꼼히 체크하고, 영업은 일반음식점 또는 유흥주점으로 허가를 낸다.

**정답** 42 ① 43 ④ 44 ④ 45 ③ 46 ④

**47** Hot Drinks Cocktail이 아닌 것은?

① God Father      ② Irish Coffee
③ Jamaican Coffee   ④ Tom and Jerry

> **해설**
> ① God Father(갓파더) : 올드 패션드 글라스에 얼음을 채우고 스카치 위스키 1oz, 아마레토 1/2oz를 넣는다.
> ② Irish Coffee(아이리시 커피) : 아이리시 커피잔 테두리에 설탕을 묻히고 컵 안에 설탕을 넣고 아이리시 위스키 1oz와 뜨거운 커피를 채운 다음 휘핑크림으로 장식을 한다.
> ③ Jamaican Coffee(자메이카 커피) : 자메이카에서 생산되는 가장 비싼 커피로 블루마운틴이 있다.
> ④ Tom & Jerry(톰앤제리) : 달걀노른자에 설탕을 넣고 거품을 만들어 거품이 있는 흰자를 넣고 럼 1oz와 브랜디 1/2oz를 따른 다음 가볍게 저어서 하이볼 글라스에 넣고 더운 물을 채운다.

**48** 다음 중 주장 종사원(Waiter/Waitress)의 주요 임무는?

① 고객이 사용한 기물과 빈 잔을 세척한다.
② 칵테일의 부재료를 준비한다.
③ 창고에서 주장(Bar)에서 필요한 물품을 보급한다.
④ 고객에게 주문을 받고 주문받은 음료를 제공한다.

> **해설**
> 바텐더는 글라스 청결, 각종 보조재료 확보와 바기구 정돈, 비치에 신경쓰고 기물과 소모품 등 정리 정돈과 청결 유지에도 신경써야 한다.

**49** 바텐더의 영업 개시 전 준비사항이 아닌 것은?

① 모든 부재료를 점검한다.
② White Wine을 상온에 보관하고 판매한다.
③ Juice 종류는 다양한지 확인한다.
④ 칵테일 냅킨과 코스터를 준비한다.

> **해설**
> 화이트 와인은 차갑게(7~10℃) 보관한다.

**50** 주장(Bar) 경영에서 의미하는 "Happy Hour"를 올바르게 설명한 것은?

① 가격할인 판매시간
② 연말연시 축하 이벤트 시간
③ 주말의 특별행사 시간
④ 단골고객 사은 행사

> **해설**
> Happy Hour : 하루 중 일정한 가격할인 시간

**51** ( ) 안에 알맞은 리큐르는?

> ( ) is called the queen of liqueur. This is one of the French traditional liqueur and is made from several years aging after distilling of various herbs added to spirit.

① Chartreuse
② Benedictine
③ Kummel
④ Cointreau

> **해설**
> Chartreuse는 리큐르의 여왕이라 불린다. 이것은 프랑스 전통 리큐르 중 하나이며, 스피릿에 첨가된 다양한 종류의 허브들을 증류시킨 후 여러 해 숙성과정을 거쳐 만들어진다.

**정답** 47 ① 48 ④ 49 ② 50 ① 51 ①

## 52 다음의 ( ) 안에 들어갈 적합한 것은?

> ( ) whisky is a whisky which is distilled and produced at just one particular distillery. ( )s are made entirely from one type of malted grain, traditionally barley, which is cultivated in the region of the distillery.

① Grain
② Blended
③ Single malt
④ Bourbon

**해설**
싱글 몰트 위스키는 하나의 특정 증류주 공장에서 증류되고 생산된 위스키이다. 싱글 몰트는 전통적으로 오로지 맥아를 첨가한 곡류의 한 타입으로부터 만들어지며, 양조장 인근 지역에서 재배된다.

## 53 다음은 커피와 관련한 어떤 과정을 설명한 것인가?

> The heating process that releases all the potential flavors locked in green beans.

① Cupping
② Roasting
③ Grinding
④ Brewing

**해설**
생두(Green Bean)에 내재되어 있는 모든 잠재적인 맛을 밖으로 방출해 내기 위한 열처리 과정

## 54 다음의 ( ) 안에 들어갈 적합한 것은?

> A : Do you have a new job?
> B : Yes, I ( ) for a wine bar now.

① do
② take
③ can
④ work

## 55 다음에서 설명하는 것은?

> It is a liqueur made by orange peel originated from Venezuela.

① Drambuie
② Jagermeister
③ Benedictine
④ Curacao

**해설**
이것은 베네수엘라 원산지 오렌지의 껍질로 만들어진 리큐르이다.

## 56 Which one is the cocktail containing creme de cassis and white wine?

① Kir
② Kir Royal
③ Kir Imperial
④ King Alfonso

**정답** 52 ③ 53 ② 54 ④ 55 ④ 56 ①

**57** 다음 밑줄 친 단어와 바꾸어 쓸 수 있는 것은?

> A : Would you <u>like</u> some more drinks?
> B : No, thanks. I've had enough.

① care in
② care of
③ care to
④ care for

**58** 밑줄 친 곳에 들어갈 가장 알맞은 말은?

> A : May I take your order?
> B : Yes, please.
> A : _____
> B : I'd like to have Bulgogi.

① Do you have a table for three?
② Pass me the salt, please.
③ How do you like your steak?
④ What would you like to have?

**59** Which one is made with ginger and sugar?

① Tonic Water
② Ginger Ale
③ Sprite
④ Collins Mix

**60** 다음 빈칸에 들어갈 적합한 말로 바르게 짝지어진 것은?

> W : Would you like a dessert?
> G : Yes, please. Could you tell us what you have ( ㉠ ).
> W : Certainly. ( ㉠ ) we have fruit salad, chocolate gateau, and lemon pie.
> G : The gateau looks nice but what is ( ㉡ )?
> W : ( ㉡ ) there is fresh fruit, cheese cake, and profiteroles.
> G : I think I'll have them, please, with chocolate sauce.

① ㉠ on it, ㉡ under
② ㉠ on the top, ㉡ underneath
③ ㉠ on the top, ㉡ under
④ ㉠ over, ㉡ below

**해설**
W : 후식 주문하시겠습니까?
G : 네, on the top 후식에는 어떠한 메뉴들이 있나요?
W : 네, 후식으로는 과일 샐러드, 초콜릿 gateau(프랑스 과자), 그리고 레몬 파이가 있습니다.
G : gateau가 좋을 것 같네요, underneath로는 무엇이 있나요?
W : 신선한 과일, 치즈케이크, 그리고 profiteroles(프랑스 디저트)가 준비 가능합니다.
G : 네, 초콜릿 소스와 함께 그것으로 주세요.

정답 57 ④ 58 ④ 59 ② 60 ②

# 2013년 제5회 과년도 기출문제

**01** 부르고뉴(Bourgogne) 지방과 함께 대표적인 포도주 산지로서 Medoc, Graves 등이 유명한 지방은?

① Pilsner
② Bordeaux
③ Staut
④ Mousseux

**해설**
① Pilsner(필스너) : 체코슬로바키아 필슨 지방에서 생산되는 홉(Hop)향이 강하며 엷은 황금색인 맥주로 담색 맥주의 효시라 할 수 있다.
③ Staut(스타우트) : 상면발효 맥주의 일종으로 영국의 짙은 색 흑맥주를 말한다. 알코올 도수도 6~8%로 높고 홉(Hop) 사용량도 많아 맛이 진하다.
④ Mousseux(무스) : 프랑스어로 "거품이 이는(Sparkling)"의 뜻으로 프랑스 샹파뉴 지방 이외에서 생산되는 스파클링 와인(Sparkling Wine)을 말한다.

**02** Gin에 대한 설명으로 틀린 것은?

① 저장·숙성을 하지 않는다.
② 생명의 물이라는 뜻이다.
③ 무색·투명하고 산뜻한 맛이다.
④ 알코올 농도는 40~50% 정도이다.

**해설**
Gin(진) : 보리, 옥수수, 호밀 등의 곡류를 발효하여 증류한 알코올에 주니퍼 베리(Juniper Berry), 안젤리카(Angerica), 코리엔더(Coriander), 시나몬(Cinnamon), 레몬 껍질(Lemon Peel) 등을 침출시켜 다시 한번 증류한 알코올 음료. 나무통에 잠깐 저장하여 연한 황금색을 갖고 있는 골든 진(Golden Gin)을 제외하고는 무색, 투명한 술로 주정도가 40% 이상이다.

**03** 일반적인 병맥주(Lager Beer)를 만드는 방법은?

① 고온발효
② 상온발효
③ 하면발효
④ 상면발효

**해설**
라거비어(Lager Beer) : 사전적 의미로 '저장한다'의 뜻으로 하면발효에서 발효균을 살균하여 병입한 저장맥주를 말한다.

**04** 샴페인에 관한 설명 중 틀린 것은?

① 샴페인은 포말성(Sparkling) 와인의 일종이다.
② 샴페인의 원료는 피노누아, 피노뫼니에, 샤르도네이다.
③ 동 페리뇽(Dom Perignon)에 의해 만들어졌다.
④ 샴페인의 산지인 샹파뉴 지방은 이탈리아 북부에 위치하고 있다.

**해설**
프랑스 파리의 동북쪽에 위치한 샹파뉴 지역에서 생산된 스파클링 와인(Sparkling Wine)만을 샴페인이라 부른다. 청포도 품종인 샤르도네(Chardonnay)와 적포도 품종인 피노누아(Pinot Noir), 피노뫼니에(Pinot Meunier)로 만든다. 베네딕트 수도원의 와인 생산 책임자였던 동 페리뇽(동 피에르 페리뇽 : Dom Pierre Prerignon)에 의해 와인을 2차 발효시키는 방법과 이때 발생하는 탄산가스를 병 속에 담아두는 방법을 개발함으로써 탄생하게 되었다.

**05** 다음 중 Irish Whiskey는?

① Johnnie Walker Blue
② John Jameson
③ Wild Turkey
④ Crown Royal

**해설**
① 조니 워커 블루(Johnnie Walker Blue) : 스카치 위스키
③ 와일드 터키(Wild Turkey) : 버번 위스키
④ 크라운 로열(Crown Royal) : 캐나디안 위스키

**06** 다음은 어떤 포도 품종에 관하여 설명한 것인가?

> 작은 포도알, 깊은 적갈색, 두꺼운 껍질, 많은 씨앗이 특징이며 씨앗은 타닌 함량을 풍부하게 하고, 두꺼운 껍질은 색깔을 깊이 있게 나타낸다. 블랙커런트, 체리, 자두향을 지니고 있으며, 대표적인 생산지역은 프랑스 보르도 지방이다.

① 메를로(Merlot)
② 피노누아(Pinot Noir)
③ 카베르네 소비뇽(Cabernet Sauvignon)
④ 샤르도네(Chardonnay)

**해설**
① 메를로(Merlot) : 카베르네 소비뇽(Cabernet Sauvignon)과 함께 프랑스 보르도 지방을 대표하는 적포도 품종으로, 카베르네 소비뇽에 비해 타닌 맛이 적어 부드럽고 달콤한 편이다.
② 피노누아(Pinot Noir) : 프랑스 부르고뉴 적포도 품종으로 최고급 레드 와인을 만드는 포도 품종이다. 과일 향이 풍부하고 수년간의 숙성 후에는 야생고기 향을 띤다. 타닌이 적어 부드럽고 마시기 좋다.
④ 샤르도네(Chardonnay) : 프랑스 부르고뉴 지방의 대표적인 청포도 품종으로, 섬세하고 마른 과일향, 열대과일향이 풍부한 양질의 와인을 만들어 주며 재배지의 토양에 따라 오래 보관할 수 있다.

**07** 다음 중 블렌디드(Blended) 위스키가 아닌 것은?

① Johnnie Walker Blue
② Cutty Sark
③ Macallan 18
④ Ballantine's 30

**해설**
맥캘란(Macallan) 18은 맥아만을 원료로 만든 위스키이며 오크통에서 18년 숙성한 고급 몰트 위스키로 글렌피딕(Glenfiddich), 글렌모렌지(Glenmorangie) 등이 있다.
블렌디드(Blended) 위스키 : 피트(Peat)향과 오크향이 잘 어우러진 독특한 맛의 몰트 위스키(Malt Whisky)와 풍미가 순하고 부드러운 그레인(Grain) 위스키를 혼합한 위스키로 거부감이 들지 않고 부드럽다. 대부분의 스카치 위스키가 블렌디드 위스키이며 몰트와 그레인의 배합 종류가 많을수록 고급품이다.

**08** 오렌지향이 가미된 혼성주가 아닌 것은?

① Triple Sec
② Tequila
③ Grand Marnier
④ Cointreau

**해설**
네덜란드령 큐라소(Curacao)섬에서 오렌지 껍질을 건조하여 알코올에 배합하여 탄생하였고 이곳 지명을 따서 큐라소라고 하였다. 많은 종류가 생산되고 있지만 큐라소 계열로는 트리플 섹, 고급 오렌지 리큐르로 부드러운 맛과 향으로 유명한 쿠앵트로(Cointreau)와 코냑을 기본으로 한 최고급 오렌지 리큐르인 그랑 마니에르(Grand Marnier)가 있다.
Tequila(테킬라) : 용설란(Agave)을 발효하여 증류한 멕시코산 증류주이다.

## 09 혼성주의 제조방법 중 시간이 가장 많이 소요되는 방법은?

① 증류법(Distillation Process)
② 침출법(Infusion Process)
③ 추출법(Percolation Process)
④ 배합법(Essence Process)

**해설**
혼성주의 제조방법
- 침출법(Infusion Process) : 변질되기 쉬운 약초나 향료 그리고 주로 과일 등을 주정에 담아 향미성분을 충분히 용해시키고 그 침출액을 착색, 여과하는 방법으로 대부분 열을 가하지 않으므로 콜드방식(Cold Method)이라고 한다.
- 증류법(Distilled Process) : 방향성 물질인 식물의 초(草), 근(根), 목(木), 피(皮)를 강한 주정에 담아서 맛과 향을 우러낸 다음 재증류하는 방법이다.
- 에센스법(Essence Process) : 주정에 천연 혹은 합성향료의 에센스와 색을 배합하여 여과한 후 감미를 혼합하는 방법으로 품질이 약간 좋지 못하나 비용이 저렴한 편이라 현재 가장 많이 사용된다.
- 여과법(Percolation Process) : 알코올의 기체가 허브 등의 재료를 통과하면서 얻어진 향취를 액화하여 당분을 가미하고, 색을 첨가한 후 다시 여과시킨다.

## 10 북유럽 스칸디나비아 지방의 특산주로 감자와 맥아를 주재료로 사용하여 증류 후에 회향초 씨(Caraway Seed) 등 여러 가지 허브로 향기를 착향시킨 술은?

① 보드카(Vodka)    ② 진(Gin)
③ 테킬라(Tequila)    ④ 아쿠아비트(Aquavit)

**해설**
① 보드카(Vodka) : 슬라브 민족의 국민주로 곡물을 발효, 증류하면서 자작나무의 활성탄으로 여과하고, 모래층을 통과시켜 목탄 냄새가 제거된 무색, 무미, 무취의 술이다.
② 진(Gin) : 곡류를 발효하여 증류한 알코올에 주니퍼 베리, 안젤리카, 코리엔더, 시나몬, 레몬 껍질 등을 침출시켜 다시 한번 증류한 알코올 음료이다.
③ 테킬라(Tequila) : 용설란(Agave)을 발효하여 풀케(Pulque)를 만들고 풀케를 증류한 멕시코산 증류주이다.

## 11 혼성주의 설명으로 틀린 것은?

① 증류주에 초근목피의 침출물로 향미를 더한다.
② 프랑스에서는 코디얼이라고 부른다.
③ 제조방법으로 침출법, 증류법, 에센스법이 있다.
④ 중세 연금술사들에 의해 발견되었다.

**해설**
주정에 당분 2.5% 이상을 함유하며, 여기에 과실, 약초, 향초 등의 천연향을 첨가한 술을 미국과 영국에서는 코디얼(Cordial)이라고 부른다.

## 12 우리나라의 전통주가 아닌 것은?

① 이강주    ② 과하주
③ 죽엽청주    ④ 송순주

**해설**
③ 죽엽청주(竹葉靑酒) : 중국에서 생산되는 약미주로 다양한 약재를 섞어 특유의 맛을 내는 소흥주의 일종으로 중국 8대 명주 중 하나이다.
① 이강주 : 소주에 배[이(梨)]와 생강[강(薑)]이 들어갔다 하여 붙여진 이름이다. 배와 생강 이외에 울금, 계피 그리고 뒷맛을 좋게 하기 위해 꿀이 들어간 전라북도 전주 지역의 전통민속주이다.
② 과하주 : 무더운 여름을 탈 없이 날 수 있는 술이라는 뜻에서 얻어진 이름으로 약주에 소주를 섞어 빚어 여름날 술이 변질되지 않도록 알코올 도수를 높인 혼양주로 조선 초기부터 서울에서 알려진 술이다.
④ 송순주 : 소나무의 송순과 소주를 넣어 발효시키는 혼양주법으로 만든 전통명주이다.

**13** 차를 만드는 방법에 따른 분류와 대표적인 차의 연결이 틀린 것은?

① 불발효차 – 보성녹차
② 반발효차 – 오룡차
③ 발효차 – 다즐링차
④ 후발효차 – 재스민차

**해설**
후발효차 : 차잎을 찌거나 볶아서 효소활성을 없앤 뒤 퇴적하여 곰팡이가 일어나도록 미생물을 발효시켜 만든 차로 중국의 보이차, 육보차, 흑차 등이 있다.

**14** 지방의 특산 전통주가 잘못 연결된 것은?

① 금산 – 인삼주
② 홍천 – 옥선주
③ 안동 – 송화주
④ 전주 – 오곡주

**해설**
④ 전주 – 이강주

**15** 탄산음료의 종류가 아닌 것은?

① 진저에일
② 콜린스 믹스
③ 토닉워터
④ 리카르

**해설**
리카르(Ricard) : 아니스의 종자와 감초 등을 배합하여 만든 리큐르

**16** 핸드드립 커피의 특성이 아닌 것은?

① 비교적 조리 시간이 오래 걸린다.
② 대체로 메뉴가 제한된다.
③ 블렌딩한 커피만을 사용한다.
④ 추출자에 따라 커피맛이 영향을 받는다.

**해설**
핸드드립(Hand Drip) : 드리퍼와 종이 필터를 사용하여 커피를 추출하는 것을 말한다. 커피 고유의 향과 맛을 그대로 느낄 수 있도록 단종 또는 스트레이트로 추출한다.

**17** 차나무의 분포지역을 가장 잘 표시한 것은?

① 남위 20°~북위 40° 사이의 지역
② 남위 23°~북위 43° 사이의 지역
③ 남위 26°~북위 46° 사이의 지역
④ 남위 25°~북위 50° 사이의 지역

**해설**
차나무는 상록활엽관목으로 원산지는 중국이고 한국, 일본, 중국, 인도 등에 분포하며 열대, 아열대, 온대 지방에서 서식한다.

**18** 다음 리큐르(Liqueur)의 종류에 속하지 않는 것은?

① Creme de Cacao  ② Curacao
③ Negroni          ④ Dubonnet

**해설**
③ Negroni(네그로니) : 드라이 진 3/4oz, 스위트 베르무트 3/4oz, 캄파리 3/4oz를 올드 패션드에 직접 넣어 만든 칵테일이며 장식은 레몬 껍질이다. 식전에 마시기 좋다.
① Creme de Cacao(크렘 드 카카오) : 카카오 열매를 주원료로 하여 계피, 바닐라콩을 사용해 만든 리큐르로 화이트와 브라운의 두 종류가 있으며, 초콜릿 맛이 난다.
② Curacao(큐라소) : 네덜란드령 큐라소(Curacao)섬에서 오렌지 껍질을 건조하여 알코올에 배합하여 탄생하였고 이곳 지명을 따서 큐라소라고 하였다.
④ Dubonnet(듀보네) : 레드 와인에 키니네를 첨가하여 만든 강화주이며, 식전주로 애음된다.

**정답** 13 ④  14 ④  15 ④  16 ③  17 ②  18 ③

**19** 커피 로스팅의 정도에 따라 약한 순서에서 강한 순서대로 나열한 것으로 옳은 것은?

① American Roasting → German Roasting → French Roasting → Italian Roasting
② German Roasting → Italian Roasting → American Roasting → French Roasting
③ Italian Roasting → German Roasting → American Roasting → French Roasting
④ French Roasting → American Roasting → Italian Roasting → German Roasting

해설
커피 로스팅 : American Roasting → German Roasting → French Roasting → Italian Roasting
- 라이트 로스팅(Light Roasting) : 초기 단계로 생두는 노란색으로 변화된다.
- 시나몬 로스팅(Cinnamon Roasting) : 신맛이 강하고 커피향은 약하다. 아메리칸 로스팅과 같은 의미로 사용된다. 노란색 원두가 계피색을 띠며 생두의 외피가 제거되기 시작한다.
- 미디엄 로스팅(Medium Roasting) : 신맛을 느낄 수 있으며 견과맛이 난다. 첫 번째 팽창이 있은 후 두 번째 팽창을 하기 전까지의 단계로 커피의 특징인 신맛과 쓴맛, 그리고 독특한 향기가 함께 나타나기 시작한다. 아메리칸 로스트라고도 한다. 추출해서 마실 수 있는 기초 단계로 원두는 담갈색을 띤다.
- 하이 로스팅(High Roasting) : 신맛이 엷어지고 단맛이 나기 시작한다. 가장 일반적인 단계로 갈색의 커피가 된다.
- 시티 로스팅(City Roasting) : 신맛은 거의 없어지고 쓴맛과 달콤한 향기가 나는 것이 특징이다. 저먼(German) 로스트라고도 한다. 풍부한 갈색을 띠게 된다.
- 풀시티 로스팅(Full City Roasting) : 단맛이 강해지고 원두 표면에 오일이 비친다. 원두 색깔은 짙은 갈색으로 에스프레소 커피용의 표준이다.
- 프렌치 로스팅(French Roasting) : 쓴맛, 진한 맛에 중후한 맛이 강조된다. 쓴맛이 다른 맛을 압도하기에 아이스커피에 주로 사용하며 기름기가 번져 흐르고 색상은 검게 된다.
- 이탈리안 로스팅(Italian Roasting) : 보디감과 단맛은 줄어들고 쓴맛과 진한 맛의 최대치에 달한다. 예전에 에스프레소용으로 많이 선호됐으나 점차 줄어들고 있는 추세다.

**20** 좋은 맥주용 보리의 조건으로 알맞은 것은?

① 껍질이 두껍고 윤택이 있는 것
② 알맹이가 고르고 발아가 잘 안 되는 것
③ 수분 함유량이 높은 것
④ 전분 함유량이 많은 것

해설
맥주용 보리의 조건
- 껍질이 얇은 것
- 담황색을 띠고 윤택이 있는 것
- 알맹이가 고르고 발아율이 95% 이상인 것
- 수분 함유량이 13% 이하로 잘 건조된 것
- 전분 함유량이 많은 것
- 단백질이 적은 것

**21** 증류주가 사용되지 않은 칵테일은?

① Manhattan
② Rusty Nail
③ Irish Coffee
④ Grasshopper

해설
④ Grasshopper(그래스호퍼) : 그린 크렘 드 민트 1oz + 화이트 카카오 1oz + 우유 1oz, 소서형 샴페인 글라스, 셰이킹(Shaking) 기법
① Manhattan(맨해튼) : 아메리칸 위스키 1·1/2oz + 스위트 베르무트 3/4oz + 앙고스투라 비터 1dash, 레드체리 장식, 칵테일 글라스, 스터(Stir) 기법
② Rusty Nail(러스티 네일) : 스카치 위스키 1oz + 드람뷔이 1/2oz 올드 패션드 글라스, 직접 넣기(Build) 기법
③ Irish Coffee(아이리시 커피) : 아이리시 위스키 1oz + 핫커 + 휘핑크림, 아이리시 커피 글라스, 직접 넣기(Build) 기법

**22** 꿀로 만든 리큐르(Liqueur)는?

① Creme de Menthe   ② Curacao
③ Galliano   ④ Drambuie

**해설**
④ Drambuie(드람뷰이) : 15년 이상 숙성된 몰트 위스키에 꿀, 허브 등을 첨가하여 만든 리큐르
① Creme de Menthe(크렘 드 민트) : 일명 페퍼민트라고 하며 민트를 주원료로 계피, 생강 등을 중성주정에 당분과 함께 넣어 만든 리큐르
② Curacao(큐라소) : 오렌지 껍질을 원료로 하여 과일 향이 풍부한 오렌지 리큐르
③ Galliano(갈리아노) : 아니스, 바닐라 등 40여 종 이상의 약초, 향초를 배합해서 만든 이탈리아에서 생산되는 오렌지와 바닐라 향이 강한 리큐르

**23** 음료의 역사에 대한 설명으로 틀린 것은?

① 기원전 6000년경 바빌로니아 사람들은 레몬과 즙을 마셨다.
② 스페인 발렌시아 부근의 동굴에서는 탄산가스를 발견해 마시는 벽화가 있다.
③ 바빌로니아 사람들은 밀빵이 물에 젖어 발효된 맥주를 발견해 음료로 즐겼다.
④ 중앙아시아 지역에서는 야생의 포도가 쌓여 자연 발효된 포도주를 음료로 즐겼다.

**해설**
약 1만년 전의 것으로 추측되는 스페인의 발렌시아 지방의 '아라니아 동굴' 암벽 조각에서 한 손에 바구니를 들고 봉밀을 채취하는 사람의 그림이 그려져 있는 것으로 보아 벌꿀은 인류가 마신 가장 오래된 음료일 것이라고 전해지고 있다.

**24** 다음 중 상면발효 맥주가 아닌 것은?

① 에 일   ② 복
③ 스타우트   ④ 포 터

**해설**
상면발효 맥주는 에일(Ale), 스타우트(Stout), 포터(Porter), 램빅(Lambics)이 있으며 복(Bock)은 독일 북부에서 유래한 라거 맥주의 일종이다.

**25** 증류주가 아닌 것은?

① 풀 케   ② 진
③ 테킬라   ④ 아쿠아비트

**해설**
풀케(Pulque) : 아가베(Agave, 용설란)의 수액을 발효시킨 발효주

**26** 몰트 위스키의 제조과정에 대한 설명으로 틀린 것은?

① 정선 – 불량한 보리를 제거한다.
② 침맥 – 보리를 깨끗이 씻고 물을 주어 발아를 준비한다.
③ 제근 – 맥아의 뿌리를 제거시킨다.
④ 당화 – 효모를 가해 발효시킨다.

**해설**
당화 : 맥아를 분쇄해서 당화조에 넣으면 맥아 속의 당화효소인 아밀레이스에 의해 맥아당으로 변하여 당화액이 생긴다.

정답  22 ④  23 ②  24 ②  25 ①  26 ④

**27** 다음 중 레드 와인용 포도 품종이 아닌 것은?

① 리슬링(Riesling)
② 메를로(Merlot)
③ 피노누아(Pinot Noir)
④ 카베르네 소비뇽(Cabernet Sauvignon)

**해설**
리슬링(Riesling) : 독일을 대표하는 청포도 품종이며 프랑스 알자스 지방에서도 재배된다.

**28** Vodka에 속하는 것은?

① Bacardi      ② Stolichnaya
③ Blanton's    ④ Beefeater

**해설**
① 바카디(Bacardi) : 럼
③ 블랑톤(Blanton's) : 버번 위스키
④ 비피터(Beefeater) : 진
보드카 종류 : 스톨리츠나야(Stolichnaya), 고든(Gordon's), 스미노프(Smirnoff), 핀란디아(Finlandia), 앱솔루트(Absolute) 등

**29** 다음 중 리큐르(Liqueur)와 관계가 없는 것은?

① Cordials
② Arnaude de Villeneuve
③ Benedictine
④ Dom Perignon

**해설**
④ Dom Perignon(동 페리뇽) : 와인을 2차 발효시키는 방법과 이때 발생하는 탄산가스를 병 속에 담아두는 방법을 개발함으로써 샴페인이 탄생하게 되었다.
① Cordials(코디얼) : 주정에 당분을 함유하고 향신료 또는 천연향 등을 첨가한 리큐르이다.
② Arnaude de Villeneuve(아르노 드 빌뇌브) : 연금술사로 리큐르를 최초로 만들었다. 와인을 증류한 것을 뱅 브루레(Vin Brulle)라 하고 이 증류주에 레몬, 장미, 오렌지의 꽃 등과 향료류를 가하여 리큐르가 만들어져 이뇨, 강장에 효과가 있는 의약품으로 사용되었다.
③ Benedictine(베네딕틴) : 코냑에 안젤리카를 주향료로 하여 박하, 주니퍼 베리, 약초, 너트메그, 시나몬, 레몬 껍질, 바닐라, 벌꿀 등 약 27종의 약초를 사용한 리큐르로 DOM은 '데오 옵티모 멕시모(Deo Optimo Maximo)'로 '최대 최선의 신에게'라는 뜻이다.

**30** 다음 중 단발효법으로 만들어진 것은?

① 맥 주
② 청 주
③ 포도주
④ 탁 주

**해설**
• 단발효법 : 과일 속의 과즙을 효모가 발효시켜 만들어진 술 → 와인, 시드르, 브랜디 등
• 단행 복발효 : 엿기름(맥아)으로 당화시켜 당이 만들어진 다음 효모가 발효시켜 만들어진 술 → 맥주, 위스키 등
• 병행 복발효 : 누룩, 국 속에 존재하는 미생물에 의해 당화와 발효가 동시에 진행되어 만들어진 술 → 탁주, 약주, 청주, 사케 등

**31** 주로 추운 계절에 추위를 녹이기 위하여 외출이나 등산 후에 따뜻하게 마시는 칵테일로 가장 거리가 먼 것은?

① Irish Coffee
② Tropical Cocktail
③ Rum Grog
④ Vin Chaud

**해설**
② Tropical Cocktail(트로피컬 칵테일) : 파파야, 망고, 두리안 등 열대과일이 들어간 칵테일로 차갑게 해서 프로즌 스타일(Frozen Style)로 제공한다.
① Irish Coffee(아이리시 커피) : 아이리시 위스키에 뜨거운 커피가 들어간 칵테일이다.
③ Rum Grog(럼 그로그) : 럼에 차가운 물 또는 따뜻한 물을 섞어서 마시는 칵테일이다.
④ Vin Chaud(뱅쇼) : 레드 와인에 계피, 오렌지, 레몬 등 각종 과일을 넣어 따뜻하게 데워 마시는 와인이다. 프랑스에서는 뱅쇼, 미국에서는 뮬드 와인(Mulled Wine), 독일에서는 글루바인(Gluhwein)이라고 하며 '따뜻한 와인'이란 뜻이다.

**32** 개봉한 뒤 다 마시지 못한 와인의 보관방법으로 옳지 않은 것은?

① Vacuum Pump로 병 속의 공기를 빼낸다.
② 코르크로 막아 즉시 냉장고에 넣는다.
③ 마개가 없는 디캔터에 넣어 상온에 둔다.
④ 병 속에 불활성 기체를 넣어 산소의 침입을 막는다.

**해설**
화이트 와인의 경우 냉장고에 넣지만 레드 와인의 경우 코르크로 막아 실온에 둔다. 공기와 접촉을 최대한 줄여서 산화되는 속도를 늦춰야 한다.

**33** 행사장에 임시로 설치해 간단한 주류와 음료를 판매하는 곳의 명칭은?

① Open Bar     ② Dance Bar
③ Cash Bar     ④ Lounge Bar

**해설**
③ Cash Bar(캐시바) : 결혼식이나 파티 등 행사장에서 손님에게 돈을 받고 술이나 음료를 제공하며, 연회장 내에 임시적으로 설치하는 바이다.
① Open Bar(오픈바) : 파티나 행사에서 술이나 음료를 무료로 제공하는 바이다. 고객들이 마시는 대로 음료를 제공하며 계산은 주최 측이 총괄적으로 지불하게 된다.
② Dance Bar(댄스바) : 춤을 출 수 있거나 공연 예술을 즐길 수 있는 분위기 속에서 술이나 음료가 판매되는 바이다.
④ Lounge Bar(라운지바) : 만남의 장소 등 잠시 쉬어 갈 수 있도록 편안하고 아늑한 분위기를 연출하며 음료를 판매하는 업장으로 로비에 위치하면 로비 라운지(Lobby Lounge), 최상층에 위치하면 스카이 라운지(Sky Lounge)라고 한다.

**34** 주류의 Inventory Sheet에 표기되지 않은 것은?

① 상품명         ② 전기 이월량
③ 규격(또는 용량) ④ 구입가격

**해설**
Inventory Sheet(재고조사표) : 상품의 규격에 따라 입고, 출고, 재고 등의 수량을 파악하는 시트

**35** 조주 시 필요한 셰이커(Shaker)의 3대 구성 요소의 명칭이 아닌 것은?

① 믹싱(Mixing)
② 보디(Body)
③ 스트레이너(Strainer)
④ 캡(Cap)

**해설**
셰이커(Shaker)는 얼음과 재료를 담는 몸통(Body), 얼음을 거를 수 있도록 조그만 구멍이 여러 개 뚫려 있는 스트레이너(Strainer), 뚜껑인 캡(Cap)으로 구성되어 있다.

**정답** 31 ② 32 ③ 33 ③ 34 ④ 35 ①

**36** 다음 중 올바른 음주법과 가장 거리가 먼 것은?

① 술 마시기 전에 음식을 먹어서 공복을 피한다.
② 본인의 적정 음주량을 초과하지 않는다.
③ 먼저 알코올 도수가 높은 술부터 낮은 술로 마신다.
④ 술을 마실 때 가능한 천천히 그리고 조금씩 마신다.

해설
알코올 도수가 낮은 술에서 알코올 도수가 높은 술로 마셔야 몸에 부담이 덜 하다. 술을 마시면 술의 뜨거운 성질과 장의 해독작용으로 몸이 더워지는데 술이 덜 깬 상태에서 갈증이 난다고 찬물이나 차가운 차를 마시면 차가운 기운에 위장은 물론 신장까지 상한다고 한다. 가장 올바른 음주법은 적당히 마시는 것이 최선이다.

**37** Red Wine Decanting에 사용되지 않는 것은?

① Wine Cradle
② Candle
③ Cloth Napkin
④ Snifter

해설
④ Snifter(스니프터) : 브랜디 잔으로 글라스 입구(Rim)가 좁고 볼은 넓어 브랜디의 향이 밖으로 빠져 나가지 않고 글라스 안에 남아 있도록 하기 위해 만들어진 글라스이다.
① Wine Cradle(와인 크래들) : 레드 와인을 서브할 때 사용하는 것으로 와인을 뉘어 놓을 손잡이가 달린 바구니를 와인 크래들이라 한다. 올드 빈티지 와인의 경우 오랜 세월 숙성을 했기 때문에 와인 크래들을 사용하는 것이 좋다.
② Candle(캔들) : 이전에는 병목에서 와인 찌꺼기가 통과되지 않도록 촛불을 비추어 확인을 했는데, 요즘은 조명이 밝아서 굳이 사용하지 않아도 되지만 분위기 때문에 많이 사용한다.
③ Cloth Napkin(클로스 냅킨) : 천으로 된 냅킨으로 코르크를 제거한 다음 병목을 닦아 줄 때 사용한다.

**38** 생맥주를 중심으로 각종 식음료를 비교적 저렴하게 판매하는 영국식 선술집은?

① Saloon
② Pub
③ Lounge Bar
④ Banquet

해설
② Pub(펍) : 술, 맥주를 비롯한 여러 음료와 음식도 파는 대중적인 영국식 선술집, 바
① Saloon(사롱) : 라운지 바, 과거 미국 서부, 캐나다의 술집
③ Lounge Bar(라운지바) : 만남의 장소 등 잠시 쉬어 갈 수 있도록 편안하고 아늑한 분위기의 바
④ Banquet(방켓) : 각종 행사의 모임, 이벤트, 컨벤션 등을 유치하여 식음료를 판매하거나 연회장 자체를 대여하여 영업을 하는 업장

**39** Stemmed Glass인 것은?

① Collins Glass
② Old Fashioned Glass
③ Straight Up Glass
④ Sherry Glass

해설
• Stemmed Glass(스템드 글라스) : 기둥이 있는 글라스로 샴페인 글라스(Champagne Glass), 칵테일 글라스(Cocktail Glass), 와인 글라스(Wine Glass), 셰리 글라스(Sherry Glass) 등이 있다.
• Cylindrical Glass(실린드리컬 글라스) : 원통형 글라스로 콜린스 글라스(Collins Glass), 올드 패션드 글라스(Old Fashioned Glass), 스트레이트잔(Straight Glass) 등이 있다.

**40** 바(Bar)의 업무 효율 향상을 위한 시설물 설치방법으로 옳지 않은 것은?

① 얼음 제빙기는 가능한 바(Bar) 내에 설치한다.
② 바의 수도시설은 믹싱 스테이션(Mixing Station) 바로 후면에 설치한다.
③ 각 얼음은 아이스 텅(Iced Tong)에다 채워놓고 바(Bar) 작업대 옆에 보관한다.
④ 냉각기(Cooling Cabinet)는 주방 밖에 설치한다.

**해설**
Iced Tong(아이스 텅)은 얼음 집게를 말한다. 각 얼음은 Iced Pail(얼음 통) 또는 Iced Bin(얼음 저장소)에 채워놓는다.

**41** 식재료 원가율 계산방법으로 옳은 것은?

① 기초재고 + 당기매입 – 기말재고
② (식재료 원가 / 총매출액) × 100
③ 비용 + (순이익 / 수익)
④ (식재료 원가 / 월매출액) × 30

**해설**
음식의 원가는 33%선, 음료의 원가는 25%로 그 외 인건비, 변동비율, 고정비율, 이윤율을 바탕으로 판매원가 즉, 가격을 결정한다.

**42** 바(Bar) 기구가 아닌 것은?

① 믹싱 셰이커(Mixing Shaker)
② 레몬 스퀴저(Lemon Squeezer)
③ 바 스트레이너(Bar Strainer)
④ 스테이플러(Stapler)

**해설**
④ 스테이플러(Stapler) : 'ㄷ'자 모양으로 생긴 철사 침을 사용하여 서류 따위를 철하는 도구
① 믹싱 셰이커(Mixing Shaker) : 일명 셰이커로 여러 가지 재료를 혼합하여 만들 때 사용
② 레몬 스퀴저(Lemon Squeezer) : 레몬 압착기
③ 바 스트레이너(Bar Strainer) : 얼음을 걸러 주는 기물

**43** 칵테일을 만드는 기법으로 적당하지 않은 것은?

① 띄우기(Floating)
② 휘젓기(Stirring)
③ 흔들기(Shaking)
④ 거르기(Filtering)

**해설**
칵테일 만드는 기본적인 기법 5가지
• 직접 넣기(Building)
• 휘젓기(Stirring)
• 흔들기(Shaking)
• 띄우기(Floating)
• 기계혼합(Blending)

**44** 구매관리 업무와 가장 거리가 먼 것은?

① 납기관리
② 시장조사
③ 우량 납품업체 선정
④ 음료상품 판매촉진 기획

**해설**
음료상품 판매촉진 기획은 마케팅 및 기획 업무이다.

**정답** 40 ③  41 ②  42 ④  43 ④  44 ④

**45** 다음 식품위생법상의 식품접객업의 내용으로 틀린 것은?

① 휴게음식점영업은 주로 빵과 떡 그리고 과자와 아이스크림류 등 과자점 영업을 포함한다.
② 일반음식점영업은 음식류만 조리 판매가 허용되는 영업을 말한다.
③ 단란주점영업은 유흥종사자는 둘 수 없으나 모든 주류의 판매 허용과 손님이 노래를 부르는 행위가 허용되는 영업이다.
④ 유흥주점영업은 유흥종사자를 두거나 손님이 노래를 부르거나 춤을 추는 행위가 허용되는 영업이다.

**해설**
휴게음식점영업은 주류 판매를 못하지만 일반음식점영업은 식음료 즉, 주류 판매도 가능하다.
※ 식품위생법 시행령 제21조 참고

**46** 물로 커피를 추출할 때 사용하는 도구가 아닌 것은?

① Coffee Urn
② Siphon
③ Dripper
④ French Press

**해설**
① Coffee Urn(커피언) : 커피를 데우기 위해 쓰이는 전열기구
② Siphon(사이펀) : 물을 끓여 대기압으로 인해 액체가 관 안으로 밀어 올려져 커피 원두와 접촉하고 아랫부분의 온도를 낮추면 다시 밑의 플라스크로 커피 원액만 내려오도록 추출하는 방식
③ Dripper(드리퍼) : 여과 필터에 커피 원두를 넣고 뜨거운 물을 부어 우려내고 여과하여 추출하는 방식
④ French Press(프렌치 프레스) : 포트 안에 커피를 넣고 물을 부은 다음 일정 시간 후 본체 상부의 손잡이를 이용해서 필터를 아래로 내려 커피 찌꺼기를 눌러 걸러주고 커피액만 추출하는 방식

**47** Cork Screw의 사용 용도는?

① 와인의 병마개 오픈용
② 와인의 병마개용
③ 와인 보관용 그릇
④ 잔 받침대

**해설**
Cork Screw(코르크 스크루)는 코르크 마개를 따는 기구를 말한다. 레스토랑 등에서 손님이 가져온 와인을 마실 경우 마개를 따주고 받는 요금을 Corkage Charge(코르키지 차지)라 한다.

**48** 식재료가 소량이면서 고가인 경우나 희귀한 아이템의 경우에 검수하는 방법으로 옳은 것은?

① 발췌 검수법
② 전수 검수법
③ 송장 검수법
④ 서명 검수법

**해설**
• 발췌 검수법 : 재료의 품질을 검사하는 방법으로 많은 물건을 낱낱이 조사하는 대신 몇 개만을 뽑아내어 검사하고 그것으로 전체의 품질을 추정하는 방법이다.
• 송장 검수법 : 물품에 대한 정보를 기록한 서식을 보고 품질을 추정하는 방법이다.

정답 45 ② 46 ① 47 ① 48 ②

## 49 주장 경영 원가의 3요소로 가장 적합한 것은?

① 재료비, 노무비, 기타 경비
② 재료비, 인건비, 세금
③ 재료비, 종사원 급여, 권리금
④ 재료비, 노무비, 월세와 관리비

[해설]
주장의 3요소란 소비재를 사용해서 발생되는 재료비, 인적 용역의 소비에서 발생하는 인건비, 주장을 경영하면서 발생하는 감가상각비, 이자비용 등의 기타 주장경비를 말한다.

## 50 바텐더의 자세로 가장 바람직하지 못한 것은?

① 영업 전후 Inventory 정리를 한다.
② 유통기한을 수시로 체크한다.
③ 손님과의 대화를 위해 뉴스, 신문 등을 자주 본다.
④ 고가의 상품을 판매를 위해 손님에게 추천한다.

[해설]
상품에 대한 지식 없이 고객에게 판매만 강요한다면 고객은 기분이 좋지 않게 된다. 그렇지만 고품질의 상품을 원하는 고객에게 상품에 대한 가치를 충분히 설명하고 고객이 긍정적으로 동의한다면 고객과 영업장 모두에게 좋은 추천판매가 된다.

## 51 Which one is the best harmony with gin?

① Sprite  ② Ginger Ale
③ Cola    ④ Tonic Water

[해설]
토닉워터(Tonic Water)는 영국에서 개발한 무색투명의 음료이다. 레몬, 라임, 오렌지, 키니네의 껍질 등의 농축액에 당분, 탄산가스를 넣어 마신 청량음료이다. 키니네는 해열, 진통, 강장에 효과가 있고 특히 말라리아의 특효약으로 알려져 있다. Gin Tonic이 유명하다.

## 52 다음에서 설명하는 Bitters는?

> It is made from a Trinidadian secret recipe.

① Peychaud's bitters
② Abbott's aged bitters
③ Orange bitters
④ Angostura bitters

[해설]
카리브해 서인도제도의 최남단에 있는 트리니다드 토바고의 포트 오브 스페인(Port of Spain)시에서 제법은 비밀로 앙고스투라 비터 회사에 의해 만들어지고 있다.

## 53 "All tables are booked tonight"과 의미가 같은 것은?

① All books are on the table.
② There are a lot of tables here.
③ All tables are very dirty tonight.
④ There aren't any available tables tonight.

## 54 다음에서 ( ) 안에 알맞은 단어로 짝지어진 것은?

> A : Let's go ( ) a drink after work, will you?
> B : I don't ( ) like a drink today.

① for, feel    ② to, have
③ in, know     ④ of, give

[정답] 49 ① 50 ④ 51 ④ 52 ④ 53 ④ 54 ①

## 55 ( )에 들어갈 단어로 옳은 것은?

> ( ) is a late morning meal between breakfast and lunch.

① Buffet
② Brunch
③ American breakfast
④ Continental breakfast

## 56 Please select the cocktail-based wine in the following.

① Mai-Tai
② Mah-Jong
③ Salty-Dog
④ Sangria

**해설**
상그리아(Sangria) : 레드 와인에 오렌지, 레몬 등의 과일을 잘게 썰어서 넣고 오렌지 주스, 소다수 등을 첨가해서 만들어진 에스파냐의 대중적인 칵테일이다.

## 57 Which cocktail name means "Freedom"?

① God mother
② Cuba libre
③ God father
④ French Kiss

**해설**
Cuba Libre(쿠바 리브레) : 스페인의 식민지였던 쿠바의 독립운동 당시 생겨난 "Viva Cuba Libre(자유쿠바 만세)"라는 표어에서 유래된 이름이다. 독립 후에도 쿠바에서 건배할 때 쓰는 합창으로 남아 있다가 그대로 칵테일의 이름이 되었다. 쿠바 리브레는 하이볼 글라스에 얼음을 넣고 라이트럼 1·1/2oz, 라임주스 1/2oz를 넣고 나머지는 콜라로 채운다. 장식은 레몬이다.

## 58 "그걸로 주세요."라는 표현으로 가장 적합한 것은?

① I'll have this one.
② Give me one more.
③ That's please.
④ I already had one.

## 59 ( ) 안에 가장 알맞은 것은?

> W : What would you like to drink, sir?
> G : Scotch ( ) the rocks, please.

① in
② with
③ on
④ put

## 60 "How often do you drink?"의 대답으로 적합하지 않은 것은?

① Every day
② Once a week
③ About three times a month
④ After work

정답  55 ②  56 ④  57 ②  58 ①  59 ③  60 ④

# 2014년 제1회 과년도 기출문제

**01** 프랑스 보르도(Bordeaux) 지방의 와인이 아닌 것은?

① 보졸레(Beaujolais), 론(Rhone)
② 메독(Medoc), 그라브(Grave)
③ 포므롤(Pomerol), 소테른(Sauternes)
④ 생떼밀리옹(Saint-Emilion), 바르삭(Barsac)

**해설**
① 보졸레(Beaujolais)는 부르고뉴 와인 산지이다.
**보르도 와인 산지** : 메독(Medoc), 그라브(Grave), 포므롤(Pomerol), 생떼밀리옹(Saint-Emilion), 소테른(Sauternes), 바르삭(Barsac) 등

**02** 스카치 위스키가 아닌 것은?

① Crown Royal
② White Horse
③ Johnnie Walker
④ VAT 69

**해설**
크라운 로열(Crown Royal)은 캐나디안 위스키(Canadian Whisky)이다.

**03** 맥주의 효과와 가장 거리가 먼 것은?

① 항균작용
② 이뇨 억제 작용
③ 식욕 증진 및 소화 촉진 작용
④ 신경진정 및 수면 촉진 작용

**해설**
홉(Hop)의 고미질은 담즙의 분비를 촉진시켜 소화를 돕고 이뇨작용을 한다. 500mL의 물은 한꺼번에 들이키기 힘들지만 맥주의 500mL는 부드럽게 마실 수 있다.

**04** 오렌지 과피, 회향초 등을 주원료로 만들며 알코올 농도가 24% 정도가 되는 붉은색의 혼성주는?

① Beer
② Drambuie
③ Campari
④ Cognac

**해설**
③ Campari(캄파리) : 이탈리아의 국민주로 붉은색의 쓴맛이 강한 리큐르(Liqueur)이다. 제조법은 각종 식물의 뿌리, 씨, 향초, 껍질 등 70여 가지의 재료로 만들어진다. 식전주(Aperitif)로 애음되고 소다수(Soda Water)나 오렌지 주스(Orange Juice)와 잘 어울린다.
① Beer(맥주) : 곡물(밀과 보리)을 발효하여 만든 양조주이다.
② Drambuie(드람뷰이) : 스코틀랜드산의 유명한 리큐르로 몰트 위스키에 꿀(Honey), 허브(Herbs)를 첨가하여 만든 암갈색의 리큐르이다.
④ Cognac(코냑) : 프랑스 보르도 북쪽에 위치해 있는 코냑 지방에서 만든 브랜디의 한 종류이다.

**05** 커피를 주원료로 만든 리큐르는?

① Grand Marnier
② Benedictine
③ Kahlua
④ Sloe Gin

**해설**
③ Kahlua(칼루아) : 멕시코산 커피를 주원료로 하여 코코아, 바닐라 향을 첨가해서 만든 고급 리큐르이다.
① Grand Marnier(그랑 마니에르) : 오렌지 큐라소의 최고급 리큐르이다. 3~4년 숙성한 코냑(Cognac)에 오렌지 향을 가미한 40도의 프랑스산 혼성주이다.
② Benedictine DOM(베네딕틴 디오엠) : 프랑스에서 가장 오래된 리큐르이다. 안젤리카를 주향료로 하여 박하, 약초, 주니퍼 베리, 시나몬, 바닐라, 레몬 껍질, 벌꿀 등 약 27종의 약초를 사용한다. 피로회복에 효능이 있는 술로 널리 애음되고 있다.
④ Sloe Gin(슬로 진) : Sloe Berry(야생자두)를 진에 첨가해서 만든 빨간색의 리큐르이다.

**정답** 1 ① 2 ① 3 ② 4 ③ 5 ③

## 06 다음에서 설명하고 있는 술은?

> 고구려의 술로 전해지며, 여름날 황혼 무렵에 찐 차 좁쌀로 담가서 그 다음날 닭이 우는 새벽녘에 먹을 수 있도록 빚었던 술이다.

① 교동법주
② 청명주
③ 소곡주
④ 계명주

**해설**
① 경주 교동법주 : 조선시대 문무백관이나 사신을 대접할 때 쓰였던 특주로 빚는 날과 빚는 법이 정해져 있어 법주라고도 했다. 또한, 절에서 찹쌀과 국화와 솔잎을 넣고 100일간 땅에 묻었다가 꺼낸 술이라는 뜻도 있다.
② 중원 청명주 : 찹쌀로 빚은 충청북도 충주지방의 전통술로 하늘이 차츰 맑아진다는 청명(음력 3월)에 마시는 절기주다. 술이 익기까지 오랜 시간이 걸리는 만큼 곡주 향이 깊고 빛깔이 곱다. 재료는 찹쌀과 밀 누룩이 전부다. 누룩, 물, 찹쌀 죽을 항아리에 넣어 밑술을 만든다. 밑술에 잡쌀 지에밥을 만들어 두 번에 걸쳐 덧술을 한다. 100일이 지나면 청명주가 완성된다.
③ 한산 소곡주 : 민속주 중 가장 오래된 술로 누룩을 적게 쓰는 까닭에 소곡주라고 불렸다. 일명 앉은뱅이술이라 불린다. 멥쌀, 찹쌀, 누룩, 엿기름, 생강, 들국화가 주원료이다.

## 07 다음 술 종류 중 코디얼(Cordial)에 해당하는 것은?

① 베네딕틴(Benedictine)
② 고든스 런던 드라이 진(Gordons London Dry Gin)
③ 커티 샥(Cutty Sark)
④ 올드 그랜드 대드(Old Grand Dad)

**해설**
② 고든스 런던 드라이 진(Gordons London Dry Gin) : 주니퍼 베리(Juniper Berry)와 코리앤더, 안젤리카 뿌리, 키코리스, 오리스 뿌리, 오렌지 껍질, 레몬 껍질 등 다양한 허브를 사용해 독특하고 상쾌한 향을 지닌 드라이 진이다.
③ 커티 샥(Cutty Sark) : 스카치 위스키
④ 올드 그랜드 대드(Old Grand Dad) : 버번 위스키

## 08 독일 와인의 분류 중 가장 고급와인의 등급표시는?

① QbA
② Tafelwein
③ Landwein
④ QmP

**해설**
독일의 와인등급

| | |
|---|---|
| QmP | 최상급 |
| QbA | 우수와인 |
| Deutscher Landwein (도이처 란트바인) | 타펠바인보다 더 성숙한 포도로 만든다. |
| Deutscher Tafelwein (도이처 타펠바인) | 독일의 Tafelwein 지역에서 허가된 포도로 만든 테이블 와인 |

## 09 하면발효 맥주가 아닌 것은?

① Lager Beer
② Porter Beer
③ Pilsen Beer
④ Munchen Beer

**해설**
상면발효 맥주는 에일(Ale), 스타우트(Stout), 포터(Porter), 램빅(Lambic)이 있다.

## 10 조선시대의 술에 대한 설명으로 틀린 것은?

① 중국과 일본에서 술이 수입되었다.
② 술 빚는 과정에 있어 여러 번 걸쳐 덧술을 하였다.
③ 고려시대에 비하여 소주의 선호도가 높았다.
④ 소주를 기본으로 한 약용약주, 혼양주의 제조가 증가했다.

**해설**
삼국시대의 술 중 널리 알려진 대표적인 술은 '고려주'와 '신라주'로 중국 송나라에 알려져 문인들 사이에서 찬사를 받기도 했다. 일본에 술 빚는 방법을 전파한 사람은 백제 사람인 수수보리이다. 일본 왕 오진 때 술 빚는 방법을 일본에 전했다고 전해진다.

6 ④ 7 ① 8 ④ 9 ② 10 ①

**11** 음료에 대한 설명이 잘못된 것은?

① 진저에일(Ginger Ale)은 착향 탄산음료이다.
② 토닉워터(Tonic Water)는 착향 탄산음료이다.
③ 세계 3대 기호음료는 커피, 코코아, 차(Tea)이다.
④ 유럽에서 Cider(또는 Cidre)는 착향 탄산음료이다.

[해설]
사이다(Cider) : 프랑스어로는 시드르(Cidre)라 한다. 유럽에서는 사과를 발효시켜 만든 사과주(Apple Wine)를 말한다. 알코올 성분이 1~6% 정도 들어 있다.

**12** 위스키(Whisky)와 브랜디(Brandy)에 대한 설명이 틀린 것은?

① 위스키는 곡물을 발효시켜 증류한 술이다.
② 캐나디안 위스키(Canadian Whisky)는 캐나다산 위스키의 총칭이다.
③ 브랜디는 과실을 발효·증류해서 만든다.
④ 코냑(Cognac)은 위스키의 대표적인 술이다.

[해설]
코냑(Cognac)은 프랑스 보르도의 북쪽에 위치한 지방으로 유명한 브랜디 생산지역이다.

**13** 레몬주스, 슈가시럽, 소다수를 혼합한 것으로 대용할 수 있는 것은?

① 진저에일  ② 토닉워터
③ 콜린스 믹스  ④ 사이다

[해설]
콜린스 믹스(Collins Mix) : 탄산수에 설탕과 라임 또는 레몬즙을 짜서 만든 음료를 기성품으로 만들어 시판한 제품이다. 사이다보다 약간 더 상큼한 신맛이 있다. 콜린스 믹스가 없을 경우 레몬주스 1/2oz + 설탕 1tsp + 소다워터를 사용하면 된다.
예) 톰 콜린스, 슬로 진 피즈, 싱가포르 슬링, 위스키 사워 등

**14** 커피의 품종이 아닌 것은?

① 아라비카(Arabica)
② 로부스타(Robusta)
③ 리베리카(Riberica)
④ 우바(Uva)

[해설]
우바(Uva) : 스리랑카에서 생산되는 세계 3대 홍차 중 하나로 스리랑카 남동부 우바 고산지대에서 생산되는 차이다. 찻물 색깔은 오렌지 계통의 적색이고 꽃향기가 나며 맛은 자극적으로 강하다.

**15** 다음 광천수 중 탄산수가 아닌 것은?

① 셀처 워터(Seltzer Water)
② 에비앙 워터(Evian Water)
③ 초정약수
④ 페리에 워터(Perrier Water)

[해설]
에비앙(Evian)은 제네바 호수의 남쪽 해안에 에비앙 레 방 근처 여러 소스에서 나오는 광천수를 이용하여 먹는 샘물로 나오는 프랑스의 브랜드이다. 세계 최초로 물을 상품화한 기업이자 고급 생수 시장에서 1등을 고수해 오고 있는 브랜드이다.

정답 11 ④  12 ④  13 ③  14 ④  15 ②

## 16  이탈리아 와인 중 지명이 아닌 것은?

① 키안티
② 바르바레스코
③ 바롤로
④ 바르베라

**해설**
④ 바르베라 : 피에몬테 지역의 토착 포도 품종이다.

## 17  와인에 국화과의 아티초크(Artichoke)와 약초의 엑기스를 배합한 이탈리아산 리큐르는?

① Absinthe
② Dubonnet
③ Amer Picon
④ Cynar

**해설**
① 압생트(Absinthe) : 프랑스어로 '고통, 고난, 쓴쑥'의 뜻이다. 향쑥, 살구 씨, 회향, 아니스, 안젤리카 등 향료나 향초를 원료로 프랑스를 비롯해 스위스에서도 제조한다.
② 듀보네(Dubonnet) : 프랑스산으로 레드 와인에 키니네를 원료로 첨가하여 만든 강화주로서 옅은 갈색을 띠고 있다. 식전주로 애음되고 있다.
③ 아메르 피콘(Amer Picon) : Amer는 '쓴맛'이란 뜻이며 오렌지 껍질을 가미한 프랑스산 아페리티프(Aperitife, 식전주)이다. 쓴맛이 강해 식사 전에 많이 마시며 물이나 소다수를 섞어 마셔도 좋다.

## 18  다음 중 식전주(Aperitif)로 가장 적합하지 않은 것은?

① Campari
② Dubonnet
③ Cinzano
④ Sidecar

**해설**
Sidecar(사이드카)는 브랜디와 트리플 섹, 레몬주스가 혼합된 칵테일이다.

## 19  브랜디의 제조 순서로 옳은 것은?

① 양조작업 – 저장 – 혼합 – 증류 – 숙성 – 병입
② 양조작업 – 증류 – 저장 – 혼합 – 숙성 – 병입
③ 양조작업 – 숙성 – 저장 – 혼합 – 증류 – 병입
④ 양조작업 – 증류 – 숙성 – 저장 – 혼합 – 병입

**해설**
브랜디는 와인을 증류한 증류주로 코냑의 경우 약 7~8%의 알코올 도수에 신맛이 강하고 당도가 낮은 술이다. 구리로 만든 전통적인 증류기를 사용하여 두 번 증류하며 리무진 오크통(Limousin Oak Barrel)에 넣어 저장한다. 오랜 경험과 예리한 감각을 지닌 셀러마스터(Cellarmaster)에 의해 혼합된 브랜디는 다시 어느 정도 숙성시킨 후 병입되어 시판된다.

## 20  다음 중 Bitter가 아닌 것은?

① Angostura
② Campari
③ Galliano
④ Amer Picon

**해설**
갈리아노(Galliano) : 아니스, 바닐라 등 40종류 이상의 약초, 향초를 사용해서 만들어진 리큐르로 이탈리아의 밀라노 지방에서 생산되며 오렌지와 바닐라향이 강하여 독특하고 길쭉한 병에 담겨져 있다.

## 21 Tequila에 대한 설명으로 틀린 것은?

① Tequila 지역을 중심으로 지정된 지역에서만 생산된다.
② Tequila를 주원료로 만든 혼성주는 Mezcal이다.
③ Tequila는 한 품종의 Agave만 사용된다.
④ Tequila는 발효 시 옥수수당이나 설탕을 첨가할 수도 있다.

**해설**
아가베(Agave)를 발효해 풀케(Pulque)를 만들어 마시다가 16세기경 스페인으로부터 증류기술이 도입되어 풀케를 증류하여 메즈칼(Mezcal)을 만들었다. 1902년 멕시코시티(Mexico City) 주변의 특산품인 블루 아가베(Blue Agave)를 원료로 테킬라 마을에서 생산된 증류주를 테킬라라고 한다.

## 22 증류주에 대한 설명으로 옳은 것은?

① 과실이나 곡류 등을 발효시킨 후 열을 가하여 분리한 것이다.
② 과실의 향료를 혼합하여 향기와 감미를 첨가한 것이다.
③ 주로 맥주, 와인, 양주 등을 말한다.
④ 탄산성 음료는 증류주에 속한다.

**해설**
증류는 알코올과 물을 분리하는 것으로 알코올의 비등점(78.35℃)과 물의 비등점(100℃)의 차이를 이용하는 것이다. 발효주보다 강한 알코올 성분과 순도가 높은 알코올을 얻기 위하여 증류를 한다.

## 23 리큐르의 제조법이 아닌 것은?

① 증류법  ② 에센스법
③ 믹싱법  ④ 침출법

**해설**
리큐르의 제조법
- 인퓨전 프로세스(Infusion Process, 침출법) : 증류주에 과일이나 약초, 향료 등의 향미성분을 용해시키는 방법이다. 열을 가하지 않으므로 콜드방식(Cold Method)이라고 한다.
- 디스틸드 프로세스(Distilled Process, 증류법) : 강한 주정에 식물의 씨, 잎, 뿌리, 껍질 등을 침출시켜 맛과 향을 우려낸 다음 증류하고 여기에 설탕 또는 시럽의 용액과 설탕 형태로 된 염료를 첨가하여 감미와 색을 내는 방법이다.
- 에센스 프로세스(Essence Process, 향유혼합법) : 원료로부터 진액을 추출해서 알코올에 첨가시키거나, 주정에 천연 또는 합성 향료를 배합하여 여과한 후 당분을 첨가하여 만드는데 이런 제품은 품질이 그다지 좋지 않아 값이 싸다.
- 퍼컬레이션 프로세스(Percolation Process, 여과법) : 허브, 약초, 향초 등을 커피를 여과시키는 것처럼 기계의 맨 윗부분에 놓고 증류주는 밑부분에 놓는다. 열을 가하여 알코올의 기체가 허브 등의 재료를 통과하면서 얻어진 향취를 액화하여 당분을 가미하고, 색을 첨가한 후 다시 여과시킨다.

## 24 와인 제조 시 이산화황($SO_2$)을 사용하는 이유가 아닌 것은?

① 항산화제 역할  ② 부패균 생성 방지
③ 갈변 방지  ④ 효모 분리

**해설**
아황산염은 항균제로 야생효모의 생육을 저해하고 포도 과피에 붙어 있는 각종 부패균을 살균시키며, 과즙 중의 산화효소에 의해 색깔이 변화하는 것을 없애준다. 즉, 과즙의 산화 및 페놀(Phenol)류의 산화를 방지하고 과즙을 맑게 하여 포도주가 식초로 변하는 것을 막아준다.

## 25 진(Gin)의 상표로 틀린 것은?

① Bombay Sapphire  ② Gordon's
③ Smirnoff  ④ Beefeater

**해설**
Smirnoff(스미노프)는 보드카 브랜드이다.

**26** 소다수에 대한 설명 중 틀린 것은?

① 인공적으로 이산화탄소를 첨가한다.
② 약간의 신맛과 단맛이 나며 청량감이 있다.
③ 식욕을 돋우는 효과가 있다.
④ 성분은 수분과 이산화탄소로 칼로리는 없다.

> **해설**
> 소다수는 수분과 이산화탄소만으로 이루어졌기에 영양가는 없으나, 이산화탄소 특유의 자극이 청량감을 주고, 미생물의 발육을 억제하며, 향기의 변화를 예방하고, 동시에 위장을 자극하여 식욕을 돋우는 효과가 있다.

**27** 와인에 관한 용어 설명 중 틀린 것은?

① 타닌(Tannin) – 포도의 껍질, 씨와 줄기, 오크통에서 우러나오는 성분
② 아로마(Aroma) – 포도의 품종에 따라 맡을 수 있는 와인의 첫 번째 냄새 또는 향기
③ 부케(Bouquet) – 와인의 발효과정이나 숙성과정 중에 형성되는 복잡하고 다양한 향기
④ 빈티지(Vintage) – 포도주 제조연도

> **해설**
> 빈티지(Vintage) : 포도 수확 연도를 의미한다(Millesime, 밀레즘).

**28** 다음 중 혼성주가 아닌 것은?

① Apricot Brandy
② Amaretto
③ Rusty Nail
④ Anisette

> **해설**
> Rusty Nail(러스티 네일)은 스카치 위스키에 드람뷰이가 들어간 달콤한 맛이 강한 칵테일이다.

**29** 다음 중 코냑이 아닌 것은?

① Courvoisier
② Camus
③ Mouton Cadet
④ Remy Martin

> **해설**
> Mouton Cadet(무똥카데)는 1930년 샤또 무똥 로칠드의 세컨드 와인으로 출발하여 전 세계에서 가장 많이 팔리는 보르도 AOC와인으로 바롱 필립드 로칠드사의 대표적인 제품이다.

**30** 맥주의 재료인 홉(Hop)의 설명으로 옳지 않은 것은?

① 자웅이주 식물로서 수꽃인 솔방울 모양의 열매를 사용한다.
② 맥주의 쓴맛과 향을 낸다.
③ 단백질을 침전·제거하여 맥주를 맑고 투명하게 한다.
④ 거품의 지속성 및 항균성을 부여한다.

> **해설**
> 홉(Hop) : 뽕나무과, 삼나무과 식물로서 암수가 서로 다른 다년생의 넝쿨 식물로 양조용으로는 수정되지 않은 암꽃을 사용한다.

### 31 다음 음료 중 냉장 보관이 필요 없는 것은?

① White Wine
② Dry Sherry
③ Beer
④ Brandy

**해설**
Brandy(브랜디)는 와인을 증류한 증류주로 알코올 도수가 높아 냉장 보관할 필요가 없다.

### 32 칵테일 조주 시 사용되는 다음 방법 중 가장 위생적인 방법은?

① 손으로 얼음을 Glass에 담는다.
② Glass 윗부분을 손으로 잡아 움직인다.
③ Garnish는 깨끗한 손으로 Glass에 Setting한다.
④ 유효기간이 지난 칵테일 부재료를 사용한다.

**해설**
① 얼음은 얼음 집게(Iced Tong)를 사용하여 담는다.
② 글라스 윗부분(Rim)은 입술이 닿는 부분으로 손이 닿지 않도록 해야 한다.
④ 유효기간이 지난 칵테일 부재료는 사용해서는 안 된다.

### 33 주장요원의 업무규칙에 부합하지 않는 것은?

① 조주는 규정된 레시피에 의해 만들어져야 한다.
② 요금의 영수관계를 명확히 하여야 한다.
③ 음료의 필요재고보다 두 배 이상의 재고를 보유하여야 한다.
④ 고객의 음료 보관 시 명확한 표기와 보관을 책임진다.

**해설**
인벤토리(Inventory, 재고조사)를 통해 품목별 적정량을 파악하여 과도한 재고가 쌓이는 것을 예방해야 한다.

### 34 와인을 주재료(Wine Base)로 한 칵테일이 아닌 것은?

① 키르(Kir)
② 블루 하와이(Blue Hawaii)
③ 스프리쳐(Sprizer)
④ 미모사(Mimosa)

**해설**
블루 하와이(Blue Hawaii)는 사계절이 여름인 하와이 섬의 아름다운 모습을 연상시키는 트로피컬 칵테일이다. 화이트럼에 블루 큐라소, 파인애플 주스, 레몬주스가 들어간다.

### 35 물품검수 시 주문내용과 차이가 발견될 때 반품하기 위하여 작성하는 서류는?

① 송장(Invoice)
② 견적서
③ 크레디트 메모(Credit Memorandum)
④ 검수보고서

**해설**
③ 크레디트 메모 : 검수 과정에서 반품까지는 하지 않더라도 현품이 구매기술서 또는 거래약정기준과 차이가 발견되었을 경우 이를 시인시켜 차후의 신용유지를 관리할 목적으로 작성하는 것
① 송장 : 매매계약 조건을 정당하게 이행하였음을 밝히는 것으로 판매자가 구매자에게 보내는 서류
② 견적서 : 어떤 일을 하는 데 필요한 비용 따위를 계산하여 구체적으로 적은 서류
④ 검수보고서 : 완성된 물품을 검수한 결과 내용과 불량 발생 시 불량 원인의 분석 내용, 기록 항목이 포함된 서식

**정답** 31 ④  32 ③  33 ③  34 ②  35 ③

**36** 고객에게 음료를 제공할 때 반드시 필요치 않은 비품은?

① Cocktail Napkin  ② Can Opener
③ Muddler  ④ Coaster

해설
③ 머들러(Muddler)는 음료를 휘저을 때 사용하는 긴 막대기를 말한다.
④ 코스터(Coaster)는 컵의 밑받침으로 종이 재질로 되어 있고 음료를 제공할 때 사용한다.

**37** 칵테일 부재료 중 Spice류에 해당되지 않는 것은?

① Grenadine Syrup
② Mint
③ Nutmeg
④ Cinnamon

해설
그레나딘 시럽(Grenadine Syrup) : 설탕을 만들고 남은 나머지 당밀에다 석류의 향기와 맛을 더한 적색의 시럽이다. 칵테일에 단맛과 시각적 효과를 더하기 위해 많이 사용한다.

**38** Wine 저장에 관한 내용 중 적절하지 않은 것은?

① White Wine은 냉장고에 보관하되 그 품목에 맞는 온도를 유지해 준다.
② Red Wine은 상온 Cellar에 보관하되 그 품목에 맞는 적정 온도를 유지해 준다.
③ Wine을 보관하면서 정기적으로 이동 보관한다.
④ Wine 보관 장소는 햇볕이 잘 들지 않고 통풍이 잘되는 곳에 보관하는 것이 좋다.

해설
와인은 진동이 없어야 하고 온도 변화가 적어야 좋다. 많이 이동하지 않는 것이 좋다.

**39** 주장원가의 3요소로 가장 적합한 것은?

① 인건비, 재료비, 주장경비
② 인건비, 재료비, 세금봉사료
③ 인건비, 재료비, 주세
④ 인건비, 재료비, 세금

해설
주장원가의 3요소는 재료비, 노무비, 기타 경비(임대료, 세금, 운영경비 등)를 말한다.

**40** Muddler에 대한 설명으로 옳은 것은?

① 설탕이나 장식과일 등을 으깨거나 혼합할 때 사용한다.
② 칵테일 장식에 체리나 올리브 등을 찔러 장식할 때 사용한다.
③ 규모가 큰 얼음덩어리를 잘게 부술 때 사용한다.
④ 술의 용량을 측정할 때 사용한다.

해설
우드 머들러(Wood Muddler)는 오렌지, 체리, 레몬 등의 과일을 으깰 때 사용하는 목재로 된 막대를 말한다. 플라스틱이나 기타 재질은 음료를 휘저을 때 사용하는 기다란 막대기를 말한다.

**41** 연회용 메뉴 계획 시 에피타이저 코스에 술을 권유하려 할 때 다음 중 가장 적합한 것은?

① 리큐르(Liqueur)
② 크림 셰리(Cream Sherry)
③ 드라이 셰리(Dry Sherry)
④ 포트 와인(Port Wine)

해설
Dry는 달지 않다는 뜻으로 식전주에 잘 붙어 다니는 수식어이다. 리큐르, 크림 셰리, 포트 와인은 달콤한 맛이 강해 디저트 코스에 잘 어울린다.

**42** 주장(Bar) 영업종료 후 재고조사표를 작성하는 사람은?

① 식음료 매니저
② 바 매니저
③ 바 보조
④ 바텐더

**43** 화이트 와인 서비스 과정에서 필요한 기물과 가장 거리가 먼 것은?

① Wine Cooler
② Wine Stand
③ Wine Basket
④ Wine Opener

**[해설]**
와인 바스켓(Wine Basket)은 레드 와인을 서브할 때 사용하는 것으로 와인을 뉘어 놓은 손잡이가 달린 바구니를 말한다. 와인 크래들(Wine Cradle), 패니어(Pannier)라고도 한다.

**44** 일과 업무 시작 전에 바(Bar)에서 판매 가능한 양 만큼 준비해 두는 각종의 재료를 무엇이라고 하는가?

① Bar Stock
② Par Stock
③ Pre-product
④ Ordering Product

**[해설]**
파 스톡(Par Stock) : 저장되어 있는 적정 재고량을 말한다. 재고량이 너무 많으면 상품 회전율을 저하시키고 재고 자금이 높아지며, 재고가 너무 적으면 품절에 의해 기회손실을 초래하게 된다. 따라서 당일, 주별, 월별 인벤토리(Inventory, 재고조사)를 실시하여 적정한 재고량을 파악해야 한다.

**45** 흔들기(Shaking)에 대한 설명 중 틀린 것은?

① 잘 섞이지 않고 비중이 다른 음료를 조주할 때 적합하다.
② 롱 드링크(Long Drink) 조주에 주로 사용한다.
③ 애플마티니를 조주할 때 이용되는 기법이다.
④ 셰이커를 이용한다.

**[해설]**
롱 드링크 칵테일(Long Drink Cocktail) : 6oz 이상의 잔에 제공되는 칵테일이다. 글라스의 용량이 크기 때문에 얼음이 필수로 들어간다. 만드는 방법은 다양하지만 얼음이 함께 들어가기 때문에 차가운 온도를 오랫동안 유지시킬 수 있어 여유롭게 마실 수 있는 칵테일이다. 이 칵테일은 어떤 얼음을 썼는지가 중요한 포인트가 된다. 그래서 얼음의 상태를 꼭 확인해야 한다. 녹기 시작한 얼음은 금방 녹아 음료가 희석이 되어 밋밋한 맛이 난다.

**46** 칵테일 글라스(Cocktail Glass)의 3대 명칭이 아닌 것은?

① 베이스(Base)
② 스템(Stem)
③ 볼(Bowl)
④ 캡(Cap)

**[해설]**
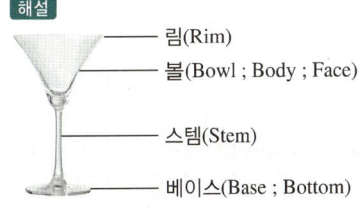

**47** 싱가포르 슬링(Singapore Sling) 칵테일의 장식으로 알맞은 것은?

① 시즌 과일(Season Fruits)
② 올리브(Olive)
③ 펄 어니언(Peel Onion)
④ 계피(Cinnamon)

[해설]
싱가포르 슬링은 진 베이스의 칵테일로 싱가포르 래플스(Raffles) 호텔 롱바(Long Bar)에서 만들어진 칵테일이다. 세계에서 가장 아름답다는 싱가포르의 석양을 표현하여 만든 칵테일이다. 장식은 오렌지와 체리 등 시즌 과일로 장식한다.

**48** 네그로니(Negroni) 칵테일의 조주 시 재료로 가장 적합한 것은?

① Rum 3/4oz, Sweet Vermouth 3/4oz, Campari 3/4oz, Twist of Lemon Peel
② Dry Gin 3/4oz, Sweet Vermouth 3/4oz, Campari 3/4oz, Twist of Lemon Peel
③ Dry Gin 3/4oz, Dry Vermouth 3/4oz, Grenadine Syrup 3/4oz, Twist of Lemon Peel
④ Tequila 3/4oz, Sweet Vermouth 3/4oz, Campari 3/4oz, Twist of Lemon Peel

[해설]
네그로니(Negroni) : 이탈리아 피렌체에 '카소니'라는 전통 깊은 레스토랑이 있는데, 이곳의 단골 손님인 카미로 네그로니 백작이 이탈리아의 베르무트(Vermouth)와 캄파리(Campari)를 혼합한 아메리카노(Americano) 칵테일에 드라이 진을 첨가한 식전 음료를 즐겨 마시는 것에서 비롯됐다. 캄파리의 쌉쌀한 맛에 베르무트의 달콤함이 어우러져 우아하고 매력적인 맛을 내는 칵테일이다.

**49** 브랜디 글라스(Brandy Glass)에 대한 설명으로 틀린 것은?

① 코냑 등을 마실 때 사용하는 튤립형의 글라스이다.
② 향을 잘 느낄 수 있도록 만들어졌다.
③ 기둥이 긴 것으로 윗부분이 넓다.
④ 스니프터(Snifter)라고도 하며 밑이 넓고 위는 좁다.

[해설]
Brandy Glass(브랜디 글라스) : 브랜디를 스트레이트로 마실 때 사용되는 튤립형의 대형 글라스로 Snifter(스니프터) 글라스라고도 부른다. 6~10oz가 있고, 8oz를 많이 사용한다. 브랜디 향이 쉽게 빠져나가지 않게 향을 모으기 위해 몸통 부분이 넓고 Rim(림)이 좁다. 손가락 중지와 약지 사이에 스템을 낀 채로 손바닥으로 볼 부분을 감싸 쥔다. 근래에는 강한 알코올의 냄새를 억제하기 위해 하이볼 잔에 온더락으로 많이 제공한다.

**50** Cocktail Shaker에 넣어 조주하는 것이 부적합한 재료는?

① 럼(Rum)   ② 소다수(Soda Water)
③ 우유(Milk)   ④ 달걀흰자

[해설]
셰이커는 강하게 흔드는 기술이기 때문에 소다수처럼 탄산가스가 함유된 음료가 들어갈 경우 탄산가스의 압력에 의해 터질 수 있다. 탄산음료 외의 재료를 넣고 잘 흔들고 난 후 글라스에 따른 뒤 탄산음료를 채우고 바스푼으로 저어서 제공하면 된다.

**51** Which one is made with vodka and coffee liqueur?

① Black Russian
② Rusty Nail
③ Cacao Fizz
④ Kiss of Fire

[해설]
Black Russian(블랙 러시안)은 보드카 1oz와 멕시코산 커피가 들어간 칼루아 1/2oz가 들어간다.

**52** Which of the following dosen't belong to the regions of France where wine is produced?

① Bordeaux
② Burgundy
③ Champagne
④ Rheingau

해설
다음 보기 중 프랑스의 와인 산지가 아닌 것은?
Rheingau는 와인 산지가 독일이다.

**53** 다음에서 설명하는 것은?

When making a cocktail, this is the main ingredient into which other things are added.

① Base   ② Glass
③ Straw  ④ Decoration

해설
칵테일을 만들 때, 이것은 다른 재료와 혼합되는 주재료이다.
Base(베이스) : 기주 또는 밑술로 칵테일을 만들 때에는 증류주 등을 기본 베이스로, 다른 여러 가지 재료가 혼합되어 만들어진다.

**54** Which is the correct one as a base of Port Sangaree in the following?

① Rum    ② Vodka
③ Gin    ④ Wine

해설
다음 보기 중 포트 생거리의 기본인 것은?
생거리(Sangaree)는 포도주 또는 증류주에 물을 타고 설탕, 향료를 가미한 음료를 말한다.

**55** 다음 (   ) 안에 들어갈 알맞은 것은?

This is our first visit to Korea and before we (   ) our dinner, we want to (   ) some domestic drinks here.

① have, try
② having, trying
③ serve, served
④ serving, be served

해설
이번이 저희의 한국 첫 방문입니다. 저녁식사 전, 국내 주류들을 한번 시음해 보고 싶습니다.

**56** "a glossary of basic wine terms"의 연결로 틀린 것은?

① Balance : the portion of the wine's odor derived from the grape variety and fermentation.
② Nose : the total odor of wine composed of aroma, bouquet, and other factors.
③ Body : the weight or fullness of wine on palate.
④ Dry : a tasting term to denote the absence of sweetness in wine.

해설
① 포도 품종과 발효에 의해 발생되는 와인의 향의 일부이다.
② 아로마, 부케, 그리고 다른 요인으로 구성된 와인의 총체적인 향이다.
③ 미각에서의 와인의 무게, 또는 깊이감이다.
④ 와인의 달콤함이 부족함을 의미하는 시음 용어이다.

정답  52 ④  53 ①  54 ④  55 ①  56 ①

## 57 다음에서 설명하는 것은?

An anise-flavored, high-proof liqueur now banned due to the alleged toxic effects of wormwood, which reputedly turned the brains of heavy users to mush.

① Curacao
② Absinthe
③ Calvados
④ Benedictine

**해설**
아니스 향이자 알코올 성분이 많은 리큐르이다. 지금은 알려진 바와 같이 약쑥의 독성 때문에 금지되고 있다. 평판에 의하면 지나치게 사용할 경우 그들의 두뇌를 망치기도 한다.
압생트(Absinthe) : 프랑스어로 '고통, 고난, 쓴쑥'의 뜻이며 아니스의 방향과 향쑥, 살구씨, 회향, 안젤리카 등 향료나 향초를 원료로 프랑스를 비롯해 스위스에서도 제조한다.

## 58 다음에서 설명하는 것은?

A honeydew melon flavored liqueur from the Japanese house of Suntory.

① Midori
② Cointreau
③ Grand Marnier
④ Apricot Brandy

**해설**
일본의 산토리에서 생산한 감로 멜론 향의 리큐르이다.
미도리(Midori) : '녹색'이라는 의미로 감로 멜론의 맛과 향을 담은 리큐르로 일본의 '산토리' 주류회사에서 생산한다.

## 59 다음 ( )에 알맞은 단어는?

"Dry gin merely signifies that the gin lacks ( )."

① sweetness
② sourness
③ bitterness
④ hotness

**해설**
드라이 진(Dry Gin)은 단맛이 없는 진을 의미한다.

## 60 다음 ( ) 안에 들어갈 알맞은 것은?

( ) is a Caribbean coconut-flavored rum originally from Barbados.

① Malibu
② Sambuca
③ Maraschino
④ Southern Comfort

**해설**
Malibu는 카리브해 지역의 코코넛 향 럼으로 바베이도스에서 생산되는 럼이다.

57 ② 58 ① 59 ① 60 ①

# 2014년 제2회 과년도 기출문제

**01** 진(Gin)이 가장 처음 만들어진 나라는?
① 프랑스
② 네덜란드
③ 영 국
④ 덴마크

**해설**
진(Gin) : 네덜란드의 의과대학 교수인 Doctor Sylvius가 만든 술이다.

**02** 다음 중 식전주로 가장 적합한 것은?
① 맥주(Beer)
② 드람뷰이(Drambuie)
③ 캄파리(Campari)
④ 코냑(Cognac)

**해설**
이탈리아산의 붉은색으로 매우 쓴맛이 나는 리큐르로 Campari는 창시자의 이름에서 유래되었다. 소다수나 오렌지 주스와 잘 배합된다.

**03** 다음 중 Fortified Wine이 아닌 것은?
① Sherry Wine
② Vermouth
③ Port Wine
④ Blush Wine

**해설**
Blush Wine은 캘리포니아의 엷은 '핑크색 와인'을 말한다.

**04** 화이트 와인용 포도 품종이 아닌 것은?
① 샤르도네
② 시 라
③ 소비뇽 블랑
④ 피노 블랑

**해설**
시라(Syrah)는 프랑스 남부 꼬뜨 드 론(Cote du Rhone)의 유일한 검은 포도 품종이다. 호주에서는 시라즈(Shiraz)라고 한다.

**05** 혼성주의 특징으로 옳은 것은?
① 사람들의 식욕부진이나 원기 회복을 위해 제조되었다.
② 과일 중에 함유되어 있는 당분이나 전분을 발효시켰다.
③ 과일이나 향료, 약초 등 초근목피의 침전물로 향미를 더하여 만든 것으로, 현재는 식후주로 많이 애음된다.
④ 저온 살균하여 영양분을 섭취할 수 있다.

**해설**
주정(알코올)에 약초, 향초류, 과실류, 종자류, 크림 등 기타 성분에 당분을 더해 식후주로 애음된다.

**정답** 1 ② 2 ③ 3 ④ 4 ② 5 ③

**06** 아쿠아비트(Aquavit)에 대한 설명 중 틀린 것은?

① 감자를 당화시켜 연속증류법으로 증류한다.
② 혼성주의 한 종류로 식후주에 적합하다.
③ 맥주와 곁들여 마시기도 한다.
④ 진(Gin)의 제조방법과 비슷하다.

해설
북유럽 특산주로 "Aqua(물) + Vitae(생명)"의 생명수란 뜻이며 45%로 도수가 높다. 감자를 주재료로 쓰며 보드카와 비슷해 냉동실에 두고 차갑게 마신다.

**07** 스팅어(Stinger)를 제공하는 유리잔(Glass)의 종류는?

① 하이볼(High Ball) 글라스
② 칵테일(Cocktail) 글라스
③ 올드 패션드(Old Fashioned) 글라스
④ 사워(Sour) 글라스

해설
브랜디 45mL와 크림 드 민트 화이트 15mL를 셰이킹 한 뒤 칵테일 글라스에 담아 제공한다.

**08** 주정 강화로 제조된 시칠리아산 와인은?

① Champagne
② Grappa
③ Marsala
④ Absente

해설
와인이 상하지 않도록 알코올을 첨가한 와인으로 마르살라는 알코올 도수 18~19%의 디저트 와인이다. Marsala는 아라비아어로 '신의 항구'라는 의미이다. 마르살라는 화이트 와인으로 거의 갈색에 가까운 단맛이 강한 와인이나, 숙성 중에 발효가 진행되어 드라이한 와인이 되기도 한다.

**09** Scotch Whisky에 대한 설명으로 옳지 않은 것은?

① Malt Whisky는 대부분 Pot Still을 사용하여 증류한다.
② Blended Whisky는 Malt Whisky와 Grain Whisky를 혼합한 것이다.
③ 주원료인 보리는 이탄(Peat)의 연기로 건조시킨다.
④ Malt Whisky는 원료의 향이 소실되지 않도록 반드시 1회만 증류한다.

해설
단식증류기로 1회 증류 시 20~30%의 낮은 알코올이지만 2회 재증류를 해서 60~70%의 알코올을 얻는다.

**10** 커피의 품종에서 주로 인스턴트 커피의 원료로 사용되고 있는 것은?

① 로부스타
② 아라비카
③ 리베리카
④ 레귤러

해설
로부스타는 쓴맛과 카페인이 많아 인스턴트 커피로 많이 사용된다.

**11** 다음 재료로 만든 Whisky Coke의 알코올 도수는?

> • Whisky 1Ounce(알코올 도수 40%)
> • Cola 4oz(녹는 얼음의 양은 계산하지 않음)

① 6%   ② 8%
③ 10%   ④ 12%

해설
$$\frac{40\% \times 30mL}{30mL + 120mL} = \frac{1,200}{150} = 8\%$$

**12** 다음에서 설명하는 리큐르 제조법으로 가장 적합한 것은?

> 증류하면 변질될 수 있는 과일이나 약초, 향료에 증류주를 가해 향미성을 용해시키는 방법으로 열을 가하지 않는다.

① 증류법   ② 침출법
③ 여과법   ④ 에센스법

해설
침출법은 열을 가하지 않는 콜드방식으로 코디얼(Cordial)이 여기에 해당한다.

**13** 와인병 바닥의 요철 모양으로 오목하게 들어간 부분은?

① 펀트(Punt)
② 발란스(Balance)
③ 포트(Port)
④ 노블 롯(Noble Rot)

해설
펀트는 침전물이 한쪽으로 모일 수 있도록 해 주며 샴페인의 경우 탄산가스의 압력을 분산시켜 준다.

**14** 이탈리아 리큐르로 살구씨를 물과 함께 증류하여 향초 성분과 혼합하고 시럽을 첨가해서 만든 리큐르는?

① Cherry Brandy
② Curacao
③ Amaretto
④ Tia Maria

해설
아마레토는 아몬드의 향이 나는 달콤한 리큐르이다.

**15** 포도즙을 내고 남은 찌꺼기에 약초 등을 배합하여 증류해 만든 이탈리아 술은?

① 삼부카
② 버머스
③ 그라파
④ 캄파리

해설
Grappa는 이탈리아의 브랜디이다. 이탈리아 북부에서는 식후 소화를 돕기 위해 마신다.

정답  11 ②  12 ②  13 ①  14 ③  15 ③

## 16 조선시대에 유입된 외래주가 아닌 것은?

① 천축주　　② 섬라주
③ 금화주　　④ 두견주

**해설**
고려시대의 개국공신인 복지겸의 병을 치료했다고 알려진 술로 아미산에 피어 있는 진달래와 안샘에서 나오는 물로 빚은 두견주는 명약으로 알려졌다.

## 17 다음에서 설명하는 전통주는?

> 고려 때에 등장한 술로 병자호란이던 어느 해 이완장군이 병사들의 사기를 돋우기 위해 약용과 가향의 성분을 고루 갖춘 이 술을 마시게 한 것에서 유래된 것으로 알려졌으며, 차보다 얼큰하고 짙게 우러난 호박색이 부드럽고 연 냄새가 은은한 전통제주로 감칠맛이 일품이다.

① 문배주　　② 이강주
③ 송순주　　④ 연엽주

**해설**
연엽주는 연잎을 곁들여 쌀로 빚은 술이다. 알코올 도수가 14%로 순하고 쌉쌀하면서도 감칠맛이 나는 술이다. 단맛이 없어 단술을 싫어하는 애주가들에게 잘 어울린다.

## 18 테킬라에 대한 설명으로 맞게 연결된 것은?

> 최초의 원산지는 ( ㉠ )로서 이 나라의 특산주이다. 원료는 백합과의 ( ㉡ )인데 이 식물에는 ( ㉢ )이라는 전분과 비슷한 물질이 함유되어 있다.

① ㉠ 멕시코, ㉡ 풀케(Pulque), ㉢ 루플린
② ㉠ 멕시코, ㉡ 아가베(Agave), ㉢ 이눌린
③ ㉠ 스페인, ㉡ 아가베(Agave), ㉢ 루플린
④ ㉠ 스페인, ㉡ 풀케(Pulque), ㉢ 이눌린

**해설**
아가베(Agave)에 함유되어 있는 과당의 일종인 이눌린(Inulin)을 발효한 발효주가 풀케(Pulque)이다.

## 19 차(Tea)에 대한 설명으로 가장 거리가 먼 것은?

① 녹차는 찻잎을 찌거나 덖어서 만든다.
② 녹차는 끓는 물로 신속히 우려낸다.
③ 홍차는 레몬과 잘 어울린다.
④ 홍차에 우유를 넣을 때는 뜨겁게 하여 넣는다.

**해설**
발효차의 경우 고온(95~100℃)에서 우려내고 약발효차나 부드러운 차는 중온(80~95℃)에서 우려내야 고유의 맛과 향을 느낄 수 있다. 또한 맛있는 차를 우려내기 위해서는 차의 양, 물의 온도, 우리는 시간이 잘 맞아야 한다.

## 20 이탈리아 IGT 등급은 프랑스의 어느 등급에 해당되는가?

① VDQS　　② Vin de Pays
③ Vin de Table　　④ AOC

**해설**
IGT는 '전형적인 지리적 표시' 와인이다.

**정답** 16 ④　17 ④　18 ②　19 ②　20 ②

**21** 진저에일의 설명 중 틀린 것은?

① 맥주에 혼합하여 마시기도 한다.
② 생강향이 함유된 청량음료이다.
③ 진저에일의 에일은 알코올을 뜻한다.
④ 진저에일은 알코올분이 있는 혼성주이다.

**해설**
진저에일은 생강으로 만든 알코올 음료였지만 지금은 생강의 향이 첨가된 가벼운 탄산수로 마시기에 부담이 없다.

**22** 다음은 어떤 증류주에 대한 설명인가?

> 곡류와 감자 등을 원료로 하여 당화시킨 후 발효하고 증류한다. 증류액을 희석하여 자작나무 숯으로 만든 활성탄에 여과하여 정제하기 때문에 무색·무취에 가까운 특성을 가진다.

① Gin  ② Vodka
③ Rum  ④ Tequila

**해설**
Vodka는 과거 러시아에서는 'Zhizenennia Voda(생명의 물)'라고 불렸다.

**23** 차와 코코아에 대한 설명으로 틀린 것은?

① 차는 보통 홍차, 녹차, 청차 등으로 분류된다.
② 차의 등급은 잎의 크기나 위치 등에 크게 좌우된다.
③ 코코아는 카카오 기름을 제거하여 만든다.
④ 코코아는 사이펀(Syphon)을 사용하여 만든다.

**해설**
사이펀은 진공여과 방식으로 커피를 추출하는 도구이다.

**24** 그랑드 샴빠뉴 지역의 와인 증류원액을 50% 이상 함유한 코냑을 일컫는 말은?

① 샴빠뉴 블랑
② 쁘띠뜨 샴빠뉴
③ 핀 샴빠뉴
④ 샴빠뉴 아르덴

**해설**
핀 샴빠뉴(Fine Champagne)는 그랑드 샴빠뉴의 원주 50% 이상에 쁘띠드 샴빠뉴 원액을 블렌딩한 우수한 원액을 말한다.

**25** 단식증류기의 일반적인 특징이 아닌 것은?

① 원료 고유의 향을 잘 얻을 수 있다.
② 고급 증류주의 제조에 이용한다.
③ 적은 양을 빠른 시간에 증류하여 시간이 적게 걸린다.
④ 증류 시 알코올 도수를 80도 이하로 낮게 증류한다.

**해설**
단식증류기는 재증류 시 매우 번거롭고 이로 인해 대량생산이 불가능하며 시간이 많이 걸린다.

**26** 다음 중 과즙을 이용하여 만든 양조주가 아닌 것은?

① Toddy  ② Cider
③ Perry  ④ Mead

**해설**
미드(Mead)는 벌꿀 술이다.

**정답** 21 ④  22 ②  23 ④  24 ③  25 ③  26 ④

**27** 상면발효 맥주 중 벨기에에서 전통적인 발효법을 사용해 만드는 맥주로, 발효시키기 전에 뜨거운 맥즙을 공기 중에 직접 노출시켜 자연에 존재하는 야생효모와 미생물이 자연스럽게 맥즙에 섞여 발효하게 만든 맥주는?

① 스타우트(Stout)
② 에일(Ale)
③ 도르트문트(Dortmund)
④ 램빅(Lambics)

[해설]
상면발효 맥주는 아일랜드의 스타우트(Stout), 영국의 에일(Ale), 포터(Porter), 벨기에의 램빅(Lambics) 등이 있다.

**28** 각국을 대표하는 맥주를 바르게 연결한 것은?

① 미국 – 밀러, 버드와이저
② 독일 – 하이네켄, 뢰벤브로이
③ 영국 – 칼스버그, 기네스
④ 체코 – 필스너, 벡스

[해설]
• 하이네켄 : 네덜란드
• 칼스버그 : 덴마크
• 벡스 : 독일

**29** 조주상 사용되는 표준계량의 표시 중에서 틀린 것은?

① 1티스푼(Tea Spoon) = 1/8온스
② 1스플리트(Split) = 6온스
③ 1파인트(Pint) = 10온스
④ 1포니(Pony) = 1온스

[해설]
1파인트(Pint) = 16온스

**30** 다음 중 홍차가 아닌 것은?

① 잉글리시 블랙퍼스트(English Breakfast)
② 로부스타(Robusta)
③ 다즐링(Dazeeling)
④ 우바(Uva)

[해설]
로부스타는 커피 품종이다.

**31** 칵테일의 종류 중 마가리타(Margarita)의 주원료로 쓰이는 술의 이름은?

① 위스키(Whisky)
② 럼(Rum)
③ 테킬라(Tequila)
④ 브랜디(Brandy)

[해설]
마가리타 : 테킬라 45mL + 트리플 섹 15mL + 라임주스 15mL + Salt Rim

**32** 1온스(oz)는 몇 mL인가?

① 10.5mL
② 20.5mL
③ 29.5mL
④ 40.5mL

[해설]
미국에서는 1/16pint(29.573mL)이다.

33  바카디 칵테일(Bacardi Cocktail)용 글라스는?
   ① 올드 패션드(Old Fashioned)용 글라스
   ② 스템드 칵테일(Stemmed Cocktail) 글라스
   ③ 필스너(Pilsner) 글라스
   ④ 고블렛(Goblet) 글라스

34  다음 주류 중 알코올 도수가 가장 약한 것은?
   ① 진(Gin)
   ② 위스키(Whisky)
   ③ 브랜디(Brandy)
   ④ 슬로 진(Sloe Gin)

   [해설]
   진, 위스키, 브랜디는 40%의 증류주이며 슬로 진은 21~30%의 혼성주이다.

35  다음에서 주장관리 원칙과 가장 거리가 먼 것은?
   ① 매출의 극대화
   ② 청결유지
   ③ 분위기 연출
   ④ 완벽한 영업준비

36  메뉴 구성 시 산지, 빈티지, 가격 등이 포함되어야 하는 주류와 가장 거리가 먼 것은?
   ① 와인
   ② 칵테일
   ③ 위스키
   ④ 브랜디

   [해설]
   ① 와인 : 산지, 빈티지, 가격, 생산자
   ③ 위스키 : 산지, 숙성연도, 가격
   ④ 브랜디 : 산지, 숙성등급, 가격

37  조주보조원이라 일컬으며 칵테일 재료의 준비와 청결 유지를 위한 청소담당 및 업장 보조를 하는 사람은?
   ① 바 헬퍼(Bar Helper)
   ② 바텐더(Bartender)
   ③ 헤드 바텐더(Head Bartender)
   ④ 바 매니저(Bar Manager)

38  코스터(Coaster)란?
   ① 바용 양념세트
   ② 잔 밑받침
   ③ 주류 재고 계량기
   ④ 술의 원가표

정답  33 ②  34 ④  35 ①  36 ②  37 ①  38 ②

**39** 칵테일 기구에 해당되지 않는 것은?

① Butter Bowl
② Muddler
③ Strainer
④ Bar Spoon

해설
Butter Bowl은 버터를 제공할 때 사용된다.

**40** 와인병을 눕혀서 보관하는 이유로 가장 적합한 것은?

① 숙성이 잘 되게 하기 위해서
② 침전물을 분리하기 위해서
③ 맛과 멋을 내기 위해서
④ 색과 향이 변질되는 것을 방지하기 위해서

**41** 얼음을 다루는 기구에 대한 설명으로 틀린 것은?

① Ice Pick - 얼음을 깰 때 사용하는 기구
② Ice Scooper - 얼음을 떠내는 기구
③ Ice Crusher - 얼음을 가는 기구
④ Ice Tong - 얼음을 보관하는 기구

해설
Ice Tong은 얼음 집게를 말한다.

**42** 핑크레이디, 밀리언 달러, 마티니, B-52의 조주기법을 순서대로 나열한 것은?

① Shaking, Stirring, Building, Float & Layer
② Shaking, Shaking, Float & Layer, Building
③ Shaking, Shaking, Stirring, Float & Layer
④ Shaking, Floa & Layer, Stirring, Building

**43** 선입선출(FIFO)이 원래 이미로 맞는 것은?

① First-in, First-on
② First-in, First-off
③ First-in, First-out
④ First-inside, First-on

해설
선입선출 : 먼저 들어온 것을 먼저 사용한다는 원칙이다.

**44** Honeymoon 칵테일에 필요한 재료는?

① Apple Brandy
② Dry Gin
③ Old Tom Gin
④ Vodka

해설
Apple Brandy(3/4oz) + Benedictine DOM(3/4oz) + Triple Sec (1/2oz) + Lemon Juice(1/2oz)

39 ① 40 ④ 41 ④ 42 ③ 43 ③ 44 ①

**45** 바 매니저(Bar Manager)의 주업무가 아닌 것은?

① 영업 및 서비스에 관한 지휘 통제권을 갖는다.
② 직원의 근무시간표를 작성한다.
③ 직원들의 교육 훈련을 담당한다.
④ 인벤토리(Inventory)를 세부적으로 관리한다.

**46** 주로 Tropical Cocktail을 조주할 때 사용하며 "두들겨 으깬다."라는 의미를 가지고 있는 얼음은?

① Shaved Ice
② Crushed Ice
③ Cubed Ice
④ Cracked Ice

**47** 칵테일을 제조할 때 달걀, 설탕, 크림(Cream) 등의 재료가 들어가는 칵테일을 혼합할 때 사용하는 기구는?

① Shaker
② Mixing Glass
③ Jigger
④ Strainer

**48** Champagne 서브 방법으로 옳은 것은?

① 병을 미리 흔들어서 거품이 많이 나오도록 한다.
② 0~4℃ 정도의 냉장온도로 서브한다.
③ 쿨러에 얼음과 함께 담아서 운반한다.
④ 가능한 코르크를 열 때 소리가 크게 나도록 한다.

**49** 칵테일 용어 중 트위스트(Twist)란?

① 칵테일 내용물이 춤을 추듯 움직임
② 과육을 제거하고 껍질만 짜서 넣음
③ 주류 용량을 잴 때 사용하는 기물
④ 칵테일의 2온스 단위

**50** 칵테일 재료 중 석류를 사용해 만든 시럽(Syrup)은?

① 플레인 시럽(Plain Syrup)
② 검 시럽(Gum Syrup)
③ 그레나딘 시럽(Grenadine Syrup)
④ 메이플 시럽(Maple Syrup)

정답  45 ④  46 ②  47 ①  48 ③  49 ②  50 ③

**51** "What will you have to drink?"의 의미로 가장 적합한 것은?

① 식사는 무엇으로 하시겠습니까?
② 디저트는 무엇으로 하시겠습니까?
③ 그 외에 무엇을 드시겠습니까?
④ 술은 무엇으로 하시겠습니까?

**52** What is the name of famous Liqueur on Scotch basis?

① Drambuie
② Cointreau
③ Grand Marnier
④ Curacao

[해설]
드람뷰이는 스코틀랜드산의 유명한 리큐르로 몰트 위스키에 꿀, 허브를 첨가하여 만든 리큐르이다.

**53** What is the meaning of the following explanation?

> When making a cocktail, this is the main ingredient into which other things are added.

① Base
② Glass
③ Straw
④ Decoration

[해설]
칵테일을 만들 때, 이것은 다른 것이 추가되는 주재료입니다.

**54** "Would you care for dessert?"의 올바른 대답은?

① Vanilla Ice-cream, please.
② Ice-water, please.
③ Scotch on the rocks.
④ Cocktail, please.

[해설]
디저트 드시겠습니까?

**55** Which one is made of dry gin and dry vermouth?

① Martini
② Manhattan
③ Paradise
④ Gimlet

[해설]
드라이 진과 드라이 베르무트로 만들어지는 것은 무엇입니까?

51 ④  52 ①  53 ①  54 ①  55 ①

**56** 다음 중 의미가 다른 하나는?

① Cheers!
② Give Up!
③ Bottoms Up!
④ Here's to us!

> 해설
> Give up : 포기하다.
> ①, ③, ④는 '건배'라는 뜻이다.

**57** Which of the following is a liqueur made by Irish Whiskey and Irish Cream?

① Benedictine
② Galliano
③ Creme de Cacao
④ Baileys

> 해설
> 아이리시 위스키와 아이리시 크림으로 만들어진 리큐르는 무엇인가?

**58** Which of the following is not Scotch Whisky?

① Cutty Sark
② White Horse
③ John Jameson
④ Royal Salute

> 해설
> John Jameson은 Irish Whiskey이다.

**59** Which is the syrup made by pomegranate? (This is used for color and taste, aroma of cocktail)

① Maple Syrup
② Strawberry Syrup
③ Grenadine Syrup
④ Almond Syrup

> 해설
> 석류로 만든 시럽은 무엇입니까?

**60** 다음 문장 중 나머지 셋과 의미가 다른 하나는?

① What would you like to have?
② Would you like to order now?
③ Are you ready to order?
④ Did you order him out?

> 해설
> ①, ②, ③은 주문을 아직 받지 않은 상태에서 서버가 주문을 받는 상황이다.

정답 56 ② 57 ④ 58 ③ 59 ③ 60 ④

# 2014년 제4회 과년도 기출문제

**01** Stinger를 조주할 때 사용되는 술은?

① Brandy
② Creme de Menthe Blue
③ Cacao
④ Sloe Gin

[해설]
Stinger
• Glass : Cocktail
• 기법 : Shake
• 재료 : 브랜디 1·1/2oz, 화이트 크림 드 민트 3/4oz

**02** 와인의 숙성 시 사용되는 오크통에 관한 설명으로 가장 거리가 먼 것은?

① 오크 캐스크(Cask)가 작은 것일수록 와인에 뚜렷한 영향을 준다.
② 보르도 타입 오크통의 표준 용량은 225리터이다.
③ 캐스크가 오래될수록 와인에 영향을 많이 주게 된다.
④ 캐스크에 숙성시킬 경우에 정기적으로 래킹(Racking)을 한다.

[해설]
Cask(캐스크) : 알코올을 넣는 나무로 된 큰 통으로 Barrel(배럴)과 같은 뜻이지만, 이동성이 없는 나무통을 지칭하는 경우에 사용된다. 오크통에서 극히 제한된 공기의 접촉으로 서서히 숙성되면서 맛과 향이 세련되고 다양한 부케가 형성된다. 와인은 본래의 맛과 향을 가지고 있어 오크통이 맛과 향에 미치는 영향이 크지 않지만, 브랜디나 위스키는 거의 오크통에서 우러나는 성분이 맛과 향을 좌우한다.

**03** 음료의 살균에 이용되지 않는 방법은?

① 저온장시간살균법(LTLT)
② 자외선살균법
③ 고온단시간살균법(HTST)
④ 초고온살균법(UHT)

[해설]
① 저온장시간살균법(LTLT) : 62~65℃에서 30분간 살균하는 방법으로 파스퇴르에 의해 발견되었다. 네덜란드의 하이네켄, 덴마크의 칼스버그, 우리나라 OB라거가 여기에 해당된다.
③ 고온단시간살균법(HTST) : 72~75℃에서 15~20초간 살균 처리하는 덴마크식 정통 살균법으로 좋은 품질의 살균 우유를 생산할 수 있고 대량생산이 가능하다. 매우 위생적이기 때문에 현재 유럽에서 생산되는 저온살균 우유 생산방식이다.
④ 초고온살균법(UHT) : 130~150℃에서 2초간 살균하는 살균법으로 국제적으로 "멸균법"으로 인정하고 있다. 거의 무균에 가까운 살균력으로 단백질이 타서 고소한 맛이 난다.

**04** 다음 중 원료가 다른 술은?

① 트리플 섹
② 마라스퀸
③ 쿠앵트로
④ 블루 큐라소

[해설]
마라스퀸(Marasquin)은 유고슬라비아 서부에서 재배되는 마라스카종의 체리를 사용해서 만든 체리 리큐르이다.

**05** 다음 중 와인의 정화(Fining)에 사용되지 않는 것은?

① 규조토
② 달걀의 흰자
③ 카세인
④ 아황산용액

**해설**
아황산용액은 야생효모의 생육을 저해하고 포도주가 식초로 변하는 것을 막아주는 산화방지제로 사용된다.

**06** 다음 중 양조주가 아닌 것은?

① Slivovitz
② Cider
③ Porter
④ Cava

**해설**
Slivovitz(슬리보비츠)는 서양 살구(Blue Plum)를 원료로 한 루마니아와 세르비아의 Plum Brandy를 말한다.

**07** 다음 중 몰트 위스키가 아닌 것은?

① A'bunadh
② Macallan
③ Crown Royal
④ Glenlivet

**해설**
Crown Royal(크라운 로열)은 캐나디안 위스키로 1939년 영국의 조지 6세가 캐나다를 방문하였을 때 시그램(Seagram's)사에서 심혈을 기울여 만든 최고급 위스키이다.

**08** 칵테일을 만드는 기본 기술 중 글라스에서 직접 만들어 손님에게 제공하는 경우가 있다. 다음 칵테일 중 이에 해당되는 것은?

① Bacardi
② Calvados
③ Honeymoon
④ Gin Rickey

**해설**
진 리키(Gin Rickey)는 라임을 짜서 즙을 내어 그 자체를 글라스에 넣고 소다수 또는 물로 채운 다음 진(Gin)을 넣은 달지 않은 칵테일이다.

**09** 칵테일의 명칭이 아닌 것은?

① Gimlet
② Kiss of Fire
③ Tequila Sunrise
④ Drambuie

**해설**
Drambuie(드람뷰이)는 스코틀랜드산의 유명한 리큐르로 숙성된 몰트 위스키에 꿀, 허브 등을 첨가하여 만든 혼성주이다.

**정답** 5 ④  6 ①  7 ③  8 ④  9 ④

## 10 Draft Beer의 특징으로 가장 잘 설명한 것은?

① 맥주 효모가 살아 있어 맥주의 고유한 맛을 유지한다.
② 병맥주보다 오래 저장할 수 있다.
③ 살균처리를 하여 생맥주 맛이 더 좋다.
④ 효모를 미세한 필터로 여과하여 생맥주 맛이 더 좋다.

**해설**
Draft Beer(생맥주)는 신선도가 중요하므로 선입선출(FIFO)에 신경써야 한다.

## 11 화이트 와인 품종이 아닌 것은?

① 샤르도네(Chardonnay)
② 말벡(Malbec)
③ 리슬링(Riesling)
④ 뮈스까(Muscat)

**해설**
말벡(Malbec)
프랑스 보르도에서 재배되는 적포도 품종의 한 종류이다. 블랙커런트, 민트, 삼나무 향이 나는 것이 특징이며 진한 컬러를 띤다. 풀보디에 타닌(Tannin)이 많이 들어 있다.

## 12 쇼트 드링크(Short Drink)란?

① 만드는 시간이 짧은 음료
② 증류주와 청량음료를 믹스한 음료
③ 시간적인 개념으로 짧은 시간에 마시는 칵테일 음료
④ 증류주와 맥주를 믹스한 음료

**해설**
칵테일의 용량에 따른 분류 중 하나로 6oz(180mL) 미만의 글라스에 제공된다.

## 13 다음 중 롱 드링크(Long Drink)에 해당하는 것은?

① 마티니(Martini)
② 진 피즈(Gin Fizz)
③ 맨해튼(Manhattan)
④ 스팅어(Stinger)

**해설**
진 피즈(Gin Fizz)
롱 드링크 음료로 6oz(180mL) 이상의 글라스에 제공된다. 시간을 두며 천천히 마실 수 있는 칵테일 중 하나이며 얼음 선택이 중요하기 때문에 녹지 않은 단단한 얼음을 사용해야 한다.

## 14 칠레에서 주로 재배되는 포도 품종이 아닌 것은?

① 말벡(Malbec)
② 진판델(Zinfandel)
③ 메를로(Merlot)
④ 카베르네 소비뇽(Cabernet Sauvignon)

**해설**
진판델(Zinfandel)은 미국 캘리포니아에서 가장 많이 재배되는 적포도 품종이다. 이탈리아에서 전해진 품종으로 현재는 캘리포니아가 원산지가 된 것으로 다른 지역에서는 재배되지 않는다. 이탈리아에서는 프리미티보(Primitivo)라 부른다.

**15** 다음 증류주 중에서 곡류의 전분을 원료로 하지 않는 것은?

① 진(Gin)
② 럼(Rum)
③ 보드카(Vodka)
④ 위스키(Whisky)

**해설**
럼(Rum)의 원료는 사탕수수이다.

**16** 다음 민속주 중 증류식 소주가 아닌 것은?

① 문배주
② 삼해주
③ 옥로주
④ 안동소주

**해설**
삼해주는 세 번에 걸쳐 빚는 장기 저온 발효주로 그 맛이 순하고 향이 좋아 춘주(春酒)라고도 한다.

**17** 커피 리큐르가 아닌 것은?

① 카모라(Kamora)
② 티아 마리아(Tia Maria)
③ 퀴멜(Kummel)
④ 칼루아(Kahlua)

**해설**
퀴멜(Kummel)은 회양풀(Caraway Seeds)로 만든 독일의 무색 투명한 리큐르로 소화불량에 특효가 있다.

**18** 코냑은 무엇으로 만든 술인가?

① 보 리
② 옥수수
③ 포 도
④ 감 자

**해설**
프랑스 보르도의 북쪽에 위치한 코냑 지방에서 생산되는 와인을 증류해 생산되는 브랜디의 일종이다.

**19** 커피의 3대 원종이 아닌 것은?

① 아라비카종
② 로부스타종
③ 리베리카종
④ 수마트라종

**해설**
수마트라 : 인도네시아 수마트라섬의 특별한 토양으로 인해 초콜릿 맛과 고소하고 달콤한 향이 나는 명품 아라비카 원두로 중남미 커피에 비해 부드러우면서도 강한 농도를 가진 커피이다.

**정답** 15 ② 16 ② 17 ③ 18 ③ 19 ④

**20** 테킬라의 구분이 아닌 것은?

① 블랑코
② 그라파
③ 레포사도
④ 아네호

**해설**
그라파(Grappa)는 이탈리아 술로, 포도 짜는 기계 속의 찌꺼기를 증류한 술을 말한다. 포도를 압착한 후 나머지를 증류한 것으로 숙성하지 않아서 무색이다.

**21** 롱 드링크 칵테일이나 비알코올성 펀치 칵테일을 만들 때 사용하는 것으로 레몬과 설탕이 주원료인 청량음료(Soft Drink)는?

① Soda Water
② Ginger Ale
③ Tonic Water
④ Collins Mix

**해설**
콜린스 믹스(Collins Mix)가 없을 때는 레몬주스 1/2oz + 설탕 1tsp + 소다수를 사용한다.

**22** 다음 중 오렌지향의 리큐르가 아닌 것은?

① 그랑 마니에르(Grand Marnier)
② 트리플 섹(Triple Sec)
③ 쿠앵트로(Cointreau)
④ 무셰(Mousseux)

**해설**
무셰(뮤슈, Mousseux)는 프랑스어로 거품이 있는 또는 거품같이 부드럽고 가볍다는 뜻이다. 뱅 무셰(Vin Mousseux)는 프랑스 샹파뉴 지방 이외에서 생산되는 발포성 와인을 뜻한다.

**23** 맥주(Beer)에서 특이한 쓴맛과 향기로 보존성을 증가시키고 또한 맥아즙의 단백질을 제거하는 역할을 하는 원료는?

① 효모(Yeast)
② 홉(Hop)
③ 알코올(Alcohol)
④ 과당(Fructose)

**해설**
홉(Hop)은 이 밖에도 맥주의 거품을 일게 하고 보호하는 역할을 한다.

**24** 다음 칵테일 중 직접 넣기(Building) 기법으로 만드는 칵테일로 적합한 것은?

① Bacardi
② Kiss of Fire
③ Honeymoon
④ Kir

**해설**
Kir(키르)는 화이트 와인에 크림 드 카시스가 들어간다.

## 25 1대시(dash)는 몇 mL인가?

① 0.9mL
② 5mL
③ 7mL
④ 10mL

**해설**
1dash는 5~6방울로 1/32oz의 용량이므로 약 0.9mL이다.

## 26 Gin Fizz의 특징이 아닌 것은?

① 하이볼 글라스를 사용한다.
② 기법으로 Shaking과 Building을 병행한다.
③ 레몬의 신맛과 설탕의 단맛이 난다.
④ 칵테일 어니언(Onion)으로 장식한다.

**해설**
Gin Fizz(진 피즈)는 드라이 진 1·1/2oz에 레몬주스, 설탕, 소다수로 만들고 장식은 레몬 슬라이스로 한다.

## 27 다음 중 미국을 대표하는 리큐르(Liqueur)는?

① 슬로 진(Sloe Gin)
② 리카르드(Ricard)
③ 사우던 컴포트(Southern Comfort)
④ 크림 드 카카오(Creme De Cacao)

**해설**
사우던 컴포트(Southern Comfort)는 아메리칸 위스키에 복숭아와 오렌지 향이 가미된 리큐르이다.

## 28 다음 중 우리나라의 전통주가 아닌 것은?

① 소흥주
② 소곡주
③ 문배주
④ 경주법주

**해설**
소흥주는 중국의 특산품인 황주 가운데서도 최고로 꼽히는 술이다.

## 29 Terroir의 의미를 가장 잘 설명한 것은?

① 포도 재배에 있어서 영향을 미치는 자연적인 환경요소
② 영양분이 풍부한 땅
③ 와인을 저장할 때 영향을 미치는 온도, 습도, 시간의 변화
④ 물이 잘 빠지는 토양

**해설**
테루아(Terroir)는 토양, 기후, 포도원의 위치 등 포도 재배에 영향을 미치는 요인이다. 이와 같은 요인에 따라 각각의 포도밭에서 생산되는 포도가 다르고 포도를 가지고 생산하는 와인의 맛 또한 서로 다를 수밖에 없기에 와인을 알고 싶으면 테루아를 알아야 한다.

**정답** 25 ① 26 ④ 27 ③ 28 ① 29 ①

**30** 스페인 와인의 대표적 토착품종으로 숙성이 충분히 이루어지지 않을 때는 짙은 향과 풍미가 다소 거칠게 느껴질 수 있지만 오랜 숙성을 통해 부드러움이 갖추어져 매혹적인 스타일이 만들어지는 것은?

① Gamay
② Pinot Noir
③ Tempranillo
④ Cabernet Sauvignon

해설
Tempranillo(템프라니요)는 스페인 리오하(Rioja) 와인을 만드는 주요 적포도 품종이다.

**31** 다음 중 네그로니(Negroni) 칵테일의 재료가 아닌 것은?

① Dry Gin
② Campari
③ Sweet Vermouth
④ Rum

해설
온더락 글라스에 Dry Gin, Sweet Vermouth, Campari가 들어가며 장식은 Lemon Peel이다. 식전주로 좋다.

**32** Long Drink가 아닌 것은?

① Pina Colada
② Manhattan
③ Singapore Sling
④ Rum Punch

해설
Manhattan(맨해튼)은 아메리칸 위스키에 스위트 베르무트가 들어간 쇼트 드링크(Short Drink)의 대표적인 칵테일이다.

**33** Brandy Base Cocktail이 아닌 것은?

① Gibson
② B & B
③ Sidecar
④ Stinger

해설
Gibson(깁슨)은 드라이 진에 드라이 베르무트가 들어간 칵테일이다. 칵테일 어니언으로 장식한다.

**34** Store Room에서 쓰이는 Bin Card의 용도는?

① 품목별 불출입 재고 기록
② 품목별 상품특성 및 용도 기록
③ 품목별 수입가와 판매가 기록
④ 품목별 생산지와 빈티지 기록

해설
빈 카드(Bin Card)는 품목별 카드, 식음료 입고와 출고에 따른 재고 기록카드로서 품목의 내력이 기록되어 있으며 창고 또는 물건이 비치되어 있는 장소에 둔다.

**35** 포도주를 관리하고 추천하는 직업이나 그 일을 하는 사람을 뜻하며 와인마스터(Wine Master)라고도 불리는 사람은?

① 셰프(Chef)
② 소믈리에(Sommelier)
③ 바리스타(Brista)
④ 믹솔로지스트(Mixologist)

**36** June Bug 칵테일의 재료가 아닌 것은?

① Vodca
② Coconut Flavored Rum
③ Blue Curacao
④ Sweet & Sour Mix

**[해설]**
준벅(June Bug)
멜론 리큐르, 바나나 리큐르, 코코넛 럼, 파인애플 주스, 스위트 앤 사워믹스가 들어간다.

**37** 탄산음료나 샴페인을 사용하고 남은 일부를 보관 시 사용되는 기물은?

① 스토퍼
② 포우러
③ 코르크
④ 코스터

**38** Standard Recipe를 지켜야 하는 이유로 가장 거리가 먼 것은?

① 다양한 맛을 낼 수 있다.
② 객관성을 유지할 수 있다.
③ 원가책정의 기초로 삼을 수 있다.
④ 동일한 제조 방법으로 숙련할 수 있다.

**39** Floating의 방법으로 글라스에 직접 제공하여야 할 칵테일은?

① Highball
② Gin Fizz
③ Pousse Cafe
④ Flip

**[해설]**
Floating
작은 잔에 술이나 재료의 비중을 이용하여 음료를 차례대로 쌓이도록 띄우는 칵테일 기법이다.

**[정답]** 35 ② 36 ③ 37 ① 38 ① 39 ③

**40** Fizz류의 칵테일 조주 시 일반적으로 사용되는 것은?
① Shaker
② Mixing Glass
③ Pitcher
④ Stirring Rod

**41** 음료서비스 시 수분 흡수를 위해 잔 밑에 놓는 것은?
① Coaster
② Pourer
③ Stopper
④ Jigger

**42** 칵테일의 기법 중 Stirring을 필요로 하는 경우와 가장 관계가 먼 것은?
① 섞는 술의 비중의 차이가 큰 경우
② Shaking하면 칵테일이 탁해질 것 같은 경우
③ Shaking하는 것보다 독특한 맛을 얻고자 할 경우
④ Cocktail의 맛과 향이 없어질 우려가 있을 경우

**43** 칵테일의 분류 중 맛에 따른 분류에 속하지 않는 것은?
① 스위트 칵테일(Sweet Cocktail)
② 사워 칵테일(Sour Cocktail)
③ 드라이 칵테일(Dry Cocktail)
④ 아페리티프 칵테일(Aperitif Cocktail)

해설
아페리티프 칵테일(Aperitif Cocktail)은 용도에 따른 분류이다.

**44** 주장 원가의 3요소는?
① 인건비, 재료비, 주장경비
② 재료비, 주장경비, 세금
③ 인건비, 봉사료, 주장경비
④ 주장경비, 세금, 봉사료

**45** 백포도주를 서비스할 때 함께 제공하여야 할 기물로 가장 적합한 것은?
① Bar Spoon
② Wine Cooler
③ Strainer
④ Tongs

**46** Cognac의 등급 표시가 아닌 것은?

① VSOP
② Napoleon
③ Blended
④ Vieux

해설
Blended(블렌디드)는 성질이 서로 다른 재료를 혼합하는 것을 말한다. 예를 들어 스카치 위스키는 몰트 위스키와 그레인 위스키를 섞어서 만든 블렌디드 위스키이다.

**47** 레드 와인의 서비스로 틀린 것은?

① 적정한 온도로 보관하여 서비스한다.
② 잔이 가득 차도록 조심해서 서서히 따른다.
③ 와인 병이 와인 잔에 닿지 않도록 따른다.
④ 와인 병 입구를 종이 냅킨이나 크로스 냅킨을 이용하여 닦는다.

**48** 주장(Bar)에서 유리잔(Glass)을 취급·관리하는 방법으로 틀린 것은?

① Cocktail Glass는 스템(Stem)의 아래쪽을 잡는다.
② Wine Glass는 무늬를 조각한 크리스털 잔을 사용하는 것이 좋다.
③ Brandy Snifter는 잔의 받침(Foot)과 볼(Bowl) 사이에 손가락을 넣어 감싸 잡는다.
④ 냉장고에서 차게 해 둔 잔(Glass)이라도 사용 전 반드시 파손과 청결상태를 확인한다.

**49** 다음 중 용량에 있어 다른 단위와 차이가 가장 큰 것은?(단, Shot은 영국 Single 혹은 미국의 Small Shot 기준)

① 1Pony
② 1Jigger
③ 1Shot
④ 1Ounce

해설
1Jigger = 45mL

**50** 빈(Bin)이 의미하는 것으로 가장 적합한 것은?

① 프랑스산 적포도주
② 주류 저장소에 술병을 넣어 놓는 장소
③ 칵테일 조주 시 가장 기본이 되는 주재료
④ 글라스를 세척하여 담아 놓는 기구

정답 46 ③ 47 ② 48 ② 49 ② 50 ②

**51** Which is not the name of sherry?

① Fino
② Olorso
③ Tio Pepe
④ Tawny Port

**52** 다음 질문에 대한 대답으로 가장 적절한 것은?

"How often do you go to the bar?"

① For a long time.
② When I am free.
③ Quite often, OK.
④ From yesterday.

**53** Which is the best answer for the blank?

Most highballs, Old fashioned, and on-the-rocks drinks call for ( ).

① shaved ice
② crushed ice
③ cubed ice
④ lumped ice

**54** 다음은 어떤 용어에 대한 설명인가?

A small space or room in some restaurants where food items or food-related equipments are kept.

① Pantry
② Cloakroom
③ Reception Desk
④ Hospitality Room

**55** Where is the place not to produce wine in France?

① Bordeaux
② Bourgonne
③ Alsace
④ Mosel

**56** 다음 ( ) 안에 들어갈 단어로 알맞은 것은?

> ( ) is a generic cordial invented in Italy and made from apricot pits and herbs, yielding a pleasant almond flavor.

① Anisette
② Amaretto
③ Advocaat
④ Amontillado

**57** Which is the best answer for the blank?

> A dry martini served with an ( ).

① red cherry
② pearl onion
③ lemon slice
④ olive

**58** 다음 내용의 의미로 가장 적합한 것은?

> Scotch on the rocks, please.

① 스카치 위스키를 마시다.
② 바위 위에 위스키
③ 스카치 온더락 주세요.
④ 얼음에 위스키를 붓는다.

**59** "How would you like your steak?"의 대답으로 가장 적합한 것은?

① Yes, I like it.
② I like my steak.
③ Medium rare, please.
④ Filet mignon, please.

**60** 다음의 ( )에 들어갈 알맞은 것은?

> "Why do you treat me like that?"
> "As you treat me, ( ) will I treat you."

① as
② so
③ like
④ and

# 2014년 제5회 과년도 기출문제

**01** 아로마(Aroma)에 대한 설명 중 틀린 것은?

① 포도의 품종에 따라 맡을 수 있는 와인의 첫 번째 냄새 또는 향기이다.
② 와인의 발효과정이나 숙성과정 중에 형성되는 여러 가지 복잡 다양한 향기를 말한다.
③ 원료 자체에서 우러나오는 향기이다.
④ 같은 포도 품종이라도 토양의 성분, 기후, 재배조건에 따라 차이가 있다.

[해설]
②는 부케(Bouquet)에 대한 설명이다.

**02** 양조주의 제조방법으로 틀린 것은?

① 원료는 곡류나 과실류이다.
② 전분은 당화과정이 필요하다.
③ 효모가 작용하여 알코올을 만든다.
④ 원료가 반드시 당분을 함유할 필요는 없다.

[해설]
효모 등의 미생물이 포도당, 과당 등의 당류를 분해시켜 에너지를 얻고, 부산물로 알코올과 이산화탄소 등을 생성하는 과정으로 만들어진 알코올 음료가 양조주(발효주)이다.

**03** 다음에서 설명하는 전통주는?

- 원료는 쌀이며 혼성주에 속한다.
- 약주에 소주를 섞어 빚는다.
- 무더운 여름을 탈 없이 날 수 있는 술이라는 뜻에서 그 이름이 유래되었다.

① 과하주    ② 백세주
③ 두견주    ④ 문배주

[해설]
과하주 : 우리나라의 기후상 온도와 습도가 높은 여름철에는 일반적으로 술 빚기기 힘들었으므로, 온도와 습도 등에 따른 술의 변패를 막을 수 있는 방법을 찾다가 발견한 술이다. 술이 한차례 발효되며 익어가는 과정에서 후발효로 들어갈 때쯤, 같은 방법으로 빚어 증류한 소주를 붓고 재차 발효, 숙성과정을 거치는 방법으로 과하주가 만들어진다.

**04** 각 나라별 와인등급 중 가장 높은 등급이 아닌 것은?

① 프랑스 – VDQS
② 이탈리아 – DOCG
③ 독일 – QmP
④ 스페인 – DOC

[해설]
VDQS는 프랑스 와인의 4단계 등급에서 두 번째 등급으로 비교적 고급와인이다.

**05** 증류주 1Quart의 용량과 가장 거리가 먼 것은?

① 750mL  ② 1,000mL
③ 32oz   ④ 4cup

[해설]
- 1Gallon = 128oz
- 1Quart = 1/4Gallon = 32oz = 960mL
- 1Pint = 1/2Quart
- 1Cup = 1/2Pint = 8oz

**06** 탄산음료의 종류가 아닌 것은?

① Tonic Water
② Soda Water
③ Collins Mixer
④ Evian Water

[해설]
에비앙(Evian)은 알프스 산맥의 심장부에서 끌어올린 물로, 알프스 만년설이 15년간 빙하퇴적층을 일정한 속도로 통과하며 자연여과되어 천연 미네랄을 풍부하게 함유하고 있으며 탄산가스가 없는 양질의 광천수로 세계적으로 유명하다.

**07** 감자를 주원료로 해서 만드는 북유럽의 스칸디나비아 술로 유명한 것은?

① Aquavit    ② Calvados
③ Eau de Vie ④ Grappa

[해설]
아쿠아비트(Aquavit)는 '생명의 물'이라는 뜻을 가진 라틴어로 스웨덴, 덴마크, 노르웨이 등 스칸디나비아 지역의 사람들이 즐겨먹는 술이다.

**08** 산지별로 분류한 세계 4대 위스키가 아닌 것은?

① American Whiskey
② Japanese Whisky
③ Scotch Whisky
④ Canadian Whisky

[해설]
일본산 위스키는 스카치 위스키와 유사한 타입의 위스키이다. 스카치에 비해서 숯향기가 매우 억제되어 있으며, 온화한 성격을 가지고 있다. 스카치와 아이리시 위스키의 중간에 위치하는 위스키로 5대 위스키에 들어간다.

**09** 양조주의 종류에 속하지 않은 것은?

① Amaretto
② Lager Beer
③ Beaujolais Nouveau
④ Ice Wine

[해설]
Amaretto(아마레토)
살구씨를 물에 담가 증류시키고 아몬드와 비슷한 향의 Essence를 주정에 혼합하고 숙성해서 시럽을 첨가한 리큐르이다.

[정답] 5 ① 6 ④ 7 ① 8 ② 9 ①

**10** 다음은 어떤 리큐르에 대한 설명인가?

> 스카치산 위스키에 히스꽃에서 딴 봉밀과 그 밖에 허브를 넣어 만든 감미 짙은 리큐르로 러스티 네일을 만들 때 사용된다.

① Cointreau   ② Galliano
③ Chartreuse  ④ Drambuie

**해설**
Rusty Nail(러스티 네일)은 스카치 위스키 1oz에 드람뷰이(Drambuie) 1/2oz가 들어간다.

**11** 다음 중 종자류 계열이 아닌 혼성주는?

① 티아 마리아   ② 아마레토
③ 쇼콜라 스위스  ④ 갈리아노

**해설**
갈리아노는 알프스와 지중해의 열대지방에서 생산되는 오렌지와 기타 아니스(Anis), 바닐라 등 각종 약초 40여 종을 알코올에 침지시켜 일부는 증류하여 블렌딩하고 설탕, 착색료, 물을 섞어 단기간 숙성한 후 병에 넣은 약초, 향초류이다.

**12** 다음 중 증류주가 아닌 것은?

① 소 주   ② 청 주
③ 위스키  ④ 진

**해설**
청주는 쌀, 누룩, 물을 원료로 하여 빚은 맑은 술로 양조주에 속한다.

**13** 아라비카종 커피의 특징으로 옳은 것은?

① 병충해에 강하고 관리가 쉽다.
② 생두의 모양이 납작한 타원형이다.
③ 아프리카 콩고가 원산지이다.
④ 표고 600m 이하에서도 잘 자란다.

**해설**
①, ③, ④는 로부스타종 커피의 특징이다.

**14** Draft Beer란 무엇인가?

① 효모가 살균되어 저장이 가능한 맥주
② 효모가 살균되지 않아 장기 저장이 불가능한 맥주
③ 제조과정에서 특별히 만든 흑맥주
④ 저장이 가능한 병이나 캔맥주

**해설**
Draft(드래프트)는 '생맥주'를 말한다. 미살균 맥주로 신선도가 중요하며, 선입선출(FIFO)에 유의해야 한다.

**15** 비중이 서로 다른 술을 섞지 않고 띄워서 여러 가지 색상을 음미할 수 있는 칵테일은?

① 프라페(Frappe)
② 슬링(Sling)
③ 피즈(Fizz)
④ 퓨즈카페(Pousse Cafe)

**해설**
재료의 비중이 무거운 시럽이나 리큐르는 아래쪽으로 가라앉고 알코올도수가 높은 증류주는 위로 떠오른다. 퓨즈카페는 그레나딘 시럽, 칼루아, 그린 크림 드 민트, 갈리아노, 블루 큐라소 등 증류주가 들어가며 이를 섞이지 않게 층을 띄워 만든다. 조주기능사 실기에서는 그레나딘 시럽, 그린 크림 드 민트, 브랜디 순으로 층을 쌓는다.

**16** 안동소주에 대한 설명으로 틀린 것은?

① 제조 시 소주를 내릴 때 소주고리를 사용한다.
② 곡식을 물에 불린 후 시루에 쪄 고두밥을 만들고 누룩을 섞어 발효시켜 빚는다.
③ 경상북도 무형문화재로 지정되어 있다.
④ 희석식 소주로서 알코올 농도는 20도이다.

**해설**
경상북도 안동지방의 명가에서 전승되어 온 증류식 소주이다. 조옥화 안동소주, 박재서 안동소주가 있으며 알코올 도수는 45%, 35%, 22%가 있다.

**17** 증류주에 관한 설명 중 틀린 것은?

① 단식증류기와 연속식 증류기를 사용한다.
② 높은 알코올 농도를 얻기 위해 과실이나 곡물을 이용하여 만든 양조주를 증류해서 만든다.
③ 양조주를 가열하면서 알코올을 기화시켜 이를 다시 냉각시킨 후 높은 알코올을 얻은 것이다.
④ 연속증류기를 사용하면 시설비가 저렴하고 맛과 향의 파괴가 적다.

**해설**
연속증류기는 대량생산이 가능하여 생산원가가 절감되고 연속적인 작업을 할 수 있지만, 시설비가 고가이며 증류를 거치면서 맛과 향 등 주요 성분이 많이 상실된다.

**18** 카베르네 소비뇽에 관한 설명 중 틀린 것은?

① 레드 와인 제조에 가장 대표적인 포도 품종이다.
② 프랑스 남부 지방, 호주, 칠레, 미국, 남아프리카에서 재배한다.
③ 부르고뉴 지방의 대표적인 적포도 품종이다.
④ 포도송이가 작고 둥글고 포도알은 많으며 껍질은 두껍다.

**해설**
부르고뉴의 대표 품종으로는 피노누아(Pinot Noir), 가메(Gamay), 샤르도네(Chardonnay) 등이 있다.

**19** 다음 중 맥주의 종류가 아닌 것은?

① Ale
② Porter
③ Hock
④ Bock

**해설**
Hock(호크)는 독일 라인 지방의 백포도주로 독일의 라인 와인(Rhine Wine)을 영어로 지칭하는 말)이다.

**20** 다음 중 싱글 몰트 위스키가 아닌 것은?

① 글렌모렌지(Glenmorangie)
② 더 글렌리벳(The Glenlivet)
③ 글렌피딕(Glenfiddich)
④ 시그램 브이오(Seagram's VO)

해설
시그램 VO는 캐나디안 위스키이다.

**21** 증류주에 대한 설명으로 틀린 것은?

① Gin은 곡물을 발효, 증류한 주정에 두송나무 열매를 첨가한 것이다.
② Tequila는 멕시코 원주민들이 즐겨 마시는 풀케(Pulque)를 증류한 것이다.
③ Vodka는 슬라브 민족의 국민주로 캐비어를 곁들여 마시기도 한다.
④ Rum의 주원료는 서인도제도에서 생산되는 자몽(Grapefruit)이다.

해설
럼의 원료는 사탕수수, 당밀(Molasses)이다.

**22** Fermented Liquor에 속하는 술은?

① Chartreuse
② Gin
③ Campari
④ Wine

해설
양조주(Fermented Liquor)는 과일이나 곡류 및 기타 원료에 들어 있는 당분이나 전분을 당화시켜 미생물의 작용에 의해 에틸알코올과 이산화탄소를 생성하는 과정으로 만들어진 알코올 음료이다. 과실로 만든 것은 와인이 대표적이다.

**23** 이탈리아 와인의 주요 생산지가 아닌 것은?

① 토스카나(Toscana)
② 리오하(Rioja)
③ 베네토(Veneto)
④ 피에몬테(Piemonte)

해설
리오하(Rioja)는 스페인의 적포도주 생산 지역이다.

**24** 다음 중 음료에 대한 설명이 틀린 것은?

① 에비앙 생수는 프랑스의 천연광천수이다.
② 페리에 생수는 프랑스의 탄산수이다.
③ 비시 생수는 프랑스 비시의 탄산수이다.
④ 셀쳐 생수는 프랑스의 천연광천수이다.

해설
셀쳐는 독일의 온천도시로 유명한 비스바덴에서 생산되는 탄산이 함유된 천연광천수이다.

## 25 녹차의 대표적인 성분 중 15% 내외로 함유되어 있는 가용성 성분은?

① 카페인
② 비타민
③ 카테킨
④ 사포닌

**해설**
카테킨류는 10~18%가 함유되어 있으며, 항산화, 돌연변이, 항암, 혈장, 콜레스테롤 저하, 혈압상승 억제, 혈당상승 억제, 치매 방지 등의 기능이 있다.

## 27 다음 중 나머지 셋과 성격이 다른 것은?

A. Cherry Brandy
B. Peach Brandy
C. Hennessy Brandy
D. Apricot Brandy

① A
② B
③ C
④ D

**해설**
헤네시는 세계 코냑시장에서 정상의 위치를 차지하고 있는 브랜디의 일종이다. 프랑스 보르도의 북쪽에 위치한 코냑 지방에서 생산된 브랜디만을 코냑(Cognac)이라 한다.

## 26 효모의 생육조건이 아닌 것은?

① 적정 영양소
② 적정 온도
③ 적정 pH
④ 적정 알코올

**해설**
효모(Yeast)는 맥아즙 속의 당분을 분해하여 알코올과 탄산가스를 만드는 작용을 하는 매우 중요한 미생물이다. 알코올 발효 등에 강한 균종이 많아 옛날부터 주류의 양조, 알코올 제조, 제빵 등에 이용되어 왔다. 효모가 만든 알코올은 살균작용이 있어 효모가 13~17%의 알코올을 생산하면 알코올 생산을 멈춘다.

## 28 칼바도스에 대한 설명으로 옳은 것은?

① 스페인의 와인
② 프랑스의 사과 브랜디
③ 북유럽의 아쿠아비트
④ 멕시코의 테킬라

**해설**
칼바도스(Calvados)는 프랑스 노르망디 지방에서 생산되는 사과로 만든 특산주이다. 사과주(Cidre)를 증류하여 만든 브랜디로 원산지법의 통제를 받아 생산되는 것만 칼바도스라고 한다.

**정답** 25 ③ 26 ④ 27 ③ 28 ②

**29** 탄산수에 키리네, 레몬, 라임 등의 농축액과 당분을 넣어 만든 강장제 음료는?

① 진저 비어(Ginger Beer)
② 진저에일(Ginger Ale)
③ 콜린스 믹스(Collins Mix)
④ 토닉 워터(Tonic Water)

**해설**
영국에서 처음 개발한 무색 투명한 음료로 '토닉'은 '강장제'라는 뜻이다. 해열과 진통, 강장 등에 효과가 있어 말라리아 특효약으로 쓰였던 키니네(Quinine) 성분으로 인해 특유의 쓴맛을 낸다. 여기에 레몬, 라임, 오렌지 등 당분이 혼합되어 신맛과 산뜻한 풍미를 가지고 있는 탄산음료이다.

**30** 헤네시(Hennessy)사에서 브랜디 등급을 처음 사용한 때는?

① 1763년
② 1765년
③ 1863년
④ 1865년

**해설**
리차드가 창업한 지 꼭 100년 후인 1865년 4대인 모리스 헤네시가 최초로 회사의 라벨을 붙인 병 형태로 출하했고 별표(☆☆☆)를 사용하여 숙성기간을 표시함으로써 다른 업자들도 숙성기간을 표시하는 것이 전통이 되었다.

**31** 다음과 같은 재료로 만들어지는 드링크(Drink)의 종류는?

> Any Liquor + Soft Drink + Ice

① Martini
② Manhattan
③ Sour Cocktail
④ Highball

**해설**
하이볼 : 알코올에 청량음료를 섞으면 탄산가스 방울이 위로 올라오는 하이볼처럼 느껴진다고 해서 붙은 이름이며 하이볼 글라스에 제공된다.

**32** 서비스 종사원이 사용하는 타월로 Arm Towel 혹은 Hand Towel이라고도 하는 것은?

① Table Cloth
② Under Cloth
③ Napkin
④ Service Towel

**해설**
레스토랑 종사원이 팔에 걸쳐서 사용하는 서비스용 냅킨(Napkin)을 Hand Towel, Arm Towel, Service Towel이라고 한다.

**33** 조주 기구 중 3단으로 구성되어 있는 스탠다드 셰이커(Standard Shaker)의 구성으로 틀린 것은?

① 스퀴저(Squeezer)
② 보디(Body)
③ 캡(Cap)
④ 스트레이너(Strainer)

**해설**
스퀴저는 레몬, 오렌지의 즙을 짤 때 사용하는 기구이다.

**34** 주로 일품요리를 제공하며 매출을 증대시키고, 고객의 기호와 편의를 도모하기 위해 그 날의 특별요리를 제공하는 레스토랑은?

① 다이닝룸(Dining Room)
② 그릴(Grill)
③ 카페테리아(Cafeteria)
④ 델리카트슨(Delicatessen)

[해설]
일품요리(A la cater) : 품목별로 가격이 정해져 있고, 고객의 주문에 의해 조리되는 개별 요리를 말한다. 고객이 자신의 기호에 맞는 음식을 자유로이 선택할 수 있는 장점이 있지만 가격이 정식에 비해 다소 비싸다.

**35** 일반적으로 구매청구서 양식에 포함되는 내용으로 틀린 것은?

① 필요한 아이템명과 필요한 수량
② 주문한 아이템이 입고되어야 하는 날짜
③ 구매를 요구하는 부서
④ 구분 계산서의 기준

[해설]
구매청구서를 작성할 때에는 공급업체가 정확히 어떠한 물품이 필요한지 쉽고 정확하게 알 수 있도록 형식에 맞추어 명확하게 기재하는 것이 바람직하다.

**36** 정찬코스에서 Hors d'Oeuvre 또는 Soup 대신에 마시는 우아하고 자양분이 많은 칵테일은?

① After Dinner Cocktail
② Before Dinner Cocktail
③ Club Cocktail
④ Night Cap Cocktail

[해설]
클럽 칵테일은 Soup 대신 마시는 우아하고 자양분이 많은 칵테일로 식사와 조화를 이루고 자극성이 강한 것이 특징이다.

**37** Appetizer Course에 가장 적합한 술은?

① Sherry Wine
② Vodka
③ Canadian Whisky
④ Brandy

[해설]
셰리 와인 : 발효가 끝난 일반 와인에 브랜디를 첨가하여 알코올 도수를 높인 스페인 와인으로 포트 와인(Port Wine)과 함께 세계 2대 주정 강화 와인이다. 비교적 드라이하여 식사 전에 식욕을 촉진시켜 주는 식전 와인으로 주로 마신다.

**38** 다음 중 칵테일 조주 시 용량이 가장 적은 계량 단위는?

① Table Spoon  ② Pony
③ Jigger         ④ dash

[해설]
• 1Table spoon = 3/8oz
• 1Pony = 1oz
• 1Jigger = 1.5oz
• 1dash = 5~6방울 = 1/32oz

[정답] 34 ② 35 ④ 36 ③ 37 ① 38 ④

**39** 잔(Glass) 가장자리에 소금, 설탕을 묻힐 때 빠르고 간편하게 사용할 수 있는 칵테일 기구는?

① 글라스 리머(Glass Rimmer)
② 디캔터(Decanter)
③ 푸어러(Pourer)
④ 코스터(Coaster)

**40** 파인애플 주스가 사용되지 않는 칵테일은?

① Mai-Tai
② Pina Colada
③ Paradise
④ Blue Hawaiian

[해설]
파라다이스
Dry Gin 1oz + Apricot Brandy 1/2oz + Orange Juice 1oz

**41** 다음 중 After Dinner Cocktail로 가장 적합한 것은?

① Campari Soda
② Dry Martini
③ Negroni
④ Pousse Cafe

[해설]
Pousse Cafe는 재료의 비중이 무거운 시럽이나 리큐르는 아래쪽으로 가라앉고 알코올 도수가 높은 증류주는 위로 떠오르도록 층을 띄워 만든다. 용량도 적고 아래쪽의 시럽이 달콤해서 식후주로 좋다.

**42** 바에서 사용하는 House Brand의 의미는?

① 널리 알려진 술의 종류
② 지정 주문이 아닐 때 쓰는 술의 종류
③ 상품(上品)에 해당하는 술의 종류
④ 조리용으로 사용하는 술의 종류

[해설]
고객이 별도의 주문이 없을 때 기본적으로 사용하는 상품이다.

**43** 올드 패션드(Old Fashioned)나 온더락스(On The Rocks)를 마실 때 사용되는 글라스(Glass)의 용량으로 가장 적합한 것은?

① 1~2온스
② 3~4온스
③ 4~6온스
④ 6~8온스

**44** Old Fashioned의 일반적인 장식용 재료는?

① Slice of Lemon
② Wedge of Pineapple and Cherry
③ Lemon Peel Twist
④ Slice of Orange and Cherry

정답 39 ① 40 ③ 41 ④ 42 ② 43 ④ 44 ④

**45** 술병 입구에 부착하여 술을 따르고 술의 커팅(Cutting)을 용이하게 하고 손실을 없애기 위해 사용하는 기구는?

① Squeezer
② Strainer
③ Pourer
④ Jigger

**46** 식음료 부문의 직무에 대한 내용으로 틀린 것은?

① Assistant Bar Manager는 지배인의 부재 시 업무를 대행하여 행정 및 고객관리의 업무를 수행한다.
② Bar Captain은 접객 서비스의 책임자로서 Head Waiter 또는 Supervisor라고 불리기도 한다.
③ Bus Boy는 각종 기물과 얼음, 비알코올성 음료를 준비하는 책임이 있다.
④ Banquet Manager는 접객원으로부터 그날의 영업실적을 보고 받고 고객의 식음료비 계산서를 받아 수납 정리한다.

**47** 맥주의 저장과 출고에 관한 사항 중 틀린 것은?

① 선입선출의 원칙을 지킨다.
② 맥주는 별도의 유통기한이 없으므로 장기간 보관이 가능하다.
③ 생맥주는 미살균 상태이므로 온도를 2~3℃로 유지하여야 한다.
④ 생맥주통 속의 압력은 항상 일정하게 유지되어야 한다.

[해설]
맥주는 양조주로 알코올 도수가 낮기 때문에 신선도에 유의해야 한다. 유통기한은 국산맥주의 경우 6개월, 수입맥주는 1년을 기본으로 한다.

**48** Wine Serving 방법으로 가장 거리가 먼 것은?

① 코르크의 냄새를 맡아 이상 유무를 확인 후 손님에게 확인하도록 접시 위에 얹어서 보여 준다.
② 은은한 향을 음미하도록 와인을 따른 후 한두 방울이 테이블에 떨어지도록 한다.
③ 서비스 적정 온도를 유지하고, 상표를 고객에게 확인시킨다.
④ 와인을 따른 후 병 입구에 맺힌 와인이 흘러내리지 않도록 병목을 돌려서 자연스럽게 들어 올린다.

**49** Grasshopper 칵테일의 조주기법은?

① Float&Layer
② Shaking
③ Stirring
④ Building

[해설]
셰이커에 Creme de Menthe(Green) 1oz + Creme de Cacao (White) 1oz + Milk 1oz를 넣고 잘 흔든 다음 샴페인 잔에 따라서 제공한다.

**정답** 45 ③  46 ④  47 ②  48 ②  49 ②

**50** 셰이커(Shaker)를 이용하여 만든 칵테일을 짝지은 것으로 옳은 것은?

| ㉠ Pink Lady | ㉡ Olympic |
| ㉢ Stinger | ㉣ Seabreeze |
| ㉤ Bacardi | ㉥ Kir |

① ㉠, ㉡, ㉤
② ㉠, ㉣, ㉤
③ ㉡, ㉣, ㉥
④ ㉠, ㉢, ㉥

해설
Seabreeze와 Kir는 직접 넣기(Build) 방법이다.

**51** When do you usually serve cognac?

① Before the Meal
② After Meal
③ During the Meal
④ With the Soup

해설
코냑은 유니블랑 품종을 발효 증류한 감미로운 브랜디로 식후에 마시는 음료로 유명하다.

**52** What is the liqueur made by Scotch whisky, Honey, Herb?

① Grand Manier
② Sambuca
③ Drambuie
④ Amaretto

해설
드람뷰이는 스코틀랜드산의 유명한 리큐르로 몰트 위스키에 Honey, Herbs를 첨가하여 만든 암갈색의 술이다.

**53** Choose the best answer for the blank.

What is the 'sommelier' means? (   )

① Head Waiter
② Head Bartender
③ Wine Waiter
④ Chef

해설
소믈리에는 식음료 영업장에서 고객을 대상으로 서비스하기 위해 와인의 선정, 구매, 관리, 추천, 판매, 테이스팅, 장비, 비품관리, 와인분류, 영업장 관리 등을 수행하는 와인 전문가를 말한다.

**54** Which of the following is correct in the blank?

W : Good evening, gentleman. Are you ready to order?
G1 : Sure. A double whisky on the rocks for me.
G2 : _____
W : Two whiskies with ice, yes, sir.
G1 : Then I'll have the shellfish cocktail.
G2 : And I'll have the curried prawns. Not too hot, are they?
W : No, sir. Quite mild, really.

① The same again?
② Make that two.
③ One for the road.
④ Another round of the same.

해설
② 그것으로 두 잔 해 주세요.

## 55 다음 밑줄 친 내용의 뜻으로 적합한 것은?

> You must make a reservation in advance.

① 미리
② 나중에
③ 원래
④ 당장

**해설**
당신은 미리 예약해야 합니다.

## 56 다음 ( ) 안에 들어갈 가장 적당한 표현은?

> If you ( ) him, he will help you.

① asked
② will ask
③ ask
④ be ask

**해설**
당신이 그에게 원하면, 그는 당신을 도울 것입니다.

## 57 Which one is the classical French liqueur of aperitifs?

① Dubonnet
② Sherry
③ Mosel
④ Campari

**해설**
전통적인 프랑스 리큐르 또는 식전주는 어느 것입니까? Dobonnet(듀보네)는 프랑스산 레드 와인에 키니네를 첨가하여 만든 강화주로 식전주로 인기가 좋다. 현재는 미국에서도 생산된다. Campari(캄파리)도 쓴맛이 나는 리큐르로 식전주로 인기가 좋지만 이탈리아의 국민주이다.

## 58 "Can you charge what I've just had to my room number 310?"의 뜻은?

① 내 방 310호로 주문한 것을 배달해 줄 수 있습니까?
② 내 방 310호로 거스름돈을 가져다 줄 수 있습니까?
③ 내 방 310호로 담당자를 보내 주시겠습니까?
④ 내 방 310호로 방금 마신 것의 비용을 달아놓아 주시겠습니까?

## 59 다음 물음에 가장 적합한 것은?

> "What kind of Bourbon whiskey do you have?"

① Ballantine's
② J&B
③ Jim Beam
④ Cutty Sark

**해설**
①, ②, ④는 스카치 위스키이다.

## 60 다음 질문의 대답으로 가장 적절한 것은?

> A : Who's your favorite singer?
> B : _____

① I like jazz the best.
② I guess I'd have to say Elton John.
③ I don't really like to sing.
④ I like opera music.

**해설**
당신이 가장 좋아하는 가수는 누구입니까?

**정답** 55 ① 56 ③ 57 ① 58 ④ 59 ③ 60 ②

# 2015년 제1회 과년도 기출문제

**01** Agave의 수액을 발효한 후 증류하여 만든 술은?

① Tequila
② Aquavit
③ Grappa
④ Rum

[해설]
Agave는 용설란을 뜻하며 이눌린(Inulin)이라는 과당을 발효해 만든 술이 풀케(Pulque)이고 이를 증류시킨 것이 테킬라(Tequila)이다.

**02** 우리나라 주세법상 탁주와 약주의 알코올 도수 표기 시 허용 오차는?

① ±0.1%
② ±0.5%
③ ±1.0%
④ ±1.5%

[해설]
주류의 알코올분 도수(주세법 시행령 별표2)
주류의 알코올분 도수는 최종제품에 표시된 알코올분 도수의 0.5도까지 그 증감을 허용하되, 살균하지 않은 탁주·약주는 추가로 0.5도까지 증가를 허용한다.

**03** 세계 3대 홍차에 해당되지 않는 것은?

① 아삼(Assam)
② 우바(Uva)
③ 기문(Keemun)
④ 다즐링(Darjeeling)

[해설]
아삼종 홍차는 인도 아삼주의 재래종으로 인도에서 가장 많은 홍차 생산량을 자랑한다. 맛과 향이 강하기 때문에 주로 우유를 넣어 밀크티로 마신다.
세계 3대 홍차
• 다즐링(Darjeeling) : 인도 다즐링 지역에서 생산된다. 홍차의 샴페인이라는 애칭이 붙었다. 포도향이 특징이며 맛이 부드럽고 섬세하다.
• 기문(Keemun) : 중국 기문 지방이 원산지로 기홍차라고도 불린다. 밝고 짙은 오렌지 색깔이며 말린 꽃향기와 과일향이 특징이다.
• 우바(Uva) : 스리랑카에서 재배되며 선홍빛깔의 묵직한 맛이 인상적이다. 장미향과 박하향 등 특유의 향으로 여성들이 선호하며 두통억제 효과가 있다. 이뇨작용의 효과도 있다.

**04** 다음 중 프랑스의 주요 와인 산지가 아닌 곳은?

① 보르도(Bordeaux)
② 토스카나(Toscana)
③ 루아르(Loire)
④ 론(Rhone)

[해설]
② 토스카나(Toscana)는 이탈리아 와인 산지로 키안티(Chianti)의 본고장이다.

정답  1 ① 2 ③ 3 ① 4 ②

**05** 오렌지를 주원료로 만든 술이 아닌 것은?

① Triple Sec
② Tequila
③ Cointreau
④ Grand Marnier

**해설**
② 테킬라(Tequila)는 멕시코의 증류주이다.
오렌지 껍질을 원료로 하여 만든 큐라소 계열은 트리플 섹(Triple Sec), 쿠앵트로(Cointreau), 그랑 마니에르(Grand Marnier)가 있다.

**07** 음료에 대한 설명이 틀린 것은?

① 콜린스 믹서(Collins Mixer)는 레몬주스와 설탕을 주원료로 만든 착향 탄산음료이다.
② 토닉워터(Tonic Water)는 키니네(Quinine)를 함유하고 있다.
③ 코코아(Cocoa)는 코코넛(Coconut) 열매를 가공하여 가루로 만든 것이다.
④ 콜라(Coke)는 콜라닌과 카페인을 함유하고 있다.

**해설**
코코아(Cocoa)는 카카오콩의 가공품으로 기름을 제거하고 분쇄한 것이다. 초콜릿의 원료가 되며 크렘 드 카카오(Creme de Cacao)의 원료이다.

**08** 네덜란드 맥주가 아닌 것은?

① 그롤시          ② 하이네켄
③ 암스텔          ④ 디벨스

**해설**
디벨스(Diebels)는 독일 맥주로서 필스너 등 다양한 맥주를 생산하고 있다.

**06** 동일 회사에서 생산된 코냑(Cognac) 중 숙성 연도가 가장 오래된 것은?

① VSOP
② Napoleon
③ Extra Old
④ 3 Star

**해설**
코냑은 회사별로 등급을 달리 표시하기도 해 같은 등급이라도 저장 연수가 다를 수 있다.
3 Star(5년) → VSOP(10년 이상) → Napoleon(15년 이상) → Extra Old(40년 이상)

**09** 스카치 위스키(Scotch Whisky)가 아닌 것은?

① 시바스 리갈(Chivas Regal)
② 글렌피딕(Glenfiddich)
③ 존 제임슨(John Jameson)
④ 커티 삭(Cutty Sark)

**해설**
존 제임슨(John Jameson)은 아이리시 위스키(Irish Whiskey)이다.

**정답** 5 ② 6 ③ 7 ③ 8 ④ 9 ③

**10** 모카(Mocha)와 관련한 설명 중 틀린 것은?

① 예멘의 항구 이름
② 에티오피아와 예멘에서 생산되는 커피
③ 초콜릿이 들어간 음료에 붙이는 이름
④ 자메이카산 블루마운틴 커피

[해설] 자메이카 블루마운틴은 자메이카 동쪽 블루마운틴(Blue Mountain) 지역에서 생산되는 커피로 커피의 황제라 불린다.

**11** 4월 20일(곡우) 이전에 수확하여 제조한 차로 찻잎이 작으며 연하고 맛이 부드러우며 감칠맛과 향이 뛰어난 한국의 녹차는?

① 작설차
② 우전차
③ 곡우차
④ 입하차

[해설] 우전차(雨前茶)는 찻잎 따는 시기에 따라 붙인 이름이다. 곡우(양력 4월 20~21일)를 전후하여 찻잎을 따서 만든 차를 말한다.

**12** 다음 중 양조주가 아닌 것은?

① 맥주(Beer)
② 와인(Wine)
③ 브랜디(Brandy)
④ 풀케(Pulque)

[해설] 브랜디는 와인을 증류한 증류주이다.

**13** Scotch Whisky에 꿀(Honey)을 넣어 만든 혼성주는?

① Cherry Heering
② Cointreau
③ Galliano
④ Drambuie

[해설] 드람뷰이(Drambuie)는 스코틀랜드산의 몰트 위스키에 벌꿀, 허브 등을 첨가하여 만든 암갈색의 리큐르이다.

**14** 발포성 포도주와 관계가 없는 것은?

① 뱅 무스(Vin Mousseux)
② 베르무트(Vermouth)
③ 동 페리뇽(Dom Perignon)
④ 샴페인(Champagne)

[해설] 베르무트(Vermouth)
향쑥의 독일명 베르무트(Vermut)에서 유래되었다. 식전에 식욕을 촉진하기 위해 애피타이저 와인(Aperitif Wine)으로 만든 것이지만 칵테일 재료로 널리 쓰인다.

정답 10 ④ 11 ② 12 ③ 13 ④ 14 ②

**15** 맥주용 보리의 조건이 아닌 것은?

① 껍질이 얇아야 한다.
② 담황색을 띠고 윤택이 있어야 한다.
③ 전분 함유량이 적어야 한다.
④ 수분 함유량 13% 이하로 잘 건조되어야 한다.

해설
전분 함량이 많아야 당을 많이 얻을 수 있다. 양질의 맥주를 만들기 위해서는 전분 함량이 높아야 한다.

**16** 버번 위스키 1Pint의 용량으로 맨해튼 칵테일 몇 잔을 만들어 낼 수 있는가?

① 약 5잔
② 약 10잔
③ 약 15잔
④ 약 20잔

해설
1Pint = 16oz = 480mL
맨해튼 = 1-1/2oz 버번 위스키 = 45mL
480 / 45 = 10.6잔

**17** Still Wine을 바르게 설명한 것은?

① 발포성 와인
② 식사 전 와인
③ 비발포성 와인
④ 식사 후 와인

해설
대부분의 와인이 스틸 와인(Still Wine)에 포함된다.

**18** 발효방법에 따른 차의 분류가 잘못 연결된 것은?

① 비발효차 – 녹차
② 반발효차 – 우롱차
③ 발효차 – 말차
④ 후발효차 – 흑차

해설
말차는 녹차의 한 분류이다.

**19** 전통주와 관련한 설명으로 옳지 않은 것은?

① 모주 – 막걸리에 한약재를 넣고 끓인 술
② 감주 – 누룩으로 빚은 술의 일종으로 술과 식혜의 중간
③ 죽력고 – 청죽을 쪼개어 불에 구워 스며 나오는 진액인 죽력과 물을 소주에 넣고 중탕한 술
④ 합주 – 물 대신 좋은 술로 빚어 감미를 더한 주도가 낮은 술

해설
합주(合酒)는 누룩으로 빚은 술을 말한다. 찹쌀로 빚어서 여름에 마시는 막걸리로 꿀이나 설탕을 타서 마신다.

**20** 다음 중 Cognac 지방의 Brandy가 아닌 것은?

① Remy Martin  ② Hennessy
③ Chabot       ④ Hine

해설
샤보(Chabot)는 반연속식 증류기로 1회 증류하고 Black Oak Cask에서 숙성한 아르마냑(Armagnac)이다.

정답  15 ③  16 ②  17 ③  18 ③  19 ④  20 ③

**21** 독일 와인에 대한 설명 중 틀린 것은?

① 아이스바인(Eiswein)은 대표적인 레드 와인이다.
② Pradikatswein 등급은 포도의 수확상태에 따라서 여섯 등급으로 나눈다.
③ 레드 와인보다 화이트 와인의 제조가 월등히 많다.
④ 아우스레제(Auslese)는 완전히 익은 포도를 선별해서 만든다.

해설
아이스바인(Eiswein)은 얼린 포도로 만든 디저트용 와인으로 언 와인(Ice Wine)이라는 뜻의 독일어이다.

**22** 양조주의 설명으로 옳은 것은?

① 단식증류기를 사용한다.
② 알코올 함량이 높고 저장기간이 길다.
③ 전분이나 과당을 발효시켜 제조한다.
④ 주정에 초근목피를 첨가하여 만든다.

해설
①, ②는 증류주에 대한 설명이다.
④는 혼성주의 약초, 향초류를 설명한 것이다.

**23** 다음 중 지역명과 대표적인 포도 품종의 연결이 맞는 것은?

① 샴페인 – 세미용
② 부르고뉴(White) – 소비뇽 블랑
③ 보르도(Red) – 피노누아
④ 샤토뇌프 뒤 파프 – 그르나슈

해설
① 샴페인 – 샤르도네(Chardonnay), 피노누아(Pinot Noir), 피노 뫼니에(Pinot Meunier)
② 부르고뉴 – 피노누아(Pinot Noir)
③ 보르도 – 카베르네 소비뇽(Cabernet Sauvignon)

**24** 혼성주 특유의 향과 맛을 이루는 주재료로 가장 거리가 먼 것은?

① 과 일      ② 꽃
③ 천연향료   ④ 곡 물

해설
혼성주 = 주정 + 약초, 향초류(과실류, 종자류, 기타) + 당분
곡물은 단백질(녹말) 덩어리로 되어 있어 누룩이나 엿기름으로 당화시키고 효모가 알코올과 탄산가스로 발효되는 원료이다.

**25** 오렌지 껍질을 주원료로 만든 혼성주는?

① Anisette
② Campari
③ Triple Sec
④ Underberg

해설
5번 문제 해설 참고
※ 오렌지 껍질을 원료로 하여 만든 큐라소 계열은 시험에 자주 출제되므로 무조건 외워야 한다.

**26** 술 자체의 맛을 의미하는 것으로 '단맛'이라는 의미의 프랑스어는?

① Trocken
② Blanc
③ Cru
④ Doux

**해설**
① 트로켄(Trocken) : 독일에서 단맛이 없는 드라이(Dry) 타입을 말한다.
② 블랑(Blanc) : 프랑스에서 흰색, 백색(White)을 뜻한다.
③ 크뤼(Cru) : 프랑스 특정 포도밭 혹은 그곳에서 생산되는 와인을 말한다.

**27** 증류주에 대한 설명으로 옳은 것은?

① 과실이나 곡류 등을 발효시킨 후 열을 가하여 알코올을 분리해서 만든다.
② 과실의 향료를 혼합하여 향기와 감미를 첨가한다.
③ 종류로는 맥주, 와인, 약주 등이 있다.
④ 탄산성 음료를 의미한다.

**해설**
② 혼성주의 설명이다.
③ 양조주의 종류이다.

**28** 다음 중 발명자가 알려져 있는 것은?

① Vodka   ② Calvados
③ Gin     ④ Irish Whisky

**해설**
Gin의 창시자는 네덜란드 레이덴(Leiden) 대학 교수인 프란시큐스 드 라 보에(Francicus de Le Boe)로 일명 실비우스(Sylvius) 의사에 의해 만들어졌다. 당시 네덜란드의 식민지인 인도차이나 반도, 인도네시아에 있는 네덜란드 식민자들이 열병에 걸려 곡류를 증류해 얻은 알코올에 주니퍼 베리를 담가 이를 재증류함으로써 대량생산이 가능한 해열제를 만들어낸 것이다.

**29** 프랑스 수도원에서 약초로 만든 리큐르로 '리큐르의 여왕'이라 불리는 것은?

① 압생트(Absinthe)
② 베네딕틴 디오엠(Benedictine DOM)
③ 듀보네(Dubonnet)
④ 샤르트뢰즈(Chartreuse)

**해설**
샤르트뢰즈(Chartreuse) : 프랑스어로 '수도원, 승원'이란 뜻이며 리큐르의 여왕이라 불린다. 레몬 껍질, 박하초, 제네가초 등 130여 가지나 되는 알프스 약초를 포도주에 침지하여 증류해서 만들어졌으며 수도승들의 활력증진을 위하여 애용되었다.

**30** 문배주에 대한 설명으로 틀린 것은?

① 술의 향기가 문배나무의 과실에서 풍기는 향기와 같다 하여 붙여진 이름이다.
② 원료는 밀, 좁쌀, 수수를 이용하여 만든 발효주이다.
③ 평안도 지방에서 전수되었다.
④ 누룩의 주원료는 밀이다.

**해설**
문배주는 증류주이다.

정답  26 ④  27 ①  28 ③  29 ④  30 ②

**31** 다음 중 비터(Bitters)의 설명으로 옳은 것은?

① 쓴맛이 강한 혼성주로 칵테일에는 소량을 첨가하여 향료 또는 고미제로 사용
② 야생체리로 착색한 무색의 투명한 술
③ 박하냄새가 나는 녹색의 색소
④ 초콜릿 맛이 나는 시럽

[해설]
대표적인 것이 앙고스투라 비터가 있다.

**32** 고객이 바에서 진 베이스의 칵테일을 주문할 경우 Call Brand의 의미는?

① 고객이 직접 요청하는 특정 브랜드
② 바텐더가 추천하는 특정 브랜드
③ 업장에서 가장 인기 있는 특정 브랜드
④ 해당 칵테일에 가장 많이 사용되는 특정 브랜드

[해설]
Call Brand
고객들이 브랜드명을 요구하는 특정한 술

**33** 칵테일 글라스의 부위 명칭으로 틀린 것은?

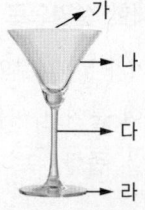

① 가 – Rim        ② 나 – Face
③ 다 – Body      ④ 라 – Bottom

[해설]
③ 다 – Stem

**34** Key Box나 Bottle Member 제도에 대한 설명으로 옳은 것은?

① 음료의 판매회전이 촉진된다.
② 고정고객을 확보하기는 어렵다.
③ 후불이기 때문에 회수가 불분명하여 자금운영이 원활하지 못하다.
④ 주문시간이 많이 걸린다.

[해설]
Key Box : 고객이 마시다 남은 술을 병째 보관하는 수납장

**35** 주로 생맥주를 제공할 때 사용하며 손잡이가 달린 글라스는?

① Mug Glass
② Highball Glass
③ Collins Glass
④ Goblet

[해설]
Mug : 손잡이가 달린 원통형의 컵으로 생맥주나 뜨거운 커피를 제공할 때 사용한다.

**36** 다음 중 브랜디를 베이스로 한 칵테일은?

① Honeymoon
② New York
③ Old Fashioned
④ Rusty Nail

해설
Honeymoon은 엄밀히 말하면 Apple Brandy가 베이스이다.

**37** Mise en Place의 의미는?

① 영업제반의 준비사항
② 주류의 수량관리
③ 적정 재고량
④ 대기 자세

해설
미즈 앙 플라스(Mise en Place)
프랑스어로 요리에 필요한 모든 음식을 요리 바로 직전에 사용할 수 있도록 준비하는 것을 말한다. 보통 레스토랑에서 고객에게 식사를 제공하기 전에 종업원이 사전준비를 완벽하게 해야 한다는 뜻이다.

**38** Under Cloth에 대한 설명으로 옳은 것은?

① 흰색을 사용하는 것이 원칙이다.
② 식탁의 마지막 장식이라 할 수 있다.
③ 식탁 위의 소음을 줄여준다.
④ 서비스 플레이트나 식탁 위에 놓는다.

해설
언더 클로즈(Under Cloth)는 얇은 천이나 스펀지로 만든 것으로 테이블에 그릇 놓는 소리를 막기 위해 깔아준다. 사일런스 클로스(Silence Cloth) 또는 테이블 패드(Table Pad)라고 부른다.

**39** 업장에서 장기간 보관 시 세워서 보관하지 않고 눕혀서 보관해야 하는 것은?

① 포트와인  ② 브랜디
③ 그라파    ④ 아이스와인

해설
아이스와인은 알코올 도수가 낮고 코르크의 건조를 막기 위해 눕혀서 보관해야 한다.

**40** 소금을 Cocktail Glass 가장자리에 찍어서(Rimming) 만드는 칵테일은?

① Singapore Sling
② Side Car
③ Margarita
④ Snowball

**41** 보드카가 기주로 쓰이지 않는 칵테일은?

① 맨해튼
② 스크루 드라이브
③ 키스 오브 파이어
④ 치 치

해설
맨해튼(Manhattan)은 버번 위스키(Bourbon Whiskey)가 주재료이다.

정답  36 ①  37 ①  38 ③  39 ④  40 ③  41 ①

**42** Gin Fizz를 서브할 때 사용하는 글라스로 적합한 것은?

① Cocktail Glass
② Champagne Glass
③ Liqueur Glass
④ Highball Glass

[해설]
피즈(Fizz)는 탄산수를 개봉할 때 피익~하고 소리가 난다 하여 붙여진 이름이다. 탄산이 있는 음료는 하이볼(Highball) 글라스에 많이 사용된다.

**43** 칵테일의 부재료 중 씨 부분을 사용하는 것은?

① Cinnamon
② Nutmeg
③ Celery
④ Mint

[해설]
너트메그(Nutmeg)는 육두구과 나무열매인 육두구를 갈아서 향신료로 사용한다.

**44** 다음 중 기구에 대한 설명이 잘못된 것은?

① 스토퍼(Stopper) - 남은 음료를 보관하기 위한 병마개
② 코르크 스크루(Cork Screw) - 와인 병마개를 딸 때 사용
③ 아이스 텅(Ice Tongs) - 톱니 모양으로 얼음 집는 데 사용
④ 머들러(Muddler) - 얼음을 깨는 송곳

[해설]
머들러(Muddler)는 휘젓는 막대를 말하며, 우드(Wood)로 된 머들러는 과일을 으깰 때 사용하는 막대를 말한다.

**45** 얼음을 거르는 기구는?

① Jigger
② Cork Screw
③ Pourer
④ Strainer

[해설]
스트레이너(Strainer)는 원형 철판에 동그랗게 용수철이 달려 있는 기구로 얼음을 걸러 주는 역할을 한다. 셰이커의 보디(Body) 위에 끼우는 부분도 스트레이너라고 부른다.

**46** Pilsner Glass에 대한 설명으로 옳은 것은?

① 브랜디를 마실 때 사용한다.
② 맥주를 따르면 기포가 올라와 거품이 유지된다.
③ 와인의 향을 즐기는 데 가장 적합하다.
④ 옆면이 둥글게 되어 있어 발레리나를 연상하게 하는 모양이다.

[해설]
보통 맥주잔으로 사용하고, 체코의 '필슨'이라는 맥주 회사에서 개발했다고 하여 '필스너'라고 부른다.

**47** 마신 알코올양(mL)을 나타내는 공식은?

① 알코올양(mL) × 0.8
② 술의 농도(%) × 마시는 양(mL) ÷ 100
③ 술의 농도(%) − 마시는 양(mL)
④ 술의 농도(%) ÷ 마시는 양(mL)

해설
330mL 용량에 알코올 도수가 4%인 병맥주 한 병 마셨을 경우, 4 × 330 / 100 = 13.2mL와 같이 계산할 수 있다.

**48** 프라페(Frappe)를 만들기 위해 준비하는 얼음은?

① Cube Ice
② Big Ice
③ Cracked Ice
④ Crushed Ice

해설
프라페는 프랑스어로 '잘 냉각된'이란 뜻으로 빙수용 얼음처럼 곱게 깎아 낸 얼음인 셰이브드 아이스(Shaved Ice)를 주로 사용하고 크러시드 아이스(Crushed Ice)를 사용하기도 한다.

**49** 고객이 호텔의 음료상품을 이용하지 않고 음료를 가지고 오는 경우, 서비스하고 여기에 필요한 글라스, 얼음, 레몬 등을 제공하여 받는 대가를 무엇이라 하는가?

① Rental Charge
② VAT(Value Added Tax)
③ Corkage Charge
④ Service Charge

해설
코르키지 차지(Corkage Charge)는 사전적 의미로 '코르크 마개를 빼는, 고객이 가져온 술병에 대한 호텔의 마개를 뽑아 주는 서비스료'의 뜻이다. 일정한 금액이 정해진 것이 아니라 매니저와 협의한 후 가격을 측정한다.

**50** 다음 중 칵테일 계량단위 범주에 해당되지 않는 것은?

① Oz
② Tsp
③ Jigger
④ Ton

해설
1t = 1,000kg으로 너무 큰 단위이므로 칵테일 계량단위로는 거리가 멀다.

**51** What is the meaning of a walk-in guest?

① A guest with no reservation
② Guest on charged instead of reservation guest
③ By walk-in guest
④ Guest that checks in through the front desk

해설
Walk-in Guest는 예약 없이 온 손님을 말한다.

정답 47 ② 48 ④ 49 ③ 50 ④ 51 ①

**52** 다음은 레스토랑에서 종업원과 고객과의 대화이다. ( )에 가장 알맞은 것은?

> G : Waitress, may I have our check, please?
> W : (                              )
> G : No, I want it as one bill.

① Do you want separate checks?
② Don't mention it.
③ You are wanted on the phone.
④ Yes, I can.

해설
손님 : 웨이트리스, 우리 계산서를 갖다 주시겠어요?
웨이트리스 : 계산서를 따로 만들어 드릴까요?
손님 : 아뇨, 하나의 계산서로 주세요.

**53** Which is the best wine with a beef steak course at dinner?

① Red Wine
② Dry Sherry
③ Blush Wine
④ White Wine

해설
무거운 음식인 고기류는 레드 와인, 가벼운 음식인 생선류는 화이트 와인이 잘 어울린다.

**54** Which one is the cocktail containing beer and tomato juice?

① Red Boy
② Bloody Mary
③ Red Eye
④ Tom Collins

해설
레드아이는 숙취로 빨갛게 된 눈이 이 칵테일을 마시면 정상으로 돌아온다 하여 해장용 칵테일로 불린다. 맥주와 토마토를 1:1 비율로 조절해서 마신다.

**55** Which of the following represents drinks like coffee and tea?

① Nutrition Drinks
② Refreshing Drinks
③ Preference Drinks
④ Non-Carbonated Drinks

해설
커피, 코코아, 티는 3대 기호음료로 개인의 선호도에 따라 많이 마시는 음료이다.

**56** Which one does not belong to aperitif?

① Sherry
② Campari
③ Kir
④ Brandy

해설
Brandy는 와인을 증류한 술로 알코올 도수가 높아 식사 중에도 좋지만 감미로운 맛과 향기가 음식 냄새도 없애주고 소화도 촉진시켜 주기 때문에 식후주로 좋다. 아페리티프(Aperitif)는 입맛을 돋우기 위해 마시는 식전주를 말한다.

정답 52 ① 53 ① 54 ③ 55 ③ 56 ④

**57** 호텔에서 Check-In 또는 Check-Out 시 Customer가 할 수 있는 말로 적합하지 않은 것은?

① Would you fill out this registration form?
② I have a reservation for tonight.
③ I'd like to check out today.
④ Can you hold my luggage until 4 pm?

**해설**
① 이 숙박 신고서를 작성해 주시겠어요?

**58** Which one is the cocktail name containing Dry Gin, Dry vermouth and orange juice?

① Gimlet
② Golden Cadillac
③ Bronx
④ Bacardi Cocktail

**해설**
브롱스(Bronx)는 미국 뉴욕의 지명이며 진에 베르무트(Vermouth)와 오렌지 주스를 섞어 프라페(Frappe) 형태로 제공하는 칵테일이다.

**59** 다음 ( ) 안에 들어갈 단어로 가장 적합한 것은?

"Please ( ) yourself to the coffee before it gets cold."

① drink
② help
③ like
④ does

**해설**
커피가 식기 전에 알아서 드세요.
Help yourself to는 음식을 권할 때 '마음대로 손수 알아서 먹어라'라는 의미로 쓰인다.

**60** What is the name of this cocktail?

「Vodka 30mL & orange Juice 90mL, build」
Pour vodka and orange juice into a chilled highball glass with several ice cubes, and stir.

① Blue Hawaii
② Bloody Mary
③ Screwdriver
④ Manhattan

**해설**
스크루 드라이버(Screwdriver)는 큐브드 아이스를 넣은 차가운 하이볼 글라스에 보드카 30mL와 오렌지 주스 90mL를 직접 넣고 살짝 저어서 마시는 칵테일이다.

**정답** 57 ① 58 ③ 59 ② 60 ③

# 2015년 제2회 과년도 기출문제

**01** 매년 보졸레 누보의 출시일은?

① 11월 첫째 주 목요일
② 11월 셋째 주 목요일
③ 11월 첫째 주 금요일
④ 11월 셋째 주 금요일

**해설**
보졸레의 '햇포도주'
1951년 프랑스 법령으로 규정, 매년 11월 셋째 주 목요일 0시로 결정된 것은 1985년부터이다.

**02** 위스키의 제조과정을 순서대로 나열한 것으로 가장 적합한 것은?

① 맥아 – 당화 – 발효 – 증류 – 숙성
② 맥아 – 당화 – 증류 – 저장 – 후숙
③ 맥아 – 발효 – 증류 – 당화 – 브랜딩
④ 맥아 – 증류 – 저장 – 숙성 – 발효

**해설**
위스키 4대 과정
Mashing – Fermentation – Distillation – Aging

**03** 샴페인의 발명자는?

① Bordeaux
② Champagne
③ St. Emilion
④ Dom Perignon

**해설**
1668년 베네딕트 수도회의 수도사이자 와인을 담당했던 셀러 마스터(Celler Master)인 동 페리뇽(Dom Perignon)이었다. 그는 2차 발효가 진행되어 병 속에서 탄산가스가 나오는 와인을 시음하고 "나는 지금 별을 마시고 있어요!"라고 말했다.

**04** 포도주에 아티초크를 배합한 리큐르로 약간 진한 커피색을 띠는 것은?

① Chartreuse
② Cynar
③ Dubonnet
④ Camapari

**해설**
② 시나(Cynar)는 포도주에 아티초크를 배합한 리큐르로 16.9%이다.

**05** 각 나라별 발포성 와인(Sparkling Wine)의 명칭이 잘못 연결된 것은?

① 프랑스 – Cremant
② 스페인 – Vin Mousseux
③ 독일 – Sekt
④ 이탈리아 – Spumante

**해설**
스페인은 카바(Cava)라 부른다. 포도주 저장소(Cellar)란 뜻의 카탈루냐 말에서 유래되었다. 뱅 무세(Vin Mousseux)는 프랑스 샹파뉴 지방 이외에서 생산되는 발포성 와인을 말한다.

정답 1 ② 2 ① 3 ④ 4 ② 5 ②

## 06 혼성주(Compounded Liquor)에 대한 설명 중 틀린 것은?

① 칵테일 제조나 식후주로 사용된다.
② 발효주에 초근목피의 침출물을 혼합하여 만든다.
③ 색채, 향기, 감미, 알코올의 조화가 잘 된 술이다.
④ 혼성주는 고대 그리스 시대에 약용으로 사용되었다.

**해설**
발효주에 혼합하는 경우도 있지만 대부분 알코올 성분이 강한 주정에 약초-향초류, 과실류, 종자류, 기타 제품을 혼합하여 만든다.

## 07 주류의 주정 도수가 높은 것부터 낮은 순서대로 나열된 것으로 옳은 것은?

① Vermouth > Brandy > Fortified Wine > Kahlua
② Fortified Wine > Vermouth > Brandy > Beer
③ Fortified Wine > Brandy > Beer > Kahlua
④ Brandy > Sloe Gin > Fortified Wine > Beer

**해설**
Brandy(40%) > Sloe Gin(30~35%) > Fortified Wine(18~20%) > Beer(4%)

## 08 프랑스의 와인 제조에 대한 설명 중 틀린 것은?

① 프로방스에서는 주로 로제 와인을 많이 생산한다.
② 포도당이 에틸알코올과 탄산가스로 변한다.
③ 포도 발효 상태에서 브랜디를 첨가한다.
④ 포도 껍질에 있는 천연 효모의 작용으로 발효가 된다.

**해설**
포르투갈과 스페인에서 오래 견디는 와인(강화 와인)을 만들기 위해 브랜디를 첨가한다.

## 09 살균방법에 의한 우유의 분류가 아닌 것은?

① 초저온살균우유
② 저온살균우유
③ 고온살균우유
④ 초고온살균우유

**해설**
② 저온살균우유는 62~65℃에서 30분간 가열한다.
③ 고온살균우유는 72~75℃에서 15초 동안 가열한다.
④ 초고온살균우유는 135~150℃에서 2초간 가열한다.

## 10 에스프레소에 우유 거품을 올린 것으로 다양한 모양의 디자인이 가능해 인기를 끌고 있는 커피는?

① 카푸치노　　② 카페라떼
③ 콘파냐　　　④ 카페모카

**해설**
카푸치노라는 명칭은 이탈리아 프란체스코회에 카푸친(Capuchine) 수도회 수도사들에 의해 유래되었다. 수도사들이 청빈의 상징으로 모자가 달린 원피스 모양의 옷을 입는데, 진한 갈색의 거품 위에 우유 거품을 얹은 모습이 수도사들이 머리를 감추기 위해 쓴 모자와 닮았다고 하여 카푸치노라고 이름이 붙여졌다는 설이 있다.

**정답** 6 ② 7 ④ 8 ③ 9 ① 10 ①

**11** 곡물로 만들어 농번기에 주로 먹었던 막걸리는 어느 분류에 속하는가?

① 혼성주　② 증류주
③ 양조주　④ 화주

**해설**
막걸리는 알코올 도수가 6~8%로 양조주에 속한다.

**12** 다음 중 혼성주에 속하는 것은?

① 글렌피딕　② 코냑
③ 버드와이저　④ 캄파리

**해설**
① 글렌피딕(Glenfiddich)은 스코틀랜드의 몰트 위스키이다.
② 코냑은 프랑스의 코냑 지방에서 생산되는 포도주를 증류한 브랜디이다.
③ 버드와이저(Budweiser)는 미국의 전통 라거(Lager)맥주 브랜드이다.

**13** 코냑(Cognac) 생산 회사가 아닌 것은?

① 마르텔　② 헤네시
③ 까뮈　④ 화이트 홀스

**해설**
화이트 홀스(White Horse)는 스카치 위스키로 에든버러 시에 있었던 오래된 여관의 이름에서 유래되었다.

**14** 맥주 제조에 필요한 중요한 원료가 아닌 것은?

① 맥아
② 포도당
③ 물
④ 효모

**해설**
맥주의 4대 요소는 보리(맥아), 홉(Hop), 효모, 물이다.

**15** 상면발효 맥주가 아닌 것은?

① 에일 맥주(Ale Beer)
② 포터 맥주(Porter Beer)
③ 스타우트 맥주(Stout Beer)
④ 필스너 맥주(Pilsner Beer)

**해설**
필스너는 라거 계열을 대표하는 체코 맥주이다.

**16** 차의 분류가 옳게 연결된 것은?

① 발효차 – 얼그레이
② 불발효차 – 보이차
③ 반발효차 – 녹차
④ 후발효차 – 재스민

**해설**
① 얼그레이(Earl Grey)는 영국에서 개발된 홍차이다.
② 보이차 : 중국의 후발효차
③ 녹차 : 불발효차
④ 재스민 : 반발효차

**17** 와인의 등급제도가 없는 나라는?

① 스위스
② 영 국
③ 헝가리
④ 남아프리카공화국

> **해설**
> 남아프리카공화국 와인은 대서양과 인도양이라는 두 대양 사이에 낀 세계 유일의 와인 생산지로 전 세계 10위 안에 드는 와인 생산국이다. 대부분 포도 품종에 따라 라벨을 붙인다. 약 300년의 양조역사에도 불구하고 1990년대 이전까지는 정치적, 경제적 이유로 국제사회에 알려지지 못했다. 1990년대 민주화 과정을 거치면서 와인 산업이 활기를 띠기 시작했다.

**18** 독일 와인 라벨 용어는?

① 로사토    ② 트로켄
③ 로 쏘    ④ 비 노

> **해설**
> ② 트로켄(Trocken)은 독일어로 단맛이 없는 "드라이(Dry)"의 뜻이다.
> ① 로사토(Rosato)는 이탈리아어로 "로제(Rose)"의 뜻이다.
> ③ 로쏘(Rosso)는 이탈리아어로 "붉은(Red)"의 뜻이다.
> ④ 비노(Vino)는 이탈리아어로 와인을 말한다.

**19** 보드카(Vodka)에 대한 설명 중 틀린 것은?

① 슬라브 민족의 국민주라고 할 수 있을 정도로 애음되는 술이다.
② 사탕수수를 주원료로 사용한다.
③ 무색(Colorless), 무미(Tasteless), 무취(Odorless)이다.
④ 자작나무의 활성탄과 모래를 통과시켜 여과한 술이다.

> **해설**
> ② 사탕수수를 주원료로 하는 술은 럼(Rum)이다.

**20** 다음의 설명에 해당하는 혼성주를 옳게 연결한 것은?

> ㉠ 멕시코산 커피를 주원료로 하여 Cocoa Vanilla 향을 첨가해서 만든 혼성주이다.
> ㉡ 야생 오얏을 진에 첨가해서 만든 빨간색의 혼성주이다.
> ㉢ 이탈리아의 국민주로 제조법은 각종 식물의 뿌리, 씨, 향초, 껍질 등 70여 가지의 재료로 만들어지며 제조 기간은 45일 걸린다.

① ㉠ 샤르트뢰즈(Chartreuse), ㉡ 시나(Cynar), ㉢ 캄파리(Campari)
② ㉠ 파샤(Pasha), ㉡ 슬로 진(Sloe Gin), ㉢ 캄파리(Campari)
③ ㉠ 칼루아(Kahlua), ㉡ 시나(Cynar), ㉢ 캄파리(Campari)
④ ㉠ 칼루아(Kahlua), ㉡ 슬로 진(Sloe Gin), ㉢ 캄파리(Campari)

> **해설**
> ㉠ 칼루아는 멕시코산 커피에 코코아 바닐라(Vanilla)향을 첨가해 만든 혼성주이다.
> ㉡ 슬로 진은 진이 아니라 혼성주이다.
> ㉢ 캄파리는 이탈리아의 국민주로도 많이 알려져 있다. 오렌지 주스나 소다수를 첨가해 마신다.

**정답** 17 ④  18 ②  19 ②  20 ④

## 21 증류주가 아닌 것은?

① Light Rum
② Malt Whisky
③ Brandy
④ Bitters

**해설**
비터스(Bitters)는 칵테일이나 기타 음료에 향미를 가하기 위해 만든 착향제이다. 대표적인 종류로 앙고스투라 비터스가 있다.

## 22 다음 중 양조주에 해당하는 것은?

① 청주(淸酒)
② 럼주(Rum)
③ 소주(Soju)
④ 리큐르(Liqueur)

**해설**
청주는 다 익은 술에 용수를 박고 떠낸 맑은 술을 말한다.

## 23 커피의 3대 원종이 아닌 것은?

① 피베리
② 아라비카
③ 리베리카
④ 로부스타

**해설**
피베리(Peaberry)는 하나의 체리 안에 두 개가 아닌 하나의 생두가 들어 있는 커피콩을 말한다.

## 24 비알코올성 음료의 설명으로 옳은 것은?

① 양조류, 증류주, 혼성주로 구분된다.
② 맥주, 위스키, 리큐르(Liqueur)로 구분된다.
③ 소프트 드링크, 맥주, 브랜디로 구분한다.
④ 청량음료, 영양음료, 기호음료로 구분한다.

## 25 스코틀랜드의 위스키 생산지 중에서 가장 많은 증류소가 있는 지역은?

① 하이랜드(Highland)
② 스페이사이드(Speyside)
③ 로랜드(Lowland)
④ 아일레이(Islay)

**해설**
하이랜드 지방의 북동부에서 흐르는, 길이 160km의 스페이강 유역을 스페이사이드라고 부른다. 질 좋은 물이 풍부하고 숙성하기 좋은 기후로 피트(Peat)가 풍부해서 품질이 좋은 위스키를 만드는 데 필요한 조건을 전부 갖추고 있어 스코틀랜드 최대 위스키 생산지로 알려져 있다.

## 26 곡류를 발효·증류시킨 후 주니퍼 베리, 고수풀, 안젤리카 등의 향료식물을 넣어 만든 증류주는?

① Vodka
② Rum
③ Gin
④ Tequila

**해설**
주니퍼 베리가 송진과 비슷한 향이 난다 하여 진에서 송진향이 난다고 말하기도 한다.

**27** 증류주에 대한 설명으로 가장 거리가 먼 것은?

① 대부분 알코올 도수가 20도 이상이다.
② 알코올 도수가 높아 잘 부패되지 않는다.
③ 장기 보관 시 변질되므로 대부분 유통기간이 있다.
④ 갈색의 증류주는 대부분 오크통에서 숙성시킨 것이다.

**해설**
미생물은 20% 이상의 알코올에서는 사멸하므로 25~70%인 증류주는 유통기간이 없다.

**28** 다음 중 소주의 설명 중 틀린 것은?

① 제조법에 따라 증류식 소주, 희석식 소주로 나뉜다.
② 우리나라에 소주가 들어온 연대는 조선시대이다.
③ 주원료는 쌀, 찹쌀, 보리 등이다.
④ 삼해주는 조선 중엽 소주의 대명사로 알려질 만큼 성행했던 소주이다.

**해설**
소주류가 원나라로부터 전해진 이래 고려 때부터 성행할 만큼 소주류의 종류도 많았다.

**29** 영국에서 발명한 무색 투명한 음료로서 키니네가 함유된 청량음료는?

① Cider
② Cola
③ Tonic Water
④ Soda Water

**해설**
키니네는 말라리아의 특효약 혹은 해열제로 쓰였다.

**30** 다음 중 식전주로 알맞지 않은 것은?

① 셰리 와인
② 샴페인
③ 캄파리
④ 칼루아

**해설**
칼루아는 테킬라 등의 주정에 멕시코산 커피, 설탕을 주성분으로 만들어진 커피리큐르로 식후주로 좋다.

**31** 다음 중 Tumbler Glass는 어느 것인가?

① Champagne Glass
② Cocktail Glass
③ Highball Glass
④ Brandy Snifter

**해설**
텀블러(Tumbler)는 손잡이가 달리지 않은 글라스로 원통형이다. 어원은 '굴러가다'라는 뜻을 가진 영어의 텀블(Tumble)에서 온 말이다.

**정답** 27 ③  28 ②  29 ③  30 ④  31 ③

**32** 다음 와인 종류 중 냉각하여 제공하지 않는 것은?

① 클라렛(Claret)
② 호크(Hock)
③ 샴페인(Champagne)
④ 로제(Rose)

**해설**
클라렛(Claret)은 프랑스 보르도산 적포도주로 실온에서 제공한다.

**33** 칵테일을 만들 때, 흔들거나 섞지 않고 글라스에 직접 얼음과 재료를 넣어 바스푼이나 머들러로 휘저어 만드는 칵테일은?

① 스크루 드라이버(Screw Driver)
② 스팅어(Stinger)
③ 마가리타(Margarita)
④ 싱가포르 슬링(Singapore Sling)

**해설**
스크루 드라이버는 하이볼 글라스에 얼음을 넣고 보드카 1-1/2oz와 오렌지 주스를 넣은 뒤 바스푼으로 살짝 저어서 제공한다.

**34** Wine Master의 의미로 가장 적합한 것은?

① 와인의 제조 및 저장관리를 책임지는 사람
② 포도나무를 가꾸고, 지배하는 사람
③ 와인을 판매 및 관리하는 사람
④ 와인을 구매하는 사람

**35** 칵테일에 사용하는 얼음으로 적합하지 않은 것은?

① 컬러 얼음(Color Ice)
② 가루 얼음(Shaved Ice)
③ 기계 얼음(Cube Ice)
④ 작은 얼음(Cracked Ice)

**해설**
칵테일은 맛, 향, 색이 잘 조화를 이룬 액체의 예술품을 말한다. 얼음에 컬러가 있다면 음료가 가지고 있는 색채와 질감을 느낄 수가 없다.

**36** 주조용 기물 종류 중 푸어러(Pourer)의 설명으로 옳은 것은?

① 쓰고 남은 청량음료를 밀폐시키는 병마개
② 칵테일을 마시기 쉽게 하기 위한 빨대
③ 술병 입구에 끼워 쏟아지는 양을 일정하게 만드는 기구
④ 물을 담아놓고 쓰는 손잡이가 달린 물병

**37** 다음 중 가장 많은 재료를 넣어 만드는 칵테일은?

① Manhattan
② Apple Martini
③ Gibson
④ Long Island Iced Tea

해설
• 맨해튼, 애플마티니, 깁슨 : 칵테일 글라스
• 롱아일랜드 아이스티 : 콜린스 글라스

**38** 다음 중 Gin Base에 속하는 칵테일은?

① Stinger
② Old-fashioned
③ Dry Martini
④ Sidecar

해설
Dry Martini는 Dry Gin, Dry Vermouth를 넣고 Stir 기법으로 만든다.

**39** 와인의 Tasting 방법으로 가장 옳은 것은?

① 와인을 오픈한 후 공기와 접촉되는 시간을 최소화하여 바로 따른 후 마신다.
② 와인에 얼음을 넣어 냉각시킨 후 마신다.
③ 와인 잔을 흔든 뒤 아로마나 부케의 향을 맡는다.
④ 검은 종이를 테이블에 깔아 투명도 및 색을 확인한다.

**40** 맥주 보관방법 중 가장 적합한 것은?

① 냉장고에 5~10℃ 정도에 보관한다.
② 냉장 보관 시 0℃ 이하로 보관한다.
③ 장시간 보관하여도 무방하다.
④ 맥주는 햇볕이 있는 곳에 보관해도 좋다.

해설
맥주는 양조주로 냉장 보관해야 하며 선입선출(FIFO)에 준해야 한다.

**41** 주장(Bar) 관리의 의의로 가장 적합한 것은?

① 칵테일을 연구 발전시키는 일이다.
② 음료(Beverage)를 많이 판매하는 데 목적이 있다.
③ 음료(Beverage) 재고조사 및 원가 관리의 우선함과 영업 이익을 추구하는 데 목적이 있다.
④ 주장 내에서 Bottles 서비스만 한다.

정답  37 ④  38 ③  39 ③  40 ①  41 ③

**42** Old Fashioned Glass를 가장 잘 설명한 것은?

① 옛날부터 사용한 Cocktail Glass이다.
② 일명 On The Rocks Glass라고도 하고 스템(Stem)이 없는 Glass이다.
③ Juice를 Cocktail하여 마시는 Long Neck Glass이다.
④ 일명 Cognac Glass라고 하고 튤립형의 스템(Stem)이 있는 Glass이다.

**43** 와인의 적정 온도 유지의 원칙으로 옳지 않은 것은?

① 보관 장소는 햇빛이 들지 않고 서늘하며, 습기가 없는 곳이 좋다.
② 연중 급격한 변화가 없는 곳이어야 한다.
③ 와인에 전해지는 충격이나 진동이 없는 곳이 좋다.
④ 코르크가 젖어 있도록 병을 눕혀서 보관해야 한다.

> 해설
> 습기가 너무 없을 경우 코르크 마개가 쉽게 건조되어 산화되기 때문에 와인을 보관하기 어렵다.

**44** 연회(Banquet)석상에서 각 고객들이 마신(소비한) 만큼 계산을 별도로 하는 바(Bar)를 무엇이라고 하는가?

① Banquet Bar    ② Host-bar
③ No-host Bar    ④ Paid Bar

> 해설
> ② Host-bar : 스폰서에 의해 미리 지급되어 있어 무료로 마시는 바
> ③ No-host Bar : 피로연 등의 행사에서 참가자가 돈을 내고 지불한 만큼 마시는 바
> ④ Paid Bar : 제공되는 모든 음료의 계산이 미리 지급된 바

**45** Saucer형 샴페인 글라스에 제공되며 Menthe(Green) 1oz, Cacao(White) 1oz, Light Milk(우유) 1oz를 셰이킹하여 만드는 칵테일은?

① Gin Fizz       ② Gimlet
③ Grasshopper    ④ Gibson

**46** 바스푼(Bar Spoon)의 용도가 아닌 것은?

① 칵테일 조주 시 글라스 내용물을 섞을 때 사용한다.
② 얼음을 잘게 부술 때 사용한다.
③ 프로팅 칵테일(Floating Cocktail)을 만들 때 사용한다.
④ 믹싱 글라스를 이용하여 칵테일을 만들 때 휘젓는 용도로 사용한다.

> 해설
> 얼음을 잘게 부술 때는 아이스 크러셔(Ice Crusher)를 이용한다.

42 ② 43 ① 44 ① 45 ③ 46 ②

**47** 다음은 무엇에 대한 설명인가?

> 음료와 식료에 대한 원가관리의 기초가 되는 것으로서 단순히 필요한 물품만을 구입하는 업무만을 의미하는 것이 아니라, 바 경영을 계획, 통제, 관리하는 경영활동의 중요한 부분이다.

① 검 수
② 구 매
③ 저 장
④ 출 고

**48** 플레인 시럽과 관련이 있는 것은?

① Lemon
② Butter
③ Cinnamon
④ Sugar

해설
Plain Syrup(Sugar Syrup, Simple Syrup)은 설탕으로 만든 시럽이다.

**49** 볶은 커피의 보관 시 알맞은 습도는?

① 3.5% 이하
② 5~7%
③ 10~12%
④ 13% 이상

해설
커피를 로스팅하면 커피 조직이 다공질로 바뀌어 외부의 습기를 잘 흡수하게 된다. 따라서 습도가 높을수록 커피는 쉽게 변질된다.

**50** 조주기법(Cocktail Technique)에 관한 사항에 해당되지 않는 것은?

① Stirring
② Distilling
③ Straining
④ Chilling

해설
증류(Distilling)는 끓는점으로 증류되는 원리를 이용하여 술을 주조하는 방법이다.

**51** 다음 질문의 대답으로 적합한 것은?

> Are the same kinds of glasses used for all wines?

① Yes, they are.
② No, they don't.
③ Yes, they do.
④ No, they are not.

**52** Which drink is prepared with Gin?

① Tom Collins
② Rob Roy
③ B & B
④ Black Russian

해설
Tom Collins : Dry Gin 2oz + Lemon Juice 3/4oz + Powder Sugar 1tsp + Soda Water

**53** 다음의 밑줄 친 내용에 들어갈 알맞은 것은?

This bar ___ by a bar helper every morning.

① cleans
② is cleaned
③ is cleaning
④ be cleaned

**54** 다음 대화 중 밑줄 친 부분에 들어갈 B의 질문으로 적합하지 않은 것은?

G1 : I'll have a Sunset Strip. What about you, Sally?
G2 : I don't drink at all. Do you serve soft drinks?
B  : Certainly, Madam. _____?
G2 : It sounds exciting. I'll have that.

① How about a Virgin Colada?
② What about a Shirley Temple?
③ How about a Black Russian?
④ What about a Lemonade?

해설
G1 : 나는 선셋 스트립을 하겠습니다. 샐리 당신은요?
G2 : 저는 전혀 술을 못합니다. 소프트 음료가 있나요?
B  : 물론입니다. 사모님. _____?
G2 : 좋군요. 그걸로 하겠습니다.
①, ②, ④는 알코올이 들어가지 않은 순수한 무알코올 음료를 말한다.

**55** What is the Liqueur on apricot pits base?

① Benedictine
② Chartreuse
③ Kalhua
④ Amaretto

해설
아마레토는 살구씨를 물에 담가 증류시키고 아몬드와 비슷한 향의 에센스를 만들어 주정에 혼합하고 숙성해서 시럽을 첨가한 리큐르이다.

## 56 다음의 밑줄 친 내용에 들어갈 단어로 알맞은 것은?

> Which one do you like better whisky _____ brandy?

① as
② but
③ and
④ or

**해설**
위스키 또는 브랜디 중 어느 것을 더 좋아합니까?

## 57 Which of the following is not compounded Liquor?

① Cutty Sark
② Curacao
③ Advocaat
④ Amaretto

**해설**
① Cutty Sark(커티 삭)은 스카치 위스키로 증류주에 해당된다.

## 58 다음 중 Brand가 의미하는 것은?

> What brand do you want?

① 브랜디
② 상표
③ 칵테일의 일종
④ 심심한 맛

## 59 Whish one is wine that can be served before meal?

① Table Wine
② Dessert Wine
③ Aperitif Wine
④ Port Wine

**해설**
프랑스어로 Aperitif는 "식욕증진을 위해 식전에 마시는 술"로 "식전에 마시는 와인"을 말한다.

## 60 다음에서 설명하는 혼성주는?

> The great proprietary liqueur of Scotland made of Scotch and heather honey.

① Anisette
② Sambuca
③ Drambuie
④ Peter Heering

**해설**
드람뷰이(Drambuie)는 스코틀랜드산의 유명한 리큐르로 스카치 위스키를 기본주로 해서 Honey, Herbs를 가하여 만든 혼성주이다.

**정답** 56 ④  57 ①  58 ②  59 ③  60 ③

# 2015년 제4회 과년도 기출문제

## 01 혼성주에 대한 설명으로 틀린 것은?

① 중세의 연금술사들이 증류주를 만드는 기법을 터득하는 과정에서 우연히 탄생되었다.
② 증류주에 당분과 과즙, 꽃, 약초 등 초근목피의 침출물로 향미를 더했다.
③ 프랑스에서는 알코올 30% 이상, 당분 30% 이상을 함유하고 향신료가 첨가된 술을 리큐르라 정의한다.
④ 코디얼(Cordial)이라고도 부른다.

**해설**
프랑스에서는 알코올 도수 15% 이상, 당분 20% 이상을 함유하고 향신료가 첨가된 술을 리큐르라고 정의한다.

## 02 다음 중 Gin Rickey에 포함되는 재료는?

① 소다수(Soda Water)
② 진저에일(Ginger Ale)
③ 콜라(Cola)
④ 사이다(Cider)

**해설**
리키(Rickey)는 증류주에 라임을 짜서 즙을 내고 소다수 또는 물을 섞어서 제공하는 음료로 당분을 사용하지 않는 것이 특징이다.

## 03 나라별 와인을 지칭하는 용어가 바르게 연결된 것은?

① 독일 - Wine
② 미국 - Vin
③ 이탈리아 - Vino
④ 프랑스 - Wein

**해설**
① 독일 : 바인(Wein)
② 미국 : 와인(Wine)
④ 프랑스 : 뱅(Vin)

## 04 다음의 제조방법에 해당되는 것은?

> 삼각형 받침대 모양의 틀에 와인을 꽂고 약 4개월 동안 침전물을 병 입구로 모은 후, 순간냉동으로 병목을 얼려서 코르크 마개를 열면 순간적으로 자체 압력에 의해 응고되었던 침전물이 병 밖으로 빠져나온다. 침전물의 방출로 인한 양적 손실은 도자쥬(Dosage)로 채워진다.

① 레드 와인(Red Wine)
② 로제 와인(Rose Wine)
③ 샴페인(Champagne)
④ 화이트 와인(White Wine)

**해설**
샴페인 제조과정 중 르뮈아쥬(Remuage, 병돌리기, 찌꺼기 모으기)와 침전물 제거과정을 설명한 내용이다.

정답 1 ③ 2 ① 3 ③ 4 ③

**05** 위스키(Whisky)를 만드는 과정이 옳게 배열된 것은?

① Mashing – Fermentation – Distillation – Aging
② Fermentation – Mashing – Distillation – Aging
③ Aging – Fermentation – Distillation – Mashing
④ Distillation – Fermentation – Mashing – Aging

해설
위스키 제조의 4대 과정 : 당화 – 발효 – 증류 – 숙성

**06** 다음 중 보르도(Bordeaux) 지역에 속하며, 고급 와인이 많이 생산되는 곳은?

① 콜마(Colmar)
② 샤블리(Chablis)
③ 보졸레(Beaujolais)
④ 포므롤(Pomerol)

해설
• 콜마 : 미국 일리노이주 맥도너카운티에 있는 지명
• 샤블리, 보졸레 : 프랑스 부르고뉴 지방

**07** 위스키의 종류 중 증류방법에 의한 분류는?

① Malt Whisky
② Grain Whisky
③ Blended Whisky
④ Patent Whisky

해설
①, ②, ③은 원료 및 제법에 의한 분류이다.

**08** 다음 중 주재료가 나머지 셋과 다른 것은?

① Grand Marnier
② Drambuie
③ Triple Sec
④ Cointreau

해설
①, ③, ④는 오렌지 껍질의 추출물로 만든 오렌지 큐라소 타입의 리큐르이다.

**09** 다음 중 버번 위스키가 아닌 것은?

① Jim Beam
② Jack Daniel
③ Wild Turkey
④ John Jameson

해설
④ John Jameson은 Irish Whiskey이다.

**10** 로제 와인(Rose Wine)에 대한 설명으로 틀린 것은?

① 대체로 붉은 포도로 만든다.
② 제조 시 포도 껍질을 같이 넣고 발효시킨다.
③ 오래 숙성시키지 않고 마시는 것이 좋다.
④ 일반적으로 상온(17~18℃) 정도로 해서 마신다.

해설
로제 와인의 맛은 화이트 와인에 가까워 차가운 온도(6~8℃)에서 마시는 것이 좋다.

**11** Gin에 대한 설명으로 틀린 것은?

① 진의 원료는 대맥, 호밀, 옥수수 등 곡물을 주원료로 한다.
② 무색·투명한 증류주이다.
③ 활성탄 여과법으로 맛을 낸다.
④ Juniper Berry를 사용하여 착향시킨다.

해설
활성탄 여과법은 보드카의 무미, 무취의 특징을 만든다.

**12** 우유가 사용되지 않는 커피는?

① 카푸치노(Cappuccino)
② 에스프레소(Espresso)
③ 카페 마키아토(Café Macchiato)
④ 카페라떼(Café Latte)

해설
에스프레소는 아주 진한 이탈리아식 커피를 말한다.

**13** 우리나라 민속주에 대한 설명으로 틀린 것은?

① 탁주류, 약주류, 소주류 등 다양한 민속주가 생산된다.
② 쌀 등 곡물을 주원료로 사용하는 민속주가 많다.
③ 삼국시대부터 증류주가 제조되었다.
④ 발효제로는 누룩만을 사용하여 제조하고 있다.

해설
③ 고려시대부터 증류주가 제조되었다.

**14** Dry Wine의 당분이 거의 남아 있지 않은 상태가 되는 주된 이유는?

① 발효 중에 생성되는 호박산, 젖산 등의 산 성분 때문
② 포도 속의 천연 포도당을 거의 완전히 발효시키기 때문
③ 페노릭 성분의 함량이 많기 때문
④ 설탕을 넣는 가당 공정을 거치지 않기 때문

## 15 와인의 품질을 결정하는 요소가 아닌 것은?

① 환경요소(Terroir)
② 양조기술
③ 포도 품종
④ 제조국의 소득 수준

**해설**
남아프리카공화국 와인은 생산량으로 전 세계 10위권 안에 드는 와인으로 아프리카 대륙에서 가장 품질 좋은 와인을 생산하고 있다.

## 16 비알코올성 음료에 대한 설명으로 틀린 것은?

① Decaffeinated Coffee는 Caffeine을 제거한 커피이다.
② 아라비카종은 에티오피아가 원산지인 향미가 우수한 커피이다.
③ 에스프레소 커피는 고압의 수증기로 추출한 커피이다.
④ Cocoa는 카카오 열매의 과육을 말려 가공한 것이다.

**해설**
Cocoa는 카카오콩의 가공품으로 Cacao콩으로부터 Cocoa Butter의 일부를 제거하고 분쇄한 것이다.

## 17 소주에 관한 설명으로 가장 거리가 먼 것은?

① 양조주로 분류된다.
② 증류식과 희석식이 있다.
③ 고려시대에 중국으로부터 전래되었다.
④ 원료로는 백미, 잡곡류, 당밀, 사탕수수, 고구마, 타피오카 등이 쓰인다.

**해설**
소주는 증류식 소주와 증류수를 희석한 희석식 소주가 있다.

## 18 음료류의 식품유형에 대한 설명으로 틀린 것은?

① 무향탄산음료 – 먹는 물에 식품 또는 식품첨가물(착향료 제외) 등을 가한 후 탄산가스를 주입한 것을 말한다.
② 착향탄산음료 – 탄산음료에 식품첨가물(착향료)을 주입한 것을 말한다.
③ 과실음료 – 농축과실즙(또는 과실분), 과실주스 등을 원료로 하여 가공한 것(과실즙 10% 이상)을 말한다.
④ 유산균음료 – 유가공품 또는 식물성 원료를 효모로 발효시켜 가공(살균을 포함)한 것을 말한다.

**해설**
유산균음료는 우유나 탈지유에 유산균을 섞어 유산 발효를 시켜 만든, 독특한 풍미와 새콤한 맛이 나는 음료로 요구르트, 유제품이 있다.

## 19 럼(Rum)의 분류 중 틀린 것은?

① Light Rum
② Soft Rum
③ Heavy Rum
④ Medium Rum

**20** 곡류를 원료로 만드는 술의 제조 시 당화과정에 필요한 것은?

① Ethyl Alcohol
② $CO_2$
③ Yeast
④ Diastase

> **해설**
> 전분당화효소인 다이아스타제(Diastase)로 당화시키고 효모인 이스트(Yeast)를 작용시켜 알코올과 탄산가스를 만든다.

**21** Grain Whisky에 대한 설명으로 옳은 것은?

① Silent Spirit라고도 불린다.
② 발아시킨 보리를 원료로 해서 만든다.
③ 향이 강하다.
④ Andrew Usher에 의해 개발되었다.

> **해설**
> 그레인 위스키는 풍미가 순하고 온화한 맛으로 사일런트 스피릿(Silent Spirit)이라고 불린다.

**22** 카브(Cave)의 의미는?

① 화이트
② 지하 저장고
③ 포도원
④ 오래된 포도나무

> **해설**
> 카브(Cave)는 지하실, 지하실 저장 포도주, 지하 저장고의 프랑스어이다. 미국과 영국에서는 셀러(Cellar)라고 한다.

**23** 아티초크를 원료로 사용한 혼성주는?

① 운더베르그(Underberg)
② 시나(Cynar)
③ 아마르 피콘(Amer Picon)
④ 샤브라(Sabra)

> **해설**
> 시나는 와인에 아티초크(Artichoke)를 배합한 리큐르로 약간 진한 커피색이다.

**24** 당밀에 풍미를 가한 석류 시럽(Syrup)은?

① Raspberry Syrup
② Grenadine Syrup
③ Blackberry Syrup
④ Maple Syrup

**정답** 20 ④ 21 ① 22 ② 23 ② 24 ②

**25** 다음 중 양조주가 아닌 것은?

① 그라파
② 샴페인
③ 막걸리
④ 하이네켄

**해설**
그라파(Grappa)
이탈리아 증류주로 포도 찌꺼기를 발효시켜 증류한 브랜디의 일종이다. 알코올 도수는 30~60도이며 향을 첨가한 것도 있다. 숙성하지 않아서 무색이다.

**26** 일반적으로 Dessert Wine으로 적합하지 않은 것은?

① Beerenauslese
② Barolo
③ Sauternes
④ Ice Wine

**해설**
①, ③, ④는 단맛이 강한 Sweet Wine이다.
바롤로(Barolo)
이탈리아 피에몬테 지방의 적포도주로 최고급 DOCG Red Wine 중 하나이다. 네비올로 품종으로 양조하며, 맛은 드라이하다.

**27** 차에 들어 있는 성분 중 타닌(Tannic Acid)의 4대 약리작용이 아닌 것은?

① 해독작용
② 살균작용
③ 이뇨작용
④ 소염작용

**해설**
타닌은 쓴맛을 내는 성질을 지니고 있다.

**28** Red Bordeaux Wine의 Service 온도로 가장 적합한 것은?

① 3~5℃
② 6~7℃
③ 7~11℃
④ 16~18℃

**해설**
레드 와인은 실온에서 제공한다.

**29** 음료에 대한 설명 중 틀린 것은?

① 소다수는 물에 이산화탄소를 가미한 것이다.
② 콜린스 믹스는 소다수에 생강향을 혼합한 것이다.
③ 사이다는 소다수에 구연산, 주석산, 레몬즙 등을 혼합한 것이다.
④ 토닉워터는 소다수에 레몬, 키니네 껍질 등의 농축액을 혼합한 것이다.

**해설**
콜린스 믹스(Collins Mix)는 탄산수에 설탕과 라임 또는 레몬즙을 짜서 만든 음료로, 소다수에 생강향을 혼합한 것은 진저에일(Ginger Ale)이다.

**30** 쌀, 보리, 조, 수수, 콩 등 5가지 곡식을 물에 불린 후 시루에 쪄 고두밥을 만들고, 누룩을 섞고 발효시켜 전술을 빚는 것은?

① 백세주  ② 과하주
③ 안동소주  ④ 연엽주

**31** 다음 중 소믈리에(Sommelier)의 역할로 틀린 것은?

① 손님의 취향과 음식과의 조화, 예산 등에 따라 와인을 추천한다
② 주문한 와인은 먼저 여성에게 우선적으로 와인 병의 상표를 보여주며 주문한 와인임을 확인시켜 준다.
③ 시음 후 여성부터 차례로 와인을 따르고 마지막에 그날의 호스트에게 와인을 따라준다.
④ 코르크 마개를 열고 주빈에게 코르크 마개를 보여주면서 시큼하고 이상한 냄새가 나지 않는지, 코르크가 잘 젖어 있는지를 확인시킨다.

해설
와인을 주문한 호스트(Host)에게 상표를 보여주며 확인시켜 준다.

**32** 재고 관리상 쓰이는 용어인 FIFO의 뜻은?

① 정기 구입  ② 선입선출
③ 임의 불출  ④ 후입선출

해설
FIFO : First in First out

**33** 칵테일의 기본 5대 요소와 가장 거리가 먼 것은?

① Decoration(장식)
② Method(방법)
③ Glass(잔)
④ Flavor(향)

해설
칵테일을 만들 때 가장 먼저 글라스를 준비하고 맛, 향, 색에 어울리는 재료를 선정해야 하며 마지막으로 장식을 잘 선택해서 음료의 예술품인 칵테일을 완성한다.

**34** 칵테일 기법 중 믹싱 글라스에 얼음과 술을 넣고 바스푼으로 잘 저어서 잔에 따르는 방법은?

① 직접 넣기(Building)
② 휘젓기(Stirring)
③ 흔들기(Shaking)
④ 띄우기(Float&Layer)

**35** 레몬의 껍질을 가늘고 길게 나선형으로 장식하는 것과 관계가 있는 것은?

① Slice
② Wedge
③ Horse's Neck
④ Peel

해설
Horse's Neck은 브랜디(위스키)를 섞은 진저에일에 얼음을 넣고 글라스 가장자리에 둥글게 썬 레몬 껍질을 늘어뜨려 장식한 칵테일이다.

**36** 와인의 보관방법으로 적합하지 않은 것은?

① 진동이 없는 곳에 보관한다.
② 직사광선을 피하여 보관한다.
③ 와인을 눕혀서 보관한다.
④ 습기가 없는 곳에 보관한다.

해설
습기가 없는 곳에 보관하면 코르크 마개가 건조해서 와인이 변질되기 쉽다.

**37** 맥주를 취급, 관리, 보관하는 방법으로 틀린 것은?

① 장기간 보관하여 숙성시킨다.
② 심한 온도 변화를 주지 않는다.
③ 그늘진 곳에 보관한다.
④ 맥주가 얼지 않도록 한다.

해설
맥주는 알코올 도수가 낮은 양조주이기 때문에 장기간 보관이 힘들다.

**38** 잔 주위에 설탕이나 소금 등을 묻혀서 만드는 방법은?

① Shaking
② Building
③ Floating
④ Frosting

**39** 칵테일 제조에 사용되는 얼음(Ice) 종류의 설명이 틀린 것은?

① 셰이브드 아이스(Shaved Ice) – 곱게 빻은 가루 얼음
② 크랙트 아이스(Cracked Ice) – 큰 얼음을 아이스 픽(Ice Pick)으로 깨어서 만든 각얼음
③ 큐브드 아이스(Cubed Ice) – 정육면체의 조각얼음 또는 육각형 얼음
④ 럼프 아이스(Lump Ice) – 각 얼음을 분쇄하여 만든 작은 콩알 얼음

해설
럼프 아이스(Lump Ice)
큰 덩어리 얼음을 아이스 픽으로 깬 얼음으로 특정한 형태가 없는 덩어리 얼음이다. 락 아이스(Rock Ice)라고도 부른다.

정답 35 ③ 36 ④ 37 ① 38 ④ 39 ④

**40** 다음 중 High Ball Glass를 사용하는 칵테일은?

① 마가리타(Margarita)
② 키르 로열(Kir Royal)
③ 시 브리즈(Sea Breeze)
④ 블루 하와이(Blue Hawaii)

**해설**
① 마가리타 : 칵테일잔
② 키르 로열 : 튤립형 샴페인잔
④ 블루 하와이 : 그랜드 글라스 또는 필스너 글라스

**41** Corkage Charge의 의미는?

① 적극적인 고객 유치를 위한 판촉비용
② 고객이 Bottle 주문 시 따라 나오는 Soft Drink의 요금
③ 고객이 다른 곳에서 구입한 주류를 바(Bar)에 가져와서 마실 때 부과되는 요금
④ 고객이 술을 보관할 때 지불하는 보관 요금

**해설**
Corkage Charge의 사전적 의미로 "코르크 마개를 뽑아주는 서비스료", 즉 외부로부터 반입된 음료를 서브하고 그에 대한 서비스 대가를 받는 요금을 말한다.

**42** Key Box나 Bottle Member 제도에 대한 설명으로 옳은 것은?

① 음료의 판매회전이 촉진된다.
② 고정고객을 확보하기는 어렵다.
③ 후불이기 때문에 회수가 불분명하여 자금운영이 원활하지 못하다.
④ 주문시간이 많이 걸린다.

**43** 다음 중 그레나딘(Grenadine)이 필요한 칵테일은?

① 위스키 사워(Whisky Sour)
② 바카디(Bacardi)
③ 카루소(Caruso)
④ 마가리타(Margarita)

**해설**
바카디 칵테일은 바카디럼 1-3/4oz, 라임주스 3/4oz, 그레나딘 시럽 1tsp이 사용된다.

**44** 다음 중 고객에게 서브되는 온도가 18℃ 정도 되는 것이 가장 적정한 것은?

① Whiskey
② White Wine
③ Red Wine
④ Champagne

정답  40 ③  41 ③  42 ①  43 ②  44 ③

**45** Bartender가 영업 전 반드시 해야 할 준비사항이 아닌 것은?

① 칵테일용 과일장식 준비
② 냉장고 온도 체크
③ 모객 영업
④ 얼음 준비

**46** 싱가포르 슬링(Singapore Sling) 칵테일의 재료로 가장 거리가 먼 것은?

① 드라이 진(Dry Gin)
② 체리 브랜디(Cherry-flavored Brandy)
③ 레몬주스(Lemon Juice)
④ 토닉워터(Tonic Water)

**47** 서브 시 칵테일 글라스를 잡는 부위로 가장 적합한 것은?

① Rim  ② Stem
③ Body ④ Bottom

**48** Angostura Bitter가 1dash 정도로 혼합되는 것은?

① Daquiri
② Grasshopper
③ Pink Lady
④ Manhattan

> **해설**
> 맨해튼(Manhattan) : 버번위스키 1-1/2oz, 스위트 베르무트 3/4oz, 앙고스투라 비터스 1dash를 Stir 기법으로 만든다. 장식은 체리로 한다.

**49** 와인 서빙에 필요치 않은 것은?

① Decanter
② Cork Screw
③ Stir Rod
④ Pincers

> **해설**
> ③ Stir Rod는 휘젓는 막대를 말한다.

**50** 다음 중 칵테일 장식용(Garnish)으로 보통 사용되지 않는 것은?

① Olive
② Onion
③ Raspberry Syrup
④ Cherry

**정답** 45 ③  46 ④  47 ②  48 ④  49 ③  50 ③

51 "이것으로 주세요." 또는 "이것으로 할게요."라는 의미의 표현으로 가장 적합한 것은?

① I'll have this one.
② Give me one more.
③ I would like to drink something.
④ I already had one.

52 다음 중 Ice Bucket에 해당되는 것은?

① Ice Pail
② Ice Tong
③ Ice Pick
④ Ice Pack

53 다음에서 설명하는 것은?

> A kind of drink made of gin, brandy and so on sweetened with fruit juices, especially lime.

① Ade
② Squash
③ Sling
④ Julep

[해설]
이것은 진과 브랜디의 한 종류이며 특히 라임이나 과일주스를 넣어 달게 한다.

54 다음의 설명에 해당하는 것은?

> This complex, aromatic concoction containing some 56 herbs, roots, and fruits has been popular in Germany since its introduction in 1878.

① Kummel
② Sloe Gin
③ Maraschino
④ Jägermeister

[해설]
56가지의 허브와 뿌리 그리고 과일을 담고 있는 이 복잡한 혼합물은 1878년 소개된 이래로 독일에서 유명해졌다.

55 Which is not scotch whisky?

① Bourbon
② Ballantine
③ Cutty Sark
④ VAT 69

**56** '먼저 하세요.'라고 양보할 때 쓰는 영어 표현은?

① Before you, please.
② Follow me, please.
③ After you!
④ Let's go.

**57** 다음 중 밑줄 친 Change가 나머지 셋과 다른 의미로 쓰인 것은?

① Do you have <u>change</u> for a dollar?
② Keep the <u>change</u>.
③ I need some <u>change</u> for the bus.
④ Let's try a new restaurant for a <u>change</u>.

[해설]
④ 이번에 <u>변화</u>를 주기 위해 새로운 식당을 시도해 보자.
① 1달러의 <u>잔돈</u>을 가지고 있나요?
② <u>잔돈</u>을 가지세요.
③ 버스를 타기 위해 <u>잔돈</u>이 필요하다.

**58** Which one is made with vodka, lime juice, triple sec and cranberry juice?

① Kamikaze
② Godmother
③ Seabreeze
④ Cosmopolitan

[해설]
보드카나 라임주스, 트리플 섹 그리고 크랜베리 주스로 만들어진 것은 무엇인가?

**59** 다음의 ( ) 안에 적당한 단어는?

I'll have a Scotch ( ㉠ ) the rocks and a Bloody Mary ( ㉡ ) my wife.

① ㉠ – on, ㉡ – for
② ㉠ – in, ㉡ – to
③ ㉠ – for, ㉡ – at
④ ㉠ – of, ㉡ – in

[해설]
나는 스카치를 얼음 넣어서, 아내를 위해서는 블러디 메리를 주세요.

**60** 다음의 ( )에 들어갈 알맞은 말은?

I am afraid you have the ( ) number.
(전화 잘못 거셨습니다.)

① correct
② wrong
③ missed
④ busy

PART 02 | 과년도 + 최근 기출복원문제

# 2015년 제5회 과년도 기출문제

### 01 멕시코에서 처음 생산된 증류주는?

① 럼(Rum)
② 진(Gin)
③ 아쿠아비트(Aquavit)
④ 테킬라(Tequila)

**해설**
용설란(Agave)의 수액을 발효한 풀케(Pulque)를 증류한 술이 테킬라이다.

### 02 맨해튼(Manhattan), 올드패션(Old Fashion) 칵테일에 쓰이며 뛰어난 풍미와 향기가 있는 고미제로 널리 사용되는 것은?

① 클로버(Clover)
② 시나몬(Cinnamon)
③ 앙고스투라 비터(Angostura Bitter)
④ 오렌지 비터(Orange Bitter)

**해설**
비터(Bitters)는 쓴맛이 강한 술을 의미한다. 일반적으로 대시(Dash, 한번 뿌려주는 양)로 사용한다.

### 03 제조방법상 발효방법이 다른 차(Tea)는?

① 한국의 작설차
② 인도의 다즐링(Darjeeling)
③ 중국의 기문차
④ 스리랑카의 우바(Uva)

**해설**
작설차는 녹차를 말한다. 차나무의 어린잎이 참새 혀끝만큼 자랐을 때 채취하여 만든다고 해서 이름 붙여진 한국의 전통차이다. 나머지는 홍차(발효차)의 종류이다.

### 04 다음 중 셰리를 숙성하기에 가장 적합한 곳은?

① 솔레라(Solera)
② 보데가(Bodega)
③ 카브(Cave)
④ 플로(Flor)

**해설**
② 보데가(Bodega) : 스페인의 와인 저장창고
① 솔레라(Solera) : 셰리 와인을 숙성시키는 방식
③ 카브(Cave) : 지하실, 포도주를 저장하는 지하창고
④ 플로(Flor) : 정점에 달하기 전의 전성기

### 05 레드 와인용 품종이 아닌 것은?

① 시라(Syrah)
② 네비올로(Nebbiolo)
③ 그르나슈(Grenache)
④ 세미용(Semillion)

**해설**
세미용은 샤르도네, 슈냉블랑, 리슬링, 소비뇽 블랑과 함께 대표적인 청포도 품종이다. 소테른 지방에서는 귀부와인을 만드는 품종이다.

1 ④ 2 ③ 3 ① 4 ② 5 ④ **정답**

**06** 스카치 위스키의 법적 정의로서 틀린 것은?

① 위스키의 숙성기간은 최소 3년 이상이어야 한다.
② 물 외에 색을 내기 위한 어떤 물질도 첨가할 수 없다.
③ 병입 후 알코올 도수가 최소 40도 이상이어야 한다.
④ 증류된 원액을 숙성시켜야 하는 오크통은 700리터가 넘지 않아야 한다.

> **해설**
> 색, 향, 맛은 원재료와 제조방식, 생산과 숙성과정에서 나와야 한다. 예외적으로 숙성에 따라 약간 달라지는 색상을 일정하게 유지하기 위해 물과 캐러멜 색소는 소량 첨가할 수 있다.

**07** 샴페인 제조 시 블렌딩 방법이 아닌 것은?

① 여러 포도 품종
② 다른 포도밭 포도
③ 다른 수확 연도의 와인
④ 10% 이내의 샴페인 외 다른 지역 포도

> **해설**
> 프랑스의 샹파뉴(Champagne) 지역에서 생산되는 스파클링(Sparkling, 발포성) 와인을 샴페인이라 정의하고 있다.

**08** 재배하기가 무척 까다롭지만 궁합이 맞는 토양을 만나면 훌륭한 와인을 만들어 내기도 하며 Romanee Conti를 만드는 데 사용된 프랑스 부르고뉴 지방의 대표적인 품종으로 옳은 것은?

① Cabernet Sauvignon
② Pinot Noir
③ Sangiovese
④ Syrah

> **해설**
> 100% 피노누아(Pinot Noir)를 사용한다. 제조사는 도멘드 라 꽁띠(Domaine de la Romanee Conti)를 줄여서 'DRC'라고 한다.

**09** 소주의 원료로 틀린 것은?

① 쌀
② 보리
③ 밀
④ 맥아

> **해설**
> 맥아(Malt)는 보리에 싹을 띄운 것을 말한다. 즉 엿기름으로 식혜도 만들고 맥주와 몰트 위스키의 주원료로 사용된다.

**10** 보드카(Vodka) 생산 회사가 아닌 것은?

① 스톨리치나야(Stolichnaya)
② 비피터(Beefeater)
③ 핀란디아(Finlandia)
④ 스미노프(Smirnoff)

> **해설**
> 비피터는 영국 런던타워의 경비병을 말한다. 쇠고기(Beef)와 먹는 사람(Eater)이라는 뜻으로, 봉급의 일부를 쇠고기로 받았다는 데서 유래되었다.

**정답** 6 ② 7 ④ 8 ② 9 ④ 10 ②

**11** 다음 중 무색, 무미, 무취의 탄산음료는?

① 콜린스 믹스(Collins Mix)
② 콜라(Cola)
③ 소다수(Soda Water)
④ 에비앙(Evian Water)

해설
소다수는 물에 탄산가스가 함유된 음료이다. 에비앙은 칼슘과 마그네슘이 다량 함유된 생수이다.

**12** Bourbon Whiskey "80 proof"는 우리나라의 알코올 도수로 몇 도인가?

① 20도
② 30도
③ 40도
④ 50도

해설
프루프(Proof)는 미국의 알코올 도수 표기방법으로, 나누기 2를 하면 우리나라 알코올 도수가 나온다.

**13** 두송자를 첨가하여 풍미를 나게 하는 술은?

① Gin
② Rum
③ Vodka
④ Tequila

해설
두송자(Juniper Berry)는 노간주나무의 열매로 건위, 소화, 해독, 이뇨, 구풍 등의 약재로 쓰인다.

**14** 클라렛(Claret)이란?

① 독일산의 유명한 백포도주(White Wine)
② 프랑스 보르도 지방의 적포도주(Red Wine)
③ 스페인 헤레스 지방의 포트 와인(Port Wine)
④ 이탈리아산 스위트 베르무트(Sweet Vermouth)

**15** 제조 시 향초류(Herb)가 사용되지 않는 술은?

① Absinthe
② Creme de Cacao
③ Benedictine DOM
④ Chartreuse

해설
크렘 드 카카오는 코코아 열매에 카라다몬(Caradamon)이나 계피, 바닐라 콩(Vanilla Beans)을 사용해서 만든 리큐르이다.

11 ③  12 ③  13 ①  14 ②  15 ②  정답

**16** 우리나라의 증류식 소주에 해당되지 않는 것은?

① 안동소주
② 제주 한주
③ 경기 문배주
④ 금산 삼송주

[해설]
삼송주는 멥쌀, 인삼, 쑥 그리고 인삼누룩을 원료를 발효하여 만든 16도의 발효주이다.

**17** 적포도를 착즙해 주스만 발효시켜 만드는 와인은?

① Blanc de Blanc
② Blush Wine
③ Port Wine
④ Red Vermouth

[해설]
블러시 와인(Blush Wine)은 캘리포니아의 엷은 "분홍색 와인"을 말한다. 일반적으로 분홍색에서 붉은색까지 나는 적포도로 만드는 로제 와인이다.

**18** 커피의 맛과 향을 결정하는 중요 가공 요소가 아닌 것은?

① Roasting
② Blending
③ Grinding
④ Weathering

[해설]
풍화작용은 커피의 맛과 향을 결정하는 요소는 아니다. 다만 인도의 몬순커피(Monsooned Coffee)는 습한 남서 계절풍(몬순)에 커피를 건조하여 인위적으로 숙성시킨 것으로 독특한 향미를 갖고 있다.

**19** 다음 중 After Drink로 가장 거리가 먼 것은?

① Rusty Nail
② Cream Sherry
③ Campari
④ Alexander

[해설]
캄파리(Campari)는 이탈리아산의 붉은색의 쓴맛이 강한 리큐르로 식전주로 애음된다.

**20** 다음 중 비알코올성 음료의 분류가 아닌 것은?

① 기호음료
② 청량음료
③ 영양음료
④ 유성음료

[해설]
비알코올성 음료는 청량음료, 영양음료, 기호음료로 구분되며, 유성음료(乳性飮料)는 영양음료의 범주에 들어간다.

**21** 스카치 위스키를 기주로 하여 만들어진 리큐르는?

① 샤트루즈
② 드람뷰이
③ 쿠앵트로
④ 베네딕틴

[해설]
드람뷰이(Drambuie)는 스카치 위스키에 꿀과 허브를 첨가해 만들어진 봉밀계의 혼성주이다.

정답 16 ④ 17 ② 18 ④ 19 ③ 20 ④ 21 ②

**22** 다음 중 영양음료는?

① 토마토 주스
② 카푸치노
③ 녹 차
④ 광천수

**해설**
영양음료는 건강에 도움을 줄 수 있는 영양성분이 많이 함유된 음료를 말한다. 일반적으로 주스류와 우유 종류로 나눠진다.

**23** 다음 리큐르(Liqueur) 중 그 용도가 다른 하나는?

① 드람뷰이(Drambuie)
② 갈리아노(Galliano)
③ 시나(Cynar)
④ 쿠앵트로(Cointreau)

**해설**
시나는 아티초크, 허브 등이 들어간 이탈리아의 쓴맛이 강한 리큐르로 식전주로 마신다.

**24** 나라별 와인 산지가 바르게 연결된 것은?

① 미국 – 루아르
② 프랑스 – 모젤
③ 이탈리아 – 키안티
④ 독일 – 나파벨리

**해설**
키안티는 이탈리아 토스카나(Toscana) 지역에서 생산되는 대표적인 와인을 말한다.

**25** 스카치 위스키(Scotch Whisky)와 가장 거리가 먼 것은?

① Malt
② Peat
③ Used sherry cask
④ Used limousin oak cask

**해설**
코냑(Cagnac)은 리무진 참나무통에서 적어도 3년 이상 숙성시킨 원액을 사용한다.

**26** 다음에서 설명되는 약용주는?

충남 서북부 해안지방의 전통 민속주로 고려 개국공신 복지겸이 백약이 무효인 병을 앓고 있을 때 백일기도 끝에 터득한 비법에 따라 찹쌀, 아미산의 진달래, 안샘물로 빚은 술을 마시고 질병을 고쳤다는 신비의 전설과 함께 전해 내려온다.

① 두견주 ② 송순주
③ 문배주 ④ 백세주

**해설**
진달래꽃을 두견화라 부르고 진달래 꽃잎이 들어간 술을 두견주라 한다.

**27** 커피(Coffee)의 제조방법 중 틀린 것은?

① 드립식(Drip Filter)
② 퍼콜레이터식(Percolator)
③ 에스프레소식(Espresso)
④ 디캔터식(Decanter)

**해설**
디캔터(Decanter)는 침전물을 걸러 내거나 잡향을 없애주고 향을 풍부하게 하기 위해 옮겨 담는 용기를 말한다. 즉 디캔팅 작업을 할 때 사용하는 용기를 디캔터라고 한다.

**28** 감미 와인(Sweet Wine)을 만드는 방법이 아닌 것은?

① 귀부포도(Noble Rot Grape)를 사용하는 방법
② 발효 도중 알코올을 강화하는 방법
③ 발효 시 설탕을 첨가하는 방법(Chaptalization)
④ 햇빛에 말린 포도를 사용하는 방법

> **해설**
> 미국 캘리포니아, 프랑스 등에서는 당도가 낮아 발효가 되지 않는 극한적인 때를 제외하고 보당이 금지되어 있다.

**29** 맥주를 따를 때 글라스 위쪽에 생성된 거품의 작용과 가장 거리가 먼 것은?

① 탄산가스의 발산을 막아준다.
② 산화작용을 억제시킨다.
③ 맥주의 신선도를 유지시킨다.
④ 맥주 용량을 줄일 수 있다.

**30** 독일 맥주가 아닌 것은?

① 뢰벤브로이
② 벡 스
③ 밀 러
④ 크롬바허

> **해설**
> 밀러(Miller)는 미국의 맥주 양조 회사이다.

**31** 다음 중 바 기물과 가장 거리가 먼 것은?

① Ice Cube Maker
② Muddler
③ Beer Cooler
④ Deep Freezer

> **해설**
> 딥 프리저(Deep Freezer)는 초저온 냉장고 즉, 급속 냉동시키기 위하여 만들어진 냉동기를 말한다.

**32** 프로스팅(Frosting) 기법을 사용하지 않는 칵테일은?

① Margarita
② Kiss of Fire
③ Harvey Wallbanger
④ Irish Coffee

> **해설**
> 하비월뱅어는 콜린스 글라스에 얼음을 넣고 보드카 45mL와 오렌지 주스, 갈리아노 15mL를 넣어 만든다.

**33** 다음의 설명에 해당하는 바의 유형으로 가장 적합한 것은?

- 국내에서는 위스키 바라고도 부른다. 맥주보다는 위스키나 코냑과 같은 하드 리큐르(Hard Liquor) 판매를 위주로 하기 때문이다.
- 칵테일도 마티니, 맨해튼, 올드 패션드 등 전통적인 레시피에 좀 더 무게를 두고 있다.
- 우리나라에서는 피아노 한 대로 라이브 음악을 연주하는 형태를 선호한다.

① 재즈 바
② 클래식 바
③ 시가 바
④ 비어 바

**정답** 28 ③  29 ④  30 ③  31 ④  32 ③  33 ②

**34** 다음 중 셰이커(Shaker)를 사용하여야 하는 칵테일은?

① 브랜디 알렉산더(Brandy Alexander)
② 드라이 마티니(Dry Martini)
③ 올드 패션드(Old Fashioned)
④ 크렘 드 망뜨 프라페(Creme de Menthe Frappe)

해설
브랜디 알렉산더는 브랜디 3/4oz, 크렘 드 카카오 브라운 3/4oz, 우유 3/4oz를 셰이커에 넣고 잘 흔든 다음 칵테일 잔에 따라서 제공한다. 장식은 넛멕가루로 한다.

**35** 다음 칵테일 중 Mixing Glass를 사용하지 않는 것은?

① Martini
② Gin Fizz
③ Manhattan
④ Rob Roy

해설
Gin Fizz는 셰이커를 사용해서 만든다.

**36** 조주보조원이라 일컬으며 칵테일 재료의 준비와 청결유지를 위한 청소담당 및 업장보조를 하는 사람을 의미하는 것은?

① 바 헬퍼(Bar Helper)
② 바텐더(Bartender)
③ 헤드 바텐더(Head Bartender)
④ 바 매니저(Bar Manager)

**37** 테이블의 분위기를 돋보이게 하거나 고객의 편의를 위해 중앙에 놓는 집기들의 배열을 무엇이라 하는가?

① Service Wagon
② Show Plate
③ B&B Plate
④ Center Piece

해설
센터피스는 일반적으로 소금과 후추, 촛대, 꽃병 등 가운데를 장식하는 기물을 말한다.

**38** Whisky나 Vermouth 등을 On the Rocks로 제공할 때 준비하는 글라스는?

① Highball Glass
② Old Fashioned Glass
③ Cocktail Glass
④ Liqueur Glass

**39** Moscow Mule 칵테일을 만드는 데 필요한 재료가 아닌 것은?

① Rum
② Vodka
③ Lime Juice
④ Ginger Ale

해설
Moscow Mule는 하이볼 글라스에 보드카 45mL, 라임주스 15mL, 진저에일 Fill로 만든다.

정답  34 ①  35 ②  36 ①  37 ④  38 ②  39 ①

**40** 다음 중 Sugar Frost로 만드는 칵테일은?

① Rob Roy
② Kiss of Fire
③ Margarita
④ Angel's Tip

> 해설
> Kiss of Fire는 칵테일 글라스에 Sugar Frosting한 뒤 보드카, 슬로 진, 드라이 베르무트, 레몬주스를 혼합하여 잔에 따라서 제공한다.

**41** 칵테일 기구인 지거(Jigger)를 잘못 설명한 것은?

① 일명 Measure Cup이라고 한다.
② 지거는 크고 작은 두 개의 삼각형 컵이 양쪽으로 붙어 있다.
③ 작은 쪽 컵은 1oz이다.
④ 큰 쪽의 컵은 대부분 2oz이다.

> 해설
> ④ 큰 쪽은 대부분 1-1/2oz이다.

**42** Sidecar 칵테일을 만들 때 재료로 적당하지 않은 것은?

① 테킬라
② 브랜디
③ 화이트 큐라소
④ 레몬주스

> 해설
> 사이드카는 브랜디 1oz, 쿠앵트로 1oz, 레몬주스 1/2oz를 셰이킹 기법으로 만든다.

**43** 주장(Bar)에서 사용하는 기물이 아닌 것은?

① Champagne Cooler
② Soup Spoon
③ Lemon Squeezer
④ Decanter

**44** 레스토랑에서 사용하는 용어인 "Abbreviation"의 의미는?

① 헤드웨이터가 몇 명의 웨이터들에게 담당구역을 배정하여 고객에 대한 서비스를 제공하는 제도
② 주방에서 음식을 미리 접시에 담아 제공하는 서비스
③ 레스토랑에서 고객이 찾고자 하는 고객을 대신 찾아주는 서비스
④ 원활한 서비스를 위해 사용하는 직원 간에 미리 약속된 메뉴의 약어

**45** 얼음의 명칭 중 단위당 부피가 가장 큰 것은?

① Cracked Ice
② Cubed Ice
③ Lumped Ice
④ Crushed Ice

> 해설
> Lumped Ice > Cracked Ice > Cubed Ice > Crushed Ice

정답  40 ②  41 ④  42 ①  43 ②  44 ④  45 ③

**46** 믹싱 글라스(Mixing Glass)의 설명 중 옳은 것은?
① 칵테일 조주 시 음료 혼합물을 섞을 수 있는 기물이다.
② 셰이커(Shaker)의 또 다른 명칭이다.
③ 칵테일에 혼합되는 과일이나 약초를 머들링(Muddling)하기 위한 기물이다.
④ 보스턴 셰이커를 구성하는 기물로서 주로 안전한 플라스틱 재질을 사용한다.

**47** 조주 서비스에서 Chaser의 의미는?
① 음료의 온도를 체온보다 높여 약 62~67℃로 해서 서빙하는 것
② 따로 조주하지 않고 생으로 마시는 것
③ 서로 다른 두 가지 술을 반씩 따라 담는 것
④ 독한 술이나 칵테일을 내놓을 때 다른 글라스에 물 등을 담아 내놓는 것

해설
체이서(Chaser)는 독한 술을 마시고 난 뒤 입가심으로 마시는 술 또는 물, 청량음료 등을 말한다.

**48** Standard Recipe란?
① 표준 판매가
② 표준 제조표
③ 표준 조직표
④ 표준 구매가

**49** Liqueur Glass의 다른 명칭은?
① Shot Glass
② Cordial Glass
③ Sour Glass
④ Goblet

**50** 블러디 메리(Bloody Mary)에 주로 사용되는 주스는?
① 토마토 주스
② 오렌지 주스
③ 파인애플 주스
④ 라임 주스

해설
블러디 메리는 보드카와 토마토 주스를 넣은 칵테일로 흔히 해장술이라고 불린다.

**51** 다음 내용 중 옳은 것은?
① Cognac is produced only in the Cognac region of France.
② All brandy is Cognac.
③ Not all Cognac is brandy.
④ All French brandy is Cognac.

해설
코냑은 프랑스의 코냑 지방에서만 만든 브랜디로 보르도 북쪽에 위치해 있다. 모든 코냑은 브랜디이지만 모든 브랜디가 코냑은 아니다.
① 코냑은 프랑스 코냑 지역에서만 생산된다.

**52** 다음 ( ) 안에 공통적으로 적합한 단어는?

> ( ), which looks like fine sea spray, is the Holy Grail of espresso, the beautifully tangible sign that everything has gone right.
> ( ) is a golden foam made up of oil and colloids, which floats atop the surface of a perfectly brewed cup of espresso.

① Crema
② Cupping
③ Cappuccino
④ Caffe Latte

**해설**
파도의 비말처럼 생긴 크레마는 에스프레소의 성배이며 모든 것이 잘되었다는 아름답고 분명한 징후이다.
크레마는 오일과 콜로이드로 만들어진 금색의 폼이며, 완벽하게 만들어진 에스프레소의 표면 위에 떠있는 것이다.

**53** Please, select the cocktail based on gin in the following.

① Side Car
② Zoom Cocktail
③ Between the Sheets
④ Million Dollar

**해설**
다음 중 진의 기본이 되는 칵테일을 고르시오.

**54** 다음의 ( ) 안에 들어갈 적합한 것은?

> ( ) whisky is a whisky which is distilled and produced at just one particular distillery. ( )s are made entirely from one type of malted grain, traditionally barley, which is cultivated in the region of the distillery.

① Grain
② Blended
③ Single Malt
④ Bourbon

**해설**
싱글 몰트 위스키는 하나의 특정 증류주 공장에서 증류되고 생산된 위스키이다. 싱글 몰트는 전통적으로 오로지 맥아를 첨가한 곡류의 한 타입으로부터 만들어지며, 양조장 인근 지역에서 재배된다.

**55** 다음의 문장에서 밑줄 친 postponed와 가장 가까운 뜻은?

> The meeting was <u>postponed</u> until tomorrow morning.

① Cancelled
② Finished
③ Put off
④ Taken off

**해설**
미팅은 내일 아침으로 연기되었다.

**정답** 52 ① 53 ④ 54 ③ 55 ③

## 56 ( ) 안에 알맞은 리큐르는?

> ( ) is called the queen of liqueur.
> This is one of the French traditional liqueur and is made from several years aging after distilling of various herbs added to spirit.

① Chartreuse
② Benedictine
③ Kummel
④ Cointreau

**해설**
Chartreuse는 리큐르의 여왕이라 불린다. Chartreuse는 프랑스 전통 리큐르 중 하나이며 음료에 첨가된 여러 가지의 허브를 증류한 후 수년의 시간을 통해 만들어진다.

## 57 다음에서 설명하는 것은?

> What is used to present the check, return the change or the credit card, and remind the customer to leave the tip.

① Serving trays
② Bill trays
③ Corkscrews
④ Can openers

**해설**
영수증과 함께 잔돈이나 신용카드를 돌려받은 후 고객에게 팁을 놓을 수 있도록 해 주는 것은 무엇인가?

## 58 What does 'Black Coffee' mean?

① Rich in coffee
② Strong coffee
③ Coffee without cream and sugar
④ Clear strong coffee

**해설**
블랙커피의 뜻은 무엇인가?

## 59 'I feel like throwing up.'의 의미는?

① 토할 것 같다.
② 기분이 너무 좋다.
③ 공을 던지고 싶다.
④ 술을 더 마시고 싶다.

## 60 손님에게 사용할 때 가장 공손한 표현이 되도록 다음의 밑줄 안에 들어갈 알맞은 표현은?

> _____ to have a drink?

① Would you like
② Won't you like
③ Will you like
④ Do you like

**정답** 56 ① 57 ② 58 ③ 59 ① 60 ①

# 2016년 제1회 과년도 기출문제

**PART 02** | 과년도 + 최근 기출복원문제

**01** 커피의 3대 원종이 아닌 것은?
① 로부스타종
② 아라비카종
③ 인디카종
④ 리베리카종

**해설**
인디카종은 길쭉하게 생긴 필리핀 쌀의 종류이다.

**02** 이탈리아가 자랑하는 3대 리큐르(Liqueur) 중 하나로 살구씨를 기본으로 여러 가지 재료를 넣어 만든 아몬드향의 리큐르로 옳은 것은?
① 아드보카트(Advocaat)
② 베네딕틴(Benedictine)
③ 아마레토(Amaretto)
④ 그랑 마니에르(Grand Marnier)

**해설**
① 아드보카트 : 브랜디에 달걀노른자, 설탕, 바닐라향을 착향시킨 네덜란드산 혼성주
② 베네딕틴 : 브랜디를 베이스로 안젤리카의 뿌리, 쑥 등 27종의 약초를 배합하여 증류하고 블렌딩한 후 숙성한 프랑스산 혼성주
④ 그랑 마니에르 : 코냑에 오렌지 껍질로 만든 오렌지 큐라소의 최고급 프랑스산 혼성주

**03** Malt Whisky를 바르게 설명한 것은?
① 대량의 양조주를 연속식으로 증류해서 만든 위스키
② 단식증류기를 사용해서 2회의 증류 과정을 거쳐 만든 위스키
③ 피트탄(Peat, 석탄)으로 건조한 맥아의 당액을 발효해서 증류한 피트향과 통의 향이 배인 독특한 맛의 위스키
④ 옥수수를 원료로 대맥의 맥아를 사용하여 당화시켜 개량솥으로 증류한 고농도 알코올의 위스키

**04** Ginger Ale에 대한 설명 중 틀린 것은?
① 생강의 향을 함유한 소다수이다.
② 알코올 성분이 포함된 영양음료이다.
③ 식욕증진이나 소화제로 효과가 있다.
④ Gin이나 Brandy와 조주하여 마시기도 한다.

**해설**
진저에일은 알코올 음료를 뜻하지만 우리나라에서는 생강, 구연산, 캐러멜, 기타 향신료를 소다수에 착색한 청량음료이다.

**정답** 1 ③  2 ③  3 ③  4 ②

## 05 우유의 살균방법에 대한 설명으로 가장 거리가 먼 것은?

① 저온살균법 : 50℃에서 30분 살균
② 고온단시간살균법 : 72℃에서 15초 살균
③ 초고온살균법 : 135~150℃에서 0.5~5초 살균
④ 멸균법 : 150℃에서 2.5~3초 동안 가열 처리

**해설**
우유살균법
- 저온살균법(LTLT) : 62~65℃에서 30분간 가열하는 방법
- 고온단시간살균법(HTST) : 72~75℃에서 15~20초간 가열하는 방법
- 고온장시간살균법(HTLT) : 95~120℃에서 30~60분간 가열하는 방법
- 초고온순간살균법(UHT) : 130~150℃에서 2초간 가열하는 방법

## 06 다음 중에서 이탈리아 와인 키안티 클라시코(Chianti Classico)와 가장 거리가 먼 것은?

① Gallo Nero
② Piasco
③ Raffia
④ Barbaresco

**해설**
④ Barbaresco(바르바레스코) : 이탈리아 피에몬테 지역에서 만들어지는 와인
① Gallo Nero(갈로네로) : 이탈리아어로 검은 수탉이란 뜻이며, 키안티 클라시코에 붙는 마크

## 07 옥수수를 51% 이상 사용하고 연속식 증류기로 알코올 농도 40% 이상 80% 미만으로 증류하는 위스키는?

① Scotch Whisky
② Bourbon Whiskey
③ Irish Whiskey
④ Canadian Whisky

**해설**
미국의 위스키는 영국에서 들어온 이민자들에 의해 만들어졌고 초기 켄터키(Kentucky)주의 버번(Bourbon)에서 밀주로 만들어 버번 위스키(Bourbon Whiskey)라고 불렸다. 이는 옥수수의 과잉생산으로 옥수수를 절반 이상 함유한 위스키를 말한다.

## 08 사과로 만들어진 양조주는?

① Camus Napoleon
② Cider
③ Kirschwasser
④ Anisette

**해설**
유럽에서 사과를 발효시켜 만든 사과주(Apple Wine)를 프랑스어로 시드르(Cidre)라고 하고 영어로 사이다(Cider)라고 부른다.

## 09 스트레이트 업(Straight Up)의 의미로 가장 적합한 것은?

① 술이나 재료의 비중을 이용하여 섞이지 않게 마시는 것
② 얼음을 넣지 않은 상태로 마시는 것
③ 얼음만 넣고 그 위에 술을 따른 상태로 마시는 것
④ 글라스 위에 장식하여 마시는 것

**10** 약초, 향초류의 혼성주는?

① 트리플 섹   ② 크림 드 카시스
③ 칼루아     ④ 쿰 멜

> **해설**
> 쿰멜(Kummel)은 회향풀로 만든 무색투명한 향초 리큐르로 소화 불량에 특효가 있다.

**11** 헤네시의 등급 규격으로 틀린 것은?

① EXTRA – 15~25년
② VO – 15년
③ XO – 45년 이상
④ VSOP – 20~30년

> **해설**
> • 3star : 5년
> • XO(Extra Old) : 45년 이상
> • Extra : 75년 이상

**12** 다음은 어떤 포도 품종에 관하여 설명한 것인가?

> 작은 포도알, 깊은 적갈색, 두꺼운 껍질, 많은 씨앗이 특징이며 씨앗은 타닌 함량을 풍부하게 하고, 두꺼운 껍질은 색깔을 깊이 있게 나타낸다. 블랙커런트, 체리, 자두향을 지니고 있으며, 대표적인 생산지역은 프랑스 보르도 지방이다.

① 메를로(Merlot)
② 피노 느와르(Pinot Noir)
③ 카베르네 소비뇽(Cabernet Sauvignon)
④ 샤르도네(Chardonnay)

> **해설**
> Cabernet Sauvignon은 숙성기간이 부족하면 떫은맛이 강해 제 맛을 낼 수 없다.

**13** 담색 또는 무색으로 칵테일의 기본주로 사용되는 Rum은?

① Heavy Rum
② Medium Rum
③ Light Rum
④ Jamaica Rum

> **해설**
> 맛과 향이 가벼워 Light Rum이라고 하며 숙성을 하지 않아 무색 투명해서 White Rum이라고도 부른다.

**14** 전통 민속주의 양조기구 및 기물이 아닌 것은?

① 오크통
② 누룩고리
③ 채 반
④ 술자루

> **해설**
> ① 오크통 : 와인, 브랜디, 위스키, 럼, 테킬라 등을 저장, 숙성할 때 사용하는 나무통
> ② 누룩고리 : 누룩을 만들 때 사용하는 틀
> ③ 채반 : 채(싸리)로 만든 소쿠리로 술을 거르거나 찐 밥을 식힐 때 사용
> ④ 술자루 : 술을 담글 때 또는 보관할 때 사용하는 자루

**15** 세계의 유명한 광천수 중 프랑스 지역의 제품이 아닌 것은?

① 비시 생수(Vichy Water)
② 에비앙 생수(Evian Water)
③ 셀처 생수(Seltzer Water)
④ 페리에 생수(Perrier Water)

> **해설**
> 셀처는 독일의 천연 광천수로 위장병 등에 약효가 좋다고 알려져 있다.

**정답** 10 ④  11 ①  12 ③  13 ③  14 ①  15 ③

**16** Irish Whiskey에 대한 설명으로 틀린 것은?

① 깊고 진한 맛과 향을 지닌 몰트 위스키도 포함된다.
② 피트훈연을 하지 않아 향이 깨끗하고 맛이 부드럽다.
③ 스카치 위스키와 제조과정이 동일하다.
④ John Jameson, Old Bushmills가 대표적이다.

**해설**

| 구 분 | Irish Whiskey | Scotch Whisky |
|---|---|---|
| 맥아즙 | 밀과 호밀을 함께 넣음 | 보 리 |
| 건 조 | 자연건조(피트(Peat)탄을 사용하지 않음) | 피트(Peat)로 건조 |
| 증 류 | 단식증류기 3번 | 단식증류기 2번 |

**17** 세계 4대 위스키(Whiskey)가 아닌 것은?

① 스카치(Scotch)
② 아이리시(Irish)
③ 아메리칸(American)
④ 스패니시(Spanish)

**해설**
세계 4대 위스키는 Irish, Scotch, American, Canadian이다.

**18** 다음 중 연속식 증류주에 해당하는 것은?

① Pot Still Whiskey
② Malt Whiskey
③ Cognac
④ Patent Still Whiskey

**해설**
연속식 증류기는 Patent Still이라고 한다.

**19** Benedictine의 설명 중 틀린 것은?

① B-52 칵테일을 조주할 때 사용한다.
② 병에 적힌 DOM은 '최선 최대의 신에게'라는 뜻이다.
③ 프랑스 수도원 제품이며 품질이 우수하다.
④ 허니문(Honeymoon) 칵테일을 조주할 때 사용한다.

**해설**
① B-52 재료 : Kahlua, Bailey's, Grand Marnier
허니문(Honeymoon) 칵테일 재료 암기하기
"허니문은 에베레스트로 간다." : 에(Apple Brandy) 베(Benedictine) 레(Lemon Juice) 스 트(Triple Sec)로 간다.

**20** 다음 중 이탈리아 와인 등급 표시로 맞는 것은?

① AOP
② DO
③ DOCG
④ QbA

**해설**
이탈리아 와인 등급
• DOCG(통제보증 원산지 호칭와인) - DOC(통제원산지 호칭와인)
• IGT(지역특성 표시와인)
• VdT(테이블와인 : 이탈리아 와인의 90% 정도, DOC 신청을 하지 않은 우수한 와인도 많이 포함되어 있음)

16 ③ 17 ④ 18 ④ 19 ① 20 ③

**21** 소주가 한반도에 전해진 시기는 언제인가?

① 통일신라
② 고 려
③ 조선 초기
④ 조선 중기

> **해설**
> 소주는 고려 말 몽고가 일본 정벌을 위해 개성과 안동, 제주도에 군사 주둔지를 두면서 일반에 전파되었다.

**22** 프랑스 와인의 원산지 통제 증명법으로 가장 엄격한 기준은?

① DOC
② AOC
③ VDQS
④ QMP

> **해설**
> AOC(원산지 명칭 통제와인 우수와인 1등급) – VDQS(우수와인 2등급) – Vins de Pays(지방와인) – Vins de Table(테이블와인)

**23** 솔레라 시스템을 사용하여 만드는 스페인의 대표적인 주정 강화 와인은?

① 포트 와인
② 셰리 와인
③ 보졸레 와인
④ 보르도 와인

> **해설**
> 솔레라 시스템은 피라미드식으로 통을 쌓고 구멍을 뚫어서 연결하는 방식이다. 이때 맨 밑에 깔린 통을 솔레라라 일컫는다. 통 속에 있던 와인과 새 와인이 섞이면서 통 속에서 숙성되는 방식으로 셰리는 맨 아래 칸, 즉 솔레라에서 1/3 정도만 뽑아 병입한다.

**24** 리큐르(Liqueur) 중 베일리스가 생산되는 곳은?

① 스코틀랜드
② 아일랜드
③ 잉글랜드
④ 뉴질랜드

> **해설**
> 베일리스 아이리시 크림은 아이리시 위스키에 크림과 카카오의 맛을 곁들인 것으로 알코올 도수가 17%로 낮아서 신선도에 유의해야 한다.

**25** 다음 중 스타일이 다른 맛의 와인이 만들어지는 것은?

① Late Harvest
② Noble Rot
③ Ice Wine
④ Vin Mousseux

> **해설**
> Vin Mousseux는 프랑스에서 생산되는 발포성 와인을 말한다.

**26** 스파클링 와인에 해당되지 않는 것은?

① Champagne
② Cremant
③ Vin Doux Naturel
④ Spumante

> **해설**
> Vin Doux Naturel은 Natural Sweet Wine이라고도 하며 프랑스의 주정 강화 와인이다.

**정답** 21 ② 22 ② 23 ② 24 ② 25 ④ 26 ③

**27** 주류와 그에 대한 설명으로 옳은 것은?

① Absinthe – 노르망디 지방의 프랑스산 사과 브랜디
② Campari – 주정에 향쑥을 넣어 만드는 프랑스산 리큐르
③ Calvados – 이탈리아 밀라노에서 생산되는 와인
④ Chartreuse – 승원(수도원)이란 뜻을 가진 리큐르

해설
- Absente(압생트) : 향쑥(Worm Wood)에서 유래한 이름으로 향쑥, 살구씨, 회향, 아니스 등의 원료로 만든 프랑스 혼성주이다.
- Campari : 이탈리아의 국민주로 각종 식물의 뿌리, 씨, 껍질 등 70여 가지의 재료로 만든다.
- Calvados : 프랑스 노르망디 지방에서 사과를 원료로 만든 브랜디이다.

**28** 브랜디의 제조공정에서 증류한 브랜디를 열탕 소독한 White Oak Barrel에 담기 전에 무엇을 채워 유해한 색소나 이물질을 제거하는가?

① Beer
② Gin
③ Red Wine
④ White Wine

해설
같은 성질을 지닌 와인의 향으로 유해한 색소나 이물질을 제거한다.

**29** 양조주의 제조방법 중 포도주, 사과주 등 주로 과실주를 만드는 방법으로 만들어진 것은?

① 복발효주
② 단발효주
③ 연속발효주
④ 병행발효주

해설
포도당, 과당으로 구성되어 있는 과실류를 효모가 직접 발효시켜 만드는 방법이 단발효주이며 와인이 대표적이다.

**30** 다음 중 알코올성 커피는?

① 카페 로열(Cafe Royale)
② 비엔나 커피(Vienna Coffee)
③ 데미타스 커피(Demitasse Coffee)
④ 카페오레(Cafe Au Lait)

해설
카페 로열(Cafe Royale)은 왕족의 커피라는 의미로 나폴레옹이 자주 마셨다고 한다. 커피잔 위에 각설탕을 올린 스푼을 걸치고 브랜디를 부은 후 불을 붙여 마시는 칵테일이다.

**31** 영업 형태에 따라 분류한 Bar의 종류 중 일반적으로 활기차고 즐거우며 조금은 어둡지만 따뜻하고 조용한 분위기와 가장 거리가 먼 것은?

① Western Bar
② Classic Bar
③ Modern Bar
④ Room Bar

해설
웨스턴 바는 미국 서부 개척 시대의 카우보이나 개척자들이 착용한 복장에서 활동미와 야성적 분위기를 연출하는 바이다. 인테리어는 원목이 많이 사용된다.

27 ④  28 ④  29 ②  30 ①  31 ①

**32** 소프트 드링크(Soft Drink) 디캔터(Decanter)의 올바른 사용법은?

① 각종 청량음료(Soft Drink)를 별도로 담아 나간다.
② 술과 같이 혼합하여 나간다.
③ 얼음과 같이 넣어 나간다.
④ 술과 얼음을 같이 넣어 나간다.

> 해설
> 디캔터의 용도는 물, 콜라, 우유, 주스 등 소프트 드링크를 따라서 나갈 때 사용한다.

**33** 우리나라에서 개별소비세가 부과되지 않는 영업장은?

① 단란주점
② 요 정
③ 카바레
④ 나이트클럽

> 해설
> 개별소비세법상 영업행위에 대하여 개별소비세를 부과하는 장소(과세영업장소)가 규정되어 있다.
> ※ 개별소비세법 제1조제4항 참고

**34** 칵테일 글라스의 3대 명칭이 아닌 것은?

① Bowl
② Cap
③ Stem
④ Base

> 해설
> Cap은 셰이커의 뚜껑을 말한다.

**35** 칵테일 서비스 진행 절차로 가장 적합한 것은?

① 아이스 페일을 이용해서 고객의 요구대로 글라스에 얼음을 넣는다.
② 먼저 커팅보드 위에 장식물과 함께 글라스를 놓는다.
③ 칵테일용 냅킨을 고객의 글라스 오른쪽에 놓고 젓는 막대를 그 위에 놓는다.
④ 병술을 사용할 때는 스토퍼를 이용해서 조심스럽게 따른다.

> 해설
> 위생관리와 안전상 커팅보드(도마) 위에는 사용하는 재료(칼, 과일, 채소 등) 이외 다른 재료는 올리지 않아야 한다.

**36** 오크통에서 증류주를 보관할 때의 설명으로 틀린 것은?

① 원액의 개성을 결정해 준다.
② 천사의 몫(Angel's Share) 현상이 나타난다.
③ 색상이 호박색으로 변한다.
④ 변화 없이 증류한 상태 그대로 보관된다.

> 해설
> 오크통에서 화학적인 변화와 완숙한 교류 등을 통해 복잡 다양한 맛과 향이 만들어진다. 이를 부케(Bouquet)라고 한다.

정답 32 ① 33 ① 34 ② 35 ③ 36 ④

**37** Blending 기법에 사용하는 얼음으로 가장 적당한 것은?

① Lumped Ice
② Crushed Ice
③ Cubed Ice
④ Shaved Ice

해설
블렌더에 큰 얼음을 넣고 사용하면 날(Blade)이 상할 수 있기 때문에 잘게 부순 얼음을 사용한다.

**38** 비터류(Bitters)가 사용되지 않는 칵테일은?

① Manhattan
② Cosmopolitan
③ Old Fashioned
④ Negroni

해설
코스모폴리탄에는 보드카, 트리플 섹, 라임주스, 크렌베리 주스가 들어간다.

**39** Bock Beer에 대한 설명으로 옳은 것은?

① 알코올 도수가 높은 흑맥주
② 알코올 도수가 낮은 담색 맥주
③ 이탈리아산 고급 흑맥주
④ 제조 12시간 이내의 생맥주

해설
보크(Bock) 비어는 독일산의 독한 흑맥주이다. 맥즙의 농도가 16% 이상이며 짙은 향미와 단맛을 띤 강한 맥주이다.

**40** 탄산음료나 샴페인을 사용하고 남은 일부를 보관할 때 사용하는 기구로 가장 적합한 것은?

① 코스터
② 스토퍼
③ 폴 러
④ 코르크

**41** 맥주의 보관에 대한 내용으로 옳지 않은 것은?

① 장기 보관할수록 맛이 좋아진다.
② 맥주가 얼지 않도록 보관한다.
③ 직사광선을 피한다.
④ 적정 온도(4~10℃)에 보관한다.

해설
맥주는 알코올 도수가 낮아 선입선출(FIFO)에 유의하여 보관해야 한다.

**42** 칼바도스(Calvados)는 보관온도상 다음 품목 중 어떤 것과 같이 두어도 좋은가?

① 백포도주
② 샴페인
③ 생맥주
④ 코냑

> 해설
> 칼바도스는 Apple Brandy로 코냑과 같이 알코올 도수가 높아 실온에서 보관한다.

**43** 칵테일 Kir Royal의 레시피(Recipe)로 옳은 것은?

① Chamapagne + Cacao
② Chamapagne + Kahlua
③ Wine + Cointreau
④ Chamapagne + Cream De Classis

> 해설
> Champagne 대신 White Wine을 사용하면 Kir가 된다.

**44** 바텐더가 Bar에서 Glass를 사용할 때 가장 먼저 체크하여야 할 사항은?

① Glass의 가장자리 파손 여부
② Glass의 청결 여부
③ Glass의 재고 여부
④ Glass의 온도 여부

> 해설
> 글라스는 가장 먼저 가장자리(Rim)에 흠집이나 깨진 부분이 있는지 체크해야 한다.

**45** Red Cherry가 사용되지 않는 칵테일은?

① Manhattan
② Old Fashioned
③ Mai-Tai
④ Moscow Mule

> 해설
> Moscow Mule은 Lemon Slice로 장식한다.

**46** 고객이 위스키 스트레이트를 주문하고, 얼음과 함께 콜라나 소다수, 물 등을 원하는 경우 이를 제공하는 글라스는?

① Wine Decanter
② Cocktail Decanter
③ Collins Glass
④ Cocktail Glass

> 해설
> 독한 술을 마실 때 입가심으로 마시는 음료를 체이서(Chaser)라고 하며 Decanter에 담아서 제공한다.

정답 42 ④ 43 ④ 44 ① 45 ④ 46 ②

**47** 스카치 750mL 1병의 원가가 100,000원이고 평균 원가율을 20%로 책정했다면 스카치 1잔의 판매가격은?

① 10,000원
② 15,000원
③ 20,000원
④ 25,000원

**해설**
위스키 한 잔은 1oz(30mL)이고 위스키 한 병(750mL)에 25잔이 나온다. 즉 위스키 한 잔의 원가는 100,000원 ÷ 25잔 = 4,000원이다.
이때 판매가격 × 원가율 = 원가이기 때문에,
판매가격 = 4,000 × (100 / 20) = 20,000원이 된다.

**48** 일반적인 칵테일의 특징으로 가장 거리가 먼 것은?

① 부드러운 맛
② 분위기의 증진
③ 색, 맛, 향의 조화
④ 항산화, 소화증진 효소 함유

**49** 휘젓기(Stirring) 기법을 할 때 사용하는 칵테일 기구로 가장 적합한 것은?

① Hand Shaker
② Mixing Glass
③ Squeezer
④ Jigger

**해설**
휘젓기 기법은 Mixing Glass, Strainer, Bar Spoon이 사용된다.

**50** 용량 표시가 옳은 것은?

① 1tea spoon = 1/32oz
② 1pony = 1/2oz
③ 1pint = 1/2quart
④ 1table spoon = 1/32oz

**해설**
① 1tea spoon = 1/8oz
② 1pony = 1oz
④ 1table spoon = 3/8oz

**51** "당신은 손님들에게 친절해야 한다."의 표현으로 가장 적합한 것은?

① You should be kind guest.
② You should kind guest.
③ You'll should be to kind to guest.
④ You should do kind guest.

정답 47 ③ 48 ④ 49 ② 50 ③ 51 ①

**52** Three factors govern the appreciation of wine. Which of the following does not belong to them?

① Color  ② Aroma
③ Taste  ④ Touch

**해설**
세 가지 요소가 포도주 평가를 좌우한다. 다음 중 그것에 해당되지 않는 것은?
와인을 평가하는 3가지 요소는 Color, Aroma, Taste이다.

**53** '한잔 더 주세요.'의 가장 정확한 영어 표현은?

① I'd like other drink.
② I'd like to have another drink.
③ I want one more wine.
④ I'd like to have the other drink.

**54** Which of the following is the right beverage in the blank?

> B : Here you are. Drink it while it's hot.
> G : Um... nice. What pretty drink are you mixing there?
> B : Well, it's for the lady in that corner. It is a "_____", and it is made from several liqueurs.
> G : Looks like a rainbow. How do you do that?
> B : Well, you pour it in carefully. Each liquid has a different weight, so they sit on the top of each other without mixing.

① Pousse Cafe  ② Cassis Frappe
③ June Bug     ④ Rum Shrub

**해설**
B : 여기 있습니다. 뜨거울 때 드세요.
G : 음... 좋군요. 무슨 멋진 음료를 여기에 섞었나요?
B : 음, 저 모서리에 있는 여성용 음료를 섞었어요. "퓨즈 카페"라고, 여러 가지 리큐르(Liqueur)로 만든 것이에요.
G : 무지개처럼 보이네요. 저것은 어떻게 만들어요?
B : 음, 조심해서 부으면 돼요. 각 리큐르의 무게가 달라요, 그래서 서로 섞이지 않고 다른 리큐르 위에 층을 이루지요.

**55** 바텐더가 손님에게 처음 주문을 받을 때 사용할 수 있는 표현으로 가장 적합한 것은?

① What do you recommend?
② Would you care for a drink?
③ What would you like with that?
④ Do you have a reservation?

**해설**
'Would you care for~'는 '~하시겠습니까?'라는 뜻이다.
② 음료수 드실래요?
① 무얼 추천하시겠어요?
③ 저것하고 무엇을 드시겠어요?
④ 예약하셨나요?

정답  52 ④  53 ②  54 ①  55 ②

**56** Which one is the right answer in the blank?

> B : Good evening, sir. What would you like?
> G : What kind of ( ) have you got?
> B : We've got our own brand, sir. Or I can give you an rye, a bourbon or a malt.
> G : I'll have a malt. A double, please.
> B : Certainly, sir. Would you like any water or ice with it?
> G : No water, thank you. That spoils it. I'll have just one lump of ice.
> B : One lump, sir. Certainly.

① Wine  ② Gin
③ Whiskey  ④ Rum

**해설**
B : 안녕하세요, 고객님. 무엇을 드실래요?
G : (위스키)는 무슨 종류가 있나?
B : 자체 브랜드가 있습니다. 고객님. 아니면 라이, 버번, 몰트도 있습니다.
G : 몰트로 하지. 더블로 부탁하네.
B : 잘 알겠습니다. 물이나 얼음 넣어드릴까요?
G : 물은 필요 없네. 맛을 망쳐버리지. 얼음 하나만 넣어주게.
B : 얼음 하나요. 잘 알겠습니다. 선생님.

**57** 'Are you free this evening?'의 의미로 가장 적합한 것은?

① 이것은 무료입니까?
② 오늘밤에 시간 있으십니까?
③ 오늘밤에 만나시겠습니까?
④ 오늘밤에 개점합니까?

**58** ( ) 안에 들어갈 알맞은 것은?

> I don't know what happened at the meeting because I wasn't able to ( ).

① decline  ② apply
③ depart  ④ attend

**해설**
나는 미팅에 참석할 수가 없었기 때문에 미팅에서 무슨 일이 일어났는지 모른다.

**59** Which one is not made from grapes?

① Cognac  ② Calvados
③ Armagnac  ④ Grappa

**해설**
포도로 만든 음료가 아닌 것은?
Calvados는 사과를 발효해 만든 브랜디이다.

**60** 다음 ( ) 안에 알맞은 것은?

> ( ) must have juniper berry flavor and can be made either by distillation or redistillation.

① Whisky  ② Rum
③ Tequila  ④ Gin

**해설**
진(Gin)은 주니퍼 베리향이 있어야 하고, 증류나 재증류로 만들 수 있다.

56 ③  57 ②  58 ④  59 ②  60 ④

# 2016년 제2회 과년도 기출문제

**01** 보졸레 누보 양조과정의 특징이 아닌 것은?

① 기계수확을 한다.
② 열매를 분리하지 않고 송이채 밀폐된 탱크에 집어넣는다.
③ 발효 중 $CO_2$의 영향을 받아 산도가 낮은 와인이 만들어진다.
④ 오랜 숙성 기간 없이 출하한다.

[해설]
보졸레 누보는 햇포도주로 생산되며 손으로 수확하는 것을 원칙으로 한다. 탄산가스 침용법을 이용하여 생산한다.

**02** 프랑스에서 생산되는 칼바도스(Calvados)는 어느 종류에 속하는가?

① Brandy   ② Gin
③ Wine    ④ Whisky

[해설]
칼바도스(Calvados)는 사과 발효주인 Cidre를 증류한 Apple Brandy이다.

**03** 맥주의 원료로 알맞지 않은 것은?

① 물      ② 피 트
③ 보 리   ④ 호 프

[해설]
피트(Peat)는 나무가 부족한 지역의 대체 연료로 사용되었고 스코틀랜드 전역에 많이 존재했다. 보리를 건조할 때 피트를 어떤 식으로 활용하는가에 따라 스모키한 향을 입힐 수 있어 스카치 위스키를 만들 때 사용된다.

**04** 포도 품종의 그린 수확(Green Harvest)에 대한 설명으로 옳은 것은?

① 수확량을 제한하기 위한 수확
② 청포도 품종 수확
③ 완숙한 최고의 포도 수확
④ 포도원의 잡초 제거

[해설]
Green Harvest : 포도가 충분히 익지 않은 상태에서 일부만 남기고 인위적으로 솎아내는 작업

**05** Hop에 대한 설명 중 틀린 것은?

① 자웅이주의 숙근 식물로서 수정이 안 된 암꽃을 사용한다.
② 맥주의 쓴맛과 향을 부여한다.
③ 거품의 지속성과 항균성을 부여한다.
④ 맥아즙 속의 당분을 분해하여 알코올과 탄산가스를 만드는 작용을 한다.

[해설]
알코올과 탄산가스를 만드는 작용은 효모(Yeast)의 역할이다.

**정답** 1 ① 2 ① 3 ② 4 ① 5 ④

## 06 혼성주에 해당하는 것은?

① Armagnac
② Corn Whisky
③ Cointreau
④ Jamaican Rum

**해설**
쿠앵트로(Cointreau) : 프랑스에서 오렌지 껍질로 만든 리큐르로 고급품이다.

## 07 보르도 지역의 와인이 아닌 것은?

① 샤블리
② 메독
③ 마고
④ 그라브

**해설**
샤블리 : 부르고뉴(Bourgogne)의 최북단에 위치한 Dry White Wine으로 유명한 지역

## 08 다음 중 Aperitif Wine으로 가장 적합한 것은?

① Dry Sherry Wine
② White Wine
③ Red Wine
④ Port Wine

**해설**
식전 와인은 달지 않은 Dry Wine이 좋다.

## 09 Sparkling Wine이 아닌 것은?

① Asti Spumante
② Sekt
③ Vin mousseux
④ Troken

**해설**
Troken는 영어로 Dry, 즉 단맛이 없는 와인이란 뜻이다.

## 10 혼성주의 종류에 대한 설명이 틀린 것은?

① 아드보카트(Advocaat)는 브랜디에 달걀노른자와 설탕을 혼합하여 만들었다.
② 드람뷰이(Drambuie)는 "사람을 만족시키는 음료"라는 뜻을 가지고 있다.
③ 아르마냑(Armagnac)은 체리향을 혼합하여 만든 술이다.
④ 칼루아(Kahlua)는 증류주에 커피를 혼합하여 만든 술이다.

**해설**
코냑은 우아한 여성 같은 풍미를, 아르마냑은 강렬한 야성미가 품겨 나오는 브랜디로 샤토 드 로바드(Chateau de Laubade), 샤보(Chabot), 마르키 드 비브락(Marquis de Vibrac) 등이 있다.

## 11 원산지가 프랑스인 술은?

① Absinthe
② Curacao
③ Kahlua
④ Drambuie

**해설**
② Curacao : 네덜란드
③ Kahlua : 멕시코
④ Drambuie : 스코틀랜드

**12** 상면발효 맥주로 옳은 것은?

① Bock Beer
② Budweiser Beer
③ Porter Beer
④ Asahi Beer

> 해설
> 대표적인 상면발효 맥주는 Ale, Porter, Lambic, Stout가 있다.

**13** 혼성주 제조방법인 침출법에 대한 설명으로 틀린 것은?

① 맛과 향이 알코올에 쉽게 용해되는 원료일 때 사용한다.
② 과실 및 향료를 기주에 담가 맛과 향이 우러나게 하는 방법이다.
③ 원료를 넣고 밀봉한 후 수개월에서 수년간 장기 숙성시킨다.
④ 맛과 향이 추출되면 여과한 후 블렌딩하여 병입한다.

> 해설
> 침출법은 재료의 신선함을 유지하고 맛과 향기를 잃지 않게 하기 위해 과일류 등에 많이 사용하며 열을 가하지 않아 콜드방식(Cold Method)이라고도 한다.

**14** 원료인 포도주에 브랜디나 당분을 섞고 향료나 약초를 넣어 향미를 내어 만들며 이탈리아산이 유명한 것은?

① Manzanilla    ② Vermouth
③ Stout         ④ Hock

> 해설
> 베르무트 : 이탈리아 유형의 진자노(Cinzano)와 프랑스 유형인 마티니(Martini), 노일리 프래트(Noilly Prat) 등이 유명하다.

**15** 각 국가별 부르는 적포도주로 틀린 것은?

① 프랑스 – Vim Rouge
② 이탈리아 – Vino Rosso
③ 스페인 – Vino Rosado
④ 독일 – Rotwein

> 해설
> • 프랑스 : 포도 껍질까지 발효시킨 경우 Vim Rouge, 과즙만 발효 시켜 백색을 띠는 경우 Vim Blanc이다.
> • 로제 와인 : 프랑스 Vim Rose, 독일 Rosewein, 이탈리아 Vino Rosato, 스페인 Vino Rosado 등이 있다.

**16** 다음 중 테킬라(Tequila)가 아닌 것은?

① Cuervo
② El Toro
③ Sambuca
④ Sauza

> 해설
> Sambuca는 혼성주이다.

정답  12 ③  13 ①  14 ②  15 ③  16 ③

**17** 차를 만드는 방법에 따른 분류와 대표적인 차의 연결이 틀린 것은?

① 불발효차 – 보성녹차
② 반발효차 – 오룡차
③ 발효차 – 다즐링차
④ 후발효차 – 재스민차

해설
재스민차는 반발효차이다.

**18** 다음 중 그 종류가 다른 하나는?

① Vienna Coffee
② Cappuccino Coffee
③ Espresso Coffee
④ Irish Coffee

해설
Irish Coffee는 아이리시 위스키가 들어간 알코올 음료이다.

**19** 다음에서 설명하는 것은?

- 북유럽 스칸디나비아 지방의 특산주로 어원은 '생명의 물'이라는 라틴어에서 온 말이다.
- 제조과정은 먼저 감자를 익혀서 으깬 감자와 맥아를 당화, 발효시켜 증류시킨다.
- 연속증류기로 95%의 고농도 알코올을 얻은 다음 물로 희석하고 회향초 씨나 박하, 오렌지 껍질 등 여러 가지 종류의 허브로 향기를 착향시킨 술이다.

① Vodka
② Rum
③ Aquavit
④ Brandy

해설
'생명의 물'이라는 뜻의 Aqua Vitae에서 유래한 스웨덴의 전통술로 노르웨이, 덴마크 등 다른 스칸디나비아 지방에서도 즐겨 마신다.

**20** 다음 중 아메리칸 위스키(American Whiskey)가 아닌 것은?

① Jim Beam
② Wild Turkey
③ John Jameson
④ Jack Daniel

해설
John Jameson은 Irish Whiskey이다.

**21** 다음 중 스카치 위스키(Scotch Whisky)가 아닌 것은?

① Crown Royal
② White Horse
③ Johnnie Walker
④ Chivas Regal

해설
Crown Royal은 캐나디안 위스키이다.

**22** 다음 중 증류주에 속하는 것은?

① Vermouth
② Champagne
③ Sherry Wine
④ Light Rum

> **해설**
> ① Vermouth : 가향 와인
> ② Champagne : 발포성 와인
> ③ Sherry Wine : 강화 와인

**23** 다음 중 과실음료가 아닌 것은?

① 토마토 주스
② 천연과즙주스
③ 희석과즙음료
④ 과립과즙음료

> **해설**
> 토마토는 과일과 채소의 두 가지 특성을 갖추고 있지만 채소로 분류된다.

**24** 스카치 위스키의 5가지 법적 분류에 해당하지 않는 것은?

① 싱글 몰트 스카치 위스키
② 블렌디드 스카치 위스키
③ 블렌디드 그레인 스카치 위스키
④ 라이 위스키

> **해설**
> Rye Whiskey는 51% 이상의 호밀을 원료로 만든 증류주로 버번 위스키와 유사하나 맛과 향이 다르다.

**25** 프랑스에서 사과를 원료로 만든 증류주인 Apple Brandy는?

① Cognac   ② Calvados
③ Armagnac   ④ Camus

> **해설**
> 칼바도스는 프랑스 노르망디 지방의 특산품이다. 오드비 드 시드르(Eau de vie de Cidre, 증류한 사과주)를 제품명으로 출시하였으나 생산지 이름을 딴 '칼바도스'라는 명칭이 널리 통용되었다.

**26** 레몬주스, 슈가시럽, 소다수를 혼합한 것으로 대용할 수 있는 것은?

① 진저에일   ② 토닉워터
③ 콜린스 믹스   ④ 사이다

> **해설**
> 진저에일은 생강향, 토닉워터는 키니네(Quinine), 사이다는 사과 발효주가 첨가된 음료이다.

**27** 다음에서 설명되는 우리나라 고유의 술은?

> 엄격한 법도에 의해 술을 담근다는 전통주로 신라시대부터 전해오는 유상곡수(流觴曲水)라 하여 주로 상류 계급에서 즐기던 것으로 중국 남방술인 사오싱주보다 빛깔은 조금 희고 그 순수한 맛이 가히 일품이다.

① 두견주  ② 인삼주
③ 감홍로주  ④ 경주 교동법주

**해설**
경주 교동법주는 신라의 비주(秘酒)라 일컬어지는 술로 알코올 도수는 15도이다.

**28** 우리나라 전통주 중에서 약주가 아닌 것은?

① 두견주  ② 한산 소국주
③ 칠선주  ④ 문배주

**해설**
약주라 하면 본래 약성을 갖는 술을 의미하나, 술밑을 여과하여 만든 맑은 술의 높임말로 쓰인다. 문배주는 평양 일대의 증류식 소주로 알코올 함량은 40% 정도이다.

**29** 음료의 역사에 대한 설명으로 틀린 것은?

① 기원전 6000년경 바빌로니아 사람들은 레몬과즙을 마셨다.
② 스페인 발렌시아 부근의 동굴에서는 탄산가스를 발견해 마시는 벽화가 있다.
③ 바빌로니아 사람들은 밀빵이 물에 젖어 발효된 맥주를 발견해 음료로 즐겼다.
④ 중앙아시아 지역에서는 야생의 포도가 쌓여 자연 발효된 포도주를 음료로 즐겼다.

**해설**
스페인의 발렌시아 부근에 있는 동굴에서는 봉밀을 채취하는 인물 그림이 있다.

**30** 소다수에 대한 설명으로 틀린 것은?

① 인공적으로 이산화탄소를 첨가한다.
② 약간의 신맛과 단맛이 나며 청량감이 있다.
③ 식욕을 돋우는 효과가 있다.
④ 성분은 수분과 이산화탄소로 칼로리는 없다.

**해설**
소다수는 신맛이나 단맛이 없는 무감미 탄산수이다.

**31** 바람직한 바텐더(Bartender)의 직무가 아닌 것은?

① 바(Bar) 내에 필요한 물품 재고를 항상 파악한다.
② 일일 판매할 주류가 적당한지 확인한다.
③ 바(Bar)의 환경 및 기물 등의 청결을 유지, 관리한다.
④ 칵테일 조주 시 지거(Jigger)를 사용하지 않는다.

**해설**
④ 정확한 조주와 맛의 일관성을 위해서도 꼭 사용해야 한다.

**정답** 27 ④  28 ④  29 ②  30 ②  31 ④

**32** 다음 중 1oz당 칼로리가 가장 높은 것은? (단, 각 주류의 도수는 일반적인 경우를 따른다)

① Red Wine
② Champagne
③ Liqueur
④ White Wine

**해설**
리큐르는 알코올, 맛, 향, 색, 당분이 가미되기에 칼로리가 높다.

**33** 다음 중 장식이 필요 없는 칵테일은?

① 김렛(Gimlet)
② 시브리즈(Seabreeze)
③ 올드 패션드(Old Fashioned)
④ 싱가포르 슬링(Singapore Sling)

**해설**
- Seabreeze : Lemon Wedge
- Old Fashioed, Singapore Sling : Orange & Cherry

**34** 내열성이 강한 유리잔에 제공되는 칵테일은?

① Grasshopper
② Tequila Sunrise
③ New York
④ Irish Coffee

**해설**
아이리시 커피는 뜨거운 커피에 위스키를 넣어서 만드는 음료이기에 내열성이 있는 잔을 사용한다.

**35** 다음 중 주장 종사원(Waiter/Waitness)의 주요 임무는?

① 고객이 사용한 기물과 빈 잔을 세척한다.
② 칵테일의 부재료를 준비한다.
③ 창고에서 주장(Bar)에서 필요한 물품을 보급한다.
④ 고객에게 주문을 받고 주문받은 음료를 제공한다.

**해설**
①, ②, ③은 바텐더 보조(Bar Rover/Bar Helper)의 임무이다.

**36** 에스프레소 추출 시 너무 진한 크레마(Dark Crema)가 추출되었을 때 그 원인이 아닌 것은?

① 물의 온도가 95℃보다 높은 경우
② 펌프압력이 기준 압력보다 낮은 경우
③ 포터필터의 구멍이 너무 큰 경우
④ 물 공급이 제대로 안 되는 경우

**해설**
포터필터의 구멍이 너무 큰 경우 크레마 추출이 약하고 연한 에스프레소가 추출된다.

**정답** 32 ③  33 ①  34 ④  35 ④  36 ③

**37** 네그로니(Negroni) 칵테일의 조주 시 재료로 가장 적합한 것은?

① Rum 3/4oz, Sweet Vermouth 3/4oz, Campari 3/4oz, Twist of Lemon Peel
② Dry Gin 3/4oz, Sweet Vermouth 3/4oz, Campari 3/4oz, Twist of Lemon Peel
③ Dry Gin 3/4oz, Dry Vermouth 3/4oz, Grandine Syrup 3/4oz, Twist of Lemon Peel
④ Tequila 3/4oz, Sweet Vermouth 3/4oz, Campari 3/4oz, Twist of Lemon Peel

해설
네그로니(Negroni)는 Old Fashioned Glass를 사용하며 Build 기법이다.

**38** 다음 중에서 Cherry로 장식하지 않는 칵테일은?

① Angel's Kiss
② Manhattan
③ Rob Roy
④ Martini

해설
Martini는 Green Olive로 장식한다.

**39** 칵테일 레시피(Recipe)를 보고 알 수 없는 것은?

① 칵테일의 색깔
② 칵테일의 판매량
③ 칵테일의 분량
④ 칵테일의 성분

해설
레시피는 컵, 만드는 방법, 재료, 장식 등의 내용이 포함된다.

**40** 칵테일에 사용되는 Garnish에 대한 설명으로 가장 적절한 것은?

① 과일만 사용이 가능하다.
② 꽃이 화려하고 향기가 많이 나는 것이 좋다.
③ 꽃가루가 많은 꽃은 더욱 운치가 있어서 잘 어울린다.
④ 과일이나 허브향이 나는 잎이나 줄기가 적합하다.

해설
장식은 시각적인 역할도 있지만 먹을 수 있는 것으로 안주 역할을 하기도 한다.

**41** 주장(Bar)에서 주문받는 방법으로 가장 거리가 먼 것은?

① 손님의 연령이나 성별을 고려한 음료를 추천하는 것은 좋은 방법이다.
② 추가 주문은 고객이 한잔을 다 마시고 나면 최대한 빠른 시간에 여쭤 본다.
③ 위스키와 같은 알코올 도수가 높은 술을 주문받을 때에는 안주류도 함께 여쭤본다.
④ 2명 이상의 외국인 고객의 경우 반드시 영수증을 하나로 할지, 개인별로 따로 할지 여쭤본다.

해설
추가 주문은 음료를 다 마시기 전 미리 체크하고 제공해야 한다.

**42** Gibson에 대한 설명으로 틀린 것은?

① 알코올 도수는 약 36도에 해당된다.
② 베이스는 Gin이다.
③ 칵테일 어니언(Onion)으로 장식한다.
④ 기법은 Shaking이다.

> 해설
> Gibson은 Stir 기법이다.

**43** Glass 관리방법 중 틀린 것은?

① 알맞은 Rack에 담아서 세척기를 이용하여 세척한다.
② 닦기 전에 금이 가거나 깨진 것이 없는 지 먼저 확인한다.
③ Glass의 Steam 부분을 시작으로 돌려서 닦는다.
④ 물에 레몬이나 에스프레소 1잔을 넣으면 Glass의 잡냄새가 제거된다.

> 해설
> 글라스는 형태나 크기에 따라 적절한 방법으로 닦아야 한다.

**44** Gibson을 조주할 때 Garnish는 무엇으로 하는가?

① Olive
② Cherry
③ Onion
④ Lime

> 해설
> 칵테일 어니언은 작은 구슬 모양의 크기로 칵테일 깁슨(Gibson)의 장식으로 사용된다.

**45** 칵테일 상품의 특성과 가장 거리가 먼 것은?

① 대량 생산이 가능하다.
② 인적 의존도가 높다.
③ 유통 과정이 없다.
④ 반품과 재고가 없다.

> 해설
> 개개인의 취향과 선호도에 따라 즉석에서 또는 다양하게 빨리 조주된다.

**46** 샴페인 1병을 주문한 고객에게 샴페인을 따라주는 방법으로 옳지 않은 것은?

① 샴페인은 글라스에 서브할 때 2번에 나눠서 따른다.
② 샴페인의 기포를 눈으로 충분히 즐길 수 있게 따른다.
③ 샴페인은 글라스의 최대 절반 정도까지만 따른다.
④ 샴페인을 따를 때에는 최대한 거품이 나지 않게 조심해서 따른다.

> 해설
> 샴페인은 뻥 소리가 나지 않도록 조심해서 오픈해야 한다.

정답 42 ④  43 ③  44 ③  45 ①  46 ④

**47** 칵테일을 만드는 데 필요한 기물이 아닌 것은?
① Cork Screw
② Mixing Glass
③ Shaker
④ Bar Spoon

해설
코르크 스크루는 포도주의 코르크 마개를 뽑기 위한 도구이다.

**48** 바의 한 달 전체 매출액이 1,000만원이고 종사원에게 지불된 모든 급료가 300만원이라면 이 바의 인건비율은?
① 10%
② 20%
③ 30%
④ 40%

**49** Extra Dry Martini는 Dry Vermouth를 어느 정도 넣어야 하는가?
① 1/4oz
② 1/3oz
③ 1oz
④ 2oz

해설
Dry Martini는 1/3oz, Extra는 1/4oz~1Drop까지도 사용된다.

**50** 다음 중 가장 영양분이 많은 칵테일은?
① Brandy Eggnog
② Gibson
③ Bacardi
④ Olympic

해설
브랜디 에그노그는 달걀과 우유를 사용하기 때문에 영양가가 높다.

**51** 다음 밑줄 친 내용에 들어갈 가장 적합한 것은?

I'm sorry to have _____ you waiting.

① kept
② made
③ put
④ had

해설
기다리게 해서 죄송합니다.

**52** Which one is not aperitif cocktail?
① Dry Martini
② Kir
③ Campari Orange
④ Grasshopper

해설
Grasshopper는 그린 크림 드 민트, 카카오화이트, 우유가 들어간 달콤한 음료로 식후 칵테일이다.

정답 47 ① 48 ③ 49 ① 50 ① 51 ① 52 ④

**53** There are basic directions of wine service. Select the one which is not belong to them in the following?

① Filling four-fifth of red wine into the glass.
② Serving the red wine with room temperature.
③ Serving the white wine with condition of 8~12℃.
④ Showing the guest the label of wine before service.

[해설]
포도주를 서빙하는 데에는 기본적인 지침이 있다. 다음 중 그것에 속하지 않는 것을 선택하라.
① 붉은 포도주를 유리잔의 4/5만큼 채운다. → 잔의 크기에 따라 다르지만 1/3~1/2 정도 채운다.

**54** Which one is not distilled beverage in the following?

① Gin
② Calvados
③ Tequila
④ Cointreau

[해설]
Cointreau는 오렌지 껍질로 만든 혼성주이다.

**55** 다음 ( ) 안에 알맞은 단어와 다음의 상황 후 Jenny가 Kate에게 할 말의 연결로 가장 적합한 것은?

Jenny comes back with a magnum and glasses carried by a barman. She sets the glasses while he barman opens the bottle. There is a loud "( )" and the cork hits Kate who jumps up with a cry. The champagne spills all over the carpet.

① Peep - Good luck to you.
② Ouch - I am sorry to hear that.
③ Tut - How awful!
④ Pop - I am very sorry. I do hope you are not hurt.

[해설]
Jenny는 매그넘과 잔을 든 바맨과 함께 돌아온다. 그녀는 바맨이 병을 오픈하는 동안 잔을 세팅한다. '뻥'하는 소리와 함께 코르크는 함성을 지르며 껑충 뛰어오른 Kate에게로 날아갔다. 샴페인은 카펫 전체에 넘쳤다.
④ 죄송합니다. 다치시진 않으셨나요?
① 행운을 빕니다.
② 그것 참 안 됐습니다.
③ 너무 끔찍하군요.

**56** "우리 호텔을 떠나십니까?"의 표현으로 옳은 것은?

① Do you start our hotel?
② Are you leave to our hotel?
③ Are you leaving our hotel?
④ Do you go our hotel?

[정답] 53 ① 54 ④ 55 ④ 56 ③

## 57 다음 ( ) 안에 알맞은 것은?

( ) is distilled spirits from the fermented juice of sugarcane or other sugarcane by-products.

① Whisky　　② Vodka
③ Gin　　　　④ Rum

해설
럼은 사탕수수 또는 기타 사탕수수 부산물의 발효 주스로 만든 증류주이다.

## 58 다음 ( ) 안에 가장 적합한 것은?

W : Good evening Mr. Carr.
　　How are you this evening?
G : Fine, And you Mr. Kim?
W : Very well, Thank you.
　　What would you like to try tonight?
G : (　　　　　　　　　　　　　　)
W : A whisky, No ice, No water.
　　Am I correct?
G : Fantastic!

① Just one for my health, please.
② One for the road.
③ I'll stick to my usual.
④ Another one please.

해설
W : 안녕하세요, Carr씨. 오늘 저녁 기분 어떠세요?
G : 좋아, 김 군은 어때?
W : 아주 좋아요, 감사합니다.
　　오늘 밤엔 무얼 마시겠습니까?
G : (늘 마시던 걸로 주게.)
W : 위스키, 얼음 없이, 물 없이. 맞지요?
G : 환상적이야!

## 59 다음 문장에서 의미하는 것은?

This is produced in Italy and made with apricot and almond.

① Amaretto
② Absinthe
③ Anisette
④ Angelica

해설
아마레토 : 이것은 이탈리아에서 생산되고, 살구와 아몬드로 만들어진다.

## 60 다음 밑줄 친 곳에 가장 적합한 것은?

A : Good evening, Sir.
B : Could you show me the wine list?
A : Here you are, Sir. This week is the promotion week of _____.
B : O.K. I'll try it.

① Stout
② Calvados
③ Glenfiddich
④ Beaujolais Nouveau

해설
A : 안녕하세요, 선생님.
B : 와인 메뉴 좀 보여주게.
A : 여기 있습니다. 선생님. 이번 주에는 Beaujolais Nouveau를 판촉하고 있어요.
B : 좋아. 그걸로 하지.

57 ④　58 ③　59 ①　60 ④

# 2016년 제4회 과년도 기출문제

**01** 다음 중 호크 와인(Hock Wine)이란?

① 독일 라인산 화이트 와인
② 프랑스 버건디산 화이트 와인
③ 스페인 호크하임엘산 레드 와인
④ 이탈리아 피에몬테산 레드 와인

**해설**
호크 와인(Hock Wine)은 독일 라인산의 화이트 와인을 말한다. 호크하임(Hochheim)이라는 마을명에서 유래되었다. 미국에서는 라인 와인(Rhine Wine)이라 한다.

**02** 슬로 진(Sloe Gin)의 설명 중 옳은 것은?

① 증류주의 일종이며, 진(Gin)의 종류이다.
② 보드카(Vodka)에 그레나딘 시럽을 첨가한 것이다.
③ 아주 천천히 분위기 있게 먹는 칵테일이다.
④ 진(Gin)에 야생자두(Sloe Berry)의 성분을 첨가한 것이다.

**해설**
슬로 진은 혼성주이다.

**03** 식후주(After Dinner Drink)로 가장 적합한 것은?

① 코냑(Cognac)
② 드라이 셰리 와인(Dry Sherry Wine)
③ 드라이 진(Dry Gin)
④ 베르무트(Vermouth)

**해설**
②, ③, ④는 식전주(Aperitifs)이다.

**04** 다음 내용과 가장 관련되는 것은?

- 만사니야(Mazanilla)
- 몬티야(Montilla)
- 올로로소(Oloroso)
- 아몬티야도(Amontillado)

① 이탈리아산 포도주
② 스페인산 백포도주
③ 프랑스산 샴페인
④ 독일산 포도주

**해설**
올로로소(Oloroso)는 단맛이 있어 마시기 부드러우므로 디저트로 사용된다.

**05** 리큐르(Liqueur)의 여왕이라고 불리며 프랑스 수도원의 이름을 가지고 있는 것은?

① 드람뷰이(Drambuie)
② 샤르트뢰즈(Chartreuse)
③ 베네딕틴(Benedictine)
④ 체리브랜디(Cherry Brandy)

**해설**
샤르트뢰즈는 '수도원', '승원'이란 뜻으로 White, Green, Yellow가 있다.

**정답** 1 ① 2 ④ 3 ① 4 ② 5 ②

**06** 리큐르 중 DOM 글자가 표기되어 있는 것은?

① Sloe Gin
② Kahlua
③ Kummel
④ Benedictine

**해설**
DOM은 Deo Optimo Maximo의 약어로 '최고의 신에게 바치는 술'이란 뜻이다.

**07** 밀(Wheat)을 주원료로 만든 맥주는?

① 산미구엘(San Miguel)
② 호가든(Hoegaarden)
③ 램빅(Lambic)
④ 포스터스(Foster's)

**해설**
호가든 맥주 : 1445년 비가르덴 지방의 수도원 문화가 최상의 밀을 생산하는 호가든(네덜란드어 : Hoegaarden) 마을에 전파되면서 만들어진 벨기에의 대표적인 화이트 에일 맥주이다.

**08** 콘 위스키(Corn Whiskey)란?

① 원료의 50% 이상 옥수수를 사용한 것
② 원료에 옥수수 50%, 호밀 50%가 섞인 것
③ 원료의 80% 이상 옥수수를 사용한 것
④ 원료의 40% 이상 옥수수를 사용한 것

**해설**
버번 위스키는 51% 이상의 옥수수가 사용되고 콘 위스키는 옥수수의 성질을 많이 남겨 풍미가 부드러운 위스키가 된다.

**09** 이탈리아 와인에 대한 설명으로 틀린 것은?

① 거의 전 지역에서 와인이 생산된다.
② 지명도가 높은 와인 산지로는 피에몬테, 토스카나, 베네토 등이 있다.
③ 이탈리아의 와인등급 체계는 5등급이다.
④ 네비올로, 산지오베제, 바르베라, 돌체토 포도 품종은 레드 와인용으로 사용된다.

**해설**
이탈리아의 와인등급 체계는 DOCG – DOC – IGT – VDT로 4등급이다.

**10** 과일이나 곡류를 발효시켜 증류한 스피릿츠(Spirits)에 감미와 천연 추출물 등을 첨가한 것은?

① 양조주(Fermented Liquor)
② 증류주(Distilled Liquor)
③ 혼성주(Liqueur)
④ 아쿠아비트(Aquavit)

**해설**
식물의 유효성분이 녹아들어 있다 해서 라틴어 '리퀘파세르(Liquefacere)'가 변하여 리큐르로 부르게 되었다.

**11** 맥주 제조 시 홉(Hop)을 사용하는 가장 주된 이유는?

① 잡냄새 제거
② 단백질 등 질소화합물 제거
③ 맥주 색깔의 강화
④ 맥즙의 살균

**해설**
홉은 거품을 일게 하고 지속시켜 주는 역할과 항균성을 부여하는 작용도 있다.

12 발포성 와인의 이름이 잘못 연결된 것은?

① 스페인 – 카바(Cava)
② 독일 – 젝트(Sekt)
③ 이탈리아 – 스푸만테(Spumante)
④ 포르투갈 – 도세(Doce)

**해설**
포르투갈은 강화 와인으로 유명하며 상큼하면서 약간의 발포성이 있는 와인은 마테우스 로제이다.
④ 도세는 단맛이 나는 포르투갈 와인이다.

13 다음 중 Bitter가 아닌 것은?

① Angostura
② Campari
③ Galliano
④ Amer Picon

**해설**
갈리아노는 아니스, 바닐라, 약초, 향초 등 40여 가지로 만들어진 이탈리아의 약용주이다.

14 맥주의 제조과정 중 발효가 끝난 후 숙성시킬 때의 온도로 가장 적합한 것은?

① –1~3℃
② 8~10℃
③ 12~14℃
④ 16~20℃

**해설**
맥주 숙성은 맥주 냉각기를 통해 0~2℃에서 품질을 안정되게 한다.

15 레드 와인용 포도 품종이 아닌 것은?

① 리슬링(Riesling)
② 메를로(Merlot)
③ 피노누아(Pinot Noir)
④ 카베르네 소비뇽(Cabernet Sauvignon)

**해설**
리슬링은 독일을 대표하는 화이트 와인 품종이다.

16 브랜디에 대한 설명으로 가장 거리가 먼 것은?

① 포도 또는 과실을 발효하여 증류한 술이다.
② 코냑 브랜디에 처음으로 별표의 기호를 도입한 것은 1865년 헤네시(Hennessy)사에 의해서이다.
③ Brandy는 저장기간을 부호로 표시하며 그 부호가 나타내는 저장기간은 법적으로 정해져 있다.
④ 브랜디의 증류는 와인을 2~3회 단식증류기(Pot Still)로 증류한다.

**해설**
③ 각 제조회사마다 공통된 문자나 부호를 사용하는 것은 아니다.

17 다음 중 럼에 대한 설명이 아닌 것은?

① 럼의 주재료는 사탕수수이다.
② 럼은 서인도제도를 통치하는 유럽의 식민정책 중 삼각무역에 사용되었다.
③ 럼은 사탕을 첨가하여 만든 리큐르이다.
④ 럼의 향, 맛에 따라 라이트 럼, 미디엄 럼, 헤비 럼으로 분류된다.

**해설**
럼은 증류주이다.

**정답** 12 ④  13 ③  14 ①  15 ①  16 ③  17 ③

**18** 보드카의 설명으로 옳지 않은 것은?

① 슬라브 민족의 국민주로 애음되고 있다.
② 보드카는 러시아에서만 생산된다.
③ 보드카의 원료는 주로 보리, 밀, 호밀, 옥수수, 감자 등이 사용된다.
④ 보드카에 향을 입힌 보드카를 플레이버 보드카라 칭한다.

해설
보드카는 러시아, 폴란드, 체코, 슬로바키아, 불가리아 등의 슬라브 민족의 국민주이다. 앱솔루트의 경우 스웨덴에서 생산되는 유명한 보드카이다.

**19** 일반적으로 단식증류기(Pot Still)로 증류하는 것은?

① Kentucky Straight Bourbon Whiskey
② Grain Whiskey
③ Dark Rum
④ Aquavit

해설
다크 럼(Dark Rum)은 발효 후 단식증류기로 증류하고 안쪽을 태운 오크통 속에서 3년 이상 숙성한다. 짙은 갈색에 맛과 향이 매우 강하게 느껴지는 럼이다.

**20** 알코올성 음료를 의미하는 용어가 아닌 것은?

① Hard Drink
② Liquor
③ Ginger Ale
④ Spirits

해설
Ginger Ale은 생강주를 의미하지만 우리나라의 진저에일은 알코올이 전혀 없는 순수한 청량음료이다.

**21** 위스키의 원료에 따른 분류가 아닌 것은?

① 몰트 위스키
② 그레인 위스키
③ 포트 스틸 위스키
④ 블렌디드 위스키

해설
위스키는 증류의 원리에 따라 단식증류기(Pot Still)와 연속증류기(Patent Still)로 구분된다.

**22** 혼합물을 구성하는 각 물질의 비등점 차이를 이용하여 만드는 술을 무엇이라 하는가?

① 발효주
② 발아주
③ 증류주
④ 양조주

해설
물은 끓는점이 100℃, 알코올은 78.4℃로 서로 다른 비등점을 이용하여 증류하여 만든 술이 증류주이다.

**23** 커피 로스팅의 정도에 따라 약한 순서에서 강한 순서대로 나열한 것으로 옳은 것은?

① American Roasting → German Roasting → French Roasting → Italian Roasting
② German Roasting → Italian Roasting → American Roasting → French Roasting
③ Italian Roasting → German Roasting → American Roasting → French Roasting
④ French Roasting → American Roasting → Italian Roasting → German Roasting

해설
American Roasting은 Medium Roasting이라고도 한다. 추출해서 마실 수 있는 기초 단계로 원두는 담갈색을 띤다. Italian Roasting은 쓴맛과 진한 맛이 최대치로 에스프레소용으로 많이 선호됐으나 점차 줄어들고 있는 추세이다.

**24** 비알코올성 음료의 분류방법에 해당되지 않는 것은?

① 청량음료  ② 영양음료
③ 발포성 음료  ④ 기호음료

해설
발포성 음료에는 샴페인처럼 알코올이 함유된 음료도 있다.

**25** 국가지정 중요 무형문화재로 지정받은 전통주가 아닌 것은?

① 충남 면천두견주
② 진도 홍주
③ 서울 문배주
④ 경주 교동법주

해설
홍주는 지초의 뿌리를 넣고 빚은 전라남도 진도 지방의 전통술이다.

**26** Whisky의 재료가 아닌 것은?

① 맥 아  ② 보 리
③ 호 밀  ④ 감 자

해설
감자는 보드카의 재료로 쓰인다.

**27** 에스프레소의 커피추출이 빨리 되는 원인이 아닌 것은?

① 너무 굵은 분쇄입자
② 약한 탬핑 강도
③ 너무 많은 커피 사용
④ 높은 펌프 압력

해설
너무 많은 커피를 사용하면 입자 간 틈이 없어서 느리게 추출되거나, 진한 에스프레소가 추출된다.

정답 23 ① 24 ③ 25 ② 26 ④ 27 ③

**28** 탄산음료 중 뒷맛이 쌉쌀한 맛이 남는 음료는?

① 콜린스 믹서
② 토닉워터
③ 진저에일
④ 콜 라

해설
토닉워터의 주성분인 키니네(Quinine)는 특유의 쓴맛이 있다.

**29** 다음 중 생산지가 옳게 연결된 것은?

① 비시수 - 오스트리아
② 셀처수 - 독일
③ 에비앙수 - 그리스
④ 페리에수 - 이탈리아

해설
비시 생수, 페리에 생수는 프랑스에서 생산되는 탄산수이고, 에비앙 생수는 프랑스에서 생산되는 천연광천수로 탄산가스가 없다.

**30** 우리나라의 전통주에 대한 설명으로 틀린 것은?

① 증류주 제조기술은 고려시대 때 몽고에 의해 전래되었다.
② 탁주는 쌀 등 곡식을 주로 이용하였다.
③ 탁주, 약주, 소주의 순서로 개발되었다.
④ 청주는 쌀의 향을 얻기 위해 현미를 주로 사용한다.

해설
청주는 향미 성분을 얻기 위해 찹쌀을 사용하였다.

**31** 바의 매출액 구성요소 산정방법 중 옳은 것은?

① 매출액 = 고객수 ÷ 객단가
② 고객수 = 고정고객 × 일반고객
③ 객단가 = 매출액 ÷ 고객수
④ 판매가 = 기준단가 × (재료비 / 100)

**32** Manhattan 조주 시 사용하는 기물은?

① 셰이커(Shaker)
② 믹싱 글라스(Mixing Glass)
③ 전기 블렌더(Blender)
④ 수스믹서(Juice Mixer)

해설
Manhattan은 Stir 기법으로 믹싱 글라스에 얼음을 넣고 바스푼으로 휘저어 만든다.

**33** 와인에 대한 Corkage Charge의 설명으로 가장 거리가 먼 것은?

① 업장의 와인이 아닌 개인이 따로 가져온 와인을 마시고자 할 때 적용된다.
② 와인을 마시기 위해 이용되는 글라스, 직원 서비스 등에 대한 요금이 포함된다.
③ 주로 업소가 보유하고 있지 않은 와인을 시음할 때 많이 적용된다.
④ 코르크로 밀봉되어 있는 와인을 서비스 하는 경우에 적용되며, 스크루캡을 사용한 와인은 부가되지 않는다.

해설
고객이 가져온 와인의 판매금액(영업장)의 20~50%선에서 매니저의 권한으로 결정한다.

**34** 바텐더의 칵테일용 가니시 재료 손질에 관한 설명 중 가장 거리가 먼 것은?

① 레몬 슬라이스는 미리 손질하여 밀폐용기에 넣어서 준비한다.
② 오렌지 슬라이스는 미리 손질하여 밀폐용기에 넣어서 준비한다.
③ 레몬 껍질은 미리 손질하여 밀폐용기에 넣어서 준비한다.
④ 딸기는 미리 꼭지를 제거한 후 깨끗하게 세척하여 밀폐용기에 넣어서 준비한다.

**해설**
쉽게 손상되는 과일이나 재료는 메뉴를 제공하기 직전에 바로 사용해야 신선도를 유지할 수 있다.

**35** Gin & Tonic에 알맞은 Glass와 장식은?

① Collins Glass – Pineapple Slice
② Cocktail Glass – Olive
③ Cordial Glass – Orange Slice
④ Highball Glass – Lemon Slice

**36** Pousse Café를 만드는 재료 중 가장 나중에 따르는 것은?

① Brandy
② Grenadine
③ Creme de Menthe(White)
④ Creme de Cassis

**해설**
시럽이나 혼성주는 비중이 무거워 밑으로 가라앉고 알코올 도수가 높을수록 가벼워 위로 떠오른다. 즉, 증류주는 가장 나중에 따른다.

**37** Classic Bar의 특징과 가장 거리가 먼 것은?

① 서비스의 중점을 정중함과 편안함에 둔다.
② 소규모 라이브 음악을 제공한다.
③ 고객에게 화려한 바텐딩 기술을 선보인다.
④ 칵테일 조주 시 정확한 용량과 방법으로 제공한다.

**해설**
Western Bar 또는 Flair Bar에서는 고객에게 마술이나 다양한 이벤트를 제공한다.

**38** 주장의 종류로 가장 거리가 먼 것은?

① Cocktail Bar
② Members Club Bar
③ Snack Car
④ Pup Bar

**해설**
스낵 카는 샌드위치와 같은 간단한 식사거리를 이동수단인 자동차에 설치하여 시간과 공간에 따라 효율적으로 운영한다.

**39** 구매부서의 기능이 아닌 것은?

① 검 수
② 저 장
③ 불 출
④ 판 매

**정답** 34 ④ 35 ④ 36 ① 37 ③ 38 ③ 39 ④

**40** 주장(Bar)에서 기물의 취급방법으로 적합하지 않은 것은?

① 금이 간 접시나 글라스는 규정에 따라 폐기한다.
② 은기물은 은기물 전용 세척액에 오래 담가두어야 한다.
③ 크리스털 글라스는 가능한 손으로 세척한다.
④ 식기는 같은 종류별로 보관하며 너무 많이 쌓아두지 않는다.

> [해설]
> 은기물 전용 세척액인 실버 크리너에는 유기산 등의 성분이 있으므로, 세척액에 담갔다가 빼서 바로 헹구면 광이 번쩍번쩍하지만 피부에 닿으면 좋지 않기 때문에 주의해야 한다.

**41** 위스키가 기주로 쓰이지 않는 칵테일은?

① 뉴욕(New York)
② 로브 로이(Rob Roy)
③ 블랙 러시안(Black Russian)
④ 맨해튼(Manhattan)

> [해설]
> 블랙 러시안은 보드카 1oz에 커피 리큐르 1/2oz가 사용된다.

**42** 다음 칵테일 중 Floating 기법으로 만들지 않는 것은?

① B&B
② Pousse Cafe
③ B-52
④ Black Russian

> [해설]
> Black Russian은 Build 기법이다.

**43** 다음 중 소믈리에(Sommelier)의 주요 임무는?

① 기물 세척(Utensil Cleaning)
② 주류 저장(Store Keeper)
③ 와인 판매(Wine Steward)
④ 칵테일 조주(Cocktail Mixing)

**44** 다음 중 달걀이 들어가는 칵테일은?

① Millionaire
② Black Russian
③ Brandy Alexander
④ Daiquiri

> [해설]
> Millionaire은 달걀 1개, 버번 위스키 3/4oz, 화이트 큐라소 1/4oz, 그레나딘 시럽 2tsp을 넣고 잘 흔들어서 만든다.

**45** 셰이킹(Shaking) 기법에 대한 설명으로 틀린 것은?

① 셰이커(Shaker)에 얼음을 충분히 넣어 빠른 시간 안에 잘 섞이고 차게 한다.
② 셰이커(Shaker)에 재료를 넣고 순서대로 Cap을 Strainer에 씌운 다음 Body에 덮는다.
③ 잘 섞이지 않는 재료들을 셰이커(Shaker)에 넣어 세차게 흔들어 섞는 조주기법이다.
④ 달걀, 우유, 크림, 당분이 많은 리큐르 등으로 칵테일을 만들 때 많이 사용된다.

> [해설]
> Cap을 Strainer에 씌운 다음 Body에 덮을 경우 공기가 빠져 나가지 못해서 잘 닫히지 않는다. 잘 닫고 셰이킹을 했다 해도 나중에 Cap이 잘 열리지 않는다. 셰이킹 시 Body-Strainer-Cap 순으로 덮어야 한다.

**46** 글라스 세척 시 알맞은 세제와 세척 순서로 짝지어진 것은?

① 산성세제, 더운물 – 찬물
② 중성세제, 찬물 – 더운물
③ 산성세제, 찬물 – 더운물
④ 중성세제, 더운물 – 찬물

**해설**
잔향이 남지 않도록 중성세제를 사용한다. 또한 잔류물이 깨끗이 제거되고 씻겨 나갈 수 있도록 따뜻한 물을 사용하며 마지막으로 음료 제공 시 온도 상승을 막기 위해 찬물로 헹군다.

**47** 바(Bar) 기물이 아닌 것은?

① Bar Spoon
② Shaker
③ Chaser
④ Jigger

**해설**
체이서(Chaser)는 독한 술을 마시고 입가심으로 마시는 음료 등을 말한다.

**48** 다음 중 휘젓기(Stirring) 기법으로 만드는 칵테일이 아닌 것은?

① Manhattan
② Martini
③ Gibson
④ Gimlet

**해설**
Gimlet은 Shaking 기법으로 만든다.

**49** 다음 중 보드카(Vodka)를 주재료로 사용하지 않는 칵테일은?

① Cosmopolitan
② Kiss of Fire
③ Apple Martini
④ Margarita

**해설**
Margarita는 Tequila가 주재료로 사용된다.

**50** Rum 베이스 칵테일이 아닌 것은?

① Daiquiri
② Cuba Libre
③ Mai Tai
④ Stinger

**해설**
Stinger는 Brandy가 베이스이다.

**51** Dry Gin, Egg White and Grenadine are the main ingredients of (           ).

① Bloody Marry
② Eggnog
③ Tom and Jerry
④ Pink Lady

**해설**
핑크 레이디의 재료는 드라이 진, 달걀흰자, 그레나딘이다.

정답 46 ④  47 ③  48 ④  49 ④  50 ④  51 ④

## 52 Which one is the spirit made from agave?

① Tequila
② Rum
③ Vodka
④ Gin

**해설**
용설란(Agave)으로 만든 증류주는 어느 것인가?

## 53 Which is not an appropriate instrument for the stirring method of how to make cocktail?

① Mixing Glass
② Bar Spoon
③ Shaker
④ Straner

**해설**
다음 중 칵테일을 만들 때 스터링 기법에 적절한 기물이 아닌 것은?
③ Shaker는 셰이킹 기법에 사용한다.

## 54 다음 중 의미가 다른 하나는?

① It's my treat this time.
② I'll pick up the tab.
③ Let's go dutch.
④ It's on me.

**해설**
③ 각자 냅시다.
① 이번에는 내가 낼게요.
② 제가 낼게요.
④ 제가 낼게요.

## 55 "5월 5일에는 이미 예약이 다 되어 있습니다."의 표현은?

① We look forward to seeing you on May 5th.
② We are fully booked on May 5th.
③ We are available on May 5th.
④ I will check availability on May 5th.

## 56 다음 문장 중 틀린 것은?

① Are you in a hurry?
② May I help with you your baggage.
③ Will you pay in cash or with a credit card?
④ What is the most famous place in Seoul?

**57** "a glossary of basic wine terms"의 연결로 틀린 것은?

① Balance : the portion of the wine's, odor derived from the grape variety and fermentation.
② Nose : the total odor of wine composed of aroma, bouquet and other factors.
③ Body : the weight or fullness of wine on palate.
④ Dry : a tasting term to denote the absence of sweetness in wine.

[해설]
균형은 맛과 향, 단맛, 신맛, 떫은맛, 묵직함 등 포도주가 가지고 있는 전체적인 맛과 향의 균형을 말한다.
① Balance : 포도 품종 및 발효에서 생겨나는 포도주향의 일부
② Nose : 향기, 향미 그리고 기타 요소로 이루어진 포도주향 전체
③ Body : 입 속에서의 포도주의 무게 또는 풍부함
④ Dry : 포도주에 단맛이 없음을 나타내는 시음 용어

**58** ( ) 안에 가장 적합한 것은?

A bartender must ( ) his helpers, waiters and waitress. He must also ( ) various kinds of records, such as stock control, inventory, daily sales report, purchasing report and so on.

① take, manage
② supervise, handle
③ respect, deal
④ manage, careful

[해설]
바텐더는 보조자, 웨이터 및 웨이트리스를 감독해야 한다. 그는 또한 재고 관리, 물품 목록, 일일 판매 현황, 구매 보고서 등과 같은 각종 기록을 처리해야 한다.

**59** 다음 ( )에 들어갈 단어로 가장 적합한 것은?

( ) goes well with dessert.

① Ice Wine
② Red Wine
③ Vermouth
④ Dry Sherry

[해설]
디저트와 아이스 와인은 잘 어울린다.

**60** 다음 문장의 의미는?

The line is busy, so I can't put you through.

① 통화 중이므로 바꿔 드릴 수 없습니다.
② 고장이므로 바꿔 드릴 수 없습니다.
③ 외출 중이므로 바꿔 드릴 수 없습니다.
④ 아무도 없으므로 바꿔 드릴 수 없습니다.

정답 57 ① 58 ② 59 ① 60 ①

# 2017년 제1회 과년도 기출복원문제

※ 2017년부터는 CBT(컴퓨터 기반 시험)로 진행되어 수험자의 기억에 의해 문제를 복원하였습니다. 실제 시행문제와 일부 상이할 수 있음을 알려드립니다.

## 01 레드 와인의 서비스 온도로 맞는 것은?

① 10℃  
② 12℃  
③ 8℃  
④ 16℃  

**해설**  
와인 저장이 가장 좋은 곳은 동굴 속 온도이다(평균 기온 13℃). 레드 와인의 서비스 온도는 16~18℃ 정도에서 제공해야 맛과 향을 잘 느낄 수 있다.

## 02 리큐르(Liqueur)의 여왕이라고 불리며 프랑스 수도원의 이름을 가지고 있는 것은?

① 드람뷰이(Drambuie)  
② 베네딕틴(Benedictine)  
③ 체리브랜디(Cherry Brandy)  
④ 샤르트뢰즈(Chartreuse)  

**해설**  
샤르트뢰즈(Chartreuse) : 프랑스어로 '수도원, 승원'이란 뜻이며 리큐르의 여왕이라 불린다. 레몬 껍질, 박하초, 제네가초 등 130여 가지나 되는 알프스 약초를 포도주에 침지하여 증류해서 만들어졌으며 수도승들의 활력증진을 위하여 애용되었다.

## 03 피나콜라다 칵테일에 들어가는 재료가 아닌 것은?

① Orange Juice  
② Pineapple Juice  
③ Pinacolada Mix  
④ Rum  

**해설**  
피나콜라다는 파인애플 언덕이라는 뜻으로 Tropical Cocktail의 대표 칵테일이다. 럼과 피나콜라다 믹스, 파인애플 주스를 조각얼음과 함께 블렌더에 넣고 슬러시 형태로 만들며 파인애플과 체리로 장식한다.

## 04 Cola(콜라)에 대한 설명으로 틀린 것은?

① 서아프리카가 원산지이다.  
② 탄산성분은 자연발효 중 생성된다.  
③ 콜라나무 열매에서 추출한 농축액을 가공하여 만든다.  
④ 콜라나무 종자에는 커피보다 2~3배 많은 카페인과 콜라닌이 들어 있다.  

**해설**  
콜라는 콜라나무 열매(Cola Nuts)에서 추출한 원액에 당분과 캐러멜색소, 산미료, 향료 등을 혼합한 후 탄산수를 주입한 것으로 카페인(Caffeine) 함량이 높다.

## 05 다음에 해당하는 표현으로 맞는 것은?

> 다시 한번 말씀해 주시겠어요?

① What are you talking about.  
② I'm sorry. I don't know.  
③ What did you say?  
④ I beg your pardon?  

**정답** 1 ④  2 ④  3 ①  4 ②  5 ④

## 06 탄산음료에서 피-하고 나오는 소리에서 유래된 명칭으로 맞는 것은?

① 플 립
② 진 저
③ 피 즈
④ 사 워

**해설**
피즈(Fizz)는 탄산수를 개봉할 때 피익-하고 소리가 난다고 하여 붙여진 이름이다. 탄산이 있는 음료는 하이볼(Highball) 글라스에 많이 사용된다.

## 07 약주, 탁주 제조에 사용되는 발효제가 아닌 것은?

① 누 룩
② 입 국
③ 조효소제
④ 유산균

**해설**
유산균 : 당류를 분해하여 젖산을 만드는 균의 하나로 젖산균이라고도 한다. 약주, 탁주 제조에 필요한 것은 알코올을 만드는 효소를 지닌 곰팡이를 곡류에 번식시켜 만든 발효제로 누룩, 입국, 조효소제 등이다.

## 08 칵테일 조주 시 술이나 부재료, 주스의 용량을 재는 기구로 스테인리스제가 많이 쓰이며, 삼각형 30mL와 45mL의 컵이 등을 맞대고 있는 기구는?

① 스트레이너
② 믹싱 글라스
③ 지 거
④ 스퀴저

**해설**
지거(Jigger) : 계량컵으로 30mL와 45mL가 기본이며 가장 많이 사용된다. 이외에 15mL와 30mL, 30mL와 60mL 등 다양한 용량의 계량컵도 있다.

## 09 바텐더가 지켜야 할 사항 중 잘못된 것은?

① 항상 고객의 입장에서 근무하여 고객을 공평하게 대할 것
② 업장에 손님이 없을 시에도 서비스 자세를 바르게 유지할 것
③ 고객의 취향에 맞추어 서비스할 것
④ 고객끼리의 대화를 할 경우 적극적으로 대화에 참여할 것

**해설**
바텐더는 고객이 편안함을 느낄 수 있도록 고객의 대화가 방해되지 않도록 신속하고 차분하게 서비스해야 한다.

## 10 달걀, 설탕 등의 부재료가 사용되는 칵테일을 혼합할 때 사용하는 기구는?

① Shaker
② Mixing Glass
③ Strainer
④ Muddler

**해설**
② Mixing Glass(믹싱 글라스) : 드라이 마티니, 맨해튼 등 재료 고유의 맛과 향을 살리면서 차갑게 잘 섞어 주는 스터(Stir) 기법에 많이 사용한다.
③ Strainer(스트레이너) : 믹싱 글라스에서 얼음을 걸러 음료를 따를 때 사용한다.
④ Muddler(머들러) : 음료를 휘저을 때 사용하는 막대를 말하지만 나무로 된 머들러는 허브, 레몬, 라임, 오렌지 등의 과즙을 내거나 으깰 때 사용한다.

**정답** 6 ③ 7 ④ 8 ③ 9 ④ 10 ①

## 11 와인의 등급을 「AOC, VDQS, Vins de Pay, Vins de Table」로 구분하는 나라는?

① 이탈리아
② 스페인
③ 독일
④ 프랑스

**해설**
① 이탈리아 : DOCG, DOC, IGT, VDT
② 스페인 : 세계적으로 알려진 와인은 셰리 와인밖에 없다. 프랑스의 AOC와 비슷한 DO 제도를 도입, 실시하고 있으나 아직 체계가 잡혀 있지 않다.
③ 독일 : QMP, QBA, Landwein, Tafelwein

## 12 혼성주의 제조방법이 아닌 것은?

① 양조법(Fermentation)
② 증류법(Distillation)
③ 침출법(Infusion)
④ 에센스 추출법(Essence)

**해설**
혼성주의 제조방법
- 침출법(Infusion Process) : 변질되기 쉬운 약초나 향료 그리고 주로 과일 등을 주정에 담아 향미성분을 충분히 용해시키고 그 침출액을 착색, 여과하는 방법으로 대부분 열을 가하지 않으므로 콜드방식(Cold Method)이라고 한다.
- 증류법(Distilled Process) : 방향성 물질인 식물의 초(草), 근(根), 목(木), 피(皮)를 강한 주정에 담아서 맛과 향을 우려낸 다음 재증류하는 방법이다.
- 에센스법(Essence Process) : 주정에 천연 혹은 합성향료의 에센스를 배합하여 여과한 후 감미를 혼합하는 방법으로 품질이 좋지 못하나 비용이 저렴한 편이라 현재 가장 많이 사용된다.
- 여과법(Percolation Process) : 알코올의 기체가 허브 등의 재료를 통과하면서 얻어진 향취를 액화하여 당분을 가미하고, 색을 첨가한 후 다시 여과시킨다.

## 13 보드카(Vodka)에 대한 설명 중 틀린 것은?

① 슬라브 민족의 국민주라고 할 수 있을 정도로 애음되는 술이다.
② 사탕수수를 주원료로 사용한다.
③ 무색(Colorless), 무미(Tasteless), 무취(Odorless)이다.
④ 자작나무 활성탄과 모래를 통과시켜 여과한 술이다.

**해설**
② 사탕수수를 주원료로 사용하는 술에는 럼(Rum)이 있다. 보드카는 주로 감자(50% 이상), 고구마, 보리, 호밀, 옥수수 등에 보리를 발아시켜 만든 맥아(Malted Barley)를 가하여 당화, 발효시켜 증류한 증류주이다.

## 14 보르도(Bordeaux) 지역에서 재배되는 레드 와인용 포도 품종이 아닌 것은?

① 메를로(Merlot)
② 뮈스카델(Muscadelle)
③ 카베르네 소비뇽(Cabernet Sauvignon)
④ 카베르네 프랑(Cabernet Franc)

**해설**
② 뮈스카델(Muscadelle) : 보르도와 도르도뉴 지방에서 재배되며, 카베르네 소비뇽과 세미용의 블렌딩용으로 사용되는 청포도 품종이다.
① 메를로(Merlot) : 보르도와 프랑스의 남쪽 지방, 캘리포니아, 칠레 등에서 재배되고 있으며 생떼밀리옹과 포므롤 지방의 주 품종이다.
③ 카베르네 소비뇽(Cabernet Sauvignon) : 레드 와인의 포도 품종으로 가장 많이 알려졌다. 프랑스 보르도 지방을 비롯해 전 세계에 가장 많이 재배되는 적포도 품종이다.
④ 카베르네 프랑(Cabernet Franc) : 카베르네 소비뇽과 함께 레드 와인의 대표 품종으로 프랑스 보르도지방, 루와르에서 재배된다. 생떼밀리옹과 포므롤에서는 부셰(Bouche)라는 이름으로 재배되고 있다.

11 ④  12 ①  13 ②  14 ②

**15** 와인의 용량 중 1.5L 사이즈는?

① 발타자르(Balthazer)
② 드미(Demi)
③ 매그넘(Magnum)
④ 제로보암(Jeroboam)

> **해설**
> ③ 매그넘(Magnum) : 750mL 일반 와인병보다 두 배 큰 와인병으로 1.5L 병이다.
> ① 발타자르(Balthazar) : 12L(=12,000mL)로 주로 샴페인을 담는다.
> ② 드미(Demi) : '절반의'라는 뜻이다.
> ④ 제로보암(Jeroboam) : 750mL 일반 와인 4병으로 3L 용량이다. 보르도에서는 Double Magnum이라고 한다.

**16** 바텐더(Bartender)의 수칙이 아닌 것은?

① Recipe에 의한 재료와 양을 사용한다.
② 영업 중 Bar에서 재고조사를 한다.
③ 고객과의 대화에 지장이 없도록 교양을 넓힌다.
④ 고객 한 사람마다 신경을 써서 주문에 응한다.

> **해설**
> 재고조사(Inventory)는 영업 전 또는 영업이 끝난 후에 실시해야 한다.

**17** 바텐더가 지켜야 할 바(Bar)에서의 예의로 가장 올바른 것은?

① 정중하게 손님을 환대하며 고객이 기분이 좋도록 Lip Service를 한다.
② 자주 오시는 손님에게는 오랜 시간 이야기한다.
③ Second Order를 하도록 적극적으로 강요한다.
④ 고가의 품목을 적극 추천하여 손님의 입장보다 매출에 많은 신경을 쓴다.

> **해설**
> 진심을 다해 고객에게 다가가고 정중한 태도로 고객을 맞이해야 한다. Up Selling(업 셀링)은 고객에게 더 나은 조건을 제안하거나 고객이 희망했던 상품보다 단가가 높은 상품이라 할지라도 상품의 품질을 위해 유도하는 판매방법으로 판매증대는 물론 고객만족을 위해서도 중요한 마케팅 활동이다.

**18** 우리나라의 증류식 소주에 해당되지 않는 것은?

① 안동소주
② 제주 한주
③ 경기 문배주
④ 금산 삼송주

> **해설**
> 금산 삼송주는 충남 금산의 약주로 멥쌀과 인삼, 솔잎으로 만든다.

**19** 상면발효 맥주가 아닌 것은?

① 에일 맥주(Ale Beer)
② 포터 맥주(Porter Beer)
③ 스타우트 맥주(Stout Beer)
④ 필스너 맥주(Pilsner Beer)

> **해설**
> ④ 필스너는 라거 계열을 대표하는 체코 맥주이다.
> 상면발효 맥주는 아일랜드의 스타우트(Stout), 영국의 에일(Ale), 포터(Porter), 벨기에의 램빅(Lambics) 등이 있다.

**정답** 15 ③  16 ②  17 ①  18 ④  19 ④

## 20 주장종사원(Waiter)의 직무에 해당하는 것은?

① 바(Bar) 내부의 청결을 유지한다.
② 고객으로부터 주문을 받고 봉사한다.
③ 보급품과 기물주류 등을 창고로부터 보급 받는다.
④ 조주에 필요한 얼음을 준비한다.

**해설**
바(Bar)의 시설 및 장비, 조주에 대한 준비는 바텐더의 업무이다.

## 21 음료를 서빙할 때에 일반적으로 사용하는 비품이 아닌 것은?

① Bar Spoon
② Coaster
③ Serving Tray
④ Napkin

**해설**
바스푼(Bar Spoon)은 바텐더가 음료를 섞거나 만들 때 사용하며 고객에게 제공하지 않는다.

## 22 리큐르(Liqueur)가 아닌 것은?

① Benedictine
② Anisette
③ Augier
④ Absinthe

**해설**
Augier(오지에) : 가장 오래된 코냑 브랜드로 1643년 Pierre Augier(피에르 오지에)가 만들었다.

## 23 우리나라의 고유한 술 중 증류주에 속하는 것은?

① 경주법주   ② 동동주
③ 문배주     ④ 백세주

**해설**
③ 문배주 : 고려 왕건 시대부터 제조되어 내려온 평양 일대의 증류식 소주로 술의 향기가 문배나무의 과실에서 풍기는 향기와 같다 하여 붙여진 이름이다.
① 경주법주 : 경상북도 경주 지방의 향토술로 양조주이다.
② 동동주 : 고려시대부터 빚어졌던 술이다. 발효과정에서 고두밥 알이 동동 떠오르는 현상을 두고 '밥알이 동동 떠 있다'고 해서 동동주라는 이름을 붙이게 되었을 것이라는 설이 있다.
④ 백세주 : 찹쌀로 만든 발효주이며 이 술을 마시면 백세까지도 살 수 있다 하여 붙여진 이름이다.

## 24 차의 분류가 옳게 연결된 것은?

① 발효차 - 얼그레이
② 불발효차 - 보이차
③ 반발효차 - 녹차
④ 후발효차 - 재스민

**해설**
발효차(醱酵茶)로 홍차(紅茶) 등이 있다. 산화효소를 파괴하지 않고 찻잎을 발효시켜 만든 차이다.

## 25 와인의 빈티지(Vintage)가 의미하는 것은?

① 포도주의 판매 유효 연도
② 포도의 수확 연도
③ 포도의 품종
④ 포도주의 도수

**해설**
빈티지(Vintage)는 포도가 수확된 해를 말한다. 프랑스어로 밀레짐(Millesium)이라 한다.

**정답** 20 ② 21 ① 22 ③ 23 ③ 24 ① 25 ②

**26** 주장(Bar)에서 기물의 취급방법으로 틀린 것은?

① 금이 간 접시나 글라스는 규정에 따라 폐기한다.
② 은기물은 은기물 전용 세척액에 오래 담가 두어야 한다.
③ 크리스털 글라스는 가능한 손으로 세척한다.
④ 식기는 같은 종류별로 보관하며 너무 많이 쌓아 두지 않는다.

**해설**
은기물 전용 세척액인 실버 클리너에는 유기산 등의 성분이 있으므로 세척액에 담갔다가 빼서 바로 헹구면 광이 번쩍번쩍하지만 피부에 닿으면 안 좋기 때문에 주의해야 한다.

**27** 스카치 위스키(Scotch Whisky)의 유명상표와 거리가 먼 것은?

① 발렌타인(Ballantine's)
② 커티 샥(Cutty Sark)
③ 올드 파(Old Parr)
④ 크라운 로열(Crown Royal)

**해설**
크라운 로열(Crown Royal)은 1939년 영국 조지 6세 내외가 엘리자베스 공주를 대동하여 캐나다를 방문하였을 때 시그램(Seagram's)사에서 심혈을 기울여 최고급 위스키로 만들어 진상하였던 캐나디안 위스키(Canadian Whisky)이다.

**28** Tequila에 대한 설명으로 틀린 것은?

① Agave Tequiliana 종으로 만든다.
② Tequila는 멕시코 전지역에서 생산된다.
③ Reposado는 1년 이하 숙성시킨 것이다.
④ Anejo는 1년 이상 숙성시킨 것이다.

**해설**
멕시코 화산지대인 하리스코(Jalisco)주의 테킬라 마을을 중심으로 5개 지역에서만 생산된다. 용설란의 품종은 다양한데, 이 중 아가베아즐 테킬라나(Agave Azul Tequilana)를 원료로 한 것만을 테킬라로 부른다.

**29** 다음에서 설명되는 약용주는?

충남 서북부 해안지방의 전통 민속주로 고려 개국공신 복지겸이 백약이 무효인 병을 앓고 있을 때 백일기도 끝에 터득한 비법에 따라 찹쌀, 아미산의 진달래, 안샘물로 빚은 술을 마시고 병을 고쳤다는 신비의 전설과 함께 전해 내려온다.

① 두견주
② 송순주
③ 문배주
④ 백세주

**해설**
① 두견주 : 진달래꽃(두견화)을 첨가한 양조주
② 송순주 : 곡주를 빚는 과정에서 송순과 소주를 넣어 발효시키는 혼양주법으로 만든 전통명주
③ 문배주 : 밀, 좁쌀, 수수를 누룩과 함께 발효해서 증류한 술
④ 백세주 : 찹쌀로 만든 한국의 발효주

**30** 주장의 캡틴(Bar Captain)에 대한 설명으로 틀린 것은?

① 영업을 지휘·통제한다.
② 서비스 준비사항과 구성인원을 점검한다.
③ 지배인을 보좌하고 업장 내의 관리업무를 수행한다.
④ 고객으로부터 직접 주문을 받고 서비스 등을 지시한다.

**해설**
영업을 지휘·통제하는 업무는 지배인(Manager)의 역할이다. 매니저는 영업장의 책임자로서 모든 영업에 책임을 진다.

정답 26 ② 27 ④ 28 ② 29 ① 30 ①

**31** 다음 중 이탈리아 와인 등급 표시로 맞는 것은?

① AOC
② DO
③ DOCG
④ QbA

해설
③ DOCG : 이탈리아 정부에서 그의 품질을 보증한다는 뜻으로 최상급 와인을 의미한다.
① AOC(원산지 통제 명칭 포도주) : 프랑스 농림축산식품부령으로 공인된 생산조건을 만족시키는 포도주이다.
④ QbA : 독일의 와인 등급으로 QmP 아래의 품질등급이다.

**32** 다음 중 주장 종사원(Waiter/Waitress)의 주요 임무는?

① 고객이 사용한 기물과 빈 잔을 세척한다.
② 칵테일의 부재료를 준비한다.
③ 창고에서 주장(Bar)에서 필요한 물품을 보급한다.
④ 고객에게 주문을 받고 주문받은 음료를 제공한다.

해설
캡틴을 보좌하여 영업시간 전에 손님맞이를 위한 테이블의 정리, 음료 판매상품에 대한 숙지 및 판매기술의 개발, 주문서 관리와 요금의 영수관계를 주로 하는 역할을 하며, 특히 단골고객에 대한 취향을 파악하여 고객 서비스에 만전을 기한다.

**33** "같은 음료로 드릴까요?"의 표현은?

① May I bring the same drink for you?
② Do you need another drink?
③ Do you want to try another one?
④ What would you like to drink?

**34** 곡류를 발효 증류시킨 후 주니퍼 베리, 고수풀, 안젤리카 등의 향료식물을 넣어 만든 증류주는?

① VODKA
② RUM
③ GIN
④ TEQUILA

해설
주니퍼 베리가 송진과 비슷한 향이 난다 하여 진에서 송진향이 난다고 말하기도 한다.

**35** Vodka에 속하는 것은?

① Bacardi   ② Stolichnaya
③ Blanton's   ④ Beefeater

해설
보드카에는 스톨리츠나야(Stolichnaya), 고든(Gordon's), 스미노프(Smirnoff), 핀란디아(Finlandia), 앱솔루트(Absolute) 등이 있다.
① 바카디(Bacardi) : 럼
③ 블랑톤(Blanton's) : 버번 위스키
④ 비피터(Beefeater) : 진

### 36  바(Bar) 기구가 아닌 것은?

① 믹싱 셰이커(Mixing Shaker)
② 레몬 스퀴저(Lemon Squeezer)
③ 바 스트레이너(Bar Strainer)
④ 스테이플러(Stapler)

**해설**
④ 스테이플러(Stapler) : 철사 침을 사용하여 서류를 철하는 도구
① 믹싱 셰이커(Mixing Shaker) : 일명 셰이커로 여러 가지 재료를 혼합하여 만들 때 사용
② 레몬 스퀴저(Lemon Squeezer) : 레몬 압착기
③ 바 스트레이너(Bar Strainer) : 얼음을 걸러주는 기물

### 37  음료의 살균에 이용되지 않는 방법은?

① 저온장시간살균법(LTLT)
② 자외선살균법
③ 고온단시간살균법(HTST)
④ 초고온살균법(UHT)

**해설**
① 저온장시간살균법(LTLT) : 62~65℃에서 30분간 살균하는 방법으로 파스퇴르에 의해 발견되었다. 네덜란드의 하이네켄, 덴마크의 칼스버그, 우리나라 OB라거가 여기에 해당된다.
③ 고온단시간살균법(HTST) : 72~75℃에서 15~20초간 살균 처리하는 덴마크식 정통 살균법으로 좋은 품질의 살균 우유를 생산할 수 있고 대량생산이 가능하다.
④ 초고온살균법(UHT) : 130~150℃에서 2초간 살균하는 살균법으로 국제적으로 "멸균법"으로 인정하고 있다. 거의 무균에 가까운 살균력으로 단백질이 타서 고소한 맛이 난다.

### 38  다음 중 롱 드링크(Long Drink)에 해당하는 것은?

① 마티니(Martini)
② 진 피즈(Gin Fizz)
③ 맨해튼(Manhattan)
④ 스팅어(Stinger)

**해설**
롱 드링크 음료는 6oz(180mL) 이상의 글라스에 제공된다. 시간을 두며 천천히 마실 수 있는 칵테일 중 하나이며 얼음 선택이 중요하기 때문에 녹지 않은 단단한 얼음을 사용해야 한다.

### 39  커피 리큐르가 아닌 것은?

① 카모라(Kamora)
② 티아 마리아(Tia Maria)
③ 퀴멜(Kummel)
④ 칼루아(Kahlua)

**해설**
퀴멜(Kummel)은 회양풀(Caraway Seeds)로 만든 독일의 무색투명한 리큐르로 소화불량에 특효가 있다.

### 40  다음 중 오렌지향의 리큐르가 아닌 것은?

① 그랑 마니에르(Grand Marnier)
② 트리플 섹(Triple Sec)
③ 쿠앵트로(Cointreau)
④ 무세(Mousseux)

**해설**
무셰(뮤슈, Mousseux)는 프랑스어로 거품이 있는 또는 거품같이 부드럽고 가볍다는 뜻으로 뱅 무세(Vin Mousseux)는 프랑스 샹파뉴 지방 이외에서 생산되는 발포성 와인을 뜻한다.

**41** 나라별 와인등급 중 가장 높은 등급이 아닌 것은?

① 프랑스 – VDQS
② 이탈리아 – DOCG
③ 독일 – QmP
④ 스페인 – DOC

**해설**
VDQS는 프랑스 와인의 4단계 등급에서 두 번째 등급으로 비교적 고급와인이다.

**42** 다음 중 증류주가 아닌 것은?

① 소주
② 청주
③ 위스키
④ 진

**해설**
청주는 쌀, 누룩, 물을 원료로 하여 빚은 맑은 술로 양조주에 속한다.

**43** 파인애플 주스가 사용되지 않는 칵테일은?

① Mai-Tai
② Pina Colada
③ Paradise
④ Blue Hawaiian

**해설**
파라다이스(Paradise)
Dry Gin 1oz + Apricot Brandy 1/2oz + Orange Juice 1oz

**44** 스카치 위스키(Scotch Whisky)가 아닌 것은?

① 시바스 리갈(Chivas Regal)
② 글렌피딕(Glenfiddich)
③ 존 제임슨(John Jameson)
④ 커티 샥(Cutty Sark)

**해설**
존 제임슨(John Jameson)은 아이리시 위스키(Irish Whiskey)이다.

**45** 다음 중 휘젓기(Stirring) 기법으로 만드는 칵테일이 아닌 것은?

① Manhattan
② Martini
③ Gibson
④ Gimlet

**해설**
Gimlet은 Shaking 기법으로 만든다.

**46** Tequila에 대한 설명으로 틀린 것은?

① Tequila 지역을 중심으로 지정된 지역에서만 생산된다.
② Tequila를 주원료로 만든 혼성주는 Mezcal이다.
③ Tequila는 한 품종의 Agave만 사용된다.
④ Tequila는 발효 시 옥수수당이나 설탕을 첨가할 수도 있다.

**해설**
아가베(Agave)를 발효해서 풀케(Pulque)를 만들어 마시다가 16세기경 스페인으로부터 증류기술이 도입되어 풀케를 증류하여 메즈칼(Mezcal)을 만들었다. 1902년 멕시코시티(Mexico City) 주변의 특산품인 블루 아가베(Blue Agave)를 원료로 테킬라 마을에서 생산된 증류주를 테킬라라고 한다.

**정답** 41 ① 42 ② 43 ③ 44 ③ 45 ④ 46 ②

**47** Scotch Whisky에 대한 설명으로 옳지 않은 것은?

① Malt Whisky는 대부분 Pot Still을 사용하여 증류한다.
② Blended Whisky는 Malt Whisky와 Grain Whisky를 혼합한 것이다.
③ 주원료인 보리는 이탄(Peat)의 연기로 건조시킨다.
④ Malt Whisky는 원료의 향이 소실되지 않도록 반드시 1회만 증류한다.

해설
단식증류기로 1회 증류 시 20~30%의 낮은 알코올이지만 2회 재증류를 해서 60~70%의 알코올을 얻는다.

**48** 다음에서 설명하는 전통주는?

> 고려 때에 등장한 술로 병자호란이던 어느 해 이완장군이 병사들의 사기를 돋우기 위해 약용과 가향의 성분을 고루 갖춘 이 술을 마시게 한 것에서 유래된 것으로 알려졌으며, 차보다 얼큰하고 짙게 우러난 호박색이 부드럽고 연 냄새가 은은한 전통제주로 감칠맛이 일품이다.

① 문배주  ② 이강주
③ 송순주  ④ 연엽주

해설
연엽주는 연잎을 곁들여 쌀로 빚은 술이다. 알코올 도수가 14%로 순하고 쌉쌀하면서도 감칠맛이 나는 술이다. 단맛이 없어 단술을 싫어하는 애주가들에게 잘 어울린다.

**49** 칵테일 기구에 해당되지 않는 것은?

① Butter Bowl
② Muddler
③ Strainer
④ Bar Spoon

해설
Butter Bowl은 버터를 제공할 때 사용된다.

**50** "Would you care for dessert?"의 올바른 대답은?

① Vanilla Ice-cream, please.
② Ice-water, please.
③ Scotch on the rocks.
④ Cocktail, please.

해설
디저트 드시겠습니까?

**51** 오렌지를 주원료로 만든 술이 아닌 것은?

① Triple Sec
② Tequila
③ Cointreau
④ Grand Marnier

해설
② 테킬라(Tequila)는 멕시코의 증류주이다.
오렌지 껍질을 원료로 하여 만든 큐라소 계열은 트리플 섹(Triple Sec), 쿠앵트로(Cointreau), 그랑 마니에르(Grand Marnier)가 있다.

**52** "5월 5일에는 이미 예약이 다 되어 있습니다."의 표현은?

① We look forward to seeing you on May 5th.
② We are fully booked on May 5th.
③ We are available on May 5th.
④ I will check availability on May 5th.

**53** 밑줄 친 It에 해당하는 술은?

> It is colorless, tasteless, and odorless spirits.

① Gin
② Vodka
③ White Rum
④ Tequila

해설
보드카는 무색, 무미, 무취가 특징이다.

**54** 다음 중 지역명과 대표적인 포도 품종의 연결이 맞는 것은?

① 샴페인 - 세미용
② 부르고뉴(White) - 소비뇽 블랑
③ 보르도(Red) - 피노누아
④ 샤토뇌프 뒤 파프 - 그르나슈

해설
① 샴페인 - 샤르도네(Chardonnay), 피노누아(Pinot Noir), 피노 뫼니에(Pinot Meunier)
② 부르고뉴 - 피노누아(Pinot Noir)
③ 보르도 - 카베르네 소비뇽(Cabernet Sauvignon)

**55** Which one is wine that can be served before meal?

① Table Wine
② Dessert Wine
③ Aperitif Wine
④ Port Wine

해설
어떤 와인이 식사 전에 제공될 수 있나요?
③ 프랑스어로 Aperitif는 식욕 증진을 위해 식전에 마시는 술로, 식전에 마시는 와인을 말한다.

**56** 칵테일 기구인 지거(Jigger)를 잘못 설명한 것은?

① 일명 Measure Cup이라고 한다.
② 지거는 크고 작은 두 개의 삼각형 컵이 양쪽으로 붙어 있다.
③ 작은 쪽 컵은 1oz이다.
④ 큰 쪽의 컵은 대부분 2oz이다.

해설
큰 쪽은 대부분 1-1/2oz이다.

52 ② 53 ② 54 ④ 55 ③ 56 ④ 정답

**57** 조주 서비스에서 Chaser의 의미는?

① 음료를 체온보다 높여 약 62~67℃로 해서 서빙하는 것
② 따로 조주하지 않고 생으로 마시는 것
③ 서로 다른 두 가지 술을 반씩 따라 담는 것
④ 독한 술이나 칵테일을 내놓을 때 다른 글라스에 물 등을 담아 내놓는 것

[해설]
체이서(Chaser)는 독한 술을 마시고 난 뒤 입가심으로 마시는 술 또는 물, 청량음료 등을 말한다.

**58** 옥수수를 51% 이상 사용하고 연속식 증류기로 알코올 농도 40% 이상 80% 미만으로 증류하는 위스키는?

① Scotch Whisky
② Bourbon Whiskey
③ Irish Whiskey
④ Canadian Whisky

[해설]
미국의 위스키는 영국에서 들어온 이민자들에 의해 만들어졌고, 초기 켄터키(Kentucky)주의 버번(Bourbon)에서 밀주로 만들어 버번 위스키(Bourbon Whiskey)라고 불렸다. 이는 옥수수의 과잉생산으로 옥수수를 절반 이상 함유한 위스키를 말한다.

**59** 다음에서 설명하는 혼성주는?

> The great proprietary liquer of Scotland made of Scotch and heather honey.

① Anisetter
② Sambuca
③ Drambuie
④ Peter Heering

[해설]
드람뷰이(Drambuie)는 스코틀랜드산의 유명한 리큐르로 스카치 위스키를 기본주로 해서 Honey, Herbs를 가하여 만든 혼성주이다.

**60** 다음 밑줄 친 곳에 들어갈 단어로 알맞은 것은?

> Which one do you like better Whisky _____ brandy?

① as
② but
③ and
④ or

[해설]
위스키 또는 브랜디 중 어느 것을 더 좋아합니까?

정답 57 ④ 58 ② 59 ③ 60 ④

# 2017년 제2회 과년도 기출복원문제

**01** 드라이 마티니를 만드는 방법은?

① Mix　　② Stir
③ Shake　④ Float

**해설**
Mixing Glass(믹싱 글라스)에 얼음을 넣고 드라이 진 2oz, 드라이 베르무트 1/3oz를 넣고 바스푼으로 살짝 휘저어 준다(Stir 기법). 스트레이너(Strainer)로 얼음을 걸러 칵테일 글라스에 따른 다음 그린 올리브(Green Olive)로 장식한다.

**02** 맥주용 보리의 조건이 아닌 것은?

① 껍질이 얇아야 한다.
② 담황색을 띠고 윤기가 있어야 한다.
③ 전분 함유량이 적어야 한다.
④ 수분 함유량이 13% 이하로 잘 건조되어야 한다.

**해설**
전분 함유량이 많아야 전분당화효소인 다이아스타제(Diastase)가 당화를 많이 시키고 이를 원료로 효모가 알코올과 탄산가스를 만든다.

**03** 다음 중 용량이 가장 작은 글라스는?

① Old Fashioned Glass
② Highball Glass
③ Cocktail Glass
④ Shot Glass

**해설**
④ Shot Glass(샷 글라스) : 1~2oz
① Old Fashioned Glass(올드 패션드 글라스) : 6~10oz
② Highball Glass(하이볼 글라스) : 6~10oz, 10oz 이상을 톨 하이볼(Tall Highball)이라 한다.
③ Cocktail Glass(칵테일 글라스) : 3~10oz까지 다양하지만 조주기능사 시험에서는 4.5oz를 기본으로 사용한다.

**04** 다음 중 양조주에 해당하는 것은?

① 청주(淸酒)　② 럼주(Rum)
③ 소주(Soju)　④ 리큐르(Liqueur)

**해설**
양조주는 알코올 도수가 낮고 맛과 향이 좋다.
① 청주 : 13~17%
② 럼주 : 증류주로 40% 이상
③ 소주 : 희석식 소주로 양조주와 증류주의 형태로 다양해졌다.
④ 리큐르 : 주정에 맛, 향, 색, 당분을 가미한 혼성주로 5~40% 이상의 다양한 제품이 있다.

**05** 음료에 대한 설명이 잘못된 것은?

① 콜린스 믹서(Collins Mixer)는 레몬주스와 설탕을 주원료로 만든 착향 탄산음료이다.
② 토닉워터(Tonic Water)는 키니네(Quinine)를 함유하고 있다.
③ 코코아(Cocoa)는 코코넛(Coconut) 열매를 가공하여 가루로 만든 것이다.
④ 콜라(Coke)는 콜라닌과 카페인을 함유하고 있다.

**해설**
Cocoa(코코아)는 카카오콩(Cacao Bean)의 가공품이다. 카카오콩의 지방을 제거하고 분쇄한 것으로 물에 잘 녹는다. 프랑스에서는 카카오, 영국과 한국에서는 코코아라 한다.

**06** 프로스팅(Frosting) 기법이 사용되지 않는 칵테일은?

① Margarita
② Kiss of Fire
③ Harvey Wallbanger
④ Irish Coffee

**해설**
Frosting(프로스팅) : 글라스의 림(Rim, 가장자리)에 소금이나 설탕을 묻히는 방법으로, 테두리가 마치 눈이 내린 것 같다 하여 스노 스타일(Snow Style)이라고도 한다.
① Margarita(마가리타) : Salt Rim(솔트 림)
② Kiss of Fire(키스 오브 파이어) : Sugar Rim(슈가 림)
④ Irish Coffee(아이리시 커피) : Sugar Rim(슈가 림/흑설탕)

**07** 바(Bar)의 종류에 의한 분류에 해당하지 않는 것은?

① Jazz Bar    ② Back Bar
③ Western Bar  ④ Wine Bar

**해설**
Back Bar(백 바) : 바텐더의 효율적인 업무를 위해 뒤쪽에 위치하고 있는 저장 공간, 진열대를 의미한다.

**08** 글라스(Glass)의 위생적인 취급방법으로 옳지 못한 것은?

① Glass는 불쾌한 냄새나 기름기가 없고 환기가 잘되는 곳에 보관해야 한다.
② Glass는 비눗물에 닦고 뜨거운 물과 맑은 물에 헹궈 그대로 사용하면 된다.
③ Glass를 차갑게 할 때는 냄새가 전혀없는 냉장고에서 Frosting시킨다.
④ 얼음으로 Frosting시킬 때는 냄새가 없는 얼음인지를 반드시 확인해야 한다.

**해설**
비눗물을 사용하면 글라스 안에 향기가 남을 수 있어 중성세제를 사용하는 것이 좋고, 중간 정도의 물로 닦고 차가운 물로 헹군다.

**09** 테킬라에 오렌지 주스를 배합한 후 붉은색 시럽을 뿌려서 모양이 마치 일출의 장관을 연출케 하는 환희의 칵테일은?

① Stinger        ② Tequila Sunrise
③ Screw Driver   ④ Pink Lady

**해설**
Tequila Sunrise(테킬라 선라이즈)
Tequila 1·1/2oz + Fill Orange Juice + Grenadine Syrup 1/2oz
그레나딘 시럽을 넣어 저으면 붉은색이 위로 떠올라 마치 태양이 떠오르는 것처럼 느껴진다.

**10** 맨해튼(Manhattan) 칵테일을 담아 제공하는 글라스로 가장 적합한 것은?

① 샴페인 글라스(Champagne Glass)
② 칵테일 글라스(Cocktail Glass)
③ 하이볼 글라스(Highball Glass)
④ 온더락 글라스(On The Rock Glass)

**해설**
맨해튼은 칵테일 글라스에 제공되며, 아메리칸 위스키 1·1/2oz + 스위트 베르무트 3/4oz + 앙고스투라 비터스 1dash를 믹싱 글라스에 넣고 바스푼으로 살짝 저은 뒤 얼음을 걸러 제공한다. 레드 체리(Red Cherry)로 장식한다.

**11** 보르도(Bordeaux) 지역에서 재배되는 레드 와인용 포도 품종이 아닌 것은?

① 메를로(Merlot)
② 뮈스카델(Muscadelle)
③ 카베르네 소비뇽(Cabernet Sauvignon)
④ 카베르네 프랑(Cabernet Franc)

해설
② 뮈스카델(Muscadelle) : 보르도와 도르도뉴 지방에서 재배되며, 카베르네 소비뇽과 세미용의 블렌딩용으로 사용되는 청포도 품종이다.
① 메를로(Merlot) : 보르도와 프랑스의 남쪽 지방, 캘리포니아, 칠레 등에서 재배되고 있으며 생떼밀리옹과 포므롤 지방의 주품종이다.
③ 카베르네 소비뇽(Cabernet Sauvignon) : 레드 와인의 포도 품종으로 가장 많이 알려져 있다. 프랑스 보르도 지방을 비롯해 전 세계에서 가장 많이 재배되는 적포도 품종이다.
④ 카베르네 프랑(Cabernet Franc) : 카베르네 소비뇽과 함께 레드 와인의 대표 품종으로 프랑스 보르도 지방, 루와르에서 재배된다. 생떼밀리옹과 포므롤에서는 부셰(Bouche)라는 이름으로 재배되고 있다.

**12** 칵테일 도량 용어로 1Finger에 가장 가까운 양은?

① 30mL 정도의 양
② 1병(Bottle)만큼의 양
③ 1대시(Dash)의 양
④ 1컵(Cup)의 양

해설
1Finger(핑거) = 1oz = 1Jigger(지거) = 29.5mL ≒ 30mL

**13** 발포성 와인의 서비스 방법으로 틀린 것은?

① 병을 45°로 기울인 후 세게 흔들어 거품이 충분히 나도록 한 후 철사 열 개를 푼다.
② 와인쿨러에 물과 얼음을 넣고 발포성 와인병을 넣어 차갑게 한 다음 서브한다.
③ 서브 후 서비스 냅킨으로 병목을 닦아 술이 테이블 위로 떨어지는 것을 방지한다.
④ 거품이 너무 나오지 않게 잔의 내측 벽으로 흘리면서 잔을 채운다.

해설
발포성 와인의 매력적인 거품과 기포, 그리고 고유의 맛을 즐기고 싶다면 충격을 주지 말고 조용히 열어야 한다. 병을 세워서 포일을 벗겨내고 엄지손가락으로 코르크를 누르면서 동그란 손잡이 부분의 꼬인 부분을 돌리면서 철사를 벗겨낸다. 뻥 소리가 나지 않도록 코르크를 누르면서 살짝 돌려 가면서 오픈한다.

**14** Which is not Scotch Whisky?

① Bourbon
② Ballantine
③ Cutty Sark
④ V.A.T 69

해설
Bourbon(버번)은 American Whiskey(아메리칸 위스키)이다.

**15** 소금을 Cocktail Glass 가장자리에 찍어서(Riming) 만드는 칵테일은?

① Singapore Sling
② Side Car
③ Margarita
④ Snowball

해설
마가리타(Margarita) : 칵테일 글라스 테두리에 레몬즙을 발라 소금을 묻힌다. 테킬라 1·1/2oz, 트리플 섹 1/2oz, 라임주스 1/2oz를 넣고 잘 흔든 다음 글라스에 따른다.

### 16 혼성주의 특성과 가장 거리가 먼 것은?

① 증류주 혹은 양조주에 초근목피, 향료, 과즙, 당분을 첨가하여 만든 술
② 리큐르(Liqueur)라고 불리는 술
③ 주로 식후주로 즐겨 마시며 화려한 색채와 특이한 향을 지닌 술
④ 곡류와 과실 등을 원료로 발효한 술

**해설**
④는 발효주(양조주)의 설명이다.

### 17 주장의 종류로 가장 거리가 먼 것은?

① Cocktail Bar
② Members Club Bar
③ Pup Bar
④ Snack Car

**해설**
스낵 카(Snack Car)는 차량을 소비자의 목적에 맞게 변경해서 간편하게 먹고 마실 수 있는 식음료를 판매하는 이동식 차량으로, 주장의 종류와는 거리가 멀다.

### 18 칵테일을 만드는 기법 중 "Stirring"에서 사용하는 도구와 거리가 먼 것은?

① Mixing Glass
② Bar Spoon
③ Strainer
④ Shaker

**해설**
셰이커(Shaker)는 흔들기 기법에 사용하는 도구이다.

### 19 다음 중 증류주가 아닌 것은?

① Benedictine
② Rum
③ Augier
④ Tequila

**해설**
① Benedictine : 프랑스의 오래된 약초, 향초 리큐르
② Rum : 서인도제도의 사탕수수로 만든 증류주
③ Augier : 가장 오래된 코냑 브랜드로 1643년 Pierre Augier (피에르 오지에)가 만듦
④ Tequila : 멕시코의 아가베(Agave)로 만든 증류주

### 20 다음에 해당하는 혼성주를 옳게 연결한 것은?

> ㉠ 멕시코산 커피를 주원료로 하여 Cocoa, Vanilla 향을 첨가해서 만든 혼성주이다.
> ㉡ 야생 오얏을 진에 첨가해서 만든 빨간색의 혼성주이다.
> ㉢ 이탈리아의 국민주로 제조법은 각종 식물의 뿌리, 씨, 향초, 껍질 등 70여 가지의 재료로 만들어지며 제조 기간은 45일이 걸린다.

① ㉠ 샤르트뢰즈(Chartreuse)
　 ㉡ 시나(Cynar)
　 ㉢ 캄파리(Campari)
② ㉠ 파샤(Pasha)
　 ㉡ 슬로 진(Sloe Gin)
　 ㉢ 캄파리(Campari)
③ ㉠ 칼루아(Kahlua)
　 ㉡ 시나(Cynar)
　 ㉢ 캄파리(Campari)
④ ㉠ 칼루아(Kahlua)
　 ㉡ 슬로 진(Sloe Gin)
　 ㉢ 캄파리(Campari)

**정답** 16 ④  17 ④  18 ④  19 ①  20 ④

**21** 뜨거운 물 또는 차가운 물에 설탕과 술을 넣어서 만든 칵테일은?

① Toddy
② Punch
③ Sour
④ Sling

해설
토디(Toddy)는 코코넛 야자의 수액을 발효한 양조주이다. 칵테일에서는 술에 뜨거운 물과 설탕, 레몬 등을 넣어 만든 음료를 말한다.

**22** Which is the correct one as a base of Bloody Mary in the following?

① Gin
② Rum
③ Vodka
④ Tequila

해설
블러디 메리의 베이스로 옳은 것은 보드카이다.

**23** 다음 중 아이리시 위스키(Irish Whiskey)는?

① John Jameson
② Old Forester
③ Old Parr
④ Imperial

해설
아이리시 위스키(Irish Whiskey)는 존 제임슨(John Jameson)과 올드 부시밀(Old Bushmills)이 있다. 올드 포레스터(Old Forester)는 버번 위스키, 올드 파(Old Parr)와 임페리얼(Imperial)은 스카치 위스키이다.

**24** 진저에일의 설명 중 틀린 것은?

① 맥주에 혼합하여 마시기도 한다.
② 생강향이 함유된 청량음료이다.
③ 진저에일의 에일은 알코올을 뜻한다.
④ 진저에일은 알코올분이 있는 혼성주이다.

해설
진저에일은 생강으로 만든 알코올 음료였지만 지금은 생강의 향이 첨가된 가벼운 탄산수로 마시기에 부담이 없다.

**25** 다음 중 이탈리아 와인 등급 표시로 맞는 것은?

① AOC
② DO
③ DOCG
④ QbA

해설
③ DOCG : 이탈리아 정부에서 그의 품질을 보증한다는 뜻으로 최상급 와인을 의미한다.
① AOC(원산지 통제 명칭 포도주) : 프랑스 농림축산식품부령으로 공인된 생산조건을 만족시키는 포도주이다.
④ QbA : 독일에서 생산된 우수한 와인등급으로 QmP 아래의 품질등급이다.

**26** 다음 중 증류주가 아닌 것은?

① 보드카(Vodka)
② 샴페인(Champagne)
③ 진(Gin)
④ 럼(Rum)

해설
샴페인(Champagne)은 프랑스 샹파뉴 지방의 탄산가스가 함유된 발포성 와인을 말한다.

### 27 주장(Bar)에서 유리잔(Glass)을 취급, 관리하는 방법으로 틀린 것은?

① Cocktail Glass는 스템(Stem)의 아래쪽을 잡는다.
② Wine Glass는 무늬를 조각한 크리스털 잔을 사용하는 것이 좋다.
③ Brandy Snifter는 잔의 받침(Foot)과 볼(Bowl) 사이에 손가락을 넣어 감싸 잡는다.
④ 냉장고에서 차게 해 둔 잔(Glass)이라도 사용 전 반드시 파손과 청결상태를 확인한다.

**해설**
와인 잔은 와인의 색과 숙성의 정도를 잘 파악하고 느낄 수 있도록 투명한 글라스를 사용하는 것이 좋다.

### 28 주장의 시설에 대한 설명으로 잘못된 것은?

① 주장은 크게 프런트 바(Front Bar), 백 바(Back Bar), 언더 바(Under Bar)로 구분된다.
② 프런트 바(Front Bar)는 바텐더와 고객이 마주 보고 서브하고 서빙을 받는 바를 말한다.
③ 백 바(Back Bar)는 칵테일용으로 쓰이는 술의 저장 및 전시를 위한 공간이다.
④ 언더 바(Under Bar)는 바텐더 허리 아래의 공간으로 휴지통이나 빈 병 등을 둔다.

**해설**
언더 바(Under Bar)는 바텐더가 칵테일을 조주하기 위한 공간으로 높이는 80~90cm 정도가 좋다.

### 29 오렌지향이 가미된 혼성주가 아닌 것은?

① Triple Sec    ② Tequila
③ Grand Marnier ④ Cointreau

**해설**
② Tequila(테킬라) : 용설란(Agave)을 발효하여 증류한 멕시코산 증류주이다.

### 30 우리나라의 전통주가 아닌 것은?

① 이강주
② 과하주
③ 죽엽청주
④ 송순주

**해설**
③ 죽엽청주(竹葉靑酒) : 중국에서 생산되는 약미주로 다양한 약재를 섞어 특유의 맛을 내는 소흥주의 일종이다. 중국 8대 명주 중 하나이다.
① 이강주 : 소주에 배[이(梨)]와 생강[강(薑)]이 들어갔다 하여 붙여진 이름이다. 배와 생강 이외에 울금, 계피 그리고 뒷맛을 좋게 하기 위해 꿀이 들어간 전라북도 전주 지역의 전통민속주이다.
② 과하주 : 무더운 여름을 탈 없이 날 수 있는 술이라는 뜻에서 얻어진 이름으로 약주에 소주를 섞어 빚어 여름날 술이 변질되지 않도록 알코올 도수를 높인 혼양주로 조선 초기부터 서울에서 알려진 술이다.

### 31 꿀로 만든 리큐르(Liqueur)는?

① Creme de Menthe
② Curacao
③ Galliano
④ Drambuie

**해설**
④ Drambuie(드람뷰이) : 15년 이상 숙성된 몰트 위스키에 꿀, 허브 등을 첨가하여 만든 리큐르로 어원은 게릭어로 '사람을 만족시키는 음료'라는 뜻
① Creme de Menthe(크렘 드 민트) : 일명 페퍼민트라고도 하며 민트를 주원료로 계피, 생강 등을 중성주정에 당분과 함께 넣어 만든 리큐르
② Curacao(큐라소) : 오렌지 껍질을 원료로 하여 과일향이 풍부한 오렌지 리큐르
③ Galliano(갈리아노) : 아니스, 바닐라 등 40여 종 이상의 약초, 향초를 배합해서 만든 이탈리아에서 생산되는 오렌지와 바닐라 향이 강한 리큐르

**정답** 27 ② 28 ④ 29 ② 30 ③ 31 ④

**32** 주로 추운 계절에 추위를 녹이기 위하여 외출이나 등산 후에 따뜻하게 마시는 칵테일로 가장 거리가 먼 것은?

① Irish Coffee  ② Tropical Cocktail
③ Rum Grog  ④ Vin Chaud

해설
② Tropical Cocktail(트로피컬 칵테일) : 파파야, 망고, 두리안 등 열대과일이 들어간 칵테일로 차갑게 해서 프로즌 스타일(Frozen Style)로 제공한다.
① Irish Coffee(아이리시 커피) : 아이리시 위스키에 뜨거운 커피가 들어간 칵테일이다.
③ Rum Grog(럼 그로그) : 럼에 차가운 물 또는 따뜻한 물을 섞어서 마시는 칵테일이다.
④ Vin Chaud(뱅쇼) : 레드 와인에 계피, 오렌지, 레몬 등 각종 과일을 넣어 따뜻하게 데워 마시는 와인으로 프랑스에서는 뱅쇼, 미국에서는 뮬드 와인(Mulled Wine), 독일에서는 글루바인(Gluhwein)으로 부른다.

**33** 구매관리 업무와 가장 거리가 먼 것은?

① 납기관리
② 시장조사
③ 우량 납품업체 선정
④ 음료상품 판매촉진 기획

해설
음료상품 판매촉진 기획은 마케팅 및 기획 업무이다.

**34** 프랑스 보르도(Bordeaux) 지방의 와인이 아닌 것은?

① 보졸레(Beaujolais), 론(Rhone)
② 메독(Medoc), 그라브(Grave)
③ 포므롤(Pomerol), 소테른(Sauternes)
④ 생떼밀리옹(Saint-Emilion), 바르삭(Barsac)

해설
① 보졸레(Beaujolais)는 부르고뉴 와인 산지이다.
보르도 와인 산지 : 메독(Medoc), 그라브(Grave), 포므롤(Pomerol), 생떼밀리옹(Saint-Emilion), 소테른(Sauternes), 바르삭(Barsac) 등

**35** 맥주의 재료인 홉(Hop)의 설명으로 옳지 않은 것은?

① 자웅이주 식물로서 수꽃인 솔방울 모양의 열매를 사용한다.
② 맥주의 쓴맛과 향을 낸다.
③ 단백질을 침전·제거하여 맥주를 맑고 투명하게 한다.
④ 거품의 지속성 및 항균성을 부여한다.

해설
홉(Hop) : 뽕나무과, 삼나무과 식물로서 암수가 서로 다른 다년생의 넝쿨 식물로 양조용으로는 수정되지 않은 암꽃을 사용한다.

**36** Which one is made with vodka and coffee liqueur?

① Black Russian
② Rusty Nail
③ Cacao Fizz
④ Kiss of Fire

해설
Black Russian(블랙 러시안)은 보드카 1oz와 멕시코산 커피가 들어간 칼루아 1/2oz가 들어간다.

**37** 진(Gin)이 가장 처음 만들어진 나라는?

① 프랑스
② 네덜란드
③ 영국
④ 덴마크

해설
진(Gin) : 네덜란드의 의과대학 교수인 Doctor Sylvius가 만든 술이다.

**38** 단식증류기의 일반적인 특징이 아닌 것은?

① 원료 고유의 향을 잘 얻을 수 있다.
② 고급 증류주의 제조에 이용한다.
③ 적은 양을 빠른 시간에 증류하여 시간이 적게 걸린다.
④ 증류 시 알코올 도수를 80도 이하로 낮게 증류한다.

해설
단식증류기는 재증류 시 매우 번거롭고 이로 인해 대량생산이 불가능하며 시간이 많이 걸린다.

**39** 차(Tea)에 대한 설명으로 가장 거리가 먼 것은?

① 녹차는 찻잎을 찌거나 덖어서 만든다.
② 녹차는 끓는 물로 신속히 우려낸다.
③ 홍차는 레몬과 잘 어울린다.
④ 홍차에 우유를 넣을 때는 뜨겁게 하여 넣는다.

해설
발효차의 경우 고온(95~100℃)에서 우려내고 약발효차나 부드러운 차는 중온(80~95℃)에서 우려내야 고유의 맛과 향을 느낄 수 있다. 또한 맛있는 차를 우려내기 위해서는 차의 양, 물의 온도, 우리는 시간이 잘 맞아야 한다.

**40** 차와 코코아에 대한 설명으로 틀린 것은?

① 차는 보통 홍차, 녹차, 청차 등으로 분류된다.
② 차의 등급은 잎의 크기나 위치 등에 크게 좌우된다.
③ 코코아는 카카오 기름을 제거하여 만든다.
④ 코코아는 사이펀(Syphon)을 사용하여 만든다.

해설
사이펀은 진공여과 방식으로 커피를 추출하는 도구이다.

**41** 칵테일의 종류 중 마가리타(Margarita)의 주원료로 쓰이는 술의 이름은?

① 위스키(Whisky)
② 럼(Rum)
③ 테킬라(Tequila)
④ 브랜디(Brandy)

해설
**마가리타** : 테킬라 45mL + 트리플 섹 15mL + 라임주스 15mL + Salt Rim

**42** 조주상 사용되는 표준계량의 표시 중에서 틀린 것은?

① 1티스푼(Tea Spoon) = 1/8온스
② 1스플리트(Split) = 6온스
③ 1파인트(Pint) = 10온스
④ 1포니(Pony) = 1온스

해설
1파인트(Pint) = 16온스

**43** "What will you have to drink?"의 의미로 가장 적합한 것은?

① 디저트는 무엇으로 하시겠습니까?
② 그 외에 무엇을 드시겠습니까?
③ 술은 무엇으로 하시겠습니까?
④ 식사는 무엇으로 하시겠습니까?

## 44 다음 중 의미가 다른 하나는?

① Cheers!
② Give Up!
③ Here's to us!
④ Bottoms Up!

**해설**
Give up : 포기하다.
①, ③, ④는 '건배'라는 뜻이다.

## 45 다음 중 네그로니(Negroni) 칵테일의 재료가 아닌 것은?

① Dry Gin
② Campari
③ Sweet Vermouth
④ Rum

**해설**
온더락 글라스에 Dry Gin 3/4oz, Sweet Vermouth 3/4oz, Campari 3/4oz가 들어가며 장식은 Lemon Peel이다. 식전주로 좋다.

## 46 Floating의 방법으로 글라스에 직접 제공하여야 할 칵테일은?

① Highball
② Gin Fizz
③ Pousse Cafe
④ Flip

**해설**
퓨즈카페(Pousse Cafe)
작은 잔에 술이나 재료의 비중을 이용하여 음료를 차례대로 쌓이도록 띄우는 방법으로 만든 칵테일이다.

## 47 양조주의 설명으로 옳은 것은?

① 단식증류기를 사용한다.
② 알코올 함량이 높고 저장기간이 길다.
③ 전분이나 과당을 발효시켜 제조한다.
④ 주정에 초근목피를 첨가하여 만든다.

**해설**
①, ②는 증류주에 대한 설명이다.
④는 혼성주의 약초, 향초류를 설명한 것이다.

## 48 고객이 호텔의 음료상품을 이용하지 않고 음료를 가지고 오는 경우, 서비스하고 여기에 필요한 글라스, 얼음, 레몬 등을 제공하여 받는 대가를 무엇이라 하는가?

① Rental Charge
② VAT(Value Added Tax)
③ Corkage Charge
④ Service Charge

**해설**
코르키지 차지(Corkage Charge)는 사전적 의미로 '코르크 마개를 빼는, 고객이 가져온 술병에 대한 호텔의 마개를 뽑아 주는 서비스료'의 뜻이다. 일정한 금액이 정해진 것이 아니라 매니저와 협의한 후 가격을 측정한다.

## 49 보드카(Vodka)에 대한 설명 중 틀린 것은?

① 슬라브 민족의 국민주라고 할 수 있을 정도로 애음되는 술이다.
② 사탕수수를 주원료로 사용한다.
③ 무색(Colorless), 무미(Tasteless), 무취(Odorless)이다.
④ 자작나무의 활성탄과 모래를 통과시켜 여과한 술이다.

**해설**
② 사탕수수를 주원료로 하는 술은 럼(Rum)이다.

**50** 다음 중 기구에 대한 설명이 잘못된 것은?

① 스토퍼(Stopper) – 남은 음료를 보관하기 위한 병마개
② 코르크 스크루(Cork Screw) – 와인 병마개를 딸 때 사용
③ 아이스 텅(Ice Tongs) – 톱니 모양으로 얼음 집는 데 사용
④ 머들러(Muddler) – 얼음을 깨는 송곳

> 해설
> 머들러(Muddler)는 휘젓는 막대를 말하며, 우드(Wood)로 된 머들러는 과일을 으깰 때 사용하는 막대를 말한다.

**51** 'I feel like throwing up.'의 의미는?

① 토할 것 같다.
② 기분이 너무 좋다.
③ 술을 더 마시고 싶다.
④ 공을 던지고 싶다.

**52** 다음 중에서 Cherry로 장식하지 않는 칵테일은?

① Angel's Kiss
② Manhattan
③ Rob Roy
④ Martini

> 해설
> Martini는 Green Olive로 장식한다.

**53** 다음 중 테킬라(Tequila)가 아닌 것은?

① Cuervo
② El Toro
③ Sambuca
④ Sauza

> 해설
> Sambuca는 혼성주이다.

**54** 스카치 위스키의 5가지 법적 분류에 해당하지 않는 것은?

① 싱글 몰트 스카치 위스키
② 블렌디드 스카치 위스키
③ 블렌디드 그레인 스카치 위스키
④ 라이 위스키

> 해설
> Rye Whiskey는 51% 이상의 호밀을 원료로 만든 증류주로 버번 위스키와 유사하나 맛과 향이 다르다.

**55** 다음 내용 중 옳은 것은?

① Cognac is produced only in the Cognac region of France.
② All brandy is Cognac.
③ Not all Cognac is brandy.
④ All French brandy is Cognac.

> 해설
> 코냑은 프랑스의 코냑 지방에서만 만든 브랜디로 보르도 북쪽에 위치해 있다. 모든 코냑은 브랜디이지만 모든 브랜디가 코냑은 아니다.
> ① 코냑은 프랑스 코냑 지역에서만 생산된다.

정답 50 ④ 51 ① 52 ④ 53 ③ 54 ④ 55 ①

**56** 리큐르 중 DOM 글자가 표기되어 있는 것은?

① Sloe Gin
② Kahlua
③ Kummel
④ Benedictine

> 해설
> DOM은 Deo Optimo Maximo의 약어로 '최고의 신에게 바치는 술'이란 뜻이다.

**57** Please, select the cocktail based on Tequila in the following.

① Cosmopolitan
② Kiss of Fire
③ Apple Martini
④ Margarita

> 해설
> 다음 중 테킬라가 기본이 되는 칵테일을 고르시오.
> ④ Margarita는 Tequila가 주재료로 사용된다.

**58** 다음 중 Ice Bucket에 해당되는 것은?

① Ice Pail
② Ice Tong
③ Ice Pick
④ Ice Pack

> 해설
> 아이스 버킷(Ice Bucket)은 얼음을 넣는 통으로 아이스 페일(Ice Pail)을 말한다.

**59** 다음의 (   )에 들어갈 알맞은 말은?

> I am afraid you have the (   ) number.
> (전화 잘못 거셨습니다.)

① correct
② wrong
③ missed
④ busy

**60** 다음의 (   ) 안에 들어갈 적당한 단어는?

> I'll have a Scotch ( ㉠ ) the rockes and a Bloody Mary ( ㉡ ) my Wife.

① ㉠ - on, ㉡ - for
② ㉠ - in, ㉡ - to
③ ㉠ - for, ㉡ - at
④ ㉠ - of, ㉡ - in

> 해설
> 나는 스카치에 얼음을 넣어서, 그리고 아내를 위해서는 블러디 메리를 주세요.

56 ④  57 ④  58 ①  59 ②  60 ①

# 2018년 제1회 과년도 기출복원문제

**01** Floating의 방법으로 글라스에 직접 제공하여야 할 칵테일은?

① Highball  ② Gin Fizz
③ Pousse Cafe  ④ Flip

**해설**
Floating은 Liqueur Glass 또는 Sherry Glass에 술이나 재료의 비중을 이용하여 내용물을 차례대로 쌓이도록 띄우는 기법이다. 이를 활용한 대표적인 칵테일로 Pousse Cafe, B-52 등이 있다.

**02** 다음 중 양조주가 아닌 것은?

① 맥주(Beer)  ② 와인(Wine)
③ 브랜디(Brandy)  ④ 풀케(Pulque)

**해설**
브랜디(Brandy)는 포도주를 증류한 술로 '태운 와인'이란 뜻을 가진 증류주이다.

**03** 맥주용 보리의 조건이 아닌 것은?

① 껍질이 얇아야 한다.
② 담황색을 띠고 윤기가 있어야 한다.
③ 전분 함유량이 적어야 한다.
④ 수분 함유량이 13% 이하로 잘 건조되어야 한다.

**해설**
전분 함유량이 많아야 전분당화효소인 다이아스타제(Diastase)가 당화를 많이 시키고 이를 원료로 효모가 알코올과 탄산가스를 만든다.

**04** 다음 중 프랑스의 와인 등급이 아닌 것은?

① AOC  ② VDQS
③ DOC  ④ Vins de Table

**해설**
③ DOC는 이탈리아의 와인 등급이다.

**05** 코냑(Cognac)의 증류가 끝나도록 규정된 때는?

① 12월 31일  ② 2월 1일
③ 3월 31일  ④ 5월 1일

**해설**
코냑(Cognac)은 와인을 2~3회 단식증류기로 증류하는데, 향기 성분을 최대한 많이 가져올 수 있도록 10월 말이나 11월부터 발효가 끝난 와인은 3월 31일까지 증류 작업을 마쳐야 한다. 4월 1일부터는 오크통 숙성에 들어가야 한다.

**06** 다음 중 Red Wine용 포도 품종은?

① Cabernet Sauvignon
② Chardonnay
③ Pinot Blanc
④ Sauvignon Blanc

**해설**
Chardonnay(샤르도네), Pinot Blanc(피노블랑), Sauvignon Blanc(소비뇽 블랑)은 청포도 품종으로 화이트 와인(White Wine)을 만들 때 사용한다.

**정답** 1 ③  2 ③  3 ③  4 ③  5 ③  6 ①

## 07 다음 중 과일주스가 아닌 것은?

① 포도주스
② 자몽주스
③ 오렌지 주스
④ 토마토 주스

**해설**
토마토는 채소로 분류된다.

## 08 다음 중 혼성주의 제조방법이 아닌 것은?

① 샤르마법(Charmat Process)
② 증류법(Distillation Process)
③ 침출법(Infusion Process)
④ 배합법(Essence Process)

**해설**
① 샤르마법 : 스파클링 와인의 대량 생산방법으로 커다란 탱크에서 발효시킨 뒤 나중에 압력을 가해 병입한다. 샴페인보다 거품이 크고 가격은 저렴하다. 다른 표현으로 벌크(Bulk)라고 한다.
② 증류법 : 방향성 물질인 식물의 초근목피 등을 알코올에 담아서 증류하는 방법이다.
③ 침출법 : 과일이나 약초, 향료를 증류주에 넣고 향미성분을 용해시키는 방법이다.
④ 배합법 : 일명 에센스법(Essence Process)으로 주정에 천연 또는 합성향료를 넣고 배합하는 방법이다.

## 09 Manhattan 칵테일을 담아 제공하는 글라스로 가장 적합한 것은?

① Champagne Glass
② Cocktail Glass
③ Highball Glass
④ On The Rock Glass

**해설**
맨해튼은 칵테일 글라스에 제공되며 아메리칸 위스키 1·1/2oz + 스위트 베르무트 3/4oz + 앙고스투라 비터스 1dash를 믹싱 글라스에 넣고 바스푼으로 살짝 저은 뒤 얼음을 걸러 제공한다. 레드 체리(Red Cherry)로 장식한다.

## 10 커피의 3대 원종이 아닌 것은?

① 로부스타종
② 아라비카종
③ 인디카종
④ 리베리카종

**해설**
커피의 3대 원종
- 아라비카종 : 대표적인 커피 품종으로, 카페인 함량이 적고 향미가 우수하며 신맛이 좋은 것으로 알려져 있다.
- 로부스타종 : 병충해에 강해 어떤 토양에서도 재배가 가능하다. 카페인 함량이 높고 강한 쓴맛과 독특한 향을 지니고 있다.
- 리베리카종 : 녹병이 크게 번질 때 아라비카의 대체종으로 관심을 끌었던 품종이다. 풍미가 아라비카보다 못하고 수확량도 적어 서아프리카의 라이베리아와 동남아시아 지역에서 소량 생산되며 현지에서 많이 소비된다.

## 11 믹싱 글라스(Mixing Glass)에서 만든 칵테일을 글라스에 따를 때 얼음을 걸러 주는 역할을 하는 기구는?

① Ice Pick
② Ice Tong
③ Strainer
④ Squeezer

**해설**
① Ice Pick(아이스 픽) : 규모가 큰 얼음 덩어리를 잘게 부술 때 사용하는 얼음 송곳이다.
② Ice Tong(아이스 텅) : 얼음 집게이다.
④ Squeezer(스퀴저) : 레몬, 라임, 오렌지 등의 즙을 짜기 위한 도구이다.

**12** 바(Bar) 집기비품에 속하지 않는 것은?

① Nutmeg
② Spindle Mixer
③ Paring Knife
④ Ice Pail

> 해설
> ① Nutmeg(너트메그) : 사향 향기가 나는 호두라는 뜻으로, 육두구나무 열매를 말려서 가루로 만든 것이다.
> ② Spindle Mixer(스핀들 믹서) : 전동식 셰이커로 셰이킹으로 잘 섞이지 않는 재료를 믹싱할 때 사용한다.
> ③ Paring Knife(패링 나이프) : 채소의 껍질을 까거나 다듬을 때 사용하는 칼로 레몬, 라임, 오렌지 등의 껍질을 이용하여 칵테일을 만들거나 장식할 때 사용한다.
> ④ Ice Pail(아이스 페일) : 얼음 통

**13** 다음 중 Decanter와 가장 관계있는 것은?

① Red Wine
② White Wine
③ Champagne
④ Sherry Wine

> 해설
> Decanter(디캔터)는 침전물이 있는 와인을 서브할 때 침전물을 제거하거나 숙성이 덜 된 거친 와인을 서브할 때 공기와 접촉시켜 맛을 부드럽게 하기 위해 와인을 옮겨 담는 용기를 말한다. 폴리페놀 성분 등 와인 속에 들어 있는 주석산염의 결정체로 침전물이 생기는 것은 레드 와인이다.

**14** Which is not Scotch Whisky?

① Bourbon
② Ballantine
③ Cutty Sark
④ V.A.T 69

> 해설
> Bourbon(버번)은 American Whiskey(아메리칸 위스키)이다.

**15** Malt Whisky를 바르게 설명한 것은?

① 대량의 양조주를 연속식으로 증류해서 만든 위스키
② 단식증류기를 사용하여 2회의 증류과정을 거쳐 만든 위스키
③ 피트탄(Peat, 석탄)으로 건조한 맥아의 당액을 발효해서 증류한 피트향과 통의 향이 배인 독특한 맛의 위스키
④ 옥수수를 원료로 대맥의 맥아를 사용하여 당화시켜 개량솥으로 증류한 고농도 알코올의 위스키

> 해설
> 몰트(Malt)는 보리에 싹이 난 상태를 말한다. 맥아를 원료로 피트(Peat)탄으로 건조해서 스모크향이 배도록 하여 단식증류기로 2회 증류한 뒤 오크통에 숙성한 위스키를 몰트 위스키(Malt Whisky)라고 한다.

**16** 위스키의 제조과정을 순서대로 나열한 것으로 가장 적합한 것은?

① 맥아 – 당화 – 발효 – 증류 – 숙성
② 맥아 – 당화 – 증류 – 저장 – 후숙
③ 맥아 – 발효 – 증류 – 당화 – 블렌딩
④ 맥아 – 증류 – 저장 – 숙성 – 발효

> 해설
> 위스키의 4대 과정
> 당화(Mashing) → 발효(Fermentation) → 증류(Distillation) → 숙성(Aging)

**17** 주장의 종류로 가장 거리가 먼 것은?

① Cocktail Bar
② Members Club Bar
③ Pup Bar
④ Snack Car

해설
스낵 카(Snack Car)는 차량을 소비자의 목적에 맞게 변경해서 간편하게 먹고 마실 수 있는 식음료를 판매하는 이동식 차량으로, 주장의 종류와는 거리가 멀다.

**18** 음료를 서빙할 때에 일반적으로 사용하는 비품이 아닌 것은?

① Bar Spoon
② Coaster
③ Serving Tray
④ Napkin

해설
바스푼(Bar Spoon)은 바텐더가 음료를 섞거나 만들 때 사용하며 고객에게 제공하지 않는다.

**19** Which one is the spirit made from Agave?

① Tequila
② Rum
③ Vodka
④ Gin

**20** 우리나라의 고유한 술 중 증류주에 속하는 것은?

① 경주법주
② 동동주
③ 문배주
④ 백세주

해설
③ 문배주 : 고려 왕건 시대부터 제조되어 내려온 평양 일대의 증류식 소주로 술의 향기가 문배나무의 과실에서 풍기는 향기와 같다 하여 붙여진 이름이다.
① 경주법주 : 경상북도 경주 지방의 향토술로 양조주이다.
② 동동주 : 고려시대부터 빚어졌던 술이다. 발효과정에서 고두밥 알이 동동 떠오르는 현상을 두고 '밥알이 동동 떠 있다'고 해서 동동주라는 이름을 붙이게 되었을 것이라는 설이 있다.
④ 백세주 : 찹쌀로 만든 발효주이며 이 술을 마시면 백세까지도 살 수 있다 하여 붙여진 이름이다.

**21** 주장(Bar)에서 기물의 취급방법으로 틀린 것은?

① 금이 간 접시나 글라스는 규정에 따라 폐기한다.
② 은기물은 은기물 전용 세척액에 오래 담가두어야 한다.
③ 크리스털 글라스는 가능한 손으로 세척한다.
④ 식기는 같은 종류별로 보관하며 너무 많이 쌓아두지 않는다.

해설
은기물 전용 세척액인 실버 클리너에는 유기산 등의 성분이 있으므로 세척액에 담갔다가 빼서 바로 헹구면 광이 번쩍번쩍하지만 피부에 닿으면 안 좋기 때문에 주의해야 한다.

**22** 다음 중 밑줄 친 change가 나머지 셋과 다른 의미로 쓰인 것은?

① Do you have change for a dollar?
② Keep the change.
③ I need some change for the bus.
④ Let's try a new restaurant for a change.

해설
④ 변화를 위해서 새로운 식당을 시도해 봅시다.
① 1달러 바꿀 잔돈 있으세요?
② 잔돈은 그냥 가지세요.
③ 버스를 타기 위해서 잔돈이 좀 필요합니다.

**23** 일과 업무 시작 전에 바(Bar)에서 판매 가능한 양만큼 준비해 두는 각종의 재료를 무엇이라고 하는가?

① Bar Stock
② Par Stock
③ Pre-product
④ Ordering Product

해설
파 스톡(Par Stock) : 저장되어 있는 적정 재고량을 말한다. 재고량이 너무 많으면 상품 회전율을 저하시키고 재고 자금이 높아진다. 또 재고가 너무 적으면 품절에 의해 기회손실을 초래하게 된다. 따라서 당일, 주별, 월별 인벤토리(Inventory, 재고조사)를 실시하여 적정한 재고량을 파악해야 한다.

**24** 생강을 주원료로 만든 것은?

① 진저에일
② 토닉워터
③ 소다수
④ 콜린스 믹서

해설
① 우리나라는 알코올이 전혀 없는 순수한 청량음료이다.

**25** 다음 중 하면발효 맥주에 해당되는 것은?

① Stout Beer
② Porter Beer
③ Pilsner Beer
④ Ale Beer

해설
상면발효 맥주는 스타우트(Stout), 에일(Ale), 포터(Porter)와 벨기에 램빅(Lambics) 맥주가 있다.

**26** 칵테일을 컵에 따를 때 얼음에 들어가지 않도록 걸러주는 기구는?

① Shaker
② Strainer
③ Stick
④ Blender

해설
① Shaker(셰이커) : 얼음과 여러 가지 술이나 음료를 넣고 강하게 흔들 때 사용하는 도구
③ Stick(스틱) : 음료를 저을 때 사용하며 플라스틱으로 되어 있다. 스터로드(Stir Rod) 또는 스터러(Stirrer)라고 한다.
④ Blender(블렌더) : 프로즌 스타일(Frozen Style)의 칵테일을 만들 때 사용한다. 가루 얼음을 넣고 생과일, 음료 등을 기계의 날로 분쇄해 준다.

정답 22 ④ 23 ② 24 ① 25 ③ 26 ②

**27** 주장의 시설에 대한 설명으로 잘못된 것은?

① 주장은 크게 프런트 바(Front Bar), 백 바(Back Bar), 언더 바(Under Bar)로 구분된다.
② 프런트 바(Front Bar)는 바텐더와 고객이 마주 보고 서브하고 서빙을 받는 바를 말한다.
③ 백 바(Back Bar)는 칵테일용으로 쓰이는 술의 저장 및 전시를 위한 공간이다.
④ 언더 바(Under Bar)는 바텐더 허리 아래의 공간으로 휴지통이나 빈 병 등을 둔다.

> **해설**
> 언더 바(Under Bar)는 바텐더가 칵테일을 조주하기 위한 공간으로 높이는 80~90cm 정도가 좋다.

**28** 다음 중 셰이커(Shaker)를 사용하여야 하는 칵테일은?

① 브랜디 알렉산더(Brandy Alexander)
② 드라이 마티니(Dry Martini)
③ 올드 패션드(Old Fashioned)
④ 크렘 드 망뜨 프라페(Creme de Menthe Frappe)

> **해설**
> ① 브랜디 알렉산더 : 브랜디 3/4oz, 크림 드 카카오브라운 3/4oz, 우유 3/4oz를 넣고 힘차게 흔든 다음 너트메그로 장식한다.
> ② 드라이 마티니 : 드라이 진 2oz, 드라이 베르무트 1/3oz를 믹싱 글라스에 넣고 살짝 휘저어 준 다음 올리브로 장식한다.
> ③ 올드 패션드 : 올드 패션드 글라스에 설탕과 앙고스투라 비터 1dash, 소다워터를 1/2oz 넣고 설탕이 녹을 수 있도록 잘 저어 준 다음 얼음을 채우고 아메리칸 위스키를 1·1/2oz 넣는다. 오렌지 슬라이스와 체리로 장식한다.
> ④ 크렘 드 망뜨 프라페 : 칵테일 글라스에 셰이브드 아이스(Shaved Ice)를 넣고 크렘 드 망뜨를 직접 넣기로 부어 준다.

**29** 다음은 어떤 포도 품종에 관하여 설명한 것인가?

> 작은 포도알, 깊은 적갈색, 두꺼운 껍질, 많은 씨앗이 특징이며 씨앗은 타닌 함량을 풍부하게 하고, 두꺼운 껍질은 색깔을 깊이 있게 나타낸다. 블랙커런트, 체리, 자두향을 지니고 있으며, 대표적인 생산지역은 프랑스 보르도 지방이다.

① 메를로(Merlot)
② 피노누아(Pinot Noir)
③ 카베르네 소비뇽(Cabernet Sauvignon)
④ 샤르도네(Chardonnay)

> **해설**
> ① 메를로(Merlot) : 카베르네 소비뇽(Cabernet Sauvignon)과 함께 프랑스 보르도 지방을 대표하는 적포도 품종이다. 카베르네 소비뇽에 비해 타닌맛이 적어 부드럽고 달콤한 편이다.
> ② 피노누아(Pinot Noir) : 프랑스 부르고뉴 직포도 품종으로 최고급 레드 와인을 만든다. 과일향이 풍부하고 수년간의 숙성 후에는 야생고기향을 낸다. 타닌이 적어 부드럽고 마시기 좋다.
> ④ 샤르도네(Chardonnay) : 프랑스 부르고뉴 지방의 대표적인 청포도 품종으로, 섬세하고 마른 과일향, 열대과일향이 풍부한 양질의 와인을 만들어 주며 재배지의 토양에 따라 오래 보관할 수 있다.

**30** 음료의 역사에 대한 설명으로 틀린 것은?

① 기원전 6000년경 바빌로니아 사람들은 레몬과 즙을 마셨다.
② 스페인 발렌시아 부근의 동굴에서는 탄산가스를 발견해 마시는 벽화가 있다.
③ 바빌로니아 사람들은 밀빵이 물에 젖어 발효된 맥주를 발견해 음료로 즐겼다.
④ 중앙아시아 지역에서는 야생의 포도가 쌓여 자연 발효된 포도주를 음료로 즐겼다.

> **해설**
> 약 1만 년 전의 것으로 추측되는 스페인의 발렌시아 지방의 '아라니아 동굴' 암벽 조각에서 한 손에 바구니를 들고 봉밀을 채취하는 사람의 그림이 그려져 있는 것으로 보아 벌꿀은 인류가 마신 가장 오래된 음료일 것이라고 전해지고 있다.

**정답** 27 ④　28 ①　29 ③　30 ②

**31** 생맥주를 중심으로 각종 식음료를 비교적 저렴하게 판매하는 영국식 선술집은?

① Lounge Bar  ② Banquet
③ Pub  ④ Saloon

**해설**
③ Pub(펍) : 술, 맥주를 비롯한 여러 음료와 음식도 파는 영국의 대중적인 선술집, 바
① Lounge Bar(라운지 바) : 만남의 장소 등 잠시 쉬어갈 수 있도록 편안하고 아늑한 분위기의 바
② Banquet(방켓) : 각종 행사, 이벤트, 컨벤션 등을 유치하여 식음료를 판매하거나 연회장 자체를 대여하여 영업하는 업장
④ Saloon(사롱) : 라운지 바, 과거 미국 서부, 캐나다의 술집

**32** "이것으로 주세요." 또는 "이것으로 할게요."라는 의미의 표현으로 가장 적합한 것은?

① I'll have this one.
② Give me one more.
③ I would like to drink something.
④ I already had one.

**33** 다음 술 종류 중 코디얼(Cordial)에 해당하는 것은?

① 베네딕틴(Benedictine)
② 고든스 런던 드라이 진(Gordons London Dry Gin)
③ 커티 샥(Cutty Sark)
④ 올드 그랜드 대드(Old Grand Dad)

**해설**
② 고든스 런던 드라이 진(Gordons London Dry Gin) : 주니퍼 베리(Juniper Berry)와 코리앤더, 안젤리카 뿌리, 키코리스, 오리스 뿌리, 오렌지 껍질, 레몬 껍질 등 다양한 허브를 사용해 독특하고 상쾌한 향을 지닌 드라이 진이다.
③ 커티 샥(Cutty Sark) : 스카치 위스키
④ 올드 그랜드 대드(Old Grand Dad) : 버번 위스키

**34** 와인에 국화과의 아티초크(Artichoke)와 약초의 엑기스를 배합한 이탈리아산 리큐르는?

① Absinthe  ② Dubonnet
③ Amer Picon  ④ Cynar

**해설**
① 압생트(Absinthe) : 프랑스어로 '고통, 고난, 쓴 쑥'의 뜻이다. 향쑥, 살구씨, 회향, 아니스, 안젤리카 등 향료나 향초를 원료로 하며, 프랑스를 비롯해 스위스에서도 제조한다.
② 듀보네(Dubonnet) : 프랑스산으로 레드 와인에 키니네를 원료로 첨가하여 만든 강화주로서 옅은 갈색을 띠고 있다. 식전주로 애음되고 있다.
③ 아메르 피콘(Amer Picon) : Amer는 '쓴맛'이란 뜻이며 오렌지 껍질을 가미한 프랑스산 아페리티프(Aperitife, 식전주)이다. 쓴맛이 강해 식사 전에 많이 마시며 물이나 소다수를 섞어 마셔도 좋다.

**정답** 31 ③ 32 ① 33 ① 34 ④

## 35 화이트 와인 서비스 과정에서 필요한 기물과 가장 거리가 먼 것은?

① Wine Cooler
② Wine Stand
③ Wine Basket
④ Wine Opener

**해설**
와인 크래들(Wine Cradle)은 와인을 뉘어 놓은 손잡이가 달린 바구니를 말하며, 레드 와인을 서브할 때 사용한다. 와인 바스켓(Wine Basket), 패니어(Pannier)라고도 한다.

## 38 얼음의 명칭 중 단위당 부피가 가장 큰 것은?

① Cracked Ice
② Cubed Ice
③ Lumped Ice
④ Crushed Ice

**해설**
Lumped Ice > Cracked Ice > Cubed Ice > Crushed Ice

## 36 1온스(oz)는 몇 mL인가?

① 10.5mL
② 20.5mL
③ 29.5mL
④ 40.5mL

**해설**
미국에서는 1/16pint(29.573mL)이다.

## 37 살균방법에 따른 우유 종류가 아닌 것은?

① 초저온살균우유
② 고온살균우유
③ 초고온살균우유
④ 저온살균우유

**해설**
우유살균법
- 저온살균법(LTLT) : 62~65℃에서 30분간 가열하는 방법
- 고온단시간살균법(HTST) : 72~75℃에서 15~20초간 가열하는 방법
- 고온장시간살균법(HTLT) : 95~120℃에서 30~60분간 가열하는 방법
- 초고온순간살균법(UHT) : 130~150℃에서 2초간 가열하는 방법

## 39 비중이 서로 다른 술을 섞이지 않고 띄워서 여러 가지 색상을 음미할 수 있는 칵테일은?

① 프라페(Frappe)
② 슬링(Sling)
③ 피즈(Fizz)
④ 퓨즈카페(Pousse Cafe)

**해설**
재료의 비중이 무거운 시럽이나 리큐르는 아래쪽으로 가라앉고 알코올도수가 높은 증류주는 위로 떠오른다. 퓨즈카페는 그레나딘 시럽, 칼루아, 그린 크림 드 민트, 갈리아노, 블루 큐라소 등 증류주가 들어가며 이를 섞이지 않게 층을 띄워 만든다. 조주기능사 실기에서는 그레나딘 시럽, 그린 크림 드 민트, 브랜디 순으로 층을 쌓는다.

**40** 시원한 바닷바람이라는 뜻을 가진 붉은색을 띠는 칵테일은?

① Sea Breeze  ② Blue Hawaii
③ Margarita  ④ Kir Royal

> **해설**
> 시 브리즈(Sea Breeze)
> 산들산들 불어오는 바닷바람(해안풍)이라는 뜻으로 1920년대 후반 보드카에 여름 과일을 재료로 만들었다고 한다. 이 칵테일은 로맨틱하고 낭만적인 프랑스 영화 '프렌치키스(1995)'에서 주인공이 프랑스 칸 해변을 거닐며 마신 칵테일로도 유명하다.

**41** 프랑스 수도원에서 약초로 만든 리큐르로 '리큐르의 여왕'이라 불리는 것은?

① 압생트(Absinthe)
② 베네딕틴 디오엠(Benedictine DOM)
③ 듀보네(Dubonnet)
④ 샤르트뢰즈(Chartreuse)

> **해설**
> 샤르트뢰즈(Chartreuse) : 프랑스어로 '수도원, 승원'이란 뜻이며 리큐르의 여왕이라 불린다. 레몬 껍질, 박하초, 제네가초 등 130여 가지나 되는 알프스 약초를 포도주에 침지하여 증류해서 만들어졌으며 수도승들의 활력증진을 위하여 애용되었다.

**42** 마신 알코올양(mL)을 나타내는 공식은?

① 알코올양(mL) × 0.8
② 술의 농도(%) × 마시는 양(mL) ÷ 100
③ 술의 농도(%) − 마시는 양(mL)
④ 술의 농도(%) ÷ 마시는 양(mL)

> **해설**
> 330mL 용량에 알코올 도수가 4%인 병맥주 한 병 마셨을 경우, 4 × 330/100 = 13.2mL와 같이 계산한다.

**43** 다음 중 혼성주에 속하는 것은?

① 글렌피딕
② 코냑
③ 버드와이저
④ 캄파리

> **해설**
> ① 글렌피딕(Glenfiddich)은 스코틀랜드의 몰트 위스키이다.
> ② 코냑은 프랑스의 코냑 지방에서 생산되는 포도주를 증류한 브랜디이다.
> ③ 버드와이저(Budweiser)는 미국의 전통 라거(Lager) 맥주 브랜디이다.

**44** 다음 중 보르도(Bordeaux) 지역에 속하며, 고급 와인이 많이 생산되는 곳은?

① 콜마(Colmar)
② 샤블리(Chablis)
③ 보졸레(Beaujolais)
④ 포므롤(Pomerol)

> **해설**
> • 콜마 : 미국 일리노이주 맥도너카운티에 있는 지명
> • 샤블리, 보졸레 : 프랑스 부르고뉴 지방

**정답** 40 ① 41 ④ 42 ② 43 ④ 44 ④

## 45 "먼저 하세요."라고 양보할 때 쓰는 영어 표현은?

① Follow me, please.
② Let's go.
③ Before you, please.
④ After you!

## 46 다음의 (　) 안에 적당한 단어는?

> I'll have a Scotch ( ㉠ ) the rocks and a Bloody Mary ( ㉡ ) my wife.

① ㉠ – on, ㉡ – for
② ㉠ – in, ㉡ – to
③ ㉠ – for, ㉡ – at
④ ㉠ – of, ㉡ – in

**해설**
나는 스카치를 얼음 넣어서, 아내를 위해서는 블러디 메리를 주세요.

## 47 오크통에서 증류주를 보관할 때의 설명으로 틀린 것은?

① 원액의 개성을 결정해 준다.
② 천사의 몫(Angel's Share) 현상이 나타난다.
③ 색상이 호박색으로 변한다.
④ 변화 없이 증류한 상태 그대로 보관된다.

**해설**
오크통에서 화학적인 변화와 완숙한 교류 등을 통해 복잡하고 다양한 맛과 향이 만들어진다. 이를 부케(Bouquet)라고 한다.

## 48 소다수에 대한 설명으로 틀린 것은?

① 인공적으로 이산화탄소를 첨가한다.
② 약간의 신맛과 단맛이 나며 청량감이 있다.
③ 식욕을 돋우는 효과가 있다.
④ 성분은 수분과 이산화탄소로 칼로리는 없다.

**해설**
소다수는 신맛이나 단맛이 없는 무감미 탄산수이다.

## 49 다음 중 보드카(Vodka)를 주재료로 사용하지 않는 칵테일은?

① Cosmopolitan
② Kiss of Fire
③ Apple Martini
④ Margarita

**해설**
Margarita는 Tequila가 주재료로 사용된다.

## 50 맥주를 만드는 과정이 아닌 것은?

① 당화
② 증류
③ 숙성
④ 발효

**해설**
맥주는 양조주이기에 증류과정이 없다.

## 51 맥주를 저렴하게 판매하는 영국식 선술집은?

① Club
② Western Bar
③ Pub
④ Loung Bar

## 52 다음 빈칸에 들어갈 단어 중 틀린 것은?

> Which whisky would you prefer?
> I'll have a _____ please.

① Ballantine
② Cutty sark
③ J&B
④ Stout

**해설**
위스키는 무엇으로 하시겠습니까?
④ Stout는 상면발효 맥주이다.

## 53 다음 대화 내용을 읽고 팁은 얼마인지 고르시오.

> A : I would Like to call a cab to get to the Airport.
> B : Here is call number.
> A : What's the fare to the Airport?
> B : It's about 10,000won.
> A : How much should I tip the driver when I take a taxi? Is ten percent decent for tips?
> B : yes sir.

① 1,000won
② 1,500won
③ 2,000won
④ 3,000won

**해설**
A : 택시를 불러서 공항으로 가고 싶습니다.
B : 여기 전화번호입니다.
A : 공항까지 요금이 어떻게 되죠?
B : 만 원 정도 나옵니다.
A : 택시를 타면 운전수 팁을 얼마나 줘야 하나요? 10%가 팁으로 적당한가요?
B : 네.

## 54 What are the drinks that go well with Scotch whisky?

① Soda Water
② Juice
③ Ginger Ale
④ Coffee

**해설**
스카치 위스키와 잘 어울리는 음료는?
① 소다워터는 스카치 위스키의 맛과 향을 잘 살려주면서 알코올 도수를 낮추는 효과가 있어 인기가 좋다.

**정답** 50 ② 51 ③ 52 ④ 53 ① 54 ①

55 What are the drinks that go well with Bourbon whiskey?

① Soda Water
② Milk
③ Coke
④ Juice

해설
버번 위스키와 잘 어울리는 음료는?
③ 버번 위스키의 단맛과 콜라의 캐러멜이 조화를 잘 이룬다. 버번 콕(Bourbon Coke)은 유명한 하이볼 드링크이다.

56 What are the ingredients of makgeolli?

① Malt
② Cherry
③ Grape
④ Rice

해설
막걸리의 재료는 무엇인가?

57 What is not the area of Scotch whisky?

① Highland
② Tennessee
③ Lowland
④ Speyside

해설
스카치 위스키의 산지가 아닌 것은?

58 What is the oldest cognac grade?

① Three Star
② Extra
③ VO
④ VSOP

해설
코냑의 숙성 연도가 가장 오래된 등급은 무엇인가?
- Three Star : 5년
- VO : 15년
- VSOP : 25년 이상
- Extra : 70년 이상

59 What is not the material of dry martini?

① Dry Gin
② Dry Vermouth
③ Scotch Whisky
④ Green Olive

해설
드라이 마티니의 재료가 아닌 것은?
드라이 마티니는 2oz의 드라이 진과 1/3oz의 드라이 베르무트를 넣고 잘 저은 다음 칵테일 글라스에 따른다. 그린 올리브로 장식한다.

60 What is the sour taste cocktail with lots of Lemon juice in the spirits?

① Highball
② Fizz
③ Collins
④ Sour

해설
증류주에 레몬주스를 많이 넣어 시큼한 맛의 칵테일은 무엇인가?

55 ③  56 ④  57 ②  58 ②  59 ③  60 ④

# 2018년 제2회 과년도 기출복원문제

**PART 02** | 과년도 + 최근 기출복원문제

**01** 식품위생법과 그 시행령, 식품위생 분야 종사자의 건강진단규칙에 중점을 두어 식품 관련업에 종사하는 영업주 및 모든 종업원 또는 종사 예정자가 발급받아야 하는 것은 무엇인가?

① 위생교육증
② 보건증
③ 식품위생검사증
④ 영업신고증

[해설]
보건증은 식음료를 판매하는 모든 사업장에 반드시 제출해야 하는 서류로, 관할 보건소에서 간단한 건강검진과 혈액검사를 한 후 발급받을 수 있다.

**02** 다음에서 설명하는 소독방법은 무엇인가?

> 주방용품을 살균·소독하는 제품으로 박테리아, 바이러스 등 세균의 세포 내 유전물질의 변이를 일으켜 성장 및 번식을 억제해 살균·소독하는 것이다. 약품, 가열 등에 의한 살균·소독과 비교해 식기 등 제품의 변형이 없고, 환경호르몬이 발생하지 않는다.

① 자외선소독기
② 적외선소독기
③ 열탕소독기
④ 연무소독

[해설]
자외선소독기에 관한 설명이다.

**03** 다음 중 발효방법이 다른 것은 무엇인가?

① 다즐링차
② 기문차
③ 우바차
④ 우롱차

[해설]
우롱차는 반발효차이다.

**04** 우유살균법으로 적당하지 않은 것은 무엇인가?

① 저온살균법
② 자외선살균법
③ 고온단시간살균법
④ 초고온순간살균법

[해설]
자외선살균법은 자외선의 살균력을 이용한 살균법으로 주방용품을 살균할 때 많이 사용한다.

**05** 다음 중 알코올 도수가 가장 높은 것은?

① 80proof의 버번 위스키
② 42.3%의 보드카
③ 180proof의 주정이 희석된 소주
④ 30%의 소주를 넣어서 만든 담금 술

[해설]
80proof는 40%, 180proof는 90%이다.

정답  1 ②  2 ①  3 ④  4 ②  5 ②

**06** 다음 중 장기보관(1년 이상)이 어려운 것은?

① Whisky
② Wine
③ Beer
④ Liqueur

해설
맥주는 유효기간이 1년 미만이다.

**07** 다음 중 병행 복발효법으로 만들어진 것은?

① 소 주
② 맥 주
③ 와 인
④ 막걸리

해설
막걸리는 곡물에 미생물 효소를 이용하여 당화와 발효가 동시에 진행되어 만들어진다.

**08** 다음 중 발효방법이 다른 것은 무엇인가?

① Stout Beer
② Porter Beer
③ Draft Beer
④ Lambics Beer

해설
Draft Beer는 하면발효 방법으로 만들어진다.

**09** 와인의 분류 중 맛에 따른 분류에 해당하지 않는 것은?

① Sparkling Wine
② Sweet Wine
③ Dry Wine
④ Medium Dry Wine

해설
Sparkling Wine은 탄산가스 유무에 따른 분류방법이다.

**10** 포도의 품종 중 껍질이 두껍고 색깔이 진해 타닌의 함량이 풍부해 장기 숙성이 가능한 것은 무엇인가?

① Merlot
② Cabernet Sauvignon
③ Semillon
④ Sauvignon Blanc

해설
① Merlot은 껍질이 얇고 타닌 성분이 적다.
③, ④ Semillon, Sauvignon Blanc은 화이트 와인 포도 품종이다.

**11** 보통 레드 와인 위주로 진행되는 작업으로 침전물을 걸러 따르는 작업을 무엇이라 하는가?

① Decanting
② Re-corking
③ Vatting
④ Blending

해설
디캔팅(Decanting) : 오래 숙성을 거친 레드 와인의 경우 주석산염 등에 의해 생긴 침전물을 걸러 따르는 작업을 말한다. 또한 숙성이 덜 된 거친 와인의 경우도 맛과 향을 부드럽게 하기 위해 다른 유리용기(디캔터)에 따르는 것을 말한다.

6 ③ 7 ④ 8 ③ 9 ① 10 ② 11 ①

**12** 와인의 보관방법으로 옳지 않은 것은?

① 온도 차이가 크지 않고 서늘하며 습하고 진동이 없는 장소가 좋다.
② 레드 와인은 약 12~16℃에 보관한다.
③ 화이트 와인은 냉장보관이 좋다.
④ 와인은 마실 때 온도의 영향을 받지 않는다.

해설
화이트 와인은 온도가 높으면 생동감이 없어져 밋밋하게 느껴지고, 레드 와인은 너무 차가우면 거칠어지고 떫은맛이 강하게 느껴져 부드러운 맛이 없어진다.

**13** 불량 코르크로 인해 변질된 와인, 곰팡이 냄새가 나는 와인을 무엇이라 하는가?

① 부쇼네(Bouchonne)
② 영 와인(Young Wine)
③ 그린 와인(Green Wine)
④ 올드 와인(Old Wine)

해설
② 영 와인은 오랜 기간 숙성하지 않고 마시는 와인을 말한다.
③ 그린 와인은 양조 후 1년 이내의 와인으로 숙성이 덜 된 새 와인을 말한다.
④ 올드 와인은 양조 후 15년 이내에 마시는 오래된 와인을 말한다.

**14** 다음 중 당분 함량이 가장 높은 와인은 무엇인가?

① 카비네트(Kabinett)
② 슈패트레제(Spatlese)
③ 아우스레제(Auslese)
④ 아이스바인(Eiswein)

해설
④ 아이스바인은 얼린 포도로 만든 디저트용 와인으로 당분 함량이 높다.
① 카비네트는 보통 수확기에 만든 와인이다.
② 슈패트레제는 늦따기 포도로 만든 와인이다.
③ 아우스레제는 잘 익은 포도송이를 선별하여 만든 와인이다.

**15** 다음 전통주 중 분류가 다른 하나는?

① 이화주
② 문배주
③ 두견주
④ 계명주

해설
문배주는 증류주이고, 나머지는 양조주이다.

**16** 다음 중 증류방법이 나머지와 다른 하나는?

① 몰트 위스키(Malt Whisky)
② 코냑(Cognac)
③ 다크 럼(Dark Rum)
④ 그레인 위스키(Grain Whisky)

해설
그레인 위스키는 연속증류기로 생산한다.

정답 12 ④ 13 ① 14 ④ 15 ② 16 ④

**17** 다음 중 위스키의 4대 제조과정이 아닌 것은?

① 당화(Mashing)
② 발효(Fermentation)
③ 증류(Distillation)
④ 블렌딩(Blending)

해설
블렌딩은 성질이 다른 원액을 섞는 작업으로 모든 위스키가 이 작업을 거치는 것은 아니다.

**18** 다음 위스키 중 산지가 다른 것은 무엇인가?

① Wild Turkey
② Ballantines
③ Macallan
④ Johnnie Walker

해설
와일드 터키는 아메리칸 위스키, 발렌타인, 맥캘란, 조니워커는 스카치 위스키이다.

**19** 다음 위스키 중에서 제조과정의 원료가 다른 것은 무엇인가?

① Jim beam
② Jack Daniel's
③ Wild Turkey
④ Old Parr

해설
짐빔, 잭 다니엘스, 와일드 터키는 아메리칸 위스키로 옥수수가 51% 이상 함유되고 올드 파는 스카치 위스키로 보리의 함량이 높다.

**20** 다음은 전통주 칵테일 힐링(Healing)의 재료이다. ( )에 들어갈 재료는 무엇인가?

셰이커에 얼음을 넣고 45mL ( )와 10mL 베네딕틴 + 10mL 크림 드 카시스 + 30mL 스위트 앤 사워믹스를 넣고 잘 흔들어 준 다음 칵테일 글라스에 제공한다. 장식은 레몬 껍질을 비틀어서 짜준다.

① 감홍로
② 진도홍주
③ 복분자
④ 문배주

**21** 주장의 영업 허가가 되는 근거 법률은?

① 외식업법
② 음식업법
③ 식품위생법
④ 주세법

해설
주장은 술 파는 곳, 식음료를 판매하는 곳으로 식품위생법에 따라야 한다.

정답 17 ④ 18 ① 19 ④ 20 ① 21 ③

**22** Which of the following is not Aperitif Cocktail?

① Bourbon Coke
② Vormouth on The Rock
③ Dry Martini
④ Campari Soda

해설
식전 칵테일은 식욕을 자극시키기 위해 단맛이 없고 신맛이나 떫은맛이 타액의 분비를 촉진시켜 식욕을 증진시키는 칵테일이다.

**23** 다음 중 코냑의 브랜드가 아닌 것은?

① Hennessey
② Remy Martin
③ Chabot
④ Camus

해설
Chabot는 아르마냑이다.

**24** 포도 찌꺼기를 발효시켜 증류한 이탈리아 브랜디의 일종으로 숙성하지 않아 무색인 술은?

① Jim beam
② Otard
③ Aquavit
④ Grappa

해설
짐빔은 버번 위스키, 오타르는 코냑, 아쿠아비트는 스칸디나비아 지방의 특산주이다.

**25** Gin의 설명으로 틀린 것은?

① 진의 원산지는 네델란드다.
② 진의 원료는 Juniper Berry를 혼합하여 만들어졌다.
③ 진은 양조주이다.
④ 대표적인 칵테일은 Dry Martini가 있다.

해설
진은 증류주이다.

**26** What is not Characteristic of vodka?

① Colorless
② Tasteless
③ Odorless
④ Alcohol-free

해설
보드카는 무색, 무미, 무취의 특징을 가지고 있는 증류주이다.

**27** What is the main ingredient of rum?

① Honey
② Corn
③ Molasses
④ Rye

해설
럼의 주원료는 무엇인가?

**28** 다음 중 럼 베이스 칵테일이 아닌 것은?

① Cuba Libre
② Daiquiri
③ Pina Colada
④ Cosmopolitan

해설
Cosmopolitan은 1oz Vodka + 1/2oz Triple Sec + 1/2oz Lime Juice + 1/2oz Cranberry Juice로 제조된다.

**29** What is the spirit made from agave?

① Tequila
② Rum
③ Wild Turkey
④ Vodka

해설
용설란으로 만든 증류주는 무엇입니까?

**30** Which of the following is the lowest number of alcohol?

① Vodka
② Wine
③ Triple Sec
④ Tequila

해설
다음 중 알코올 도수가 가장 낮은 것은 무엇인가?
보드카 40%, 와인 13~15%, 트리플 섹 35%, 테킬라 40%

**31** 평양의 명주로 고려시대에 원나라로부터 유입된 증류주로 단맛은 용안육과 감초에서, 향과 색은 지초나 홍국, 계피, 진피, 정향 등의 약재를 주머니에 넣어서 우려내어 만든 약용주는 무엇인가?

① 문배주
② 감홍로
③ 진도홍주
④ 안동소주

**32** 혼성주의 설명 중 가장 거리가 먼 것은?

① 맛, 향, 색, 당분이 잘 어우러진 술이다.
② 고대 그리스 시대에 약용으로 사용되었다.
③ 주로 식후주로 즐겨 마신다.
④ 곡류와 과실 등을 원료로 발효한 술이다.

해설
④는 발효주(양조주)의 설명이다.

**33** 혼성주의 제조법 중 증류주에 과일이나 약초, 향료 등의 향미성분을 용해시키는 방법으로 열을 가하지 않으므로 콜드방식이라고 불리는 제조법은 무엇인가?

① Infusion Process
② Distillation Process
③ Essence Process
④ Percolation Process

**34** '최고 최대의 신에게 바치는 술'이라는 의미를 담고 있는 호박색 리큐르는 무엇인가?

① 압생트
② 아니세트
③ 베네딕틴
④ 갈리아노

**35** 이탈리아의 국민주로 붉은색의 쓴맛이 강한 리큐르로 식물의 뿌리, 씨, 향초, 껍질 등 70여 가지의 재료로 만들어져 식전주로 애음되는 것은 무엇인가?

① Cynar
② Dubonnet
③ Campari
④ Galliano

**36** 다음 중 재료가 다른 것은?

① Creme de Caf'e
② Kahlua
③ Tia Maria
④ Amaretto

[해설]
①, ②, ③은 커피 리큐르이다.
아마레토는 살구의 씨를 물과 함께 증류하여 몇 종류의 약초 추출액을 중성 알코올과 혼합하여 숙성시켜 만든 리큐르이다.

**37** 다음 중 오렌지향이 가미된 혼성주가 아닌 것은?

① Triple Sec
② Curacao
③ Cointreau
④ Sloe Gin

[해설]
슬로 진은 야생자두를 진에 첨가해서 만든 빨간색의 혼성주이다.

**38** 스코틀랜드산의 유명한 리큐르로 몰트 위스키에 꿀, 허브를 첨가하여 만든 암갈색의 리큐르는 무엇인가?

① Bailey's
② Bitters
③ Drambuie
④ Malibu

정답 33 ① 34 ③ 35 ③ 36 ④ 37 ④ 38 ③

39  칵테일을 만드는 기법으로 적당하지 않은 것은?
① Building
② Filtering
③ Stiring
④ Floating

40  다음 중 칵테일 만드는 기법이 다른 것은?
① Manhattan
② Martini
③ Gibson
④ Gimlet

**해설**
김렛은 셰이킹 기법이다.

41  글라스의 분류 중 용도에 따른 분류가 아닌 것은?
① Cylindrical Glass
② Highball Glass
③ Stemmed Glass
④ Mug

**해설**
하이볼은 Long Drink를 마실 때 사용하며 흔히 텀블러라고 하며, Cylindrical Glass의 분류이다.

42  레드 와인을 제공할 때 많이 사용하며 숙성이 덜 된 와인을 공기와 접촉하면서 향을 깨우고 침전물 등을 제거할 때 사용하는 용기를 무엇이라 하는가?
① Wine Decanter
② Squeezer
③ Jigger
④ Strainer

**해설**
② 스퀴저(Squeezer) : 레몬이나 오렌지 등의 과즙을 낼 때 사용하는 기물
③ 지거(Jigger) : 계량컵
④ 스트레이너(Strainer) : 얼음을 걸러 따를 때 사용하는 기물

43  와인의 코르크를 오픈할 때 사용하는 기물은 무엇인가?
① Blender
② Shaker
③ Cork Screw
④ Ice Pick

44  병 입구에 끼우는 도구로 병에서 음료가 한꺼번에 쏟아지는 것을 방지하기 위해 작은 구멍이 나 있는 형태의 도구는 무엇인가?
① Pourer
② Muddler
③ Cork Screw
④ Rimmer

**정답** 39 ② 40 ④ 41 ② 42 ① 43 ③ 44 ①

**45** '잘 냉각된'이란 뜻으로 얼음을 넣어 차게 한 음료수를 말하며, 가루 얼음을 넣고 만들어진 칵테일을 무엇이라 하는가?

① Fizz
② Sling
③ Frappe
④ Toddy

**46** 매입순법이라고도 하며 가장 먼저 입고된 물품부터 순차적으로 사용하는 방법은 무엇인가?

① 선입선출
② 후입선출
③ 최종 매입원가법
④ 이동평균법

**47** 호텔에서 홍보, 판매 촉진 등 특별한 접대 목적으로 일부를 무료로 제공하는 것은?

① Complaint
② Complimentary Service
③ Out of Order
④ Claim

**48** Bar 종사원의 올바른 태도가 아닌 것은?

① Bar 카운터 내의 청결, 정리·정돈 등을 수시로 해야 한다.
② 항상 예의 바르고 분명한 언어와 공손한 태도로 대한다.
③ 고객과 스포츠에 대한 의견을 나누면서 열정적으로 자신의 견해를 주장한다.
④ 손님에게 지나친 강매를 하지 않는다.

해설
Bar 종사원은 고객과 스포츠, 종교, 정치성이 강한 대화는 하지 않는다.

**49** 주장에서 House Brand의 의미는?

① 지정 주문이 아닐 때 기본으로 쓰는 술의 종류
② 주장의 대표 고가 브랜드
③ 고객이 좋아하는 브랜드
④ 조리용으로 사용하는 술의 브랜드

**50** Which of the following drinks does not mature?

① Vodka
② Tequila
③ Whisky
④ Dark Rum

해설
다음 중 숙성하지 않는 술은 무엇인가?
① 보드카는 무색, 무미, 무취로 숙성하지 않는다.

정답 45 ③  46 ①  47 ②  48 ③  49 ①  50 ①

**51** Which of the following units has the largest capacity?

① 1pint
② 1tea spoon
③ 1split
④ 1dash

> [해설]
> 다음 중 용량이 가장 큰 단위는?
> • 1pint = 16oz
> • 1tea spoon = 1/8oz
> • 1split = 6oz
> • 1dash = 10방울 이하

**52** What does not belong to the world's four major whisky?

① Scotch Whisky
② American Whiskey
③ Canadian Whisky
④ Japanese Whisky

> [해설]
> 세계 4대 위스키에 속하지 않는 것은?
> ④ Japanese Whisky는 5대 위스키에 포함된다.

**53** Scotch Whisky에 꿀을 넣어 만든 리큐르는?

① Cointreau
② Cherry Brandy
③ Drambuie
④ Galliano

**54** 1quart는 몇 oz인가?

① 1oz
② 16oz
③ 32oz
④ 38.4oz

**55** What is not called water of life?

① Whisky
② Brandy
③ Vodka
④ Gin

> [해설]
> 생명의 물(Water of Life)
> 프랑스에서는 '오드비(Eau de Vie), 아쿠아 비테(Aqua Vitae)', 아일랜드, 스코틀랜드에서는 '우스게바하(Usque Baugh)' 등의 위스키(Whisky), 브랜디(Brandy)가 있고 러시아에서는 지제니아 보다(Zhiezenniz Voda)의 보드카(Vodka), 북유럽에서는 '아쿠아비트(Aquavit)' 등이 있다.

51 ① 52 ④ 53 ③ 54 ③ 55 ④

**56** What kind of bars do not apply?

① Jazz Bar
② Back Bar
③ Western Bar
④ Wine Bar

> 해설
> Back Bar는 바텐더의 효율적인 업무를 위해 뒤쪽에 위치하고 있는 저장 공간 또는 진열대를 말한다. Bar의 종류는 아니다.

**57** What is a sommelier?

① Bartender
② Owner
③ Waiter
④ Wine Steward

> 해설
> 소믈리에란 와인 담당 웨이터라고 할 수 있다.

**58** What is aperitif wine?

① Ice Wine
② Red Wine
③ Rice Wine
④ Dry Sherry

> 해설
> 스페인의 강화 와인인 Dry Sherry는 식전 와인이다.

**59** What is not American whiskey?

① Jim Beam
② Wild Turkey
③ Jameson
④ Jack Daniel's

> 해설
> 아메리칸 위스키가 아닌 것은?
> ③ 제임슨은 아이리시 위스키이다.

**60** Which is the liquor made by the rind of grape in Italy?

① Marc
② Grappa
③ Carvados
④ Cognac

> 해설
> 다음 중 이탈리아의 포도 껍질로 만든 술은 무엇인가?
> ② 그라파는 이탈리아 술로 포도주를 만들고 난 후의 포도 찌꺼기를 압착하고 증류한 것으로 숙성하지 않은 무색의 브랜디를 말한다.

정답  56 ②  57 ④  58 ④  59 ③  60 ②

# 2019년 제1회 과년도 기출복원문제

**01** 음료의 역사에 대한 설명으로 옳지 않은 것은?

① 음료는 모든 생명체에게 생존을 위한 절대적인 요소이다.
② BC 6000년경 바빌로니아에서 레몬과즙을 마셨다는 기록이 전해진다.
③ 스페인 발렌시아(Valencia) 부근 동굴 속에서 발견된 약 1만년 전의 것으로 추측되는 암벽조각에서 봉밀을 채취하는 그림이 발견되었다.
④ 인류 최초의 알코올성 음료는 증류주이다.

**해설**
④ 증류주는 중세시대 이후에 만들어졌다.
스페인의 발렌시아 지역의 아라니아 동굴에서 1만년 전의 암벽벽화에 봉밀을 채취하는 인물 그림이 조각되어 있었다(1919년 발견). 이것이 인간이 마신 최초의 음료라고 전해지며 인류 최초의 알코올성 음료는 벌꿀술(Mead)이라고 믿고 있다.

**02** 술의 제조과정에서 필수적으로 필요한 것은?

① 지 방
② 단백질
③ 탄수화물(포도당, 당류)
④ 비타민

**해설**
효모에 의해 당이 알코올과 탄산가스로 분해된다.

**03** 음료에 대한 설명으로 틀린 것은?

① 음료의 분류 중 대표적인 것은 물이다.
② 음료는 알코올성 음료와 비알코올성 음료로 분류한다.
③ 양조주의 대표 음료는 맥주와 와인이 있다.
④ 기호음료에는 커피, 코코아, 차가 있다.

**해설**
① 음료는 알코올성 음료와 비알코올성 음료로 분류된다.

**04** 아라비카 커피의 원산지이며 아프리카 최대의 커피 생산국인 나라는?

① 소말리아
② 에티오피아
③ 케 냐
④ 탄자니아

**해설**
커피의 원산지는 아프리카의 에티오피아다.

**05** 커피 재배 조건에 대한 설명으로 틀린 것은?

① 수확이 이루어지는 시점에서는 건조한 기후가 필요하다.
② 개화 전까지 충분한 수분이 공급되어야 한다.
③ 원활한 광합성 작용을 위해 강렬한 햇볕이 많이 필요하다.
④ 배수가 잘되는 지역이 좋다.

**해설**
③ 커피나무는 햇볕과 열에 약하다.

**정답** 1 ④ 2 ③ 3 ① 4 ② 5 ③

## 06 다음 중 양조주의 설명으로 틀린 것은?

① 알코올 도수가 낮고 맛과 향이 살아 있어 맛있다.
② 장기보관이 가능하다.
③ 선입선출(FIFO)에 주의해야 한다.
④ 각 지역마다 나라마다 다양한 종류가 있다.

**해설**
양조주는 알코올 도수가 낮아 장기보관이 힘들다(와인의 경우 예외는 있음).

## 07 맥주의 발전과 의미가 다른 것은?

① 1516년 – 맥주순수령
② 1870년 – 칼 폰 린네의 인공 냉동기 발명
③ 1883년 – 한센의 효모 배양기술
④ 주세법 강화

**해설**
맥주의 발전은 1516년 맥주순수령 공포 → 산업혁명 → 19세기 루이 파스퇴르의 저온살균법 → 1870년 칼 폰 린네의 인공 냉동기 발명 → 1883년 한센의 배양 효모로 맥주의 품질을 높이는 데 기여했다.

## 08 다음 중 '프리 런 와인(Free Run Wine)'이란 무엇인가?

① 글라스에 부었을 때 흘러내리는 와인의 눈물
② 찌꺼기가 가라앉은 와인 탱크에서 상층부의 맑은 와인
③ 레드 와인 발효 후 압력을 가하지 않아도 유출되는 와인
④ 숙성 중인 오크통에서 공기 중으로 사라지는 와인

**해설**
프리 런 와인(Free Run Wine)은 포도의 발효 후 고형물을 분리할 때 압착하기 전 중간층에서 자연적으로 유출되는 액체 상태의 와인으로 고급와인용으로 쓰인다.

## 09 와인을 마시기 전 실내온도와 일정한 온도를 유지하도록 실내에 비치하는 것을 무엇이라 하는가?

① 샹브레(Chambrer)
② 샹델(Chandelle)
③ 샤르마(Charmat)
④ 샤르뉘(Charnu)

**해설**
와인은 종류에 따라 적절한 온도를 유지하도록 준비해야 한다. 와인을 급히 차게 하거나 따뜻하게 하면 탁해지거나 변질되기 때문에 식탁에 놓기 전 와인 저장고에서 실내로 옮겨 서서히 실온에 익숙해지도록 하는 것이다. 샹브레(Chambré)는 프랑스어로 실온을 의미한다.

## 10 월말 인벤토리(Inventory)는 무엇을 파악하기 위한 것인가?

① 매출이익
② 순수익
③ 월경비
④ 재고량

**해설**
인벤토리는 적정 재고량을 파악하기 위해 주별, 월별, 분기별 등으로 파악한다.

정답 6 ② 7 ④ 8 ③ 9 ① 10 ④

**11** 와인 제공 순서에 대한 설명으로 옳지 않은 것은?

① 드라이 와인(Dry Wine)을 달콤한 와인(Sweet Wine)보다 먼저 제공한다.
② 화이트 와인은 레드 와인보다 나중에 대접하는 것이 좋다.
③ 가벼운 와인이 먼저 제공되고, 무거운 와인은 가벼운 와인 후에 제공해야 한다.
④ 최근 생산된 와인을 오래 숙성된 와인보다 우선적으로 제공한다.

**해설**
레드 와인은 화이트 와인보다 나중에 서브한다.

**12** 프랑스 와인 상표에 'Vin de Pays d'Oc'은 어느 지역 와인인가?

① 랑그독 루시옹(Languedoc Roussillon)
② 보르도(Bordeaux) 및 코냑(Cognac)
③ 론(Rhone) 일부, 프로방스(Provence)
④ 남서부 지역(Sud-Ouest)

**해설**
뱅 드 페이(Vin de Pays)는 지역등급 와인이다. 즉, 지방와인을 뜻한다.

**13** 보르도(Bordeaux) 와인 생산지역을 지롱드강과 가론강을 중심으로 나눌 경우 좌안(Left bank)에 해당되지 않는 지역은?

① 메독(Medoc)
② 그라브(Graves)
③ 소테른(Sautemes)
④ 포므롤(Pomerol)

**14** 보졸레 누보(Beaujolais Nouveau)에서 '누보(Nouveau)'를 영어로 바꾼다면 이 중 알맞은 단어는?

① Fresh
② New
③ Best
④ Quality

**해설**
보졸레 누보는 햇포도주로 기존 레드 와인에 비해 맛이 가볍고 신선하다. 소비의 회전이 빠르기 때문에 값이 비싸지 않고 대중주로 사랑받고 있다. 11월 셋째 주 목요일에 출시된다.

**15** 이탈리아의 와인 용어 중 클라시코(Classico)라고 표시된 것은 무엇을 의미하는가?

① 오크통에서 발효시키고 그 통에서 숙성시킨 와인
② 음악가나 화가 등 예술가들이 만든 와인
③ DOC 지역의 중심으로 예전부터 있었던 명산지
④ 500년 이상의 역사를 가진 와인에 붙이는 수식어

**해설**
- Classico(클라시코) : 특정 밭에서 재배되는 포도로 만든 와인. 즉, 일류라는 의미로 산지 내에서 전통적으로 가장 중심이 되는 지역
- Riserva(리제르바) : 법정기간을 초과해 장기 숙성시킨 DOC 및 DOCG 와인
- DOC(Denominazione di origine controllata(데노미나치오네 디 오리지네 콘트롤라타)) : 원산지통제 명칭(Denominazione = appellation(name), origine = origin(원산지), controllata = control(통제))
- DOCG : Denominazione di origine controllata garantita(가란티타) : 원산지품질통제보증 명칭(garantit=guarantee)

정답 11 ② 12 ① 13 ④ 14 ② 15 ③

**16** 민속주 중 가장 오래된 술로 누룩을 적게 쓰며 일명 앉은뱅이술이라고 불리는 술은?

① 계명주
② 소곡주
③ 과하주
④ 삼해주

> **해설**
> 한산 소곡주는 과거를 보러 가던 선비가 주막에서 술맛에 반해 취하여 과거를 보지 못하게 되었다는 술로 멥쌀, 찹쌀, 누룩, 엿기름, 생강, 들국화가 주원료이다. 한산 소곡주는 충남 무형문화재로 지정되었다.

**17** 다음 중 단식증류기의 특징이 아닌 것은?

① 시설비가 저렴하다.
② 맛과 향의 파괴가 적어 품질이 좋다.
③ 재증류의 번거로움으로 인해 대량생산이 불가능하다.
④ 보드카, 럼 등이 대표상품이다.

> **해설**
> 보드카, 럼, 그레인 위스키 등은 연속증류기를 사용한다.

**18** 다음 중 스페이사이드의 대표적인 몰트 위스키가 아닌 것은?

① 발렌타인(Ballantines)
② 더 글렌리벳(The Glenlivet)
③ 글렌피딕(Glenfiddich)
④ 더 맥캘란(The Macallan)

> **해설**
> 발렌타인은 블렌디드 위스키이다.

**19** 다음 중 코냑에 대한 설명으로 틀린 것은?

① 프랑스 보르도 북쪽에 위치해 있다.
② 구리로 만든 전통적인 증류기를 사용하여 2~3번 증류한다.
③ 술통은 새것보다 오래된 것이 더 좋다.
④ 모든 증류작업은 12월 31일까지 마친다.

> **해설**
> 코냑 전통의 품질을 유지하기 위해 모든 증류작업은 3월 31일까지 마친다.

**20** 다음 중 럼에 대한 설명으로 틀린 것은?

① 럼의 원산지는 카리브해 연안의 서인도 제도이다.
② 원료는 사탕수수와 당밀이며 당밀 자체가 당분이므로 당화과정이 필요 없다.
③ 대표적인 브랜드는 앱솔루트(Absolute), 스미노프(Smirnoff), 핀란디아(Finlandia)가 있다.
④ 대표적인 칵테일로 쿠바리브레(Cuba Libre), 다이키리(Daiquiri), 피나콜라다(Pina Colada) 등이 있다.

> **해설**
> 앱솔루트, 스미노프, 핀란디아는 보드카의 종류이다.

**21** 다음 중 감미가 진하고 짙은 갈색으로 특히 자메이카산이 유명한 럼은 무엇인가?

① Light Rum
② Gold Rum
③ Medium Rum
④ Dark Rum

> **해설**
> 다크럼은 맛과 향이 강해서 헤비 럼(Heavy Rum)이라고도 한다.

**정답** 16 ② 17 ④ 18 ① 19 ④ 20 ③ 21 ④

**22** 다음 빈칸에 들어갈 적합한 말로 바르게 짝지어진 것은?

> 멕시코의 특산주로 ( )를 발효해서 ( )를 만들어 마시다가 스페인으로부터 증류기술이 도입되어 증류주를 생산하게 되었다.

① Corn – Beer
② Agave – Pulque
③ Rice – Wine
④ Rye – Whisky

**해설**
아가베(Agave)를 발효해서 풀케(Pulque)를 만들어 마시다가 16세기경 스페인으로부터 증류기술이 도입되어 풀케를 증류하여 메즈칼(Mezcal)을 만들었다. 1902년 멕시코시티 주변의 특산품인 블루 아가베를 원료로 테킬라 마을에서 생산된 증류주를 테킬라라고 한다.

**23** 다음 중 단식증류기를 사용하지 않는 상품은?

① Vodka
② Malt Whisky
③ Tequila
④ Cognac

**해설**
보드카는 연속증류기를 사용한 무색, 무미, 무취의 술이다.

**24** 다음 중 소주에 대한 설명으로 틀린 것은?

① 소주는 소아시아의 수메르 지방에서 처음 제조되었다.
② 고려 말 몽고에 의해 전파되었다.
③ 소주는 처음부터 쌀을 원료로 생산되어 값이 저렴했기에 서민의 술로 자리잡았다.
④ 소주는 곡물 이외에 당분, 구연산, 아미노산류, 무기염류, 아스파탐, 자일리톨 등의 물질이 첨가된다.

**해설**
소주는 조선시대에 이르러서는 상당히 고급주이면서 사치스러운 술로 권력가와 부유층이 즐기던 술이었지만 조선시대 말 다량으로 생산되어 서민의 술로 자리잡았다.

**25** 다음 설명 중 틀린 것은?

① 소주는 증류식 소주와 희석식 소주가 있다.
② 소주의 원료는 쌀, 보리, 옥수수, 감자 그리고 당밀, 고구마, 타피오카 등의 전분질 원료가 쓰인다.
③ 제조업체의 특성에 따른 설탕, 올리고당, 아스파라긴산, 포도당 등의 당류와 첨가류에 따라 각각 맛과 향이 달라진다.
④ 증류식 소주의 제조 허가는 엄격하게 관리, 통제되고 있다.

**해설**
오늘날 전통식품에 대한 인식이 고조되면서 술 제도 기능 보유자를 무형문화재로 지정하고 민속주를 지정해 지원하는 등 증류식 소주의 제조 허가 조치가 풀리면서 다양한 소주가 경쟁하고 있다.

**정답** 22 ② 23 ① 24 ③ 25 ④

**26** 다음에서 설명하고 있는 민속주는 무엇인가?

> 평양의 명주로 고려시대에 원나라로부터 유입된 증류주이다. 단맛을 내는 용안육과 감초를 사용하고 향과 색은 지초나 홍국, 계피, 진피, 정향 등의 약재를 주머니에 넣어 우려낸다.

① 감홍로　　② 안동소주
③ 문배주　　④ 진도홍주

**해설**
감홍로는 몸을 따뜻하게 하며 항산화 기능으로 노화 방지, 염증 증상 개선 등에 도움을 준다.

**27** 다음에서 설명하고 있는 혼성주는 무엇인가?

> - 이탈리아의 국민주로 붉은색의 쓴맛이 강한 혼성주이다.
> - 각종 식물의 뿌리, 씨, 향초, 껍질 등 70여 가지의 재료로 만들어진다.
> - 식전주로 애음되고 소다수와 오렌지 주스와 잘 어울린다.

① 압생트　　② 갈리아노
③ 캄파리　　④ 트리플 섹

**해설**
대표적인 칵테일은 캄파리 소다와 캄파리 오렌지가 있다.

**28** 다음 중 커피의 향미가 첨가된 혼성주가 아닌 것은?

① Creme de Cafe
② Amaretto
③ Kahlua
④ Tia Maria

**해설**
아마레토는 살구의 씨가 첨가된 혼성주이다.

**29** 다음 중 보관 및 신선도 관리에 유의해야 할 혼성주는 무엇인가?

① Drambuie
② Grand Marnier
③ Bailey's Irish Cream
④ Benedictine

**해설**
드람뷰이, 그랑 마니에르, 베네딕틴은 알코올 도수가 높아 보관 및 관리가 용이하지만 베일리스 아이리시 크림은 알코올 도수가 17%로 낮아서 신선도에 유의해야 한다. 냉장 보관하면 더 좋다.

**30** 칵테일의 설명 중 틀린 것은?

① 두 가지 이상의 음료가 혼합된 Mixed Drink이다.
② 술에 술이 섞여도 되고 무알코올 음료와 무알코올 음료가 섞여도 된다.
③ 칵테일은 대부분 알코올 도수가 낮아 부담 없이 마실 수 있다.
④ 맛, 향, 색의 조화가 일품이다.

**해설**
증류주가 많이 혼합된 칵테일은 알코올 도수가 높다. 예로 드라이 마티니, 러스티 네일, 맨해튼 등이 있다.

**정답** 26 ①　27 ③　28 ②　29 ③　30 ③

**31** 다음에서 설명하는 글라스는 무엇인가?

> 흔히 텀블러(Tumbler)라고 부른다. 용량은 6~10oz가 있으며 청량음료 등을 제공할 때 많이 사용된다. 또한 스크루 드라이버 등 Long Drink를 마실 때 주로 사용하는 글라스이다.

① Highball Glass
② Champagne Glass
③ Brandy Glass
④ Sour Glass

**해설**
스크루 드라이버는 하이볼 글라스에 보드카 1oz와 오렌지 주스 4oz를 직접 넣기 기법으로 만든다. 중동에서 유전 개발이 한참일 때 한 미국인이 갈증을 풀기 위해 금주의 나라인 중동에서 보드카를 오렌지 주스에 몰래 넣어 공구인 드라이버로 저어 마셨다고 하여 붙여진 이름이다.

**32** 와인 디캔터(Decanter)의 용도가 아닌 것은?

① 와인 칵테일을 제공할 때 사용된다.
② 레드 와인에 많이 사용한다.
③ 숙성이 덜 된 와인의 맛과 향을 깨우기 위해 사용한다.
④ 레드 와인의 침전물 등 이물질을 제거하기 위해 사용한다.

**33** 칵테일을 만들 때 가장 많이 사용하는 얼음은?

① Block of Ice
② Lump of Ice
③ Cubed Ice
④ Shaved Ice

**해설**
블록 오브 아이스와 럼프 오브 아이스는 형태가 커서 글라스에 담기가 힘들다.

**34** 다음 중 드라이 칵테일(Dry Cocktail)이 아닌 것은?

① 캄파리 소다(Campari Soda)
② 드라이 마티니(Dry Martini)
③ 준벅(June Bug)
④ 베르무트 온더락(Vermouth On The Rocks)

**해설**
드라이 칵테일은 단맛이 없는, 달지 않고 담백한 맛이 강한 칵테일을 의미한다. 준벅은 멜론 리큐르와 바나나, 말리부, 파인주스, 스위트 앤 사워믹스가 들어간 달콤한 칵테일이다.

**35** 다음 중 레몬주스가 들어가지 않는 칵테일은?

① 진 피즈(Gin Fizz)
② 블랙 러시안(Black Russian)
③ 브랜디 사워(Brandy Sour)
④ 톰 콜린스(Tom Collins)

**해설**
블랙 러시안은 보드카와 커피 리큐르가 들어간 칵테일이다.

정답: 31 ① 32 ① 33 ③ 34 ③ 35 ②

**36** 다음 중 영업장에서 코스트(Cost) 관리의 목적과 거리가 먼 것은?

① 해피아워(Happy Hour) 연장
② 파 스톡(Par Stock) 체크
③ 선입선출
④ 규칙적인 인벤토리(Inventory) 체크

해설
코스트는 영업손실을 의미한다. 파 스톡, 선입선출, 인벤토리는 영업장의 신속한 서비스를 위해 물품 공급을 원활하게 도모하기 위한 목적으로 적정 재고량을 파악하고 매입순법을 통해 불필요한 물품구입을 방지하므로 코스트를 낮출 수 있다.
① Happy Hour는 가격할인 판매시간을 말한다.

**37** 다음 중 구매자가 계약조건 또는 상품 표시 내용과 일치하지 않는 사항에 대하여 손해배상의 청구나 이의를 제기하는 것을 무엇이라 하는가?

① Complimentary
② Complain
③ Claim
④ Service

해설
컴플리멘터리(Complimentary)는 홍보나 판매촉진을 위해 무료로 제공하는 서비스이고, 컴플레인(Complain)은 고객이 불평, 불만을 제기하는 것이다.

**38** 식품위생법에 따라 영업자 및 그 종업원이 영업 시작 전 또는 영업에 종사하기 전에 미리 받아야 하는 것은 무엇인가?

① 영업신고서
② 근무계획서
③ 근무스케줄
④ 건강진단서

**39** 다음 중 서비스의 특성이 아닌 것은?

① 장기성
② 무형성
③ 비분리성
④ 소멸성

해설
판매되지 않은 서비스는 사라진다.

**40** 서비스 품질의 중요성에 해당하지 않는 것은?

① 고객의 기대심리는 점차 커지고 있다.
② 시장매출이 정체되어 신규시장의 획득보다는 경쟁사와 시장점유의 품질경쟁이 생긴다.
③ 서비스 향상으로 시장점유율을 높일 수 있다.
④ 서비스 품질은 아주 객관적이다.

해설
④ 서비스 품질은 아주 주관적이다.

정답 36 ① 37 ③ 38 ④ 39 ① 40 ④

**41** 'Whisky On The Rocks'을 제공하는 절차를 설명한 것으로 틀린 것은?

① 어떤 산지의 위스키인지 파악한다.
② 원하는 상표를 확인한다.
③ 온더락 잔에 위스키를 넣고 얼음을 채운다.
④ 코스터(Coaster)를 깔고 음료를 제공한다.

**해설**
잔에 얼음을 먼저 채운 다음 음료를 넣는다. 바위 위에 붓는 것 같다고 하여 'On The Rock'이라고 한다.

**42** 다음 중 조주방법이 다른 것은?

① Dry Martini
② B-52
③ Pousse cafe
④ Angel's kiss

**해설**
드라이 마티니는 스터(Stir) 기법이고 나머지는 플로팅(Floating) 기법으로 만든다.

**43** 다음 중 세계 3대 명차의 분류에 해당하지 않는 것은?

① 기문차
② 우롱차
③ 다즐링
④ 우 바

**해설**
인도 다즐링 지역에서 생산되는 다즐링(Darjeeling), 중국 안휘성의 기문에서 생산되는 기문차, 스리랑카의 우바에서 생산되는 우바(Uva) 홍차가 세계 3대 명차로 꼽힌다.

**44** 다음 커피의 명칭 중 항구의 이름에서 유래한 것은?

① 킬리만자로(Kilimanjaro)
② 코나(Kona)
③ 산토스(Santos)
④ 이르가체프(Yirgacheffe)

**해설**
항구의 이름에서 유래된 커피 명칭으로 예멘의 모카, 브라질의 산토스가 있다.

**45** 다음 중 베리에이션(Variation) 메뉴에 해당되는 것은?

① 에스프레소
② 리스트레토
③ 아메리카노
④ 카페라떼

**해설**
베리에이션은 변형된 음료를 말한다.
④ 카페라떼 : 커피 원액에 우유가 추가된 것
① 에스프레소 : 25~30mL 정도의 커피 원액
② 리스트레토 : 일반적인 에스프레소보다 양이 적은 것
③ 아메리카노 : 커피 원액에 물을 추가한 것

**정답** 41 ③ 42 ① 43 ② 44 ③ 45 ④

**46** 칵테일의 형태에 따른 분류로 옳지 않은 것은?

① 하이볼(Highball) – 하이볼 글라스에 제공되며 탄산음료가 섞여서 제공된다.
② 프라페(Frappe) – '잘 냉각된'이란 뜻으로 가루얼음을 넣어 차게 한 음료를 말한다.
③ 크러스타(Crusta) – 레몬이나 오렌지 껍질을 잔에 넣어서 만든 음료를 말한다.
④ 스쿼시(Squash) – 천연과즙을 주스와 함께 제공한 음료를 말한다.

**해설**
④ 천연과즙을 탄산수로 희석한 것을 스쿼시라고 하고 물로 희석한 것을 에이드라고 한다.

**47** 식욕을 자극시키는 칵테일로 단맛은 없고 신맛이나 약간의 떫은맛이 들어가는 칵테일은 무엇인가?

① Aperitif Cocktail
② Dessert Cocktail
③ Highball
④ Toddy

**해설**
식전 칵테일(Aperitif Cocktail)은 신맛이나 떫은맛이 타액의 분비를 촉진시켜 식욕을 증진시킨다.

**48** 와인의 발효 전이나 후에 브랜디나 당분을 섞고, 약초나 향초를 첨가하여 향을 강화시킨 와인으로 아페리티프 와인(Aperitif Wine)으로 만든 것이지만 칵테일 재료로 널리 쓰이는 것은?

① 카바(Cava)
② 젝트(Sekt)
③ 크레망(Cremant)
④ 베르무트(Vermouth)

**해설**
①, ②, ③은 스파클링 와인이다.

**49** 다음 중 알코올 도수가 가장 높은 것은?

① 두견주
② 감홍로
③ 소곡주
④ 부의주

**해설**
①, ③, ④는 청주의 종류이다.

**50** 다음 중 코냑이 아닌 것은?

① Hennessey
② Remy Martin
③ Chabot
④ Martell

**해설**
샤보는 아르마냑의 종류이다.

**51** 다음 질문에 대한 대답으로 가장 적절한 것은?

> Are there any famous bar around here?

① The flair bar across the street is good.
② Let's get something to eat.
③ I brought my lunch.
④ I've already eaten.

**해설**
이 근처에 유명한 바가 어디예요?
① 건너편에 있는 플레어 바가 괜찮아요.
② 잠시 들러서 뭐 좀 먹어요.
③ 저는 점심을 싸왔어요.
④ 저는 이미 먹었어요.

**52** 다음 ( ) 안에 적합한 단어는?

> I'd like to make a reservation ( ) three ( ) six tonight.

① at – for
② at – of
③ for – at
④ for – to

**해설**
오늘 밤 여섯 시에 세 사람 자리를 예약하고 싶어요.

**53** 다음 ( ) 안에 적합한 단어는?

> A : How do you like it here?
> B : It's nice. I love it.
> A : Do you come here ( )?
> B : Sometimes come.

① well
② it
③ often
④ particularly

**해설**
A : 이 집 분위기 어때요?
B : 좋아요. 무척 마음에 들어요.
A : 여기 자주 오세요?
B : 가끔 옵니다.

**54** Which is not Scotch whisky?

① Jim Beam
② Cutty Sark
③ J&B
④ Ballantine

**해설**
짐빔은 American whiskey이다.

**55** Which is the most famous orange flavored cognac liqueur?

① Drambuie
② Galliano
③ Grand Marnier
④ Kahlua

**해설**
가장 유명한 오렌지 맛의 코냑 리큐어는 어느 것입니까?

**정답** 51 ① 52 ③ 53 ③ 54 ① 55 ③

**56** Which country does Campari come from?

① France
② Italy
③ America
④ Scotland

해설
캄파리는 어느 나라에서 왔습니까?

**57** 다음 ( ) 안에 들어갈 알맞은 것은?

> This is our first visit to Korea and before we ( ) our dinner, we want to ( ) some domestic drinks here.

① having, trying
② serving, be served
③ have, try
④ serve, served

해설
이번이 저희의 한국 첫 방문입니다. 저녁식사 전 국내 주류들을 한번 시음해 보고 싶습니다.

**58** 다음 ( ) 안에 들어갈 알맞은 것은?

> ( ) is a Caribbean coconut flavored rum originally from Barbados.

① Sambuca
② Maraschino
③ Southern comfort
④ Malibu

해설
말리부는 카리브해 지역의 코코넛 향 럼으로 바베이도스에서 생산되는 럼이다.

**59** 다음 ( ) 안에 적합한 단어는?

> A : Good evening, May I take your order now?
> B : Yes, I'll have a Salmon Steak, please.
> A : How would you like the steak?
> B : ( ), please.

① Rare
② Service
③ I don't know
④ Chocolate

해설
A : 안녕하세요, 지금 주문을 하시겠습니까?
B : 네, 연어스테이크를 주십시오.
A : 스테이크는 어떻게 해 드릴까요?
B : 살짝만 익혀 주세요.

**60** 다음 ( ) 안에 적합한 단어는?

> A : Do you have anything to read?
> B : We have korean newspapers and maga-zines.
> A : ( ) I have a paper, Please?

① What
② Could
③ How
④ Does

해설
A : 읽을 만한 것이 있을까요?
B : 한국어 신문이나 잡지가 있습니다.
A : 한국어 신문 주세요.

정답  56 ②  57 ③  58 ④  59 ①  60 ②

# 2019년 제2회 과년도 기출복원문제

**01** 다음 중 제공되는 잔의 크기가 가장 작은 것은?

① Espresso
② Americano
③ Cafe Latte
④ Cappuccino

**해설**
에스프레소는 데미타스(Demitasse) 잔에 제공된다. 데미타스는 데미(Demi, 반)와 타스(tasse, 잔)의 합성어로 보통 사용하는 커피잔 중에서 가장 작다.

**02** 다음 중 제공되는 커피의 양이 가장 많은 것은?

① Espresso
② Ristretto
③ Lungo
④ Doppio

**해설**
에스프레소(25~30mL), 리스트레토(15~20mL), 룽고(35~40mL), 도피오(60mL)

**03** 다음 중 의미가 다른 것은?

① 섹(Sec)
② 두(Doux)
③ 둘체(Dulce)
④ 스위트(Sweet)

**해설**
Sec은 단맛이 거의 없는 포도주를 의미한다. Doux는 프랑스어로 달콤한 맛, Dulce는 스페인어로 감미롭다는 뜻이다.

**04** 다음 민속주 중 약주가 아닌 것은?

① 한산 소곡주
② 경주 교동법주
③ 아산 연엽주
④ 진도 홍주

**해설**
홍주는 증류주이다.

**05** 다음 중 이탈리아 와인 등급 표시로 맞는 것은?

① AOC
② DOCG
③ QbA
④ Vins de Pays

**해설**
AOC, Vins de Pays는 프랑스, QbA는 독일의 품질 등급이다.

**정답** 1 ① 2 ④ 3 ① 4 ④ 5 ②

## 06 다음 중 사과를 발효시켜 만든 음료는?

① Cidre
② Soda Water
③ Ginger Ale
④ Tonic Water

**해설**
시드르는 유럽에서 사과를 발효시켜 만든 사과주(Apple Wine)를 말한다. 알코올 성분이 1~6% 정도 들어 있다.

## 07 다음 중 당분을 분해하여 알코올과 탄산가스를 만드는 작용을 하는 원료는 무엇인가?

① Water
② Hop
③ Seed
④ Yeast

**해설**
효모(Yeast)는 미생물로 맥주의 맛과 향을 결정짓는 중요한 요인이다. 맥주의 품질은 효모의 역할에 의해 만들어진다.

## 08 다음 중 와인의 특징 및 품질을 결정하는 요소가 아닌 것은?

① Terroir
② Water
③ Grape
④ Skill

**해설**
와인은 물이 한 방울도 들어가지 않는다.

## 09 다음 중 혼성주에 해당되는 것은?

① Beer
② Grave
③ Tequila
④ Campari

**해설**
캄파리는 이탈리아의 혼성주이다.

## 10 다음 중 블렌디드(Blended) 위스키가 아닌 것은?

① J&B
② Ballantines
③ Old Parr
④ Singleton

**해설**
싱글톤은 몰트 위스키이다.

**정답** 6 ① 7 ④ 8 ② 9 ④ 10 ④

**11** 브랜디와 코냑에 대한 설명으로 옳은 것은?

① 브랜디와 코냑은 생산지역에 따라 분류된다.
② 브랜디와 코냑은 내용물의 알코올 함량에 차이가 있다.
③ 브랜디와 코냑은 재료의 성질에 차이가 있다.
④ 브랜디와 코냑은 연도별로 구분한 것이다.

[해설]
브랜디와 코냑 모두 포도를 원료로 발효, 증류한 증류주이지만 코냑은 코냑 지방에서 만든 생산지역에 따라 인증을 받는다.

**12** 와인을 막고 있는 코르크가 곰팡이에 오염되어 와인의 맛이 변하는 것으로 와인에서 종이 박스 향취, 곰팡이 냄새 등이 나는 것을 의미하는 현상은?

① 부케(Bouquet)
② 부쇼네(Bouchonne)
③ 네고시앙(Nogociant)
④ 귀부병(Noble Rot)

[해설]
부쇼네는 프랑스어로 병마개를 뜻하는 부숑(Bouchon)에서 파생된 단어이다.

**13** 다음 중 탄산음료의 $CO_2$에 대한 설명으로 틀린 것은?

① 청량감과 시원한 느낌을 준다.
② 단맛과 부드러운 맛을 부여한다.
③ 향기의 변화를 예방한다.
④ 미생물의 발육을 억제한다.

**14** 다음 중 차의 분류가 옳게 연결된 것은?

① 발효차 – 얼그레이
② 불발효차 – 보이차
③ 반발효차 – 녹차
④ 후발효차 – 재스민

[해설]
② 보이차 – 후발효차
③ 녹차 – 불발효차
④ 재스민 – 반발효차

**15** 브랜디의 제조공정에서 증류한 브랜디를 열탕소독한 White Oak Barrel에 담기 전 무엇을 채워 유해한 색소나 이물질을 제거하는가?

① Beer
② Gin
③ White Wine
④ Whisky

[해설]
같은 성질을 지닌 와인의 향으로 유해한 색소나 이물질을 제거한다.

**16** 럼(Rum)의 주원료는 무엇인가?

① Corn
② Honey
③ Sugar Cane
④ Barley

[해설]
럼의 주원료는 사탕수수(Sugar Cane)와 당밀(Molasses)이다.

**17** 저온 살균되어 저장 가능한 맥주는?

① Lager Beer
② Draft Beer
③ Draught Beer
④ Unpasteurized Beer

[해설]
독일어로 '저장하다'를 의미하는 라게른(Lagern)에서 유래한 말로 Lager Beer는 저온 살균 맥주로 장기간 저장할 수 있다.

**18** 지봉유설에 전해오는 것으로 이것을 마시면 불로장생한다 하여 장수주로 유명하며, 주로 찹쌀과 구기자, 고유약초로 만들어진 우리나라 고유의 술은?

① 두견주
② 백세주
③ 문배주
④ 이강주

**19** 다음 중 셰이킹(Shaking) 기법을 사용하는 재료로 가장 거리가 먼 것은?

① 혼성주와 생크림
② 증류주와 달걀
③ 증류주와 탄산수
④ 혼성주와 혼성주

[해설]
탄산수는 셰이킹을 하면 탄산가스가 분출되어 음료를 완성하기 힘들다. 탄산음료를 제외한 나머지 음료를 셰이커에 넣고 잘 흔들어 글라스에 따른 후 탄산음료를 채운다.

**20** 다음 중 Sugar Frost로 만드는 칵테일은?

① Rob Roy
② Kiss of Fire
③ Margarita
④ Angel's Tip

[해설]
키스오브파이어는 칵테일 글라스에 Sugar Frosting한 뒤 보드카, 슬로 진, 드라이 베르무트, 레몬주스를 혼합하여 잔에 따라서 제공한다.

정답  16 ③  17 ①  18 ②  19 ③  20 ②

**21** 혼성주(Compounded Liquor) 종류에 대한 설명으로 틀린 것은?

① 아드보카트(Advocaat)는 브랜디에 달걀노른자와 설탕을 혼합하여 만들었다.
② 드람뷰이(Drambuie)는 사람을 만족시키는 음료라는 뜻을 가지고 있다.
③ 아르마냑(Armagnac)은 체리향을 혼합하여 만든 술이다.
④ 칼루아(Khalua)는 증류주에 커피를 혼합하여 만든 술이다.

해설
아르마냑은 프랑스의 코냑과 함께 유명한 브랜디를 생산하는 지역이다.

**22** 다음 중 Aperitif의 특징이 아닌 것은?

① 식욕 촉진용으로 많이 사용된다.
② 당분이 많이 함유된 단맛이 있는 술이다.
③ 라틴어 Aperire(Open)에서 유래되었다.
④ 약초계를 많이 사용하기 때문에 씁쓸한 향을 지니고 있다.

해설
아페리티프(Aperitif)는 식전 음료로 단맛이 없는 드라이한 음료가 좋다.

**23** 생맥주의 취급 기본원칙으로 옳지 않은 것은?

① 청결 유지
② 적정 온도 준수
③ 후입선출
④ 적정 압력 유지

해설
생맥주는 신선도가 중요하므로 선입선출을 철저히 준수해야 한다.

**24** 다음 중 Dry Martini를 만들 때 사용하는 칵테일 기구로 적합하지 않은 것은?

① Mixing Glass
② Bar Strainer
③ Bar Spoon
④ Shaker

해설
드라이 마티니는 스터 기법(Stirring)을 사용하므로 셰이커가 필요 없다.

**25** 다음 중 잭 다니엘(Jack Daniel)과 버번 위스키(Bourbon Whiskey)의 차이점은?

① 옥수수 사용 여부
② 단풍나무 숯을 이용한 여과과정의 유무
③ 내부를 불로 그을린 오크통에서 숙성시키는지의 여부
④ 미국에서 생산되는지의 여부

해설
잭 다니엘과 버번 위스키는 똑같은 아메리칸 위스키이다. 잭 다니엘은 테네시 위스키로 테네시 고산지대에서 생산되는 사탕단풍나무 숯으로 여과과정을 거쳐 매우 부드러운 위스키가 만들어진다는 특징이 있다.

**26** 다음 중 아이리시 위스키(Irish Whiskey)는?

① John Jameson
② Old Forester
③ Old Parr
④ Imperial

> 해설
> 아이리시 위스키는 존 제임슨(John Jameson)과 올드 부시밀(Old Bushmills)이 있다. 올드 포레스터는 버번 위스키, 올드 파와 임페리얼은 스카치 위스키이다.

**27** 버번 위스키(Bourbon Whiskey)는 Corn 재료를 약 몇 % 이상 사용하는가?

① Corn 0.1%
② Corn 12%
③ Corn 20%
④ Corn 51%

> 해설
> 버번 위스키는 스트레이트 위스키로 51% 이상의 옥수수가 포함되어 있어야 한다.

**28** 포도 품종의 그린 수확(Green Harvest)에 대한 설명으로 옳은 것은?

① 수확량을 제한하기 위한 수확
② 청포도 품종 수확
③ 완숙한 최고의 포도 수확
④ 포도원의 잡초 제거

> 해설
> Green Harvest는 포도의 품질을 위해 일부 포도송이를 솎아 내는 작업을 말한다.

**29** 시대별 전통주의 연결로 틀린 것은?

① 한산 소곡주 – 백제시대
② 두견주 – 고려시대
③ 칠선주 – 신라시대
④ 백세주 – 조선시대

> 해설
> 칠선주는 조선 정조 때 인주 지역에서 빚기 시작한 명주로 인삼, 구기자, 산수유, 사삼, 당귀, 갈근, 감초의 7가지 약재를 혼합한 데서 유래되었다.

**30** Malt Whisky 제조 순서를 올바르게 나열한 것은?

| 1. 보리(2조보리) | 2. 침 맥 |
| 3. 건조(피트) | 4. 분 쇄 |
| 5. 당 화 | 6. 발 효 |
| 7. 증류(단식증류) | 8. 숙 성 |
| 9. 병 입 | |

① 1-2-3-4-5-6-7-8-9
② 1-3-2-4-5-6-7-8-9
③ 1-3-2-4-6-5-7-8-9
④ 1-2-3-4-6-5-7-8-9

정답 26 ① 27 ④ 28 ① 29 ③ 30 ①

**31** 주장(Bar)을 의미하는 것이 아닌 것은?

① 주류를 중심으로 한 음료 판매가 가능한 일정 시설을 갖추어 판매하는 공간
② 고객과 바텐더 사이에 놓인 널판
③ 조리 가능한 시설을 갖추어 음료와 식사를 제공하는 장소
④ 주문과 서브가 이루어지는 고객들의 이용장소

**해설**
③ 테이블 서비스는 프렌치서비스 시스템(French Service System)으로 가장 정중하고 최고급의 서비스를 제공하는 시스템이다.

**32** 표준 레시피(Standard Recipes)를 설정하는 목적에 대한 설명 중 틀린 것은?

① 원가계산을 위한 기초 제공
② 표준 조주법 이용으로 노무비 절감에 기여
③ 특정인에 대한 의존도를 높임
④ 품질과 맛의 계속적인 유지

**해설**
바에 근무하는 모든 바텐더의 조주능력 및 칵테일 품질이 일정해야 고객의 신뢰를 얻을 수 있다. 언제든 일정한 맛과 재료를 유지하고 관리할 수 있도록 표준 레시피를 만들고 준수한다.

**33** 위생적인 주류 취급방법으로 틀린 것은?

① 창고에 보관할 때는 Bin Card를 작성한다.
② 사용한 주류는 항상 뚜껑을 닫아둔다.
③ 백포도주의 적정 냉각온도는 실온이다.
④ 먼지가 많은 양주는 깨끗이 닦아 Setting한다.

**해설**
화이트 와인은 차갑게 보관한다(약 7~10℃).

**34** Onion 장식을 하는 칵테일은?

① Margarita
② Martini
③ Rob Roy
④ Gibson

**해설**
칵테일 어니언은 작은 구슬 모양의 크기로 칵테일 깁슨(Gibson)의 장식으로 사용된다.

**35** 칵테일 조주 시 각종 주류와 부재료를 재는 표준용량 계량기는?

① Hand Shaker
② Mixing Glass
③ Squeezer
④ Jigger

**해설**
지거는 표준계량컵으로 작은 쪽은 1oz, 큰 쪽은 1.5oz이다.

**36** 주장관리에서 핵심적인 원가의 3요소는?

① 재료비, 인건비, 주장경비
② 세금, 봉사료, 인건비
③ 인건비, 주세, 재료비
④ 재료비, 세금, 주장경비

**37** 주장의 영업 허가 시 근거 법률은?

① 외식업법
② 음식업법
③ 식품위생법
④ 주세법

**38** 빈티지(Vintage)란 무엇을 뜻하는가?

① 포도주의 이름
② 포도의 수확 연도
③ 포도주의 원산지명
④ 포도의 품종

[해설]
빈티지(Vintage)는 포도가 수확된 해를 말한다. 프랑스어로 밀레짐(Millesium)이라 한다.

**39** 다음 중 White Wine 품종은?

① Sangiovese
② Nebbiolo
③ Barbera
④ Muscadelle

[해설]
① 산지오베제(Sangiovese) : 이탈리아 토스카나 적포도 품종
② 네비올로(Nebbiolo) : 이탈리아 피에몬테 적포도 품종
③ 바르베라(Barbera) : 이탈리아 적포도 품종

**40** 다음 중 과실음료가 아닌 것은?

① 토마토 주스
② 천연과즙주스
③ 희석과즙음료
④ 과립과즙음료

[해설]
토마토는 채소로 분류된다. 토마토는 딸기와 함께 채소과일이라 부른다.

정답  36 ① 37 ③ 38 ② 39 ④ 40 ①

**41** 다음 중 생강을 주원료로 만든 것은?

① 진저에일
② 토닉워터
③ 소다수
④ 콜린스 믹서

해설
Ginger(생강) + Ale(맥주) = 생강으로 만든 술이지만 우리나라에 들어오는 음료는 알코올이 전혀 없는 순수한 청량음료이다.

**42** 다음 중 알코올성 커피는?

① 카페 로열(Cafe Royale)
② 비엔나 커피(Vienna Coffee)
③ 데미타스 커피(Demitasse Coffee)
④ 카페오레(Cafe Au Lait)

해설
카페 로열(Cafe Royale)은 나폴레옹이 즐겨 마셨다는 브랜디가 들어간 커피이다.

**43** 다음에서 설명하는 민속주는?

> 호남의 명주로서 부드럽게 취하고 뒤끝이 깨끗하여 우리의 고유한 전통술로 정평이 나 있고 쌀로 빚은 30도의 소주에 배, 생강, 울금 등 한약재를 넣어 숙성시킨 약주이다.

① 복분자주
② 국화주
③ 춘향주
④ 이강주

해설
이강주는 평양 감홍로, 정읍 죽력고와 함께 조선의 3대 명주로 꼽힌다.

**44** 다음 중 스파클링 와인이 아닌 것은?

① 젝트(Sekt)
② 스푸만테(Spumante)
③ 카바(Cava)
④ 아이스바인(Ice Wine)

해설
④ 아이스바인은 독일에서 추운 날씨에 포도를 얼려 만든 와인으로 디저트 와인이다.
①, ②, ③ 젝트는 독일, 스푸만테는 이탈리아, 카바는 스페인의 스파클링 와인이다.

**45** 호텔에서 호텔홍보, 판매촉진 등 특별한 접대 목적으로 일부를 무료로 제공하는 것은?

① Out of Order
② F/O Cashier
③ Complaint
④ Complimentary

해설
약자로 콤프(Comp)라고 한다.

**46** 다음 중 1지거(Jigger)에 대한 설명으로 틀린 것은?

① 1Jigger는 45mL이다.
② 1Jigger는 1.5oz이다.
③ 1Jigger는 1갤론(Gallon)이다.
④ 1Jigger는 칵테일 조주 시 많이 사용된다.

해설
1갤론(Gallon) = 128oz = 3,840mL

**47** 영업이 끝나고 남은 물량을 품목별로 재고 조사하는 것을 무엇이라 하는가?

① Daily Issue
② Par Stock
③ Inventory Management
④ FIFO

해설
① Daily Issue : 그날의 쟁점 및 특이사항
② Par Stock : 적정 재고량
④ FIFO : 선입선출

**48** 주스류(Juice)의 보관방법으로 가장 적절한 것은?

① 캔 주스는 냉동실에 보관한다.
② 한번 오픈한 주스는 상온에 보관한다.
③ 열기가 많고 햇볕이 드는 곳에 보관한다.
④ 캔 주스는 오픈한 후 유리그릇, 플라스틱 용기에 담아서 냉장 보관한다.

해설
주스류는 상온이나 따뜻한 곳에 두면 변질 위험이 높다.

**49** 다음 중 단발효법으로 만들어진 것은?

① 맥 주
② 청 주
③ 와 인
④ 막걸리

해설
단발효주는 과일 속의 과즙을 효모가 발효시켜 만들어진 술을 말한다.

**50** 다음 중 1온스(oz)는 몇 mL인가?

① 10.5mL
② 20.5mL
③ 29.5mL
④ 40.5mL

해설
1온스는 약 30mL이다.

정답  46 ③  47 ③  48 ④  49 ③  50 ③

## 51 다음 중 의미가 다른 하나는?

① It's my treat this time.
② I'll pick up the tab.
③ Let's go dutch.
④ It's on me.

**해설**
③ 각자 계산합시다.
①, ②, ④ 이번에는 제가 사겠습니다.

## 52 다음 ( ) 안에 들어갈 단어로 알맞은 것은?

( ) goes well with dessert.

① Ice wine
② Red wine
③ Vermouth
④ Dry sherry

**해설**
아이스 와인은 디저트와 잘 어울린다.

## 53 Which of the following is not Distilled liquor?

① Vodka
② Gin
③ Calvados
④ Pulque

**해설**
다음 중 증류주가 아닌 것은?
④ 풀케는 멕시코의 양조주이다.

## 54 다음 ( ) 안에 가장 알맞은 것은?

Our hotel's bar has a ( ) from 6 to 9 in every Monday.

① bargain sales
② expensive price
③ happy hour
④ business time

**해설**
우리 호텔의 바는 매주 월요일 6시부터 9시까지 해피아워 시간이다.

## 55 다음에서 설명하는 것은?

A drinking mug, usually made of earthenware used for serving beer.

① Stein
② Coaster
③ Decanter
④ Muddler

**해설**
일반적으로 맥주를 제공하는 데 사용되며 질그릇으로 만들어 마시는 머그잔은?
① 스타인(Stein)은 질그릇으로 만든 큰 맥주잔을 말한다.

**정답** 51 ③  52 ①  53 ④  54 ③  55 ①

**56** "당신은 무엇을 찾고 있습니까?"의 올바른 표현은?

① What are you look for?
② What do you look for?
③ What are you looking for?
④ What is looking for you?

**57** Which one is the spirit made from Agave?

① Tequila
② Rum
③ Vodka
④ Gin

> **해설**
> 다음 중 어느 것이 용설란으로 만든 증류주입니까?

**58** 「First come first served」의 의미는?

① 선착순
② 시음회
③ 선불제
④ 연장자순

**59** 다음 ( ) 안에 적합한 것은?

> Are you interested in ( )?

① make cocktail
② made cocktail
③ making cocktail
④ a making cocktail

> **해설**
> 당신은 칵테일 만드는 데에 관심 있으세요?

**60** ( ) 안에 적합한 것은?

> A bartender must ( ) his helpers, waiters and waitress. He must also ( ) various kinds of records, such as stock control, inventory, daily sales report, purchasing report and so on.

① take, manage
② supervise, handle
③ respect, deal
④ manage, careful

> **해설**
> 바텐더는 그의 보조도우미, 웨이터, 웨이트리스들을 총괄하여야 한다. 또한 재고관리, 물품관리, 일일 판매기록, 구매기록 등과 같은 다양한 종류의 기록 문서들을 관리해야 한다.

정답  56 ③  57 ①  58 ①  59 ③  60 ②

# 2020년 제1회 과년도 기출복원문제

**01** 다음 포도 품종에서 분류가 다른 것은 무엇인가?

① 리슬링(Riesling)
② 피노누아(Pinot Noir)
③ 카베르네 소비뇽(Cabernet Sauvignon)
④ 메를로(Merlot)

**해설**
리슬링(Riesling)은 화이트 와인의 포도 품종이며, 나머지는 레드 와인의 포도 품종이다.

**02** 다음에서 설명하는 와인 산지는 어디인가?

> 대서양에 근접한 지역으로 세계 와인 산지 중에서 가장 큰 영향력을 가지고 있다. 주요 포도 품종은 메를로, 카베르네 소비뇽, 카베르네 프랑, 세미용, 소비뇽 블랑으로 두 가지 품종 이상을 블렌딩한다. 지롱드강, 도르도뉴강, 가론강이 중요한 역할을 하고 있다.

① 보르도(Bordeaux)
② 코냑(Cognac)
③ 프로방스(Provence)
④ 버건디(Burgundy)

**해설**
프랑스 남서쪽에 위치한 보르도는 전 세계 와인 산지 중에서 가장 영향력이 크고 상업적으로 성공을 거둔 지역이다.

**03** 과일이나 곡류를 발효시킨 술을 기초로 하거나 증류주에 감미와 천연 추출물 등을 첨가한 것은?

① 양조주(Fermented Liquor)
② 증류주(Distilled Liquor)
③ 혼성주(Liqueur)
④ 그라파(Grappa)

**해설**
혼성주는 증류주에 과일이나 과즙, 약초, 향초, 꽃 등 초근목피의 성분을 첨가하고 당분을 가미한 단맛이 있는 알코올 음료이다.

**04** 다음 중 와인 등급의 설명으로 틀린 것은?

① 카비네트(Kabinett) - 보통 수확기에 만든 와인
② 아우스레제(Auslese) - 잘 익은 포도송이를 선별하여 만든 와인
③ 슈패트레제(Spatlese) - 늦따기 포도로 만든 와인(7~10일 늦게 수확하여 좀 더 성숙되었을 때 만든 와인)
④ 아이스바인(Eiswein) - 잘 익은 포도송이만을 손으로 골라 수확하여 만든 최고 품질의 와인

**해설**
아이스바인(Eiswein)은 얼린 포도로 만든 디저트용 와인으로 언 와인(Ice Wine)이라는 뜻의 독일어이다.

**정답** 1 ① 2 ① 3 ③ 4 ④

## 05 맥주의 원료 홉(Hop)에 대한 설명으로 틀린 것은?

① 맥주 특유의 향기와 고미 등 상쾌한 쓴맛을 낸다.
② 신경중추에 작용하여 신경을 진정시켜 숙면을 촉진하는 효과가 있다.
③ 맥주 거품을 일으키는 효과가 있다.
④ 보존성이 약해 잡균의 침입에 약하다.

**해설**
④ 보존성이 뛰어나 신선도를 향상시켜 준다.

## 06 다음 중 생맥주의 취급요령으로 틀린 것은?

① 미살균 상태이므로 신선도에 주의해야 한다.
② 2주 정도 숙성기간을 거쳐야 제맛이 난다.
③ 생맥주 통 속의 압력은 12~14파운드로 항상 일정하게 유지한다.
④ 온도는 약 2~3℃로 유지해야 한다.

**해설**
영업장에서는 선입선출(FIFO)에 신경 써야 한다.

## 07 이탈리아의 국민주로 붉은색의 쓴맛이 강한 리큐르로 식물의 뿌리, 씨, 향초, 껍질 등 70여 가지의 재료로 만들어지며 식전주로 애음되는 것은?

① 캄파리(Campari)
② 갈리아노(Galliano)
③ 아니세트(Anisette)
④ 압생트(Absente)

## 08 다음 중 양조용 보리의 특징이 아닌 것은?

① 껍질이 얇은 것이 좋다.
② 수분 함유량이 13% 이하로 잘 건조된 것이 좋다.
③ 알맹이는 다양하게 선별해야 한다.
④ 단백질은 적은 것이 좋다.

**해설**
③ 알맹이가 고른 것이 좋다.

## 09 다음 중 스카치 위스키가 아닌 것은?

① 존 제임슨(John Jameson)
② 발렌타인(Ballantines)
③ 조니워커(Johnnie Walker)
④ 제이 앤 비(J&B)

**해설**
존 제임슨(John Jameson)은 아이리시 위스키이다.

**10** 다음 중 Bitter류에 속하지 않는 것은?

① Campari
② Curacao
③ Angostura
④ Amer Picon

> **해설**
> 큐라소(Curacao)는 네덜란드령 큐라소섬에서 재배되는 오렌지를 원료로 만든 과실류의 혼성주이다.

**11** 다음 중 설명이 잘못된 것은?

① 블록 오브 아이스(Block of Ice) – 공장에서 찍어낸 사각형의 큰 덩어리 얼음이다.
② 크랙트 아이스(Cracked Ice) – 럼프 오브 아이스를 적당한 크기로 쪼갠 얼음이다.
③ 큐브드 아이스(Cubed Ice) – 정육면체 모양의 형태로 칵테일 만들 때 가장 많이 사용한다.
④ 크러시드 아이스(Crushed Ice) – 아이스 픽으로 쪼갠 특정한 형태가 없는 덩어리 얼음이다.

> **해설**
> 크러시드 아이스는 큐브드 아이스를 잘게 갈아낸 얼음이다.

**12** 식전주로 가장 적합한 것은?

① Dry Sherry
② Kahlua
③ Benedictine
④ Drambuie

> **해설**
> Dry Sherry는 스페인의 유명한 강화 와인으로 식전 와인이다.

**13** 발포성 와인의 명칭으로 잘못 연결된 것은?

① 프랑스 – 크레망(Cremant)
② 독일 – 젝트(Sekt)
③ 이탈리아 – 스푸만테(Spumante)
④ 스페인 – 샴페인(Champagne)

> **해설**
> 스페인의 스파클링 와인은 카바(Cava)이다. 샴페인(Champagne)은 프랑스의 대표적인 스파클링 와인이다.

**14** 다음 중 서비스의 특성이 아닌 것은?

① 인적자원에 대한 의존도가 높다.
② 서비스는 무형성으로 보거나 만질 수 없다.
③ 서비스는 이질성이 있어 서비스를 제공하는 사람과 제공받는 소비자의 주관에 따라 다양하다.
④ 판매되지 않은 서비스는 보존된다.

> **해설**
> 판매되지 않은 서비스는 사라진다. 서비스는 일회용품이며 생방송이다.

**15** 다음 중 바텐더의 역할과 거리가 먼 것은?

① 영업 준비에 대한 점검을 철저히 하며 재고 상품도 체크해야 한다.
② 각종 장비 및 비품들의 작동상태 및 위생상태를 점검하고 관리해야 한다.
③ 고객과의 대화 시 종교나 정치, 스포츠의 특정 구단에 대해서는 주관적으로 대한다.
④ 음료에 대한 충분한 지식을 숙지해야 한다.

해설
고객과 대화 시 종교나 정치, 스포츠의 특정 구단에 대해 얘기하는 것을 피하고 논쟁을 하지 않는다.

**16** 다음 중 소주의 설명으로 잘못된 것은?

① 소주는 개성 지방에서 '아락주'라고 부른다.
② 소주가 우리나라에 처음 들어온 시기는 조선시대부터이다.
③ 조선조 말 다량으로 생산되어 값이 저렴해서 서민의 술로 자리 잡았다.
④ 처음에는 상당히 고급주이면서 사치스러운 술로 권력가와 부유층이 즐겨 마셨다.

해설
소주가 우리나라에 처음 들어온 건 고려 말이다.

**17** 다음 전통주 중 이강주에 대한 설명으로 틀린 것은?

① 소주에 배와 생강이 들어갔다 하여 붙여진 이름이다.
② 술을 빚을 때 생강을 소량 넣게 되면 꿀보다 맛있는 맛과 꽃보다 좋은 향기를 낸다.
③ 안동의 특산주이다.
④ 계피와 생강에서 나는 독특한 맛이 있고 향이 부드럽고 매콤하면서도 시원한 맛을 준다.

해설
이강주는 전주의 특산주이다.

**18** 스트레이트 콘 위스키(Straight Corn Whiskey)란?

① 원료의 40% 이상 옥수수를 사용한 것
② 원료의 50% 이상 옥수수를 사용한 것
③ 원료에 옥수수 50%, 호밀 50%가 섞인 것
④ 원료의 80% 이상 옥수수를 사용한 것

해설
아메리칸 스트레이트 위스키는 옥수수를 원료의 50% 이상 사용해야 한다. 옥수수가 80% 이상 들어가면 스트레이트 콘 위스키로 분류한다.

**19** 다음 중 단식증류기(Pot Still)로 증류한 것은?

① Dark Rum
② Jack Daniel's
③ Crown Royal
④ Grain Whisky

해설
잭 다니엘(아메리칸 위스키), 크라운 로열(캐나디안 위스키), 블렌디드 위스키를 만드는 그레인 위스키 모두 연속증류기로 증류한다.

정답 15 ③ 16 ② 17 ③ 18 ④ 19 ①

**20** 알코올성 음료를 의미하는 용어가 아닌 것은?

① Liquor
② Spirits
③ Ginger Ale
④ Hard Drink

해설
Liquor은 증류주, Spirits는 정신, 알코올, 독한 술이라는 뜻이며 Hard Drink는 무거운 음료, 즉 알코올 도수가 높은 음료를 지칭한다.

**21** 다음 중 알코올 도수가 가장 높은 음료는 무엇인가?

① 맥 주
② 위스키
③ 와 인
④ 소 주

해설
맥주는 4%, 위스키는 40%, 와인은 13%, 소주는 17% 안팎이 평균 도수이다.

**22** 다음 중 음료의 분류로 틀린 것은?

① 음료는 알코올성 음료와 비알코올성 음료로 분류된다.
② 알코올성 음료는 양조주, 증류주, 혼성주로 분류된다.
③ 커피, 와인, 위스키는 세계 3대 기호음료로 분류된다.
④ 비알코올성 음료는 청량음료, 영양음료, 기호음료로 분류된다.

해설
세계 3대 기호음료는 커피, 코코아, 티로 분류된다.

**23** 다음 중 위스키에 대한 설명이 아닌 것은?

① 세계 4대 위스키는 아이리시 위스키, 스카치 위스키, 아메리칸 위스키, 캐나디안 위스키이다.
② 위스키는 보존성이 약해 선입선출(FIFO)에 신경써야 한다.
③ 최초의 위스키는 아메리칸 위스키이다.
④ 위스키는 숙성과정을 거친다.

해설
최초의 위스키는 아이리시 위스키이다.

**24** 다음 중 생산지가 옳게 연결된 것은?

① 코로나 – 멕시코
② 하이네켄 – 영국
③ 밀러 – 일본
④ 아사히 – 미국

해설
하이네켄은 네덜란드, 밀러는 미국, 아사히는 일본 맥주이다.

**25** 커피를 다량으로 섭취하는 사람이 가장 많이 보충해 주어야 할 영양소는?

① 비타민 A
② 비타민 D
③ 오메가 3
④ 칼 슘

해설
카페인은 칼슘 흡수를 방해하므로 우유가 들어간 라떼나 카푸치노 등의 베리에이션 음료를 마시는 것도 좋다.

**26** 세계 최초로 물을 상품화한 기업이자 광천수를 이용하여 먹는 샘물로 나온 브랜드는 무엇인가?

① 셀 처
② 비 시
③ 에비앙
④ 페리에

해설
에비앙은 프랑스의 작은 마을 에비앙에서 끌어올린 지하수로, 알프스에서 녹아내린 만년설이 두꺼운 빙하 퇴적물을 통과하면서 인체에 유익한 미네랄 성분을 다량 함유하고 있다. 고급생수 시장에서 1등을 고수하고 있는 브랜드이다.

**27** 다음 중 보드카의 설명으로 옳지 않은 것은?

① 원료는 주로 보리, 밀, 호밀, 옥수수, 감자 등이 사용된다.
② 보드카는 슬라브 민족의 국민주이다.
③ 보드카는 러시아에서만 생산된다.
④ 보드카에 향을 가미한 것을 플레이버 보드카라 부른다.

해설
폴란드, 핀란드, 스웨덴, 덴마크, 에스토니아, 라트비아 등은 소위 보드카 벨트로 불리는 생산국들이다.

**28** 다음 중 당분을 측정하는 단위가 아닌 것은?

① 보메(Baume)
② 웩슬레(öechsle)
③ 온스(Ounce)
④ 브릭스(Brix)

해설
③ 온스(Ounce)는 부피 무게의 단위이다.
보메(Baume)는 프랑스, 웩슬레(öechsle)는 독일, 브릭스(Brix)는 미국, 호주 등에서 사용한다.

**29** 다음 중 샴파뉴의 당분 표시 중 당분 함량이 가장 적은 것은?

① 브뤼(Brut)
② 엑스트라 섹(Extra Sec)
③ 섹(Sec)
④ 두(Doux)

해설
당분 함유량이 브뤼는 0~1%, 엑스트라 섹은 1~2%, 섹은 3~6%, 두는 10~15%이다.

**30** 다음 중 스파클링 와인의 제조과정을 올바르게 나열한 것은?

① 포도 수확 – 파쇄 및 압착 – 발효 – 아상블라주 – 효모 및 당분 첨가 – 르뮈아쥬 – 데고르쥬망 – 병입
② 포도 수확 – 아상블라주 – 파쇄 및 압착 – 발효 – 효모 및 당분 첨가 – 데고르쥬망 – 르뮈아쥬 – 병입
③ 포도 수확 – 파쇄 및 압착 – 발효 – 효모 및 당분 첨가 – 아상블라주 – 데고르쥬망 – 르뮈아쥬 – 병입
④ 포도 수확 – 아상블라주 – 파쇄 및 압착 – 발효 – 르뮈아쥬 – 효모 및 당분 첨가 – 데고르쥬망 – 병입

[해설]
스파클링 와인의 제조단계
- 제1단계 : 포도 수확 → 파쇄 및 압착 → 발효 → 여과
- 제2단계 : 아상블라주(Assemblage, 혼합)와 퀴베 만들기 → 효모 및 당분 첨가 → 르뮈아쥬(Remuage, 찌꺼기 모으기) → 데고르쥬망(Dégorgement, 침전물 제거) → 도자즈(Dosage, 가당 및 와인 보충) → 병입

**31** 에스프레소 커피 추출이 빨리 이루어지는 원인이 아닌 것은?

① 너무 굵은 분쇄입자
② 약한 탬핑 강도
③ 너무 많은 커피 사용
④ 높은 펌프 압력

[해설]
너무 많은 커피를 사용하면 커피 추출속도가 느려지며 과다 추출된다.

**32** 다음 중 구매부서의 기능과 역할이 아닌 것은?

① 판 매
② 검 수
③ 저 장
④ 불 출

**33** 매입순법이라고도 하며 장부상 먼저 입고된 것부터 순차적으로 사용하거나 판매하는 것으로 신선도 유지에 좋은 재고관리를 무엇이라 하는가?

① 선입선출법
② 선입후출법
③ 후입선출법
④ 후입후출법

**34** 다음 중 퓨즈카페(Pousse Cafe)를 만들 때 맨 나중에 넣어야 할 재료는 무엇인가?

① Brandy
② Creme de Menthe(Green)
③ Creme de Menthe(White)
④ Grenadine Syrup

[해설]
Grenadine Syrup – Creme de Menthe(Green) – Brandy 순이다.

**35** Dry Martini를 만들 때 사용하는 기물과 조주기법을 올바르게 나열한 것은?

① Shaker – Stir
② Mixing Glass – Stir
③ Blender – Shaker
④ Mixing Glass – Shaker

> **해설**
> 드라이 마티니를 만들 때 믹싱 글라스에 얼음을 넣고 휘저어 만들면서 음료를 차갑게 해서 제공한다.

**36** 다음 중 Margarita Cocktail에 알맞은 Glass와 장식은?

① Mixing Glass – Lime Peel
② Cocktail Glass – Lemon Peel
③ Mixing Glass – Sugar Rim
④ Cocktail Glass – Salt Rim

**37** 다음 중 소믈리에의 직무에 관한 설명으로 가장 거리가 먼 것은?

① 와인을 진열, 점검, 관리하며 와인을 판매하는 전략을 세운다.
② 고객에게 와인을 추천하여 주문받고 서브한다.
③ 영업장의 와인 리스트를 체크하고 하우스 와인을 선택한다.
④ 안주나 음식은 주방의 소관으로 신경 쓰지 않아도 된다.

> **해설**
> 와인뿐만 아니라 안주나 음식에 대해 해박한 지식과 평가할 수 있는 실력을 갖추고 있어야 한다.

**38** 주장의 종류 중 Classic Bar의 특징과 가장 거리가 먼 것은?

① 조용하고 편안한 영업장으로 서비스 중점의 주장이다.
② 다양한 연령층이 방문하기 때문에 바텐더들의 정중한 언행이 습관화되어 있다.
③ 플레어 기술과 파티장을 연상케 하는 분위기도 연출된다.
④ 칵테일 조주 시 정확한 용량과 기법으로 제공한다.

**39** 다음 중 기본 베이스(Base)가 다른 하나는?

① Negroni
② Cosmopolitan
③ Moscow Mule
④ Seabreeze

> **해설**
> 네그로니(Negroni)는 드라이 진(Dry Gin)이 기본 베이스이고 나머지는 보드카(Vodka)가 기본 베이스이다.

**40** 다음 중 기법이 다른 하나는 무엇인가?

① Dry Martini
② Manhattan
③ Gibson
④ Negroni

> **해설**
> 네그로니(Negroni)는 직접 넣기(Build)이고 나머지는 휘젓기(Stir)기법이다.

**정답** 35 ② 36 ④ 37 ④ 38 ③ 39 ① 40 ④

**41** 다음 중 Corkage Charge에 대한 설명으로 가장 거리가 먼 것은?

① 영업장의 와인이 아닌 본인이 직접 가져온 와인을 마시고자 할 때 적용하는 서비스금액이다.
② 고객이 직접 코르크를 오픈할 경우 요금은 부과되지 않는다.
③ 고객이 가져온 와인을 마실 수 있도록 와인 잔과 기타 서비스를 제공하는 대가로 받는 서비스금액이다.
④ 영업장이나 관리자가 와인에 따라 일정한 금액을 정하거나 고정금액을 받기도 한다.

**해설**
② 영업장을 이용하는 부대비용이기 때문에 와인 오픈 서비스를 받지 않더라도 지급해야 한다.

**42** 다음 중 서비스 직원의 기본자세가 아닌 것은?

① 깔끔한 인상을 주기 위해 향이 강한 향수 및 화려한 액세서리를 한다.
② 상대방에게 부드러운 인상을 줄 수 있는 자연스러운 메이크업을 한다.
③ 매니큐어는 투명한 색깔로 하고 손톱은 청결하게 하고 짧게 깎는다.
④ 유니폼 착용은 규정에 따른다.

**해설**
① 향이 강한 향수나 짙은 화장, 화려한 장신구는 피하는 것이 좋다.

**43** 주장에서 지켜야 할 예의로 가장 올바른 것은?

① 자주 오시는 단골손님은 언제나 우선순위에 두고 서비스한다.
② 고객과의 대화에 끼어들어 얘기하는 상황은 피한다.
③ Second Order를 받도록 적극적으로 상대한다.
④ 영업 중 Bar에서 재고조사를 한다.

**44** 다음에서 설명하는 기물은 무엇인가?

- 병 입구에 끼워서 사용한다.
- 병 속의 음료가 한꺼번에 쏟아지는 것을 방지하는 도구이다.
- 메탈과 플라스틱 재질이 있다.

① Ice Pail        ② Ice Tong
③ Pourer         ④ Cocktail Pick

**해설**
푸어러(Pourer) : 술을 따를 때 용량 조절을 못해 버려지는 것을 보완하기 위한 기물로, 병 입구에 푸어러를 끼우고 따르면 일정한 양으로 술이 나오므로 용량 맞추기가 쉽다.

**45** 글라스의 용도에 따른 분류에 해당하지 않는 것은?

① Tumbler Glass
② Cylindrical Glass
③ Stemmed Glass
④ Mug

**해설**
텀블러 글라스는 실린드리컬 글라스에 해당한다.

## 46 다음에서 설명하는 Glass는 무엇인가?

> 하이볼, 피즈 등 Long Drink를 마실 때 주로 사용하며 청량음료를 제공할 때도 많이 사용된다.

① Sour Glass
② Champagne Glass
③ Highball Glass
④ Goblet Glass

## 47 다음 중 드람뷰이(Drambuie)에 대한 설명으로 적절하지 않은 것은?

① 스코틀랜드산의 유명한 리큐르이다.
② 알코올 도수가 낮아 냉장 보관이 필요하다.
③ 몰트 위스키에 꿀, 허브를 첨가하여 만드는 리큐르이다.
④ 고대 게릭어로 'Dram Buid Heach', '사람을 만족시키는 음료'라는 뜻이다.

**해설**
② 알코올 도수는 40%이며 달콤하면서도 강한 음료이다.

## 48 달걀, 설탕 등의 부재료가 사용되는 칵테일을 혼합할 때 사용하는 기구는?

① Shaker
② Mixing Glass
③ Strainer
④ Muddler

**해설**
② Mixing Glass(믹싱 글라스) : 드라이 마티니, 맨해튼 등 재료의 고유의 맛과 향을 살리면서 차갑게 잘 섞어 주는 스터(Stir) 기법에 많이 사용한다.
③ Strainer(스트레이너) : 믹싱 글라스에서 얼음을 걸러 음료를 따를 때 사용한다.
④ Muddler(머들러) : 음료를 휘저을 때 사용하는 막대를 말하지만 나무로 된 머들러는 허브, 레몬, 라임, 오렌지 등의 과즙을 내거나 으깰 때 사용하는 막대를 말한다.

## 49 다음에서 설명하는 제품은 무엇인가?

> • 프랑스에서 가장 오래된 리큐르 중 하나이다.
> • 안젤리카를 주향료로 하여 박하, 약초, 주니퍼 베리, 시나몬, 레몬 껍질, 벌꿀 등 약 27종의 약초를 사용한다.
> • DOM(Deo Optimo Maximo)로 '최고 최대의 신에게 바치는 술'이라는 의미가 있는 휼륭한 강장제이다.

① Chartreuse
② Galliano
③ Dubonnet
④ Benedictine

## 50 다음 중 용량이 가장 큰 단위는 무엇인가?

① 1dash
② 1Gallon
③ 1Jigger
④ 1Cup

**해설**
• 1dash : 5~6방울
• 1Jigger : 45mL
• 1Cup : 240mL
• 1Gallon : 3,840mL

**정답** 46 ③  47 ②  48 ①  49 ④  50 ②

**51** "주말은 이미 예약이 다 되어 있습니다."의 표현으로 알맞은 것은?

① We look forward to seeing you on May 5th.
② We are already booked for the weekend.
③ Would you like to make a reservation?
④ I have an appointment over the weekend.

**52** 다음 문장의 의미는 무엇인가?

> The line is busy, so I can't put you through.

① 전화가 오고 나는 바빠서 안 됩니다.
② 지금 통화 중이므로 바꿔 드릴 수 없습니다.
③ 바빠서 바꿔 드릴 수 없습니다.
④ 지금 바쁘니 죄송하지만 다시 전화 주십시오.

**53** What is the distilled liquor made of agave?

① Tequila   ② Gin
③ Vodka    ④ Rum

[해설]
아가베로 만든 증류주는 테킬라이다.

**54** 다음 ( )에 들어갈 단어로 가장 적합한 것은?

> G : What kind of aperitif wine do you have?
> B : We have ( ).

① ice wine   ② red wine
③ dry sherry  ④ beer

[해설]
G : 어떤 종류의 식전 와인이 있습니까?
B : 드라이 셰리가 있습니다.

**55** 다음 ( )에 들어갈 단어로 가장 적합한 것은?

> Generally, ( ) means an alcoholic beverage mixed with other liquor, juice, soda or liqueur. Many people think ( ) as a drink made by a bartender, but a mixture of vodka and orange juice made in home is also a ( ).

① beer    ② cocktail
③ whisky  ④ beverage

[해설]
칵테일이란 여러 가지의 다른 술을 섞거나 과일주스나 탄산수 또는 혼성주를 혼합해 만든 혼합음료입니다. 많은 분들이 칵테일은 바텐더가 만드는 음료라고만 생각하는데, 집에서 만든 보드카에 오렌지 주스를 섞은 것도 칵테일이라고 볼 수 있습니다.

## 56 다음 문장에서 ( )에 들어갈 단어로 적합한 것은?

> Please accept our apologies for the ( ).

① inconvenience
② convenience
③ help
④ inconveniencing

**해설**
불편을 끼쳐 드린 점에 대해 사과드립니다.

## 57 다음 중 의미가 다른 하나는?

① I'll pick up the tab.
② It's on me.
③ It's my treat this time.
④ Let's go dutch.

**해설**
④ 각자 계산합시다.
①, ②, ③ 이번에는 제가 사겠습니다.

## 58 Which of the following is not Distilled liquor?

① Vodka
② Gin
③ Calvados
④ Pulque

**해설**
증류주가 아닌 것을 묻는 문제로, 풀케는 멕시코의 양조주이다.

## 59 다음 ( )에 적합한 단어는?

> I'd like to make a reservation ( ) three ( ) seven o'clock

① for – to
② for – at
③ at – of
④ at – for

**해설**
오늘 저녁 일곱 시에 세 사람 자리를 예약하고 싶어요.

## 60 Which one is wine that can be served before meal?

① Table wine
② Dessert wine
③ Aperitif wine
④ Port wine

**해설**
어떤 와인이 식사 전에 제공될 수 있는지 묻고 있다.

**정답** 56 ① 57 ④ 58 ④ 59 ② 60 ③

## 2020년 제2회 과년도 기출복원문제

**01** 다음에서 설명하는 지역은 어디인가?

> 지하 토양은 철분이 함유된 충적층으로 이루어진 특성을 가지고 있어 '쇠찌꺼기'라는 별명을 지니고 있다. 페투루스(Petrus)는 세계적인 최고의 와인으로 잘 알려져 있다.

① 메독(Médoc)
② 그라브(Graves)
③ 생떼밀리옹(Saint-Emilion)
④ 포므롤(Pomerol)

**02** 다음 중 럼에 대한 설명으로 옳지 않은 것은?

① 럼은 사탕을 첨가하여 만든 혼성주이다.
② 럼의 향, 맛에 따라 라이트 럼, 미디엄 럼, 헤비 럼으로 분류된다.
③ 럼의 원산지는 서인도제도로 유럽의 식민정책 중 삼각무역에 사용되었다.
④ 럼의 주원료는 사탕수수이다.

[해설]
럼은 사탕수수를 원료로 발효, 증류를 거친 증류주이다.

**03** 우리나라의 전통주에 대한 설명으로 잘못된 것은?

① 탁주의 원료는 쌀, 밀 등 곡식을 주로 사용하였다.
② 탁주, 약주, 소주의 순서로 개발되었다.
③ 청주는 쌀의 향을 얻기 위해 주로 현미를 사용한다.
④ 증류주가 전래된 시기는 고려시대이다.

[해설]
청주의 원료는 백미 또는 찹쌀을 사용한다.

**04** 다음 중 위스키의 재료가 아닌 것은?

① 보 리    ② 맥 아
③ 감 자    ④ 호 밀

[해설]
감자는 보드카, 소주의 재료로 많이 쓰인다.

**05** 다음 중 생산지가 옳게 연결된 것은?

① 페리에 - 독일
② 비시 - 오스트리아
③ 셀처 - 이탈리아
④ 에비앙 - 프랑스

[해설]
페리에, 비시는 프랑스이며 셀처 생수는 독일이다.

1 ④ 2 ① 3 ③ 4 ③ 5 ④

**06** 에스프레소 추출방법에 대한 설명으로 잘못된 것은?

① 90~95℃의 물로 20~30초 정도 추출한다.
② 분쇄된 커피를 다지는 행위를 탬핑이라고 한다.
③ 에스프레소는 고농도의 향미 성분을 추출해야 하므로 분쇄도를 가장 굵게 해 주어야 한다.
④ 추출수의 압력은 9기압 정도로 분쇄된 커피에 통과시켜 추출한다.

> 해설
> 에스프레소는 분쇄도를 가장 가늘게 쓰는 추출방법 중 하나이다.

**07** 다음 중 국가지정 중요 무형문화재로 지정받은 전통주가 아닌 것은?

① 김포 문배주
② 충남 면천두견주
③ 진도 홍주
④ 경주교동법주

**08** 다음 중 브랜디에 대한 설명으로 가장 거리가 먼 것은?

① 향미가 좋아 식전주로 애음된다.
② 포도 또는 과실을 발효하여 증류한 술이다.
③ 코냑 브랜디에 처음으로 별표의 기호를 도입한 것은 1865년 헤네시(Hennessy)사에 의해서이다.
④ 유명 산지는 코냑과 아르마냑이 있다.

> 해설
> 브랜디는 감미로워 식후주로 많이 마신다.

**09** 다음 중 위스키의 원료에 따른 분류가 아닌 것은?

① 몰트 위스키(Malt Whisky)
② 그레인 위스키(Grain Whisky)
③ 포트 스틸 위스키(Pot Still Whisky)
④ 블렌디드 위스키(Blended Whisky)

> 해설
> 포트 스틸 위스키는 증류기의 종류에 따른 분류에 속한다.

**10** 발포성 와인의 이름이 아닌 것은?

① 스페인 – 까바(Cava)
② 독일 – 젝트(Sekt)
③ 이탈리아 – 스푸만테(Spumante)
④ 포르투갈 – 도세(Doce)

> 해설
> Doce : 포르투갈어로 단, 달콤한, 향기로운의 뜻을 가지고 있다.

정답  6 ③  7 ③  8 ①  9 ③  10 ④

**11** 커피 로스팅의 정도에 따라 약한 순서에서 강한 순서대로 나열한 것이다. 바르게 나열한 것은?

① American Roasting – German Roasting – French Roasting – Italian Roasting
② Italian Roasting – German Roasting – American Roasting – French Roasting
③ German Roasting – Italian Roasting – American Roasting – French Roasting
④ French Roasting – American Roasting – Italian Roasting – German Roasting

해설
최강배전 Italian Roasting은 탄맛이 나며 쓴맛이 정점에 도달한다.

**12** 다음 중 혼합물을 구성하는 각 물질의 비등점을 이용해 만든 술을 무엇이라 하는가?

① 양조주 ② 증류주
③ 혼성주 ④ 혼합주

해설
물은 끓는점이 100℃, 알코올은 78.4℃로, 서로 다른 비등점을 이용하여 증류하여 만든 술이 증류주이다.

**13** 식품위생법상 영업에 종사하지 못하는 질병이 아닌 것은?

① 비감염성 결핵 ② 장티푸스
③ A형 간염 ④ 전염성 피부질환

해설
영업에 종사하지 못하는 질병의 종류(식품위생법 시행규칙 제50조)
• 결핵(비감염성인 경우는 제외)
• 콜레라, 장티푸스, 파라티푸스, 세균성이질, 장출혈성대장균감염증, A형간염
• 피부병 또는 그 밖의 고름형성(화농성)질환
• 후천성면역결핍증(성매개감염병에 관한 건강진단을 받아야 하는 영업에 종사하는 사람만 해당)

**14** B-52를 조주할 때 가장 먼저 넣어야 하는 재료는 무엇인가?

① Grand Marnier 1/3part
② Bailey's Irish Cream 1/3part
③ Coffee Liqueur 1/3part
④ Whisky 1/3part

해설
Coffee Liqueur 1/3part – Bailey's Irish Cream Liqueur 1/3part – Grand Marnier 1/3part 순서대로 넣는다.

**15** 다음 중 Daiquiri의 재료가 아닌 것은?

① Light Rum
② Dark Rum
③ Lime Juice
④ Powdered Sugar

해설
라이트 럼 1·3/4oz, 라임주스 3/4oz, 가루 설탕 1tsp을 셰이커에 넣고 잘 흔든 다음 칵테일 글라스에 제공한다.

**16** 다음 중 바텐더의 직무에 관한 설명으로 가장 거리가 먼 것은?

① 각종 장비 및 비품들의 작동상태 및 위생상태를 점검하고 관리해야 한다.
② 모든 주류는 정확히 관리하며 특히 Cost(원가)관리에 신경 써야 한다.
③ 특정 구단에 대해 공동체를 만들고 팀워크를 다지는 것도 매출 향상에 기여한다.
④ 영업 준비에 대한 점검을 철저히 하며 재고 상품도 체크해야 한다.

**17** 블러디 메리(Bloody Mary)에 대한 설명으로 거리가 먼 것은?

① 토마토 주스가 피 색을 연상시켜 이름의 유래가 되었다는 설이 있다.
② Highball Glass에 제공된다.
③ Shaking 기법으로 잘 흔들어서 컵에 따라 제공한다.
④ 장식은 레몬 슬라이스 또는 셀러리를 제공한다.

> **해설**
> 칵테일 만드는 기법은 직접 넣기(Build) 기법이다.

**18** 주장의 종류 중 와인 바의 특징과 가장 거리가 먼 것은?

① 언제나 이벤트가 있는 흥겨운 장소이다.
② 간단한 식사 메뉴와 함께 와인을 즐길 수 있는 주장이다.
③ 다양한 잔 와인으로 판매되는 하우스 와인도 있다.
④ 종업원 모두가 와인전문가, 즉 소믈리에라는 점에서 인건비에 대한 부담이 있다.

> **해설**
> 와인 바는 고급스러우면서 차분한 분위기가 연출된다. 이벤트가 있는 흥겨운 주장은 웨스턴 바나 댄스 바, 플레어 바 등이 있다.

**19** 다음 중 럼(Rum)이 베이스(Base)로 쓰이지 않는 칵테일은?

① Daiquiri  ② Manhattan
③ Mai Tai  ④ Pina Colada

> **해설**
> 맨해튼은 버번 위스키가 베이스로 쓰인다.

**20** 다음 중 조주기법에 대한 설명으로 틀린 것은?

① 계란, 우유, 크림 등 유제품이 들어간 칵테일은 셰이킹(Shaking) 기법이 잘 어울린다.
② 스터(Stir) 기법은 원재료의 맛과 향을 최대한 유지하면서 가볍게 섞어 주거나 차갑게 할 때 사용하는 방법이다.
③ 플루트(Float) 기법은 색깔에 따라 재료를 순서대로 넣어 준다.
④ 블렌드(Blend) 기법은 얼음과 재료를 넣고 기계로 혼합하는 방법이다.

> **해설**
> 플루트(Float) 기법은 재료의 비중을 이용하여 내용물을 차례대로 띄우는 방법이다.

**정답** 16 ③  17 ③  18 ①  19 ②  20 ③

21 다음 중 우유가 들어가는 칵테일은?
① Grasshopper
② Side Car
③ Moscow Mule
④ Healing

해설
그래스호퍼(Grasshopper) : 그린 크림 드 민트 1oz, 화이트 크림 드 카카오 1oz, 우유 1oz를 넣고 잘 흔들어 주면 민트초코의 달콤한 칵테일이 만들어진다.

22 다음 중 디캔팅(Decanting)에 대한 설명으로 적절하지 않은 것은?
① 보통 레드 와인 위주로 진행되는 작업이다.
② 시간이 많이 걸리는 작업이기에 바쁜 Rush Time은 피하면서 진행해야 한다.
③ 오래 숙성을 거친 레드 와인의 경우 주석산염 등에 의해 생긴 침전물을 걸러 따르는 작업이다.
④ 숙성이 덜 된 거친 와인의 경우도 공기와 접촉하면 맛과 향이 부드럽게 변한다.

해설
디캔팅은 많은 시간이 소요되지 않으며, 화려한 연출이 될 수 있는 작업이다.

23 주장관리 및 기물 취급요령으로 옳지 않은 것은?
① Bar 및 작업대에는 물기가 고여 있지 않도록 청결 유지에 힘써야 한다.
② 유리 글라스는 Rim 부분의 입술 자국이나 금이 간 곳은 없는지 잘 체크한다.
③ 맥주는 선입선출과 상관없이 가장 차가운 상품을 먼저 제공한다.
④ 냉장고 온도는 3.5~5℃로 유지한다.

해설
맥주는 선입선출을 준수해야 한다.

24 다음 중 기물과 설명이 잘못된 것은?
① Ice Pail - 얼음 통
② Jigger - 술의 용량을 측정하는 기물
③ Muddler - 병마개를 따는 도구
④ Pourer - 술의 양을 조절하기 위해 병 입구에 부착한 도구

해설
머들러는 레몬 조각 등을 눌러 즙을 내거나 잔의 내용물을 저을 때 사용한다.

**25** 다음은 칵테일의 기본 조주기법을 설명한 것으로 옳지 않은 것은?

① Building(직접 넣기) – 컵에 직접 얼음과 재료를 넣고 바스푼으로 휘저어 제공
② Stirring(휘젓기) – 믹싱 글라스에 얼음과 재료를 넣고 바스푼으로 잘 저어서 잔에 따르는 방법
③ Shaking(흔들기) – 병을 흔들어서 만드는 방법
④ Floating(띄우기) – 재료의 비중을 이용하여 차례로 쌓이도록 하는 방법

**해설**
흔들기는 셰이커에 얼음과 재료를 넣고 흔들어서 만드는 방법이다.

**26** 바에 비치되어 있는 음료의 설명으로 잘못된 것은?

① Ale – 홉(Hop)의 향과 쓴 맛이 강한 영국 맥주
② Drambuie – 보드카에 오렌지 껍질로 만든 혼성주
③ Grenadine Syrup – 석류로 만든 시럽
④ Rum – 당밀 또는 사탕수수로 만든 증류주

**해설**
드람뷰이는 스카치 위스키에 꿀과 허브를 첨가하여 만든 혼성주이다.

**27** 다음 표준 계량 단위가 적절하게 연결되지 않은 것은?

① 1pony – 1oz – 30mL
② 1split – 6oz – 177mL
③ 1cup – 8oz – 257mL
④ 1quart – 128oz – 3,785mL

**해설**
- 1quart – 32oz – 944mL
- 1gallon – 128oz – 3,840mL

**28** 다음 중 혼성주에 해당하는 것은?

① Jack Daniel's
② Cognac
③ Cointreau
④ Corn Whiskey

**29** 포도 품종의 그린 수확(Green Harvest)에 대한 설명으로 옳은 것은?

① 포도원의 잡초 및 주변 환경 제거
② 농익은 포도 수확
③ 푸른빛을 띤 포도 품종 수확
④ 수확량을 제한하기 위한 수확

**정답** 25 ③  26 ②  27 ④  28 ③  29 ④

**30** 다음 중 보르도의 와인 산지가 아닌 것은?

① 메 독
② 헤레스
③ 마 고
④ 그라브

해설
헤레스는 스페인의 셰리 와인 산지이다.

**31** 프랑스에서 생산되는 칼바도스(Calvados)는 음료의 분류에서 어디에 속하는가?

① Beer
② Vodka
③ Brandy
④ Wine

해설
칼바도스는 프랑스 노르망디산 애플 브랜디이다.

**32** 다음 중 상면발효 맥주인 것은?

① Heineken
② Corona
③ Porter
④ Bock Beer

**33** 다음에서 설명하는 것은?

- 북유럽 스칸디나비아 지방의 특산주로 어원은 '생명의 물'이라는 라틴어에서 온 말이다.
- 먼저 감자를 익혀서 으깬 감자와 맥아를 당화, 발효시켜 증류한 음료이다.

① Rum
② Brandy
③ Vodka
④ Aquavit

**34** 다음 우리나라 전통주 중에서 약주가 아닌 것은?

① 문배주
② 두견주
③ 한산 소국주
④ 칠선주

해설
김포 문배주는 알코올 도수가 높은 증류주이다.

**35** 다음 중 스카치 위스키(Scotch Whisky)에 해당하지 않는 것은?

① Johnnie Walker
② Jim Beam
③ J&B
④ Royal Salute

해설
짐빔은 아메리칸 위스키이다.

30 ② 31 ③ 32 ③ 33 ④ 34 ① 35 ② **정답**

**36** 다음 중 테킬라(Tequila)가 아닌 것은?

① Beefeater
② Cuervo
③ El Toro
④ Sauza

> **해설**
> 비피터는 진의 종류 중 하나이다.

**37** 다음 중 아메리칸 위스키(American Whiskey)가 아닌 것은?

① Jim Beam
② Jameson
③ Wild Whiskey
④ Jack Daniel's

**38** 발포성 와인 1병을 주문한 고객에게 샴페인을 따라주는 방법으로 옳지 않은 것은?

① 최대한 거품이 나지 않도록 조심해서 따른다.
② 샴페인은 글라스에 서브할 때 두 번에 나눠서 따른다.
③ 샴페인은 글라스의 최대 절반 정도까지 따른다.
④ 샴페인은 차갑게 서브한다.

> **해설**
> 샴페인의 기포를 눈으로 충분히 즐길 수 있게 따른다.

**39** 칵테일을 만드는 데 필요한 기물이 아닌 것은?

① Jigger
② Shaker
③ Mixing Glass
④ Cork Screw

> **해설**
> 코르크 스크루는 와인 오프너이다.

**40** 당밀에 석류를 넣어 석류의 맛과 향을 지닌 적색의 시럽은 무엇인가?

① Can Sugar Syrup
② Grenadine Syrup
③ Simple Syrup
④ Plain Syrup

> **해설**
> 그레나딘 시럽(Grenadine Syrup)은 설탕을 만들고 남은 나머지 당밀에 석류를 넣어 석류의 향기와 맛을 지닌 적색 시럽이다. 칵테일에 단맛과 붉은 시각적 효과를 더하기 위해 많이 사용한다.

**정답** 36 ① 37 ② 38 ① 39 ④ 40 ②

**41** Glass 취급방법으로 적절하지 않은 것은?

① 가장자리에 금이 가거나 립스틱 자국이 남아 있는지 먼저 확인한다.
② 물에 레몬이나 에스프레소 1잔을 넣으면 컵의 잡냄새가 제거된다.
③ 옮기거나 이동할 때를 제외하고 Stem은 잡지 않는다.
④ 알맞은 Rack에 담아서 세척기를 이용한다.

**42** 드라이 마티니에 대한 설명으로 틀린 것은?

① 칵테일의 제왕으로 평가되는 드라이한 칵테일이다.
② 만드는 방법은 휘젓기(Stirring)이다.
③ 칵테일 글라스에 제공된다.
④ 장식으로 보통 블랙 올리브가 제공된다.

해설
드라이 마티니의 장식으로 그린 올리브를 많이 사용한다.

**43** 칵테일 상품의 특성과 가장 거리가 먼 것은?

① 인적 의존도가 높다.
② 반품과 재고가 없다.
③ 대량생산이 가능하다.
④ 유통과정이 없다.

**44** 다음 중 내열성이 강한 잔에 제공되는 칵테일은?

① Irish Coffee
② Tequila Sunrise
③ Black Russian
④ New York

해설
아이리시 커피는 아이리시 위스키에 뜨거운 커피를 넣어 만드는 칵테일이다.

**45** 휘젓기 기법을 할 때 사용하는 기물은 무엇인가?

① Jigger
② Shaker
③ Blender
④ Mixing Glass

해설
스터(Stir, 휘젓기) : 원재료의 맛과 향을 최대한 유지하면서 가볍게 섞어 주거나 차갑게 할 때 사용하는 방법이다. 믹싱 글라스(Mixing Glass)에 얼음을 넣고 재료를 넣는다.

정답 41 ③ 42 ④ 43 ③ 44 ① 45 ④

**46** 바텐더가 Bar에서 Glass를 사용할 때 가장 먼저 체크해야 할 상황은?

① Glass의 온도
② Glass의 재고
③ Glass의 청결
④ Glass의 가장자리 파손 여부

**해설**
글라스는 가장 먼저 가장자리(Rim)에 흠집이나 깨진 부분이 있는지 체크해야 한다.

**47** 고객이 위스키 스트레이트를 주문하고, 얼음과 함께 콜라나 물을 원할 경우 제공하는 것은?

① Cocktail Glass
② Cocktail Decanter
③ Mixing Glass
④ Wine Decanter

**해설**
독한 술을 마실 때 입가심으로 마시는 음료를 체이서(Chaser)라고 하며 Decanter에 담아서 제공한다.

**48** 칼바도스(Calvados)는 보관온도상 다음 중 어떤 품목과 같이 두어도 좋은가?

① Whisky
② White Wine
③ Beer
④ Champagne

**해설**
칼바도스는 알코올 도수가 높아 실온에서 보관한다. 와인 종류와는 달리 위스키는 상온 보관을 원칙으로 한다.

**49** 브랜디의 제조공정에서 새 술통을 사용할 때에는 무엇을 채워 유해한 색소나 이물질을 제거하는가?

① Beer
② White Wine
③ Red Wine
④ Vodka

**해설**
브랜디는 새로운 오크통(White Oak Barrel)에 넣어 저장한다. 술통은 새것보다 오래된 것이 더 좋다. 새 술통을 사용할 때에는 열탕으로 소독하고 다시 화이트 와인을 채워 유해한 색소나 이취물질을 제거한 후 와인을 쏟아내고 브랜디를 넣어 저장한다.

**50** 술을 담근 다음 날 닭이 우는 새벽녘에 벌써 다 익어 마실 수 있는 술이라고 하여 붙여진 이름이며, 급하게 술을 빚을 필요가 있을 때 만들었던 속성주는 무엇인가?

① 계명주
② 소곡주
③ 오메기술
④ 과하주

**해설**
계명주는 경기도 무형문화재 제1호, 전통민속주로 남양주계명주라고도 한다.

**정답** 46 ④  47 ②  48 ①  49 ②  50 ①

**51** 다음 ( ) 안에 들어갈 단어로 적합한 것은?

( ) is a dry gin based cocktail mixed with dry vermouth and decorated with an olive. It has about 34 proof.

① Manhattan
② Dry Martini
③ Black Russian
④ B-52

**해설**
드라이 마티니는 드라이 진에 드라이 베르무트를 혼합한 후, 올리브로 장식한 칵테일로 알코올 도수는 34도 정도입니다.

**52** 다음 ( ) 안에 들어갈 단어로 적합한 것은?

A : Hello, may I speak to Mr. Park? This is Kim calling.
B : Mr. Park is not at his desk. May I take a ( )?
A : No. It's all right. Thank you.

① card                ② message
③ money              ④ picture

**해설**
A : Mr.박과 통화할 수 있을까요? 저는 김입니다.
B : Mr.박이 부재중입니다. 메시지를 남기시겠습니까?
A : 아뇨. 괜찮습니다.

**53** 다음 문장의 의미는 무엇인가?

Always wash your hands before you start cooking.

① 요리를 하기 전엔 항상 손을 씻어라.
② 다 먹고 나서 치우는 것 좀 도와줘.
③ 항상 두 손으로 요리를 해라.
④ 언제나 손으로 요리를 해라.

**54** 다음 중 의미가 다른 것은?

① What would you like for dessert?
② Please help me clean up after you finish eating.
③ Are you all set to order dessert yet?
④ Would you like to see a dessert menu?

**해설**
② 다 먹고 나서 치우는 것 좀 도와주렴.
① 디저트는 무엇을 드시겠습니까?
③ 디저트 주문하실 준비되셨습니까?
④ 디저트 메뉴를 보시겠습니까?

**55** 다음 문장의 의미는 무엇인가?

As a rule, the dry wine is served ( ).

① in the meat course
② in the fish course
③ before dinner
④ after dinner

**해설**
대체로 드라이 와인은 식전에 서브한다.

**56** 다음 ( ) 안에 들어갈 단어를 올바르게 나열한 것은?

> 문자 메시지를 기다리겠습니다.
> I'll ( ) for your ( ).

① wait - text
② wait - call
③ call - text
④ text - wait

**57** Which one is not aperitif cocktail?

① Kir
② Dry Martini
③ B-52
④ Campari Soda

해설
식전 칵테일이 아닌 것은?
③ B-52는 감미로운 디저트 칵테일이다.

**58** '한잔 더 주세요.'의 가장 정확한 영어 표현은?

① I'd like to have the other drink.
② I want one more wine.
③ I'd like to have another drink.
④ I'd like other drink.

**59** Which one is not made from malt?

① Cognac
② The Glenlivet
③ Macallan
④ Glenfiddich

해설
몰트로 만들어지지 않은 것은?

**60** 다음 ( ) 안에 들어갈 알맞은 단어는?

> I don't know what happened at the meeting because I wasn't able to ( ).

① apply
② decline
③ attend
④ depart

해설
회의에 참석하지 못해서 무슨 일이 있었는지 모르겠다.

정답  56 ①  57 ③  58 ③  59 ①  60 ③

# 2021년 제1회 과년도 기출복원문제

**01** 합리적인 식품 위생관리의 장점에 해당하지 않는 것은?

① 식품위생 관리를 통하여 많은 식중독 사고를 막을 수 있다.
② 사전 점검으로 인한 부패, 변색 등 식품 폐기 및 손실은 감안해야 한다.
③ 품질 개선 및 신뢰도 향상에 기여한다.
④ 식품 관련 법적 규제로부터 자유로워질 수 있으며 이로 인한 피해를 예방할 수 있다.

해설
저장기간 연장 및 품질 개선으로 판매 손실을 최소화할 수 있다.

**02** 영업장의 위생관리에 대한 설명 중 잘못된 것은?

① 세척 시 사용하는 세제는 용도에 따라 3가지 종류로 나뉜다. 그중 음식점에서 사용 가능한 세척제는 2종 세척제이다.
② 영업장의 칼, 도마는 화학소독해야만 한다.
③ 생채소나 과일은 염소용액으로 소독한 다음 반드시 세척 후 사용한다.
④ 행주는 사용 후 반드시 열탕소독(5분 이상) 또는 염소소독한 뒤 건조한다.

해설
칼, 도마의 관리
• 칼은 사용 후 세척하여 자외선 살균기에 넣어 보관한다.
• 도마는 사용 재료에 따라 색을 구분하여 사용하며 교차오염을 예방해야 한다.
• 도마, 조리대 등 작업대 옆에는 소독세제와 소독비누를 비치한다.

**03** 다음은 영업장 안전관리를 위한 소방 장비의 안전상태점검에 관한 내용이다. 잘못된 것은?

① 소화기는 습기가 적고 건조하며 서늘한 곳에 설치한다.
② 소화기는 문 가까운 곳에 비치하고 물이 닿는 곳, 30℃ 이상 더운 곳에 놓아서는 안 된다.
③ 축압식 소화기는 계기가 붙어 있는데 빨간 선을 표시하면 정상 위치이다.
④ 소화기 사용 시 바람을 등지고 서서 호스가 불을 향하게 한다.

해설
③ 바늘은 녹색에 위치해야 하며, 노랑이나 빨간 선을 표시하면 교체하거나 업체에 문의한다.

**04** 다음 발효주(양조주)의 설명으로 잘못된 것은?

① 단발효주는 맥주나 막걸리가 대표적이다.
② 복발효주는 곡물을 당화하여 효모로 발효시킨 술이다.
③ 단발효주는 원료의 형태가 당분으로 이루어져 있다.
④ 병행 복발효주에는 황주가 있다.

해설
단발효주에는 와인(포도), 사이다(사과), 발포성 와인(포도) 등이 있다. 맥주는 단행 복발효주, 막걸리는 병행 복발효주이다.

**05** 다음 중 증류주에 해당하지 않는 것은?

① 키르슈  ② 위스키
③ 백 주  ④ 슬로 진

해설
슬로 진은 혼성주이다.

**06** 다음 중 용설란 수액을 발효, 증류시켜 만든 술은 무엇인가?

① 보드카
② 진
③ 테킬라
④ 소 주

**07** 다음 술의 분류에서 잘못 설명된 것은?

① 주로 곡물과 국을 사용하여 술을 제조하는 우리나라, 중국, 일본의 전통주들은 병행 복발효주이다.
② 증류주는 알코올 도수가 낮은 포도주나 맥주 같은 발효주를 증류장치를 이용하여 알코올 도수를 높여 만든다.
③ 발효주보다 부드러운 알코올 성분과 순도를 위해 증류한다.
④ 증류는 알코올과 물을 분리하는 작업으로 알코올의 비등점(78℃)과 물의 비등점(100℃)의 차이를 이용하는 것이다.

해설
발효주보다 강한 알코올 성분과 순도가 높은 알코올을 얻기 위하여 증류를 한다.

**08** 다음 중 알코올 도수가 가장 높은 것은 무엇인가?

① 탁 주
② 청 주
③ 맥 주
④ 브랜디

해설
브랜디는 증류주로 알코올 도수가 높다.

**09** 테이스팅에 대한 설명 중 잘못된 것은?

① 장소는 밀폐된 공간의 서늘한 곳으로 습도는 60% 정도를 유지하는 것이 좋다.
② 흰색 바탕 위에 글라스를 약 45° 비스듬히 기울이면 색을 자세히 볼 수 있다.
③ 레드 와인은 자주색을 띠다가 숙성이 진행되면서 진홍색, 적갈색, 갈색의 순서로 변한다.
④ 부케는 와인이 숙성되면서 나는 향으로, 포도 자체의 향과는 다른 향을 보여준다.

해설
테이스팅을 하기 위한 좋은 장소는 조용하고 환기시설이 잘되어 있는 곳이다.

**10** 다음 중 식전주(Aperitifs)는 무엇인가?

① 언더버그(Underberg)
② 예거마이스터(Jagermeister)
③ 캄파리(Campari)
④ 페르네 브랑카(Fernet Branca)

해설
①, ②, ④는 식후주이다. 이 중 페르네 브랑카(Fernet Branca)는 이탈리아에서 개발된 대황, 용담, 버섯, 감초, 아니스, 안젤리카, 페퍼민트가 들어가는 유명한 제품이다.

**11** 다음 중 코스모폴리탄(Cosmopolitan)의 재료가 아닌 것은?

① 보드카
② 파인애플 주스
③ 트리플 섹
④ 라임주스

해설
파인애플 주스 대신 크랜베리 주스가 들어간다.

**12** 다음에서 설명하는 칵테일은 무엇인가?

> 1. 필스너 글라스에 큐브 아이스를 4~5개를 넣어 냉각시킨다.
> 2. 지거를 이용하여 라이트 럼 1·1/4oz를 블렌더에 넣는다.
> 3. 지거를 이용하여 트리플 섹 3/4oz를 블렌더에 넣는다.
> 4. 지거를 이용하여 라임주스, 파인애플 주스, 오렌지 주스 1oz씩을 블렌더에 넣는다.
> 5. 지거를 이용하여 그레나딘 시럽 1/4oz를 블렌더에 넣는다.
> 6. 블렌더에 크러시드 아이스 1scoop을 넣고 블렌딩한다.
> 7. 필스너 글라스의 얼음을 제거한 후 블렌딩된 칵테일을 따른다.
> 8. 파인애플 웨지에 체리를 칵테일 픽으로 꽂아 장식한다.

① 마이타이
② 다이키리
③ 드라이 마티니
④ 하비월뱅어

**13** 다음 중 보드카(Vodka) 베이스 칵테일이 아닌 것은?

① 뉴 욕
② 하비월뱅어
③ 애플 마티니
④ 블랙러시안

해설
뉴욕의 베이스는 버번 위스키이다.

**14** 다음에서 설명하는 글라스는 무엇인가?

> 바스푼을 이용하여 빠른 시간 내에 칵테일의 온도를 냉각시키는 스터(Stir) 기법에 필요한 기구이다. 큰 유리컵의 모양과 스테인리스 재질로 된 것이 있으며, 바 글라스(Bar Glass)라고도 한다.

① 리큐르 글라스
② 사워 글라스
③ 믹싱 글라스
④ 샴페인 글라스

**15** 다음에서 설명하고 있는 칵테일 기구는 무엇인가?

> 글라스의 받침으로 사용되는 바 용품이다. 글라스에서 흐르는 물기를 흡수하거나 글라스가 바닥에 부딪혀 깨지지 않도록 하는 안전성 유지기능이 있다. 또 글라스의 품위를 높이기 위해 사용된다.

① 스퀴저(Squeezer)
② 코스터(Coaster)
③ 푸어러(Pourer)
④ 칵테일 픽(Cocktail Pick)

해설
코스터(Coaster)는 컵의 밑받침으로, 보통 종이 재질로 되어 있고 음료를 제공할 때 사용한다.

**16** 먼저 구입한 물건을 항상 선반 앞쪽에 진열하고 먼저 사용하는 방법은?

① 선입후출법
② 후입선출법
③ 선입선출법
④ 후입후출법

**17** 민트 잎을 넣고 머들러로 으깨어 향이 배어 나오게 한 다음, 얼음을 채우고 재료를 넣어 만드는 칵테일은 무엇인가?

① 데이지(Daisy)
② 크러스타(Crusta)
③ 에그녹(Eggnog)
④ 줄렙(Julep)

**18** 와인에 설탕이나 레몬주스를 넣고 물로 채우는 기법으로, 스페인어로 피를 의미, 레드 와인을 묽게 한 것에서 유래되었다. 와인 외에 위스키나 브랜디 등을 사용하기도 하는 이 칵테일의 이름은 무엇인가?

① 생거리(Sangaree)
② 슬링(Sling)
③ 리키(Rickey)
④ 스쿼시(Squash)

**19** 다음에서 설명하고 있는 무엇인가?

> 칵테일을 조주할 때 허브나 생과일의 맛과 향이 더욱 강해지도록 으깨는 방법이다. 럼을 베이스로 한 모히토(Mojito), 브라질의 국민 칵테일인 카이피리냐(Caipirinha) 등을 만들 때 이 방법을 사용한다.

① 머들링(Muddling)
② 블렌딩(Blending)
③ 플로팅(Floating)
④ 스터링(Stirring)

**20** 식음료 서비스의 특성이 아닌 것은?

① 무형성
② 신속성
③ 생산과 소비의 동시성
④ 이질성

**해설**
식음료 서비스의 특성은 무형성, 비분리성/동시성, 이질성, 소멸성 등이다.

**21** 서비스의 기본 요건에 대한 설명으로 바르지 못한 것은?

① 서비스란 식음료 업무의 생명으로 환대산업의 주전략 상품이며, 고객에게 제공되는 물적 서비스와 진심 어린 마음으로 고객에게 부담을 주지 않는, 인간미가 수반된 인적 서비스를 말한다.
② 고객에 대한 음식과 음료의 판매 행위와 그에 따른 물적·인적 서비스를 제공하는 대표적인 서비스 산업이다.
③ 주어진 시간 내에 맡은 바 업무를 정확히 파악하여 최고의 결과를 얻을 수 있도록 항상 긴장감을 늦추지 말고 경계심과 비장함으로 업무에 임해야 한다.
④ 레스토랑 서비스는 환내 정신을 가상 필요로 하고 중요시하므로, 종사원들은 고객을 대할 때 항상 즐거운 마음으로 얼굴에 미소를 가득 담고 정중하고 공손한 태도로 고객을 맞이해야 한다.

> 해설
> 서비스직의 기본 요건인 능률성은 주어진 시간 내에 맡은 바 업무를 정확히 파악한 후 최대의 능력을 발휘하여 얻어낸 성과를 말한다. 업무의 능력을 올리기 위하여 종사원들은 매사에 적극적이고 능동적인 자세로 업무를 수행해야 한다.

**22** 다음에서 설명하고 있는 기구는 무엇인가?

> 병에 담긴 음료를 따를 때, 병에서 한꺼번에 쏟아져 나와 흘리는 것을 방지하기 위해 병의 입구에 끼워 사용하는 기구이다.

① 코스터(Coaster)
② 스퀴저(Squeezer)
③ 푸어러(Pourer)
④ 칵테일 픽(Cocktail Pick)

**23** 영업장에서 고객이 입장할 경우 좌석 안내요령으로 부적절한 것은?

① 예약 손님일 경우 예약 테이블로 안내한다.
② 테이블이 없을 경우 웨이팅 룸에서 대기하도록 정중하게 말씀드린다.
③ 젊은 남녀 고객은 벽 쪽의 조용한 테이블로 안내한다.
④ 남녀를 불문하고 혼자 방문한 고객은 어둡고 한적한 곳으로 안내한다.

> 해설
> 1인 고객은 전망이 좋은 곳으로 안내하는 것이 좋다.

**24** Which of the following has a different meaning?

① Thank you. It's good to be back.
② Good morning, sir. It's very nice to see you again.
③ I'd like a table for two.
④ Mr. James, welcome back.

> 해설
> 다른 의미를 가지고 있는 것을 찾는 문제이다.
> ① 다시 와 주셔서 감사합니다.
> ② 안녕하십니까? 다시 뵈니 기쁩니다.
> ③ 두 사람이 앉을 자리를 예약하고자 합니다.
> ④ 제임스 씨 다시 와 주셔서 감사합니다.

**25** Which one is not a red wine grape?
① Riesling
② Merlot
③ Pinot Noir
④ Cabernet Sauvignon

**26** 다음 내용과 가장 밀접한 관련이 있는 것은?

> Manzanilla, Montilla, Oloroso, Amontillado

① 스페인산 포도주
② 캘리포니아 포도주
③ 보르도 포도주
④ 샴파뉴 포도주

**27** 다음 중 주원료가 다른 하나는?
① San Miguel
② Hoegaarden
③ Forster's
④ Heineken

**해설**
호가든은 밀로 만든 맥주이다.

**28** 다음 중 발포성 와인의 연결이 잘못된 것은?
① Cava – 스페인
② Doce – 포르투갈
③ Sekt – 독일
④ Spumante – 이탈리아

**해설**
Doce는 포르투갈어로 단, 달콤한, 향기로운의 뜻을 가지고 있다.

**29** 다음 중 화가 난 고객의 대처방법으로 올바르지 않은 것은?
① 지적 받은 사항에 대해 일단 사과하고 고객의 불만을 귀 기울여 경청한다.
② 긍정적인 태도로 제공이 불가능한 것보다 가능한 것을 제시한다.
③ 최대한 전문적인 단어와 용어를 사용하여 고객에게 설명해야 한다.
④ 객관성을 유지하고 원인을 규명한다.

**해설**
화가 난 고객의 감정을 인지하고 고객을 안심시킨다.

**정답** 25 ① 26 ① 27 ② 28 ② 29 ③

**30** 영업장에서 깐깐한 고객을 대처하는 방안으로 올바르지 않은 것은?

① 침착하고 단호하게 대처하며 전문가답게 행동한다.
② 고객의 높은 음성, 무례한 태도에 대해 차분히 응대한다.
③ 고객과 논쟁이 되지 않도록 말 한 마디라도 주의한다.
④ 자유롭게 말할 수 있도록 개방형의 질문을 하되, 대화의 조절을 위해서는 '예, 아니오.'를 답하도록 하는 폐쇄형 질문을 한다.

해설
④는 수다스러운 고객의 대처로 적절하다.

**31** 다음 대화의 문장으로 어울리는 것은?

> W : I'm afraid we don't have your order on our menu.
> G : Can you make some for me?
> W : _____.
>  We can make some for you.

① Just a moment, please. I'll ask.
② I'm sorry, spaghetti is not on the menu.
③ What would you like to drink?
④ What is bulgogi?

해설
W : 죄송합니다. 손님이 주문하신 요리는 저희 메뉴에는 없습니다.
G : 특별히 만들어 줄 수는 없습니까?
W : 잠시 기다려주십시오. 물어보겠습니다.
   손님이 주문하신 요리는 별도로 만들어 드리겠습니다.

**32** 다음 중 메뉴를 주문 받는 요령으로 잘못된 것은?

① 판매원은 항시 볼펜과 메모 용지를 준비하고 있어야 한다.
② 일반적으로 고객인 여성, 고객인 남성, Hostess, Host의 순으로 주문 받는다.
③ 주문은 정확하고 잘 알아볼 수 있도록 기록하고 복창하여 재확인한다.
④ 주문을 다 받은 후 "기다리세요."라고 말한 다음 뒤돌아 나온다.

해설
④ 주문을 다 받은 후 "감사합니다."라고 꼭 감사를 표한다.

**33** 와인 제공 순서를 올바르게 나열한 것은?

> 가. 와인을 따른 후 병목을 서비스 냅킨으로 닦아 술 방울이 테이블에 떨어지지 않도록 한다.
> 나. 코르크를 손으로 잡고 살며시 돌리면서 천천히 소리가 나지 않게 빼낸다.
> 다. 와인을 주문한 고객에게 와인의 상표를 확인시키기 위하여 상표가 고객을 향하도록 고객의 좌측에서 보여준다.
> 라. 코르크의 냄새를 맡아 이상 유무를 확인한 후 손님에게 확인하도록 접시 위에 얹어서 보여준다.

① 다 - 나 - 라 - 가
② 가 - 나 - 다 - 라
③ 나 - 다 - 라 - 가
④ 라 - 가 - 다 - 나

**34** 칵테일 제공 서비스 순서를 올바르게 나열한 것은?

> 가. 고객과 밝은 모습으로 간단한 대화를 이어 나간다.
> 나. 바 테이블에 코스터를 깔고 그 위에 칵테일을 올려서 제공한다.
> 다. 주문받은 칵테일을 고객이 보는 앞에서 신속하게 제조한다.
> 라. 웃는 모습으로 "맛있게 드십시오."라고 인사를 한다.

① 다 - 나 - 라 - 가
② 가 - 나 - 다 - 라
③ 나 - 다 - 라 - 가
④ 라 - 가 - 다 - 나

**35** 다음 중 해피아워(Happy Hour) 메뉴에 대해 잘못 설명한 것은?

① 식음료 매장에서 하루 중 고객이 붐비지 않는 시간대나 특정한 시간대에 방문하는 고객에 한해 가격을 할인해 주는 서비스이다.
② 장점은 고객으로 하여금 합리적인 가격에 메뉴 서비스를 받을 수 있다는 것이다.
③ 매장이 비활성화된 시간대에도 매출을 올릴 수 있는 방법이 된다.
④ 보통 주말에 시행해야 효과가 높게 나타난다.

[해설]
바의 해피아워는 보통 주말을 제외한 평일 시간대와 매장을 오픈하고 얼마 지나지 않은 초저녁 시간대에 많이 시행한다.

**36** 다음은 메뉴별 공헌이익을 계산하는 공식이다. 틀린 것은?

① 공헌이익 = 판매가 - 식재료 원가
② 메뉴 비용 = 식재료 원가 × 판매량
③ 메뉴 수익 = 메뉴 판매가 × 판매량
④ 메뉴 공헌이익 = 메뉴 판매가 × 판매량

[해설]
메뉴 공헌이익 = 메뉴별 공헌이익 × 판매량

**37** Dry Martini의 Glass와 Garnish는?

① Cocktail Glass - Cherry
② Cocktail Glass - Green Olive
③ On the Rock Glass - Cherry
④ Sherry Glass - Green Olive

**38** 우리나라 전통주에 대한 설명으로 틀린 것은?

① 탁주는 쌀 등 곡식을 주로 사용하였다.
② 탁주, 약주, 소주의 순서로 개발되었다.
③ 청주는 쌀의 향미를 얻기 위해 현미만 사용한다.
④ 증류주 제조기술은 고려시대 때 몽고에 의해 전래되었다.

[해설]
청주는 향미 성분을 얻기 위해 찹쌀을 사용하였다.

정답  34 ①  35 ④  36 ④  37 ②  38 ③

## 39 맥주의 원료가 아닌 것은?

① Malt
② Hope
③ Corn
④ Yeast

## 40 다음 중 단식증류기(Pot Still)을 이용하여 증류한 제품은?

① Blended Whisky
② Dark Rum
③ Vodka
④ Aquavit

**해설**
단식증류기(Pot Still)
• 장점 : 시설비가 저렴하고, 맛과 향의 파괴가 적다.
• 단점 : 재증류의 번거로움이 많고, 대량생산이 불가능하다.
• 종류 : 몰트 위스키, 코냑, 다크 럼, 증류식 소주 등

## 41 혼성주 중에서 초기의 리큐르 형태로 치료제를 목적으로 생산하기 시작했고 강장, 건위, 소화불량 등에 효능이 있는 것으로 알려진 것은?

① 약초・향초류
② 과일・과실류
③ 종자류
④ Bitter류

**해설**
약초・향초류 : 가장 초기의 리큐르 형태로 식물의 생약 성분을 첨가하여 치료제 목적으로 생산하기 시작했다. 강장, 건위, 소화불량 등에 효능이 있다.

## 42 다음 중 탄산수의 효능이 아닌 것은?

① 다이어트
② 소화불량
③ Cost 절감
④ 피부미용

**해설**
탄산수의 효능
• 다이어트 : 탄산수의 탄산가스가 소화효소가 들어 있는 침을 발생시켜 위와 장의 연동운동을 돕고 포만감을 주어 식사량 조절에 도움을 준다.
• 소화불량 : 속이 더부룩할 때 탄산수를 마시면 많은 양의 공기가 위로 들어가 트림을 유도하여 속을 편안하게 해 준다.
• 피부미용 : 탄산수로 세안을 하면 탄산이 피부에 적당한 자극을 주어 혈액순환을 도와준다.

## 43 영업장의 음료 인벤토리에 대한 설명 중 잘못된 것은?

① 인벤토리 시트는 정확히 기록한다.
② 인벤토리 기간의 음료 입고 전표, 메뉴 판매 리스트 등의 서류를 준비한다.
③ 이전 인벤토리 시트의 재고 현황을 기입한다.
④ 입고수량, 판매수량은 제외한다.

**해설**
입고수량, 판매수량을 가감하여 재고수량을 기록한다.

## 44 기물 인벤토리에 대한 설명으로 틀린 것은?

① 음료 인벤토리와 같은 방식으로 인벤토리를 한다. 다른 점은 음료 인벤토리는 원가율 등을 구하는 것이고, 기물 인벤토리는 기물이 얼마나 입고되고 손실되었는지를 알아보는 것으로, 로스율(loss %)을 구한다.
② 로스율은 3~5% 사이가 적정 수준이다.
③ 적정 수준에 있으나 로스율을 줄이면 그만큼 영업이익을 늘릴 수 있다.
④ 기물 인벤토리는 기물이 얼마나 입고되었는지 재고만 기록하면 된다.

**해설**
기물 인벤토리 시트에는 기물의 사진, 기물명, 규격, 브랜드명(원산지), 단가 등을 표시한다.

## 45 이탈리아 와인에 대한 설명으로 맞는 것은?

① 거의 전 지역에서 와인이 생산된다.
② 지명도가 높은 와인 산지로는 샹파뉴, 토스카나, 베네토 등이 있다.
③ 이탈리아 와인 등급체계는 5등급이다.
④ 피노누아를 주포도 품종으로 사용한다.

## 46 우리나라의 증류식 소주에 해당되지 않는 것은?

① 안동소주
② 제주 한주
③ 경기 문배주
④ 금산 삼송주

**해설**
금산 삼송주는 충남 금산의 약주로 멥쌀과 인삼, 솔잎으로 만든다.

## 47 셰이킹(Shaking) 기법에 대한 설명으로 틀린 것은?

① 달걀, 우유, 크림, 당분이 많은 리큐르 등으로 칵테일을 만들 때 많이 사용된다.
② 셰이커에 얼음을 충분히 넣어 빠른 시간 안에 잘 섞이고 차갑게 한다.
③ 셰이커는 몸통과 스트레이너 두 부분으로 구성되어 있다.
④ 잘 섞이지 않는 재료들을 흔들어서 섞어 주는 조주기법이다.

**해설**
셰이커는 몸통, 스트레이너, 캡으로 구성되어 있다.

## 48 다음 중 럼에 대한 설명이 아닌 것은?

① 럼의 원료는 사탕수수, 당밀이다.
② 럼은 서인도제도를 통치하는 유럽의 식민정책 중 삼각무역에 사용되었다.
③ 럼은 사탕을 첨가하여 만든 리큐르이다.
④ 럼의 향, 맛에 따라 라이트 럼, 미디엄 럼, 헤비 럼으로 분류된다.

**해설**
럼은 증류주이다.

**정답** 44 ④  45 ①  46 ④  47 ③  48 ③

## 49
탄산음료 중 뒷맛이 쌉쌀한 맛이 남는 음료로 진과 잘 어울리는 음료는?

① 소다수  ② 토닉워터
③ 진저엘  ④ 콜 라

**해설**
토닉워터(Tonic Water) : 영국에서 처음 개발한 무색 투명한 음료로 '토닉'은 '강장제'라는 뜻이다. 해열과 진통, 강장 등에 효과가 있어 말라리아 특효약으로 쓰였던 키니네(Quinine) 성분으로 특유의 쓴맛을 내며 레몬, 라임, 오렌지 등 당분이 혼합되어 신맛과 산뜻한 풍미를 가지고 있는 탄산음료이다.

## 50
구매부서의 기능이 아닌 것은?

① 판 매
② 불 출
③ 저 장
④ 검 수

## 51
위스키의 원료에 따른 분류가 아닌 것은?

① 몰트 위스키
② 그레인 위스키
③ 포트 스틸 위스키
④ 블렌디드 위스키

**해설**
위스키는 증류의 원리에 따라 단식증류기(Pot Still)와 연속증류기(Patent Still)로 구분된다.

## 52
국가 지정 중요 무형문화재로 지정받은 전통주가 아닌 것은?

① 충남 면천두견주
② 진도 홍주
③ 서울 문배주
④ 경주 교동법주

**해설**
홍주는 지초의 뿌리를 넣고 빚은 전라남도 진도 지방의 전통술이다.

## 53
다음 중 Floating 기법으로 만들지 않는 것은?

① B&B
② Pousse Cafe
③ B-52
④ Black Russian

**해설**
블랙 러시안은 Build 기법이다.

## 54
Which one is the spirit made from agave?

① Tequila
② Gin
③ Whisky
④ Rum

정답 49 ② 50 ① 51 ③ 52 ② 53 ④ 54 ①

**55** 다음 ( ) 안에 들어갈 단어로 가장 적합한 것은?

> ( ) goes well with dessert.

① Ice wine
② Red wine
③ Vermouth
④ Dry sherry

**56** Dry gin, egg white, and grenadine syrup are the main ingredients of ( ).

① Bloody Mary
② Eggnog
③ Tom and Jerry
④ Pink Lady

해설
드라이 진, 달걀흰자 그리고 그레나딘 시럽이 주성분이다. 이는 핑크 레이디의 레시피이다.

**57** 다음 B에 가장 적합한 대답은?

> A : What do you do for living?
> B : _____.

① I'm writing a letter to my mother.
② I work for a bank.
③ Yes, thank you.
④ I can't decide.

해설
A : 직업이 무엇입니까?
② 은행에서 일합니다.
① 어머니께 편지를 쓰고 있어요.
③ 네, 감사합니다.
④ 결정할 수 없습니다.

**58** 다음 중 의미가 다른 하나는?

① It's my treat this time.
② I'll pick up the tab.
③ Let's go dutch.
④ It's on me.

해설
③ 각자 냅시다.

**59** 다음 중 의미가 다른 하나는?

① I'll show you to your table.
② Is this all right for you, sir?
③ Would you like to come this way?
④ When does the restaurant open?

해설
④ 레스토랑은 언제 오픈합니까?
① 손님 자리로 안내하겠습니다.
② 이 자리가 괜찮습니까?
③ 이쪽으로 오시겠습니까?

**60** Which of the following is not fermented liquor?

① Aquavit
② Wine
③ Sake
④ Toddy

해설
발효주가 아닌 것을 묻는 문제이다.

정답  55 ①  56 ④  57 ②  58 ③  59 ④  60 ①

# 2022년 제1회 과년도 기출복원문제

**01** 다음 중 식품위생의 필요성과 거리가 먼 것은?

① 식품으로부터 오는 유해 미생물의 존재를 확인하고 이들의 혼입을 막거나 증식을 억제한다.
② 여러 천연 혹은 인공 유해물질을 밝히고 오염되지 않도록 한다.
③ 평균 수명을 높이는 데 가장 크게 기여한다.
④ 식중독 사고 및 식품기인성 질병 발병률을 크게 낮출 수 있다.

[해설]
평균 수명이 높아지는 이유는 의료 보급과 식생활 개선, 식품 및 개인위생의 개선에 따른 결과이다.

**02** 다음 중 기주(Base)가 다른 하나는 무엇인가?

① New York
② Side Car
③ Manhattan
④ Old Fashioned

[해설]
사이드카는 브랜디 베이스이며, 나머지는 버번 위스키가 베이스이다.

**03** 음료 영업장 시설물에 대한 설명으로 적절하지 않은 것은?

① 테이블형 냉장고는 주로 음료 영업장 안쪽에 설치한다.
② 스탠드형 냉장고는 음료 영업장 안쪽보다는 뒤쪽에 설치하여 맥주 등 음료를 보관하는 용도로 사용한다.
③ 직냉식 냉장(동)고는 냉각 파이프가 내부를 직접 감싸고 있는 구조로 내부를 직접 냉각시키며, 내부 온도가 쉽게 변하지 않고 소음이 적다.
④ 간냉식 냉장(동)고는 냉기를 순환시켜 실내를 냉각시키는 방식으로 성에가 많이 끼는 단점이 있다.

[해설]
직냉식은 내부 벽면 전체가 차가워지는 방식이어서 성에가 낄 수 있으므로 자주 성에를 제거해 주어야 하며, 간냉식은 제상 타임이 되면 성에가 자동으로 제거된다.

**04** 다음 중 우유가 들어가는 칵테일은 무엇인가?

① 그래스호퍼
② B-52
③ 풋사랑
④ 푸스카페

[해설]
그래스호퍼는 그린 크림 드 민트 1oz, 화이트 크림 드 카카오 1oz, 우유 1oz가 들어간다.

1 ③ 2 ② 3 ④ 4 ① 정답

**05** 다음 중 제빙기(Ice Maker)에 대한 설명으로 적절하지 못한 것은?

① 음료 영업장에서 가장 많이 사용하는 재료인 얼음을 만드는 기계이다.
② 수압이 높은 수도라인을 사용해야 꽉 찬 얼음이 잘 만들어진다.
③ 청소할 때는 제빙기의 모든 얼음을 제거한 후 중성세제를 사용하여 깨끗이 청소하며, 깨끗한 물을 사용하여 내부를 잘 헹구고 마른 수건으로 물기를 제거한다.
④ 제빙기 필터는 수시로 먼지를 제거해 준다.

> [해설]
> 반드시 정수시설을 설치한 물을 제빙기에 연결하여 사용한다. 필터에 먼지가 많으면 공기 순환을 이용한 냉각이 잘 이루어지지 않아 얼음 제작이 오래 걸리고, 꽉 찬 얼음이 아닌 속이 빈 얼음이 만들어진다.

**06** 다음에서 설명하고 있는 도구는 무엇인가?

- 얼음 및 재료를 걸러 주는 기물이다.
- 스프링이 있는 것과 망으로 된 형태가 있다.

① 블렌더(Blender)
② 스쿱(Scoop)
③ 스트레이너(Strainer)
④ 셰이커(Shaker)

> [해설]
> 스트레이너(Strainer) : 원형 철판에 동그랗게 용수철이 달려 있다. 믹싱 글라스의 얼음을 걸러줄 때 용수철 부분이 믹싱 글라스 안쪽으로 들어가도록 끼워서 사용한다.

**07** 다음 원가관리에 대한 설명으로 올바르지 않은 것은?

① 원가관리의 목적은 식자재의 구입, 조리, 판매의 과정에서 최대의 이윤을 얻는 것이다.
② 목표 설정을 위한 수치 제공, 영업장 물품관리 목적을 위한 수치 제공, 재무제표 등 기타 자료를 위한 수치 제공 등이 목적이다.
③ 목표 원가를 설정한 다음 판매가격을 산출한다.
④ 원가관리는 전 품목을 동일 기준으로 산출해야 한다.

> [해설]
> 목표 원가를 선정하고 정기적인 원가 점검 및 상황에 맞는 가격 조정을 통해 목표 원가율을 유지해야 한다.

**08** 다음 중 인벤토리(Inventory)에 대한 설명으로 적절하지 않은 것은?

① 적정 재고를 유지하고, 무익한 재고 투자를 절감하여 예비 자금을 윤택하게 할 수 있다.
② 긴급 상황에 재고를 갖는 비축을 위한 기능이 있다.
③ 비용 절감 또는 투기를 목적으로 가격이 낮을 때 매입하는 투기성 재고의 형태가 있다.
④ 재고기간 동안 손상, 분실, 사용 및 판매 중지된 재고의 형태를 순환재고라고 한다.

> [해설]
> 불용재고란 재고기간 동안 손상, 분실, 사용 및 판매 중지된 재고의 형태를 말한다.

[정답] 5 ② 6 ③ 7 ④ 8 ④

**09** 다음 음료의 분류에 대한 설명으로 올바르지 않은 것은?

① 음료란 크게 알코올성 음료와 비알코올성 음료로 구분된다.
② 알코올성 음료는 제조 방법에 따라 발효주, 증류주, 혼성주로 나눈다.
③ 발효주(양조주)는 단발효주와 복발효주로 분류된다.
④ 단발효주는 황주, 막걸리가 있다.

**해설**
황주와 막걸리는 당화와 발효가 동시에 진행되는 병행 복발효주이다.

**10** 다음은 술의 양조방법에 대한 설명이다. ( ) 안에 들어갈 단어로 적절한 것은?

- 술을 만들기 위해 필요한 재료는 ( ㉠ )와(과) ( ㉡ )이다.
- 곡류에 있는 전분을 ( ㉠ )(으)로 전환시킨 이후에 ( ㉡ )를(을) 작용시켜 알코올, 이산화탄소 그리고 물을 만든다.

① ㉠ 효소, ㉡ 미생물
② ㉠ 미생물, ㉡ 전분
③ ㉠ 당분, ㉡ 효모
④ ㉠ 효소, ㉡ 당분

**해설**
술을 만들기 위해 필요한 재료는 당분과 효모이다. 미생물인 효모가 당분을 대사작용하여 알코올 발효를 하여 술을 만든다.

**11** 양조주의 특성을 파악하기 위한 설명으로 잘못된 것은?

① 화이트 와인은 숙성 초기에는 녹색을 띠다가 숙성이 진행되면서 노란색으로, 숙성이 지나치면 갈색으로 변한다.
② 레드 와인은 자주색을 띠다가 숙성이 진행되면서 진홍색, 적갈색, 갈색의 순서로 색이 변한다.
③ 아로마(Aroma)는 포도에서 나는 향으로 청포도 계열은 신맛 나는 과일향이 많고, 적포도 계열은 붉은 열매(Berry)의 향이 두드러진다.
④ 부케(Bouquet)는 일반적으로 신선한 와인에 많이 난다.

**해설**
부케(Bouquet)는 와인이 숙성되면서 나는 향으로, 포도 자체의 향과는 다르다.

**12** 비터(Bitters)에 대한 설명으로 틀린 것은?

① 처음 개발되었을 때는 칵테일에 풍미를 주기 위해 만들어졌다.
② 약초 종류를 많이 사용하여 대부분 쓴맛이 많이 난다.
③ 전 세계적으로 가장 잘 알려져 있는 것은 이탈리아의 캄파리(Campari)로 식전주이다.
④ 식후주는 쓰면서 단맛이 있는데, 이탈리아의 아마로(Amaro), 아베르나(Averna)는 여러 종류의 허브, 나무껍질과 식물 재료를 혼합한 것이다.

**해설**
① 처음 개발되었을 때는 소화촉진제, 위장약, 강장제, 해열제와 같은 약제로 사용되었다.

**13** 화가 난 고객을 대처하기 위해 가장 먼저 대응해야 하는 것은?

① 긍정적인 태도로 제공이 불가능한 것보다 가능한 것을 제시한다.
② 고객의 감정을 인지하고 고객을 안심시킨다.
③ 지적을 받은 사항에 대해 일단 사과하고 고객의 불만을 귀 기울여 경청한다.
④ 객관성을 유지하고 원인을 규명한다.

> **해설**
> 고객으로부터 지적이나 불평이 발생했을 때를 오히려 서비스를 개선할 수 있는 좋은 기회로 간주하고 항상 긍정적인 자세로 고객의 입장에서 정확한 원인을 파악하여 불평에 대한 해결 방안을 모색하여야 한다.

**14** 다음 중 식음료 메뉴 개발의 영향요인에 해당하지 않는 것은?

① 시장에서의 경쟁사 변화를 파악하여 그대로 반영한다.
② 낮은 단가의 식자재나 재고 소진 등도 반드시 생각해야 한다.
③ 음료 제공 서비스 수준을 고려하여 꾸준한 개발을 통해 매출 상승을 도모해야 한다.
④ 소비 패턴 변화에 맞추어 적합한 메뉴를 상품화해야 한다.

> **해설**
> 유행과 트렌드 변화, 고객의 요구를 읽고 시장에서의 경쟁사 변화와 상관관계를 파악해야 한다.

**15** 음료 영업장에서 기획메뉴를 개발하는 이유와 거리가 먼 것은?

① 고객에게 메뉴 선택의 편리성을 제공하기 위해
② 특정 후원업체의 매출 증대를 위해
③ 새로운 신규 고객을 창출하기 위해
④ 기존 고객의 재방문을 유도하기 위해

> **해설**
> 새로운 메뉴 개발을 통해 고객의 기호를 파악하고, 새로운 메뉴에 대한 고객의 반응을 지속적으로 파악해야 한다.

**16** 다음 내용의 업무를 수행하는 바 조직의 직무는 무엇인가?

- 고객과 서비스 접점에 있는 책임자로서 정확한 주문과 서비스를 담당한다.
- 음료의 재고파악과 입출사항을 관리한다.
- 고객이 떠난 테이블을 재정비하도록 지시한다.
- 영업 준비와 점검을 담당한다.

① Head Bartender
② Sommelier
③ Bartender
④ Bar Helper

> **해설**
> 헤드 바텐더(Head Bartender)는 캡틴(Captain) 또는 슈퍼바이저(Supervisor)라고 부른다. 고객 관리 및 서비스에 직접적인 책임을 맡고 있는 책임자로서 정확한 주문과 서비스를 담당한다.

정답 13 ③  14 ①  15 ②  16 ①

**17** 다음 중 손익분기점에 대한 설명으로 바르지 않은 것은?

① 손익분기점(BEP)이란 총수익과 총비용(총원가)이 일치하여 손실이나 이익이 발생하지 않는 판매량 또는 매출액을 말한다.
② 이윤 추구가 목표이기 때문에 경기침체나 경쟁업체 등장, 원가 상승 등 다양한 환경 변화에서도 손익분기점 이상의 매출을 달성해야 한다.
③ 신제품을 출시할 때 목표이익을 실현할 수 있는 가격을 어떻게 결정할 것인가의 의사결정이다.
④ 생산량과 실제 가능한 매출액 분포에 대한 기대치와 표준편차를 인지할 경우 기업의 미래를 예측할 수는 없지만 목표량은 결정할 수 있다.

해설
생산량과 실제의 가능한 매출액 분포에 대한 기대치와 표준편차를 인지할 경우 기업의 미래를 예측할 수 있다.

**18** 다음 중 식후주로 어울리는 칵테일은 무엇인가?

① Manhattan
② Grasshopper
③ Campari Soda
④ Dry Martini

해설
①, ③, ④는 식사 전 칵테일(Aperitif Cocktail)이다.

**19** 다음에서 설명하고 있는 조주 형태별 분류는 무엇인가?

- 과일의 껍질로 장식하여 제공하는 기법이다.
- 글라스 가장자리에 레몬즙을 적신다.
- 설탕 또는 소금을 묻힌다.

① Eggnog
② Crusta
③ Cooler
④ Ade

**20** 다음 칵테일 조주 기법에서 스터링(Stirring) 기법에 해당하는 것을 모두 고른 것은?

㉠ 믹싱 글라스에 얼음과 재료를 넣은 다음, 바스푼을 이용하여 휘저어 혼합과 냉각시킨다.
㉡ 잘 섞이지 않는 재료를 혼합할 때 사용하는 조주 기법이다.
㉢ 비중이 서로 다른 음료를 섞이지 않게 층을 만들어 띄운다.
㉣ 글라스에 따를 때는 스트레이너를 이용해서 얼음이 쏟아지지 않도록 한다.

① ㉠, ㉡
② ㉠, ㉢
③ ㉠, ㉣
④ ㉡, ㉢

해설
스터(Stir, Stirring, 휘젓기) : 원재료의 맛과 향을 최대한 유지하면서 가볍게 섞어 주거나 차갑게 할 때 사용하는 방법이다. 믹싱 글라스(Mixing Glass)에 얼음을 넣고 재료를 넣는다. 바스푼으로 잘 휘저은 뒤 스트레이너를 믹싱 글라스 테두리에 끼우고 얼음을 걸러 글라스에 음료를 따라주는 방법이다.

21 식품위생법에 따른 건강진단에 대한 설명으로 올바르지 않은 것은?

① 총리령으로 정하는 영업자 및 그 종업원은 건강진단을 받아야 한다.
② 건강진단을 받은 결과 타인에게 위해를 끼칠 우려가 있는 질병이 있다고 인정된 자는 그 영업에 종사하지 못한다.
③ 영업자는 건강진단을 받지 아니한 자나 건강진단 결과 타인에게 위해를 끼칠 우려가 있는 질병이 있는 자를 그 영업에 종사시키지 못한다.
④ 완전 포장된 식품 또는 식품첨가물을 운반하거나 판매하는 일에 종사하는 사람은 연 2회 건강진단을 받아야 한다.

[해설]
④ 완전 포장된 식품 또는 식품첨가물을 운반하거나 판매하는 일에 종사하는 사람은 제외한다(식품위생법 시행규칙 제49조 제1항).
① 식품위생법 시행규칙 제49조제1항
② 식품위생법 제40조제2항
③ 식품위생법 제40조제3항

22 메뉴 개발계획에 대한 설명으로 잘못된 것은?

① 메뉴 개발계획은 소비자 행동 변화의 트렌드를 파악하고 참조한다.
② 메뉴 구성은 바텐더가 원하는 메뉴를 선정해서 매장에 적용한다.
③ 메뉴 재료의 전체적인 원가와 수익의 목표를 염두에 두고 만든다.
④ Bar의 콘셉트와 관련하여 메뉴 전체의 방향과 범위를 명확하게 설정한다.

[해설]
자신이 원하는 메뉴가 있더라도 충분한 시장조사를 통하여 현실적인 상황과 어긋나지 않도록 조절하는 과정이 필요하다.

23 기획메뉴의 개념을 잘못 설명하고 있는 것은?

① 한시적 특별 메뉴이다.
② 고객 창출을 위한 계절성 메뉴이다.
③ 제휴업체와의 협약으로 인한 프로모션 메뉴 등 일정한 간격을 두고 주기적으로 바뀌는 메뉴이다.
④ Bar에서 시간이 가장 오래 걸리는 메뉴이다.

24 다음 중 음료의 설명이 잘못된 것은?

① 소주는 주정을 희석하고 조미료를 첨가한 한국과 일본의 술이다.
② 백주는 수수, 조, 쌀 등의 곡물을 발효·증류·숙성시킨 중국의 전통 증류주이다.
③ 브랜디는 옥수수, 감자 등 전분질을 발효·증류한 뒤 활성탄으로 여과한 무색, 무미, 무취의 술이다.
④ 진은 주정에 주니퍼, 코리앤더, 시나몬 등의 향료 및 식물을 침출 후 증류하거나, 주정에 향료 및 식물의 성분을 첨가한 술이다.

[해설]
보드카는 옥수수, 감자 등 전분질을 발효·증류한 뒤 활성탄으로 여과한 무색, 무미, 무취의 술이며 브랜디는 와인을 증류하여 숙성시킨 술이다.

정답 21 ④ 22 ② 23 ④ 24 ③

**25** 다음 중 디카페인 커피(Decaffeinated Coffee)를 가장 잘 설명한 것은?

① 제조비용이 저렴한 커피를 말한다.
② 카페인이 제거된 커피를 말한다.
③ 카페인의 함량이 높은 커피를 말한다.
④ 카페인의 함량을 조절할 수 있는 커피를 말한다.

> **해설**
> 디카페인 커피(Decaffeinated Coffee)는 커피 원두에서 카페인을 제거하거나 재료로 사용하지 않는 커피를 말한다.

**26** 다음 중 초콜릿이 들어간 메뉴는 무엇인가?

① Caffe Latte
② Cafe Mocha
③ Espresso
④ Americano

> **해설**
> 카페모카는 에스프레소에 초콜릿 시럽과 데운 우유를 넣어서 만든다.

**27** 다음에서 설명하고 있는 전통주는 무엇인가?

- 민속주 중 가장 오래된 술이다.
- 누룩을 적게 쓰는 술이라 붙여진 이름이다.
- 일명 앉은뱅이술이라 불린다.

① 소곡주   ② 삼해주
③ 이화주   ④ 두견주

> **해설**
> 한산 소곡주는 과거를 보러 가던 선비가 주막에서 술맛에 반해 취하여 과거를 보지 못하게 되었다는 술로 멥쌀, 찹쌀, 누룩, 엿기름, 생강, 들국화가 주원료이다.

**28** 스코틀랜드산의 유명한 혼성주로 몰트 위스키에 꿀, 허브를 첨가하여 만든 암갈색을 띠고 있는 것은 무엇인가?

① Bitter
② Drambuie
③ Bailey's Irish Cream
④ Sloe Gin

> **해설**
> ① Bitter : 쓴맛이 강한 혼성주로 칵테일에 소량을 첨가하여 향료 또는 고미제로 사용
> ③ Bailey's Irish Cream : 아이리시 위스키에 크림과 카카오의 맛을 곁들인 것
> ④ Sloe Gin : 야생오얏을 진에 첨가해서 만든 혼성주

**29** 다음 중 탁주에 대해 잘못 설명하고 있는 것은?

① 맑은 술을 떠내지 않고 그대로 걸러서 나온 술이다.
② 빛깔이 탁하고 알코올 성분이 적다.
③ 막 거른 술이라 하여 막걸리, 빛깔이 희다고 하여 백주라 불린다.
④ 상류층에서 즐기던 고급 양조주이다.

> **해설**
> 탁주는 농가에서 필수적인 술이라 하여 농주, 집마다 담그는 술이라 해서 가주라고도 불린다.

**30** 다음 중 양조주가 아닌 것은?

① 맥주(Beer)
② 미드(Mead)
③ 풀케(Pulque)
④ 오드비(Eau-de-vie)

[해설]
오드비(Eau-de-vie)는 생명수란 뜻으로 브랜디와 같은 증류주이다.

**31** 다음 ( ) 안에 들어갈 내용은?

> 알코올분의 도수는 온도 ( )에서 0.7947의 비중을 가진 것을 말한다.

① 10℃
② 13℃
③ 15℃
④ 21℃

[해설]
알코올분은 전체 용량에 포함되어 있는 에틸알코올(15℃에서 0.7947의 비중을 가진 것)을 말한다.

**32** 다음 칵테일 기구에서 설명이 잘못된 것은?

① 스탠다드 셰이커(Standard Shaker) – 캡(Cap), 스트레이너(Strainer), 몸통(Body)으로 구성
② 바스푼(Bar Spoon) – 용량이 1/8oz로 티스푼(Tea Spoon)이라고도 함
③ 전기 블렌더(Electric Blender) – 프로즌 드링크(Frozen Drink)를 만들 때 주로 사용
④ 아이스 페일(Ice Pail) – 일명 '얼음 삽'으로 부름

[해설]
아이스 페일은 '얼음 통'이다. '얼음 삽'은 아이스 스쿱(Ice Scoop)이다.

**33** 다음 중 다른 재료가 전혀 들어가지 않은 것은 무엇인가?

① Americano
② Espresso
③ Macchiato
④ Cafe Latte

[해설]
① 아메리카노 : 에스프레소 + 물
③ 마끼아또 : 에스프레소 + 우유 거품
④ 카페라떼 : 에스프레소 + 우유

**34** 다음의 내용과 가장 관련 있는 것은?

> • 귀부병(Noble Rot)
> • 보트리티스 시네레아(*Botrytis cinerea*)
> • 소테른(Sauternes)
> • 토카이(Tokay)

① 스파클링 와인(Sparkling Wine)
② 스틸 와인(Still Wine)
③ 스위트 와인(Sweet Wine)
④ 드라이 와인(Dry Wine)

[해설]
스위트 와인(Sweet Wine) : 1L당 포도당의 함량이 18g 이상으로, 당 함량이 2% 이상이다. 마셨을 때 달다고 느껴지는 와인으로 식후 디저트 와인으로 많이 마신다.

정답 30 ④ 31 ③ 32 ④ 33 ② 34 ③

**35** 다음 중 카베르네 소비뇽(Cabernet Sauvignon)에 대한 설명으로 올바른 것은?

① 타닌 성분이 적어 맛이 부드럽다.
② 껍질이 두껍고 색깔이 깊고 진하다.
③ 프랑스 포므롤 지방 페트뤼스(Petrus)의 주품종이다.
④ 과일향이 많고 섬세해서 다른 품종과 혼합용으로 많이 사용한다.

해설
①, ③, ④는 메를로(Merlot)에 대한 설명이다.

**36** 다음 설명 중 ( ) 안에 들어갈 단어와 커피 이름은 무엇인가?

- 알코올이 함유된 커피이다.
- 아일랜드 공항에서 추위와 피로에 지친 사람들을 달래주기 위해 만들어졌다.
- 각 설탕을 넣고 ( ) 위스키 1oz와 뜨거운 커피를 넣고 휘핑크림으로 마무리한다.

① 아이리시(Irish) – 아이리시 커피(Irish Coffee)
② 베일리스(Bailey's) – 베일리스 커피(Bailey's Coffee)
③ 카카오(Cacao) – 카카오 커피(Cacao Coffee)
④ 버번(Bourbon) – 버번 커피(Bourbon Coffee)

해설
아이리시 위스키 대신에 베일리스를 넣으면 베일리스 커피가 된다.

**37** 차의 분류에서 녹차의 잎을 10~70% 발효시킨 것으로 중국차의 대명사라 할 수 있는 오룡, 청차, 재스민차, 우롱차 등을 무엇이라 하는가?

① 비발효차
② 반발효차
③ 발효차
④ 후발효차

해설
발효가 반쯤 이루어지기 때문에 반발효차라고 한다.

**38** 다음 중 우리 술에 대한 설명으로 잘못된 것은?

① 희석식 소주는 주정에 증류수 외에 다른 것은 희석하지 않는다.
② 증류식 소주는 3번 고아서 증류한 술이다.
③ 증류식 소주의 제조 허가 조치가 풀려나며 다시 다양한 소주가 경쟁하게 되었다.
④ 전주 이강주는 배와 생강, 계피 등이 첨가되어 독특한 맛이 나고 향이 부드럽다.

해설
희석식 소주는 설탕, 올리고당, 아스파라긴산, 포도당 등의 당류와 구연산, 아미노산, 솔비톨, 무기염류 등의 첨가물을 쓰며 제조업체의 특성에 따라 맛과 향이 각각이다.

**39** 카페인(Caffeine)에 대한 설명 중 잘못된 것은?

① 카페인은 물에 잘 녹지 않아 뜨거운 증기로 추출한다.
② 폴리페놀(Polyphenol)이 포함되어 있어 암을 예방하고 건강증진 등의 의학적 효과가 있다.
③ 위를 자극하여 위산의 분비량을 늘려 소화를 촉진한다.
④ 카페인의 장기적인 복용은 면역력을 떨어뜨리고 긴장, 불안, 불면증 등을 유발한다.

해설
카페인은 물에 잘 녹으며, 커피의 특성을 결정하는 가장 중요한 성분이다. 너무 많은 양의 카페인 섭취 시에는 위산이 과다 분비되어 속이 쓰리고 답답할 수 있으며 심장박동을 더 높일 수 있다.

**40** 우유에 대한 설명으로 잘못된 것은?

① 우유는 수분, 지방, 단백질, 유당 및 무기질의 주성분과 비타민, 효소 등의 미량성분으로 구성되어 있다.
② 우유의 70% 이상이 유제품 가공으로 이용되며 발효유가 그 주류를 이루고 있다.
③ 발효유는 젖산균을 사용하여 우유를 발효시켜 만든 제품이다.
④ 우유의 지방, 유당 및 단백질은 열과 에너지의 공급원이 된다.

해설
우유의 70% 이상이 시유로 이용되고 있다.

**41** 다음에서 설명하는 것은 무엇인가?

- 식물의 씨, 잎, 뿌리 등을 건조시켜 약이나 음식, 음료에 사용한다.
- 소화 촉진, 이뇨, 살균, 해독, 항균작용 등을 한다.
- 식이요법으로 사용한다.
- 음식과 음료의 맛과 향을 강화시키는 역할을 한다.

① Ginger Ale  ② Spirits
③ Herb        ④ Bitters

해설
허브는 각종 약리 성분을 함유하고 있어 소화 촉진, 이뇨, 살균, 해독, 항균작용 등을 한다. 허브를 식이요법으로 사용하기도 하며, 허브의 정유성분이나 화학성분은 인간의 오감을 자극해 기분을 좋게 해 준다.

**42** 다음 중 계량 단위가 잘못 설정된 것은?

① 1pony – 15mL
② 1pint – 16oz
③ 1-1/2oz – 45mL
④ 1dash – 5~6drop

해설
1pony = 1oz = Single = 30mL

**43** 다음은 마가리타(Margarita)에 대한 설명이다. 이 중 수정하거나 추가하여야 할 부분으로 적절한 것은?

> • 칵테일 글라스를 준비한다.
> • 셰이커에 얼음을 넣고 Tequila 45mL, Triple sec 15mL, Lime juice 15mL를 넣고 흔든다.

① 콜린스(Collins) 글라스를 준비한다.
② 데킬라(Tequila)가 아닌 럼(Rum)이 들어간다.
③ 그레나딘 시럽(Grenadine Syrup) 1/2oz가 추가된다.
④ 칵테일 글라스에 소금을 리밍(Rimming)한다.

해설
마가리타(Margarita) : 칵테일 글라스 테두리에 레몬즙을 발라 소금을 묻힌다. 테킬라 1·1/2oz, 트리플 섹 1/2oz, 라임주스 1/2oz를 넣고 잘 흔든 다음 글라스에 따른다.

**44** 대기업이 아닌 개인이나 소규모 양조장에서 자체 개발한 제조법에 따라 만든 '수제맥주'를 뜻하는 것은?

① Bock Beer
② Craft Beer
③ Stout Beer
④ Draft Beer

해설
크래프트 비어(Craft Beer) : 소규모 양조장에서 소량으로 전통방식을 존중해 생산되는 창의적인 맥주로 일명 수제맥주라 한다.

**45** 다음 중 증류방식이 다른 하나는?

① Malt Whisky
② Vodka
③ Cognac
④ Dark Rum

해설
보드카는 연속증류 방식으로 생산하고 나머지는 단식증류 방식으로 생산된다.

**46** 존 제임슨(John Jameson)은 어떤 종류의 위스키에 속하는가?

① Irish Whiskey
② Scotch Whisky
③ Malt Whisky
④ Bourbon Whiskey

해설
아이리시 위스키의 종류 : 존 제임슨(John Jameson), 올드 부시밀(Old Bushmills) 등

**47** 다음 중 숙성 연도가 가장 오래된 것은?

① Ballantines Gold
② Johnnie Walker Black
③ Royal Salute
④ J&B Jet

해설
Royal Salute는 21년산이며, ①, ②, ④는 12년산이다.

**48** 다음에서 설명하고 있는 코냑의 생산지역은 어디인가?

- 코냑시의 바로 남쪽에 위치하고 있다.
- 섬세하고 꽃향기의 맛과 향이 진한 브랜디가 생산된다.
- 장기보관이 가능한 우수한 원액이다.

① 그랑드 샹파뉴(Grand Champagne)
② 쁘띠드 샹파뉴(Petite Champagne)
③ 보르드리(Borderies)
④ 팽부아(Fins Bois)

**49** 다음은 아쿠아비트(Aquavit)에 대한 설명이다. ( ) 안에 들어갈 내용은 무엇인가?

- 북유럽 스칸디나비아 지방의 특산주이다.
- 어원은 '생명의 물'에서 유래되었다.
- ( )를 주원료로 발효, 증류한 다음 회향초 씨나 박하, 오렌지 껍질 등 허브가 첨가된다.

① 보리        ② 감자
③ 포도        ④ 옥수수

해설
아쿠아비트(Aquavit) : 북유럽 스칸디나비아(노르웨이, 덴마크, 스웨덴) 지방의 특산주로 어원은 '생명의 물(Aqua Vitae)'에서 유래되었다. 감자를 주원료로 발효, 증류한 다음 회향초 씨(캐러웨이, Caraway Seed)나 박하, 오렌지 껍질 등 여러 가지 허브로 향기를 착향시킨 술이다.

**50** 호텔 홍보나 선전, 판매촉진 등 특별한 접대 목적으로 고객에게 일부를 무료로 제공하는 것은?

① Amenity
② Complimentary
③ Par Stock
④ Void

해설
① Amenity : 손님의 편의를 꾀하고 격조 높은 서비스 제공을 위해 무료로 준비해 놓은 소모품을 말한다.
③ Par Stock : 저장되어 있는 적정 재고량을 말한다.

**51** What is explained in the following view?

It becomes a liquor with taste, aroma, and color by adding flavor and sugar of fruits or herbs to distilled liquor.

① Whisky
② Compounded Liquor
③ Distilled Liquor
④ Fermented Liquor

해설
혼성주는 증류주에 과일 또는 허브의 향미 및 설탕을 첨가하여 맛과 향 및 색을 가진 술이 된다.

**52** Which of the following cocktails uses pineapple and cherry for decoration?

① B-52
② Geumsan
③ Blue Hawaiian
④ Negroni

해설
다음 중 장식에 파인애플과 체리가 사용되는 칵테일은?

**53** What ingredients are used to express the sunrise of Mexico in the Tequila Sunrise cocktail?

① Tequila
② Orange Juice
③ Blue Curacao
④ Grenadine Syrup

해설
Tequila Sunrise 칵테일에서 멕시코의 일출을 표현할 때 사용되는 재료는 무엇인가?

**54** Which of the following is a sweet melon-flavored cocktail?

① Rusty Nail
② June Bug
③ Margarita
④ Whiskey Sour

해설
다음 중 멜론향이 나는 달콤한 칵테일은 무엇인가?

**55** This is used as when serving drinks to customers. The material is made of thick paper. What is this?

① Nepkin
② Muddler
③ Coaster
④ Pourer

해설
이것은 손님에게 음료를 제공할 때 사용한다. 재질은 두터운 종이로 만든다. 이것은 무엇인가?

**56** What is the wrong expression?

A : You said you weren't drinking last night.
B : Yes, (    )

① I hate alcohol, but I like cocktails.
② I don't drink, but I like cocktails.
③ I'm not good at drinking, but I like cocktails.
④ Let's go to the nearest cocktail bar.

해설
A : 어젯밤에 술 안 마신다고 했잖아.
① 나는 술이 싫지만 칵테일은 좋아해.
② 술은 안 마시지만 칵테일은 좋아해.
③ 술은 잘 못 마시지만 칵테일은 좋아해.
④ 가까운 칵테일 바에 가자.

**57** Which of the following is not made of grapes?

① Beer         ② Wine
③ Brandy       ④ Champagne

해설
다음 중 포도로 만들어지지 않은 것은?

정답  53 ④  54 ②  55 ③  56 ④  57 ①

## 58  Which alcohol handling method is wrong?

① Drinks are served in a clean glass.
② Beer is stored in the refrigerator.
③ Red wine is served with ice.
④ Check the rim of the cup.

해설
주류 취급방법이 잘못된 것은?
① 음료는 깨끗한 잔에 제공한다.
② 맥주는 냉장고에 보관한다.
③ 적포도주는 얼음과 함께 제공한다.
④ 컵의 가장자리를 확인한다.

## 60  Which of the following has a different meaning?

① Sec
② Doux
③ Dulce
④ Sweet

해설
다음 중 의미가 다른 것은?
① Sec은 단맛이 거의 없다는 의미의 프랑스 표현이고 나머지는 단맛의 표현이다.

## 59  What is vintage?

① It's the name of the wine.
② It's a grape harvest year.
③ It is the name of origin for wine.
④ It's a variety of grapes.

해설
빈티지란 무엇인가?
① 와인 이름이다.
② 포도의 수확 연도이다.
③ 와인의 원산지 이름이다.
④ 포도의 품종이다.

# 2022년 제2회 과년도 기출복원문제

**01** 합리적인 식품 위생관리로 인한 장점으로 적절하지 않은 것은?

① 각종 식품 관련 법적 규제의 억압
② 품질 개선 및 고객과의 신뢰도 향상
③ 식품의 저장기간 연장 및 품질 개선으로 판매 손실의 최소화
④ 음료 영업장의 식중독 사고 방지

**해설**
날로 강해지고 있는 각종 식품 관련 법적 규제로부터 자유로워질 수 있다.

**02** 위생적인 영업장 관리로 올바르지 않은 것은?

① 냉장·냉동고는 주 1회 이상 청소한다.
② 교차오염 예방을 위해 식품은 분리 보관한다.
③ 자외선 살균소독기에 컵을 넣을 때는 뒤집어서 물기가 잘 빠지도록 넣는다.
④ 선입선출이 용이하도록 보관·관리한다.

**해설**
자외선 살균소독기에 컵 등의 식기류를 넣을 때는 컵 등의 내면이 자외선 램프 쪽을 향하도록 한다.

**03** 생맥주 기기에 대한 설명으로 올바르지 않은 것은?

① 생맥주 기기는 냉각기, 탭, 생맥주, 탄산가스, 압력계로 구성되어 있다.
② 탄산가스통 내의 압력을 표시하는 고압계의 바늘이 적색 부분에 오면 탄산가스통을 교체한다.
③ 생맥주 기기에서 소리가 날 때는 탄산가스 잔량 확인 후 새 가스통으로 교체한다.
④ 세척통의 물로 맥주라인을 세척하면 호스나 냉각기 라인에 잔류된 맥주가 제거되어 미생물, 세균들이 번식할 수 없게 되어 신선한 생맥주를 제공할 수 있다.

**해설**
생맥주 기기에서 소리가 날 때는 냉각수 수평 상태를 확인하여 기기를 수평에 맞춰 재위치시키고, 냉각기 조립 상태 등을 확인하여 볼트, 너트 등이 단단히 고정되도록 조인다.

**04** 음료 영업장 작업공간 배치에 대한 설명으로 적절하지 못한 것은?

① 음료 영업장에 설치되는 냉장고는 주로 스탠드형 냉장고가 사용된다.
② 음료 영업장 작업대의 틀을 만든 후 그 밑에 냉장고를 넣는다.
③ 음료 영업장의 시설 및 기구는 바텐더의 움직임을 최소화할 수 있도록 효율적으로 배치한다.
④ 음료 영업장에 보통 1~2개 이상의 작업대를 만들어 사용하며 작업대 사이에는 싱크대를 설치한다.

**해설**
① 음료 영업장에 설치되는 냉장고는 주로 테이블형 냉장고가 사용된다.

## 05 다음에서 설명하는 도구는 무엇인가?

> • 레몬이나 오렌지, 라임 등의 과즙을 짜는 기구이다.
> • 유리도 있지만 대부분 스테인리스 재질이다.

① 셰이커(Shaker)
② 스퀴저(Squeezer)
③ 스트레이너(Strainer)
④ 블렌더(Blender)

**해설**
스퀴저(Squeezer) : 레몬이나 오렌지 등의 과즙을 낼 때 사용하는 기물이다. 반으로 자른 과일을 가운데가 돌출되어 있는 부분에 꽂고 좌우로 돌리면 과즙이 흘러내린다.

## 06 목표 원가를 설정할 때는 인건비, 일반관리비, 판매경비 등 이익률을 고려하며 보통 주류에서는 20~40% 정도로 잡는다. 예로 원가가 3,000원이고 목표 원가를 30%로 잡았을 경우 판매 가격은 얼마가 적당한가?

① 6,000원
② 8,000원
③ 9,000원
④ 10,000원

**해설**
판매가 = 원가 ÷ 목표 원가율

## 07 해피아워(Happy Hour)의 설명으로 적절한 것은?

① 식재료 보관방법 및 저장시간을 말한다.
② 일정한 시간을 정해 놓고 가격을 할인해 주는 것을 말한다.
③ 재고량을 조사하는 시간을 말한다.
④ 물품 공급을 원활하게 하는 신속한 시간을 말한다.

**해설**
해피아워(Happy Hour)는 매출 증대를 위한 마케팅 방법 중 하나이다.

## 08 다음 중에서 단행 복발효주인 것은?

① 와 인
② 맥 주
③ 황 주
④ 막걸리

**해설**
와인은 단발효주, 황주와 막걸리는 병행 복발효주이다.
• 단행 복발효주 : 당화와 발효가 순서대로 진행된다.
• 병행 복발효주 : 당화와 발효가 동시에 진행된다.

## 09 술의 분류에서 원료의 전분을 당화효소로 당화시켜 당분으로 변화시킨 이후에 알코올을 만드는 것을 무엇이라 하는가?

① 단발효주
② 단행 복발효주
③ 병행 복발효주
④ 증류주

**해설**
복발효주에는 맥주와 같이 맥아의 당화효소를 이용하여 전분을 당화시켜 알코올을 얻는 단행 복발효주가 있고, 우리나라 약주와 같이 국(麴)을 이용하여 전분을 당화시키면서 동시에 알코올 발효를 일으켜서 만드는 병행 복발효주가 있다.

**정답** 5 ② 6 ④ 7 ② 8 ② 9 ②

**10** 다음은 양조주의 특성을 파악하기 위한 설명이다. 올바르지 않은 것은?

① 테이스팅 장소는 밀폐된 공간으로 집중할 수 있는 적당히 어두운 장소가 좋다.
② 와인의 향을 잘 맡기 위해서는 와인 글라스에 적당한 양(1/4~1/3)의 와인을 따르는 것이 좋다.
③ 와인을 공기와 접촉시켜 향을 풍부하게 맛을 부드럽게 하고, 입안에서 굴리면서 혀의 여러 부위에서 맛을 느끼게 해 준다.
④ 식초나 아세톤 냄새가 나는 와인은 병이나 코르크 상태가 좋지 않았거나 온도가 높은 장소에서 보관한 경우이다.

해설
테이스팅 장소는 환기시설이 잘 되어 있고, 조명은 가능한 자연광이나 인공조명을 사용할 수 있는 장소가 좋다.

**11** 식음료 서비스의 특성으로 적절하지 않은 것은?

① 무형성으로 보거나 만질 수 없다.
② 생산과 소비의 동시성으로 공간적으로 서비스 기업 내에서 동시에 이루어지는 특성이 있다.
③ 이질성으로 품질이 일정하지 않다.
④ 지속성으로 철저한 고객관리 및 서비스의 수요와 공급 간의 조화를 위한 방안이다.

해설
④ 소멸성으로 판매되지 않은 서비스는 사라진다.

**12** 메뉴는 바(Bar)의 콘셉트와 특징 그리고 이미지를 표현하는 것으로 전문성, 차별성, 독창성을 지녀야만 한다. 다음 중 메뉴 개발의 중요성과 거리가 먼 것은?

① 메뉴 개발은 독특한 재료를 주원료로 한다.
② 메뉴 개발은 바의 특성과 이미지를 조성해 주는 수단이다.
③ 메뉴 개발은 무형의 서비스이자 세일즈맨이다.
④ 메뉴 개발은 고객과 연결하는 커뮤니케이션의 도구이다.

해설
① 고객의 요구에 맞는 다양성과 기호도 등을 고려한 재료로 제공한다.

**13** 메뉴 계획자가 우선적으로 고려해야 하는 사항으로서 적절하지 못한 것은?

① 고객의 경제적·사회적 위치 파악
② 원가와 수익성 관계
③ 설비 및 수용능력
④ 원활한 재료의 구입과 공급

해설
메뉴 개발계획 시 가장 우선적으로 고려해야 하는 요건은 누구를 대상으로 계획하고 있으며, 그들이 선호하는 것이 무엇인가를 아는 것이다.

**14** 다음 중 식음료 취급사항에 대해 잘못 설명하고 있는 것은?

① 식음료를 만들기 전에 손을 청결히 한다.
② 차가운 음료는 4℃ 정도로 보관해 준다.
③ 뜨거운 음료와 음식은 최대한 뜨겁게 해야 한다.
④ 작업 공간에는 깨끗한 행주나 물수건을 준비해 둔다.

**15** 다음 중 원가관리의 기초에 대한 설명으로 바르지 않은 것은?

① 제품이나 서비스를 생산하기 위한 기업의 구매, 제조와 관련된 경제가치를 화폐가치로 표시한 것이다.
② 기업의 안정적인 발전을 위해 목표달성 추진계획과 점검을 통해 원가절감과 개선을 하는 일체의 관리활동을 말한다.
③ 경영자가 경영상 의사결정을 내리기 위한 필요한 정보를 제공하고 예산 조정과 이해관계자의 불법 행위를 방지할 수 있다.
④ 재료비, 직접원가, 제조경비를 원가의 3요소라 한다.

[해설]
원가의 3요소 : 재료비, 노무비, 제조경비

**16** 다음 중 글라스의 용도별 분류에서 다른 한 가지는?

① Highball    ② On The Rock
③ Champagne   ④ Collins

[해설]
샴페인 글라스는 스템(Stem)이라고 하는 손잡이가 있는 스템드(Stemmed) 글라스이며, ①, ②, ④는 원통형 모양의 텀블러(Tumbler) 글라스이다.

**17** 다음 칵테일의 기주(Base)별 분류에서 다른 한 가지는?

① Dry Martini    ② Singapore Sling
③ Negroni        ④ Margarita

[해설]
마가리타의 주재료는 데킬라(Tequila)이며, ①, ②, ③은 진(Gin) 베이스 칵테일이다.

**18** 칵테일에서 사용하는 얼음에 대한 설명으로 적절하지 않은 것은?

① 얼음의 종류는 매우 다양하며 용도에 맞는 얼음을 사용하면 좋은 효과를 가져올 수 있다.
② 얼음 속에 공기가 들어가 있지 않아야 좋다.
③ 얼음은 냄새가 없고 투명해야 한다.
④ 바에서 칵테일 조주 시 가장 널리 이용하는 얼음은 럼프 아이스(Lump Ice)이다.

[해설]
칵테일 조주 시 가장 널리 이용하는 얼음은 큐브 아이스(Cubed Ice)이다.

**19** 음료의 활용에 대한 설명으로 적절하지 않은 것은?

① Bitters는 처음 개발되었을 당시에는 술보다는 소화촉진제, 위장약, 강장제, 해열제와 같은 약제로 개발되었다.
② Herb는 약효를 얻을 수 있는 식물의 씨, 꽃잎, 뿌리 등을 건조시켜서 약이나 음식, 음료에 사용한다.
③ 칵테일에 사용되는 비알코올성 음료 중에서는 미네랄 워터와 탄산가스가 혼합된 탄산음료를 많이 사용한다.
④ 칵테일 제조에 많이 사용하는 시럽은 Flavored Syrup이다.

[해설]
칵테일에서 가장 많이 사용하는 시럽은 심플 시럽(Simple Syrup)과 그레나딘 시럽(Grenadine Syrup)이다.

정답  15 ④  16 ③  17 ④  18 ④  19 ④

**20** 다음 중 풋사랑의 재료가 아닌 것은?

① 스위트 앤 사워믹스
② 안동소주
③ 트리플 섹
④ 애플퍼커

**해설**
풋사랑은 안동소주 1oz, 트리플 섹 1/3oz, 애플퍼커 1oz, 라임주스 1/3oz가 사용된다.

**21** 다음 중 조주기법이 다른 하나는?

① 블러디 메리    ② 모스코 뮬
③ 쿠바 리브레    ④ 키스 오브 파이어

**해설**
④ 셰이킹 기법
①, ②, ③ 빌딩 기법

**22** 다음 중 레시피 노트 작성 체크리스트에 포함되지 않는 것은?

① 메뉴 이름
② 담당 바텐더
③ 주류 및 식재료의 계량단위
④ 글라스 종류

**해설**
이 밖에도 음료 제조 준비절차, 제공하는 방식과 형태, 스타일링 장식 방법 등이 포함된다.

**23** 다음 중 메뉴 엔지니어링(Menu Engineering)에 대한 설명으로 잘못된 것은?

① 매장의 사업 방향을 결정하기 위해 정보를 수집하고 메뉴의 구성, 수익성, 대중성 등을 평가하고 판단하는 것이다.
② 경영진이 현재와 미래 메뉴의 가격, 내용 등을 평가할 수 있도록 해 주는 과정이다.
③ 공헌이익이 높은 메뉴를 분류하고 분석하는 과정이다.
④ 메뉴 엔지니어링의 3요소는 고객의 수요, 고객이 선호하는 메뉴 품목의 분석, 각 메뉴 품목별 순이익 분석이다.

**해설**
메뉴 엔지니어링(Menu Engineering)
메뉴 엔지니어링이란 매장의 사업 방향을 결정하기 위해 정보를 수집하고 메뉴의 구성, 수익성, 대중성 등을 매장 운영 측면에서 적정성을 평가하고 판단하는 것과 관련된 활동이다. 메뉴 엔지니어링은 메뉴가 매장의 수익성에 얼마나 기여하는가를 파악하는 것으로, 내부적 기여도에 따라 처리하여 매장 운영자에게 각 메뉴에 대해 합리적인 의사결정을 내릴 수 있도록 도와준다.

**24** 술의 분류와 관련한 설명으로 잘못된 것은?

① 발효주는 원재료에 함유된 당분 성분이 알코올 발효가 끝난 술덧 자체를 제성하거나 여과하여 만든 주류이다.
② 단발효주는 원료에 함유된 당분을 발효시켜 만든 포도주나 사과주이다.
③ 복발효주는 맥주와 같이 맥아의 당화효소를 이용하여 전분을 당화시켜 알코올을 만든다.
④ 증류주는 곡물이나 과실을 원료로 발효·증류하여 향미와 당분을 첨가한 술이다.

**해설**
증류주는 알코올과 물을 분리하는 작업으로 알코올의 비등점과 물의 비등점의 차이를 이용한다.

**25** 다음은 카페라떼(Caffe Latte)에 대한 설명이다. ( )에 들어갈 단어는 무엇인가?

> • 에스프레소에 스팀한 ( )가(이) 들어간 음료이다.
> • 카푸치노보다 ( )가(이) 좀 더 많이 들어간다.

① 물
② 초콜릿
③ 우 유
④ 거 품

**해설**
카페라떼(Caffe Latte)
• 에스프레소에 스팀한 우유와 우유 거품을 배합해 만드는 음료이다.
• 진한 농도의 에스프레소에 스팀우유의 비율을 1 : 4 정도로 섞어 마신다.

**26** 카페라떼에 초콜릿을 첨가한 음료는 무엇인가?

① Doppio
② Cafe Mocha
③ Cafe Romano
④ Cappuccino

**해설**
카페모카 : 모카(Mocha)는 세계에서 가장 널리 쓰이는 커피 용어 중 하나이다. 예멘의 모카커피에서 영감을 얻은 것으로 에스프레소에 초코소스를 넣고 잘 저은 다음 스팀우유를 넣고 휘핑크림을 올린다.

**27** 다음 중 청주(약주)에 대한 설명으로 잘못된 것은?

① 이화주는 숟가락으로 떠먹거나 여름철 찬물에 타서 즐긴다.
② 부의주는 '동동주'의 원조이다.
③ 계명주는 오메기떡으로 만든다.
④ 과하주는 술을 빚기도 보관하기도 힘든 여름철을 보냈다는 합주이다.

**해설**
계명주는 술을 담근 다음 날 닭이 우는 새벽녘에 벌써 다 익어 마실 수 있는 술이라고 하여 붙여진 이름이다.

**28** 다음에 공통으로 들어가는 혼성주의 성분은 무엇인가?

> • Creme de Cafe
> • Kahlua
> • Tia Maria

① 살 구
② 커 피
③ 크 림
④ 우 유

**해설**
Creme de Cafe는 프랑스의 커피 리큐르, Kahlua는 멕시코산 커피를 주원료로 만든 고급 커피 리큐르, Tia Maria는 자메이카산 커피를 주원료로 만든 최고급 커피 리큐르를 말한다.

정답 25 ③ 26 ② 27 ③ 28 ②

**29** 다음 중 양조주에 대한 설명으로 잘못된 것은?

① 미생물이 들어 있는 발효주라고 부른다.
② 물이 전혀 들어가지 않는다.
③ 알코올 도수가 낮다.
④ 장기보관이 어렵다.

해설
양조주는 물이 첨가되어 전분을 당분으로 전환시킨다. 양조주 중 와인은 물이 한 방울도 들어가지 않는다.

**30** 다음 중 병행 복발효와 거리가 먼 것은?

① 포도주
② 맥 주
③ 막걸리
④ 청 주

해설
포도주, 과실주는 과일의 과즙을 효모가 발효시켜 만들어진 단발 효주이다.

**31** 다음 중 음료의 역사에서 인류 최초의 알코올성 음료로 알려져 있는 것은?

① 와인(Wine)
② 미드(Mead)
③ 칵테일(Cocktail)
④ 맥주(Beer)

해설
스페인의 발렌시아 지역의 아라니아 동굴에서 1만년 전의 암벽 벽화에 봉밀을 채취하는 인물 그림이 조각되어 있었다(1919년 발견). 이것이 인간이 마신 최초의 음료라고 전해지며, 인류 최초의 알코올성 음료는 벌꿀술(Mead)이라고 믿고 있다.

**32** 드라이 마티니(Dry Martini)를 만들 때 필요하지 않은 도구는 무엇인가?

① 셰이커(Shaker)
② 지거(Jigger)
③ 바스푼(Bar Spoon)
④ 스트레이너(Strainer)

해설
드라이 마티니 : 드라이 진 2oz, 드라이 베르무트 1/3oz를 믹싱 글라스에 넣고 살짝 휘저어 준 다음 올리브로 장식한다.

**33** 다음 중 우유가 가장 많이 들어가는 메뉴는 무엇인가?

① Cafe Mocha
② Cappuccino
③ Americano
④ Cafe Latte

해설
④ 카페라떼 : 에스프레소 + 우유(카푸치노보다 우유가 많음)
① 카페모카 : 에스프레소 + 초코소스 + 스팀우유
② 카푸치노 : 에스프레소 + 우유 + 우유 거품
③ 아메리카노 : 에스프레소 + 물

### 34 다음 내용과 가장 관련 있는 것은?

- 크레망(Cremant) – 프랑스
- 젝트(Sekt) – 독일
- 스푸만테(Spumante) – 이탈리아
- 카바(Cava) – 스페인

① 스파클링 와인(Sparkling Wine)
② 스틸 와인(Still Wine)
③ 스위트 와인(Sweet Wine)
④ 드라이 와인(Dry Wine)

**해설**
스파클링 와인
- 크레망(Cremant) : 가스의 압력이 3.5~4기압이다.
- 뱅무셰(Vin Mousseux) : 샴페인과 크레망을 제외한 나머지 프랑스 지역의 스파클링 와인
- 젝트(Sekt) : 독일의 스파클링 와인
- 스푸만테(Spumante) : 이탈리아의 스파클링 와인
- 카바(Cava) : 스페인의 스파클링 와인

### 35 다음 중 피노누아(Pinot Noir)에 대한 설명으로 잘못된 것은?

① 프랑스 부르고뉴의 대표 품종이다.
② 껍질이 얇아 타닌(Tannin) 함량이 높지 않으며 색깔이 연하다.
③ 스파이시한 향이 짙은 남성적 성격을 가진다.
④ 라즈베리, 딸기, 체리, 민트, 장미, 가죽, 송로 등의 향기를 가지고 있다.

**해설**
시라(Syrah)는 색깔이 진하고 타닌 성분이 강하며 스파이시한 향이 짙은 남성적 성격을 가진 프랑스 론 지방 최고의 포도 품종이며, 호주에서는 쉬라즈(Shiraz)라고 부른다.

### 36 다음 중 알코올이 함유되지 않은 커피는 무엇인가?

① 아이리시 커피
② 베일리스 커피
③ 카페 로열
④ 더치커피

**해설**
④ 더치커피는 찬물로 장시간 추출한다.
① 아이리시 커피 – 아이리시 위스키
② 베일리스 커피 – 베일리스
③ 카페 로열 – 브랜디

### 37 탄산음료에 대한 설명 중 옳지 않은 것은?

① 콜라는 콜라나무 열매에서 추출한 농축액의 쓴맛과 떫은맛을 제거, 가공 처리한 것이다.
② 소다수는 구연산과 감미료가 들어간 탄산음료이다.
③ 진저에일은 소다수에 구연산과 기타 향신료를 섞어 캐러멜로 착색한 청량음료이다.
④ 토닉워터는 무색 투명한 음료로 레몬, 라임, 오렌지 등에 키니네향이 첨가된 탄산음료이다.

**해설**
소다수는 수분과 이산화탄소만으로 이루어졌다.

### 38 다음 중 전통주에 대해 잘못 설명하고 있는 것은?

① 우리나라에 증류주가 들어온 시기는 고려 때로 추정하고 있다.
② 문배주는 문배나무의 과실을 사용하여 과실에서 풍기는 향기가 좋아 붙여진 이름이다.
③ 박재서 명인 안동소주는 감미료나 첨가제를 일절 사용하지 않는다.
④ 감홍로는 평양의 명주로 고려시대에 원나라로부터 유입된 증류주이다.

**해설**
문배주는 평양 일대의 증류식 소주로 밀, 좁쌀, 수수로 빚는다.

정답 34 ① 35 ③ 36 ④ 37 ② 38 ②

**39** 다음 커피 로스팅(Roasting)에 대한 설명으로 잘못된 것은?

① 생두를 볶으면 수분 증발로 무게가 15~20% 정도 증가한다.
② 생두에 열을 가하면 600여 개 이상의 화학물질이 생성된다.
③ 가볍게 살짝 볶으면 신맛이 강한 커피가 된다.
④ 강하게 오래 볶으면 쓴맛이 강한 커피가 된다.

해설
생두를 볶으면 수분 증발로 무게가 15~20% 정도 감소한다.

**40** 다음 주스에 대한 설명으로 잘못된 것은?

① 과실을 짜서 얻은 액즙을 주스라고 한다.
② 과즙을 끓여서 살균하면 신선미가 없어지고 비타민 C도 상실된다.
③ 1938년 미국의 F. 버를 리가 순간살균법을 적용하여 오렌지의 비타민이나 색조, 향미 등을 손상하지 않고 보존성이 좋은 주스를 만드는 데 성공하여 대량생산에 착수하게 되었다.
④ 오렌지 주스만은 끓여도 어느 정도 신선미를 보존하므로 가공한 상품이 판매된다.

해설
포도주스만은 끓여도 어느 정도 신선미를 보존하므로 19세기경부터 병조림으로 가공한 상품이 판매되기 시작했다.

**41** 쓴맛이 강한 술로 특히 이탈리아에서 즐겨 마시며, 초기에는 소화촉진제, 위장약, 강장제, 해열제 같은 약제로 개발된 것은?

① Smoothie
② Spirits
③ Bitters
④ Herb

해설
비터(Bitters) : 쓴맛이 강한 술로, 특히 이탈리아에서 비터를 즐긴다. 초기에는 소화촉진제, 위장약, 강장제, 해열제 같은 약제로 개발되었다. 현재 칵테일과 요리를 만들 때 향신료로도 많이 사용된다.

**42** 원통형 글라스로 싱글(Single) 글라스 또는 숏(Shot) 글라스라고도 부르는 스트레이트 글라스(Straight Glass)의 용량은 얼마인가?

① 1oz
② 3oz
③ 5oz
④ 7oz

해설
스트레이트 글라스(Straight Glass) : 원통형 글라스로 싱글(Single) 글라스 또는 숏(Shot) 글라스라고도 부른다. 싱글은 30mL이며 더블(Double)은 60mL 용량이다.

**43** 다음은 맥주에서 Hop에 대한 설명이다. 잘못된 것은?

① 맥주 특유의 향기와 고미 등 상쾌한 쓴맛을 낸다.
② 맥주 잡균의 침입을 막아 준다.
③ 알코올 발효를 활발하게 도와준다.
④ 맥주 거품을 일으키는 효과가 있다.

해설
홉(Hop)
• 맥주 특유의 향기와 고미 등 상쾌한 쓴맛을 낸다.
• 보존성이 뛰어나 신선도를 향상시켜 준다.
• 잡균의 침입을 막아 준다.
• 부패를 방지하여 맥주의 저장성을 증가시킨다.
• 수지 성분은 맥주 거품을 일으키는 효과가 있다.

**44** 다음 중 당분을 표기하는 단어가 아닌 것은?

① 보메(Baume)
② 웩슬레(öechsle)
③ 인치(Inch)
④ 브릭스(Brix)

**해설**
③ Inch는 길이의 단위로 1인치는 2.54cm이다.
① Baume : 프랑스에서 포도와 와인에 들어 있는 당을 재는 단위
② öechsle : 독일에서 사용하는 단위
④ Brix : 미국, 호주 등에서 사용

**46** 다음은 위스키의 4대 제조과정을 나열한 것이다. ( ) 안에 들어갈 내용은?

당화 – 발효 – 증류 – ( )

① 착 색
② 혼 합
③ 숙 성
④ 여 과

**해설**
위스키의 4대 제조과정 : 당화 – 발효 – 증류 – 숙성

**45** 다음에서 ( ) 안에 들어갈 내용은?

증류는 알코올과 물을 분리하는 작업으로 알코올의 비등점( )과 물의 비등점(100℃)의 차이를 이용하는 것이다.

① 65℃
② 68.35℃
③ 75℃
④ 78.35℃

**해설**
**증류주(Distilled Liquor)** : 증류는 알코올과 물을 분리하는 작업으로 알코올의 비등점(78.35℃)과 물의 비등점(100℃)의 차이를 이용하는 것이다. 발효주보다 강한 알코올 성분과 순도가 높은 알코올을 얻기 위하여 증류를 한다.

**47** 다음 ( ) 안에 들어갈 내용은?

스트레이트 콘 위스키(Straight Corn Whiskey)는 옥수가 ( ) 이상 사용된다.

① 40%
② 50%
③ 60%
④ 80%

**해설**
**스트레이트 위스키**
• 스트레이트 버번 : 옥수수가 51% 이상
• 스트레이트 라이 : 호밀이 51% 이상
• 스트레이트 휘트 : 밀이 51% 이상
• 스트레이트 콘 위스키 : 옥수수가 80% 이상

정답 44 ③  45 ④  46 ③  47 ④

**48** 피느 샹파뉴(Fine Champagne)에 대한 설명으로 올바른 것은?

① 강렬한 맛과 향으로 남성적인 브랜디이다.
② 상호보완 작용을 위해 숙성이 느리지만 맛이 우수한 쁘띠드 샹파뉴 원액으로 만든다.
③ 그랑드 샹파뉴 50% 이상에 쁘띠드 샹파뉴를 블렌딩한다.
④ 과실이 첨가되어 향긋한 과실이 향기가 느껴진다.

해설
그랑드 샹파뉴 50% 이상에 쁘띠드 샹파뉴를 섞으면 상호보완 작용으로 환상적인 조화를 이룬다. 이렇게 만들어진 원액을 피느 샹파뉴(Fine Champagne)라고 한다.

**49** 다음 ( ) 안에 들어갈 내용은 무엇인가?

런던 드라이 진은 원료인 맥아와 옥수수를 주원료로 하여 당화 발효시킨 뒤 연속증류기로 증류하고 여기에 ( ), 안젤리카, 코리앤더, 시나몬 등이 들어간다.

① 아니스
② 주니퍼 베리
③ 호 밀
④ 사탕수수

해설
고든 런던 드라이 진(Gordons London Dry Gin) : 주니퍼 베리와 코리앤더, 안젤리카 뿌리, 키코리스, 오리스 뿌리, 오렌지 껍질, 레몬 껍질 등 다양한 허브를 사용해 독특하고 상쾌한 향을 지닌 드라이 진이다.

**50** 고객 불만족 처리 시 잘못된 것은?

① 고객과 대화할 때는 항상 주의를 기울여 상냥하고 공손한 말씨를 사용한다.
② 지적받은 부분에 대해서는 일단 사과하고 고객의 불만에 귀 기울인다.
③ 서비스 회복을 위해 이유를 설명한 다음 고객의 설명을 듣는다.
④ 고객과 논쟁이 되지 않도록 말 한마디에도 주의한다.

해설
변명보다는 사과를 먼저하고 고객의 불만에 귀 기울인다.

**51** What is the cocktail described in the following?

- There are three ingredients are used.
- Use a floating technique.
- Float in order of Kalua, Bailey's Irish Cream, and Grand Marnier.

① Dry Martini
② B-52
③ Rob Roy
④ Kalua milk

해설
다음에서 설명하는 칵테일은 무엇인가?
- 세 가지 재료가 사용된다.
- 띄우기 기법을 사용한다.
- 칼루아, 베일리스 아이리시 크림, 그랑 마니에르 순서대로 띄운다.

**52** Which of the following coffee contains alcohol?

① Irish Coffee  ② Shakerato
③ Espresso  ④ Cold Brew

해설
다음 중 알코올이 함유된 커피는 무엇인가?
① 아이리시 커피는 아이리시 위스키를 베이스로, 커피와 휘핑크림으로 만든 알코올이 함유된 칵테일이다.
② 샤케라또는 셰이커에 에스프레소와 얼음을 넣고 흔들어 만든다.

**53** Which of the following is way a different to make a cocktail?

① Rob Roy
② Dry Martini
③ B-52
④ Manhattan

해설
다음 중 칵테일 만드는 기법이 다른 하나는 무엇인가?
③ B-52는 Float 기법, ①, ②, ④는 Stir 기법이다.

**54** What time is it now?

B : I'm sorry, the bar is full now.
G : How long do I have to wait?
B : We may be able to seat you in about half a hour.
G : Then I'll be back at eight.

① 19:00  ② 19:30
③ 20:00  ④ 20:30

해설
현재 시간은 몇 시입니까?
B : 죄송합니다만, 지금 바는 만석입니다.
G : 얼마나 기다려야 하나요?
B : 30분 정도 후에 자리를 잡아 드릴 수 있을 것 같습니다.
G : 그럼 8시에 오겠습니다.

**55** It is an object placed in the center of the table to accentuate the table. What do you call a vase, salt, pepper bottle, candlestick, etc?

① Stopper
② Centerpieces
③ Table decoration
④ Table bottle

해설
식탁을 돋보이게 하기 위해 식탁의 중앙에 놓은 집기를 말한다. 꽃병과 소금, 후추병, 촛대 등을 무엇이라 하는가?

**56** Which of the following has the highest alcohol content?

① Wine
② Beer
③ Whisky
④ Soju

해설
다음 중 알코올 함량이 가장 높은 것은?

정답  52 ①  53 ③  54 ②  55 ②  56 ③

**57** Which of the following has the highest temperature?

① Dyr Martini
② White Wine
③ Red Wine
④ Champagne

해설
다음 중 온도가 가장 높은 것은 무엇입니까?

**58** What is the correct explanation for the strainer?

① It is used to mix ingredients.
② It is used to measure capacity.
③ It is used to measure weight.
④ It is used to filter out ice.

해설
스트레이너에 대한 올바른 설명은 무엇입니까?
① 재료를 섞을 때 사용한다.
② 용량을 측정하는 데 사용한다.
③ 무게를 측정하는 데 사용한다.
④ 얼음을 걸러내는 데 사용한다.

**59** Which of the following is wrong about fermented liquor?

① Beer, wine, etc. belong to this.
② Have a short shelf life.
③ The alcohol content is low.
④ It is used to make mixed liquor.

해설
④ 혼성주는 대부분 증류주를 많이 사용한다.
다음 중 양조주에 대한 설명으로 틀린 것은?
① 맥주, 와인 등이 여기에 속한다.
② 보존기간이 짧다.
③ 알코올 도수가 낮다.
④ 혼성주를 만드는 데 사용한다.

**60** Which of the following is not orange flavored?

① Triple Sec
② Tequila
③ Cointreau
④ Grand Marnier

해설
다음 중 오렌지향이 첨가되지 않은 것은?

# 2023년 제1회 최근 기출복원문제

**PART 02** | 과년도 + 최근 기출복원문제

## 01 포도나무에 대한 설명으로 올바르지 않은 것은?

① 기요(Guyot) 방식은 꼬르동(Cordon) 방식보다 생산량을 통제하기 쉽다.
② 부르고뉴 지방은 기요(Guyot)보다 꼬르동(Cordon) 방식을 선호한다.
③ 생산량을 조절하면 뛰어난 포도를 수확할 수 있고 고급 와인을 생산할 수 있다.
④ 척박한 땅에서는 포도나무 뿌리가 수분과 영양분을 찾아 더욱 깊게 뿌리를 내리기 때문에 복합미가 뛰어난 와인을 생산할 수 있다.

**해설**
② 부르고뉴는 그랑크뤼, 프리미에 크뤼 등 등급에 따라 생산량을 철저하게 지켜야 하기 때문에 생산량을 통제하기 쉬운 기요(Guyot) 방식을 선호한다.
꼬르동은 포도나무가 두꺼운 몸통에 양팔을 벌린 모양으로 길이가 짧은 열매가지 스퍼(Spur)가 자라고 여기에 2~3개씩 싹이 난다. 반면 기요는 얇은 몸통에 기다란 줄기 캐인(Cane)에 8~15개의 싹이 난다. 따라서 생산량이 많은 경우 원하는 곳의 캐인을 잘라 생산량을 조절하기 쉽다.

## 02 다음은 나라별 커피 명칭이다. ( ) 안에 들어갈 단어는 무엇인가?

프랑스 – Cafe, 이탈리아 – (　), 독일 – Kaffee, 튀르키예(터키) – Kahve

① Coffee
② Kappa
③ Caffe
④ Qahwa

**해설**
이탈리아어로 'Caffe', 프랑스어로 'Cafe', 독일어로는 'Kaffee'라 한다.

## 03 다음 설명 중 올바르지 않은 것은?

① 미국 캘리포니아의 나파밸리는 여러 작물을 포도밭에 함께 심는다.
② 포도나무를 빽빽하게 심으면 양질의 포도를 수확할 수 있다.
③ 프랑스 부르고뉴에서는 그린 하비스트(Green Harvest) 수확 방식을 선호한다.
④ 포도나무 수령이 오래되면 수확량이 떨어져 양질의 포도를 생산할 수 없다.

**해설**
④ 수령이 오래된 포도나무에서 수확한 포도로 응축미와 복합미가 뛰어난 와인을 생산할 수 있다.
미국 캘리포니아의 나파밸리는 비옥한 토양을 가지고 있는데, '크롭(Crop)'으로 불리는 여러 작물을 포도밭에 함께 심어서 표면의 영양분을 작물들이 흡수하게 한다. 이에 포도나무는 영양분을 찾아 땅속 깊숙이 뿌리를 내리게 된다.

## 04 커피 생두의 크기에 의한 분류에서 1스크린 사이즈는 얼마인가?

① 1/8인치 – 0.32cm
② 1/16인치 – 1.6mm
③ 1/32인치 – 0.8mm
④ 1/64인치 – 0.4mm

**해설**
1Screen Size = 1/64inch(0.4mm)

**정답** 1② 2③ 3④ 4④

**05** 콜롬비아의 마일드 커피(Mild Coffee)가 대표적인 것으로, 일정한 설비와 물이 풍부한 상태에서 가능한 커피 가공법은 무엇인가?

① 건식법(Dry Method)
② 내추럴 커피(Natural Coffee)
③ 습식법(Wet Method)
④ 세미 워시드법(Semi Washed Processing)

> **해설**
> 워시드 가공(습식법)은 중남미 지역에서 아라비카 커피를 생산할 때 주로 이용된다. 콜롬비아를 비롯한 마일드 커피(Mild Coffee)가 대표적이다.

**06** 포도주를 만들고 난 뒤 포도의 찌꺼기를 원료로 만든 이탈리아의 브랜디는 무엇인가?

① 바롤로(Barolo)
② 바르바레스코(Barbaresco)
③ 키안티(Chianti)
④ 그라파(Grappa)

> **해설**
> ①, ②, ③은 와인이다.

**07** 다음 중 좋은 생두의 조건으로 가장 올바른 것은?

① 생두의 색깔은 연노란색으로 밀도가 높고 수분 함량이 15% 이상인 것이 좋다.
② 생두의 색깔은 어두운 갈색으로 밀도가 높고 수분 함량이 12~13%에 가까운 것이 좋다.
③ 생두의 색깔은 밝은 청록색으로 밀도가 높고 수분 함량이 12~13%에 가까운 것이 좋다.
④ 생두의 색깔은 밝은 청록색으로 밀도가 낮고 수분 함량이 6~8%에 가까운 것이 좋다.

**08** 다음 중 품종이 다른 한 가지는 무엇인가?

① 카베르네 소비뇽(Cabernet Sauvignon)
② 피노누아(Pinot Noir)
③ 샤르도네(Chardonnay)
④ 가메(Gamay)

> **해설**
> 샤르도네는 청포도 품종으로 화이트 와인을 생산하며, 나머지는 레드 와인을 생산하는 적포도 품종이다.

**09** 다음 중 사과를 원료로 만든 상품은 무엇인가?

① 칼바도스(Calvados)
② 위스키(Whisky)
③ 맥주(Beer)
④ 샴페인(Champagne)

해설
위스키와 맥주는 보리, 샴페인은 포도가 원료로 사용된다.

**10** 다음 중 비터(Bitter)의 종류가 아닌 것은?

① 앙고스투라(Angostura)
② 드람뷰이(Drambuie)
③ 캄파리(Campari)
④ 아메르 피콘(Amer Picon)

해설
드람뷰이는 스카치 위스키에 꿀이 들어간 달콤한 혼성주이다.

**11** 와인에 브랜디나 당분을 섞고 향쑥, 용담, 키니네 등의 약초나 향료를 첨가시켜 만든 것은?

① 칼루아(Kahlua)
② 위스키(Whisky)
③ 베르무트(Vermouth)
④ 그라브(Grave)

해설
③ 식욕 촉진을 위한 아페리티프 와인(Aperitif Wine)이다.

**12** 다음 음료의 분류에 대한 설명으로 올바르지 않은 것은?

① 음료는 알코올성 음료와 비알코올성 음료로 분리된다.
② 양조주는 알코올 도수가 낮으며, 대표적으로 맥주와 와인이 있다.
③ 알코올성 음료에는 양조주, 증류주, 혼성주가 있다.
④ 곡류로 만든 알코올성 음료로 브랜디와 코냑이 있다.

해설
④ 곡류로 만든 알코올성 음료는 위스키와 진, 보드카가 있다.

**13** 효모를 배양·증식한 것으로서 당분이 포함되어 있는 물질을 알코올 발효시킬 수 있는 재료를 무엇이라 하는가?

① 밑 술  ② 덧 술
③ 청 주  ④ 누 룩

해설
밑술이란 효모를 배양·증식한 것으로서 당분이 포함되어 있는 물질을 알코올 발효시킬 수 있는 재료를 말한다(주세법 제2조).

정답  9 ①  10 ②  11 ③  12 ④  13 ①

**14** 프랑스산으로 레드 와인에 키니네를 원료로 만든 강화주이며 식전주로 애음되고 있는 것은?

① Amaretto
② Dubonnet
③ Kummel
④ Absente

**해설**
듀보네(Dubonnet) : 프랑스산으로 레드 와인에 키니네를 원료로 첨가하여 만든 강화주로서 옅은 갈색을 띠고 있다. 식전주로 애음된다.

**15** 중국 음식점(Chinese Restaurant)에서 많이 제공되는 재스민을 만드는 방법에 따라 분류하였을 때 올바른 분류에 해당하는 것은?

① 비발효차
② 반발효차
③ 발효차
④ 후발효차

**해설**
반발효차 : 녹차잎을 10~70% 발효시킨 것으로 중국차의 대명사라 할 수 있는 오룡차, 청차, 재스민차, 우롱차 등이 있다.

**16** 전통주에 대한 설명으로 올바르지 않은 것은?

① 이강주는 배와 생강이 들어가서 향기가 좋다.
② 문배주는 평양 일대의 증류식 소주로 밀, 좁쌀, 수수로 빚는다.
③ 두견주는 메밀로 만든 향기로운 술이다.
④ 삼해주는 도수가 높은 청주로 오래 두고 마실 수 있는 향이 좋은 가향주이다.

**해설**
③ 두견주는 진달래꽃(두견화)으로 만든 가향주이다.

**17** 다음 음료의 설명으로 잘못된 것은?

① 탄산음료는 수분과 이산화탄소로 구성되어 있어 영양가는 없다.
② 과실을 짜서 얻은 액즙을 주스라고 한다.
③ 커피는 영양음료로 분류한다.
④ 토마토 주스는 과실음료가 아니다.

**해설**
③ 커피는 기호음료이다.

**18** 다음에서 설명하고 있는 것은?

> 칵테일 도구에서 믹싱 글라스에 얼음을 넣고 혼합할 때 쓰이며 길이가 길다. 손잡이 부분이 나선형으로 되어 있어 미끄러지지 않고 음료를 휘저을 때 사용한다.

① Shaker
② Squeezer
③ Bar Spoon
④ Muddler

**해설**
바스푼(Bar Spoon)은 바텐더가 음료를 섞거나 만들 때 사용한다.

**19** 다음 중 단맛이 없고 담백한 맛이 강한 칵테일은 무엇인가?

① Sweet Cocktail
② Dry Cocktail
③ Sour Cocktail
④ Dessert Cocktail

해설
드라이 칵테일(Dry Cocktail) : 단맛이 없는, 달지 않고 담백한 맛이 강한 칵테일이다. 식전 칵테일로 적당하다.

**20** '껍질'을 의미하는 것으로, 레몬이나 오렌지 껍질을 나선형으로 깎거나 속을 파낸 껍질을 음료잔에 넣어 사용하는 형태를 무엇이라 하는가?

① Julep
② Daisy
③ Snow Style
④ Crusta

해설
크러스타(Crusta) : '껍질', '외피'의 의미로 빵이나 파이의 껍질을 말하는데, 가장 맛있는 부분으로 간주되어 왔다. 레몬이나 오렌지 껍질을 나선형으로 깎거나 속을 파낸 껍질을 잔에 넣어 껍질이 컵의 가장자리 위로 튀어나와야 한다. 두 번째 스타일은 컵의 가장자리(Rim)에 설탕을 묻힌다.

**21** 다음 중 전통주를 만들 때 사용하는 기물이 아닌 것은?

① 누룩고리
② 술자루
③ 몰트
④ 항아리

해설
몰트는 보리에 싹이 난 상태로 식혜나 엿을 만들 때 많이 쓰인다. 가장 많이 사용하는 술은 맥주와 위스키이다.

**22** 숙성이 덜 된 와인을 공기와 접촉하면서 맛과 향을 깨우기 위해 사용하거나 침전물 제거를 위해 사용하는 것은 무엇인가?

① Decanter
② Jigger
③ Pilsner
④ Cork Screw

해설
와인 디캔터(Wine Decanter) : 레드 와인을 제공할 때 많이 사용한다. 숙성이 덜 된 와인을 공기와 접촉하면서 맛과 향을 깨우기 위해 옮길 때 사용하거나, 레드 와인의 침전물 등 이물질을 제거하기 위해 와인을 옮겨 담는 용기를 말한다.

**23** Boulevardier Cocktail의 재료가 아닌 것은?

① Bourbon Whiskey
② Campari
③ Angostura Bitter
④ Sweet Vermouth

해설
Angostura Bitter는 맨해튼, 올드 패션드 등의 칵테일을 만들 때 사용된다.

**24** Malt에 대한 설명으로 적절하지 않은 것은?

① 보리에 싹이 난 상태를 말한다.
② 식혜나 엿을 만들 때 사용하는 우수한 당화제이다.
③ Malt의 함량과 품질은 연관성이 없지만 많이 사용하면 부드럽다.
④ Malt를 발효・증류 후 숙성한 것을 Malt Whisky라고 한다.

**해설**
Malt의 성분이 높을수록 맛과 향이 진하고 품질도 우수하다.

**25** 이탈리아 와인에 대한 설명으로 잘못된 것은?

① 이탈리아는 전 지역에서 와인이 생산된다.
② 대표적인 산지는 피에몬테, 토스카나 그리고 프로방스가 있다.
③ 원산지 통제표시 와인으로 정부에서 보증하는 최상급은 DOCG가 있다.
④ 세계적으로 유명한 키안티는 토스카나 지역에서 생산된다.

**해설**
② 프로방스는 프랑스 남부지방이다.

**26** 다음 중 생수에 대한 설명으로 잘못된 것은?

① 프리미엄 생수 시장 세계 1위를 차지하고 선호도가 높은 제품은 프랑스의 에비앙이다.
② 페리에(Perrier)는 탄산수이다.
③ 피지워터(FIJI Natural Artesian Water), 게롤슈타이너(Gerolsteiner Sparkling Mineral Water)도 유명한 브랜드이다.
④ 카페인을 비롯한 많은 무기질이 함유되어 있다.

**해설**
④ 칼슘을 비롯한 많은 무기질이 함유되어 있으며 카페인은 없다.

**27** 다음은 코냑(Cognac)의 등급에 대한 설명이다. 잘못된 것은?

① 품질을 구별하기 위해 여러 가지 문자나 부호로 표시하는 관습이 있다.
② 고급 위스키보다 더 월등한 품질 우선주의로 블렌딩(Blending)을 하지 않는다.
③ 헤네시는 최초로 '코냑'이라는 상품명을 사용하고 숙성기간을 표시하였다.
④ 등급은 Extra, XO, VSOP 등이 있다.

**해설**
코냑 회사들은 독특한 맛을 매년 지속적으로 유지시키기 위해 블렌딩(Blending)해서 만든다.

**28** 그랑드 샹파뉴 50% 이상에 쁘띠드 샹파뉴를 섞어 상호보완 작용으로 환상적인 조화로 만든 것을 무엇이라 하는가?

① 보르드리(Borderies)
② 팽부아(Fins Bois)
③ 그랑드 샹파뉴(Grande Champagne)
④ 피느 샹파뉴(Fine Champagne)

**해설**
그랑드 샹파뉴 50% 이상에 쁘띠드 샹파뉴를 섞으면 상호보완 작용으로 환상적인 조화를 이룬다. 이렇게 만들어진 원액을 피느 샹파뉴(Fine Champagne)라고 한다.

24 ③  25 ②  26 ④  27 ②  28 ④

**29** 다음 중 아르마냑(Armagnac) 브랜드만 모두 고른 것은?

```
ㄱ. Hennessey
ㄴ. Borderies
ㄷ. Remy Martin
ㄹ. Chabot
ㅁ. Janneau
```

① ㄱ, ㄴ   ② ㄴ, ㄷ
③ ㄷ, ㄹ   ④ ㄹ, ㅁ

**해설**
ㄱ, ㄴ, ㄷ은 코냑(Cognac) 브랜드이다.

**30** 다음 중 생산지가 다른 것은?

① 에비앙(Evian)
② 셀쳐(Seltzer)
③ 비시(Vichy)
④ 페리에(Perrier)

**해설**
셀쳐(Seltzer)의 생산지는 독일이다.

**31** 존 제임슨(John Jameson)에 대한 설명으로 올바르지 않은 것은?

① 생산 지역은 아일랜드이다.
② 단식증류기로 3회 증류한다.
③ 아이리시 커피(Irish Coffee)에 사용된다.
④ 아이리시 위스키의 단독제품으로 세계 최초의 위스키이다.

**해설**
아이리시 위스키는 세계 최초의 위스키로 알려져 있다. 브랜드는 존 제임슨(John Jameson)과 올드 부시밀(Old Bushmills)이 있다.

**32** 우유의 성분에 대한 설명으로 올바르지 않은 것은?

① 우유 전체의 약 88%는 물이 차지한다.
② 카세인은 인을 함유하는 단백질로 칼슘과 결합되었다.
③ 우유를 하얗게 만드는 것은 카세인 미셀이다.
④ 우유 거품을 만들 때 거품 형성에 가장 중요한 역할을 하는 것은 지방이다.

**해설**
④ 우유 거품을 만들 때 거품 형성에 가장 중요한 역할을 하는 것은 단백질이다.

**33** 다음 중 아쿠아비트(Aquavit)에 대한 설명으로 잘못된 것은?

① 알코올 도수가 낮아 식전주로 인기가 좋다.
② 북유럽 스칸디나비아 지방의 특산주이다.
③ 감자를 익혀서 으깬 다음 맥아를 당화, 발효시켜 증류한다.
④ 회향초 씨나 박하, 오렌지 껍질 등 여러 가지 허브가 첨가된다.

**해설**
① 연속증류기로 고농도의 알코올을 얻은 다음 물로 희석하기에 알코올 도수가 높다.

정답 29 ④  30 ②  31 ④  32 ④  33 ①

**34** 외식산업의 ESG경영 활동으로 커피 재배 농가 삶의 질을 개선하며, 다국적 기업이나 중간 상인을 거치지 않고 제3세계 커피 농가에 합리적인 가격을 직접 지불하여 사들이는 커피를 무엇이라 하는가?

① 유기농 커피(Organic Coffee)
② 그린커피(Green Coffee)
③ 공정무역 커피(Fair Trade Coffee)
④ 디카페인 커피(Decaffeinated Coffee)

**해설**
③ 사회적 책임을 다하는 지속 가능한 커피이다.

**35** 커핑 테스트의 평가지 작성 시 샘플 정보에 해당하지 않는 것은?

① 재배지
② 수확 연도
③ 가공방법
④ 로스팅 정도

**해설**
평가지 작성 시 재배지, 가공방법, 품질등급, 로스팅 정도 등 샘플 정보를 적는다.

**36** 다음 중 저장관리의 일반원칙과 거리가 먼 것은?

① 품질 보존의 원칙
② 고가 제품의 선순환 원칙
③ 분류 저장의 원칙
④ 선입선출의 원칙

**37** 커피 원두를 밀폐 보관하는 이유는 무엇인가?

① 탈취 효과를 가지고 있어 주변의 냄새를 흡수하기 때문이다.
② 향기가 좋아 주변의 맛과 향에 영향을 미치기 때문이다.
③ 표면적을 최대한 작게 하기 위해서이다.
④ 커피의 강도를 증가시키기 위해서이다.

**해설**
향기 손실과 산패 방지의 목적도 있지만 주변 냄새가 스며들어 커피의 향미가 변하지 않도록 밀폐 보관한다.

**38** Happy Hour를 가장 올바르게 설명한 것은?

① 고객에게 밝은 모습으로 인사하는 시간대를 말한다.
② 고객이 붐비지 않은 시간대를 이용하여 저렴한 가격으로 할인 판매하거나 무료로 음료 및 스낵 등을 제공하는 판매촉진 상품의 하나이다.
③ 판매촉진 상품의 하나로 게임이나 퀴즈로 당첨자에게 선물을 주는 시간대를 말한다.
④ 디저트나 신상품을 소개하는 시간대를 말한다.

**39** 다음 중 카페의 경영과 직접적인 연관이 없는 법규는?

① 소방기본법  ② 관광진흥법
③ 식품위생법  ④ 학교보건법

해설
소방기본법, 식품위생법, 학교보건법은 안전과 보건, 학교의 보건과 위생을 도모하기 위한 법률들로 카페 운영에 직간접적인 영향을 미친다.

**40** 바 영업장에서 매월 말일에 실시하는 인벤토리(Inventory) 조사는 어떤 조사인가?

① 재고량 조사  ② 매출액 조사
③ 고정비 조사  ④ 순수익 조사

해설
재고량 조사를 인벤토리 조사라 부른다.

**41** 영업장의 기물 및 관리에 대한 설명으로 올바르지 않은 것은?

① 얼음은 전용 스쿱을 이용해야 하며, 스쿱은 항상 제빙기 안에 넣어 두어야 잃어버리지 않고 안전하다.
② 공랭식은 냉각기를 공기로 식히는 방식으로, 물 소비량은 적지만 소음이 크다.
③ 제빙기 청소는 주 1회 기계를 정지시킨 후, 얼음이 형성되는 부분을 세정제를 뿌려 세정한다.
④ 제빙기 세정 후 얼음을 사용하기 전, 처음으로 만들어진 얼음은 버리고 이후 만들어진 얼음을 사용한다.

해설
① 얼음은 전용 스쿱을 이용해야 하며, 스쿱은 항상 식용 위생 세제에 넣어 두어야 안전하다.

**42** 주장에서 영업 시작 전에 체크할 사항으로 거리가 먼 것은?

① 전날 이월 재고와 동일한지 점검한다.
② 오늘 판매할 재고를 점검한다.
③ 전날 매출의 원인과 결과를 파악한다.
④ 입고 품목을 점검한다.

해설
매출에 대한 원인과 결과 파악은 당일 영업 종료 후 바로 실시한다. 영업 시작 전에는 영업 준비에 신경써야 한다.

**43** 고객의 불평과 불만의 처리에 대한 내용으로 올바르지 않은 것은?

① 영업 및 다른 고객에게 피해가 가지 않도록 고객을 보낸 다음 고객 불평의 종류 및 원인을 정확하게 파악하고 처리한다.
② 고객은 좀 더 직책이 높은 사람과 이야기를 할 때 자신을 인정해 준다고 생각하는 경향이 있으므로 불만을 일으킨 직원의 상사로 바꾸어 불만을 처리하면 더욱 효과적이다.
③ 고객이 언성을 높여 불평을 할 경우에는 다른 고객이 보이지 않는 곳에서 불평을 처리하는 것이 군중심리를 일으키지 않는 방법이다. 장소를 이동한 후에는 앉아서 대화하는 것이 감정을 진정시킬 수 있다.
④ 동일한 실수 및 불평이 재발하지 않도록 서비스나 시스템에 대해 개선되어야 할 문제점을 기록하여 대책을 수립하고 종업원의 접객 서비스의 수준을 향상시키기 위해 교육을 실시한다.

해설
불만의 종류와 원인에 대하여 즉시 파악하고, 고객 앞에서 처리함을 원칙으로 고객 만족도를 높일 수 있도록 해야 한다. 고객의 불평이나 불만을 신속하게 처리하지 못할 경우 부정적인 구전으로 인하여 많은 잠재 고객까지 잃을 수 있음을 유념해야 한다.

정답  39 ②  40 ①  41 ①  42 ③  43 ①

**44** 오픈 예정인 영업장이 지상 2층에 위치하며, 바닥면적의 합계 100m²(약 30평) 이상이라고 한다면 오픈 전 필수사항에 해당하는 것을 모두 고르시오.

> ㄱ. 방염 인테리어, 피난 시설을 완비하고 소방필증을 발급받아야 한다.
> ㄴ. LPG가스 사용 시 한국가스안전공사에 문의하여 가스필증을 발급받아야 한다.
> ㄷ. 재난배상책임보험을 영업장 인허가 30일 이내나 사용 개시 전까지 가입해야 한다.
> ㄹ. 지하수를 사용하는 경우 수질검사성적표를 발급받아야 한다.
> ㅁ. 1인 이상 동업 시 동업계약서를 제출해야 한다.

① ㄱ, ㄴ, ㄷ, ㄹ
② ㄴ, ㄷ, ㄹ, ㅁ
③ ㄱ, ㄹ, ㅁ
④ ㄱ, ㄴ, ㄷ, ㄹ, ㅁ

**45** 다음 중 커피의 향기 성분에 대한 설명으로 올바르지 않은 것은?

① 커피의 향기 성분은 생두의 품종이나 재배 환경에 의해 달라진다.
② 커피의 향기 성분은 배전 강도에 따라 달라진다.
③ 향이 다양하고 부드러우면서 복합적인 밸런스가 좋은 커피가 인기가 좋다.
④ 향기 성분은 이탈리안 로스팅 단계에서 최고치가 된다.

**46** 다음에서 설명하고 있는 살균소독 방법은?

> 공기와 물 등 투명한 물질만 투과하는 속성이 있는 파장을 인공적으로 방출시켜 소독하는 것으로 살균력이 강하다. 조도, 습도, 거리에 따라 효과에 차이가 있다.

① 연막 살균소독
② 적외선 살균소독
③ 가열에 의한 살균소독
④ 자외선 살균소독

**47** 보건소 위생검열 대상이 아닌 것은?

① 소비기한 확인
② 휴일 직원 스케줄 확인
③ 보건증(건강검진) 검사
④ 냉장고·냉동고 온도 점검

**해설**
② 직원 스케줄에 대한 체크는 검열 대상이 아니다.

48. 다음 중 영업일지에 대한 설명으로 적절하지 않은 것은?

① 영업일지는 영업과 판매 활동에 대한 일일 보고서이다.
② 회사의 수익과 비용을 따져 회사가 이익을 내고 있는지, 아닌지를 파악하고 경영 활동을 계획·관리하는 것이 주된 업무이다.
③ 영업일지를 한 장의 보고서로 요약, 정리한 것이 손익 계산서이다.
④ 보통 회사의 회계 연도는 분기 단위이므로 손익 계산서는 4분기로 보고된다.

해설
보통 회사의 회계 연도는 1년 단위이므로 손익 계산서는 연간으로 보고된다.

49. 다음은 영업장에 필요한 인사업무에 관한 내용이다. 적절하지 않은 것은?

① 심신이 피로하면 업무 효율이 떨어지는 것은 당연하다. 적절한 일의 배분은 일의 효율성을 높이고, 사업의 운영도 원활하게 한다.
② 출퇴근 스케줄은 업무 분장과 관계되어 있고 그것은 곧 인건비와 연결되어 있다.
③ 경영자는 최소의 임금과 복지 수준으로 매장을 운영하고 출퇴근 관리를 엄격히 해야 한다.
④ 직원들의 업무 체계가 명확해야 하고 필요한 최적의 노동량을 계산하여 출퇴근 스케줄표를 작성한다.

해설
직원들의 업무 체계가 명확하고 필요한 최적의 노동량을 계산하여 출퇴근 스케줄표를 작성한다면 회사에는 큰 부담이 없으면서 인력 자원을 낭비하지 않고, 수익률을 높일 수 있다. 또 직원들은 우수한 근무 환경에서 의욕적으로 일할 수 있게 된다.

50. 다음 메뉴에서 알코올이 들어가지 않는 커피 메뉴는 무엇인가?

① 아인슈패너(Einspanner)
② 아이리시 커피(Irish Coffee)
③ 칼루아 커피(Kahlua Coffee)
④ 카페 로열(Cafe Royal)

해설
① 아인슈패너는 아메리카노 위에 하얀 휘핑크림을 듬뿍 얹은 커피이다.
알코올이 들어간 커피 메뉴
• 베일리스 커피 : 혼성주 베일리스가 들어간 커피
• 칼루아 커피 : 멕시코산 커피를 주원료로 혼성주 칼루아가 들어간 커피
• 카페 로열 : 브랜디가 들어간 커피
• 아이리시 커피 : 아이리시 위스키가 들어간 커피

51. When used as a cocktail decoration, what did you remove the seeds from the undercooked fruit and add red bell peppers?

① Cherry
② Onion
③ Olive
④ Pineapple

해설
칵테일 장식으로 사용할 때 익지 않은 열매의 씨를 빼고 그 안에 빨간 피망을 넣은 것은 무엇인가?

**52** How to make Pina Colada, Blue Hawaiian cocktail?

① Muddling
② Blending
③ Shaking
④ Floating

> 해설
> 피나 콜라다, 블루 하와이안 칵테일을 만드는 기법은 무엇인가?

**53** When you make lemon or orange juice, what do you use?

① Pourer
② Cocktail Pick
③ Scoop
④ Squeezer

> 해설
> 레몬이나 오렌지 등의 과즙을 낼 때 사용하는 것은 무엇인가?

**54** Which of the following is not a cocktail made with a stirring technique?

① Margarita
② Martini
③ Boulevardier
④ Manhattan

> 해설
> 다음 중 휘젓기 기법으로 만든 칵테일이 아닌 것은?
> ① 마가리타는 셰이킹 기법을 사용한다.

**55** When used as a cocktail decoration, slightly spicy, sweet, cool, fragrant, and unique ingredients, so what ingredients do you use to give off the scent of a warm drink?

① Cherry
② Onion
③ Olive
④ Cinnamon

> 해설
> 칵테일 장식으로 사용할 때 약간 맵고 달콤하고 시원하고 향긋하고 독특한 성분이 있어서 따뜻한 음료의 향을 내기 위해 사용하는 재료는 무엇인가?

**56** Which alcohol has the characteristics of colorless, tasteless, and odorless?

① Vodka
② Gin
③ Malt Whisky
④ Cognac

> 해설
> 무색, 무미, 무취의 특징을 가진 술은?

정답  52 ②  53 ④  54 ①  55 ④  56 ①

**57** Which of the following is not fermented liquor?

① Wine
② Gin
③ Beer
④ Rice Wine

해설
다음 중 발효주가 아닌 것은?

**58** Which of the following does not correspond to Scotch whisky?

① Johnnie Walker
② Jim Beam
③ J&B
④ Royal Salute

해설
다음 중 스카치 위스키에 해당하지 않는 것은?

**59** Which capacity indication is correct?

① 1oz - 45mL
② 1tsp - 1/3oz
③ 1pint - 1/4quart
④ 1pony - 1oz

해설
다음 중 용량 표시가 맞는 것은?

**60** Which one is not made from Grain?

① Wine
② Vodka
③ Beer
④ Gin

해설
다음 중 곡물로 만든 음료가 아닌 것은?

정답  57 ②  58 ②  59 ④  60 ①

# 2023년 제2회 최근 기출복원문제

**PART 02** | 과년도 + 최근 기출복원문제

**01** 다음 중 핸드드립에 대한 설명으로 적절하지 못한 것은?

① 추출시간이 길어지면 맛에 안 좋은 영향을 주는 성분들이 많이 나오기 때문에 적정한 추출시간 안에 커피를 뽑는 것이 좋다.
② 핸드드립의 경우 90~95℃ 정도의 물이 좋다.
③ Turkish Coffee는 우려내기(Infusion) 추출방법이다.
④ 커피 추출에 사용되는 물은 신선해야 하고 냄새가 나지 않아야 한다.

**해설**
Turkish Coffee는 침지식 또는 달임법(Decoction) 추출방법이다.
※ 커피의 추출 원리는 침투 → 용해 → 분리과정을 거친다.

**02** 영업장에서 보건소 위생검열 대상이 아닌 것은?

① 식자재 관리
② 보건증(건강검진) 검사
③ 직원 스케줄 확인
④ 소비기한 체크 및 확인

**해설**
직원 스케줄을 확인하는 것은 관여 대상이 아니다.

**03** 흑맥주가 아닌 것은?

① Stout Beer
② Münchener Beer
③ Porter Beer
④ Kölsch Beer

**해설**
Kölsch Beer(쾰시비어) : 독일의 쾰른 지방에서 만드는 맥주로, 쾰른에서 만들어야만 쾰시라는 이름을 쓸 수 있다. 밝은 황금색으로 발효는 상면발효지만 숙성은 저온에서 한다. 즉, 상면발효와 라거링이 혼합된 스타일이다.

**04** 칵테일 재료에서 Cubed Ice에 대한 설명으로 올바른 것은?

① 각 얼음
② 잘게 조각난 얼음
③ 일정한 틀의 모양이 있는 얼음
④ 부순 얼음

**해설**
① 칵테일 만들 때 가장 많이 사용하는 얼음이다.

정답 1 ③  2 ③  3 ④  4 ①

## 05 다음 중 증류방법이 다른 것은 무엇인가?

① Cognac
② Grain Whisky
③ Malt Whisky
④ Irish Whiskey

**해설**
Grain Whisky는 연속증류기(Patent still)를 사용하며 나머지는 단식증류기(Pot Still)를 사용한다.

## 06 주장 영업관리로 적절하지 않은 것은 무엇인가?

① 메뉴는 주류 상표와 등급이 고객에게 잘 고지되어야 한다.
② 고객이 주문한 주류가 없을 경우 비슷한 다른 상표의 등급으로 대체해서 나간다.
③ 스트레이트 위스키로 판매되는 병은 스토퍼나 병뚜껑을 잘 닫아 두어 향 손실을 예방한다.
④ House Whisky는 헤드 바텐더나 매니저가 인기 있는 상표나 주장 이익을 고려하여 선택한다.

**해설**
고객이 원하는 음료(주류) 상표가 없을 경우 고객에게 바로 고지하고 다른 상품이나 등급을 추천하여 고객이 선택한 음료로 제공한다.

## 07 다음 중 발효방식이 다른 것은 무엇인가?

① Lager Beer    ② Ale Beer
③ Stout Beer    ④ Porter Beer

**해설**
라거 비어(Lager Beer)는 하면발효시킨 맥주를 말한다. 나머지는 상면발효 맥주이다.

## 08 포도 생산에 대한 설명 중 틀린 것은?

① Green Harvest란 성숙 잠재력을 높이고 수확량을 조절하기 위해 줄기나 포도송이를 제거하는 수확방법을 말한다.
② Old Vine은 오랜 수령의 포도로 만든 와인을 말한다.
③ 프랑스에서는 50년 이상된 포도나무에서 수확한 포도를 Vieilles Vignes라고 부른다.
④ 비옥한 토양에서 수확한 포도는 복합미가 뛰어난 와인이 된다.

**해설**
포도나무는 뿌리가 땅속 깊숙하게 파고들수록 복합미가 뛰어난 와인을 만든다. 여러 지층의 미네랄과 다양한 성분을 끌어올려 포도에 저장하기 때문이다. 척박한 땅일수록 포도나무는 수분과 영양분을 찾아 더욱 깊게 뿌리를 내린다.

## 09 프랑스 보졸레(Beaujolais) 지방의 대표 품종으로, 약간 보라색을 띠고 신선하고 가벼우며 신맛이 약간 높은 것이 특징인 품종은 무엇인가?

① 샤르도네(Chardonnay)
② 가메(Gamay)
③ 카베르네 소비뇽(Cabernet Sauvignon)
④ 피노누아(Pinot Noir)

**10** 이탈리아 와인에 대한 설명 중 잘못된 것은?

① 전 지역이 와인 생산지역이다.
② '산기슭에 있는 땅'이라는 뜻의 피에몬테에는 바롤로(Barolo)와 바르바레스코(Barbaresco)가 있다.
③ 토스카나(Toscana) 지역에서는 키안티(Chianti)가 생산된다.
④ 브랜디로 코냑(Cognac)이 유명하다.

**해설**
코냑은 프랑스 코냑 지방에서 생산된 브랜디이다.

**11** 다음 중 밀(Wheat)이 재료로 사용되는 것은?

① 호가든(Hoegaarden)
② 카스(Cass)
③ 포스터스(Foster's)
④ 스타우트(Stout)

**해설**
②, ③, ④는 보리가 원료이다.

**12** 다음 중 단백질을 침전하고 분리시키는 성질로 맥주를 맑게 만들어 주는 원료는 무엇인가?

① 이스트(Yeast)
② 물(Water)
③ 홉(Hop)
④ 사과(Apple)

**해설**
홉(Hop) : 타닌(Tannin) 성분은 단백질을 침전·분리시키는 성질로 맥주를 맑게 만들어 준다.

**13** 전분질 원료와 국을 주원료로 하여 발효시킨 술덧을 여과하여 제성한 것으로, 일명 맑은 술이라고 부르는 것은?

① 탁 주
② 약 주
③ 청 주
④ 맥 주

**해설**
약주(藥酒) : 전분질 원료와 국(麴)을 주원료로 하여 발표시킨 술덧을 여과하여 제성한 것을 말한다. 일명 맑은 술이라 한다.

**14** 다음은 혼성주의 특징을 설명한 것이다. 잘못된 것은?

① 캄파리는 이탈리아의 국민주로 쓴맛이 나며 붉은색이다.
② 칼루아는 멕시코산 커피를 주원료로 만든 고급 혼성주이다.
③ 아마레토는 약초, 향초가 가미된 프랑스의 대표적인 혼성주이다.
④ 베네딕틴은 프랑스에서 가장 오래된 혼성주 중 하나이다.

**해설**
아마레토는 살구의 씨를 물과 함께 증류해서 만든 혼성주이다.

**정답** 10 ④ 11 ① 12 ③ 13 ② 14 ③

**15** 품질 좋은 아라비카종에 사용하는 무역용어로서 커피 특유의 향이 잘 조화되어 부드러운 맛을 지닌 커피를 무엇이라 하는가?

① 마일드 커피(Mild Coffee)
② 스트레이트 커피(Straight Coffee)
③ 내추럴 커피(Natural Coffee)
④ 블렌디드 커피(Blended Coffee)

해설
마일드 커피(Mild Coffee)는 질 높은 아라비카종에 사용하는 무역용어로서, 커피 특유의 향이 잘 조화되어 부드러운 맛을 지닌다.

**16** 다음 우리나라 전통주 중에서 알코올 도수가 높은 술은?

① 소곡주      ② 두견주
③ 이강주      ④ 계명주

해설
①, ②, ④는 청주의 종류로 알코올 도수가 낮다.

**17** 다음 중 발효차가 아닌 것은?

① 다즐링차    ② 재스민차
③ 기문차      ④ 우바차

해설
② 재스민차는 반발효차이다.

**18** 병 입구에 끼우는 도구로 음료가 한꺼번에 쏟아지는 것을 방지하기 위해 사용하는 것은 무엇인가?

① Shaker     ② Squeezer
③ Pourer     ④ Muddler

해설
푸어러(Pourer)
• 병 입구에 끼워서 사용한다.
• 병 속의 음료가 한꺼번에 쏟아지는 것을 방지하는 도구이다.
• 메탈과 플라스틱 재질이 있다.

**19** 칵테일의 분류에서 단맛이 없고 신맛이나 떫은 맛으로 식욕을 자극시키는 칵테일을 무엇이라 하는가?

① Highball Cocktail
② Aperitif Cocktail
③ Dessert Cocktail
④ All day type Cocktail

정답  15 ①  16 ③  17 ②  18 ③  19 ②

**20** 다음 중 Frosting에 대한 설명으로 올바르지 않은 것은?

① 차가운 칵테일에만 사용된다.
② 일명 Snow Style이라고도 한다.
③ 컵의 가장자리에 레몬이나 라임즙을 바른 다음 설탕이나 소금을 묻힌 것이다.
④ 대표적인 칵테일에는 Margarita와 Kiss of Fire가 있다.

> 해설
> 뜨거운 칵테일인 Irish Coffee에도 사용되는 방법이다.

**21** 미국과 영국에서 독한 술에 설탕과 뜨거운 물, 향신료, 설탕, 레몬 등을 넣어 만든 음료로 감기 예방을 위해 많이 마시는 칵테일은 무엇인가?

① Squash  ② Sangaree
③ Punch   ④ Toddy

> 해설
> 토디(Toddy) : 인도를 비롯한 남방 여러 나라에서 코코넛야자의 수액으로 양조하는 술로 알코올 도수는 5% 정도이다. 미국과 영국에서는 독한 술에 설탕과 뜨거운 물, 향신료, 설탕, 레몬 등을 넣어 만든 음료를 말한다.

**22** Boulevardier Cocktail을 만들 때 사용하는 기법은?

① Build  ② Stir
③ Shake  ④ Layer

> 해설
> 믹싱 글라스에서 스터 기법으로 만들어 올드 패션드 글라스에 제공된다.

**23** 다음 중 Malt Whisky에 대한 설명으로 틀린 것은?

① 보리를 원료로 사용한다.
② 단식증류기로 2회 증류한다.
③ Malt의 함량과 품질은 연관성이 없고 미국에서 많이 생산된다.
④ Malt를 발효·증류 후 숙성한 것을 말한다.

> 해설
> Malt의 함량과 품질은 상관성이 높으며, 많이 사용하면 무거운 맛과 향이 난다. 몰트 위스키는 스코틀랜드에서 많이 생산된다.

**24** 다음 중 코냑(Cognac)과 관련 없는 것은?

① 코냑은 프랑스 보르도의 북쪽에 위치한 브랜디 생산지역이다.
② 구리로 된 전통 단식증류기를 사용한다.
③ 유명한 생산지역으로는 그랑드 샹파뉴(Grande Champagne)와 쁘띠드 샹파뉴(Petite Champagne)가 있다.
④ 대표적으로 유명한 브랜드는 샤보(Chabot)와 쟈노(Janneau)가 있다.

> 해설
> ④ 샤보(Chabot)와 쟈노(Janneau)는 아르마냑(Armagnac) 브랜드이다.

**25** 우리나라 커피의 역사에 대한 설명으로 올바르지 않은 것은?

① 아관파천으로 러시아 공사관으로 피신했던 고종 황제가 처음 접하고 마시게 되었다.
② 영어 Coffee는 중국식 발음으로 가배차다.
③ 우리나라 최초의 서양식 호텔인 손탁호텔 1층에 커피하우스가 등장했다.
④ 창경궁 내에 우리나라 최초의 로마네스크풍 건물을 지어 커피를 즐겼다.

> **해설**
> ④ 덕수궁 내에 우리나라 최초의 로마네스크풍 건물(정관헌)을 지어 커피를 즐겼다.

**26** 다음 중 음료의 전파에 대한 설명으로 올바르지 않은 것은?

① 맥주는 수메르인들이 자연발효하며 양조기술을 발달시키면서 그리스 로마문명의 기초가 되었다.
② 진은 네덜란드인이 만들었고, 영국인이 세련되게 했으며 미국인이 영광을 주었다.
③ 소주는 고려 말 몽골에 의해 전파되었다.
④ 커피는 브라질이 원산지로 산토스항을 중심으로 전 세계에 전파되었다.

> **해설**
> ④ 커피의 원산지는 에티오피아이며, 예멘 지방을 중심으로 전 세계에 전파되었다.

**27** 커피가 공기 중의 산소와 반응하며 품질이 열화되는 현상을 무엇이라 하는가?

① 발 효
② 산 화
③ 부 패
④ 분 쇄

**28** 불바디에(Boulevardier) 칵테일에 대한 설명으로 올바르지 못한 것은?

① 만드는 방법은 스터 기법이다.
② 재료는 버번 위스키, 스위트 베르무트, 캄파리가 들어간다.
③ 레몬 껍질로 장식한다.
④ 올드 패션드 글라스에 제공한다.

> **해설**
> ③ 오렌지 껍질로 장식한다.

**29** 다음 중 증류방식이 다른 것은?

① Cognac
② Malt Whisky
③ Rum
④ Irish whiskey

> **해설**
> ③ Rum은 연속증류기이다.

**30** 다음과 같은 등급을 사용하는 것은 무엇인가?

> VO, VSOP, XO, EXTRA

① Malt Whisky
② Brandy
③ Vodka
④ American Whiskey

**31** 식품위생법상 영업에 종사하지 못하는 질병의 종류가 아닌 것은?

① 비감염성 결핵
② 장티푸스
③ 폐결핵
④ 전염성 피부질환

해설
영업에 종사하지 못하는 질병의 종류(식품위생법 시행규칙 제50조)
• 결핵(비감염성인 경우는 제외)
• 콜레라, 장티푸스, 파라티푸스, 세균성이질, 장출혈성대장균감염증, A형간염
• 피부병 또는 그 밖의 고름형성(화농성)질환
• 후천성면역결핍증(성매개감염병에 관한 건강진단을 받아야 하는 영업에 종사하는 사람만 해당)

**32** 자외선 살균등 소독법에 대한 설명으로 적절하지 않은 것은?

① 자외선은 물질을 투과하여 내면을 살균 소독할 수 있다.
② 피조사물의 표면 살균에 효과적이므로 컵은 뒤집지 말고 그대로 세팅해야 한다.
③ 살균등은 2,000~3,000Å 범위의 자외선을 사용하며, 2,600Å 부근이 살균력이 가장 높다.
④ 살균력은 균 종류에 따라 다르고 같은 세균이라 하더라도 조도, 습도, 거리에 따라 효과에 차이가 있다.

해설
자외선은 빛이 닿는 부분만 살균되므로 포개거나 엎어서 살균하지 말아야 한다.

**33** 다음 중 메뉴를 제공하는 시간이 가장 많이 소요되는 것은 무엇인가?

① 프렌치 프레스
② 카페라떼
③ 아메리카노
④ 에스프레소

해설
프렌치 프레스는 추출시간이 4분으로 가장 길다.

**34** 다음 중 장식이 다른 칵테일은?

① Boulevardier
② Virgin Fruit Punch
③ June Bug
④ Blue Hawaiian

해설
① Boulevardier는 오렌지 껍질로 장식한다.

30 ② 31 ① 32 ① 33 ① 34 ①

## 35 다음 중 베이스가 전통주가 아닌 것은?

① Manhattan
② Puppy Love
③ Jindo
④ Geumsan

**해설**
① 맨해튼은 아메리칸 위스키가 베이스이다.

## 36 다음 중 장식에 파인애플과 체리가 사용되는 칵테일은?

① B-52
② 금 산
③ 준 벅
④ 브랜디 알렉산더

## 37 Tequila Sunrise 칵테일에서 멕시코의 일출을 표현할 때 사용되는 재료는 무엇인가?

① Tequila
② Orange Juice
③ Blue Curacao
④ Grenadine syrup

## 38 다음 중 메뉴 엔지니어링(Menu Engineering)에 대한 설명으로 잘못된 것은?

① 매장의 사업 방향을 결정하기 위해 정보를 수집하고 메뉴의 구성, 수익성, 대중성 등을 평가하고 판단하는 것이다.
② 메뉴 엔지니어링의 3요소는 고객의 수요, 고객이 선호하는 메뉴 품목의 분석, 각 메뉴 품목별 순이익 분석이다.
③ 공헌이익이 높은 메뉴를 분류하고 분석하는 과정이다.
④ 경영진이 현재와 미래 메뉴의 가격, 내용 등을 평가할 수 있도록 해 주는 과정이다.

**해설**
메뉴 엔지니어링이란 매장의 사업 방향을 결정하기 위해 정보를 수집하고 메뉴의 구성, 수익성, 대중성 등을 매장 운영 측면에서 적정성을 평가하고 판단하는 것과 관련된 활동이다.

## 39 다음 중 기획메뉴의 개념을 잘못 설명하고 있는 것은?

① 신규 및 단골고객을 위한 계절성 메뉴의 일부분이다.
② 한시적 특별 메뉴이다.
③ 제휴 업체와의 협약으로 인한 프로모션 메뉴 등 일정한 간격을 두고 주기적으로 바꾸는 메뉴이다.
④ Bar에서 시간이 가장 오래 걸리는 메뉴이다.

**해설**
새로운 메뉴 개발을 통해 고객의 기호를 파악하고, 새로운 메뉴에 대한 고객의 반응을 지속적으로 파악해야 한다.

**40** 다음 중 레시피 노트 작성 체크리스트에 포함되지 않는 것은?

① 메뉴 이름
② 담당 바텐더
③ 주류 및 식재료의 계량단위
④ 글라스 종류

> 해설
> ①, ③, ④ 외에도 음료 제조 준비절차, 제공하는 방식과 형태, 스타일링 장식방법 등이 포함된다.

**41** 다음은 메뉴 개발 계획에 대한 설명이다. 잘못된 것은?

① 메뉴 개발 계획은 소비자 행동 변화의 트렌드를 파악하고 참조한다.
② 메뉴 구성은 바텐더가 좋아하는 메뉴를 선정해서 매장에 적용한다.
③ 메뉴 재료의 전체적인 원가와 수익의 목표를 염두에 두고 만든다.
④ Bar의 콘셉트와 관련하여 메뉴 전체의 방향과 범위를 명확하게 설정한다.

> 해설
> 자신이 원하는 메뉴가 있더라도 충분한 시장조사를 통하여 현실적인 상황과 어긋나지 않도록 조절하는 과정이 필요하다.

**42** 음료의 활용에 대한 설명으로 적절하지 않은 것은?

① 칵테일 제조에 많이 사용하는 시럽은 Flavored Syrup이다.
② Herb는 약효를 얻을 수 있는 식물의 씨, 꽃잎, 뿌리 등을 건조시켜서 약이나 음식, 음료에 사용한다.
③ 칵테일에 사용되는 탄산수도 건강과 칼로리를 생각하면서 마셔야 한다.
④ Bitters는 처음 개발되었을 당시에는 술보다는 소화촉진제, 위장약, 강장제, 해열제 같은 약제로 개발되었다.

> 해설
> 칵테일에서 가장 많이 사용하는 시럽은 슈가 시럽(Sugar Syrup)과 그레나딘 시럽(Grenadine Syrup)이다.

**43** 음료 영업장 작업공간 배치에 대한 설명으로 적절하지 못한 것은?

① 음료 영업장에 설치되는 냉장고는 주로 스탠드형 냉장고가 사용된다.
② 음료 영업장 작업대의 틀을 만든 후 그 밑에 냉장고를 넣는다.
③ 음료 영업장의 시설 및 기구는 바텐더의 움직임을 최소화할 수 있도록 효율적으로 배치한다.
④ 음료 영업장에 보통 1~2개 이상의 작업대를 만들어 사용하며 작업대 사이에는 싱크대를 설치한다.

> 해설
> ① 음료 영업장에 설치되는 냉장고는 주로 테이블형 냉장고가 사용된다.

정답 40 ② 41 ② 42 ① 43 ①

## 44  다음에서 설명하고 있는 도구는 무엇인가?

- 레몬이나 오렌지, 라임 등의 과즙을 짜는 기구이다.
- 유리도 있지만 대부분 스테인리스(Stainless) 재질이다.

① 셰이커(Shaker)
② 스퀴저(Squeezer)
③ 스트레이너(Strainer)
④ 블렌더(Blender)

**해설**
스퀴저(Squeezer) : 레몬이나 오렌지 등의 과즙을 낼 때 사용하는 기물이다. 반으로 자른 과일을 가운데가 돌출되어 있는 부분에 꽂고 좌우로 돌리면 과즙이 흘러내린다.

## 45  다음에서 설명하고 있는 도구는 무엇인가?

- 얼음 및 재료를 걸러 주는 기물이다.
- 스프링이 있는 것과 망으로 된 형태가 있다.

① 블렌더(Blender)
② 스쿱(Scoop)
③ 스트레이너(Strainer)
④ 셰이커(Shaker)

**해설**
스트레이너(Strainer) : 원형 철판에 동그랗게 용수철이 달려 있다. 믹싱 글라스의 얼음을 걸러줄 때 용수철 부분이 믹싱 글라스 안쪽으로 들어가도록 끼워서 사용한다.

## 46  다음은 생맥주 기기에 대한 설명이다. 올바르지 않은 것은?

① 생맥주 기기의 구성요소는 냉각기, 탭, 생맥주, 탄산가스, 압력계로 구성되어 있다.
② 탄산가스통 내의 압력을 표시하는 고압계의 바늘이 적색 부분에 오면 탄산가스통을 교체한다.
③ 생맥주 기기를 청소할 때는 생맥주통 대신에 세척통을 연결하여 맥주라인에 물을 2~3회 청소한 다음 바로 생맥주통을 연결해야 신선한 맥주가 유지된다.
④ 세척통의 물로 맥주라인을 세척하면 호수나 냉각기 라인에 잔류된 맥주가 제거되어 미생물, 세균들이 번식할 수 없게 되므로 신선한 생맥주를 제공할 수 있다.

**해설**
맥주라인의 물은 영업 개시 전까지 그대로 채워 둔다. 영업 개시 때 탭을 열어 탄산가스가 뿜어 나올 때까지 물을 완전히 제거한 뒤 생맥주통을 연결한다.

## 47  목표 원가를 설정할 때는 인건비, 일반관리비, 판매경비 등의 이익률을 고려하여 보통 주류에서는 20~40% 정도 잡는다. 예로 원가가 3,000원이고 목표 원가를 30%로 잡았을 경우 판매 가격은 얼마가 적당한가?

① 6,000원
② 8,000원
③ 9,000원
④ 10,000원

**해설**
판매가 = 원가 ÷ 목표 원가율

**48** 다음 중 인벤토리(Inventory)에 대한 설명으로 적절하지 않은 것은?

① 적정 재고를 유지하고, 무익한 재고 투자를 절감하여 예비 자금을 윤택하게 할 수 있다.
② 긴급 상황에 재고를 갖는 비축을 위한 기능이 있다.
③ 비용 절감 또는 투기를 목적으로 가격이 낮을 때 매입하는 투기성 재고의 형태가 있다.
④ 재고기간 동안 손상, 분실, 사용 및 판매 중지된 재고의 형태를 순환재고라고 한다.

> 해설
> 불용재고란 재고기간 동안 손상, 분실, 사용 및 판매 중지된 재고의 형태를 말한다.

**49** 다음 중 단행 복발효주인 것은?

① 와 인    ② 맥 주
③ 황 주    ④ 막걸리

> 해설
> 와인은 단발효주, 황주와 막걸리는 병행 복발효주이다.
> • 단행 복발효주 : 당화와 발효가 순서대로 진행된다.
> • 병행 복발효주 : 당화와 발효가 동시에 진행된다.

**50** What is Craft Beer?

① It is a beer with a high alcohol content.
② It is a traditional beer.
③ It is a craft beer produced by a small brewery.
④ It's distilled liquor.

> 해설
> 크래프트 비어란 무엇인가?
> ③ 소규모 양조장에서 생산하는 수제맥주이다.

**51** What is not correct for the following (　) content?

> G : I didn't make a reservation, but do you have a seat?
> B : (　).

① Please take an empty seat.
② Please sit by the window.
③ Come back next time.
④ You have to wait about 30 minutes.

> 해설
> 다음 (　) 안에 들어갈 내용으로 올바르지 않은 것은?
> 예약을 안 했는데 자리 있어요?
> ① 빈자리에 앉으세요.
> ② 창가에 앉으세요.
> ④ 30분 정도 기다리셔야 합니다.

**52** Which of the following methods is different?

① Boulevardier
② Dry Martini
③ Negroni
④ Gochang

> 해설
> 다음 중 만드는 방법이 다른 것은?
> 네그로니는 Build 방법이다.

**53** What are the cocktails described in the following?

> • A cup is an old-fashioned glass.
> • The way to make it is stir.
> • Ingredients include bourbon whiskey.
> • Decorate with orange peel.
> • It's similar to a Negroni cocktail.

① Apple Martini
② Dry Martini
③ Pina Colada
④ Boulevardier

> 해설
> 다음에서 설명하고 있는 칵테일은 무엇인가?
> • 컵은 올드 패션드 글라스이다.
> • 스터 기법을 사용한다.
> • 버번 위스키가 들어간다.
> • 오렌지 껍질로 장식한다.
> • 네그로니 칵테일과 비슷하다.

**54** What is a cocktail that goes well with after-dinner drinks?

① Manhattan
② Grasshopper
③ Campari Soda
④ Dry Martini

> 해설
> 식후주로 어울리는 칵테일은?

**55** Which of the following cocktails has a different base?

① Dry Martini
② Singapore Sling
③ Negroni
④ Margarita

> 해설
> 다음 중 베이스가 다른 칵테일은?
> 마가리타의 주재료는 데킬라(Tequila)이며 나머지는 진(Gin) 베이스 칵테일이다.

정답  52 ③  53 ④  54 ②  55 ④

**56** Which is the best answer for the blank?

> The drinks ordered are served on top of the ( ).

① menu
② plastic
③ paper
④ coaster

**해설**
주문한 음료는 코스터 위에 제공한다.

**57** "현재 빈자리가 없습니다."의 적절한 표현은?

① There are currently no empty seats.
② Is this your first time here?
③ You have to wait a lot at the moment.
④ Please use it next time.

**58** What do you need to serve wine?

① Bar Spoon
② Coaster
③ Strainer
④ Cork Screw

**해설**
와인을 제공할 때 필요한 것은?

**59** Which of the following is a sweet cocktail that tastes like melon?

① June Bug
② Rusty Nail
③ Margarita
④ Whisky Sour

**해설**
다음 중 멜론 맛이 나는 달콤한 칵테일은 무엇인가?

**60** Which of the following is a different way to make a cocktail?

① Bloody Mary
② Moscow Mule
③ Cuba Libre
④ Kiss of Fire

**해설**
다음 중 칵테일을 만드는 다른 방법은 무엇입니까?
키스 오브 파이어(Kiss of Fire)는 셰이킹 기법이고, 나머지는 빌딩 기법이다.

**정답** 56 ④ 57 ① 58 ② 59 ① 60 ④

교육은 우리 자신의 무지를 점차 발견해 가는 과정이다.

– 윌 듀란트 –

Win-Q
조주기능사

PART 3

2024년 최근 기출복원문제

최근 기출복원문제

PART 03 | 최근 기출복원문제

# 2024년 제1회 최근 기출복원문제

**01** 보트리티스 와인(Botrytis Wine)에 대한 설명으로 잘못된 것은?

① 시들고 쭈글쭈글해진 곰팡이 낀 포도로 만든 독특한 스위트 와인이다.
② 레이트 하비스트, 아이스 와인, 파시토 등 일반적인 스위트 와인을 말한다.
③ 복숭아, 살구, 모과, 열대과일, 꿀 향이 나며 숙성 과정에서 초콜릿, 건포도, 말린 과일 등의 아로마가 있다.
④ 가장 오래된 것은 헝가리의 토카이 아수(Tokaji Aszú)이다.

**해설**
레이트 하비스트, 아이스 와인 등은 물리적으로 탈수되어 농축된 주스로 만들지만 보트리티스 와인은 곰팡이 낀 포도로 만들기 때문에 탈수될 뿐 아니라 특별한 조건에서 보트리티스 시네레아 균에 감염되어 새로운 성분이 생성되면서 포도의 품질을 향상시킨다.

**02** 포도밭 사이사이에 줄을 따라 생긴 통로에 있는 잡초 같은 식물을 무엇이라고 하는가?

① 피복작물  ② 이산화황
③ 미생물    ④ 넝쿨식물

**해설**
피복작물 : 거름이 흘러 내려가거나 토양이 침식되는 것을 막기 위하여 심는 작물

**03** 와인의 특성 파악과 관련된 설명으로 올바르지 않은 것은?

① 와인의 선명도, 색도, 색, 점도 등 와인이 깨끗하고 선명한지 살피는 것을 말한다.
② 화이트 와인은 숙성 초기에는 흰색을 띠다가 숙성이 진행되면서 노란색으로, 숙성이 지나치면 갈색으로 변한다.
③ 레드 와인은 자주색을 띠다가 숙성이 진행되면서 진홍색, 적갈색, 갈색의 순서로 색이 변한다.
④ 와인 글라스에 적당한 양(1/4~1/3)의 와인을 따르고 적당한 스월링(Swirling)을 하고 향을 맡는다.

**해설**
② 화이트 와인은 숙성 초기에는 녹색을 띤다.

**04** 감염병의 위해 정도에 따라 법정 감염병을 구분한 것으로 생물테러감염병 또는 치명률이 높거나 집단 발생 우려가 커서 발생 또는 유행 즉시 신고해야 하는 것은?

① 제1급 감염병   ② 제2급 감염병
③ 결 핵          ④ 장티푸스

**해설**
제1급 감염병이란 생물테러감염병 또는 치명률이 높거나 집단 발생의 우려가 커서 발생 또는 유행 즉시 신고하여야 하고, 음압격리와 같은 높은 수준의 격리가 필요한 감염병이다(감염병의 예방 및 관리에 관한 법률 제2조).

**정답** 1 ② 2 ① 3 ② 4 ①

## 05 도마, 칼의 세척 및 소독방법에 대한 설명으로 올바르지 않은 것은?

① 도마, 칼은 사용 후 중성, 약알칼리성 세제로 세척한다.
② 100℃에서 5분 이상 열탕소독한다.
③ 소독조에 담가두는 것은 금한다.
④ 자외선 소독기에 30~60분간 소독한다.

**해설**
도마, 칼은 중성, 약알칼리성 세제로 잘 씻고 40℃ 정도의 먹는 물로 세제를 씻어낸다. 약품 소독 시 도마는 염소액(50ppm)에 장시간 침지 후 먹는 물로 씻어내어 건조하고, 칼은 아이오딘(요오드)액(25ppm)에 5분 이상 침지 후 먹는 물로 씻어내고 건조한다.

## 06 다음 중 식중독 예방의 3대 원칙에 해당하지 않는 것은?

① 청결의 원칙
② 신속의 원칙
③ 상온보관의 원칙
④ 냉각 또는 가열의 원칙

**해설**
식중독 예방 3원칙
- 청결의 원칙 : 식품, 식품 취급자의 손, 주방설비·기구 등은 항상 청결하여야 한다.
- 신속의 원칙 : 음식물은 가열·조리 후 곧바로 섭취하여야 한다.
- 냉각 또는 가열의 원칙 : 식품의 안전성을 확보하기 위해 음식물을 냉장, 냉동 또는 뜨겁게 보관하여야 한다.

## 07 다음 해썹(HACCP)에 대한 설명 중 올바르지 않은 것은?

① 식품의 원재료부터 제조, 가공, 보존, 유통, 조리 단계를 거쳐 최종 소비자가 섭취하기 전까지의 모든 과정을 포함한다.
② 각 단계에서 발생할 우려가 있는 위해요소를 규명한다.
③ 위해요소를 중점적으로 관리하기 위한 중요관리점을 결정한다.
④ 수동적이고 비효율적인 방법이지만 인증 획득을 위해 참고해야 한다.

**해설**
해썹은 자율적이며 체계적이고 효율적인 관리로, 식품의 안전성을 확보하기 위한 과학적인 위생관리체계다.

## 08 매출 증대를 위한 마케팅으로 일정한 시간을 정해 놓고 가격을 할인해 주는 것을 무엇이라고 하는가?

① Inventory
② Par Stock
③ Break Time
④ Happy Hour

**해설**
해피아워(Happy Hour) : 하루 중 고객이 붐비지 않은 시간대에 할인 판매하거나 무료로 음료 및 스낵 등을 제공하는 호텔 서비스 판매촉진 상품의 하나이다.

## 09 다음 설명 중 올바르지 않은 것은?

① Bar의 어원은 프랑스어의 '바리에르(Bariere)'에서 유래된 것이다.
② Bar는 고객과 바텐더 사이에 가로질러진 널판을 Bar라고 부르던 개념이 오늘날 술을 파는 식당을 총칭하는 의미로 사용되고 있다.
③ 바텐더란 'Bar를 부드럽게 만드는 사람'이라는 뜻이다.
④ 바텐더는 최고가의 매출을 위한 고급 음료만 전문으로 만들어 고객에게 제공하는 전문가를 말한다.

**해설**
바텐더란 각종 음료를 전문으로 만들어 고객에게 제공하는 직원을 말한다. 매출 증대도 중요하지만 편안하게 고객을 응대하여 단골 고객을 확보하는 전문서비스 직원이라 할 수 있다.

## 10 다음 중 원가요소에 포함되지 않는 것은?

① 재료비
② 노무비
③ 판매비
④ 제조경비

**해설**
원가의 3요소는 재료비, 노무비, 제조경비를 말한다.

## 11 원가를 조업도에 따라 분류하였을 때 이와 관련한 설명으로 올바르지 않은 것은?

① 변동비는 조업도의 증감에 따라 원가 총액이 증가 또는 감소하는 성격의 원가요소이다.
② 고정비는 일정 기간에 있어서 조업도의 증감에 관계없이 일정액이 발생하는 비용이다.
③ 준변동비는 변동원가와 고정원가의 두 가지 요소가 모두 포함되어 있는 것으로, 조업도가 0인 경우에도 일정액이 발생하고 그 이후로부터 조업도에 따라 비례적으로 증가하는 원가이다.
④ 준고정비는 경영관리자의 의자나 관리방법에 따라 절약할 수 있는 원가이다.

**해설**
준고정비는 일정한 조업도 내에서는 고정되어 있으나, 그 한계를 넘으면 비례적으로 증가하고 그 후에는 다시 일정한 조업도 내에서 고정되는 원가요소이다.

## 12 다음 ( ) 안에 들어갈 단어는 무엇인가?

효모나 세균 등의 미생물이 유기물을 분해시키는 작용으로, 인간에 유용한 물질을 생성하는 것을 ( )(이)라고 한다.

① 발 효
② 칵테일
③ 증 류
④ 블렌딩

**해설**
발효 : 미생물이 무산소 조건에서 사람에게 유용한 유기물을 만드는 과정으로, 대표적인 것이 효모균의 알코올 발효와 젖산균의 젖산 발효이다.

9 ④  10 ③  11 ④  12 ①

**13** 음료의 분류에 대한 설명으로 올바르지 않은 것은?

① 음료란 크게 알코올성 음료와 비알코올성 음료로 구분되는데 알코올성 음료는 술을 의미한다.
② 비알코올성 음료는 청량음료, 영양음료, 기호음료로 나눈다.
③ 알코올성 음료는 제조방법에 따라 발효주, 증류주, 혼성주로 나눈다.
④ 단발효주로 맥주와 황주, 막걸리가 있다.

해설
단발효주는 원료의 당질 형태가 당분으로 이루어져 있으며, 와인이 대표적이다.

**14** 원료와 주류가 잘못 연결된 것은?

① 포도 – 브랜디
② 사과 – 키르슈
③ 용설란 – 테킬라
④ 사탕수수 – 럼

해설
사과 브랜디로 칼바도스가 있고, 키르슈는 체리로 만든 브랜디를 말한다.

**15** 다음 ( ) 안에 들어갈 단어는 무엇인가?

> 술을 만들기 위해 필요한 재료는 ( )과 ( )이다.

① 당분 – 효모
② 당분 – 물
③ 설탕 – 물
④ 곡물 – 효모

해설
술을 만들기 위해 필요한 재료는 당분과 효모이다. 미생물인 효모가 당분을 대사작용하여 알코올 발효를 하여 술을 만든다.

**16** 알코올과 물을 분리하는 작업으로 알코올의 비등점(78.4℃)과 물의 비등점(100℃)의 차이를 이용하여 만든 것은 무엇인가?

① Fermented Liquor
② Distilled Liquor
③ Compounded Liquor
④ Liqueur

해설
증류주(Distilled Liquor)는 양조주의 비등점을 이용하여 알코올만이 기화하므로 이것을 냉각시키면 순도가 높은 알코올을 얻을 수 있다.

정답 13 ④  14 ②  15 ①  16 ②

**17** 비알코올성 음료에 대한 설명으로 올바르지 않은 것은?

① 비알코올성 음료는 알코올을 포함하지 않은 음료이다.
② 알코올 프리 음료(Alcohol Free Beverage)는 알코올 함유량이 0.00% ABV이다.
③ 로 알코올 음료(Low-Alcohol Beverage)는 자연적으로 소량의 알코올을 함유한 음료이다.
④ 미국에서는 몰트 음료(Malt Beverage)로 표기하며 1.0% ABV 이하로 알코올을 함유해야 한다.

**해설**
④ 미국에서는 비알코올성 음료를 몰트 음료(Malt Beverage)로 표기하며 0.5% ABV 이하로 알코올을 함유해야 한다.

**18** 다음은 테이스팅에 대한 설명이다. 적절한 것을 모두 고른 것은?

> ㉠ 여러 종류의 맥주를 테이스팅 할 때, 가벼운 맥주를 먼저 마신다.
> ㉡ 향이 강한 화장품이나 향수를 사용하지 않는다.
> ㉢ 테이스팅을 진행하기 전 자극적인 음식물은 삼간다.
> ㉣ 평가하기 전에 입안을 물로 잘 헹궈 낸다.

① ㉠, ㉣
② ㉠, ㉡, ㉣
③ ㉡, ㉢, ㉣
④ ㉠, ㉡, ㉢, ㉣

**19** 다음 칵테일 조주기법 중 셰이킹(Shaking) 기법에 해당하는 것을 모두 고른 것은?

> ㉠ 믹싱 글라스에 얼음과 재료를 넣은 다음, 바스푼을 이용하여 휘저어 혼합하여 냉각시킨다.
> ㉡ 잘 섞이지 않는 재료를 혼합할 때 사용하는 조주기법이다.
> ㉢ 비중이 서로 다른 음료를 섞이지 않게 층을 만들어 띄운다.
> ㉣ 8~10회 이상 강하게 흔들어 준다.

① ㉠, ㉡
② ㉠, ㉢
③ ㉡, ㉣
④ ㉡, ㉢

**해설**
㉠은 스터링(Stirring), ㉢은 플로팅(Floating) 기법이다.

**20** 다음 중 허브(Herb)에 대한 설명으로 올바르지 않은 것은?

① 허브는 약효를 얻을 수 있는 식물의 씨, 꽃잎, 뿌리 등을 건조시켜서 약이나 음식, 음료에 사용한다.
② 일종의 치료제로서 소화 촉진, 해열, 해독작용을 한다.
③ 향이 강해 음식에서는 사용하지 않는다.
④ 색소 성분이 있어서 착색작용을 한다.

**해설**
허브(Herb)는 음식의 불쾌한 냄새를 없애주고 단맛, 신맛, 매운맛, 쓴맛을 주며 식욕을 자극해 소화 흡수를 돕고 신진대사에 기여한다.

**21** 식자재 보관실의 해충방제 위생관리 대책에 대한 설명으로 올바르지 않은 것은?

① 조리실 및 식품 보관실의 창문과 출입구 등에는 파리 등 위생 해충 및 쥐를 막을 수 있는 적절한 설비를 갖춘다.
② 출입구에는 자동문이나 용수철이 달린 문 등을 설치해 항상 닫혀 있도록 해야 한다.
③ 창문 환기시설은 최소한 작은 창으로 설치하여 위생 해충 출입을 원천봉쇄한다.
④ 전문방역업체와 계약을 체결하여 정기적으로 소독을 한다.

**해설**
③ 창문 환기시설은 면적 대비 적절한 크기의 창을 설치해 환기되도록 만들어야 한다.

**22** 카리브해 연안에 위치하며 2010년 네덜란드 왕국의 구성국이 되었다. 오렌지를 원료로 White, Blue, Orange, Green, Red 등의 종류가 생산되고 있는 이곳의 지명은 무엇인가?

① 퀴라소(Curacao)
② 자바(Java)
③ 하와이(Hawaii)
④ 마라스퀸(Marasquin)

**해설**
퀴라소(Curacao) : 대항해 시대 괴혈병에 걸린 선원을 버려 두고 간 섬이었으나, 남겨진 괴혈병 걸린 선원들이 섬에 있는 레몬 등의 과일을 먹으면서 죽지 않고 건강을 되찾았다고 해서 치유의 섬이라고 불리게 되었다.

**23** 비터(Bitters)에 대한 설명으로 올바른 것을 모두 고른 것은?

㉠ 이탈리아는 비터를 즐기는 사람이 가장 많은 나라이다.
㉡ 비터는 다른 술에 비해 깨끗하고 풍부한 맛과 향을 가진 증류주이다.
㉢ 처음 개발되었을 당시에는 술보다는 소화촉진제, 위장약, 강장제, 해열제 같은 약제로 개발되었다.
㉣ 약으로도 사용되지만 칵테일과 요리를 만들 때 향신료로 많이 사용된다.

① ㉠, ㉡, ㉢
② ㉡, ㉢, ㉣
③ ㉠, ㉢, ㉣
④ ㉠, ㉡, ㉣

**해설**
㉡ 비터는 약초 종류를 많이 사용하여 대부분 쓴맛이 많이 난다.

**24** 다음에서 설명하는 것은 무엇인가?

- 섬유질 형태의 야채와 과일 등을 재료로 한다.
- 가루얼음을 넣고 갈아서 부드러우며, 크림 같은 걸쭉한 형태의 음료이다.
- 과일과 야채 이외에도 견과류, 요거트, 시리얼 등 다양한 재료로 포만감을 준다.
- 우유나 아이스크림을 같이 넣어서 만들기도 한다.

① Herb
② Juice
③ Smoothie
④ Spirits

**해설**
주스는 야채나 과일을 짜서 섬유질을 여과한 '즙' 형태로 만들어지지만 스무디는 야채나 과일을 갈아 만든 걸쭉한 형태의 음료를 말한다.

정답 21 ③ 22 ① 23 ③ 24 ③

## 25 다음 설명 중 잘못된 것은?

① 칵테일 제조에는 심플 시럽(Simple Syrup)과 그레나딘 시럽(Grenadine Syrup)이 많이 사용된다.
② 독창적이고 특별한 시럽을 만들기 위해 바텐더가 시럽을 직접 만들기도 한다.
③ 건강에 대한 관심이 커지면서 칵테일 제조 시 탄산수보다 식물 추출물에 첨가물과 탄산가스를 주입한 탄산음료 사용이 늘고 있다.
④ 탄산수의 탄산가스가 소화효소가 들어 있는 침을 발생시켜 위와 장의 연동운동을 돕는다.

**해설**
칵테일 제조 시 기존에는 식물 추출물에 첨가물과 탄산가스를 주입하여 풍미를 살린 탄산음료가 주로 사용되었다면, 요즘은 건강에 대한 관심이 커지면서 다양한 재료를 사용한 홈 메이드 탄산수가 인기를 끌고 있다.

## 26 다음에서 설명하는 것은?

- 상온에서 재료들을 기본 증류주에 담가두고 풍미가 빠져 나오게 한다.
- 침출과정 내내 재료를 첨가하는 방법을 사용하기도 하며 증류주를 식물 재료에 통과시켜 여과하기도 한다.

① 전통주　② 발효주
③ 영양음료　④ 혼성주

**해설**
혼성주[리큐르(Liqueur)] : 과일이나 곡류를 발효시킨 술을 기초로 하거나 증류주에 과일이나 과즙, 약초, 향초, 꽃 등 초근목피의 성분을 첨가하고 당분을 가미한 단맛이 있는 알코올 음료이다.

## 27 다음 ( ) 안에 들어갈 단어로 적절한 것은?

양조주는 전분당화효소인 ( )(으)로 당화시키고 효모인 이스트(Yeast)를 작용시켜 알코올과 탄산가스를 만든다.

① 디아스타제(Diastase)
② 아황산염($SO_2$)
③ 타닌(Tannin)
④ 테루아(Terroir)

**해설**
양조주는 전분당화효소인 Diastase로 당화시키고 효모인 이스트를 작용시켜 알코올과 탄산가스를 만든다.
Diastase + Yeast = Ethyl Alcohol + $CO_2$

## 28 다음 중 혼성주의 특징을 잘못 설명한 것은?

① 과일 리큐르 - 리큐르 중에서도 가장 인기가 높다. 감귤류의 과일이 가장 많이 사용된다.
② 허브 리큐르 - 중세 연금술에서 증류주에 약초나 향초를 첨가한 리큐르의 원형으로 약용효과가 있다.
③ 종자 및 견과류 리큐르 - 재료 고유의 맛과 향을 살리기 위해 발효주를 기본으로 제조한다.
④ 크림 리큐르 - 재료의 40% 정도가 고체 형태 물질(버터 지방 15%, 카세인염 3%, 설탕 20%, 무지방 고체 우유 2%)이다.

**해설**
종자, 견과류 리큐르는 중성주정에 과일의 핵, 너트, 커피원두, 카카오 등을 침용하여 증류한 다음 당분을 혼합하여 제조한다.

25 ③　26 ④　27 ①　28 ③　**정답**

**29** 다음 중 와인을 디캔팅하는 이유로 올바르지 않은 것은?

① 와인에 있는 침전물을 제거하기 위해
② 와인 전체를 산소와 접촉하게 하기 위해
③ 와인에 잠재되어 있는 다양한 와인의 풍미를 발현하기 위해
④ 시각적인 효과로 완성도를 높이기 위해

**해설**
와인 디캔터(Wine Decanter) : 레드 와인을 제공할 때 많이 사용한다. 숙성이 덜 된 와인을 공기와 접촉하면서 맛과 향을 깨우기 위해 옮길 때 사용하거나, 레드 와인의 침전물 등 이물질을 제거하기 위해 와인을 옮겨 담는 용기를 말한다.

**30** 다음 중 생산지가 다른 하나는 무엇인가?

① 돔 페리뇽(Dom Perignon)
② 샤또 딸보(Chateau Talbot)
③ 무똥 까데(Mouton Cadet)
④ 몬테스 알파(Montes Alpha)

**해설**
④는 칠레 와인, 나머지는 프랑스 와인이다.

**31** 다음에서 설명하는 국가는?

- 가격 대비 품질이 우수한 와인 생산국이다.
- 우리나라와는 2004년 FTA 협정을 맺어 와인의 수입이 늘고 있다.
- 와인 산지 대부분은 골짜기에 분포되어 있고 북쪽은 건조한 사막 지형이, 남쪽으로는 화산 지대가 있다.
- 전 세계에서 유일하게 필록세라의 피해를 입지 않았다.
- 카르멘, 콘차 이 토로, 산타리타 등의 와이너리들이 있다.

① 프랑스　　② 독 일
③ 미 국　　④ 칠 레

**32** 다음 중 와인 산지가 다른 한 곳은?

① 아콩카과(Aconcagua) 밸리
② 카사블랑카(Casablanca) 밸리
③ 마이포(Maipo) 밸리
④ 루아르(Loire) 밸리

**해설**
루아르는 드라이한 백포도주가 주로 생산되며, 주요 품종은 쇼비뇽 블랑과 슈냉 블랑으로 프랑스에 위치한다. ①, ②, ③은 칠레 산지이다.

## 33 다음 설명 중 잘못된 것은?

① 보르도(Bordeaux)에서는 양조장을 네고시앙(Negociant)라고 한다.
② 부르고뉴(Bourgogne)의 대표 품종으로는 피노누아(Pinot Noir), 가메(Gamay), 샤르도네(Chardonnay) 등이 있다.
③ 보르도(Bordeaux) 지역에서는 1등급을 의미하는 프리미에 그랑 크뤼(Primier Grand Cru)가 5대 샤토로 일컬어진다.
④ 부르고뉴(Bourgogne)에서는 상위 1~2%의 최고급 특급밭을 그랑 크뤼(Grand Cru)라고 칭한다.

**해설**
① 보르도(Bordeaux)에서는 양조장을 샤토(Château)라고 한다.

## 34 다음 ( ) 안에 들어갈 적절한 단어는?

보르도는 포도 재배에서 병입까지 한 포도원에서 일어나는 경우 라벨에 ( )을(를) 붙일 수 있다.

① 네고시앙(Negociant)
② 그랑 크뤼(Grand Cru)
③ 디캔팅(Decanting)
④ 샤토(Château)

**해설**
포도 재배에서 병입까지 한 포도원에서 일어나는 경우 프랑스 보르도에서는 라벨에 Château를, 미국, 호주, 뉴질랜드에서는 라벨에 Estate라고 표기한다.

## 35 주세법상 주류의 분류를 설명한 것으로 올바르지 않은 것은?

① 주정이란 녹말 또는 당분이 포함된 재료를 발효시켜 알코올분 85도 이상으로 증류한 것과 알코올분이 포함된 재료를 알코올분 85도 이상으로 증류한 것을 말한다.
② 탁주란 녹말이 포함된 재료, 국(麴) 및 물을 원료로 하여 발효시킨 술덧을 여과하지 아니하고 혼탁하게 제성한 것을 말한다.
③ 약주란 녹말이 포함된 재료, 국(麴) 및 물을 원료로 하여 발효시킨 술덧을 여과하여 제성한 것을 말한다.
④ 청주란 맥아 또는 맥아와 전분질 원료, 홉 등을 주원료로 하여 발효시켜 여과, 제성한 것을 말한다.

**해설**
청주란 곡류 중 쌀(찹쌀을 포함), 국(麴) 및 물을 원료로 하여 발효시킨 술덧을 여과하여 제성한 것 또는 그 발효·제성과정에 대통령령으로 정하는 재료를 첨가한 것을 말한다(주세법 별표).

## 36 다음 중 몰트 위스키가 아닌 것은?

① The Glenlivet
② Macallan
③ Jim Beam
④ Glenfiddich

**해설**
③ 짐빔은 아메리칸 위스키이다.

**37** 다음 알코올성 음료에 대한 설명으로 올바르지 않은 것은?

① 발효주는 원재료에 함유된 당분 성분을 이용하여 알코올 발효가 끝난 술덧 자체를 제성하거나 여과하여 만든 주류로 라틴어로 '아쿠아 비테(Aqua Vitae)'라고 한다.
② 단발효주는 원료에 함유된 당분을 발효시켜 만들며, 포도주나 사과주와 같은 과실을 이용한 술이다.
③ 복발효주는 원료의 전분을 당화효소로 당화시켜 당분으로 변화시킨 후에 알코올 발효를 한다.
④ 우리나라, 중국, 일본의 전통주들은 곡물과 국(麴)을 사용하여 술을 제조하는 병행 복발효주이다.

**해설**
① 증류주를 '생명의 물'이라는 의미를 가진 라틴어 '아쿠아 비테(Aqua Vitae)'라고 불렀다.

**38** 다음 중 양조주에 해당하지 않는 것은?

① 포도주(Wine)
② 미드(Mead)
③ 풀케(Pulque)
④ 올드 부시밀(Old Bushmills)

**해설**
올드 부시밀은 아이리시 위스키이다.

**39** 혼성주의 특성 중 약초, 향초류의 설명으로 올바르지 않은 것은?

① 가장 초기의 리큐르 형태로 증류주에 약초, 향초류를 첨가하여 치료제 목적으로 생산했다.
② 처음 만들었을 때 단맛이 전혀 없는 약 냄새가 나는 술이었다.
③ 독일에서 생산하는 약초, 향초류의 리큐르는 맛을 추구하며 이탈리아에서는 약용효과를 추구해 오늘날 최상급의 리큐르를 만들었다.
④ 강장건위, 소화불량에 효능이 있는 것으로 알려져 있다.

**해설**
③ 프랑스와 이탈리아에서 생산하는 약초, 향초류의 리큐르는 맛을 추구하며 독일에서는 약용효과를 추구해 오늘날 최상급의 리큐르를 만들었다.

**40** 다음 중 뜻이 다른 하나는 무엇인가?

① 에일(Ale)
② 세르베자(Cerveja)
③ 피보(Pivo)
④ 뱅(Vin)

**해설**
④ 뱅(Vin)은 프랑스어로 와인이라는 뜻이다.
①, ②, ③은 맥주를 지칭하는 말이다.

**정답** 37 ① 38 ④ 39 ③ 40 ④

## 41 다음에서 설명하는 것은?

- 프랑스에서 재배되는 가장 오래된 포도나무 중 하나이다.
- 개성이 뚜렷한 품종으로 산뜻한 향미가 특색이다.
- 대단히 상큼하며 들판에서 갓 벤 듯한 풀 향기가 인상적이다.
- 보르도 남서부 지방과 루아르(Loire) 지역이 대표 산지인데 미국 캘리포니아, 뉴질랜드, 호주, 칠레 등지에서 재배되는 품종이다.

① 샤르도네(Chardonnay)
② 리슬링(Riesling)
③ 쇼비뇽 블랑(Sauvignon Blanc)
④ 세미용(Semillon)

**해설**
쇼비뇽 블랑(Sauvignon Blanc) : 프랑스에서 재배되는 가장 오래된 포도나무의 하나이며 개성이 뚜렷한 품종으로 산뜻한 향미가 특색이고 푸메블랑(Fume Blanc)이라고도 한다.

## 42 와인 보관방법으로 올바르지 않은 것은?

① 지하나 동굴 속이 가장 이상적이다.
② 온도 차이가 크지 않고 서늘하며 습하고 진동이 없는 곳이 좋다.
③ 와인을 보관할 때 세워서 선입선출로 보관한다.
④ 보관 온도가 높으면 와인이 너무 빨리 숙성되고 산패가 진행된다.

**해설**
와인을 보관할 때 코르크가 와인과 접촉되게 눕혀 놓는다. 코르크가 마르고 수축되는 것을 예방할 수 있다.

## 43 생맥주 취급 요령을 설명한 것으로 올바르지 않은 것은?

① 미살균 상태이므로 신선도에 주의해야 한다.
② 생맥주 통에 주입할 때 통 속의 압력은 12~14파운드로 항상 일정하게 유지한다.
③ 온도는 2~3℃로 유지한다.
④ 영업장에서는 맛으로 테스트하여 제품 상태에 따라 빨리 소비해야 한다.

**해설**
④ 선입선출(FIFO)에 신경 써야 한다.

## 44 증류기에 대한 설명으로 올바르지 않은 것은?

① 단식증류기는 밀폐된 솥과 관으로 구성되어 있으며 1회 증류가 끝날 때마다 발효액을 넣어 증류한다.
② 단식증류기는 대량 생산이 가능하고 생산원가 절감이 가능하다.
③ 단식증류기는 몰트 위스키, 코냑, 다크 럼 등을 만들 때 사용된다.
④ 연속증류기는 애니어스 코피(Aeneas Coffey)가 발효액을 연속해서 투입하여 증류액을 얻는 방식을 고안하여 특허를 얻었다.

**해설**
단식증류기는 재증류의 번거로움이 많고 이로 인해 대량 생산이 불가능하다.

**45** 다음 중 Virgin Fruit Punch의 재료가 아닌 것은?

① Orange Juice
② Pineapple Juice
③ Cherry Juice
④ Grapefruit Juice

**해설**
Virgin Fruit Punch
Orange Juice 1oz + Pineapple Juice 1oz + Cranberry Juice 1oz + Grapefruit Juice 1oz + Lemon Juice 1/2oz + Grenadine syrup 1/2oz

**46** 다음에서 설명하는 스카치 위스키 생산 지역은?

- 다양한 풍미를 지닌 싱글 몰트 위스키가 생산된다.
- 스페이강 주위에 가장 많은 증류소가 밀집해 있다.
- 부드럽고 과일 향이 풍부한 위스키를 생산하고 있다.

① 하이랜드(Highland)
② 스페이사이드(Speyside)
③ 로랜드(Lowland)
④ 아일레이(Islay)

**해설**
스페이사이드(Speyside) : 스페이강 주위에 가장 많은 증류소가 밀집해 있다. 부드럽고 과일 향이 풍부한 위스키를 생산한다.

**47** 증류주에 대한 설명으로 올바르지 않은 것은?

① 오드비(Eau-de-vie)는 과일과 작은 열매를 증류해서 만들며 가장 훌륭한 오드비는 배로 만들어진다.
② 북유럽 스칸디나비아 지방의 특산품으로 아르마냑(Armagnac)이 있다.
③ 오드비는 생명수(Water of Life)란 뜻으로 브랜디(Brandy), 마르(Marc)와 같은 알코올성 음료를 말한다.
④ 그라파(Grappa)는 포도 찌꺼기를 발효시켜 증류한 이탈리아 브랜디이다.

**해설**
② 북유럽 스칸디나비아 지방의 특산품으로 아쿠아비트(Aquavit)가 있다.

**48** 커피의 쓴맛에 대한 설명으로 옳지 않은 것은?

① 카페인에 의해 생성되는 쓴맛은 10%를 넘지 않는다.
② 카페인을 제거한 디카페인 커피는 쓴맛이 나지 않는다.
③ 로스팅을 강하게 하면 새로운 쓴맛 성분이 생겨 쓴맛이 강해진다.
④ 커피에 들어 있는 카페인은 약 1~1.5%이다.

**해설**
카페인을 제거하더라도 트라이고넬린, 카페산, 퀸산, 페놀화합물 등에 의하여 쓴맛이 난다.

**정답** 45 ③ 46 ② 47 ② 48 ②

## 49 다음에서 설명하는 것은?

- 코코넛야자의 수액으로 양조하는 술로 알코올 도수는 5% 정도이다. 이것을 증류한 술이 아라크(Arrack)이다.
- 미국과 영국에서는 독한 술에 설탕과 뜨거운 물, 향신료 또는 설탕, 레몬을 넣어 만든 음료를 말한다.

① 펀치(Punch)
② 쿨러(Cooler)
③ 프라페(Frappe)
④ 토디(Toddy)

**해설**
토디(Toddy) : 인도를 비롯한 남방 여러 나라에서 코코넛야자의 수액으로 양조하는 술로 알코올 도수는 5% 정도이다.

## 50 다음에서 설명하는 것은?

- 51% 이상의 옥수수를 주재료로 사용한다.
- 160proof 이하의 알코올 도수로 증류한 다음 안쪽을 태운 오크통에 넣어 최소한 2년 이상 숙성시켜 병입한다.

① Bourbon Whiskey
② Canadian Whisky
③ Brandy
④ Rum

**해설**
버번 위스키 : 미국 켄터키주 버번 지역에서 51% 이상의 옥수수(Corn)를 주재료로 사용하며 160proof(80%) 이하의 알코올 도수로 증류한 다음 안쪽을 태운 오크통에 넣어 최소한 2년 이상 숙성시켜 병입한 위스키이다.

## 51 What is the name of a company that has purchased grapes grown by Chateau or Domaine to brew wine or distribute brewed wine?

① Millésime
② Château
③ Bouquet
④ Negociant

**해설**
포도주 중개업자, 포도주 상인을 의미하며 샤토(Château)나 도멘(Domaine)이 재배한 포도를 구입하여 포도주를 양조하거나, 양조된 포도주를 유통시키는 업체를 무엇이라 하는가?

## 52 Which of the following is one that has a different base?

① Margarita
② Dry Martini
③ Singapore Sling
④ Negroni

**해설**
다음 중 베이스가 다른 것은 무엇인가?
① 마가리타의 주재료는 데킬라(Tequila)이며 나머지는 진(Gin) 베이스 칵테일이다.

## 53 What is not the basic attitude of the conversation that the service staff should learn?

① a gentle tone of speech
② a confident and clear way of speaking
③ a loud and firm tone
④ a positive and kind tone

**해설**
서비스 직원이 배워야 할 대화의 기본 자세가 아닌 것은?
① 부드러운 말투
② 자신감 있고 명확한 말투
③ 크고 단호한 말투
④ 긍정적이고 친절한 어조

**54** What is explained in the following?

> If you take your wine to a restaurant and drink it, it means the cost that the restaurant charges customers.

① Corkage
② Vintage
③ Keep
④ Service Charge

**해설**
와인을 레스토랑에 가져가서 마신다면 레스토랑에서 고객에게 청구하는 비용을 의미한다.
① 코르키지(Corkage)는 코르크 차지(Cork Charge)의 준말이다.

**55** Which of the following is not an ingredient for Boulevardier?

① Bourbon Whiskey
② Sweet Vermouth
③ Campari
④ Orange Bitter

**해설**
다음 중 불바디에의 재료가 아닌 것은?
④ 오렌지 비터가 아니라 장식으로 오렌지 껍질이 사용된다.

**56** What is incorrect about glass handling?

① Look at the edge.
② Check for contamination.
③ Hold the bottom.
④ Wrap with one's palm.

**해설**
글라스 취급방법으로 잘못된 것은?
① 가장자리를 살핀다.
② 오염 여부를 확인한다.
③ 아랫부분을 잡는다.
④ 손바닥으로 감싼다.

**57** What is par stock?

① Proper inventory
② Recommended menu
③ The highest sales figures
④ Planned menu

**해설**
파 스톡이란 무엇인가?
① 적정 재고량
② 추천메뉴
③ 가장 높은 판매수치
④ 기획메뉴

정답 54 ① 55 ④ 56 ③ 57 ①

58  What is the meaning of happy hour?

① Special discount time zone

② A happy times with events

③ A happy time for a break

④ A business-free time

**해설**
happy hour의 의미는 무엇인가?
① 특별 할인 시간대
② 이벤트가 있어 행복한 시간대
③ 쉬는 시간으로 행복한 시간대
④ 영업을 하지 않는 시간대
happy hour는 바에서 정상가보다 싼 값에 술을 파는 보통 이른 저녁 시간대를 말한다.

59  Which of the following statements about storing bar items is incorrect?

① Select and store fresh ingredients.

② Food is kept refrigerated or frozen.

③ Keep the wine upright.

④ Check for damage to the product.

**해설**
다음 중 바 물품 보관에 대한 설명으로 틀린 것은?
① 신선한 재료를 선택하고 보관한다.
② 식품은 냉장 및 냉동보관한다.
③ 와인은 똑바로 세운 상태로 보관한다.
④ 제품의 손상 여부를 확인한다.

60  What is not correct with the harmony of wine and food?

① Salty food and red wine.

② Full body red wine for heavy food.

③ Match the weight of the food and the body of the wine.

④ White wine goes well with spicy food.

**해설**
와인과 음식의 조화로 옳지 않은 것은?
① 짠 음식과 레드 와인
② 무거운 음식과 풀 바디 레드 와인
③ 음식의 무게감과 와인의 바디를 맞춘다.
④ 매운 맛의 음식에는 화이트 와인이 잘 어울린다.
짠 음식은 타닌이 많은 레드 와인과 조합하면 타닌이 더 거칠고 음식이 더 짜게 느껴진다.

PART 03 | 최근 기출복원문제

# 2024년 제2회 최근 기출복원문제

**01** 다음에서 설명하는 것은?

> - 고농도로 농축된 포도를 원료로 사용한 스위트 와인이다.
> - 아침에는 습하고 안개가 끼었다가, 걷히면서 바로 햇볕이 강렬하게 쪼이는 날씨가 반복되는 지역에서 생산된다.
> - 포도에 탈수라는 물리적 효과와 화학적 변화로 독특한 향미가 있다.

① 아우스레제(Auslese)
② 아이스바인(Eiswein)
③ 보트리티스(Botrytis)
④ 누보(Nouveau)

**해설**
보트리티스(Botrytis)는 보트리티스 시네레아에 감염된 포도를 이용한 스위트 와인으로 헝가리의 토카이, 독일과 오스트리아의 트로켄베렌아우스레제와 베렌아우스레제, 그리고 프랑스의 소테른이 있다.

**02** 와인의 특성 파악과 관련한 설명으로 올바르지 않은 것은?

① 와인의 향은 그 와인의 품질을 나타낸다.
② 아로마는 포도에서 나는 향으로 청포도 계열은 신맛 나는 과일(Citrus) 향이 많다.
③ 적포도 계열은 붉은 열매(Berry)의 향이 두드러지며 일반적으로 신선한 와인에 많이 난다.
④ 여운(Finish)은 와인이 숙성되면서 나는 향으로 포도 자체의 향과는 다른 맛을 보여준다.

**해설**
여운은 와인을 삼킨 이후에 목 안을 타고 내려간 와인이 주는 느낌과 남아 있는 맛과 코에서 느껴지는 향과 함께 종합적으로 주는 느낌을 말한다.

**03** 감염병의 감염경로로 간접전파에 해당하지 않는 것은?

① 보균자         ② 파 리
③ 모 기         ④ 공 기

**해설**
① 보균자는 감염병을 직접전파시키는 역할을 한다.

**04** 매장 위생관리 지침에 따른 냉장고 및 냉동고의 관리방법으로 올바르지 않은 것은?

① 주 1회 세척 및 소독 관리함을 원칙으로 한다.
② 냉장고 표시등 팬 등이 올바르게 작동하는지 확인하면서 물로 세척한다.
③ 냉장고의 내용물은 다른 냉장고로 옮긴 후 성에를 제거한다.
④ 기계 부분의 먼지나 오물, 오염물은 매일 제거하고 항상 청결한 상태를 유지한다.

**해설**
냉장고는 전원차단기를 내린 상태에서 세척해야 한다.

정답  1 ③  2 ④  3 ①  4 ②

**05** 식중독 예방에 관한 설명으로 올바르지 않은 것은?

① 손은 30초 이상 꼼꼼히 씻는다.
② 조리된 음식은 가능한 한 상온보관한다.
③ 고객에게 제공되는 음식은 충분히 가열한다.
④ 화농성 질환자의 식품 취급을 금지한다.

> **해설**
> 조리된 음식은 가능한 한 바로 섭취하는 것이 안전하며 조리 후 4시간 이내에 냉장보관한다.

**06** 다음에서 설명하는 것은 무엇인가?

> • 식품안전관리인증기준이다.
> • 위해요소 분석으로 중요관리점을 관리 규명한다.
> • 원료와 공정에서 발생 가능한 병원성 미생물 등 위해요소를 예방·제어 또는 허용 수준으로 감소시킬 수 있도록 단계를 중점 관리하는 것이다.

① HAWIN           ② HACEP
③ HAWON          ④ HACCP

> **해설**
> HACCP(Hazard Analysis Critical Control Point)
> 식품의 원료관리 및 제조·가공·조리·소분·유통의 모든 과정에서 위해한 물질이 식품에 섞이거나 식품이 오염되는 것을 방지하기 위하여 각 과정의 위해요소를 확인·평가하여 중점적으로 관리하는 제도이다.

**07** 영업에 필요한 식재료량만큼 준비하여 물품 공급을 원활하게 하고 신속한 서비스를 도모하기 위한 것을 무엇이라 하는가?

① Inventory       ② Par Stock
③ Break Time     ④ Happy Hour

> **해설**
> 파 스톡은 적정 재고량을 말한다.

**08** 와인의 재고 파악과 주문, 입고, 진열을 담당하며 고객에게 와인을 추천하고 주문받은 와인을 서비스하는 사람을 무엇이라 하는가?

① Captain        ② Sommelier
③ Bartender     ④ Bar Helper

> **해설**
> 소믈리에(Sommelier)
> • 와인 스튜어드(Wine Steward)라고도 한다.
> • 와인을 진열, 점검, 관리하며 와인을 판매하는 전문가이다.
> • 고객에게 와인을 추천하여 주문을 받고 와인을 서브한다.
> • 영업장의 와인 리스트를 체크하고 하우스 와인을 선별한다.

**09** 원가의 구성을 설명한 것으로 올바르지 않은 것은?

① 직접원가 = 직접재료비 + 직접노무비 + 직접경비
② 간접원가 = 간접재료비 + 간접노무비 + 간접경비
③ 제조원가 = 직접원가 + 제조간접비
④ 판매가격 = 제조원가 + 판매비와 관리비

> **해설**
> 판매가격 = 총원가 + 이익 또는 제조원가 + 판매비와 관리비 + 이익

**정답** 5② 6④ 7② 8② 9④

**10** 평균원가율을 20%로 책정했을 때 총 재료원가가 2,500원인 드라이 마티니 1잔의 판매가격은 얼마인가?

① 10,000원　　② 10,335원
③ 12,000원　　④ 12,500원

**해설**
판매가격 = 총 재료원가 / 평균원가율

**11** 수수, 조, 쌀 등의 곡물을 발효·증류시켜서 도자기에 저장하여 숙성시킨 중국의 전통 증류주는?

① 황 주　　② 강 주
③ 백 주　　④ 소 주

**해설**
백주는 수수, 조, 쌀 등의 곡물을 발효·증류·숙성시킨 중국의 전통 증류주이다.

**12** 포도 재배 시 피복작물에 대한 설명으로 올바르지 않은 것은?

① 화학적 변화를 일으켜 포도 농사를 망치게 된다.
② 포도나무 주변의 토양 수분을 유지시키고 비나 바람에 의한 토양 유실을 방지해 준다.
③ 포도나무와 물과 양분의 흡수를 경쟁하여 포도나무의 뿌리가 옆으로 가지 않고 깊게 내려가도록 만든다.
④ 나중에 갈아엎어서 녹비로도 사용할 수 있다.

**해설**
① 포도나무의 과도한 성장을 조절하여 충실한 열매가 맺도록 도와준다.

**13** 복발효주에 대한 설명 중 올바르지 않은 것은?

① 복발효주는 당화와 발효가 각각 순서대로 진행되는지 아니면 당화와 발효가 동시에 진행되는지에 따라 단행 복발효주, 병행 복발효주로 분류한다.
② 복발효주는 곡물을 당화하여 효모로 발효시킨 술이다.
③ 당화효소를 내는 미생물과 효모의 종류에 따라 복발효주의 품질이 달라진다.
④ 단행 복발효주는 막걸리가 대표적이다.

**해설**
④ 단행 복발효주의 대표적인 것은 맥주이다.

**14** 다음 ( ) 안에 들어갈 단어는 무엇인가?

> 발효는 ( )에 의한 알코올 발효와 젖산균 발효에 의한 김치, 요구르트, 치즈 등이 있다.

① 지 방　　② 효 모
③ 공 기　　④ 온 도

**해설**
발효 : 미생물이 무산소 조건에서 사람에게 유용한 유기물을 만드는 과정으로, 대표적인 것이 효모균의 알코올 발효와 젖산균의 젖산 발효이다.

**15** 다음은 술의 양조방법을 설명한 것이다. ( ) 안에 들어갈 적절한 단어는?

> 과일에 함유된 과당을 이용하거나 곡류에 있는 전분을 당화시켜 당분으로 전환시킨 이후에 효모를 작용시켜 ( ), ( ) 그리고 물을 생성한다.

① 머스트 – 알코올
② 발효주 – 알코올
③ 미생물 – 이산화탄소
④ 알코올 – 이산화탄소

**해설**
**술의 양조방법**
술을 만들기 위해 필요한 재료는 당분과 효모이다. 미생물인 효모가 당분을 대사작용하여 알코올 발효를 하여 술을 만든다. 과일에 함유된 과당을 이용하거나 곡류에 있는 전분을 당화시켜 당분으로 전환시킨 이후에 효모를 작용시켜 알코올, 이산화탄소 그리고 물을 만든다.

**16** 곡물이나 과실을 원료로 발효·증류하여 얻은 증류주에 과실이나 약초의 향미와 당분을 첨가하여 만든 맛과 향, 색깔을 가진 술은 무엇인가?

① Highball
② Distilled Liquor
③ Compounded Liquor
④ Collins

**해설**
③ 혼성주(Compounded Liquor)는 리큐어(Liqueur)라고도 한다.

**17** 다음 설명 중 올바르지 않은 것은?

① 영양음료란 건강에 도움을 주는 영양성분을 많이 함유한 음료를 말한다.
② 우유류는 유지방분이 많은 일반적인 우유와 우유에서 유지방분 이외의 성분을 제거한 생크림이 있다.
③ 기호음료는 다양한 맛과 향을 가지고 있어 인간의 기호를 만족시켜 주는 음료이다.
④ 기호음료는 알코올을 성분을 함유하여 기분을 좋게 해 준다.

**해설**
④ 기호음료는 비알코올성 음료로, 카페인 성분을 함유하여 기분을 좋게 해준다.

**18** 혼성주의 특성 중 약초, 향초류에 대한 설명으로 적절하지 않은 것은?

① 가장 초기의 리큐르 형태이다.
② 증류주에 약초, 향초류를 첨가하여 치료제를 목적으로 생산하기 시작했었다.
③ 주로 After Dinner Drink로 디저트와 함께 제공된다.
④ 강장건위, 소화불량에 효능이 있다.

**해설**
주로 After Dinner Drink로 디저트와 함께 제공되는 것은 과일, 과실류이다.

**19** 음료의 활용에 대한 설명으로 적절하지 않은 것은?

① 소주는 위스키, 브랜디, 럼 등과 비교하여 깨끗하고 풍부한 맛과 향을 가진 증류주로, 인퓨전 음료 제조에 적합하다.
② Herb는 약효를 얻을 수 있는 식물의 씨, 꽃잎, 뿌리 등을 건조시켜서 약이나 음식, 음료에 사용한다.
③ 최근에는 칵테일에 사용되는 탄산수도 건강과 칼로리를 고려하면서 소비되고 있다.
④ Bitters는 과실을 활용하여 만든 대표적인 달콤한 음료이다.

  해설
  Bitters는 약초 종류를 많이 사용하여 대부분 쓴맛이 많이 난다.

**20** 다음 중 탄산수에 대한 설명으로 잘못된 것은?

① 칵테일에는 탄산가스가 있어 잘 사용하지 않는다.
② 탄산가스가 소화효소가 들어 있는 침을 발생시켜 위와 장의 연동운동을 돕고 포만감을 주어 식사량 조절에 도움이 된다.
③ 속이 더부룩할 때 탄산수를 마시면 많은 양의 공기가 위로 들어가 트림을 유도하여 속을 편안하게 해 준다.
④ 탄산수로 세안을 하면 탄산이 피부에 적당한 자극을 주어 혈액순환을 도와주며 얼굴의 노폐물을 제거하고 근육에 탄력을 준다.

  해설
  ① 칵테일에 사용되는 비알코올성 음료 중 미네랄 워터와 탄산가스가 혼합된 탄산음료를 많이 사용한다.

**21** 조리실 및 식품 보관실의 일반 위생관리에 대한 설명으로 올바르지 않은 것은?

① 청소할 때 배수구 덮개를 떼어 배수구 내의 찌꺼기를 제거한다.
② 음식과 관련된 폐기물은 수분과 영양성분이 많아 쉽게 상하고 오수와 악취가 발생되며 환경오염을 유발하므로 관리 및 처리에 유의해야 한다.
③ 쓰레기통 및 잔반통은 눈에 잘 띄는 곳에 비치하고 항상 뚜껑을 열어두고 사용한다.
④ 주방 쓰레기통, 잔반통, 일반 쓰레기통은 각각 분리하여 사용한다.

  해설
  ③ 쓰레기통 및 잔반통의 뚜껑은 항상 닫아놓고 사용해야 한다.

**22** 다음 중 원료가 다른 하나는?

① 트리플 섹(Triple sec)
② 마라스퀸(Marasquin)
③ 쿠앵트로(Cointreau)
④ 퀴라소(Curacao)

  해설
  마라스퀸은 체리를 원료로 만든 리큐르이고, 나머지는 오렌지를 원료로 만든다.

## 23  민속주 중 모주(母酒)에 대한 설명으로 틀린 것은?

① 조선 광해군 때 인목대비의 어머니가 빚었던 술이라고 알려져 있다.
② 증류해서 만든 제주도의 대표적인 민속주이다.
③ 막걸리에 한약재를 넣고 끓인 해장술이다.
④ 계핏가루를 넣어 먹는다.

**해설**
전주의 명주인 이강주와 함께 해장술로 모주가 유명하다. 광해군 때 인목대비의 어머니가 귀양지 제주에서 빚었던 술이라지만 제주도를 대표하는 민속주는 아니다. 왕비의 어머니가 만든 술이라고 하여 모주라 불리며, 막걸리에 생강, 대추, 계피, 배 등을 하루 동안 끓인 술이다.

## 24  음료에서 허브(Herb)의 역할이 아닌 것은?

① 여러 약리 성분을 함유하고 있고 소화, 이뇨, 살균, 항균작용을 한다.
② 음식의 불쾌한 냄새를 없애주고 단맛, 신맛, 매운맛, 쓴맛을 준다.
③ 식욕을 자극해 소화 흡수를 돕고 신진대사에 기여한다.
④ 감초, 바질, 아니스 등의 허브는 신맛과 상큼한 향을 지닌다.

**해설**
감초(Licorice), 바질(Sweet Basil), 아니스(Anise), 히비스커스(Hibiscus), 히스(Heath) 등은 부드럽고 달콤한 향을 지닌다.

## 25  우리나라의 고유한 술 중 증류주에 속하는 것은?

① 백세주
② 동동주
③ 문배주
④ 경주법주

**해설**
문배주 : 고려 왕건 시대부터 제조되어 내려온 평양 일대의 증류식 소주로 밀, 좁쌀, 수수로 빚는다. 문배나무의 과실을 전혀 사용하지 않고도 문배나무의 과실에서 풍기는 향기가 있어 붙여진 이름이다.

## 26  혼성주의 제조와 관련한 설명으로 올바르지 않은 것은?

① 연속증류는 향을 추출하는 데 쓰이는 가장 흔한 방법이다.
② 매우 섬세한 요소를 추출할 때에는 증기증류법이 사용되기도 한다.
③ 상온에서 재료들을 기본 증류주에 담가두고 풍미가 빠져 나오게 한다.
④ 침출과정 내내 재료를 첨가하는 방법을 사용하기도 하며 증류주를 식물 재료에 통과시켜 여과하기도 한다.

**해설**
단식증류는 향을 추출하는 데 쓰이는 가장 흔한 방법이다.

**27** 바 카운터의 요건으로 가장 거리가 먼 것은?

① 카운터는 넓을수록 좋다.
② 카운터의 높이는 1~1.5m 정도가 적당하며 너무 높아서는 안 된다.
③ 작업대(Working Board)는 카운터 뒤에 수평으로 부착시켜야 한다.
④ 카운터 표면은 잘 닦이는 재료로 되어 있어야 한다.

해설
바 카운터의 넓이, 즉 폭은 50cm 내외가 좋다. 좁으면 고객이 음료를 마시는 공간이 부족해 불편하고, 넓으면 바텐더가 고객에게 음료를 서브할 때 불편하다.

**28** 다음 중 제공되는 잔의 크기가 가장 작은 것은?

① 카페 로열(Cafe Royale)
② 에스프레소(Espresso)
③ 비엔나 커피(Vienna Coffee)
④ 카페오레(Cafe Au Lait)

해설
에스프레소는 커피 원액으로 Demitasse(1~2oz)잔에 제공된다.

**29** 다음에서 설명하는 것은?

- 디캔터 또는 와인 잔을 흔들어서 소용돌이를 일으킨다.
- 자신을 향하도록 회전시킨다.
- 와인 잔의 바닥 쪽(Bottom)을 잡고 실시한다.
- 손목보다는 팔을 돌린다는 느낌으로 실시한다.

① 디캔팅(Decanting)
② 브리딩(Breathing)
③ 스월링(Swirling)
④ 에어레이팅(Aerating)

해설
스월링(Swirling) : 와인 잔 또는 디캔터를 흔들면서 공기와 접촉하는 과정

**30** 다음 중 분류가 다른 하나는?

① 돔 페리뇽(Dom Perignon)
② 샤또 딸보(Chateau Talbot)
③ 무똥 까데(Mouton Cadet)
④ 로마네꽁띠(Romanee-Conti)

해설
①은 스파클링 와인, ②, ③, ④는 비발포성 와인이다.

**31** 다음 중 품종이 다른 하나는 무엇인가?

① 카르미네르(Carmenere)
② 쇼비뇽 블랑(Sauvignon Blanc)
③ 시라(Syrah)
④ 카베르네 프랑(Cabernet Franc)

해설
②는 화이트 와인 품종이다. 나머지는 레드 와인 품종이다.

**32** 다음 중 로제 와인의 원조격 지역이자 고품질 로제 와인을 생산되는 지역은 어디인가?

① 보르도(Bordeaux)
② 부르고뉴(Bourgogne)
③ 프로방스(Provence)
④ 랑그독 루시옹(Languedoc-Roussillon)

해설
프로방스에서는 주로 로제 와인을 많이 생산한다.

**33** 다음에서 설명하는 지역은 어디인가?

- 단일 포도주 산지로서 세계에서 가장 유명한 지역이다.
- 까베르네 쇼비뇽과 메를로 등이 주 품종이다.
- 이곳의 포도주는 장기숙성형으로 만들어진 지 오래되지 않은 경우 떫은맛이 강하다.

① 보르도(Bordeaux)
② 부르고뉴(Bourgogne)
③ 프로방스(Provence)
④ 샹파뉴(Champagne)

해설
보르도(Bordeaux)
- 대서양에 근접한 프랑스 남서쪽에 위치한 보르도는 전 세계 와인 산지 중에서 가장 영향력이 크고 상업적으로 성공을 거둔 지역이다.
- 주요 포도 품종은 메를로, 까베르네 쇼비뇽, 까베르네 프랑, 세미용, 쇼비뇽 블랑으로 두 가지 품종 이상을 블렌딩한다.

**34** 다음 ( ) 안에 들어갈 적절한 말은?

미국이나 호주, 뉴질랜드에서는 포도 재배에서 병입까지 한 포도원에서 진행된 경우 라벨에 ( )을(를) 붙일 수 있다.

① 네고시앙(Negociant)
② 그랑 크뤼(Grand Cru)
③ 에스테이트(Estate)
④ 샤토(Château)

해설
포도 재배에서 병입까지 한 포도원에서 일어나는 경우 프랑스 보르도에서는 라벨에 Château를, 미국, 호주, 뉴질랜드에서는 라벨에 Estate라고 표기한다.

**35** 다음은 주세법상 주류의 분류를 설명한 것이다. 올바르지 않은 것은?

① 맥주란 발아된 맥류, 홉 및 물을 원료로 하여 발효시켜 제성하거나 여과하여 제성한 것이다.
② 소주란 녹말이 포함된 재료, 국과 물을 원료로 하여 발효시켜 연속식 증류 외의 방법으로 증류한 것으로 불휘발분이 16도 미만이어야 한다.
③ 위스키란 발아된 곡류와 물을 원료로 하여 발효시킨 술덧을 증류해서 나무통에 넣어 저장한 것이다.
④ 브랜디란 주류를(과실주지게미를 포함) 증류하여 나무통에 넣어 저장한 것이다.

해설
② 소주는 불휘발분이 2도 미만이어야 한다(주세법 별표).

**36** 다음 비알코올성 음료의 설명으로 올바르지 않은 것은?

① 알코올 성분의 유무에 따라 알코올성 음료와 비알코올성 음료로 구분할 수 있다.
② 알코올 프리 음료(Alcohol Free Beverage)는 알코올 함유량이 0.00% ABV이다.
③ 자연적으로 소량의 알코올을 함유하고 있는 로 알코올 음료(Low-Alcohol Beverage)로 스파클링 사이다(Sparkling Cider), 탄산음료, 주스가 있다.
④ 미국에서는 0.5% ABV 이하로 알코올을 함유해야 하고 'Alcohol Free'로 표기하며 몰트 음료를 의미한다.

**해설**
④ 'Alcohol Free'는 전혀 알코올을 포함하지 않은 몰트 음료를 의미한다.

**37** 다음 ( ) 안에 들어갈 단어로 적절한 것은?

> 양조주는 전분당화효소인 Diastase로 당화시키고 효모인 ( )을/를 작용시켜 알코올과 탄산가스를 만든다.

① 미드(Mead)
② 용설란(Agave)
③ 이스트(Yeast)
④ 아로마(Aroma)

**해설**
양조주는 전분당화효소인 Diastase로 당화시키고 효모인 이스트를 작용시켜 알코올과 탄산가스를 만든다.
Diastase + Yeast = Ethyl Alcohol + $CO_2$

**38** 다음 중 뜻이 다른 하나는 무엇인가?

① 에일(Ale)
② 비노(Vino)
③ 바인(Wein)
④ 뱅(Vin)

**해설**
에일은 영국에서 맥주를 표현한다. 나머지는 와인을 표현한 단어이다.

**39** 다음에서 설명하는 것은?

> • 그리스가 원산지이나 프랑스 론 지방 최고의 품종이다.
> • 색깔이 진하고 타닌 성분이 강하며 스파이시한 향이 짙은 남성적 성격을 가진 와인이다.
> • 대표적인 와인으로 에르미타쥬(Hermitage)가 있다.

① 카베르네 쇼비뇽(Cabernet Sauvignon)
② 메를로(Merlot)
③ 시라(Syrah)
④ 산지오베제(Sangiovese)

**해설**
시라(Syrah)는 프랑스 남부 꼬뜨 드 론(Cote du Rhone)의 유일한 검은 포도 품종이다. 호주에서는 시라즈(Shiraz)라고 한다.

정답 36 ④ 37 ③ 38 ① 39 ③

**40** 불량 코르크로 인해 변질된 와인, 곰팡이 냄새가 나는 와인, 즉 코르크 마개의 오염에 의해 와인 풍미가 변질된 것을 무엇이라 하는가?

① 그린 하비스트(Green Harvest)
② 셀러(Cellar)
③ 네고시앙(Negociant)
④ 부쇼네(Bouchonne)

해설
부쇼네(Bouchonne)는 프랑스어로 병마개를 뜻하는 부숑(Bouchon)에서 파생된 단어이다.

**41** 다음은 와인 보관에 대한 설명이다. 올바르지 않은 것은?

① 와인 보관장소의 습도가 지나치게 높으면 코르크 마개에 곰팡이가 생길 수 있다.
② 와인 보관장소가 너무 건조하면 코르크 마개가 건조해져 수축되고 공기 유입으로 산화되거나 와인이 새어 나올 수 있다.
③ 와인 보관장소의 온도 차이가 크지 않고 서늘하며 습하고 진동이 없는 곳이 좋다.
④ 와인은 마실 때 온도의 영향을 받지 않는다.

해설
와인은 마실 때 온도의 영향을 현저하게 받는다.

**42** 맥주 효모에 대한 설명으로 올바르지 않은 것은?

① 상면 발효는 발효 도중에 생기는 거품과 함께 상면으로 떠오르는 성질을 가진 효모를 사용해서 만드는 맥주로 영국, 캐나다, 벨기에 등지에서 생산된다.
② 상면 발효에는 스타우트(Stout), 에일(Ale), 포터(Porter), 램빅(Lambics) 등이 있다.
③ 하면 발효는 저온(5~10℃)에서 발효시킨다.
④ 하면 발효맥주는 맛과 향이 강하고 쓴맛이 많이 난다.

해설
하면 발효맥주는 순하고 부드럽고 산뜻한 맛이 특징이다.

**43** 다음 중 칵테일 베이스가 다른 한 가지는?

① Manhattan
② Whiskey Sour
③ Margarita
④ New York

해설
마가리타는 Tequila가 베이스이며 나머지는 Bourbon Whiskey가 베이스이다.

**44** 스카치 위스키(Scotch Whisky)에 대한 설명으로 올바르지 않은 것은?

① 피트(Peat)탄을 사용하지 않고 바닥에 널어서 건조시킨 맥아를 사용한다.
② 스코틀랜드 북부 하이랜드(Highland)의 산속에 숨어 위스키를 밀조하기 시작한 것이 유래이다.
③ 셰리의 빈 통에 숙성하여 투명한 호박색의 짙은 향취를 지닌 부드러운 맛의 술이 되었다.
④ 1824년 세계 최초로 존 스미스가 위스키 제조면허를 받았다.

[해설]
산속에 숨어 위스키를 밀조할 때 몰트를 건조시킬 연료가 부족하여 산간에 묻혀 있던 피트(Peat)탄을 사용하였는데, 이로 인해 위스키 특유의 향이 발생되었다.

**46** 코냑에 대한 설명으로 올바르지 않은 것은?

① 보르도 북쪽에 위치해 있으며 코냑 지방에서 생산된 브랜디를 말한다.
② 약 7~8%의 알코올 도수에 신맛이 강하고 당도가 낮아서 와인으로서 맛은 나쁘지만 2~3번 증류를 통해 특별한 개성을 가진 색과 향이 만들어진다.
③ 모든 증류작업은 12월 31일까지 마쳐야 한다.
④ 종류로는 헤네시(Hennessy), 레미마틴(Remy Martin), 까뮤(Camus) 등이 있다.

[해설]
③ 모든 증류작업은 3월 31일까지 마쳐야 한다.

**45** 커피에서 모카(Mocha)의 의미로 올바르지 않은 것은?

① 예멘과 에티오피아에서 생산되는 커피의 총칭이다.
② 초콜릿이나 초콜릿 향이 첨가된 음료이다.
③ 고급 커피의 대명사이다.
④ 예멘 항구의 이름이다.

[해설]
모카 커피(Mocha Coffee)
• 세계 최고의 커피 무역항이었던 예멘의 모카항 이름에서 유래되어 예멘커피의 대명사가 되었다.
• 초콜릿 향이 첨가된 음료 이름으로도 불린다.

**47** 다음은 무엇을 설명한 것인가?

> 네덜란드인이 만들었고, 영국인이 더욱 세련되게 했으며 미국인이 영광을 주었다.

① 진(Gin)
② 위스키(Whisky)
③ 테킬라(Tequila)
④ 럼(Rum)

[해설]
진은 네덜란드인이 만들었고, 영국인이 세련되게 했으며 미국인이 영광을 주었다.

**48** 다음 중 블렌디드(Blended) 위스키가 아닌 것은?

① Ballantines
② Johnnie Walker
③ John Jameson
④ Royal Salute

[해설]
③ John Jameson은 아이리시 위스키이다.

**49** 다음 중 알코올 도수가 가장 낮은 주류는?

① Ballantines  ② Johnnie Walker
③ J&B  ④ Chardonnay

[해설]
샤르도네는 발효주로 알코올 도수 12~14%이며, 나머지는 40%의 증류주이다.

**50** 다음에서 설명하는 것은?

> 섬세하며 꽃향기의 맛과 향이 진한 브랜디로 장기 보관이 가능한 그랑드 샴파뉴 원액과 부드럽고 온화한 맛과 향으로 숙성이 빨리 진행되는 쁘띠드 샴파뉴를 섞으면 상호보완 작용으로 환상적인 조화를 이룬다.

① VSOP  ② XO
③ Fine Champagne  ④ Aquavit

[해설]
그랑드 샴파뉴 50% 이상에 쁘띠드 샴파뉴를 섞으면 상호보완 작용으로 환상적인 조화를 이룬다. 이렇게 만들어진 원액을 피느 샴파뉴(Fine Champagne)라고 한다.

**51** What ingredients are used to express the sunrise of Mexico in tequila sunrise cocktails?

① Tequila
② Grenadine Syrup
③ Orange Juice
④ Cubed Ice

[해설]
데킬라 선라이즈 칵테일로 멕시코의 일출을 표현하는 데 사용되는 재료는 무엇인가?
② Tequila Sunrise의 붉은색에서 오렌지색으로 그러데이션되는 비밀은 그레나딘 시럽에 있다.

**52** What is the menu diluted by adding water to espresso?

① Cafe Mocha
② Irish Coffee
③ Americano
④ Cafe Latte

[해설]
에스프레소에 물을 추가하여 희석한 메뉴는 무엇인가?

### 53. Which are not the three principles of food poisoning prevention?

① The principle of cleanliness
② Principles of room temperature storage
③ The principle of promptness
④ The principle of freezing

**해설**
식중독 예방의 세 가지 원칙이 아닌 것은 무엇인가?
① 청결의 원칙
② 실온 보관의 원칙
③ 신속의 원칙
④ 냉동의 원칙

### 54. Which of the following cocktails would be suitable for postprandial in the use of cocktail classification?

① Manhattan
② Grasshopper
③ Campari Soda
④ Dry Martini

**해설**
다음 칵테일 분류에 있어 식후주로 어울리는 칵테일은 무엇인가?
①, ③, ④는 식사 전 칵테일(Aperitif Cocktail)이다.

### 55. Which of the following cocktails contains milk?

① Grasshopper
② B-52
③ Moscow Mule
④ Cosmopolitan

**해설**
다음 중 우유가 들어가는 칵테일은 무엇인가?
① Grasshopper는 그린 크림 드 민트 1oz, 화이트 크림 드 카카오 1oz, 우유 1oz가 들어간다.

### 56. What is not the role of a bartender?

① They recommend drinks to customers.
② It creates a comfortable atmosphere.
③ They actively sell expensive drinks.
④ It offers spectacular sights.

**해설**
바텐더의 역할이 아닌 것은?
① 고객에게 음료를 추천한다.
② 편안한 분위기를 연출한다.
③ 고가의 음료를 적극 판매한다.
④ 멋진 볼거리를 제공한다.

### 57. Which of the following has an expiration date for the product?

① Malt Whisky
② Cognac
③ Rice Wine
④ Wine

**해설**
다음 중 제품의 유효기간이 있는 것은?
막걸리는 알코올 도수가 낮아 유효기간이 있다. 단, 와인의 경우 품종이나 산지에 따라 다양하다.

**정답** 53 ② 54 ② 55 ① 56 ④ 57 ③

58  What does the term "straight up" mean?

① a cocktail with fancy decorations.
② a cocktails without fancy decorations.
③ a drink mixed with ice and various ingredients.
④ a drink served ice-free.

해설
straight up이란 용어는 무엇을 의미하는가?
① 화려한 장식이 있는 칵테일
② 화려한 장식이 없는 칵테일
③ 얼음과 다양한 재료가 섞인 음료
④ 얼음이 없는 상태로 제공되는 음료

59  What food goes best with red wine rich in tannin?

① Tenderloin Steak
② Fresh Seafood
③ Seafood Pasta
④ Sushi

해설
타닌이 풍부한 레드 와인과 가장 잘 어울리는 음식은 무엇인가?
① 안심 스테이크
② 신선한 해물
③ 해물 파스타
④ 초밥

60  Which of the following statements is correct?

① Aging the bottle is kept in a place without humidity.
② It is recommended to keep wine in a cool and dark place.
③ Red wine and white wine should have the same serving temperature.
④ Most wine is good to drink quickly within a year.

해설
다음 중 올바르게 설명한 것은 무엇인가?
① 병 숙성은 습도가 없는 곳에서 보관한다.
② 와인은 서늘하고 어두운 곳에 보관하는 것이 좋다.
③ 레드 와인과 화이트 와인의 서빙 온도는 같아야 한다.
④ 대부분의 와인은 1년 이내에 빠르게 마시는 것이 좋다.

얼마나 많은 사람들이
책 한 권을 읽음으로써
인생에 새로운 전기를 맞이했던가.

헨리 데이비드 소로

# 참 / 고 / 문 / 헌

- 강찬호(2013). 와인백과. 기문사.
- 고치원, 유윤종(1999). 칵테일 교실. 동신출판사.
- 교육부(2018). NCS 학습모듈(세분류 : 바텐더). 한국직업능력개발원.
- 김준철(2012). 와인. 백산출판사.
- 노민경, 염명하(2012). 음료와 칵테일. 기문사.
- 마사유키 고다토(2003). 프루트칵테일의 모든 것. 하서출판사.
- 성중용(2010). 위스키수첩. 우듬지.
- 원융희(2003). 술/음료의 세계. 백산출판사.
- 원홍석, 전현모, 권지영(2012). 와인과 소믈리에. 백산출판사.
- 유도재, 최병호(2009). 호텔식음료실무론. 백산출판사.
- 이석현, 김용식, 김종규, 김학재, 김선일(2002). 조주학개론. 백산출판사.
- 이석현, 김용식, 김종규, 류중호(2010). I Love Cocktail. 백산출판사.
- 이용남(2012). 카페&바리스타. 백산출판사.
- 이재철(2011). 신음료학개론. 백산출판사.
- 이정윤(2009). 와인수첩. 우듬지.
- 이종기(2000). 술, 술을 알면 세상이 즐겁다. 한송.
- 장상태, 조영효, 최성만(2008). 주장관리론. 기문사.
- 최인섭, 강영욱(2008). 주장관리론. 대왕사.
- 하세가와 세이치(2002). 칵테일&리큐르. 하서출판사.
- 한국바텐더협회. 우리술 칵테일조주전문가양성과정교재.
- 황해정(2001). 와인과 칵테일. 기문사.
- Michael Jackson, Malt Whisky
- Robert, Plotkin, The Original Guide to American Cocktails and Drinks, Partners Pub Group Inc, 2001
- Sue Michalsky, Cocktail&punches, De Kuyper
- T.G.I Friday's Manual

# 참 / 고 / 사 / 이 / 트

www.beaujolais.com
www.webtender.com
www.sopexa.co.kr
http://sherry.org
http://winecountry.it/regions

www.winenara.com
www.beverage.com
www.keumyang.com
http://champagne.com

## Win-Q 조주기능사 필기

| | |
|---|---|
| 개정11판1쇄 발행 | 2025년 01월 10일 (인쇄 2024년 09월 25일) |
| 초 판 발 행 | 2014년 03월 05일 (인쇄 2014년 02월 17일) |
| 발 행 인 | 박영일 |
| 책 임 편 집 | 이해욱 |
| 편  저 | 류중호 |
| 편 집 진 행 | 윤진영 · 김미애 |
| 표지디자인 | 권은경 · 길전홍선 |
| 편집디자인 | 정경일 · 조준영 |
| 발 행 처 | (주)시대고시기획 |
| 출 판 등 록 | 제10-1521호 |
| 주  소 | 서울시 마포구 큰우물로 75 [도화동 538 성지 B/D] 9F |
| 전  화 | 1600-3600 |
| 팩  스 | 02-701-8823 |
| 홈 페 이 지 | www.sdedu.co.kr |
| | |
| I S B N | 979-11-383-7927-4(13590) |
| 정  가 | 31,000원 |

※ 저자와의 협의에 의해 인지를 생략합니다.
※ 이 책은 저작권법에 의해 보호를 받는 저작물이므로 동영상 제작 및 무단전재와 복제를 금합니다.
※ 잘못된 책은 구입하신 서점에서 바꾸어 드립니다.

## 윙크

Win Qualification의 약자로서
자격증 도전에 승리하다의
의미를 갖는 시대에듀
자격서 브랜드입니다.

**시대에듀**

# Win-Q 시리즈
## 단기 합격을 위한 완전 학습서

### 기술자격증 도전에 승리하다!

자격증 취득에 승리할 수 있도록
**Win-Q시리즈**가 완벽하게 준비하였습니다.

**빨간키** — 핵심요약집으로 시험 전 최종점검

**핵심이론** — 시험에 나오는 핵심만 쉽게 설명

**빈출문제** — 꼭 알아야 할 내용을 다시 한번 풀이

**기출문제** — 시험에 자주 나오는 문제유형 확인

**NAVER 카페** | 대자격시대 – 기술자격 학습카페 | cafe.naver.com/sidaestudy / 응시료 지원이벤트

시대에듀가 만든
**기술직 공무원 합격 대비서**

# 테크 바이블 시리즈!
TECH BIBLE SERIES

기술직 공무원 기계일반
별판 | 24,000원

기술직 공무원 기계설계
별판 | 24,000원

기술직 공무원 물리
별판 | 23,000원

기술직 공무원 화학
별판 | 21,000원

기술직 공무원 재배학개론+식용작물
별판 | 35,000원

기술직 공무원 환경공학개론
별판 | 21,000원

www.sdedu.co.kr

한눈에 이해할 수 있도록 체계적으로 정리한 **핵심이론**

철저한 시험유형 파악으로 만든 **필수확인문제**

국가직·지방직 등 **최신 기출문제와 상세 해설**

**기술직 공무원 건축계획**
별판 | 30,000원

**기술직 공무원 전기이론**
별판 | 23,000원

**기술직 공무원 전기기기**
별판 | 23,000원

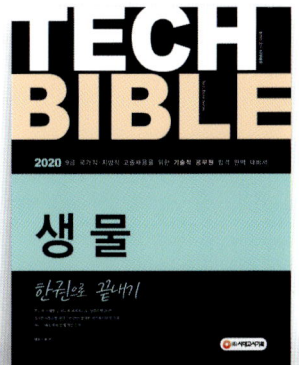

**기술직 공무원 생물**
별판 | 20,000원

**기술직 공무원 임업경영**
별판 | 20,000원

**기술직 공무원 조림**
별판 | 20,000원

※도서의 이미지와 가격은 변경될 수 있습니다.

시대에듀

전기 분야의 필수 자격!

# 전기(산업)기사
## 필기 / 실기

전기전문가의 확실한 **합격 가이드**

전기기사·산업기사 필기  
[전기자기학]  
4×6 | 348p | 18,000원

전기기사·산업기사 필기  
[전력공학]  
4×6 | 316p | 18,000원

전기기사·산업기사 필기  
[전기기기]  
4×6 | 364p | 18,000원

전기기사·산업기사 필기  
[회로이론 및 제어공학]  
4×6 | 412p | 18,000원

전기기사·산업기사 필기  
[전기설비기술기준]  
4×6 | 392p | 18,000원

전기기사·산업기사 필기  
[기출문제집]  
4×6 | 1,504p | 38,000원

전기기사·산업기사 실기  
[한권으로 끝내기]  
4×6 | 1,180p | 40,000원

전기기사·산업기사 필기  
[기본서 세트 5과목]  
4×6 | 총 5권 | 49,000원

※ 도서의 이미지와 가격은 변경될 수 있습니다.

▶ **시대에듀 동영상 강의와 함께하세요!**

www.sdedu.co.kr

 최신으로 보는  
저자 직강

 최신 기출 및 기초 특강  
무료 제공

 1:1 맞춤학습  
서비스

# 76.3%

*2023년 조주기능사 합격률

## CBT 모의고사, 이제 선택이 아닌 필수!

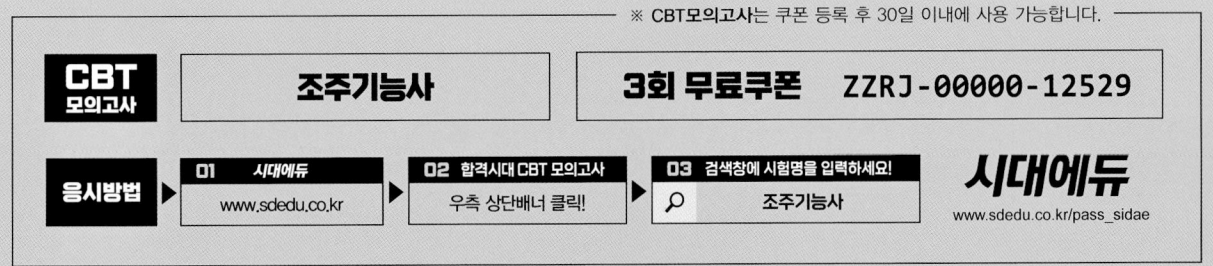

## 시대에듀

**발행일** 2025년 1월 10일 | **발행인** 박영일 | **책임편집** 이해욱
**편저** 류중호 | **발행처** (주)시대고시기획
**등록번호** 제10-1521호 | **대표전화** 1600-3600 | **팩스** (02)701-8823
**주소** 서울시 마포구 큰우물로 75[도화동 538 성지B/D] 9F
**학습문의** www.sdedu.co.kr

2025 최신개정판

# Win-Q 윙크

안심도서
항균 99.9%

Craftsman Bartender

**40가지 칵테일 과제 수록**
**레시피 핸드북 제공**

편저 류중호

▶ YouTube 무료 동영상이 있는

# 조주 기능사
실기 단기합격

합격의 모든 것

시대에듀

**합격**도 **취업**도 한 번에 성공!
시대에듀에서 여러분을 응원합니다.

# 류중호

**[학력]**
경기대학교 일반대학원 외식경영학 박사

**[수료 및 이수]**
조니워커스쿨 수료
서울 와인스쿨 전문가과정 수료
한국 전통주연구소 전문가과정 수료
Hite Academy맥주 전문가코스 수료
주)Pencom Korea Restaurant Management 전문가과정 수료
France Marie Brezard/IBA(International Bartenders Association) Diploma
경희대학교 관광대학원 마스터 소믈리에 와인컨설턴트 전문과정 수료

**[취득 자격]**
조주기능사 자격증
마스터 소믈리에 와인 컨설턴트 1급
전문플레어바텐더 1급
마스터플레어바텐더 자격증
커피 바리스타 1급
커피 바리스타 2급
커피지도사 자격증

**[저서]**
세상에서 가장 로맨틱한 유혹 '칵테일 만들기'(감수) 넥서스
'I Love Cocktail' 백산출판사
'Win-Q 조주기능사 필기+실기 단기합격' 시대고시기획
'답만 외우는 바리스타 자격시험 1급 기출예상문제집' 시대고시기획
'답만 외우는 바리스타 자격시험 2급 기출예상문제집' 시대고시기획

**[석사 논문]**
바텐더의 역할에 따른 고객만족 및 재방문의도에 미치는 영향
-소비성향의 매개효과를 중심으로-

**[박사 논문]**
외식기업의 ESG경영이 기대성과에 미치는 영향에 관한 연구
-가치소비와 인게이지먼트의 매개효과를 중심으로-

**[약력]**
現 한양여자대학교 외식산업과 강사
바텐더 비법학원 원장
사)한국바텐더협회 부회장
사)한국국제 소믈리에협회 이사
사)한국능력교육개발원 바리스타 소믈리에 감독위원
한국산업인력공단 조주기능사 실기감독
NCS 개발 전문위원(소믈리에)
NCS 과정 평가형 자격지원단 위원(조주기능사, 식음료서비스, 바리스타)
NCS 홈닥터 전문위원
한양여자대학교 항공과 겸임교수
서정대학교 호텔경영과 겸임교수
부천대학교 호텔조리과 겸임교수
정화예술대학교 관광학부 겸임교수
대경대학교 호텔조리과 겸임교수
한림성심대학교 외식조리과 강사
부천대학교 호텔조리과 강사
한양여자대학교 국제관광과 강사
장안대학교 호텔경영과 강사
신구대학교 항공서비스과 강사
혜전대학교 호텔조리과 강사
재능대학교 호텔관광과 강사
세종사이버대학교 호텔관광학부 강사

---

**끝까지 책임진다! 시대에듀!**
QR코드를 통해 도서 출간 이후 발견된 오류나 개정법령, 변경된 시험 정보, 최신기출문제, 도서 업데이트 자료 등이 있는지 확인해 보세요! **시대에듀 합격 스마트 앱**을 통해서도 알려 드리고 있으니 구글 플레이나 앱 스토어에서 다운받아 사용하세요.
또한, 파본 도서인 경우에는 구입하신 곳에서 교환해 드립니다.

**편집진행** 윤진영 · 김미애 | **표지디자인** 권은경 · 길전홍선 | **본문디자인** 권은경 · 길전홍선 | **사진·영상** 박근혁 · 박지훈 · 조재웅

# 조주
## 기능사 실기

시대에듀

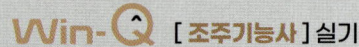

# 머리말

89학번 관광과에서 출발해 호텔을 접하고 외식업체에서 실무를 익히며 Beverage와 함께한 세월이 벌써 30여 년이라니 정말 시간이 빠름을 실감합니다. 막연히 칵테일 레시피를 암기하고 궁금한 부분은 이리저리 자료를 찾아 헤매던 그때가 아직도 엊그제 같은데…

식음료 부분의 꽃! 가장 빛나는 자리는 고객을 반갑게 맞이하고 고객과 대화를 나누면서 고객의 취향에 어울리는 음료를 추천하고 이로 인해 인연이 만들어지고 삶의 희(喜), 노(怒), 애(愛), 락(樂)을 함께할 수 있는 유일한 직종, 바로 바텐더라 생각합니다. 바텐더는 아무나 해서도 안 되며 아무런 생각 없이 해서도 안 되는 사명감과 자부심이 투철해야 하는 직업 중 하나입니다. 술이라는 알코올 음료는 위로가 되고 힘이 되어 주는 친구 같지만 한편으로는 자기의 의지와 상관없는 몹쓸 결과를 만들어 원망의 대상이 되기도 하기 때문에 누군가가 중심을 잡아주어야 합니다. 적어도 바텐더가 있는 곳에서는 술이라는 음료가 생명의 물처럼 스트레스를 풀어주고 삶의 원동력이 되어야 합니다. 다양한 주류, 칵테일을 판매하는 데 집중하는 것도 좋지만 이미 선을 넘은 고객에게는 술을 판매하지 않는 책임의식도 가지고 있어야 합니다. 건강한 고객이 미래의 고객이기 때문입니다.

진정한 바텐더를 위한 책을 쓰고 싶었는데, 이번 기회에 조주기능사 자격증을 준비하는 수험생들에게 조금이나마 이론과 실기에 대한 도움이 되었으면 좋겠습니다. 많은 주류이론을 싣지는 못했고, 생각했던 내용만큼 깊게 들어가지도 못했지만 핵심이론과 핵심예제라는 큰 틀 앞에 족집게 수험서가 되었으면 좋겠습니다.

혼자 시작한 길에 삶의 테두리가 힘들게 해서 원고가 많이 늦어졌지만 늦어진 만큼 가장 최신판이 되었으니 이 모든 걸 잘 이끌어 주신 편집부를 비롯해 시대에듀 관계자분들에게 감사의 뜻을 전합니다. 사진 촬영과 장소를 협조해 주신 (사)한국바텐더협회 이석현 회장님, 항상 따뜻한 조언으로 힘을 주시는 고치원 원장님, 방학 중 시간을 내서 도움을 주신 조은정 교수님, 칵테일 조주를 위해 밤늦게까지 도와준 김슬기, 김진주, 류진영, 사랑하는 아내 진혜, 항상 아빠를 찾으며 때론 방해를 많이 했지만 힘들 때마다 웃음과 활력을 준 우리 정우, 혜인이 그리고 어른스럽게 격려해 주고 도움을 주기 위해 노력해 주었던 맏아들 정원아! 모두들 고맙고 사랑합니다.

편저자 **류중호**

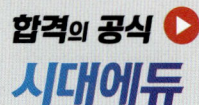
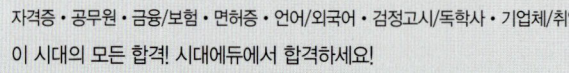

# 시험안내

## 개요
조주에 관한 숙련기능을 가지고 조주작업과 관련되는 업무를 수행할 수 있는 전문인력을 양성하고자 자격제도를 제정하였다.

## 진로 및 전망
❶ 주류, 음료류, 다류 등을 서비스하는 칵테일바, 와인바, 호텔, 레스토랑 등의 외식업체에서 바텐더, 소믈리에, 바리스타 등으로 근무하며, 간혹 해외 업체로 취업을 하기도 한다.
❷ 주류, 음료류, 다류 등에 관한 많은 지식을 가져야 함은 물론이고 고객과의 원만하고 폭넓은 대화를 나눌 수 있는 소양을 갖추어야 하며, 외국인을 대할 기회가 많기 때문에 간단한 외국어 회화능력을 갖추는 것이 유리하다.

## 시험일정

| 구분 | 필기원서접수 (인터넷) | 필기시험 | 필기합격 (예정자)발표 | 실기원서접수 | 실기시험 | 최종 합격자 발표일 |
|---|---|---|---|---|---|---|
| 제1회 | 1월 초순 | 1월 하순 | 1월 하순 | 2월 초순 | 3월 중순 | 4월 초순 |
| 제2회 | 3월 중순 | 3월 하순 | 4월 중순 | 4월 하순 | 6월 초순 | 6월 하순 |
| 제3회 | 5월 하순 | 6월 중순 | 6월 하순 | 7월 중순 | 8월 중순 | 9월 중순 |
| 제4회 | 8월 중순 | 9월 초순 | 9월 하순 | 9월 하순 | 11월 초순 | 12월 초순 |

※ 상기 시험일정은 시행처의 사정에 따라 변경될 수 있으니, www.q-net.or.kr에서 확인하시기 바랍니다.

## 시험요강
❶ 시행처 : 한국산업인력공단
❷ 시험과목
    ㉠ 필기 : 음료 특성, 칵테일 조주 및 영업장 관리
    ㉡ 실기 : 바텐더 실무
❸ 검정방법
    ㉠ 필기 : 객관식 4지 택일형, 60문항(60분)
    ㉡ 실기 : 작업형(7분 정도)
❹ 합격기준(필기ㆍ실기) : 100점 만점에 60점 이상
❺ 응시자격 : 제한 없음

# 시험안내

## 시험시간
7분

## 요구사항
다음의 칵테일 중 감독위원이 제시하는 3가지 작품을 조주하여 제출하시오.

| 번호 | 칵테일 | 번호 | 칵테일 |
| --- | --- | --- | --- |
| 1 | Pousse Cafe | 21 | Long Island Iced Tea |
| 2 | Manhattan Cocktail | 22 | Side Car |
| 3 | Dry Martini | 23 | Mai-Tai |
| 4 | Old Fashioned | 24 | Pina Colada |
| 5 | Brandy Alexander | 25 | Cosmopolitan Cocktail |
| 6 | Singapore Sling | 26 | Moscow Mule |
| 7 | Black Russian | 27 | Apricot Cocktail |
| 8 | Margarita | 28 | Honeymoon Cocktail |
| 9 | Rusty Nail | 29 | Blue Hawaiian |
| 10 | Whiskey Sour | 30 | Kir |
| 11 | New York | 31 | Tequila Sunrise |
| 12 | Daiquiri | 32 | Healing |
| 13 | B-52 | 33 | Jindo |
| 14 | June Bug | 34 | Puppy Love |
| 15 | Bacardi Cocktail | 35 | Geumsan |
| 16 | Cuba Libre | 36 | Gochang |
| 17 | Grasshopper | 37 | Gin Fizz |
| 18 | Seabreeze | 38 | Fresh Lemon Squash |
| 19 | Apple Martini | 39 | Virgin Fruit Punch |
| 20 | Negroni | 40 | Boulevardier |

### 개인위생 항목 0점 처리 기준
- 두발 상태가 불량하고 복장 상태가 비위생적인 경우
- 손에 과도한 액세서리를 착용하여 작업에 방해가 되는 경우
- 작업 전에 손을 씻지 않는 경우

### 채점대상 제외 기준
- 시험 도중 포기한 경우
- 시험 도중 시험장을 무단 이탈하는 경우
- 부정한 방법으로 타인의 도움을 받거나 타인의 시험을 방해하는 경우
- 국가기술자격법상 국가기술자격 검정에서의 부정행위 등을 하는 경우

## 수험자 유의사항

1. 시험시간 전 2분 이내에 재료의 위치를 확인합니다.
   ⇨ 재료의 특징에 따른 분류 파악
   ❶ 증류주, 혼성주, 시럽, 과일 등으로 분류 배치되어 있습니다.
      럼, 진, 보드카, 데킬라, 위스키 등이 한곳에 모여 있으니 이 중 베이스를 찾습니다.
   ❷ 카카오(화이트와 브라운), 민트(화이트와 그린), 위스키(버번, 스카치, 아이리시 등), 전통주는 같이 짝지어져 있는 확률이 높습니다.
   ❸ 브랜디의 경우 Napoleon이라는 표기가 많습니다. 투명한 병도 더러 있지만 대부분 진한 카키색, 연녹색 병을 찾으면 됩니다.
   ❹ 데킬라의 경우 Mexico라는 단어가 많습니다.
   ❺ 럼, 진, 보드카의 경우 무색이기 때문에 투명한 병을 찾으면 됩니다.
   ❻ 버번 위스키는 Jimbeam(짐빔)이 많고, Kentucky(켄터키)라는 단어를 찾으면 됩니다. 아이리시 위스키는 Jameson(제임슨), 스카치 위스키는 호박색 병을 찾으면 됩니다.
   ❼ 재료가 이상이 있는 경우 재료의 위치를 확인할 때 이상 유무를 알려야 합니다.

2. 감독위원이 요구한 3가지 작품을 7분 내에 완료하여 제출합니다.
   ❶ 빨리 만들 수 있는 유형을 가장 먼저 만들고 시간이 걸리는 유형을 나중에 만듭니다.
   ❷ 떠오르지 않는 칵테일이 있으면 고민하지 말고 우선 만들 수 있는 칵테일을 만들어야 합니다. 차분히 글라스와 만드는 방법 등을 시행하며 기억을 더듬어 보는 것이 좋습니다.
   ❸ 플루팅 기법의 칵테일을 만들 때 '1분 남았습니다'라는 경고가 오면 완벽하게 층을 내기 위해 시간을 낭비하기보다는 완성도에 기준을 두고 마지막 재료까지 마무리할 수 있도록 시간 분배를 잘 해야 합니다.
   ❹ 시험 중에 재료 또는 병뚜껑이 열리지 않는 돌발상황이 발생하면 바로 도움을 요청해야 시간을 줄일 수 있습니다. 시간 준수에 기준을 두어야 합니다.

3. 완성된 작품 제출 시 반드시 코스터를 사용해야 합니다.

4. 검정장 시설과 지급재료 이외의 도구 및 재료를 사용할 수 없습니다.

5. 시설이 파손되지 않도록 주의하며, 실기시험이 끝난 수험자는 본인이 사용한 기물을 3분 이내에 세척, 정리하여 원위치에 놓고 퇴장합니다.

6. 과도, 글라스 등을 조심성 있게 다루어 안전사고가 발생하지 않도록 주의해야 합니다.

7. 채점 대상에서 제외되는 경우는 다음과 같습니다.
   ❶ 오 작
      ㉠ 3가지 과제 중 2가지 이상의 주재료(주류) 선택이 잘못된 경우
      ㉡ 3가지 과제 중 2가지 이상의 조주법(기법) 선택이 잘못된 경우
      ㉢ 3가지 과제 중 2가지 이상의 글라스 사용 선택이 잘못된 경우
      ㉣ 3가지 과제 중 2가지 이상의 장식 선택이 잘못된 경우
      ㉤ 1과제 내에 재료(주·부재료) 선택이 2가지 이상 잘못된 경우
   ❷ 미완성 : 요구된 과제 3가지 중 1가지라도 제출하지 못한 경우

# 구성 및 특징

Win-Q [조주기능사] 실기

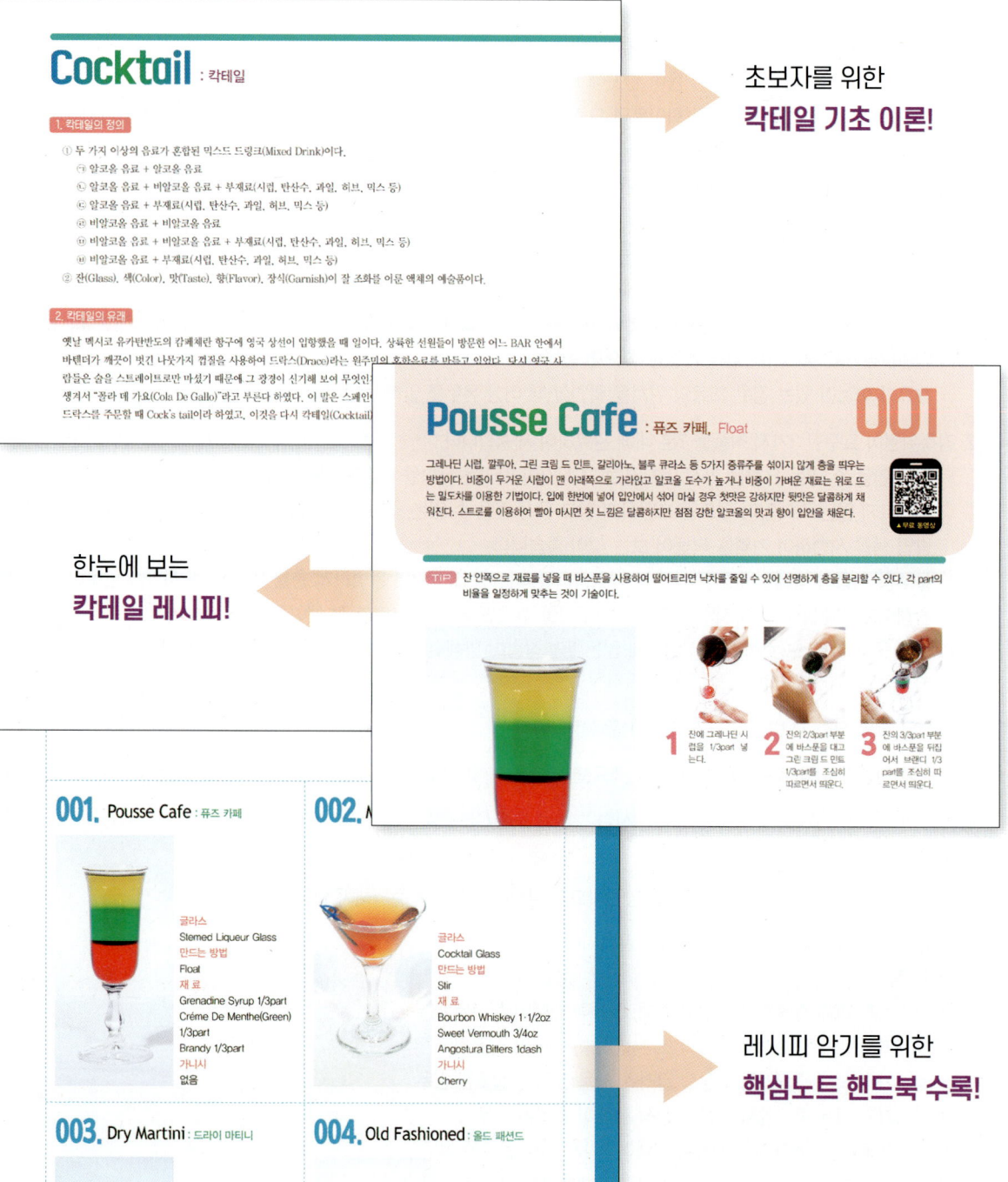

초보자를 위한
**칵테일 기초 이론!**

한눈에 보는
**칵테일 레시피!**

레시피 암기를 위한
**핵심노트 핸드북 수록!**

# 이 책의 목차

## PART 01 | 칵테일 기초 이론

- 칵테일 … 4
- 글라스 … 6
- 기 구 … 8
- 음 료 … 10
- 가니시 … 12
- 가니시 기법 … 14
- 진(Gin) … 16
- 리큐르(Liqueur) … 16
- 데킬라(Tequila) … 16
- 럼(Rum) … 16
- 위스키(Whisky) … 17
- 브랜디(Brandy) … 17
- 보드카(Vodka) … 17

## PART 02 | 조주기능사 실기시험 문제

- 01 Pousse Cafe … 20
- 02 Manhattan … 21
- 03 Dry Martini … 22
- 04 Old Fashioned … 23
- 05 Brandy Alexander … 24
- 06 Singapore Sling … 25
- 07 Black Russian … 26
- 08 Margarita … 27
- 09 Rusty Nail … 28
- 10 Whiskey Sour … 29
- 11 New York … 30
- 12 Daiquiri … 31
- 13 B-52 … 32
- 14 June Bug … 33

# Win-Q [조주기능사] 실기

# 이 책의 목차

- 15  Bacardi Cocktail …………………………………… 34
- 16  Cuba Libre ……………………………………………… 35
- 17  Grasshopper …………………………………………… 36
- 18  Seabreeze ……………………………………………… 37
- 19  Apple Martini ………………………………………… 38
- 20  Negroni …………………………………………………… 39
- 21  Long Island Iced Tea ……………………………… 40
- 22  Side Car ………………………………………………… 41
- 23  Mai-Tai …………………………………………………… 42
- 24  Pina Colada …………………………………………… 43
- 25  Cosmopolitan Cocktail …………………………… 44
- 26  Moscow Mule ………………………………………… 45
- 27  Apricot Cocktail ……………………………………… 46
- 28  Honeymoon Cocktail ……………………………… 47
- 29  Blue Hawaiian ………………………………………… 48
- 30  Kir ………………………………………………………… 49
- 31  Tequila Sunrise ……………………………………… 50
- 32  Healing …………………………………………………… 51
- 33  Jindo ……………………………………………………… 52
- 34  Puppy Love …………………………………………… 53
- 35  Geumsan ………………………………………………… 54
- 36  Gochang ………………………………………………… 55
- 37  Gin Fizz ………………………………………………… 56
- 38  Fresh Lemon Squash ……………………………… 57
- 39  Virgin Fruit Punch ………………………………… 58
- 40  Boulevardier …………………………………………… 59
- 전통주 창작 칵테일 ……………………………………… 60
- 전통주 ………………………………………………………… 63
- 한국인이 좋아하는 칵테일 Best 10 ………………… 64

## PART 03 | 부록

- 레시피 핸드북 ……………………………………………… 69
- 칵테일의 기본 기법 ……………………………………… 79

# Win-Q
# 조주기능사
## [실기]

칵테일 기초 이론은 물론 40종의 조주기능사
실기시험 문제와 휴대하기 좋은 레시피
핸드북까지 모두 담았습니다.

# PART 01

## 칵테일 기초 이론

글라스, 기구, 가니시 등 초보자를 위한 칵테일 기초 이론을 정리하였습니다.
이해를 돕는 사진 자료를 함께 담아 혼자서도 쉽게 학습할 수 있습니다.

# Cocktail : 칵테일

### 1. 칵테일의 정의

① 두 가지 이상의 음료가 혼합된 믹스드 드링크(Mixed Drink)이다.
  ㉠ 알코올 음료 + 알코올 음료
  ㉡ 알코올 음료 + 비알코올 음료 + 부재료(시럽, 탄산수, 과일, 허브, 믹스 등)
  ㉢ 알코올 음료 + 부재료(시럽, 탄산수, 과일, 허브, 믹스 등)
  ㉣ 비알코올 음료 + 비알코올 음료
  ㉤ 비알코올 음료 + 비알코올 음료 + 부재료(시럽, 탄산수, 과일, 허브, 믹스 등)
  ㉥ 비알코올 음료 + 부재료(시럽, 탄산수, 과일, 허브, 믹스 등)
② 잔(Glass), 색(Color), 맛(Taste), 향(Flavor), 장식(Garnish)이 잘 조화를 이룬 액체의 예술품이다.

### 2. 칵테일의 유래

옛날 멕시코 유카탄반도의 캄페체란 항구에 영국 상선이 입항했을 때 일이다. 상륙한 선원들이 방문한 어느 BAR 안에서 바텐더가 깨끗이 벗긴 나뭇가지 껍질을 사용하여 드락스(Drace)라는 원주민의 혼합음료를 만들고 있었다. 당시 영국 사람들은 술을 스트레이트로만 마셨기 때문에 그 광경이 신기해 보여 무엇인지를 물었고, 바텐더는 나뭇가지가 닭꼬리처럼 생겨서 "꼴라 데 가요(Cola De Gallo)"라고 부른다 하였다. 이 말은 스페인어로 수탉꼬리(Tail of cock)를 의미했다. 이에 드락스를 주문할 때 Cock's tail이라 하였고, 이것을 다시 칵테일(Cocktail)이라고 부르게 되었다.

### 3. 칵테일의 기본 기법

① 빌드(Build, Building, 직접 넣기) : 글라스에 직접 재료를 넣어 만드는 방법으로 탄산음료가 사용되는 하이볼(Highball) 타입의 칵테일이 이 방법으로 조주된다. 글라스에 얼음을 넣고 재료를 넣은 다음 바스푼으로 살짝 저어준다.
② 스터(Stir, Stirring, 휘젓기) : 원재료의 맛과 향을 최대한 유지하면서 가볍게 섞어 주거나 차갑게 할 때 사용하는 방법이다.
③ 셰이크(Shake, Shaking, Mix, Mixing, 흔들기) : 칵테일을 만드는 가장 대표적인 방법이며 가장 많이 사용하는 방법이다. 점성이 있는 리큐르 종류, 달걀, 크림, 시럽, 주스 등 비교적 비중이 큰 재료를 사용하거나 힘차게 잘 혼합해야 할 재료를 사용할 때 많이 사용하는 기법이다.
④ 플로트(Float, Floating, Layer, 띄우기) : 재료의 비중을 이용하여 내용물을 차례대로 띄우는 방법이다. 점성이 있는 시럽 종류는 비중이 무거워 맨 밑으로 가라앉고, 당분 함량이 낮고 알코올 도수가 높을수록 비중이 가벼워 맨 위로 뜬다. 리큐르, 셰리 글라스에 많이 제공된다. 바스푼을 이용하여 최대한 섞이지 않도록 조심히 흘려 내린다.
⑤ 블렌드(Blend, Blending, 기계혼합) : 생과일이나 점성이 높은 재료를 가루 얼음과 함께 넣고 기계로 혼합하는 방법이다. 블렌더 피처(Pitcher)에 직접 재료를 부은 다음, 마지막으로 크러시드 아이스(Crushed ice)를 1스쿱(Scoop) 넣고 기계로 잘 혼합하는 방법이다.

## 4. 칵테일의 표준 계량단위

| 단 위 | 표준 계량환산 | 용량(1oz = 29.5mL) | 용량(1oz = 30mL) |
|---|---|---|---|
| 1dash(5~10Drop) | 1/32oz | 0.9mL | 0.9mL |
| 1Tea Spoon(1tsp) | 1/8oz | 3.7mL | 3.7mL |
| 1Table Spoon(1Tsp) | 3/8oz | 11mL | 11mL |
| 1Pony(Finger) | 1oz | 29.5mL | 30mL |
| 1Jigger | 1-1/2oz | 44.5mL | 45mL |
| 1Split | 6oz | 177mL | 180mL |
| 1Cup(1/16Gallon=1/2Pint) | 8oz | 236mL | 240mL |
| 1Pint(1/8Gallon=1/2Quart) | 16oz | 472mL | 480mL |
| 1Quart(1/4Gallon) | 32oz | 944mL | 960mL |
| 1Gallon | 128oz | 3,776mL | 3,840mL |

## 5. 지거의 용량

# Glass : 글라스

◀ 리큐르 글라스(Liqueur Glass)

리큐르 등을 마실 때 사용되는 1oz 정도의 아래 기둥이 있는 글라스이다. 미국에서는 코디얼(Cordial) 글라스라고도 한다.

◀ 셰리 글라스(Sherry Glass)

칵테일잔에 사용하는 셰리 글라스는 2oz(60mL)로 띄우기(Float) 기법에 많이 쓰인다. 대표적인 칵테일로 B-52가 있다.

◀ 사워 글라스(Sour Glass)

시큼한 맛이 특징인 사워 형태의 칵테일을 제공하는 글라스로 위스키 사워, 브랜디 사워 등을 만들 때 많이 사용한다. 용량(5oz)이 작으므로 얼음이 함께 제공되지 않는다.

◀ 칵테일 글라스(Cocktail Glass)

칵테일의 대표적인 글라스로 역삼각형 모양의 형태로 되어 있다. 조주기능사 시험장에서는 4.5oz 크기를 사용하지만 5oz, 7oz, 9.5oz 등의 크기로 종류가 다양하다.

◀ 샴페인 글라스(Champagne Glass)

발포성 와인인 샴페인을 마실 때 기포가 빠져 나가지 않도록 길쭉한 플루트(Flute) 샴페인 글라스와 건배용인 윗부분이 넓고 둥근 소서(Saucer) 샴페인 글라스가 있다.

### ◀ 와인 글라스(Wine Glass)

와인 서브 시 사용되는 글라스이며 레드 와인 글라스가 화이트 와인 글라스에 비해 용량이 크며 스템도 길고 안쪽 볼의 끝이 넓다.

### ◀ 올드 패션드 글라스(Old Fashioned Glass)

평균 용량 6~10oz 정도의 키가 작고 원통형인 잔으로, 위스키 등을 부으면 바위 위에 붓는 것 같다 해서 On The Rock잔이라고도 부른다.

### ◀ 하이볼 글라스(Highball Glass)

하이볼, 피즈 등 Long Drink를 마실 때 주로 사용하며 흔히 텀블러(Tumbler)라고도 한다. 원통형 잔으로 청량음료 등을 제공할 때 많이 사용된다. 6~10oz가 있고 이 중 8oz를 가장 많이 사용한다.

### ◀ 콜린스 글라스(Collins Glass)

보스턴 텀블러형으로 일명 보스턴 콜린스(Boston Collins)라고 한다. 10oz, 12oz, 14-1/2oz 등 다양한 형태로 하이볼 글라스보다 용량이 크다.

### ◀ 필스너(Pilsner)

주로 맥주잔으로 체코의 '필슨'이라는 맥주 회사에서 개발했다. 맥주를 따를 때 거품이 적당하게 일어날 수 있게 하고 탄산이 늦게 날아가도록 만들어졌다. 칵테일에 사용하는 글라스는 푸티드 필스너(Footed Pilsner)로 트로피컬 칵테일(Tropical Cocktail) 등 롱드링크 칵테일을 제공할 때 많이 사용한다.

# Tool : 기구

▲ **리머(Rimmers)**
소금이나 레몬을 담아두는 용기로 맨 위쪽은 레몬 또는 라임즙을 넣고 그 다음 칸에 소금과 설탕을 넣는다.

◀ **머들러(Muddler)**
오렌지, 체리, 레몬 등의 과일을 으깰 때 사용하는 막대를 말한다.

◀ **믹싱 글라스(Mixing Glass)**
16oz 용량으로 큰 글라스이며 두께가 두껍다. 음료를 섞을 때 많이 사용하는 도구이며 특히 Stir(휘젓기) 기법을 할 때 많이 사용한다.

◀ **바 나이프와 커팅보드(Bar Knife & Cutting Board)**
바 나이프는 레몬이나 오렌지 등의 과일을 자를 때 사용하고 커팅보드는 도마와 같은 역할을 하는 것이다.

▲ **바스푼(Barspoon)**
Bar에서 많이 사용하는 스푼이다. 용량은 1/8oz로 티스푼(Tea Spoon)이라고 한다. 믹싱 글라스 등에 얼음을 넣고 재료를 혼합할 때 손과 접촉하지 않도록 길게 뻗어 있어 롱스푼(Long Spoon)이라고도 한다.

▲ **바타월(Bar Towel)**
글라스에 물기나 얼룩을 제거할 때 사용한다.

◀ **셰이커(Shaker)**
얼음과 재료를 담는 몸통(Body), 얼음을 거를 수 있도록 작은 구멍이 여러 개 뚫려 있는 스트레이너(Strainer), 뚜껑인 캡(Cap)으로 구성되어 있다. 셰이킹 기법의 칵테일을 만들 때 주로 사용한다.

▲ 스퀴저(Squeezer)
레몬이나 오렌지 등의 과즙을 낼 때 사용한다.

▲ 스트레이너(Strainer)
믹싱 글라스의 얼음을 걸러줄 때 사용하는 도구로 용수철 모양의 테두리가 믹싱 글라스 안 쪽으로 들어가도록 넣고 사용한다. 그리고 점성이 강한 재료가 사용되거나 과일 등의 입자가 있어 머들링을 이용한 기법으로 만든 칵테일의 이물질을 제거하기 위해 사용하는 거름망 형태의 스트레이너도 있다.

◀ 아이스버킷과 집게 (Ice Bucket & Tong)
얼음을 넣어두는 용기와 얼음을 집는 얼음용 집게를 말한다.

◀ 칵테일 픽(Cocktail Pick)
장식으로 쓰는 체리, 올리브 등을 꽂는 핀이다. 장식할 때 사용한다 해서 가니시 픽이라고도 하며, 검(劍) 모양으로 생겼다고 해서 스워드 픽이라고도 한다.

▲ 코르크스크루(Cork Screw)
와인의 코르크를 오픈할 때 사용하는 기물로 와인 오프너라고도 한다.

▲ 아이스스쿱(Ice Scoop)
얼음을 담을 때 사용하는 일명 '얼음삽'으로 제빙기의 얼음을 담을 때 사용한다.

▲ 아이스크러셔(Ice Crusher)
얼음을 잘게 부수거나 갈아주는 도구로 각얼음을 분쇄할 때 사용한다.

▲ 푸어러(Pourer)
병 입구에 끼우는 도구로 병에서 음료가 한꺼번에 쏟아지는 것을 방지하기 위해 작은 구멍이 나 있는 형태로, 작은 구멍은 공기가 들어가고 큰 구멍으로 음료가 나오므로 큰 구멍이 아래쪽으로 향하게 잡아야 한다. 작은 구멍을 엄지손가락으로 막으면 음료가 잘 나오지 않는다. 메탈(Metal, 금속)과 플라스틱(Plastic) 재질이 있다.

◀ 지거(Jigger)
일명 계량컵으로 장구 모양으로 되어 있다. 작은 쪽은 1oz(30mL)이고 큰 쪽은 1.5oz(45mL)의 용량이 표준이다.

▲ 코스터(Coaster)
글라스 받침으로 칵테일을 손님에게 내놓을 때 바닥에 깔아두는 것이다.

# Beverage : 음료

◀ 그레이프 프루트(Grapefruit Juice)
자몽을 짜서 얻은 액즙

◀ 소다수(Soda Water)
이산화탄소의 자극이 청량감을 주고, 동시에 위장을 자극하여 식욕을 돋우는 효과가 있다.

◀ 그레나딘 시럽(Grenadine Syrup)
당밀에 석류를 첨가해서 만든 과일 시럽으로 붉은색을 띤다. 단맛이 나며 칵테일에 많이 사용된다.

◀ 스위트앤사워믹스(Sweet & Sour Mix)
새콤달콤한 맛을 가진 믹스로 정백당, 유자 분말합성 착향료로 레몬향을 함유하고 있다. 너무 많이 사용하면 음료의 단맛이 강해져 다른 재료의 맛과 향을 느낄 수 없다. 기성품이 없을 경우 레몬에이드 파우더에 레몬의 과즙을 첨가하여 만들어 사용할 수도 있다.

◀ 라임(Lime)
과육은 황록색으로 연하며 즙이 많고, 신맛이 나며 레몬보다 새콤하고 달다.

◀ 오렌지 주스(Orange Juice)
오렌지를 짜서 얻은 액즙

◀ 사이다(Cider)
물에 시트르산(구연산)과 감미료, 탄산가스를 원료로 하여 만든 무색 투명한 청량음료를 말한다.

◀ 우유(Milk)
우유류는 유지방분이 많은 일반적인 우유와 우유에서 유지방분 이외의 성분을 제거한 생크림이 있다.

◀ 진저에일(Ginger Ale)
생강의 향기를 나게 한 소다수에 구연산과 기타 향신료를 섞어 캐러멜로 착색한 청량음료이다.

◀ 콜라(Coke)
콜라나무 열매에서 추출하여 가공 처리한 즙에 당분과 캐러멜 색소, 산미료, 향료 등을 혼합한 후 탄산수를 주입한 것으로 카페인 함량이 커피의 2~3배로 높다.

◀ 크랜베리 주스(Cranberry Juice)
크랜베리를 짜서 얻은 액즙

◀ 토마토 주스(Tomato Juice)
토마토를 짜서 얻은 액즙

◀ 파인애플 주스(Pineapple Juice)
파인애플을 짜서 얻은 액즙

◀ 레몬 프루트(Lemon Fruit)
레몬 과즙의 농축액에 합성보존료가 첨가된 주스로 물을 첨가하여 차로 마시거나 각종 어육류 요리, 샐러드 및 칵테일용 등으로 많이 사용한다.

◀ 청포도 주스(Green Grape Juice)
청포도를 짜서 얻은 액즙

# Garnishes : 가니시

◀ **너트메그(Nutmeg)**
육두구과 나무 열매로, 달걀이나 크림 등의 재료를 사용할 때 비린내를 없애기 위해 사용한다. 칵테일 위에 살짝 뿌려준다.

▲ **레몬(Lemon)**
과실의 끝은 뾰족하고 과피는 녹색으로 광택이 난다. 익으면 점차 밝은 노란색으로 변하며, 구연산이 많기 때문에 신맛이 강하고 특이한 향기가 있다.

◀ **설탕(Sugar)**
탄소, 수소, 산소로 구성된 화합물로 각설탕, 가루 설탕, 시럽(Syrup) 등 그 형태에 따라 다양하게 쓰인다.

▲ **소금(Salt)**
나트륨과 염소의 화합물로 Frost, Rimming 등의 기법 그리고 Bloody Mary의 재료로 쓰인다.

▲ **앙고스투라 비터스 (Angostura Bitters)**
앙고스투라 나무 껍질의 액으로 풍미와 향이 쓰다.

**우스터 소스(Worcestershire Sauce)** ▶
채소, 마늘, 대두, 앤초비, 향신료 등으로 만들어진 소스로 블러디 메리에 빼놓을 수 없는 재료이다.

**타바스코 소스(Tabasco Sauce)** ▶
타바스코는 상품명으로, 작고 매운 고추를 사용하여 만든 소스이다.

◀ 어니언(Onion)

칵테일 어니언은 작은 구슬 모양의 크기로 칵테일 깁슨(Gibson)의 장식으로 사용된다.

▲ 체리(Cherry)

과일 중의 다이아몬드라고 불리며, 단맛의 버찌와 신맛의 버찌로 분류된다. 가공하지 않은 천연 그대로 또는 통조림, 냉동품으로 시판되고 있다.

올리브(Olive) ▶

지중해 연안의 중요 과수로 열매 자체를 식용한다. 칵테일용으로는 익지 않은 녹색 열매의 씨를 빼고 그 안에 빨간 피망을 넣은 것을 사용한다.

▲ 파인애플(Pineapple)

파인애플 과육은 백색 또는 황색으로서 섬유가 적고 즙이 많으며 단맛과 신맛이 적절하게 조화된 상쾌한 맛을 가졌다. 과실주를 만들기도 하며 칵테일의 장식으로 사용한다.

▲ 오렌지(Orange)

감귤류 열매로 모양이 둥글고 주황빛을 띠며 껍질이 두껍다. 과즙은 물론 그 자체로 장식으로 사용된다.

# Technique of Garnishes : 가니시 기법

## 001 : 레몬 슬라이스(Lemon Slice)

1. 레몬은 길게 2등분한다. 앞 꼭지 부분은 잘라내고 약 1cm 정도의 반달 모양으로 슬라이스한다.

2. 하프 슬라이스이다. 가운데 부분에 칼집을 내서 글라스에 끼운다.

## 002 : 레몬 웨지(Lemon Wedge)

1. 레몬은 길게 2등분해 앞 꼭지 부분은 자르고 평평한 면을 바닥에 놓고 다시 반으로 자른다(1/4조각). 한 번 더 반으로 자른다(1/8조각).

2. 쐐기 모양을 한 레몬웨지 장식이다. 롱 드링크나 상큼한 맛과 향을 첨가할 때 장식으로 사용한다.

## 003 : 애플 슬라이스(Apple Slice)

1. 사과를 꼭지 부분을 중심으로 반으로 자른다.

2. 평평한 면이 바닥으로 가게 놓고 사과의 과육이 잘 나올 수 있도록 0.2cm 정도의 두께로 자른다.

## 004 : 오렌지 슬라이스와 체리(Orange Slice & Cherry)

1. 오렌지를 반으로 자르고 반달 모양으로 1cm 정도로 슬라이스 한다.
2. 바스푼을 이용해 체리를 가져와 가니시 픽으로 통과시키고 오렌지 슬라이스에 꽂는다.
3. 오렌지 슬라이스의 껍질에 가니시 픽으로 찌르고 여기에 레드체리를 꽂은 후 반대쪽 오렌지 껍질에 꽂는다.

## 005 : 레몬 트위스트 필(Lemon Twist Peel)

1. 레몬을 반으로 자르고·반달 모양으로 슬라이스 한다.
2. 레몬 슬라이스의 흰색 껍질 부분에 칼을 대고 과즙을 도려낸다.
3. 꽈배기를 꼬듯이 돌돌 만다.

## 006 : 파인애플 슬라이스(Pineapple Slice)

1. 파인애플 잎을 제거하고 심줄을 기준으로 반으로 자른다.
2. 평평한 부분을 바닥으로 향하게 두고 반으로 자른다(1/4 조각).
3. 심줄과 끝부분을 잘라내고 세운다.
4. 칼날에서 2cm 정도 남기고 칼집을 낸다.
5. 두께가 1.3cm 정도 되도록 슬라이스 한다.
6. 파인애플 가운데에 칼집이 있으므로 컵 테두리에 끼우면 된다.

## 007 : 파앤애플과 체리(Pineapple & Cherry)

1. 파인애플의 평평한 부분을 바닥으로 향하게 두고 반으로 자른다(1/4조각).
2. 가니시 픽으로 체리 옆부분을 찔러 밀어 넣고 파인애플 조각 가운데에서 결합시킨다.
3. 가운데 칼집 부분으로 컵에 꽂는다.

# Gin : 진

주니퍼 베리, 안젤리카, 코리앤더, 시나몬, 레몬껍질 등을 곡물주정에 첨가하고 증류한 강한 술이다.

# Liqueur : 리큐르

곡류나 과일을 발효, 증류시켜 얻은 증류주에 약초, 향초류를 첨가하여 만든 혼성주이다.

# Tequila : 데킬라

멕시코의 특산주로 용설란의 일종인 아가베를 발효해서 풀케를 만들고 이 풀케를 증류시켜 만든다.

# Rum : 럼

당밀을 물로 희석하여 발효, 증류한 술이다.

# Whisky : 위스키

과실, 곡류 등의 원료를 발효 후 증류한 알코올 성분을 오크통에서 숙성시킨 술이다.

# Brandy : 브랜디

포도를 발효, 증류한 술에 붙인 명칭이었으나 현재에는 과실을 주원료로 하는 모든 증류주를 말한다.

# Vodka : 보드카

러시아의 국민주로서 감자, 고구마, 보리, 호밀 등으로 만들어진다. 차게 해서 스트레이트로 마시지만 칵테일 기본주로 많이 사용되고 인기가 좋다.

# PART 02

## 조주기능사 실기시험 문제

2022년부터 완성된 작품을 제출할 때는 반드시 코스터를 사용해야 합니다.
이 점 꼭 유의하시길 바랍니다.

# Pousse Cafe : 퓨즈 카페, Float

## 001

그레나딘 시럽, 깔루아, 그린 크림 드 민트, 갈리아노, 블루 큐라소 등 5가지 증류주를 섞이지 않게 층을 띄우는 방법이다. 비중이 무거운 시럽이 맨 아래쪽으로 가라앉고 알코올 도수가 높거나 비중이 가벼운 재료는 위로 뜨는 밀도차를 이용한 기법이다. 입에 한번에 넣어 입안에서 섞어 마실 경우 첫맛은 강하지만 뒷맛은 달콤하게 채워진다. 스트로를 이용하여 빨아 마시면 첫 느낌은 달콤하지만 점점 강한 알코올의 맛과 향이 입안을 채운다.

▲무료 동영상

**TIP** 잔 안쪽으로 재료를 넣을 때 바스푼을 사용하여 떨어트리면 낙차를 줄일 수 있어 선명하게 층을 분리할 수 있다. 각 part의 비율을 일정하게 맞추는 것이 기술이다.

**1** 잔에 그레나딘 시럽을 1/3part 넣는다.

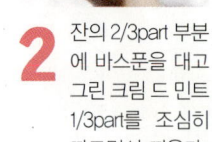
**2** 잔의 2/3part 부분에 바스푼을 대고 그린 크림 드 민트 1/3part를 조심히 따르면서 띄운다.

**3** 잔의 3/3part 부분에 바스푼을 뒤집어서 브랜디 1/3part를 조심히 따르면서 띄운다.

| | |
|---|---|
| 글라스 | Stemed Liqueur Glass |
| 만드는 방법 | Float |
| 재 료 | Grenadine Syrup 1/3part |
| | Créme De Menthe(Green) 1/3part |
| | Brandy 1/3part |
| 가니시 | 없음 |

# Manhattan : 맨해튼, Stir

**002**

19세기 중반부터 세계인들이 즐겨 마셨던 칵테일로 '칵테일의 여왕'이라고도 부른다. 맨해튼이라는 이름은 제19대 미국 대통령선거 때 윈스턴 처칠의 어머니가 맨해튼클럽 파티에서 처음 선보인 칵테일이기 때문에 붙여졌다는 설과 메릴랜드주의 바텐더가 상처 입은 무장경비원의 사기를 북돋아 주려고 만들었다고 하는 설 등 다수가 있다. 보통의 맨해튼은 아메리칸 위스키를 베이스로 만들며 스위트 베르무트와 앙고스투라 비터스를 사용한다. 버번 위스키를 베이스로 하는 경우도 있다.

▲무료 동영상

**1** 칵테일 글라스에 얼음을 넣고 칠링한다.

**2** 믹싱 글라스에 얼음을 60~70% 채우고 버번 위스키 1·1/2oz를 넣는다.

**3** 스위트 베르무트를 3/4oz 넣는다.

**4** 앙고스투라 비터스를 1dash 넣는다.

**5** 바스푼으로 6회 이상 휘저어 준다.

**6** 스트레이너를 끼우고 얼음을 걸러 컵에 따른다.

**7** 레드체리로 장식한다.

| | |
|---|---|
| 글라스 | Cocktail Glass |
| 만드는 방법 | Stir |
| 재 료 | Bourbon Whiskey 1·1/2oz |
| | Sweet Vermouth 3/4oz |
| | Angostura Bitters 1dash |
| 가니시 | Cherry |

# Dry Martini : 드라이 마티니, ·Stir

**003**

'칵테일의 제왕'으로 불린다. 어니스트 헤밍웨이, 루즈벨트 대통령, 처칠 수상 등이 굉장히 선호한 칵테일로 유명하다. 드라이 베르무트의 비율에 따라 스위트 마티니, 퍼펙트 마티니 등 그 종류가 10가지가 넘고 재료에 따라서는 130여 가지 이상이 있을 정도로 섬세한 칵테일이다. 1890년대 버무스(베르무트)를 만드는 이탈리아 회사 이름이 Martini & Rossi였는데, 그들이 자신들의 술을 홍보하기 위하여 레시피를 만들고 널리 보급시킨 칵테일이다.

▲무료 동영상

**TIP** 드라이 베르무트 회사로 Martini, Cinzano, Gallo 등이 있다. 회사 브랜드의 라벨과 병 디자인을 눈여겨봐야 한다.

**1** 칵테일 글라스에 얼음을 넣고 칠링 한다.

**2** 믹싱 글라스에 얼음을 60~70% 채우고 드라이진 2oz를 넣는다.

**3** 드라이 베르무트를 1/3oz 넣는다.

**4** 바스푼으로 6회 이상 휘저어 준다.

**5** 스트레이너를 끼우고 얼음을 걸러 컵에 따른다.

**6** 그린 올리브로 장식한다.

| | |
|---|---|
| 글라스 | Cocktail Glass |
| 만드는 방법 | Stir |
| 재 료 | Dry Gin 2oz |
| | Dry Vermouth 1/3oz |
| 가니시 | Green Olive |

# Old Fashioned : 올드 패션드, Build

004

미국 켄터키주의 벤텐스클럽에 모여든 경마팬을 위해 만들어진 칵테일이라고 한다. 당시 유행하던 '토디(Tody)'와 맛과 형태가 비슷해 지난날의 기억을 되살려 준다는 의미로 붙인 이름이다. 이 칵테일은 전용 글라스까지 있을 정도로 인기가 높다.

▲무료 동영상

**TIP** 가루설탕 대신 설탕시럽 또는 각설탕을 사용해도 된다.

**1** 올드 패션드 글라스에 설탕 1tsp를 넣는다.

**2** 글라스를 손으로 잡고 앙고스투라 비터스를 1dash 넣는다.

**3** 소다워터를 1/2oz 넣는다.

**4** 바스푼으로 설탕을 휘저으면서 녹인다.

**5** 각얼음을 글라스의 90%까지 채운다.

**6** 버번 위스키를 1·1/2oz 넣고 바스푼으로 살짝 저어준다.

**7** 오렌지 슬라이스와 레드체리로 장식한다.

| | |
|---|---|
| 글라스 | Old-fashioned Glass |
| 만드는 방법 | Build |
| 재 료 | Powdered Sugar 1tsp |
| | Angostura Bitters 1dash |
| | Soda Water 1/2oz |
| | Bourbon Whiskey 1·1/2oz |
| 가니시 | A Slice of Orange and Cherry |

# Brandy Alexander : 브랜디 알렉산더, Shake  005

19세기 중반 영국의 국왕 에드워드 7세와 왕비 알렉산더의 결혼을 기념하기 위해 만든 칵테일이다. 처음에는 알렉산드라라고 하는 여성의 이름이 붙었으나 시간이 지나자 지금의 이름으로 변했다고 한다. 크림 맛이 부드럽게 입에 닿는 여성 취향의 칵테일로, 식후 칵테일로서는 최적이다. 브랜디 대신에 보드카를 넣으면 바바라(Babara)라는 칵테일이 된다. 크림이나 계란이 들어간 경우에는 비린내 제거를 목적으로 Nutmeg을 사용한다.

▲무료 동영상

**TIP** 우유 등 유제품이 들어가는 칵테일은 10번 이상 충분히 잘 흔들어 주어야 부드러운 거품이 생겨 보기도 좋고 입에 닿는 느낌도 좋은 칵테일이 된다.

 **1** 칵테일 글라스에 얼음을 담아 칠링한다.

 **2** 셰이커 바디에 얼음을 60~70% 넣는다.

 **3** 브랜디를 3/4oz 넣는다.

 **4** 브라운카카오를 3/4oz 넣는다.

 **5** 우유를 3/4oz 넣는다.

 **6** 셰이커를 10번 이상 힘차게 흔들어 준다.

 **7** 글라스의 얼음은 버리고 얼음을 걸러 따른다.

 **8** Nutmeg을 뿌려 장식한다.

- **글라스** : Cocktail Glass
- **만드는 방법** : Shake
- **재료** :
  - Brandy 3/4oz
  - Créme de Cacao(Brown) 3/4oz
  - Light Milk 3/4oz
- **가니시** : Nutmeg Powder

# Singapore Sling : 싱가포르 슬링, Shake+Build  006

영국의 소설가 서머싯 몸이 '동양의 신비'라고 극찬했던 칵테일이다. 싱가폴포르 래플스(Raffles) 호텔에서 고안하였는데, 저녁노을을 표현하였다고 한다. 연한 주홍빛이 나는 아름다운 색 배합과 새콤달콤한 맛으로 인해 여성에게 인기가 좋다. 특유의 화려한 과일장식을 보면서 마시는 것도 즐겁다.

▲무료 동영상

**TIP** 다양한 레시피 : 드라이진 1oz, 체리 브랜디 1/2oz, 레몬주스 1/2oz, 그레나딘 시럽 1/2oz, 오렌지 주스 2oz를 넣은 것과 진 1oz, 체리 브랜디 1/2oz, 파인애플 주스 4oz, 라임주스 1/2oz, 코잉트로 1/4oz, 그레나딘 시럽 1/3oz, 앙고스투라 비터스 1dash를 넣은 것 등이 있다.

**1** 필스너 글라스에 얼음을 가득 채운다.

**2** 셰이커 바디에 얼음을 60~70% 넣는다.

**3** 드라이진 1·1/2oz를 넣는다.

**4** 레몬주스를 1/2oz 넣는다.

**5** 가루설탕을 1tsp 넣는다.

**6** 셰이커의 스트레이너와 캡을 닫고 힘차게 흔들어 준다.

**7** 필스너 글라스에 따른다.

**8** 나머지는 소다수로 가득 채운다.

**9** 바스푼으로 잘 섞이도록 저어 준다.

| | |
|---|---|
| 글라스 | Footed Pilsner Glass |
| 만드는 방법 | Shake+Build |
| 재 료 | Dry Gin 1·1/2oz |
| | Lemon Juice 1/2oz |
| | Powdered Sugar 1tsp |
| | Fill with Soda Water |
| | On Top with Cherry Flavored Brandy 1/2oz |
| 가니시 | A Slice of Orange and Cherry |

**10** 만들어진 음료 맨 위에 체리브랜디를 1/2oz 넣는다.

**11** 오렌지 슬라이스와 레드체리로 장식한다.

# Black Russian : 블랙 러시안, Build

## 007

블랙 러시안이라는 이름은 러시아를 대표하는 보드카를 사용한다는 것과 커피리큐르의 색이 검정인 것에서 유래하였다. 커피리큐르의 단맛이 특징으로 알코올 도수가 높은데도 마시기가 좋다. 베이스를 데킬라로 변화시키면 브레이브 불(Brave Bull)이 되고, 커피리큐르를 디사론노 아마레토(Disaronno Amaretto)로 변화시키면 갓 마더(God Mother)가 된다.

▲무료 동영상

**TIP** 베이스를 데킬라로 하면 브레이브 불(Brave Bull)이 되고 커피리큐르 대신 아마레토(Amaretto)를 사용하면 갓 마더(God Mother)가 된다.

**1** 올드 패션드 글라스에 얼음을 80~90% 채운다.

**2** 보드카를 1oz 넣는다.

**3** 커피리큐르(깔루아)를 1/2oz 넣는다.

**4** 바스푼으로 섞이도록 잘 저어준다.

| | |
|---|---|
| 글라스 | Old-fashioned Glass |
| 만드는 방법 | Build |
| 재 료 | Vodka 1oz |
| | Coffee Liqueur 1/2oz |
| 가니시 | 없음 |

# Margarita : 마가리타, Shake

**008**

1949년에 개최된 전미 칵테일 콘테스트 입선작으로 존 듀레서씨가 고안한 칵테일이다. 불행하게 죽은 그의 연인 '마르가리타'의 이름을 붙여 출품하였다고 한다. 코엥트로를 블루 큐라소로 변화시키면 블루 마가리타라는 이름의 칵테일이 된다. 칵테일 글라스에 레몬즙이나 라임즙으로 가장자리를 적신 후 소금을 묻혀 스노 스타일로 장식해 둔다. 내용물을 따를 때 소금이 흘러내리지 않도록 글라스에 잘 따른다.

▲무료 동영상

**TIP** 여러 가지 과일이 들어갈 때는 소금 대신 설탕으로 리밍한다. 소금이나 설탕으로 리밍한 잔에는 칠링을 생략해도 좋다.

 **1** 레몬 조각으로 칵테일 글라스 가장자리에 레몬즙을 바른다.

 **2** 레몬즙이 묻어 있는 가장자리에 소금을 묻힌다.

 **3** 셰이커 바디에 얼음을 60~70% 넣고 데킬라 1·1/2oz를 넣는다.

 **4** 코엥트로 또는 트리플 섹 1/2oz를 넣는다.

 **5** 라임주스 1/2oz를 넣는다.

 **6** 셰이커의 스트레이너와 캡을 닫은 후 힘차게 흔들어 준다.

 **7** 왼손으로 칵테일 글라스 밑부분을 잡고 따른다.

| | |
|---|---|
| 글라스 | Cocktail Glass |
| 만드는 방법 | Shake |
| 재료 | Tequila 1·1/2oz |
| | Cointreau or Triple Sec 1/2oz |
| | Lime Juice 1/2oz |
| 가니시 | Rimming with Salt |

# Rusty Nail : 러스티 네일, Build

## 009

'녹슨 못' 또는 '고풍스러운'이라는 의미를 지닌 칵테일이다. 위스키로 만든 리큐르 가운데 가장 역사가 깊은 드람뷔이(Drambuie)를 사용하는 것이 특징이다. 드람뷔이는 스카치 위스키에 벌꿀과 허브를 첨가하여 단맛이 강하다. 위스키의 쓴맛과 드람뷔이의 단맛이 적절히 조화된 러스티 네일은 식후에 마시기 좋은 칵테일로 손꼽힌다. 여기에 오렌지 비터스를 2방울 넣으면 '스카치 킬트'라는 칵테일이 된다.

▲무료 동영상

**TIP** 드람뷔이의 달콤한 맛 때문에 달고 부드러운 맛을 느낄 수 있지만 40% 이상의 강한 알코올 칵테일이기 때문에 금방 취한다.

**1** 올드 패션드 글라스에 얼음을 80~90% 채운다.

**2** 스카치 위스키를 1oz 넣는다.

**3** 드람뷔이를 1/2oz 넣는다.

**4** 바스푼으로 섞이도록 잘 저어준다.

| | |
|---|---|
| 글라스 | Old-fashioned Glass |
| 만드는 방법 | Build |
| 재 료 | Scotch Whisky 1oz |
| | Drambuie 1/2oz |
| 가니시 | 없음 |

# Whiskey Sour : 위스키 사워, Shake+Build

**010**

여러 가지 술에 레몬주스와 설탕을 넣어 만든 칵테일이다. 위스키를 베이스로 레몬주스와 설탕, 소다수로 만든 이 칵테일은 신맛과 청량감의 조화가 매우 좋다.

▲무료 동영상

**TIP** 베이스에 따라 브랜디로 하면 브랜디 사워(Brandy Sour), 진을 사용하면 진 사워(Gin Sour), 럼 사워, 데킬라 사워 등이 된다.

 **1** 사워 글라스에 얼음을 넣고 칠링 한다.

 **2** 셰이커 바디에 얼음을 60~70% 넣고 버번 위스키 1·1/2oz를 넣는다.

 **3** 레몬주스를 1/2oz 넣는다.

 **4** 가루설탕을 1tsp 넣는다.

 **5** 셰이커의 스트레이너와 캡을 닫은 후 힘차게 흔들어 준다.

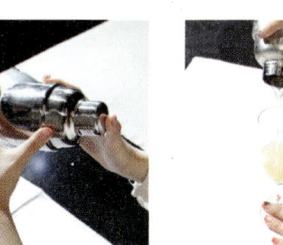 **6** 사워 글라스 안의 얼음은 버리고 칵테일을 따른다.

 **7** 소다수를 1oz 넣는다.

 **8** 바스푼으로 섞이도록 잘 저어주고 레몬 슬라이스와 레드체리로 장식한다.

**글라스**     Sour Glass
**만드는 방법**     Shake+Build
**재 료**     Bourbon Whiskey 1·1/2oz
               Lemon Juice 1/2oz
               Powdered Sugar 1tsp
               On Top with Soda Water 1oz
**가니시**     A Slice of Lemon and Cherry

# New York : 뉴욕, Shake

미국의 대도시인 뉴욕의 이름을 그대로 붙인 칵테일이다. 뉴욕에 해가 떠오르는 모습을 연상시키는 화려한 색채와 자극적이지 않은 맛으로 전 세계인들로부터 사랑을 받고 있다. 베이스가 되는 위스키는 미국에서 생산된 아메리칸 또는 버번을 사용한다. 가장 나중에는 오렌지를 짜 넣어 상큼함을 더하기도 한다.

**TIP** 그레나딘 시럽의 용량에 따라 색깔에 차이가 생긴다.

**1** 칵테일 글라스에 얼음을 담아 칠링한다.

**2** 셰이커 바디에 얼음을 넣는다.

**3** 버번 위스키를 1·1/2oz 넣는다.

**4** 라임주스를 1/2oz 넣는다.

**5** 가루설탕을 1tsp 넣는다.

**6** 그레나딘 시럽을 1/2tsp 넣는다.

**7** 셰이커의 스트레이너와 캡을 닫은 후 힘차게 흔들어 준다.

**8** 글라스의 얼음은 버리고 얼음을 걸러 따른다.

**9** 레몬껍질을 살짝 비틀어서 칵테일 안에 집어 넣는다.

| | |
|---|---|
| 글라스 | Cocktail Glass |
| 만드는 방법 | Shake |
| 재 료 | Bourbon Whiskey 1·1/2oz |
| | Lime Juice 1/2oz |
| | Powdered Sugar 1tsp |
| | Grenadine Syrup 1/2tsp |
| 가니시 | Twist of Lemon peel |

# Daiquiri : 다이키리, Shake

012

다이키리는 쿠바의 도시 산차고 교외에 있는 광산의 이름이다. 1896년경 폭염 속에서 땀을 흘리던 이 광산 기술자들 속에서 생겨났다고 하는데 다른 의견도 많다. 다이키리라는 이름은 나중에 미국 기술원조단의 일원으로 이 광산에서 기사로 일하고 있던 제닝스 콕스에 의해 붙여졌다. 럼 베이스의 대표적인 칵테일이고, 신맛과 단맛의 조화가 뛰어나다. 레시피 외에 가미하는 리큐르에 따라 '스트로베리 다이키리', '카시스 다이키리' 등이 된다.

▲무료 동영상

**TIP** 크러시드 아이스를 사용하면 프로즌 다이키리가 된다.

**1** 칵테일 글라스에 얼음을 담아 칠링한다.

**2** 셰이커 바디에 얼음을 넣는다.

**3** 라이트럼을 1·3/4oz 넣는다.

**4** 라임주스를 3/4oz 넣는다.

**5** 가루설탕을 1tsp 넣는다.

**6** 셰이커의 스트레이너와 캡을 닫은 후 힘차게 흔들어 준다.

**7** 글라스의 얼음은 버리고 얼음을 걸러 따른다.

| | |
|---|---|
| 글라스 | Cocktail Glass |
| 만드는 방법 | Shake |
| 재 료 | Light Rum 1·3/4oz |
| | Lime Juice 3/4oz |
| | Powdered Sugar 1tsp |
| 가니시 | 없음 |

# B-52 : 비-52, Float

## 013

슈터 칵테일(Shooter Cocktail)의 대표적인 작품이다. B-52는 미국 보잉사가 제작한 전략폭격기이며 현재까지 운용되는 폭격기 중 가장 규모가 큰 기종이다. 깔루아와 베일리스의 부드럽고 달콤한 맛에 빠져 계속 들이키다 보면 폭격맞은 것처럼 정신을 차릴 수 없을 정도로 취하게 된다. 술을 못하는 사람은 조심해야 할 칵테일 중 하나이다.

▲무료 동영상

**TIP** Coffee Liqueur는 상품에 따라 Kahlua, Café Coffee 등이 있다.

**1** 셰리 잔에 커피 리큐르를 1/3part (지거로 1/3oz) 넣는다.

**2** 잔의 2/3part 부분에 바스푼을 대고 베일리스아이리시크림 1/3part(지거로 3/4oz)를 따르면서 띄운다.

**3** 잔의 3/3part 부분에 바스푼을 뒤집어서 그랑마니에르 1/3part(지거로 1oz)를 따르면서 띄운다.

| | |
|---|---|
| 글라스 | Sherry Glass(2oz) |
| 만드는 방법 | Float |
| 재 료 | Coffee Liqueur 1/3part<br>Bailey's Irish Cream Liqueur 1/3part<br>Grand Marnier 1/3part |
| 가니시 | 없음 |

# June Bug : 준 벅, Shake

014

준벅이란 '6월의 애벌레'라는 의미로 초록의 싱그러운 색깔이 무더워지는 날씨를 상쾌하게 만들어주는 칵테일이다. 코코넛과 멜론의 달콤한 향기가 가득하고 새콤달콤한 맛으로 여성들이 많이 찾는 칵테일 중 하나이다.

▲무료 동영상

**TIP** 멜론 리큐르, 미도리 등에 따라 색깔과 느낌이 약간 차이가 있다. 그리고 코코넛 럼은 말리부 등 제품이 다양하다. 스위트 앤사워믹스는 파우더 형태로 된 것도 있으며 물로 희석해서 사용한다.

**1** 콜린스 글라스에 얼음을 가득 채운다.

**2** 셰이커 바디에 얼음을 넣는다.

**3** 멜론 리큐르를 1oz 넣는다.

**4** 코코넛 럼을 1/2oz 넣는다.

**5** 바나나 리큐르를 1/2oz 넣는다.

**6** 파인애플 주스를 2oz 넣는다.

**7** 스위트앤사워믹스를 2oz 넣는다.

**8** 셰이커의 스트레이너와 캡을 닫은 후 힘차게 흔들어 준다.

**9** 왼손으로 콜린스 밑부분을 잡고 음료를 따른 후 파인애플 웨지와 체리로 장식한다.

| | |
|---|---|
| **글라스** | Collins Glass |
| **만드는 방법** | Shake |
| **재 료** | Midori(Melon Liqueur) 1oz |
| | Coconut Flavored Rum 1/2oz |
| | Banana Liqueur 1/2oz |
| | Pineapple Juice 2oz |
| | Sweet & Sour mix 2oz |
| **가니시** | A Wedge of fresh Pineapple & Cherry |

# Bacardi Cocktail : 바카디 칵테일, Shake

015

1993년 미국의 금주법 폐지를 계기로 당시 쿠바에 있던 바카디사가 자사 럼의 판매 촉진용으로 다이키리를 개량한 칵테일이다. 손님이 타사의 럼을 사용한 바(Bar)들을 상대로 소송을 제기하여 뉴욕 고등법원이 '바카디를 만들 때에는 바카디사의 럼을 써야 한다'는 판결을 얻어낸 일화로 유명하다. 다른 럼을 사용할 경우에는 '핑크 다이키리'로 부른다. 라임 풍의 부드럽고 가벼운 맛이 특징이다.

▲무료 동영상

**TIP** Daiquiri 칵테일에서 Rum을 Bacardi Rum으로, 설탕 대신 그레나딘 시럽으로 바꿔서 맛과 색을 조화시킨 칵테일이다.

**1** 칵테일 글라스에 얼음을 담아 칠링한다.

**2** 셰이커 바디에 얼음을 60~70% 넣는다.

**3** 바카디 화이트 럼 1·3/4oz을 넣는다.

**4** 라임주스를 3/4oz 넣는다.

**5** 그레나딘 시럽을 1tsp 넣는다.

**6** 셰이커의 스트레이너와 캡을 닫은 후 힘차게 흔들어 준다.

**7** 글라스의 얼음은 버리고 얼음을 걸러 따른다.

| | |
|---|---|
| 글라스 | Cocktail Glass |
| 만드는 방법 | Shake |
| 재 료 | Bacardi Rum White 1·3/4oz |
| | Lime Juice 3/4oz |
| | Grenadine Syrup 1tsp |
| 가니시 | 없음 |

# Cuba Libre : 쿠바 리브레, Build

**016**

1902년 스페인의 식민지였던 쿠바의 독립운동 당시에 생겨나 'Viva Cuba Libre(자유 쿠바 만세)'라는 표어에서 유래된 이름이다. 당시 독립전쟁을 지원하기 위하여 하바나에 주둔해 있던 미군 소위가 술집에서 우연히 럼에 콜라를 넣어 마신 것에서 탄생하여 유행한 칵테일로 남미 지역을 중심으로 더운 지역에서 흔히 마신다. 럼의 달콤한 향기와 콜라의 단맛, 라임의 신맛이 가미되고 청량감이 느껴지는 깔끔한 칵테일이다.

▲무료 동영상

**TIP** 비슷한 칵테일로 모스코 뮬이 있다.

**1** 하이볼 글라스에 얼음을 가득 채운다.

**2** 라이트럼 1·1/2oz를 넣는다.

**3** 라임주스를 1/2oz 넣는다.

**4** 나머지 부분은 콜라로 채운다.

**5** 바스푼을 이용해 잘 섞이도록 저어 준다.

**6** 레몬 웨지로 장식한다.

| | |
|---|---|
| 글라스 | Highball Glass |
| 만드는 방법 | Build |
| 재 료 | Light Rum 1·1/2oz |
| | Lime Juice 1/2oz |
| | Fill with Cola |
| 가니시 | A Wedge of Lemon |

# Grasshopper : 그래스하퍼, Shake    017

그래스하퍼란 '메뚜기' 혹은 '여치'를 말한다. 완성된 색이 연한 초록빛을 띠기 때문에 그 색으로부터 유래된 이름이다. 크림 드 민트의 상큼한 향기와 크림 드 카카오(화이트)의 달콤한 맛에 생크림을 가미하여 만드는 이 칵테일은 디저트 대용으로 즐겨도 좋다. 특히 여성들이 좋아하는 칵테일인데, 크림 드 민트(그린)의 양을 늘리거나 브랜디를 조금 가미하면 남성들의 식후주로도 충분히 즐길 수 있다.

▲무료 동영상

**TIP** 우유 등 유제품이 들어가는 칵테일은 10번 이상 충분히 잘 흔들어 주어야 부드러운 거품이 생겨 보기도 좋고 입에 닿는 느낌도 좋은 칵테일이 된다. 크림 드 민트는 회사별로 Menthe, Peppermint 등 표기가 다르며, 민트초콜릿의 맛이 난다.

 1 소서형 샴페인 글라스에 얼음을 담아 칠링한다.

 2 셰이커 바디에 얼음을 넣는다.

 3 그린 크림 드 민트를 1oz 넣는다.

 4 화이트카카오를 1oz 넣는다.

 5 우유를 1oz 넣는다.

 6 셰이커의 스트레이너와 캡을 닫은 후 힘차게 흔들어 준다.

 7 글라스의 얼음은 버리고 얼음을 걸러 따른다.

| | |
|---|---|
| 글라스 | Champagne Glass(Saucer형) |
| 만드는 방법 | Shake |
| 재 료 | Créme de Menthe(Green) 1oz |
| | Créme de Cacao(White) 1oz |
| | Light Milk 1oz |
| 가니시 | 없음 |

# Seabreeze : 시브리즈, Build

018

산들산들 불어오는 해안풍이라는 뜻으로 1920년대 후반에 보드카에 여름 과일을 재료로 만들었다고 한다. 로맨틱하고 낭만적인 프랑스 영화 '프렌치키스(1995)'에서 주인공이 프랑스 칸느 해변을 거닐며 마신 칵테일로도 유명하다.

▲무료 동영상

**TIP** 기호에 따라 보드카에 자몽주스 2oz와 크랜베리 주스 2oz의 비율로 마셔도 좋다.

**1** 하이볼 글라스에 얼음을 가득 채운다.

**2** 보드카 1·1/2oz를 넣는다.

**3** 크랜베리 주스를 3oz 넣는다.

**4** 그레이프 프루트 주스를 1/2oz 넣는다.

**5** 바스푼을 이용해 잘 섞이도록 저어 준 후 레몬 웨지로 장식한다.

| | |
|---|---|
| 글라스 | Highball Glass |
| 만드는 방법 | Build |
| 재 료 | Vodka 1·1/2oz |
| | Cranberry Juice 3oz |
| | Grapefruit Juice 1/2oz |
| 가니시 | A Wedge of Lime or Lemon |

# Apple Martini : 애플 마티니, Shake    019

칵테일의 제왕인 마티니 시리즈로 베르무트가 들어가지 않은 새콤달콤한 칵테일이다. 코스모폴리탄과 함께 미국의 인기 드라마에 자주 등장해 우리에게 친숙한 이름이다. 다양한 레시피가 있는데, 라임주스 대신 스위트앤사워믹스를 혼합해도 좋고, 사과주스를 혼합해도 좋다.

▲무료 동영상

**TIP** 애플퍼커 대신 다른 사과 리큐르를 사용해도 된다.

**1** 칵테일 글라스에 얼음을 담아 칠링한다.

**2** 셰이커 바디에 얼음을 넣는다.

**3** 보드카를 1oz 넣는다.

**4** 애플퍼커를 1oz 넣는다.

**5** 라임주스를 1/2oz 넣는다.

**6** 셰이커의 스트레이너와 캡을 닫은 후 힘차게 흔들어 준다.

**7** 글라스의 얼음은 버리고 얼음을 걸러 따른다.

**8** 사과 슬라이스로 장식한다.

| | |
|---|---|
| 글라스 | Cocktail Glass |
| 만드는 방법 | Shake |
| 재 료 | Vodka 1oz |
| | Apple Pucker(Sour Apple Liqueur) 1oz |
| | Lime Juice 1/2oz |
| 가니시 | A Slice of Apple |

# Negroni : 네그로니, Build

020

네그로니라는 것은 이탈리아의 카미로 네그로니 백작을 이르는 말이다. 네그로니 백작이 즐겨 마셨던 식전주라고 알려져 있다. 피렌체에 있는 유명한 레스토랑 카소니의 바텐더가 1962년 백작의 허락으로 '네그로니'라고 발표했다. 캄파리의 씁쌀한 맛이 특징이다.

▲무료 동영상

**TIP** 잔 위에서 레몬 필을 비틀어 꼬아야 한다. 잔에 얼음을 가득 채우지 않으면 칵테일이 빈약해 보인다.

**1** 올드 패션드 글라스에 얼음을 가득 채운다.

**2** 드라이진 3/4oz를 넣는다.

**3** 스위트 베르무트 3/4oz를 넣는다.

**4** 캄파리 3/4oz를 넣는다.

**5** 바스푼으로 잘 섞이도록 저어준다.

**6** 레몬껍질을 비틀어 꼬아 장식한다.

| | |
|---|---|
| 글라스 | Old-fashioned Glass |
| 만드는 방법 | Build |
| 재 료 | Dry Gin 3/4oz |
| | Sweet Vermouth 3/4oz |
| | Campari 3/4oz |
| 가니시 | Twist of Lemon peel |

# Long Island Iced Tea : 롱아일랜드 아이스티, Build  021

홍차를 사용하지 않고 홍차의 색과 맛을 만들어 내는 칵테일이다. 미국 뉴욕주 남동부의 섬, 롱아일랜드에 있는 '오크 비치 인'의 바텐더에 의해 창작된 칵테일이라는 설과 미국 서해안에서 탄생했다는 설이 있다. 웨스턴 바에서는 직접 넣기가 아니라 셰이킹 기법을 사용하며, 데킬라가 빠지고 스위트앤사워믹스가 2oz 들어간다.

▲무료 동영상

**TIP** 콜라 대신 크랜베리 주스를 사용하면 롱 비치 아이스티(Long Beach Iced Tea)가 된다. 레몬 웨지는 잔에 레몬즙을 짜고 잔 안에 넣어도 된다.

**1** 콜린스 글라스에 얼음을 가득 채운다.

**2** 드라이진을 1/2oz 넣는다.

**3** 데킬라를 1/2oz 넣는다.

**4** 보드카를 1/2oz 넣는다.

**5** 라이트럼을 1/2oz 넣는다.

**6** 트리플 섹을 1/2oz 넣는다.

**7** 스위트앤사워믹스를 1·1/2oz 넣는다.

**8** 바스푼으로 잘 섞이도록 저어준다.

**9** 콜라로 홍차의 색깔이 나오도록 부어준다.

**10** 레몬 웨지로 장식한다.

| | |
|---|---|
| 글라스 | Collins Glass |
| 만드는 방법 | Build |
| 재료 | Dry Gin 1/2oz, Vodka 1/2oz<br>Light Rum 1/2oz<br>Tequila 1/2oz, Triple Sec 1/2oz<br>Sweet & Sour Mix 1·1/2oz<br>On Top with Cola |
| 가니시 | A Wedge of Lime or Lemon |

# Side Car : 사이드 카, Shake

제1차 세계대전 중에 전쟁터에서 대활약을 했던 사이드 카를 이름으로 한 칵테일이다. 프랑스의 군인이 만들었다는 설과 파리의 하리즈 뉴욕 바의 바텐더였던 하리 마켈혼이 고안했다는 설이 있다. 브랜디 대신에 진을 사용하면 '화이트 레이디(White Lady)', 보드카를 사용하면 '발랄라이카(Balalaika)', 라이트 럼을 사용하면 '엑스와이지(X, Y, Z)'라는 칵테일이 된다.

**TIP** 트리플 섹 대신 코엥트로를 사용해도 된다.

**1** 칵테일 글라스에 얼음을 담아 칠링한다.

**2** 셰이커 바디에 얼음을 넣는다.

**3** 브랜디를 1oz 넣는다.

**4** 트리플 섹을 1oz 넣는다.

**5** 레몬주스를 1/4oz 넣는다.

**6** 셰이커의 스트레이너와 캡을 닫은 후 힘차게 흔들어 준다.

**7** 글라스의 얼음은 버리고 얼음을 걸러 따른다.

| | |
|---|---|
| 글라스 | Cocktail Glass |
| 만드는 방법 | Shake |
| 재 료 | Brandy 1oz |
| | Triple Sec 1oz |
| | Lemon Juice 1/4oz |
| 가니시 | 없음 |

# Mai-Tai : 마이타이, Blend

마이타이(Mai-Tai)란, 타이티어로 '최고'라는 뜻이다. 오클랜드에 있는 폴리네시안 레스토랑인 '토레다 빅스'의 사장인 빅터 J. 바지로가 고안한 열대 과일이 잘 조화를 이룬 트로피컬 칵테일로, 과일이나 주스를 대량으로 사용한다. 슬러시 형태의 프로즌 드링크로 일반 빨대로는 마시기 어렵기 때문에 굵은 빨대를 사용하면 좋다. 전 세계적으로 사랑받고 있는 문자 그대로 맛도 '최고', 색깔도 '최고', 향도 '최고'인 칵테일이다.

▲무료 동영상

**TIP** 변경 전 레시피에는 다크럼이 1dash 첨가되어 있었다. 첨가하면 럼의 향으로 인해 최고의 칵테일이 된다.

**1** 필스너 글라스에 얼음을 채워 칠링한다.

**2** 블렌더 피처에 라이트럼 1·1/4 oz를 넣는다.

**3** 트리플 섹 3/4oz를 넣는다.

**4** 라임주스 1oz를 넣는다.

**5** 파인애플 주스 1oz를 넣는다.

**6** 오렌지 주스 1oz를 넣는다.

**7** 그레나딘 시럽 1/4oz를 넣는다.

**8** 크러시드 아이스를 1Scoop 넣고 먼저 1단으로 작동 시킨 다음 2단으로 조정한다.

**9** 피처 입구가 자기 쪽을 바라보게 오른손 손바닥이 하늘로 향하게 손잡이를 잡고 따른 후 파인애플과 체리 또는 오렌지와 체리로 장식한다.

| | |
|---|---|
| 글라스 | Footed Pilsner Glass |
| 만드는 방법 | Blend |
| 재 료 | Light Rum 1·1/4oz<br>Triple Sec 3/4oz<br>Lime Juice 1oz<br>Pineapple Juice 1oz<br>Orange Juice 1oz<br>Grenadine Syrup 1/4oz |
| 가니시 | A Wedge of fresh Pineapple (Orange) & Cherry |

# Pina Colada : 피나 콜라다, Blend

024

스페인어로 '피나'는 '파인애플'을, '콜라다'는 '언덕'을 뜻하며 '파인애플이 무성한 언덕'이라는 의미를 지니고 있다. 카리브해에서 만들어졌고 알코올 맛보다는 진한 코코넛 향과 파인애플 주스가 어우러져 시원하면서도 달콤한 칵테일이다. 남녀노소 누구에게도 인기가 좋은 트로피컬 음료 중 하나이다.

▲무료 동영상

**TIP** Blend 기법에는 Crushed Ice가 사용된다.

**1** 필스너 글라스에 얼음을 채워 칠링한다.

**2** 블렌더 피처에 라이트럼 1·1/4oz를 넣는다.

**3** 피나콜라다믹스를 2oz 넣는다.

**4** 파인애플 주스를 2oz 넣는다.

**5** 크러시드 아이스를 1Scoop 넣는다.

**6** 먼저 1단으로 작동을 시킨 다음 2단으로 조정하고 잘게 부서지면 작동을 멈춘다. 약 10~15초 사이로 작동시킨다.

**7** 필스너 글라스의 얼음은 버리고 음료를 따른 후 파인애플과 체리로 장식한다.

| | |
|---|---|
| 글라스 | Footed Pilsner Glass |
| 만드는 방법 | Blend |
| 재료 | Light Rum 1·1/4oz |
| | Pina Colada Mix 2oz |
| | Pineapple Juice 2oz |
| 가니시 | A Wedge of fresh Pineapple & Cherry |

# Cosmopolitan Cocktail

: 코스모폴리탄 칵테일, Shake

**025**

문화의 다양성 면에서 '세계적인', '세계주의의 사상을 가진 사람'의 의미를 지닌 칵테일로 미국의 인기 드라마인 'Sex and the City'의 여자 주인공 캐리가 즐겨 마시던 칵테일 중 하나이다. 미국 드라마의 영향으로 다시 유행한 모던 스타일의 칵테일이다. 크랜베리 주스를 빼면 Kamikaze 칵테일이 된다.

▲무료 동영상

**TIP** 크랜베리 주스의 함량이나 색깔에 따라 코스모폴리탄의 색깔에 약간씩 차이가 있다.

**1** 칵테일 글라스에 얼음을 담아 칠링한다.

**2** 셰이커 바디에 얼음을 넣는다.

**3** 보드카를 1oz 넣는다.

**4** 트리플 섹을 1/2oz 넣는다.

**5** 라임주스를 1/2oz 넣는다.

**6** 크랜베리 주스를 1/2oz 넣는다.

**7** 셰이커의 스트레이너와 캡을 닫고 힘차게 흔들어 준다.

**8** 글라스의 얼음은 버리고 얼음을 걸러 음료를 따른다.

**9** 레몬껍질을 살짝 비틀어서 칵테일 안에 집어 넣는다.

| | |
|---|---|
| 글라스 | Cocktail Glass |
| 만드는 방법 | Shake |
| 재료 | Vodka 1oz |
| | Triple Sec 1/2oz |
| | Lime Juice 1/2oz |
| | Cranberry Juice 1/2oz |
| 가니시 | Twist of Lime or Lemon Peel |

# Moscow Mule : 모스코 뮬, Build

모스코 뮬은 '모스크바의 노새'라는 의미이다. 진저 향과 탄산이 목을 상쾌하게 자극하는 맛으로 인기가 높다. 1940년경 미국 할리우드에 있는 '코큰 볼'이라는 레스토랑 사장인 잭 모건씨가 고안해 낸 칵테일이다. 잭 모건씨는 당시 보드카와 동제품을 취급하는 친구와 함께 사업을 하고 있었기 때문에 모스코 뮬은 동제품으로 만든 머그컵으로 마시는 것으로 전파되었다. 이것을 스미노프 보드카의 판매처인 휴브라인사의 잭 마틴씨가 보드카 판매의 홍보 수단으로 활용하면서 1946년부터 본격적으로 알려지기 시작하여 세계적인 칵테일이 되었다.

▲무료 동영상

**TIP** 라임 조각 대신 레몬 조각을 써도 된다.

**1** 하이볼 글라스에 얼음을 가득 채운다.

**2** 보드카 1·1/2oz를 넣는다.

**3** 라임주스를 1/2oz 넣는다.

**4** 나머지 부분은 진저 에일로 채운다.

**5** 바스푼을 이용해 잘 섞이도록 저어주고 레몬 슬라이스로 장식한다.

| | |
|---|---|
| 글라스 | Highball Glass |
| 만드는 방법 | Build |
| 재 료 | Vodka 1·1/2oz |
| | Lime Juice 1/2oz |
| | Fill with Ginger Ale |
| 가니시 | A Slice of Lime or Lemon |

# Apricot Cocktail : 에프리코트 칵테일, Shake

## 027

향기가 강한 리큐어인 에프리코트 브랜디를 베이스로 신선한 주스를 풍부하게 사용한 칵테일이다. 살구, 오렌지, 레몬의 맛이 섞여 있어서 마시기가 편하고 상큼한 맛이 살아있는 쇼트 스타일의 칵테일이다. 드라이진 한 스푼이 전체의 조화를 이루는 역할을 하고 있다. 단맛과 신맛이 균형을 이루고 있어서 누구나 부담감 없이 쉽게 즐길 수 있다. 맛, 향기, 색의 삼박자를 고루 갖춘 칵테일이다.

▲무료 동영상

**TIP** 드라이진은 셰이커 바디 위에서 따른다.

**1** 칵테일 글라스에 얼음을 담아 칠링한다.

**2** 셰이커 바디에 얼음을 60~70% 넣는다.

**3** 에프리코트 브랜디를 1·1/2oz 넣는다.

**4** 드라이진을 1tsp 넣는다.

**5** 오렌지 주스를 1/2oz 넣는다.

**6** 레몬주스를 1/2oz 넣는다.

**7** 셰이커의 스트레이너와 캡을 닫고 힘차게 흔든다.

**8** 글라스의 얼음은 버리고 얼음을 걸러 따른다.

| | |
|---|---|
| 글라스 | Cocktail Glass |
| 만드는 방법 | Shake |
| 재료 | Apricot Flavored Brandy 1·1/2oz<br>Dry Gin 1tsp<br>Lemon Juice 1/2oz<br>Orange Juice 1/2oz |
| 가니시 | 없음 |

# Honeymoon Cocktail : 허니문 칵테일, Shake   028

'신혼여행'이라는 이름이 붙은 칵테일이다. 별명이 파머스 도터(Farmer's Daughter), 즉 농부의 딸이라는 것이 재미있다. 브랜디 자체의 달콤한 향이 전해져 신혼의 달콤한 무드에 가장 잘 맞는다고 한다. 이것과 닮은 칵테일로 파머스 와인(별명 스타 칵테일)이 있다.

▲무료 동영상

**TIP** '신혼여행은 에베레스트로 간다.' : 에(애플 브랜디), 베(베네딕틴), 레(레몬주스), 스, 트(트리플 섹)

**1** 칵테일 글라스에 얼음을 담아 칠링한다.

**2** 셰이커 바디에 얼음을 60~70% 넣는다.

**3** 애플 브랜디를 3/4oz 넣는다.

**4** 베네딕틴을 3/4oz 넣는다.

**5** 트리플 섹을 1/4oz 넣는다.

**6** 레몬주스를 1/2oz 넣는다.

**7** 셰이커의 스트레이너와 캡을 닫고 힘차게 흔들어 준다.

**8** 글라스의 얼음은 버리고 얼음을 걸러 따른다.

| | |
|---|---|
| 글라스 | Cocktail Glass |
| 만드는 방법 | Shake |
| 재료 | Apple Brandy 3/4oz |
| | Benedictine DOM 3/4oz |
| | Triple Sec 1/4oz |
| | Lemon Juice 1/2oz |
| 가니시 | 없음 |

# Blue Hawaiian : 블루 하와이안, Blend

029

1957년 하와이 힐튼 호텔 바텐더가 개발한 이 칵테일은 사계절이 여름인 하와이 섬을 연상시키는 트로피컬 칵테일이다. 지금처럼 해외여행이 성행하지 않고 하와이가 모든 사람들의 이상이자 목표였던 꿈을 실현시켜 준 칵테일이다. 블루 큐라소의 푸른색이 하와이의 에메랄드빛 바닷가를 연상시키는 환상의 칵테일이다.

▲무료 동영상

**TIP** Blend 기법에는 Crushed Ice가 사용된다.

**1** 필스너 글라스에 얼음을 채워 칠링 한다.

**2** 블렌더 피처에 라이트 럼을 1oz 넣는다.

**3** 블루 큐라소를 1oz 넣는다.

**4** 코코넛 럼(말리부)을 1oz 넣는다.

**5** 파인애플 주스를 2·1/2oz 넣는다.

**6** 크러시드 아이스를 1Scoop 넣는다.

**7** 먼저 1단으로 작동시킨 다음 2단으로 작동한다. 잘 어우러지고 부서지면 멈춘다(10~15초 작동).

**8** 필스너 글라스의 얼음은 버리고 음료를 따른다.

**9** 파인애플과 체리로 장식한다.

| | |
|---|---|
| 글라스 | Footed Pilsner Glass |
| 만드는 방법 | Blend |
| 재료 | Light Rum 1oz |
| | Blue Curacao 1oz |
| | Coconut Flavored Rum 1oz |
| | Pineapple Juice 2·1/2oz |
| 가니시 | A Wedge of fresh Pineapple & Cherry |

# Kir : 키르, Build

030

프랑스 부르고뉴 지방의 디종시에서 시장을 지낸 캐농 패릭스 커씨가 고안한 칵테일이다. 화이트 와인의 풍미에 크림 드 카시스의 향기와 새콤달콤한 맛이 어우러져 우아한 맛과 향을 연출한다.

▲무료 동영상

**TIP** 화이트 와인 대신에 스파클링 와인(샴페인)을 사용하면 '키르 로얄'이 된다.

**1** 화이트 와인잔에 화이트 와인을 3oz 넣는다.

**2** 크림 드 카시스를 1/2oz 넣는다.

**3** 바스푼을 이용해 잘 섞이도록 휘저어준다.

**4** 레몬껍질을 살짝 비틀어서 칵테일 안에 집어 넣는다.

| | |
|---|---|
| 글라스 | White Wine Glass |
| 만드는 방법 | Build |
| 재 료 | White Wine 3oz |
| | Créme de Cassis 1/2oz |
| 가니시 | Twist of Lemon Peel |

# Tequila Sunrise : 데킬라 선라이즈, Build+Float

## 031

데킬라의 고향인 멕시코의 '일출'을 형상화해서 만든 롱 드링크 칵테일이다. 비슷한 칵테일로 쇼트 드링크인 선라이즈가 있다. 오렌지 주스와 그레나딘 시럽이 만들어 내는 색이 인상적인 일출을 표현하고 있다. 붉은색에서 오렌지색으로 그러데이션 되는 비밀은 그레나딘 시럽에 있다. 데킬라와 오렌지 주스 사이에 천천히 그레나딘 시럽을 부으면 비중이 무거운 시럽이 아래쪽으로 가라앉으면서 절묘한 색 배합을 만들어 낸다.

▲무료 동영상

**TIP** 2014년부터 글라스가 하이볼에서 필스너 글라스로 변경되었다.
'Do Not Stir(젓지 마라!)' : 마시는 사람이 직접 저어서 그레나딘 시럽이 위로 떠오를 때 일출을 느낄 수 있도록 하기 위함이다.

**1** 필스너 글라스에 얼음을 가득 채운다.

**2** 데킬라를 1·1/2oz 넣는다.

**3** 오렌지 주스를 채운다.

**4** 바스푼을 사용해 한쪽에서 그레나딘 시럽 1/2oz를 천천히 부어준다.

| | |
|---|---|
| 글라스 | Footed Pilsner Glass |
| 만드는 방법 | Build+Float |
| 재 료 | Tequila 1·1/2oz<br>Fill with Orange Juice<br>Grenadine Syrup 1/2oz |
| 가니시 | 없음 |

# Healing : 힐링, Shake

032

감홍로는 이강고, 죽력고와 함께 '조선의 3대 증류주'로 그 맛이 달고 붉은 빛깔을 띠어 환상적인 칵테일을 만든다. 프랑스의 오래된 리큐르 중 하나인 베네딕틴의 달콤하면서 향긋한 약초 성분이 우리의 전통주와 만나 조화를 이룬다. 나무딸기의 상큼한 맛이 새콤달콤하게 전달되면서 몸과 마음을 치료해 주는 듯한 칵테일이다.

▲ 무료 동영상

**TIP** 2014년 전통주 칵테일이 추가되었다.

 **1** 칵테일 글라스에 얼음을 담아 칠링 한다.

 **2** 셰이커 바디에 얼음을 60~70% 넣고 감홍로를 1·1/2oz 넣는다.

 **3** 베네딕틴을 1/3oz 넣는다.

 **4** 크림 드 카시스를 1/3oz 넣는다.

 **5** 스위트앤사워믹스를 1oz 넣는다.

 **6** 셰이커의 스트레이너와 캡을 닫은 후 힘차게 흔들어 준다.

 **7** 글라스의 얼음은 버리고 얼음을 걸러 따른다.

 **8** 레몬껍질을 살짝 비틀어서 칵테일 안에 넣는다.

| | |
|---|---|
| 글라스 | Cocktail Glass |
| 만드는 방법 | Shake |
| 재료 | Gam Hong Ro(감홍로)(40도) 1·1/2oz |
| | Benedictine DOM 1/3oz |
| | Créme de Cassis 1/3oz |
| | Sweet & Sour Mix 1oz |
| 가니시 | Twist of Lemon Peel |

# Jindo : 진도, Shake

전통적인 소주 제조방법에 진도에서 자생하는 지초를 넣어 지초주라고도 불리는 약용성 술이다. 지초는 고산지대에서 자생하는 신비한 약초로서 그 뿌리가 붉은 자색이며, 뛰어난 약효 때문에 예로부터 산삼, 삼지구엽초와 더불어 3대 선약으로 불리며 귀한 약재로 널리 사용되었다. 진도는 그 맛이 달고 붉은 빛깔을 띠어 환상적인 칵테일을 만든다.

▲무료 동영상

**1** 칵테일 글라스에 얼음을 담아 칠링한다.

**2** 셰이커 바디에 얼음을 60~70% 넣고 진도 홍주를 1oz 넣는다.

**3** 화이트 크림 드 민트를 1/2oz 넣는다.

**4** 청포도 주스를 3/4oz 넣는다.

**5** 라즈베리 시럽을 1/2oz 넣는다.

**6** 셰이커의 스트레이너와 캡을 닫은 후 힘차게 흔들어 준다.

**7** 글라스의 얼음은 버리고 왼손으로 밑부분을 잡고 얼음을 걸러 따른다.

| | |
|---|---|
| 글라스 | Cocktail Glass |
| 만드는 방법 | Shake |
| 재료 | Jindo Hongju(진도 홍주)(40도) 1oz<br>Créme de Menthe White 1/2oz<br>White Grape Juice(청포도주스) 3/4oz<br>Raspberry Syrup 1/2oz |
| 가니시 | 없음 |

# Puppy Love : 풋사랑, Shake

**034**

양반과 선비의 고장 안동에서는 명문가 접대용으로, 또는 그윽한 향취와 톡 쏘는 독특한 맛 때문에 궁중에 진상하기도 했다. 은은한 향취와 애플퍼커의 새콤달콤한 과실향이 잘 어우러져 달콤하면서도 약간의 자극적인 신맛이 풋사랑을 연상케 하는 칵테일이다.

▲무료 동영상

**TIP** 35도짜리 안동소주를 사용한다.

**1** 칵테일 글라스에 얼음을 담아 칠링한다.

**2** 셰이커 바디에 얼음을 60~70% 넣고 안동소주(35%)를 1oz 넣는다.

**3** 트리플 섹을 1/3oz 넣는다.

**4** 애플퍼커를 1oz 넣는다.

**5** 라임주스를 1/3oz 넣는다.

**6** 힘차게 흔든다.

**7** 글라스의 얼음은 버리고 얼음을 걸러 따른다.

**8** 사과 슬라이스로 장식한다.

| | |
|---|---|
| 글라스 | Cocktail Glass |
| 만드는 방법 | Shake |
| 재료 | Andong Soju(안동소주)(35도) 1oz |
| | Triple Sec 1/3oz |
| | Apple Pucker(Sour Apple Liqueur) 1oz |
| | Lime Juice 1/3oz |
| 가니시 | A Slice of Apple |

PART 02 조주기능사 실기시험 문제 ■ 53

# Geumsan : 금산, Shake

## 035

금산 인삼주는 충청남도 금산의 전통주이다. 인삼의 특수 약효 성분인 사포닌의 함량과 성분이 우수해 스트레스, 피로, 우울증, 심부전, 동맥경화증, 빈혈증, 당뇨병, 궤양 등에 유효하며, 피부를 윤택하게 하고 건조를 방지한다고 한다. 인삼누룩을 쓰기 때문에 미생물이 잘 증식하여 알코올 발효가 잘 이루어진다. 솔잎, 쑥, 인삼 등이 어울려 그 맛이 독특하다. 인삼의 향과 애플퍼커의 새콤달콤함이 잘 어우러져 허약 체질 보강에 효과가 좋고 하루의 피로를 풀어주는 깔끔한 칵테일이다.

▲무료 동영상

**TIP** 라임주스는 셰이커 바디 위에 바스푼을 올리고 넣는다.

**1** 칵테일 글라스에 얼음을 담아 칠링한다.

**2** 셰이커 바디에 얼음을 넣고 금산 인삼주를 1·1/2oz 넣는다.

**3** 커피리큐르를 1/2oz 넣는다.

**4** 애플퍼커를 1/2oz 넣는다.

**5** 라임주스를 1tsp 넣는다.

**6** 셰이커의 스트레이너와 캡을 닫은 후 힘차게 흔들어 준다.

**7** 글라스의 얼음은 버리고 왼손으로 밑부분을 잡고 얼음을 걸러서 따른다.

| | |
|---|---|
| 글라스 | Cocktail Glass |
| 만드는 방법 | Shake |
| 재 료 | Geumsan Insamju(금산 인삼주)(43도) 1·1/2oz<br>Coffee Liqueur(Kahlûa) 1/2oz<br>Apple Pucker(Sour Apple Liqueur) 1/2oz<br>Lime Juice 1tsp |
| 가니시 | 없음 |

# Gochang : 고창, Stir

036

전라북도 고창군의 특산품으로 복분자딸기를 발효하여 만든 과실주이다. 선운산 복분자주는 지역에서 생산된 복분자 열매를 엄선하여 효모를 만들고 3개월간 발효시킨 뒤 다시 8개월간 숙성시켜 만든다. 따라서 발효 기술이 술맛을 좌우하게 된다. 복분자의 과실과 오렌지의 맛과 향이 사라지지 않도록 스터 기법으로 만들었으며 청량감을 주기 위해 스프라이트를 첨가하여 복분자의 향기가 가득하고 청량감이 좋은 칵테일이다.

▲무료 동영상

**TIP** 트리플 섹 대신 코엥트로를 넣어도 된다. 스프라이트는 사이다를 넣으면 된다.

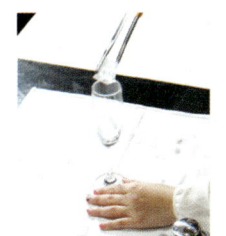
**1** 플루트형 샴페인 글라스에 얼음을 넣고 칠링한다.

**2** 믹싱 글라스에 얼음을 60~70% 넣는다.

**3** 선운산 복분자주를 2oz 넣는다.

**4** 트리플 섹을 1/2oz 넣는다.

**5** 스프라이트를 2oz 넣고 바스푼으로 잘 섞이도록 저어준다.

**6** 샴페인 글라스 안의 얼음은 버리고 스트레이너를 이용해 따른다.

| | |
|---|---|
| 글라스 | Flute Champagne Glass |
| 만드는 방법 | Stir |
| 재 료 | Sunwoonsan Bokbunja Wine (선운산 복분자주) 2oz<br>Triple Sec 1/2oz<br>Sprite 2oz |
| 가니시 | 없음 |

# Gin Fizz : 진 피즈, Shake+Build

**037**

피즈는 탄산음료를 개봉할 때 피~익하고 나는 의성어에서 붙여진 이름이다. 진, 리큐르 등을 베이스로 설탕, 레몬주스, 소다수 등을 넣고 레몬 슬라이스로 장식한다. 베이스가 진이면 진 피즈, 슬로 진이면 슬로 진 피즈가 된다. 약간 시큼하면서 밋밋한 단맛이 묘한 매력을 주는 칵테일이다.

▲무료 동영상

**TIP** 베이스에 따라 슬로 진을 사용하면 슬로 진 피즈가 된다.

**1** 하이볼 글라스에 얼음을 가득 채운다.

**2** 셰이커 바디에 얼음을 넣는다.

**3** 드라이진 1·1/2oz를 넣는다.

**4** 레몬주스를 1/2oz 넣는다.

**5** 가루설탕을 1tsp 넣는다.

**6** 셰이커의 스트레이너와 캡을 닫은 후 힘차게 흔들어 준다.

**7** 하이볼 글라스에 따른다.

**8** 나머지는 소다수로 채운다.

**9** 바스푼으로 위아래가 잘 섞이도록 저어준다.

**10** 레몬 슬라이스로 장식한다.

| | |
|---|---|
| 글라스 | Highball Glass |
| 만드는 방법 | Shake+Build |
| 재료 | Dry Gin 1·1/2oz |
| | Lemon Juice 1/2oz |
| | Powdered Sugar 1tsp |
| | Fill with Soda Water |
| 가니시 | A Slice of Lemon |

# Fresh Lemon Squash : 프레시 레몬 스쿼시, Build

# 038

스쿼시란 '짓누르다', '으깨다'의 뜻으로 레몬, 오렌지 등 과일을 짓눌러서 과즙을 낸 다음 소다수를 넣고 희석한 후 당분을 가미한 음료를 말한다. 즉, 천연과즙을 탄산수로 희석한 것을 말하며, 과즙을 물로 희석한 것을 에이드(Ade)라고 한다.

▲무료 동영상

**1** 하이볼 글라스에 얼음을 담아 칠링한다.

**2** 레몬 반개를 스퀴저에 부드럽게 돌리면서 즙을 추출한다.

**3** 글라스에 레몬즙을 따른다.

**4** 글라스에 설탕을 2tsp 넣는다.

**5** 소다워터를 1oz 넣는다.

**6** 바스푼으로 잘 저어 설탕을 녹인다.

**7** 글라스에 얼음을 채운다.

**8** 소다워터를 컵의 90%만큼 채운다.

**9** 바스푼으로 살짝 섞어준다.

| | |
|---|---|
| 글라스 | Highball Glass |
| 만드는 방법 | Build |
| 재 료 | Fresh squeezed Lemon 1/2ea |
| | Powdered Sugar 2tsp |
| | Fill with Soda Water |
| 가니시 | A Slice of Lemon |

**10** 레몬 슬라이스로 장식한다.

# Virgin Fruit Punch : 버진 프루트 펀치, Blend   039

버진(Virgin)은 '숫처녀', '원래(자연) 그대로의' 뜻으로 음료에서는 알코올이 첨가되지 않은 상태를 버진이라고 한다. 펀치(Punch)는 인도어인 '폰추(Punch)'에서 유래되었다. 다섯 가지란 뜻으로 아락주, 차, 설탕, 물, 주스 등 다섯 가지를 사용하여 만든 것을 말한다.

▲무료 동영상

| | |
|---|---|
| **글라스** | Footed Pilsner Glass |
| **만드는 방법** | Blend |
| **재 료** | Orange Juice 1oz |
| | Pineapple Juice 1oz |
| | Cranberry Juice 1oz |
| | Grapefruit Juice 1oz |
| | Lemon Juice 1/2oz |
| | Grenadine Syrup 1/2oz |
| **가니시** | A Wedge of fresh Pineapple & Cherry |

**1** 필스너 글라스에 얼음을 담아 칠링한다.

**2** 블렌더에 오렌지 주스를 1oz 넣는다.

**3** 파인애플 주스를 1oz 넣는다.

**4** 크랜베리 주스를 1oz 넣는다.

**5** 그레이프 프루트 주스를 1oz 넣는다.

**6** 레몬주스를 1/2oz 넣는다.

**7** 그레나딘 시럽을 1/2oz 넣는다.

**8** 크러시드 아이스 1scoop을 넣는다.

**9** 블렌더를 작동시켜 음료와 얼음을 갈아준다.

**10** 글라스의 얼음은 버리고 음료를 따라낸다.

**11** 파인애플 조각과 체리로 장식한다.

# Boulevardier : 불바디에, Stir

# 040

미국을 대표하는 버번 위스키와 이탈리아의 대표 리큐르 캄파리가 만나 탄생한 칵테일이다. 금주법 시대의 대표적인 칵테일로, 1920년대 파리에서 처음 등장했다. 프랑스 잡지 중 하나인 「the boulevardier」 월간지의 편집자 에리스킨 그웬(Erskine Gwynne)에 의해 만들어졌다. '큰길'을 뜻하는 프랑스어 '불바르(Boulevard)'에 접미사 '-ier'가 붙은 것으로 대로를 걸어 다니는 행인을 뜻할 수 있지만, 파리의 불바르를 자주 드나드는 '단골', '한량', '멋쟁이'로 해석하면 된다.

▲무료 동영상

**TIP** 버번 위스키 대신 드라이진이 들어가면 네그로니 칵테일이 된다.

**1** 올드 패션드 글라스에 얼음을 담아 칠링한다.

**2** 믹싱 글라스에 얼음을 넣는다.

**3** 얼음이 들어 있는 믹싱 글라스에 버번 위스키를 1oz 넣는다.

**4** 캄파리를 1oz 넣는다.

**5** 스위트 베르무트를 1oz 넣는다.

**6** 바스푼으로 6회 이상 휘저어 준다.

**7** 글라스의 얼음은 버리고 스트레이너로 얼음을 걸러 컵에 따른다.

**8** 오렌지 껍질을 살짝 비틀어서 칵테일 안에 집어 넣는다.

| | |
|---|---|
| 글라스 | Old-fashioned Glass |
| 만드는 방법 | Stir |
| 재 료 | Bourbon Whiskey 1oz |
| | Sweet Vermouth 1oz |
| | Campari 1oz |
| 가니시 | Twist of Orange peel |

# Flaming Sunset : 붉은노을, Build

필스너 글라스에 순서대로 따르면 재료의 비중으로 인해 자연스럽게 층이 진다. 여기에 생막걸리를 넣고 마실 때 위 아래로 잘 저어주면 멋진 일몰의 붉은 노을을 느낄 수 있다. 해가 지는 멋진 풍경을 배경으로 새콤달콤한 칵테일을 마시면서 하루의 피로를 잊게 된다(막걸리 창작칵테일 : 류중호).

**TIP** 오이를 길게 세로로 잘라 넣으면 오이의 상큼한 맛과 향이 칵테일에 퍼져 시원하면서 깔끔한 맛을 느낄 수 있다. 카시스 대신 복분자, 크랜베리 주스 대신 오렌지 주스를 넣어도 색다른 맛을 느낄 수 있다.

**1** 필스너 글라스에 얼음을 가득 채운다.

**2** 그레나딘 시럽을 1/2oz 넣는다.

**3** 크림 드 카시스를 3/4oz 넣는다.

**4** 크랜베리 주스를 1oz 넣는다.

**5** 생막걸리를 가득 채우고 오렌지와 체리로 장식한다.

| | |
|---|---|
| 글라스 | Footed Pilsner Glass |
| 만드는 방법 | Build |
| 재 료 | Grenadine Syrup 1/2oz |
| | Créme de Cassis 3/4oz |
| | Cranberry Juice 1oz |
| | Fill with Fresh Rice Wine |
| 가니시 | Orange Slice & Cherry or Cucumber Slice |

# Mediterranean Sea : 지중해, Build

 창작

필스너 글라스에 순서대로 따르면 재료의 비중으로 인해 저절로 층이 진다. 이로 인해 멋진 지중해의 에메랄드 빛 바다가 한눈에 펼쳐진다. 마실 때 위 아래로 잘 저어주면 비치 바(Beach Bar)에서 새콤달콤한 칵테일을 마시면서 휴가를 즐기고 있는 환상에 빠져들게 된다(막걸리 창작칵테일 : 류중호).

**TIP** 오이를 길게 세로로 잘라 넣으면 오이의 상큼한 맛과 향이 칵테일에 퍼져 시원하면서 깔끔한 맛을 느낄 수 있다. 청실(지중해) 홍실(붉은노을)의 대표적인 칵테일이다.

**1** 필스너 글라스에 얼음을 채운다.

**2** 블루 큐라소를 1/2oz 넣는다.

**3** 라임주스를 1/2oz 넣는다.

**4** 코코넛럼을 1/2oz 넣는다.

**5** 피치리큐르를 1oz 넣는다.

**6** 생막걸리로 가득 채우고 오렌지와 체리로 장식한다.

**글라스**     Footed Pilsner Glass
**만드는 방법**     Build
**재 료**     Blue Curacao 1/2oz
            Lime Juice 1/2oz
            Coconut Flavored Rum 1/2oz
            Peach Liqueur 1oz
            Fill with Fresh Rice Wine
**가니시**     Orange Slice & Cherry or Cucumber Slice

## 桃園結義 : 도원결의, Shake

칵테일을 마시다 보면 정말 말이 잘 통하는 동무가 많이 생긴다. 하루의 피로를 풀면서 새로운 결의를 다질 수 있는 생활의 묘약이 되는 칵테일이다. 복숭아와 문배의 향이 새콤달콤하게 잘 조화를 이뤄 여성들에게 인기가 좋은 칵테일이다(창작칵테일 : 류중호).

**1** 콜린스 글라스에 얼음을 채운다.

**2** 셰이커 바디에 얼음을 60~70% 넣고 문배주를 1oz 넣는다.

**3** 피치 리큐르를 3/4oz 넣는다.

**4** 크랜베리 주스를 2oz 넣는다.

**5** 스위트앤사워믹스를 2oz 넣는다.

**6** 힘차게 섞은 뒤 글라스에 따르고, 오렌지와 체리로 장식한다.

| | |
|---|---|
| 글라스 | Collins Glass |
| 만드는 방법 | Shake |
| 재 료 | Munbaeju 1oz |
| | Peach Liqueur 3/4oz |
| | Cranberry Juice 2oz |
| | Sweet & Sour Mix 2oz |
| 가니시 | Orange & Cherry |

# 전통주

지역별 다양한 전통주 중 전통주 칵테일 베이스로 인기가 좋은 술들을 알아보자.
실제로 조주기능사 실기시험에서 사용되는 술들도 있으므로 알아두면 좋을 것이다.

◀ 이강주

소주에 배(이(梨))와 생강(강(薑))이 들어갔다 하여 붙여진 이름이다. 배와 생강 이외에 울금, 계피 그리고 뒷맛을 좋게 하기 위해 꿀이 들어갔다. 술을 빚을 때 생강을 소량 넣게 되면 꿀보다 맛있는 맛과 꽃보다 좋은 향기를 낸다.

◀ 문배주

평안도에서 전승되어 오는 술이다. 문배나무의 과실에서 풍기는 향기가 나서 붙여진 이름이다. 원료는 밀, 좁쌀, 수수이며 누룩의 주원료는 밀이다.

◀ 안동소주

고려시대부터 전승되어 온 술로 몽고가 개성, 안동, 제주도에 군사 주둔지를 두면서 소주가 전파되었다.
- 조옥화 안동소주 제조과정 : 멥쌀 고두밥 → 밀 누룩 → 발효 → 증류(45%)
- 박재서 명인 안동소주
  - 감미료나 첨가제를 일절 사용하지 않는다. 재료로 사용되는 쌀 누룩은 쌀 특유의 타는 듯한 화근냄새를 없앴고, 고품질을 위해 백미를 정미하여 단백질과 지방을 제거하였다.
  - 제조과정 : 쌀 고두밥 → 쌀 누룩 → 전술 → 증류 → 100일 숙성(45%, 35%, 22%)

◀ 진도 홍주

고두밥을 짓고 밀과 보리를 섞어 띄운 누룩을 물과 함께 섞어 술을 빚어 항아리에서 30~50일 정도 발효한 뒤 소주 고리를 이용하여 증류한다. 이때 술 단지에 받쳐둔 지초를 통과하는 과정에서 지초의 색소가 착색되어 빨간 홍옥색의 빛깔을 띠게 된다.

◀ 감홍로

전통 약용 민속소주의 한 가지로 평양의 명주이다. 고려시대에 원나라로 유입된 증류주로, 이슬이 내릴 때에 항아리 바닥에다 꿀을 바르고 지초(紫草)를 넣어 빚어 빛이 불그스름하며 맛이 달아 감홍로라 하였다. 홍국(紅麴), 계피(桂皮), 용안(龍眼), 진피(陳皮), 방풍(防風), 정향(丁香) 등의 약재를 주머니에 넣어서 우려내어 만들었기 때문에 약용으로도 쓰인다.

# 한국인이 좋아하는
# 칵테일 BEST 10

## Blue Sapphire : 블루 사파이어, Build

아름다운 에메랄드빛 색깔과 오렌지, 코코넛, 복숭아 등 과실의 달콤한 맛과 향이 청량음료와 만나 상큼하게 전달된다. 여성들에게 최고의 칵테일이다.

| | |
|---|---|
| 글라스 | Footed Pilsner Glass |
| 재료 | Blue Curacao 1/2oz, Malibu 1/2oz |
| | Lime Juice 1/2oz, Peach Liqueur 1oz |
| | Fill with Sprite |
| 가니시 | Lemon Wedge |

## Peach Crush : 피치크러시, Shake

복숭아의 새콤달콤한 맛과 향을 만끽할 수 있는 칵테일이다.

| | |
|---|---|
| 글라스 | Collins |
| 재료 | Peach Liqueur 1·1/4oz, Cranberry Juice 2oz |
| | Sweet & Sour Mix 2oz |
| 가니시 | Orange Slice & Cherry |

## Cassis Frappe : 카시스 프라페, Shake

시원한 얼음 조각과 함께 나무딸기의 새콤달콤한 맛이 절정이다. 시원함 뒤에 오는 복숭아와 코코넛의 향은 일품이다. 달콤한 키스를 부르는 칵테일이라고도 불린다.

| | |
|---|---|
| 글라스 | Cocktail with Crushed Ice |
| 재료 | Créme de Cassis 3/4oz, Malibu Rum 1/2oz |
| | Peach Liqueur 1/2oz, Orange Juice 1oz |
| | Sweet & Sour Mix 1oz |
| 가니시 | 없음 |

## Daiquiri-Peach : 다이키리 피치, Blend(기계혼합)

복숭아를 얼음과 함께 슬러시 형태로 만든 프로즌 칵테일로 무더운 여름철 또는 알코올의 맛과 향을 원치 않는 여성들에게 최고의 생과일 칵테일로 기억된다.

| | |
|---|---|
| 글라스 | Footed Pilsner Glass |
| 재 료 | Peach Slices w/syrup 2oz, Rum 1·1/4oz |
| | Lime Mix 3/4oz, Peach Liqueur 1/2oz |
| | Bar Sugar 1Tps, Crushed Ice 1Scoop |
| 가니시 | Peach Slice |

## Bora Bora Brew : 보라보라브루, Build

파인애플의 향과 깔끔한 진저에일의 느낌으로 가볍게 마실 수 있는 무알코올 칵테일이다.

| | |
|---|---|
| 글라스 | Collins with Crushed Ice |
| 재 료 | Pineapple Juice 2oz, Ginger Ale 4oz |
| | Grenadine Syrup 1/2oz |
| 가니시 | Pineapple Wedge & Cherry |

## Lynchburg Lemonade : 린치버그 레몬에이드, Shake

잭다니엘의 맛과 부드러운 향이 깔끔하게 다가온다. 칵테일 단맛이나 자극적인 맛을 싫어하는 사람이라면 적극 추천한다.

| | |
|---|---|
| 글라스 | Collins |
| 재 료 | Jack Daniel's 3/4oz, Triple Sec 3/4oz |
| | Sweet & Sour Mix 3/4oz, Fill with Lemon-Lime Soda |
| 가니시 | Lemon Squeeze |

# 한국인이 좋아하는
# 칵테일 BEST 10

## Gold Medalist : 골드 메달리스트, Blend

딸기와 바나나로 만든 생과일 주스 느낌 그대로 달콤한 맛이 강한 무알코올 칵테일이다.

| | |
|---|---|
| 글라스 | Footed Pilsner Glass |
| 재 료 | Ripe Banana 1/2, Grenadine Syrup 1/2oz<br>Pina Colada Mix 3oz, Crushed Ice 1Scoop |
| 가니시 | Strawberry & Banana Slice |

## Eros(창작) : 에로스, Shake

장미의 향과 감로주의 달콤한 향기에 푹 매료되는 칵테일이다.

| | |
|---|---|
| 글라스 | Collins |
| 재 료 | 감로주 1·1/2oz, 장미시럽 1/2oz<br>Sweet & Sour Mix 1·1/2oz<br>Cranberry Juice 1·1/2oz |
| 가니시 | 없음 |

## Wine Cooler : 와인 쿨러, Build

술이 아닌 것처럼 오렌지의 맛과 포도의 향미가 잘 조화를 이룬 칵테일이다.

| | |
|---|---|
| 글라스 | Tall Wine |
| 재 료 | Red Wine 3oz, Triple Sec 1/2oz<br>Grenadine Syrup 1/2oz<br>Orange Juice 3oz 또는 Fill |
| 가니시 | 없음 |

## Light of Havana : 라이트 오브 하바나, Shake

코코넛의 맛과 향을 원하는 사람에게 최고의 칵테일이다. 처음엔 코코넛의 맛이 느껴지고 점점 멜론과 파인애플의 맛과 향이 마무리를 한다.

| | |
|---|---|
| 글라스 | Collins |
| 재 료 | Coconut Rum 1·1/4oz, Midori 3/4oz<br>Orange Juice 2oz, Pineapple Juice 2oz<br>Pour Over Soda 1oz |
| 가니시 | Orange Slice & Lime Wheel |

# PART 03

## 부 록

언제, 어디서나 가볍게 들고 다닐 수 있는 레시피 핸드북과 함께
바텐더로 한 걸음 나아가세요!

절취선을 따라
재단하면
한손에 쏙 들어오는
레시피 핸드북이
만들어집니다!

## 001. Pousse Cafe : 퓨즈 카페

글라스
Stemed Liqueur Glass
만드는 방법
Float
재 료
Grenadine Syrup 1/3part
Créme De Menthe(Green) 1/3part
Brandy 1/3part
가니시
없음

## 002. Manhattan : 맨해튼

글라스
Cocktail Glass
만드는 방법
Stir
재 료
Bourbon Whiskey 1·1/2oz
Sweet Vermouth 3/4oz
Angostura Bitters 1dash
가니시
Cherry

## 003. Dry Martini : 드라이 마티니

글라스
Cocktail Glass
만드는 방법
Stir
재 료
Dry Gin 2oz
Dry Vermouth 1/3oz
가니시
Green Olive

## 004. Old Fashioned : 올드 패션드

글라스
Old-fashioned Glass
만드는 방법
Build
재 료
Bourbon Whiskey 1·1/2oz
Powdered Sugar 1tsp
Angostura Bitters 1dash
Soda Water 1/2oz
가니시
A Slice of Orange and Cherry

## 005. Brandy Alexander : 브랜디 알렉산더

글라스
Cocktail Glass
만드는 방법
Shake
재 료
Brandy 3/4oz
Créme de Cacao(Brown) 3/4oz
Light Milk 3/4oz
가니시
Nutmeg Powder

## 006. Singapore Sling : 싱가포르 슬링

글라스
Footed Pilsner Glass
만드는 방법
Shake+Build
재 료
Dry Gin 1·1/2oz
Lemon Juice 1/2oz
Powdered Sugar 1tsp
Fill with Soda Water
On Top with Cherry Flavored Brandy 1/2oz
가니시
A Slice of Orange and Cherry

## 007. Black Russian : 블랙 러시안

글라스
Old-fashioned Glass
만드는 방법
Build
재 료
Vodka 1oz
Coffee Liqueur 1/2oz
가니시
없음

## 008. Margarita : 마가리타

글라스
Cocktail Glass
만드는 방법
Shake
재 료
Tequila 1·1/2oz
Cointreau or Triple Sec 1/2oz
Lime Juice 1/2oz
가니시
Rimming with Salt

## 009. Rusty Nail : 러스티 네일

글라스
Old-fashioned Glass
만드는 방법
Build
재 료
Scotch Whisky 1oz
Drambuie 1/2oz
가니시
없음

## 010. Whiskey Sour : 위스키 사워

글라스
Sour Glass
만드는 방법
Shake+Build
재 료
Bourbon Whiskey 1·1/2oz
Lemon Juice 1/2oz
Powdered Sugar 1tsp
On Top with Soda Water 1oz
가니시
A Slice of Lemon and Cherry

## 011. New York : 뉴욕

글라스
Cocktail Glass
만드는 방법
Shake
재 료
Bourbon Whiskey 1·1/2oz
Lime Juice 1/2oz
Powdered Sugar 1tsp
Grenadine Syrup 1/2tsp
가니시
Twist of Lemon peel

## 012. Daiquiri : 다이키리

글라스
Cocktail Glass
만드는 방법
Shake
재 료
Light Rum 1·3/4oz
Lime Juice 3/4oz
Powdered Sugar 1tsp
가니시
없음

## 013. B-52 : 비-52

글라스
Sherry Glass(2oz)
만드는 방법
Float
재 료
Coffee Liqueur 1/3part
Bailey's Irish Cream Li-queur 1/3part
Grand Marnier 1/3part
가니시
없음

## 014. June Bug : 준 벅

글라스
Collins Glass
만드는 방법
Shake
재 료
Midori(Melon Liqueur) 1oz
Coconut Flavored Rum 1/2oz
Banana Liqueur 1/2oz
Pineapple Juice 2oz
Sweet & Sour mix 2oz
가니시
A Wedge of fresh Pineapple & Cherry

## 015. Bacardi Cocktail : 바카디 칵테일

글라스
Cocktail Glass
만드는 방법
Shake
재 료
Bacardi Rum White 1·3/4oz
Lime Juice 3/4oz
Grenadine Syrup 1tsp
가니시
없음

## 016. Cuba Libre : 쿠바 리브레

글라스
Highball Glass
만드는 방법
Build
재 료
Light Rum 1·1/2oz
Lime Juice 1/2oz
Fill with Cola
가니시
A Wedge of Lemon

## 017. Grasshopper : 그래스하퍼

글라스
Champagne Glass (Saucer형)
만드는 방법
Shake
재 료
Créme de Menthe(Green) 1oz
Créme de Cacao(White) 1oz
Light Milk 1oz
가니시
없음

## 018. Seabreeze : 시브리즈

글라스
Highball Glass
만드는 방법
Build
재 료
Vodka 1·1/2oz
Cranberry Juice 3oz
Grapefruit Juice 1/2oz
가니시
A Wedge of Lime or Lemon

## 019. Apple Martini : 애플 마티니

글라스
Cocktail Glass
만드는 방법
Shake
재 료
Vodka 1oz
Apple Pucker(Sour Apple Liqueur) 1oz
Lime Juice 1/2oz
가니시
A Slice of Apple

## 020. Negroni : 네그로니

글라스
Old-fashioned Glass
만드는 방법
Build
재 료
Dry Gin 3/4oz
Sweet Vermouth 3/4oz
Campari 3/4oz
가니시
Twist of Lemon peel

## 021. Long Island Iced Tea : 롱아일랜드 아이스티

글라스
Collins Glass
만드는 방법
Build
재료
Dry Gin 1/2oz, Vodka 1/2oz
Light Rum 1/2oz
Tequila 1/2oz
Triple Sec 1/2oz
Sweet & Sour Mix 1·1/2oz
On Top with Cola
가니시
A Wedge of Lime or Lemon

## 022. Side Car : 사이드 카

글라스
Cocktail Glass
만드는 방법
Shake
재료
Brandy 1oz
Triple Sec 1oz
Lemon Juice 1/4oz
가니시
없음

## 023. Mai-Tai : 마이타이

글라스
Footed Pilsner Glass
만드는 방법
Blend
재료
Light Rum 1·1/4oz
Triple Sec 3/4oz
Lime Juice 1oz
Pineapple Juice 1oz
Orange Juice 1oz
Grenadine Syrup 1/4oz
가니시
A Wedge of fresh Pineapple(Orange) & Cherry

## 024. Pina Colada : 피나 콜라다

글라스
Footed Pilsner Glass
만드는 방법
Blend
재료
Light Rum 1·1/4oz
Pina Colada Mix 2oz
Pineapple Juice 2oz
가니시
A Wedge of fresh Pineapple & Cherry

## 025. Cosmopolitan Cocktail
: 코스모폴리탄 칵테일

글라스
Cocktail Glass
만드는 방법
Shake
재 료
Vodka 1oz
Triple Sec 1/2oz
Lime Juice 1/2oz
Cranberry Juice 1/2oz
가니시
Twist of Lime or Lemon Peel

## 026. Moscow Mule : 모스코 뮬

글라스
Highball Glass
만드는 방법
Build
재 료
Vodka 1·1/2oz
Lime Juice 1/2oz
Fill with Ginger Ale
가니시
A Slice of Lime or Lemon

## 027. Apricot Cocktail : 에프리코트 칵테일

글라스
Cocktail Glass
만드는 방법
Shake
재 료
Apricot Flavored Brandy 1·1/2oz
Dry Gin 1tsp
Lemon Juice 1/2oz
Orange Juice 1/2oz
가니시
없음

## 028. Honeymoon Cocktail
: 허니문 칵테일

글라스
Cocktail Glass
만드는 방법
Shake
재 료
Apple Brandy 3/4oz
Benedictine DOM 3/4oz
Triple Sec 1/4oz
Lemon Juice 1/2oz
가니시
없음

## 029. Blue Hawaiian : 블루 하와이안

글라스
Footed Pilsner Glass
만드는 방법
Blend
재 료
Light Rum 1oz
Blue Curacao 1oz
Coconut Flavored Rum 1oz
Pineapple Juice 2·1/2oz
가니시
A Wedge of fresh
Pineapple & Cherry

## 030. Kir : 키르

글라스
White Wine Glass
만드는 방법
Build
재 료
White Wine 3oz
Créme de Cassis 1/2oz
가니시
Twist of Lemon Peel

## 031. Tequila Sunrise : 데킬라 선라이즈

글라스
Footed Pilsner Glass
만드는 방법
Build+Float
재 료
Tequila 1·1/2oz
Fill with Orange Juice
Grenadine Syrup 1/2oz
가니시
없음

## 032. Healing : 힐링

글라스
Cocktail Glass
만드는 방법
Shake
재 료
Gam Hong Ro(감홍로)(40도)
1·1/2oz
Benedictine DOM 1/3oz
Créme de Cassis 1/3oz
Sweet & Sour Mix 1oz
가니시
Twist of Lemon Peel

## 033. Jindo : 진도

글라스
Cocktail Glass
만드는 방법
Shake
재 료
Jindo Hongju(진도 홍주)(40도) 1oz
Créme de Menthe White 1/2oz
White Grape Juice(청포도 주스) 3/4oz
Raspberry Syrup 1/2oz
가니시
없음

## 034. Puppy Love : 풋사랑

글라스
Cocktail Glass
만드는 방법
Shake
재 료
Andong Soju(안동소주)(35도) 1oz
Triple Sec 1/3oz
Apple Pucker(Sour Apple Liqueur) 1oz
Lime Juice 1/3oz
가니시
A Slice of Apple

## 035. Geumsan : 금산

글라스
Cocktail Glass
만드는 방법
Shake
재 료
Geumsan Insamju(금산 인삼주)(43도) 1·1/2oz
Coffee Liqueur(Kahlûa) 1/2oz
Apple Pucker(Sour Apple Liqueur) 1/2oz
Lime Juice 1tsp
가니시
없음

## 036. Gochang : 고창

글라스
Flute Champagne Glass
만드는 방법
Stir
재 료
Sunwoonsan Bokbunja Wine(선운산 복분자주) 2oz
Triple Sec 1/2oz
Sprite 2oz
가니시
없음

## 037. Gin Fizz : 진 피즈

**글라스**
Highball Glass
**만드는 방법**
Shake+Build
**재료**
Dry Gin 1·1/2oz
Lemon Juice 1/2oz
Powdered Sugar 1tsp
Fill with Soda Water
**가니시**
A Slice of Lemon

## 038. Fresh Lemon Squash
: 프레시 레몬 스쿼시

**글라스**
Highball Glass
**만드는 방법**
Build
**재료**
Fresh squeezed Lemon 1/2ea
Powdered Sugar 2tsp
Fill with Soda Water
**가니시**
A Slice of Lemon

## 039. Virgin Fruit Punch
: 버진 프루트 펀치

**글라스**
Footed Pilsner Glass
**만드는 방법**
Blend
**재료**
Orange Juice 1oz
Pineapple Juice 1oz
Cranberry Juice 1oz
Grapefruit Juice 1oz
Lemon Juice 1/2oz
Grenadine Syrup 1/2oz
**가니시**
A Wedge of fresh Pineapple & Cherry

## 040. Boulevardier : 불바디에

**글라스**
Old-fashioned Glass
**만드는 방법**
Stir
**재료**
Bourbon Whiskey 1oz
Sweet Vermouth 1oz
Campari 1oz
**가니시**
Twist of Orange peel

# 칵테일의 기본 기법

## Build
### 직접 넣기

글라스에 직접 재료를 넣어 만드는 방법으로 글라스에 얼음을 넣고 재료를 넣은 다음 바스푼으로 살짝 저어준다.

- 지거 : 작은 쪽이 1oz(30mL)이고 큰 쪽이 1·1/2oz(45mL)이다. 지거를 잡을 때는 가운데 연결 부분을 엄지와 검지로 잡는다.

## Blender
### 기계혼합

주로 혼합하기 어려운 재료를 섞거나 Tropical Cocktail, Frozen Style Cocktail을 만들 때 사용한다. 미국에서는 블렌더라고 한다. 믹서라고 하면 전동식 셰이커, Spindle Mixer를 지칭한다. Blend 기법에는 Crushed Ice가 사용된다.

# 칵테일의 기본 기법

## Stir
**휘젓기**

믹싱 글라스에서 잘 저어 잔에 따르는 방법으로 원래의 맛과 향기를 그대로 유지하며, 가볍게 섞거나 차게 이용할 때 사용한다. Stir 기법의 대표 칵테일로는 Dry Martini가 있다.

믹싱 글라스에 얼음을 넣고 재료를 순서대로 넣은 뒤 스푼으로 섞어준 다음 스트레이너로 얼음을 걸러 내용물을 컵에 따른다.

## Float
**띄우기**

술의 비중을 이용하여 띄우는 방법이다. 술은 알코올 도수와 당분 함량에 따라 무게가 다르다. 알코올 도수가 높을수록 가볍고(증류주는 맨 위에 뜬다), 당분이 높을수록 무겁다. 바스푼을 이용하여 최대한 섞이지 않도록 조심히 흘려 내린다.

# Shake
## 흔들기

혼합하기 힘든 재료(달걀, 크림, 꿀, 설탕 등)를 잘 섞거나 아주 차갑게 할 때 사용하는 도구이다. 셰이커 안에 얼음과 여러 가지 술이나 음료를 넣고 강하게 흔들어준다(약 10회 정도). Body(바디), Strainer(스트레이너), Cap(캡) 등 총 3단계로 나눈다. 용량은 소(350cc), 중(530cc), 대(750cc)로 구분하며 중간 사이즈가 가장 무난하다.

캡      스트레이너      바디

- **Cap**(캡) : 스트레이너를 덮은 뒤 위에 캡을 덮는다.
- **Strainer**(스트레이너) : Body에 얼음을 넣은 뒤 내용물을 순서대로 넣은 뒤 스트레이너를 덮는다.
- **Body**(바디) : 얼음을 4~5개 정도 넣는다.

## 참고문헌

김은실(2015). **커피학 개론**. 기전(MJ미디어).

김의겸(2007). **소믈리에 실무**. 백산출판사.

김준철(2012). **와인**. 백산출판사.

김춘호 외(2020). **바리스타 실무**. 백산출판사.

노민경 외(2012). **음료와 칵테일**. 기문사.

이석현 외(2009). **조주학개론**. 백산출판사.

이석현 외(2013). **아이 러브 칵테일**. 백산출판사.

장상태 외(2008). **주장관리론**. 기문사.

좋은 책을 만드는 길, 독자님과 함께 하겠습니다.

### Win-Q 조주기능사 실기

| | |
|---|---|
| 개정11판1쇄 발행 | 2025년 01월 10일 (인쇄 2024년 09월 25일) |
| 초 판 발 행 | 2014년 03월 05일 (인쇄 2014년 02월 17일) |
| 발 행 인 | 박영일 |
| 책 임 편 집 | 이해욱 |
| 편 저 | 류중호 |
| 편 집 진 행 | 윤진영 · 김미애 |
| 표지디자인 | 권은경 · 길전홍선 |
| 편집디자인 | 권은경 · 길전홍선 |
| 사 진 | 박근혁 |
| 영 상 편 집 | 박지훈 · 조재웅 |
| 발 행 처 | (주)시대고시기획 |
| 출 판 등 록 | 제10-1521호 |
| 주 소 | 서울시 마포구 큰우물로 75 [도화동 538 성지 B/D] 9F |
| 전 화 | 1600-3600 |
| 홈 페 이 지 | www.sdedu.co.kr |
| I S B N | 979-11-383-7927-4 (13590) |
| 정 가 | 31,000원 |

※ 저자와의 협의에 의해 인지를 생략합니다.
※ 이 책은 저작권법의 보호를 받는 저작물이므로 동영상 제작 및 무단전재와 배포를 금합니다.
※ 잘못된 책은 구입하신 서점에서 바꾸어 드립니다.

커피 기본 이론부터 에스프레소머신 관리까지
# 바리스타&카페 창업 안내서

- 지은이 : 김병희 · 김병호 · 고도현 · 박종관
- 정  가 : 23,000원

많은 사람들이 '카페나 한번 해볼까' 하는 마음으로 카페 창업에 도전하지만 그중 성공하는 사람은 극히 드물다. 우후죽순처럼 생겨나는 카페의 홍수 속에서도 오랫동안 사랑받는 카페들의 공통점이 있다면 서비스로 이어지는 창업자의 마음가짐과 변하지 않는 커피 맛이다. 이 책은 예비 카페 창업자들이 꼭 알아두어야 할, 또 필요할 때마다 꺼내볼 수 있는 유용한 정보를 담았다. 카페 창업을 어디서부터 어떻게 시작해야할지 막막한 분들이라면 반드시 옆에 두어야 할 책이다.

**예비 창업자들을 위한**
## 성공적인 카페 창업의 모든 것!

국내외 다수의 카페 컨설팅 경험이 있는
전문 컨설턴트가 알려주는
카페 창업의 모든 비법 대공개!

**창업 성공률을 높이는**
## 카페 창업 필수 지식을 한권으로 완성

- 커피 기본 이론 수록
- 카페 창업자를 위한 실무 정보 수록
- 커피 관련 자격증 정보 및 체크리스트 수록

※ 표지 이미지와 가격은 변경될 수 있습니다.

Craftsman Confectionary & Breads Making

# 제과제빵기능사 합격은 시대에듀가 답이다!

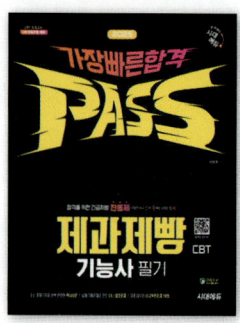

**제과제빵기능사 CBT 필기**
**가장 빠른 합격**
- NCS 기반 최신 출제기준 반영
- 진통제(진짜 통째로 외워온 문제) 수록
- 상시복원문제 10회 수록
- 210×260 / 20,000원

**제과제빵기능사 · 산업기사 필기**
**한권으로 끝내기**
- 핵심요약집 빨리보는 간단한 키워드 수록
- 시험에 꼭 나오는 이론과 적중예상문제 수록
- 과년도 + 최근 기출복원문제로 꼼꼼한 마무리
- 190×260 / 22,000원

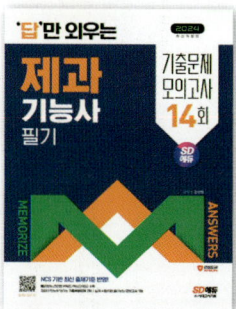

**'답'만 외우는 제과기능사 필기**
**기출문제+모의고사 14회**
- 핵심요약집 빨리보는 간단한 키워드 수록
- 정답이 한눈에 보이는 기출복원문제 7회
- 실전처럼 풀어보는 모의고사 7회
- 190×260 / 15,000원

**제과제빵기능사 실기**
**통통 튀는 무료 강의**
- 생생한 컬러화보로 담은 제과제빵 레시피
- 저자 직강 무료 동영상 강의
- 꼭 알아야 합격할 수 있는 시험장 팁 수록
- 190×240 / 24,000원

**'답'만 외우는 제빵기능사 필기**
**기출문제+모의고사 14회**
- 핵심요약집 빨리보는 간단한 키워드 수록
- 정답이 한눈에 보이는 기출복원문제 7회
- 실전처럼 풀어보는 모의고사 7회
- 190×260 / 15,000원

※ 도서의 구성 및 이미지와 가격은 변경될 수 있습니다.

Craftsman COOK

# 조리기능사 합격은 시대에듀가 답이다!

**한식조리기능사 실기**
**한권합격**
- ▶ 조리기능장의 합격 팁 수록
- ▶ 생생한 컬러화보로 담은 상세한 조리과정
- ▶ 저자 직강 무료 동영상 강의
- ▶ 210×260 / 20,000원

**조리기능사 필기**
**초단기합격**
(한식·양식·중식·일식 통합서)
- ▶ NCS 기반 최신 출제기준 반영
- ▶ 시험에 꼭 나오는 핵심이론+빈출예제
- ▶ 4종목 최근 기출복원문제 수록
- ▶ 190×260 / 20,000원

**'답'만 외우는**
**양식조리기능사 필기**
**기출문제+모의고사 14회**
- ▶ 핵심요약집 빨리보는 간단한 키워드 수록
- ▶ 정답이 한눈에 보이는 기출복원문제 7회
- ▶ 실전처럼 풀어보는 모의고사 7회
- ▶ 190×260 / 15,000원

**한식조리기능사 CBT 필기**
**가장 빠른 합격**
- ▶ NCS 기반 최신 출제기준 반영
- ▶ 진통제(진짜 통째로 외워온 문제) 수록
- ▶ 상시복원문제 10회 수록
- ▶ 210×260 / 20,000원

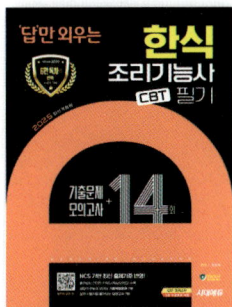

**'답'만 외우는**
**한식조리기능사 필기**
**기출문제+모의고사 14회**
- ▶ 핵심요약집 빨리보는 간단한 키워드 수록
- ▶ 정답이 한눈에 보이는 기출복원문제 7회
- ▶ 실전처럼 풀어보는 모의고사 7회
- ▶ 190×260 / 17,000원

※ 도서의 구성 및 이미지와 가격은 변경될 수 있습니다.

전문 바리스타를 꿈꾸는 당신을 위한
# 합격의 첫걸음

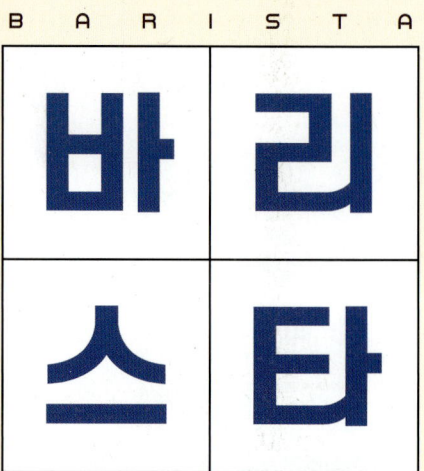

## 바리스타 자격시험

'답'만 외우는 바리스타 자격시험 시리즈는 여러 바리스타 자격시험 시행처의 출제범위를 꼼꼼히 분석하여 구성하였습니다. 이 한 권으로 다양한 커피협회 시험에 응시 가능하다는 사실! 쉽게 '답'만 외우고 필기시험 합격의 기쁨을 누리시길 바랍니다.

'답'만 외우는
**바리스타 자격시험 1급**
기출예상문제집
류중호 / 17,000원

'답'만 외우는
**바리스타 자격시험 2급**
기출예상문제집
류중호 / 17,000원

※ 표지 이미지와 가격은 변경될 수 있습니다.